David Stüker

Evaluierung und Steuerung von Kundenbeziehungen aus Sicht des unternehmenswertorientierten Controlling

GABLER EDITION WISSENSCHAFT

David Stüker

Evaluierung und Steuerung von Kundenbeziehungen aus Sicht des unternehmenswert-orientierten Controlling

Mit einem Geleitwort von Prof. Dr. Hans Dirrigl

GABLER EDITION WISSENSCHAFT

Bibliografische Information der Deutschen Nationalbibliothek
Die Deutsche Nationalbibliothek verzeichnet diese Publikation in der Deutschen Nationalbibliografie; detaillierte bibliografische Daten sind im Internet über <http://dnb.d-nb.de> abrufbar.

Dissertation Ruhr-Universität Bochum, 2008

1. Auflage 2008

Lektorat: Frauke Schindler / Viktoria Steiner

Gabler ist Teil der Fachverlagsgruppe Springer Science+Business Media.
www.gabler.de

Umschlaggestaltung: Regine Zimmer, Dipl.-Designerin, Frankfurt/Main
Gedruckt auf säurefreiem und chlorfrei gebleichtem Papier
Printed in Germany

ISBN 978-3-8349-1054-7

Geleitwort

Kundenbeziehungen sind in der Arbeitsteilung der betriebswirtschaftlichen Teildisziplinen früher fast ausschließlich dem Marketing als Aufgabenfeld und Problem zugewiesen worden. Dieses hat qualitativ ausgerichtete Konzepte wie die Kundenzufriedenheit vielfältig und intensiv bearbeitet.

Inzwischen ist aber auch im Marketing, jedenfalls in dessen Ausrichtung als wissenschaftlicher Teildisziplin, erkannt worden, dass Kunden ein Erfolgspotential darstellen und die Steuerung der Kundenbeziehungen deshalb monetär und (unternehmens-) wert-orientiert ausgerichtet werden muss. Diese Orientierung wird zunächst durch ein neues Vokabular reflektiert, also Begriffen wie Kundenwert, Customer Lifetime Value, Customer Capital und ähnlichen Begriffsverbindungen, in denen Kunden mit Wert in Verbindung gebracht werden.

In den absatzmarktbezogenen Problemfeldern des Controlling, oftmals unter dem Oberbegriff des „Marketing-Controlling" zusammengefasst, hat inzwischen eine (unternehmens-)wertorientierte Sichtweise Einzug gehalten, so dass auch auf die Produkt- und Kundenseite bezogene Aktivitäten einer Messung der „Marketing Performance" zugänglich sind.

Konfrontiert man die aus der „Marketing-Welt" stammenden Vorschläge zur Bestimmung des „Kundenwerts", bezogen auf den individuellen Kunden, oder auf die Gesamtheit der Kundenbeziehungen, den „Kundenstammwert", ausgerichtet, mit den Konzepten des unternehmenswert-orientierten Controlling, so werden einerseits Defizite im methodischen Design erkennbar, gleichzeitig ist aber auch das Controlling aufgefordert, für einen wichtigen Teilbereich der Absatzwirtschaft, eben die Kundenbeziehungen, einen spezifischen Vorschlag für ein umfassendes und erkenntnisförderndes System des „Kunden-Controlling" zu erbringen.

An diesem Schnittbereich von Marketing und Controlling setzt Herr Stüker mit der vorliegenden Arbeit an, indem er die Evaluierung und Steuerung von Kundenbeziehungen aus Sicht des unternehmenswert-orientierten Controlling zu seinem, höchst aktuellen und komplexen Thema gemacht hat. Dieses Untersuchungsziel ist lohnend und wirft aufgrund seines interdisziplinären Charakters besondere Probleme auf.

Die Arbeit verfolgt das Ziel, aufbauend auf einer umfangreichen Darstellung möglicher Instrumente eines unternehmenswert-orientierten Controlling ein umfassendes unternehmenswert-orientiertes Kunden-Controlling-System zur Steuerung von Kundenbeziehungen zu entwickeln.

Hierbei können zunächst die zur unternehmenswert-orientierten Performancemessung und Abweichungsanalyse erarbeiteten Erkenntnisse und Systematisierungen zu einer Wissensquelle für Leser werden, die am neuesten Entwicklungsstand interessiert sind.

Im Anschluss daran liegen die Schwerpunkte einerseits auf der Untersuchung und Weiterentwicklung in der Literatur existierender Vorschläge zur Kundenbewertung und andererseits auf deren Implementierung im Rahmen der Planung und Kontrolle von Kunden. Ein weiterer Schwerpunkt der Arbeit widmet sich den mit den Kundenbeziehungen verbundenen Risiken. Es bedarf hierbei leistungsfähiger Methoden der Risikoanalyse und –bewertung, die traditionell im Aufgabenbereich des Controlling liegen. Diese werden im Verlauf der Arbeit umfassend vorgestellt und an die Bedürfnisse eines unternehmenswert-orientierten Kunden-Controlling angepasst.

Interdisziplinär ausgerichtete Arbeiten, wie die vorliegende, sind aus der Sicht des strategischen Controlling zu begrüßen, weil damit die Möglichkeit eröffnet wurde, die oftmals anzutreffende Verengung des Blickwinkels im Controlling, die Innensicht auf das Unternehmen, zu überwinden. Ohne die auf den Absatzmarkt bezogene Perspektive ist aber ein höheren Ansprüchen genügendes strategisches Controlling nicht möglich.

Mit der vorliegenden Arbeit im Bereich des wertorientierten Kunden-Controlling werden höchste Ansprüche erfüllt, weil sowohl im Bereich der Bewertungskalküle für Einzel-Kunden bzw. Kunden-Mehrheiten, als auch in darauf aufbauenden Konzepten für die Performancemessung vom derzeitigen state of the art des Wissens Gebrauch gemacht wurde. Auch bezüglich der Umsetzbarkeit in die praktische Arbeit ist die Prognose günstig. Diese Einschätzung stützt sich einmal darauf, dass Herr Stüker es verstanden hat, die komplexen Zusammenhänge in einen gut nachvollziehbaren Argumentationsstil zu „verpacken“. Andererseits sind mit umfassenden Rechenbeispielen sowohl die Basiskalküle zur Kundenbewertung, als auch die vorgeschlagenen Verfeinerungen illustriert worden. Der Arbeit ist deshalb eine weite Verbreitung sehr zu wünschen.

Hans Dirrigl

Vorwort

Die vorliegende Arbeit entstand während meiner Tätigkeit als wissenschaftlicher Mitarbeiter am Lehrstuhl für Betriebswirtschaftslehre, insbesondere Controlling der Ruhr-Universität Bochum. Sie wurde im Herbst 2007 von der Fakultät für Wirtschaftswissenschaft als Dissertation angenommen. An dieser Stelle möchte ich die Gelegenheit nutzen, mich bei allen Personen zu bedanken, die mich bei der Erstellung dieser Arbeit unterstützt und in vielfältiger Weise zum Gelingen der Arbeit beigetragen haben.

Ganz besonders möchte ich mich zuallererst bei meinem akademischen Lehrer und Doktorvater, Herrn Prof. Dr. Hans Dirrigl, bedanken. Mit seiner kritischen Diskussionsbereitschaft und seinen hohen analytischen Fähigkeiten hat er mich jederzeit unterstützt und mir neue Denkweisen eröffnet, mir jedoch gleichzeitig große Freiräume bei der Verfolgung meiner eigenen Forschungsinteressen gewährt. Herrn Prof. Dr. Mario Rese danke ich für die Übernahme des Zweitgutachtens und zahlreiche Hinweise und Anregungen zu den Marketing-Aspekten dieser Arbeit. Des Weiteren danke ich Herrn Prof. Dr. Hannes Streim für seine sofortige Bereitschaft, die Moderation meiner Disputation zu übernehmen.

Mein Dank gilt auch meinen ehemaligen Kollegen am Lehrstuhl, die maßgeblich dazu beigetragen haben, dass ich die gemeinsame Zeit am Lehrstuhl in sehr angenehmer Erinnerung behalten werde. Dr. Jörg Schumann danke ich für die Jahre der guten Zusammenarbeit, die gegenseitige Motivation und seine jederzeitige Hilfsbereitschaft. Marco Dreher gilt darüber hinaus mein Dank für die kritische Durchsicht des kompletten Manuskripts und seine ständige Bereitschaft, als konstruktiver Diskussionspartner und freundschaftlicher Ratgeber zur Verfügung zu stehen. Daniel Gavranovic habe ich dafür zu danken, dass er mich in der Endphase der Promotion von vielen Lehrstuhlaufgaben entlastet hat. Danken möchte ich auch unserer Sekretärin Petra Gervers sowie unserer studentischen Hilfskraft Anja Bartels für die Unterstützung bei zahlreichen formalen Aufgaben.

Zu danken habe ich auch allen Mitarbeitern innerhalb der Fakultät für Wirtschaftswissenschaft an der Ruhr-Universität Bochum sowie allen meinen Freunden, Bekannten und Verwandten, die auf die eine oder andere Art zum Gelingen dieser Arbeit beigetragen haben. Ganz besonders bedanke ich mich in diesem Zusammenhang bei Dr. Petra Kanau, Daniela Kocur & Jörg Theile-Wielage, Nina Müller, Dr. Björn Stollenwerk sowie Andreas Werthmann für die kritische Durchsicht von Teilen des Manuskriptes.

Mein größter Dank gilt jedoch meinem Vater Bernhard Stüker sowie meiner Mutter Gabriele Stüker, die leider viel zu früh verstorben ist und daher die endgültige Fertigstellung dieser Arbeit nicht mehr miterleben durfte. Ohne die Unterstützung meiner Eltern wäre das Ziel „Promotion“ nie erreichbar gewesen. Daher sei Ihnen diese Arbeit gewidmet.

David Stüker

Inhaltsverzeichnis

Abkürzungsverzeichnis

A.A.	anderer Ansicht
Abb.	Abbildung
Abs.	Absatz
AG	Aktiengesellschaft
a.M.	am Main
APV	Adjusted Present Value
Aufl.	Auflage
AV	Anlagevermögen
BCG	Boston Consulting Group
bspw.	beispielsweise
CAPM	Capital Asset Pricing Model
CAC	Customer Acquisition Costs
CFROI	Cashflow Return on Investment
CLV	Customer Lifetime Value
c.p.	ceteris paribus
CRC	Customer Retention Costs
CRM	Customer Relationship Management
CVA	Cash Value Added
DAX	Deutscher Aktienindex
DB	Deckungsbeitrag
DCF	Discounted Cashflow
Diss.	Dissertation
EBC	Economic Book Value
EBIT	Earnings before Interest and Taxes (Ergebnis vor Steuern und Zinsen)
EBITDA	Earnings before Interest, Taxes, Depreciation and Amortization (Ergebnis vor Zinsen, Steuern, Abschreibungen und Amortisation von Firmenwerten)
EBT	Earnings before Taxes (Ergebnis vor Steuern)
EEI	Earned Economic Income
ESt	Einkommensteuer
EVA	Economic Value Added
FCF	Free Cashflow
FE	Fertige Erzeugnisse
F&E	Forschung & Entwicklung
FIFO	First In First Out
FS	Festschrift
FTE	Flow-to-Equity

GewSt	Gewerbesteuer
GuV	Gewinn- und Verlustrechnung
Habil.	Habilitationsschrift
HGB	Handelsgesetzbuch
Hrsg.	Herausgeber
hrsg.	herausgegeben
IC	Invested Capital
i.d.R.	in der Regel
i.d.S.	in diesem Sinne
i.e.S.	im engeren Sinne
IDW	Institut der Wirtschaftsprüfer in Deutschland e.V.
IFRS	International Financial Reporting Standards
i.H.v.	in Höhe von
insb.	insbesondere
i.S.	im Sinne
i.S.v.	im Sinne von
i.V.m.	in Verbindung mit
Jg.	Jahrgang
KBR	Kundenbindungsrate
KBW	Kundenbindungswahrscheinlichkeit
KSW	Kundenstammwert
Kunden-EK	Kunden-Einzelkosten
LIFO	Last In First Out
LuL	Lieferungen und Leistungen
M&A	Mergers and Acquisitions
MVA	Market Value Added
m.w.N.	mit weiteren Nachweisen
NCF	Netto-Cashflow
n.F.	neuer Fassung
No.	Number
NOPAT	Net Operating Profit After Taxes
OCF	Operativer Cashflow
o.V.	ohne Verfasser
PIMS	Profit Impact of Market Strategies

RHB	Roh-, Hilfs- und Betriebsstoffe
RIM	Residual Income Model
ROI	Return on Investment
SGE	Strategische Geschäftseinheit
Tab.	Tabelle
TCF	Total Cashflow
USA	United States of America
US-GAAP	US-amerikanische Generally Accepted Accounting Principles
Verb.	Verbindlichkeiten
vgl.	vergleiche
Vol.	Volume
V&S-Kosten	Vertriebs- und Servicekosten
WACC	Weighted Average Cost of Capital
WC	Working Capital (Nettoumlaufvermögen)
WR	Wachstumsrate
zugl.	zugleich

Symbolverzeichnis

a	unterer Wert (pessimistische Schätzung)
a_i	Alternative i
A_0	Anschaffungsauszahlung in Periode t=0
$A_{0,c}^{KB}$	Investitionsauszahlung in die Bindung des Kunden *c*
$A_{0,c}^{NA}$	Investitionsauszahlung für die Neuakquisition des Kunden *c*
$A_{c,\kappa}^{NA}$	Auszahlungen für die Akquisition des Kunden *c* im Zeitpunkt κ
Ab_t	Abschreibungen in Periode t
AB_t^{kum}	Kumulierte Abschreibungen in Periode t
Ab_t^{lin}	lineare Abschreibung in Periode t
ACC	Average Cost per Custumer
AK_0	ursprünglicher Kapitaleinsatz in t = 0
AKK_0	eingesetztes Kapital in die Kundenbeziehung in t = 0
Ann_t	Annuität in Periode t
$AquK_{0,c}$	Akquisitionskosten für Kunde *c* in t = 0
AuK_c	Auflösungskosten
$AU_{t,c}$	autonomer Umsatz mit Kunde *c* in Periode t
AW	Anderswert
AZ_t	Auszahlung in Periode t
ΔAE	Aktionseffekt
α_{DM}	Innovationsrate im Diffusionsmodell
b	Oberer Wert (optimistische Schätzung)
$B(\bullet)$	Betafunktion
BCF	Brutto-Cashflow
BEK_t	Buchwert des Eigenkapitals in Periode t
BIK_t	Buchwert des investierten Kapitals in Periode t
BKW	Bruttokapitalwert
$BKKW$	Bruttokundenkapitalwert
BW	Barwert
BW_0	Barwert in t = 0
$BW_{0,RG}$	Barwert der Residualgewinne in t = 0
β_i	Betawert des Wertpapiers i
β_{DM}	Imitationsrate im Diffusionsmodell

c	Einzelkunde
c_g	Gegenwärtiger Einzelkunde
c_z	Zukünftiger Einzelkunde
C	Anzahl der Kunden
C_{at}	Anzahl der Kunden, die in Periode t akquiriert wurden
C_{wt}	Anzahl der Kunden, die in Periode t zurückbehalten wurden
$C_{gegenwärtig}$	Anzahl der gegenwärtigen Kunden in t=0
$C_{zukünftig}$	Anzahl der zukünftigen Kunden
C_{κ}	Anzahl der Kunden der Kohorte κ
$\overrightarrow{C_t}$	Vektor der Kundenstruktur einer Periode t
C_0	Basiswert Kundenanzahl
CC_t	Wert des Customer Capital in Periode t
CE	Customer Equity
$CE1$	Customer Equity 1
CF	Cashflow
$CFROI$	Cashflow Return on Investment
CLV	Customer Lifetime Value
CLV_c	Customer Lifetime Value des (Einzel-)Kunden *c*
$CLV_{c,\kappa}$	Customer Lifetime Value eines in der Zugangsperiode κ akquirierten Kunden *c*
CLV_{κ}	Customer Lifetime Value der Kohorte κ
$CLV_{0,B}^{SI}$	Customer Lifetime Value des (Einzel-)Kunden *c* bei Durchführung von Strategie I
$CS_{t,c}$	Cross Selling-Umsatz des Kunden *c* in Periode t
CVA	Cash Value Added
X	kritische Kundenanzahl
DB	Deckungsbeitrag
Div_t	Dividende in Periode t
δ_F	Degressionsfaktor
e_{ij}	Ergebniswert
E_t	Zahlung an die Eigenkapitalgeber in Periode t
$E(OCF_t)$	Erwarteter operativer Cashflow in Periode t
$E(KCF_t)$	Erwarteter Kunden-Cashflow in Periode t
EEI	Earned Economic Income

EK	Eigenkapital
EVA	Economic Value Added
EW	Ertragswert
$EW(A)_t^{[k,rak]}$	Ertragswert in der ex ante-Situation
$EW(B)_t^{[k,rak]}$	Ertragswert im Beharrungszustand
$EW(P)_t^{[k,rak]}$	Ertragswert in der ex post-Situation
EZ_t	Einzahlung in Periode t
$EZÜ$	Einzahlungsüberschuss
FCF	Free Cashflow
FK	Fremdkapital
FKT_t	Fremdkapitaltilgung in Periode t
FKZ_t	Fremdkapitalzinszahlung in Periode t
g	Wachstumsrate
$g(t)$	Wachstumsfunktion im Diffusionsmodell
G_t^b	Buchhalterischer Gewinn in Periode t
GK	Gesamtkapital
$\overline{gm}$	konstante Gewinnmarge
i	risikoloser Kalkulationszinssatz
i_{MZS}	„Marketingzinssatz“
i_s	risikoloser Kalkulationszinssatz nach Steuern
I_t^{AV}	Zusatzinvestitionen ins Anlagevermögen in Periode t
I_t^{CC}	Investitionen in das Customer Capital in Periode t
I_t^{KB}	Investitionsauszahlungen in die Kundenbindung in Periode t
I_t^{NA}	Investitionsauszahlungen in die Neukundenakquisition in Periode t
I_t^{UV}	Zusatzinvestitionen ins Nettoumlaufvermögen in Periode t
IC_{t-1}	eingesetztes Kapital zu Beginn der Periode t
IC_0	eingesetztes Kapital im Zeitpunkt t = 0
IK_t	Investiertes Kapital in Periode t
$InfoW_{t,c}$	Informationswert des Kunden *c* in Periode t
$InnoW_{t,c}$	Innovationswert des Kunden *c* in Periode t
ΔIE	Informationseffekt
k	Kalkulationszinssatz

k_0^{EPR}	Kalkulationszinssatz (ex ante-Situation)
k_1^{EPR}	Kalkulationszinssatz (ex post-Situation)
k_{EK}	Eigenkapitalkostensatz
k_{EK}^{U}	Eigenkapitalkosten eines unverschuldeten Unternehmens
k_{EK}^{V}	Eigenkapitalkosten eines verschuldeten Unternehmens
k_{FK}	Fremdkapitalzinssatz
k_{GK}	Gesamtkapitalkostensatz
k_a	Stückkosten der allerersten Einheit
k_X	Grenzkosten
K_X	Kumulierte variable Kosten
KB_t	Kapitalbestand in Periode t
KBR_0	Kapitaleinsatz-Barwert-Relation in t = 0
$KCF_{t,c}$	kundenbezogener Cashflow des Kunden *c* in Periode t
$KCF_{c,\kappa+1}$	Kunden-Cashflow pro Kunde *c* zum Zeitpunkt $\kappa+1$
$\overrightarrow{KCF_t}$	Vektor der geplanten segmentabhängigen Cashflows pro Kunde in t
kd	Kapitaldienstfaktor
KD	Kapitaldienst
$KDB_{t,c}$	Kunden-Deckungsbeitrag des Kunden *c* in Periode t
$KEEI$	Kunden-Earned Economic Income
KEP	Kunden-Erfolgspotential
KK	Kapitalkosten
$KKB_{t-1,c}$	kundenbezogene Kapitalbindung für den Kunden c in der jeweiligen Vorperiode t-1
KKW_0	Kundenkapitalwert in t = 0
$KKWR_0$	Kundenkapitalwertrate in t = 0
$KÖG$	kundenbezogener ökonomischer Gewinn
$KÖRG$	kundenbezogener ökonomischer Residualgewinn
$KoopW_{t,c}$	Kooperationswert des Kunden *c* in Periode t
KPE_t	ökonomischer Kunden-Erfolg in Periode t
$KRG_{t,c}$	Kunden-Residualgewinn des Kunden *c* in Periode t
KS	Kundenstamm
KSW_0	Wert des Kundenstamms in t = 0
$KSW_l(t)$	Kundenstammwert im Zustand l in Periode t
Kunden-DB	Kunden-Deckungsbeitrag

Kunden-EK	Kunden-Einzelkosten
Kunden-GK	Kunden-Gemeinkosten
Kunden-PK	Kunden-Prozesskosten
K^{V}	Kosten der nicht benötigten Kapazität
KW_0	Kapitalwert im Betrachtungszeitpunkt t = 0
KW_0^{MF}	Kapitalwert bei Mischfinanzierung in t = 0
κ	Kohorte bzw. Zeitpunkt der Neukundenakquisition
K	Anzahl der Kohorten in der Detailprognosephase
l	Zustand
L	maximal möglicher Zustand
$-L$	minimal nötiger Zustand
LR	Lernrate
λ	Risikopreis
m	wahrscheinlichster Wert (Modalwert)
MC	Materialkosten
MEK_o^{FTE}	Wert des Eigenkapitals in t = 0 bei Anwendung der Flow-to-Equity-Methode
$MK_{t,c}$	laufende Marketingkosten für die Bindung des Kunden *c* in Periode t
MVA_t	Market Value Added in der Periode t
μ	Erwartungswert
n	Nutzungsdauer
n_0	Basiswert Kundenanzahl
$\bar{n}$	kritischer Level (Kundenanzahl)
n_l	Kundenanzahl im Zustand *l*
$\tilde{n}$	Sprungweite der Kundenanzahl („jump width")
$\overline{N}$	Obergrenze für die Anzahl an möglichen Kunden
$\overline{N_t}$	Kumulierter Kundenbestand in der Periode t
$\overrightarrow{N(t)}$	Dynamisches Marktpotential
$N(t)$	kumulierte Nachfrage
NBV	Wert des nicht-betriebsnotwendigen Vermögens
NCF	Netto-Cash-flow
ndA_t	nicht direkt den Kunden zurechenbare Auszahlungen in t
ndE_t	nicht direkt den Kunden zurechenbare Einzahlungen in t

NEI	Net Economic Income
NKW	Nettokapitalwert
$NOPAT_t$	Net Operating Profit after Taxes in der Periode t
$ÖA$	Ökonomische Abschreibung
OCF_t	operativer Cashflow in Periode t
OE_t	operatives Ergebnis in Periode t
$ÖG_t$	ökonomischer Gewinn in Periode t
$ÖG_t^{erw}$	erwarteter ökonomischer Gewinn in Periode t
ϖ	Faktor, der die Vergünstigung der Verhandlungskosten bei Wiedergewinnung gegenüber einer Akquisition beschreibt
P	periodenspezifische Übergangsmatrix
PC	Personalkosten
PE_1	ökonomischer Erfolg in Periode t = 1
PE_t^{mod}	modifizierter ökonomischer Erfolg in t
p_{ij}	Wahrscheinlichkeit eines Wechsels des Kunden aus seinem aktuellen Zustand *i* in den Zustand *j*
PG	Periodengewinn
$PK_{t,c}$	Produkt- und Servicekosten, die für die Bedienung des Kunden *c* in Periode t anfallen
PKS_j	Prozesskostensatz eines Prozesses *j*
PM^I	tatsächlich durchgeführte Prozessmenge
PM^{max}	maximale Prozessmenge
$p_{p;t-1}^x$	Preis von Produkt(gruppe) P in Periode t-1
p_{rc}	Akquisitionswahrscheinlichkeit zukünftiger Kunden
Ψ	Entwicklung der Wachstumsrate der Kundenanzahl
π	Eintrittswahrscheinlichkeit
π_l	Eintrittswahrscheinlichkeit des Zustands l
π_ϑ	Eintrittswahrscheinlichkeit des Szenarios ϑ
$\overline{Q}$	Marktpotential
Q_t	kumulierter Absatz in einer betrachteten Periode t
q_t	Absatz in der Periode t
r	risikoadjustierter Zinssatz
r_f	risikofreier Zinssatz
r_{EVA}	EVA-Rendite

r_i	Rendite des Wertpapiers i
r_M	Marktrendite
rak	Risikoaversionskoeffizient
rak_0^{EPR}	Risikoaversionskoeffizient (ex ante-Situation)
rak_1^{EPR}	Risikoaversionskoeffizient (ex post-Situation)
RA_t	Risikoabschlag in Periode t
RBW	Restbuchwert
$REVA$	Refined Economic Value Added
RG	Residualgewinn
RG_t^{ann}	Residualgewinn bei Abschreibung nach dem Tragfähigkeitsprinzip in t
$RG_t^{ök}$	ökonomischer Residualgewinn in t
RG_t^{lin}	Residualgewinn bei linearer Abschreibung in t
RG_t^{RR}	Residualgewinn nach *Rogerson/Reichelstein* in Periode t
$RP_{t,c}$	Referenzpotential
rr_t	Rentention Rate bzw. Kundenbindungsrate in Periode t
$\Pi_{j=1}^{t} rr_j$	Kundenbindungswahrscheinlichkeit in t
RW	Restwert
ρ	Korrelationskoeffizient
s_t	Steuersatz in Periode t
$s_{CF,t}$	Cashflow-Steuersatz in Periode t
$s_{U,t}$	definitiver Unternehmensteuersatz in Periode t
$S_{U,t}$	Unternehmensteuern in Periode t
$SÄ$	Sicherheitsäquivalent
SCF	Soll-Cashflow
$sk_{P;t-1}$	Stückkosten von Produkt(-gruppe) P in Periode t-1
skf_0	Skalierungsfaktor
skf_0^{WC}	Skalierungsfaktor im Worst Case
SI	Strategie I
σ	Standardabweichung
σ^2	Varianz
$\sigma^2(r_M)$	Varianz des Marktes
t	Periode

T	Länge der Detailprognosephase
T_c	Dauer der Kundenbeziehung
T_K	Dauer der Detailprognosephase (Kundenstammbewertung)
ϕ	Nutzen
U_t	Umsatz in Periode t
$u(e)$	Nutzenfunktion
u_{ij}	Nutzenwert
$u(e_{ij})$	Nutzen des Ergebniswerts e_{ij}
$US_{t,c}$	Up Selling-Umsatz des Kunden *c* in Periode t
$üs_t$	Umsatzüberschussrate in Periode t
UW	Unternehmenswert
UW_0^{APV}	Unternehmenswert in t = 0 bei Anwendung der APV-Methode
UW_0^U	Unternehmenswert in t = 0 bei fiktiver vollständiger Eigenfinanzierung
UW_0^{WACC}	Unternehmenswert in t = 0 bei Anwendung der WACC-Methode
V_t	Vermögen in Periode t
ΔV_t	Veränderung des Vermögens in Periode t
V_0	aktueller Unternehmenswert, basierend auf den in t=0 geplanten Daten
$V_o^{*(i)}$	Fortgeschriebener Unternehmenswert, basierend auf Istdaten im Zeitraum t=-τ bis t=0
$V_{-\tau}^{*(p)}$	Ursprünglich in $t=-\tau$ geplanter Unternehmenswert
$V_o^{*(p)}$	Aufgezinster geplanter Unternehmenswert in t = 0
VA	Value Added des Unternehmens
VAC	Value Added per Customer
vAK	variable Akquisitionskosten
vBK	variable Bindungskosten
$vEAK$	Einsparung der variablen Akquisitionskosten
$vEWK$	Einsparung der Wiedergewinnungskosten
vhk	variable Herstellungskosten
vk	variable Verhandlungskosten
vkk	variable Kontakaufnahmekosten
vKW	variabler Kundenwert
vwk	variable Kontakt-Wiederaufnahmekosten

VSK_{t-1}	(mengenunabhängige) V&S-Kosten des Kunden in Periode t-1
w_t	Wachstumsrate in Periode t
w_{κ}^{KCF}	Wachstumsrate der Kunden-Cashflows der Kohorte κ
$w_{P;t}^{sk}$	Wachstumsrate der Stückkosten *sk* von Produkt(gruppe) P in Periode t
$w_{P;t}^{p}$	Wachstumsrate des Preises *p* von Produkt(gruppe) P in Periode t
$w_{P;t}^{x}$	Wachstumsrate der Absatzmenge *x* von Produkt(-gruppe) P in Periode t
w_t^{VSK}	Wachstumsrate der Vertriebs- und Servicekosten des Kunden in Periode t
wa	Werbeausgaben pro Kunde
$wacc$	gewichteter Kapitalkostensatz
WB_0^{FK}	Wertbeitrag der Fremdfinanzierung zum Zeitpunkt t = 0
WB_o^{SI}	Wertbeitrag von Strategie I (bezogen auf t = 0)
ΔWB_0^{SI}	strategieinduzierte Wertschaffung bei Durchführung von Strategie I (bezogen auf t = 0)
WC	Worst Case
$WEW_{t,c}$	Referenzwert des Kunden *c* in Periode t
X	Kumulierte Produktionsmenge
$x_{p;t-1}$	Absatzmenge von Produkt(-gruppe) P in Periode t=1
ξ	Korrekturkennzahl
$\bar{y}$	Profitabilitätsniveau
ϑ	Szenarioindex
y	Zeitpunkt
Y	Anzahl Szenarien
z	Risikozuschlag
z_c	Diskontierungsfaktor
Z	Anzahl der verkauften Produktgruppen
ζ	periodenindividuelle Verteilungsparameter

Abbildungsverzeichnis

Tabellenverzeichnis

1 Einleitung

1.1 Problemstellung

In den letzten Jahren hat die aus der Shareholder Value-Philosophie[1] resultierende Wertorientierung bei vielen Unternehmen Einzug gehalten[2] und führte in Form des Value Based Management respektive des wertorientierten Controlling zu einer entsprechenden Verankerung in diesen Unternehmen.[3] In diesem Zusammenhang ist zu beobachten, dass den immateriellen Vermögensgegenständen[4] eines Unternehmens zur Erklärung von Unternehmenswertsteigerungen eine zunehmend entscheidende Bedeutung zukommt.[5] Dies zeigt sich beispielsweise anhand von empirischen Untersuchungen zu den geschätzten Marktwert-Buchwert-Verhältnissen von Unternehmen, insbesondere aber anhand der zu beobachtenden Kaufpreise bei Großakquisitionen, die häufig einen milliardenschweren Goodwill zur Folge haben.[6] Dieser Goodwill als Unterschiedsbetrag zwischen Kaufpreis und bilanziellem Eigenkapital des akquirierten Unternehmens weist neben der Existenz stiller Reserven insbesondere auch auf das Vorhandensein nicht bilanzierter immaterieller Vermögenswerte hin.[7]

Als wichtige immaterielle Vermögensgegenstände werden in der Literatur häufig strategisch bedeutende Marken, Image und Reputation, Franchiseverträge, Urheberrechte, Lizenzen, Patente, Rezepte, Konzessionen sowie das Prozess- respektive Verfahrens-Know-how genannt.[8] Als einer der bedeutendsten immateriellen Vermö-

---

1 Vgl. insbesondere Rappaport, A. (1986); Rappaport, A. (1998). Vgl. vertiefend auch Siegert, T. (1995), S. 580ff.; Busse von Colbe, W. (1997), S. 271ff.; Günther, T. (1997), S. 1; Copeland, T./Koller, T./Murrin, J. (2002); Arbeitskreis „Finanzierungsrechnung“ (2005).

2 In einer empirischen Untersuchung der DAX 100-Unternehmen kamen *Pellens/Tomaszewski/Weber* zu dem Ergebnis, dass zu Beginn des Jahres 2000 55,9% der befragten Unternehmen die Steigerung des Unternehmenswerts als quantitative Zielsetzung verfolgen. Vgl. Pellens, B./Tomaszewski, C./Weber, N. (2000), S. 1825.

3 Vgl. statt vieler Dirrigl, H. (2003), S. 156; Coenenberg, A.G./Mattner, G.R./Schultze, W. (2003), S. 2; Pfaff, D./Stefani, U. (2003), S. 51.

4 Zur Definition von immateriellen Vermögensgegenständen vgl. bspw. Arbeitskreis „Immaterielle Werte im Rechnungswesen“ (2001), S. 990.

5 Vgl. Lev, B. (2001); Möller, K. (2004), S. 485ff.; Meyer, A./Kantsperger, R./Schaffer, M. (2006), S. 64.

6 So wurde beispielsweise in einer empirischen Untersuchung von *Lev* für die 500 Top-Unternehmen der USA ein durchschnittlicher Marktwert-/Buchwert-Faktor von 6,25 errechnet. Vgl. Lev, B. (2000), S. 2.

7 Vgl. Pellens, B./Fülbier, R.U. (2000), S. 123.

8 Vgl. Creutzmann, A. (2005), S. 30; Meyer, A./Kantsperger, R./Schaffer, M. (2006), S. 64.

gensgegenstände muss jedoch die Kundenbeziehung respektive der Kundenstamm als Summe aller Kundenbeziehungen eines Unternehmens angesehen werden.[9]

Die Bedeutung der Kunden zeigte sich insbesondere um die Jahrtausendwende, als Internet-Unternehmen der New Economy wie *Amazon* oder *ebay* maßgeblich allein anhand der Anzahl ihrer Kunden beurteilt wurden.[10] Da junge Internet-Unternehmen meist keine Gewinne auswiesen, wurden diese alternativ anhand von nicht-monetären Multiplikatoren wie sog. „eyeballs"[11], „click-throughs"[12] oder der Anzahl der registrierten Nutzer bewertet, die Aussagen über das Potential zukünftiger Kunden und darauf aufbauend über den Unternehmenswert liefern sollten.[13] Nicht erst das Platzen der dot-com-Blase Ende der 90er Jahre beweist, dass die Heranziehung solcher nicht-monetärer „marketing metrics" keinesfalls zu einer fundierten Unternehmensbewertung beitragen kann und es stattdessen geeigneter Instrumente zur Kundenbewertung bedarf.[14]

Aber auch bereits etablierte Unternehmen der Telekommunikationsbranche überboten sich um die Jahrtausendwende bei der Bezahlung von Akquisitionen, für die häufig von Managern der beteiligten Unternehmen der Kunde als Rechtfertigung für die Investitionen angeführt wurde und die daher vielfach anhand ihrer Kundenzahl taxiert wurden.[15] So erwarb beispielsweise die *Deutsche Telekom AG* im Sommer 1999 den viertgrößten englischen Mobilfunkanbieter *One-2-One* mit damals 2,65 Millionen Kunden und zahlte dafür einen Kaufpreis von umgerechnet 12,63 Milliarden Euro.[16] Auf einen einzelnen Kunden bezogen entsprach dies einem Kaufpreis von über 4.750 Euro. Die *Mannesmann AG* kaufte wenige Zeit später den zweitgrößten eng-

---

9 Vgl. Creutzmann, A. (2005), S. 30. Vgl. auch Plinke, W. (1997), S. 115f.; Fischer, T.M./Decken, T.v.d. (2001), S. 312; Hogan, J.E./Lehmann, D.R./Merino, M./Srivastava, R.K./Thomas, J.S./Verhoef, P.C. (2002), S. 27; Wiedmann, K.-P./Siemon, N./Hennigs, J. (2003), S. 301; Lissautzki, M. (2005), S. 84; Belz, C. (2005), S. 328f. In diesem Zusammenhang wird teilweise auch der Begriff des Customer Capital oder Kundenkapitals verwendet. Vgl. Arbeitskreis „Immaterielle Werte im Rechnungswesen" (2001), S. 990; Stoi, R. (2003), S. 175; Wiesel, T./Skiera, B. (2007), S. 707.

10 Vgl. Gupta, S./Lehmann, D.R./Stuart, J.A. (2004), S. 7f.; Helm, S./Günter, B. (2006), S. 6.

11 Gupta, S./Lehmann, D.R./Stuart, J.A. (2004), S. 7. Der Begriff „eyeballs" bezeichnet „die geschätzte Anzahl unterschiedlicher Personen innerhalb eines zuvor definierten Marktausschnitts oder demografischen Segments, die den Inhalt einer spezifischen Internetseite im Verlauf eines Monats aufgesucht haben." Popovic, T. (2004), S. 158.

12 Gupta, S./Lehmann, D.R./Stuart, J.A. (2004), S. 7. „Click-throughs" oder „hits" umschreiben die Anzahl an Text- oder Grafikdateien, die ein Besucher während eines Aufenthalts auf einer Internetseite abruft. Vgl. Popovic, T. (2004), S. 156.

13 Vgl. Gupta, S./Lehmann, D.R./Stuart, J.A. (2004), S. 8. Eine umfassende Übersicht solcher Internet-Performancemaße findet sich bei Popovic, T. (2004), S. 154-161.

14 Vgl. Gupta, S./Lehmann, D.R./Stuart, J.A. (2004), S. 7.

15 Vgl. Hofmann, M./Baumann, O. (2000), S. 31; Rapp, R. (2000), S. 18; Rudolf-Sipötz, E. (2001), S. 27; Dzienzol, J./Schroeder, N./Wolf, C. (2001), S. 64; Schroeder, N. (2006), S. 5f.

16 Vgl. Schroeder, N. (2006), S. 72.

lischen Mobilfunkanbieter *Orange*, die über etwa 3,5 Millionen Kunden verfügte, für einen Kaufpreis in Höhe von umgerechnet 30,68 Milliarden Euro und somit über 8.700 Euro pro Kunde, bevor sie später selbst von *Vodafone* übernommen wurde, die wiederum einen Kaufpreis pro Kunde von etwa 12.400 US-Dollar oder umgerechnet 12.680 Euro bezahlte.[17] Zwar muss berücksichtigt werden, dass die Unternehmen im Zuge dieser Akquisitionen nicht nur die Neukunden erwarben, sondern auch andere Vermögensgegenstände,[18] problematisch war in diesem Zusammenhang jedoch, dass den Großinvestitionen in Milliardenhöhe nur geringe Realwerte gegenüber standen.[19] Da aber selbst bei einem optimistisch geschätzten durchschnittlichen Mobilfunkumsatz von ca. 50 Euro pro Kunde und Monat[20] der Barwert der umsatzbezogenen Einzahlungen der Kunden (vor Abzug jeglicher Auszahlungen) in den meisten Fällen die Höhe der getätigten Investitionen kaum jemals rechtfertigen kann, und darüber hinaus noch mit zusätzlichen, nicht unerheblichen, Endgerätesubventionen, Vertriebs- und Serviceauszahlungen sowie Kündigungsquoten zwischen 15 bis 25 Prozent zu rechnen ist, zeigt sich, dass es in der Praxis dringend geeigneter Instrumente einer fundierten Kundenbewertung bedarf, um solche Akquisitionspreise, die im Nachhinein, beispielsweise aufgrund der stark negativen Börsenentwicklungen bei *Vodafone* und der *Deutschen Telekom AG* in den darauf folgenden Jahren, als eindeutig zu hoch gedeutet werden können, in Zukunft zu vermeiden.[21] Angesichts der steigenden Bedeutung der Kunden für den Unternehmenswert überrascht es, dass solche Fragen zur Kundenbewertung immer noch weitestgehend anderen Forschungszweigen überlassen werden und erst langsam in den Fokus des Controlling geraten, obwohl das dabei erforderliche Wissen hinsichtlich geeigneter Bewertungskalküle eindeutig im Controlling vorhanden wäre. Daher erscheint es aus Sicht eines unternehmenswert-orientierten Controlling ratsam, sich verstärkt mit Fragen der Evaluierung von Kundenbeziehungen zu beschäftigen.

Noch weitaus bedeutendere Anwendungsbereiche für eine Bewertung von Kundenbeziehungen ergeben sich jedoch aus Sicht des unternehmenswert-orientierten Controlling in der internen Unternehmenssteuerung. Wertorientierung beschränkt sich nicht länger nur auf die direkt mit der Wertschöpfung/Produktion in Verbindung ste-

---

17 Vgl. Hofmann, M./Baumann, O. (2000), S. 31; Gupta, S./Lehmann, D.R./Stuart, J.A. (2004), S. 12.

18 Nicht-betriebsnotwendiges Vermögen kann etwa zum Marktwert veräußert werden und muss daher theoretisch vom Kaufpreis abgezogen werden.

19 Vgl. Dzienzol, J./Schroeder, N./Wolf, C. (2001), S. 64; Schroeder, N. (2006), S. 6.

20 So weist bspw. der Mobilfunkanbieter O_2 im zweiten Quartal des Jahres 2007 gerade einmal einen durchschnittlichen ARPU (Average Revenue Per User) von 20,90 Euro im Monat auf. Vgl. o.V. (2007). Andere Anbieter weisen ähnliche durchschnittliche ARPU pro Monat auf. Vgl. bspw. o.V. (2005).

21 Besonders dramatisch waren die Folgen schließlich für die *Deutsche Telekom AG* nach dem Kauf von *Voicestream*. Vgl. Eberling, G. (2002), S. 48.

henden Bereiche, sondern umfasst mittlerweile auch bislang eher unbeachtete, produktionsfernere Bereiche wie Marketing oder Vertrieb und erfordert auch in diesen Bereichen eine effektive und effiziente Allokation der knappen Ressourcen.[22] Dies bedeutet, dass nicht länger alle Kunden gleich behandelt werden dürfen, sondern eine differenzierte Behandlung der Kunden erfolgen muss, die eine Klassifizierung der Kunden erfordert.[23] Somit sollte sich ein Unternehmen besonders um die Kunden bemühen, die die höchsten Beiträge zur Steigerung des Unternehmenswertes in Aussicht stellen.

Zur Steuerung der einzelnen Kundenbeziehungen wird ein umfangreiches Instrumentarium zur Planung und Kontrolle benötigt, das entscheidend zur Unterstützung operativer und strategischer Entscheidungen beitragen kann. In der wissenschaftlichen Betrachtung stehen der Kunde, die Kundenbewertung sowie das Kundenmanagement zwar bereits seit einiger Zeit im Fokus, insbesondere zur Ausgestaltung der wertorientierten Kontrolle, die zu den Kernaufgaben des Controlling zu zählen ist, finden sich in der Literatur jedoch bislang recht wenig Veröffentlichungen.[24] Darüber hinaus ist zu beobachten, dass sich die meisten Veröffentlichungen von der Marketingseite her an die Konzeptionierung einer wertorientierten Kunden-Steuerung annähern und zwar das Ziel einer Steigerung des Unternehmenswertes mit in die Betrachtung einbeziehen, aber häufig Fragen hinsichtlich einer geeigneten Umsetzung dieses Ziels aus Sicht einer unternehmenswert-orientierten Planung und Kontrolle ausklammern. Dies betrifft sowohl die Evaluierung als auch die Steuerung von Kundenbeziehungen, da die Auswahl an vermeintlich wertorientierten Kennzahlen zwar groß ist, aber nicht jede dieser Kennzahlen auch die richtigen Signale im Sinne einer Steigerung des Unternehmenswertes liefern kann.[25]

Die vorliegende Arbeit verfolgt die Zielsetzung, aufbauend auf einer umfangreichen Darstellung möglicher Instrumente eines unternehmenswert-orientierten Controlling ein umfassendes unternehmenswert-orientiertes Kunden-Controlling-System zur Steuerung von Kundenbeziehungen zu entwickeln. Dabei liegen die Schwerpunkte einerseits auf der Untersuchung und Weiterentwicklung bereits in der Literatur existierender Vorschläge zur Kundenbewertung, die hinsichtlich ihrer Eignung für ein

---

22 Vgl. Rese, M. (2006a), S. 743; Schneider, N.C. (2007), S. 1. Angesichts daraus resultierender begrenzter Marketing- und Vertriebsbudgets kann es sich kein Unternehmen leisten, sein Geld nach dem „Gießkannenprinzip" auszuschütten. Vgl. Schirmeister, R./Reimsbach, D. (2006), S. 98; Bauer, H.H./Stokburger, G./Hammerschmidt, M. (2006), S. 47f.; Cornelsen, J. (2006), S. 186; Homburg, C./Beutin, N. (2006), S. 228.

23 Vgl. Palloks-Kahlen, M. (2006), S. 285.

24 Einige wenige Ausnahmen stellen bspw. die Veröffentlichungen von Eberling, G. (2002), S. 304-306 sowie Tewes, M. (2003), S. 215-236 dar.

25 Vgl. Dirrigl, H. (2003), S. 156ff.; Dirrigl, H. (2004a), S. 95.

unternehmenswert-orientiertes Controlling analysiert werden, und andererseits auf deren Implementierung im Rahmen der Planung und Kontrolle von Kunden. Hier gilt es vor allem die Lücke zu schließen, die bislang im Rahmen der wertorientierten Kunden-Kontrolle festgestellt werden muss. Ein weiterer Schwerpunkt der vorliegenden Arbeit betrifft die Analyse und anschließende Berücksichtigung der in den Kundenbeziehungen implizit enthaltenen Risiken. So wird im Zusammenhang mit dem Einsatz von Marketinginstrumenten häufig übersehen, dass konkreten Investitionsauszahlungen für die Neukundenakquisition und Kundenbindung mögliche Cashflows aus der Kundenbeziehung gegenüberstehen, die einer hohen Unsicherheit unterliegen.[26] In den Konzepten, in denen eine Berücksichtigung der Risiken erfolgt, wird i.d.R. ein risikoadjustierter Zinssatz herangezogen, der nicht näher definiert, sondern allenfalls mit Verweis auf das Capital Asset Pricing Model als gegeben angenommen wird.[27] Abgesehen von der Tatsache, dass das Capital Asset Pricing Model zunehmender Kritik ausgesetzt ist,[28] wird nur selten diskutiert, ob dieses überhaupt in der Lage ist, kundenbezogene Beta-Faktoren zu ermitteln.[29] Es bedarf somit Methoden der Risikoanalyse und -bewertung, die traditionell im Aufgabenbereich des Controlling liegen. Diese sollen im Verlauf der Arbeit umfassend vorgestellt und an die Bedürfnisse eines unternehmenswert-orientierten Kunden-Controlling angepasst werden.

1.2 Gang der Untersuchung

Die vorliegende Arbeit ist in sechs Kapitel gegliedert. Das auf die Einleitung folgende zweite Kapitel umfasst die theoretischen Grundlagen des zu entwickelnden unternehmenswert-orientierten Kunden-Controlling. Zunächst erfolgt eine Systematisierung des Zielsystems eines Unternehmens. Es wird in diesem Zusammenhang herausgestellt, dass Shareholder Value- und Kunden-Orientierung nicht als sich gegenseitig widersprechende Ziele aufzufassen sind, sondern nebeneinander existieren können, wenn die Bewertung und Steuerung der Kunden anhand unternehmenswert-orientierter Methoden erfolgt. In diesem Fall tragen Marketinginvestitionen zur Verbesserung einer Kundenbeziehung gleichzeitig zu einer Steigerung des Unternehmenswer-

---

26 Eine bislang unzureichende Adressierung der Kunden- und Planungsrisiken in der Kundenwertforschung stellen bspw. auch *Reinecke/Keller* fest. Vgl. Reinecke, S./Keller, J. (2007), S. 84.

27 Ausnahmen stellen bspw. die Arbeiten von *Hogan et al.* oder *Rese/Roemer* dar. Vgl. Hogan, J.E./Lehmann, D.R./Merino, M./Srivastava, R.K./Thomas, J.S./Verhoef, P.C. (2002), S. 26-38; Rese, M./Roemer, E. (2004), S. 501-512.

28 Vgl. Schneider, D. (1995), S. 11; Schneider, D. (1998), S. 1478; Ballwieser, W. (1998), S. 83; Böcking, H.-J./Nowak, K. (1998), S. 688f.; Timmreck, C. (2002), S. 302; Dinstuhl, V. (2003), S. 28f.; Dirrigl, H. (2003), S. 151; Buch, A./Dorfleitner, G. (2007), S. 142.

29 Vgl. hierzu Schmöller, P. (2001), S. 159ff.; Hogan, J.E./Lehmann, D.R./Merino, M./Srivastava, R.K./Thomas, J.S./Verhoef, P.C. (2002), S. 31; Dhar, R./Glazer, R. (2003), S. 88f.; Ryals, L. (2003), S. 167ff.; Tewes, M. (2003), S. 278ff.

tes bei. Im Anschluss daran erfolgt eine Abgrenzung des Kundenbegriffs sowie eine grobe Darstellung hinsichtlich der Notwendigkeit und des Aufbaus eines unternehmenswert-orientierten Kunden-Controlling-Systems. Den Abschluss des zweiten Kapitels bilden eine Abgrenzung des Kundenwertbegriffs und der damit einhergehenden alternativen Kundenbewertungsmethoden.

Das dritte Kapitel befasst sich mit den methodischen Grundlagen des unternehmenswert-orientierten Controlling. Es werden Instrumente der Planung und Kontrolle vorgestellt, wobei der Schwerpunkt auf der Darstellung und Anwendung unternehmenswert-orientierter Kalküle liegt. Dies dient dem Zweck, Methoden zur Planung, Bewertung und Kontrolle zu finden, die imstande sind, Entscheidungen im Sinne einer Steigerung des Unternehmenswertes zu unterstützen.

Im Rahmen der Kundenbewertung wird im vierten Kapitel zwischen der Bewertung von Einzelkunden und der Bewertung des Kundenstamms unterschieden. Zur Bewertung der Einzelkunden wird das Konzept des Customer Lifetime Value herangezogen. Aufbauend auf der Darstellung des Grundkonzepts des Customer Lifetime Value werden die relevanten Werttreiber vorgestellt. Weitere Schwerpunkte bilden die Bestimmung der kundenbezogenen Cashflows sowie eine Untersuchung über Möglichkeiten der Risikoberücksichtigung im Rahmen der Bestimmung des Customer Lifetime Value. Den Abschluss des vierten Kapitels bildet die umfangreiche Darstellung der Ansätze zur Bewertung des Kundenstamms sowie deren Weiterentwicklung.

Im fünften Kapitel steht die Ausarbeitung eines unternehmenswert-orientierten Kunden-Controlling-Systems im Mittelpunkt. Dieses orientiert sich an den klassischen Aufgaben des Controlling: Information, Planung und Kontrolle. Im Anschluss an die Darstellung verschiedener Möglichkeiten der Beschaffung, Aufbereitung, Speicherung und Übermittlung kundenbezogener Informationen wird ein Kunden-Planungs-System entwickelt, das sich aufbauend auf den ausgearbeiteten Methoden zur Evaluierung der Kundenbeziehungen im vierten Kapitel der strategischen Planung und Analyse, insbesondere der Risikoanalyse, widmet. Im Anschluss daran erfolgt die Konzeptionierung eines Kunden-Kontroll-Systems, das u.a. Methoden zur rechtzeitigen Erkennung von Fehlentwicklungen, zur Analyse möglicher Abweichungsursachen sowie zur Bewertung von Gegenmaßnahmen beinhaltet.

Den Abschluss der Arbeit bildet im sechsten Kapitel eine Zusammenfassung.

Die folgende Abbildung verdeutlicht noch einmal graphisch den Gang der Untersuchung:

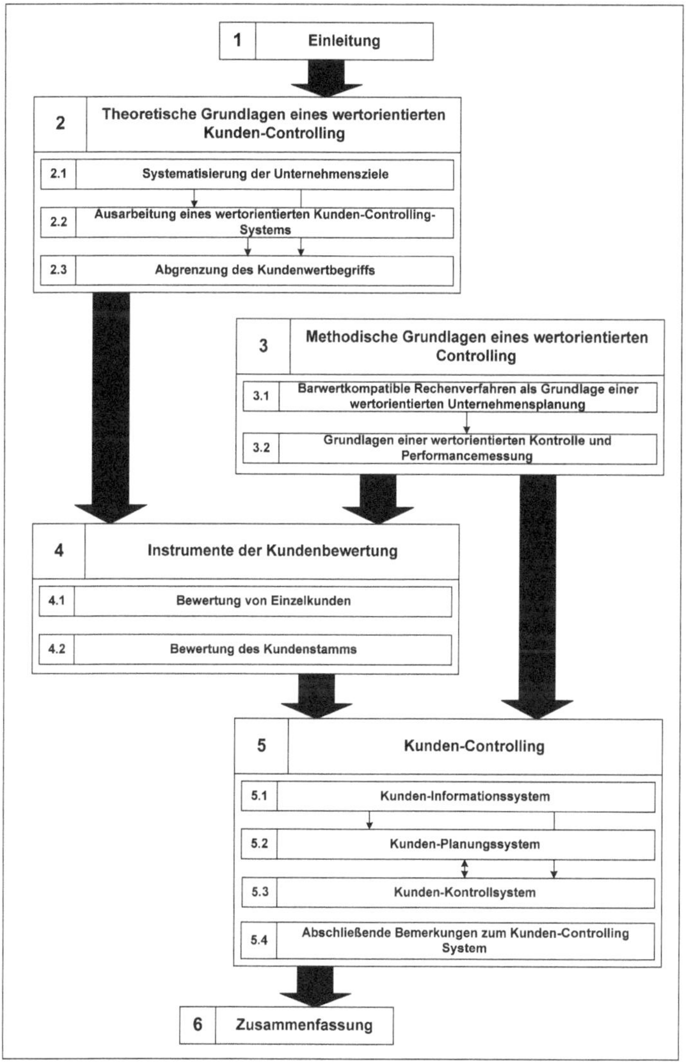

Abb. 1-1: Gang der Untersuchung

2 Theoretische Grundlagen eines unternehmenswert-orientierten Kunden-Controlling

2.1 Systematisierung der Unternehmensziele

In der betriebswirtschaftlichen Literatur besteht Einigkeit darüber, dass bei Entscheidungsproblemen nicht nur von einem isolierten Unternehmensziel, wie etwa dem Formalziel der Unternehmenswertsteigerung, ausgegangen werden kann, sondern vielmehr ein mehrdimensionales Zielsystem heranzuziehen ist.[30] Dieses ist derart zu definieren, dass es die Steuerung des Unternehmens ermöglicht, weswegen es grundsätzlich nicht nur finanzwirtschaftliche Ziele, sondern auch Sachziele, soziale Ziele oder gesellschaftsbezogene Ziele beinhalten kann.[31] Aus Controlling-Sicht sollten sowohl Ziele für ein strategisches Controlling als auch für ein operatives Controlling formuliert werden, so dass erste Möglichkeiten für eine Operationalisierung der Oberziele aufgezeigt werden. Als Oberziel des strategischen Controlling dominiert in der Literatur die nachhaltige Sicherung der Unternehmensexistenz, kurzfristige Oberziele für ein operatives Controlling stellen der Gewinn und die Liquidität dar.[32]

2.1.1 Die nachhaltige Sicherung der Unternehmensexistenz als oberstes Unternehmensziel

Ein Argument für die nachhaltige Sicherung der Unternehmensexistenz als oberstes Unternehmensziel stellt die damit verbundene langfristige Gewährleistung der Interessen sämtlicher Anspruchsgruppen eines Unternehmens dar.[33] Der Aufbau und die Erhaltung von dauerhaften „Erfolgspotentialen“[34] gelten als probate Mittel, um dieses Ziel zu erreichen.[35] Bereits *Gälweiler* formulierte als wesentliche Aufgabe eines Unternehmens auf strategischer Ebene, „für die Schaffung und Erhaltung der besten Voraussetzungen für anhaltende und weit in die Zukunft reichende Erfolgsmöglichkeiten, d.h. für „Erfolgspotentiale“ zu sorgen“.[36] Erfolgspotentiale sind das Ergebnis

---

30 Vgl. Günther, T. (1997), S. 68.

31 Einen Überblick über mögliche Unternehmensziele liefern bspw. Welge, M.K./Al-Laham, A. (2003), S. 114.

32 Vgl. Günther, T. (1991), S. 16-20; Coenenberg, A.G. (1993), Sp. 3680f.; Günther, T. (1997), S. 68; Baum, H.-G./Coenenberg, A.G./Günther, T. (2007), S. 5ff.

33 Vgl. Günther, T. (1997), S. 68; Kriegbaum, C. (2001), S. 69; Littkemann, J. (2006), S. 11.

34 Den Begriff des Erfolgspotentials, damals noch als Ertragspotential bezeichnet, prägte erstmals *Gälweiler* im Jahre 1974. Vgl. Gälweiler, A. (1974), S. 132f.

35 Vgl. Rasche, C. (1994), S. 7. So besteht laut *Gälweiler* die wesentliche Aufgabe der strategischen Unternehmensführung darin, „für die Schaffung und Erhaltung der besten Voraussetzungen für anhaltende und weit in die Zukunft reichende Erfolgsmöglichkeiten, das heißt für „Erfolgspotentiale“ zu sorgen“. Gälweiler, A. (2005), S. 24.

36 Vgl. Gälweiler (2005), S. 23f.

des Abgleichs externer Chancen und Risiken mit den Stärken und Schwächen des Unternehmens, mit dem Ziel, die unternehmerischen Stärken optimal mit den umfeldbedingten Chancen zu verknüpfen.[37]

2.1.1.1 Erfolgspotentiale als Zielgröße des strategischen Managements

Da der Aufbau von Erfolgspotentialen einen längeren Zeitraum erfordert[38] und zudem die Erfolgspotentiale als Vorsteuerungsgrößen der für die operative Unternehmenssteuerung heranzuziehenden Größen Erfolg und Liquidität[39] angesehen werden können,[40] stellen diese die entscheidende strategische Führungs- respektive Steuerungsgröße eines Unternehmens dar, wie die folgende Abbildung verdeutlicht:[41]

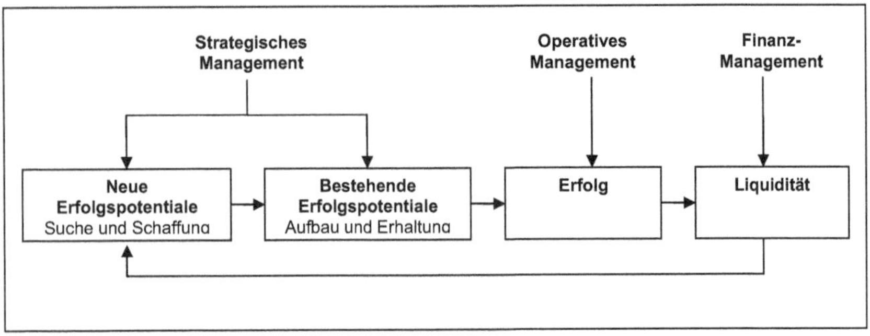

Abb. 2-1: Zusammenhang zwischen strategischen und operativen Steuerungsgrößen

Demnach besteht die Hauptaufgabe des strategischen Managements darin, durch entsprechende strategische Maßnahmen und Entscheidungen die Schaffung, den Aufbau und die Erhaltung neuer oder bereits bestehender Erfolgspotentiale zu forcieren.[42] Der Begriff des Erfolgspotentials kann dabei wie folgt definiert werden: „Unter einem Erfolgspotential ist ein unternehmerisches Aktivitätsfeld zu verstehen, das es ermöglicht, aufgrund der durch das Unternehmen aufgebauten Positionen langfristig überdurchschnittliche Erträge zu erzielen [...].“[43] Laut *Richter* stellt das

---

37 Vgl. Gälweiler, Aloys (1974), S. 132 sowie S. 149. Vgl. auch Baum, H.-G./Coenenberg, A.G./Günther, T. (2007), S. 6.

38 Vgl. Schmidbauer, R. (1998), S. 87; Weber, J. (2005), S. 209.

39 Erfolg und Liquidität weisen in diesem Zusammenhang den Nachteil auf, „daß sie immer erst die Wirkungen von Veränderungen und nicht die bereits viel früher erkennbaren Ursachen registrieren können“. Gälweiler, A. (2005), S. 25.

40 Vgl. Gälweiler, A. (2007), S. 24; Pfohl, H.-C. (1988), S. 813.

41 Quelle: Fischer, T.M. (2000), S. 73.

42 Vgl. auch Esser, K. (2000), S. 186.

43 Fischer, T.M. (1993), S. 16.

Erfolgspotential „das Aggregat der zukünftigen Residualeinkommen der Eigentümer von wirtschaftlichen Aktivitäten, Projekten oder Unternehmen dar".[44]

Um diese als potentielle überdurchschnittliche Erfolge zu verstehenden Residualeinkommen auch ausreichend nutzen respektive ausschöpfen zu können, muss das Management eines Unternehmens auch die richtigen strategischen Entscheidungen hinsichtlich der Produkte, Märkte und Ressourcen des Unternehmens treffen und durch operative Maßnahmen dafür sorgen, dass die ausgewählte Strategie auch hinreichend im Unternehmen implementiert wird.[45] Beispiele für Handlungsoptionen des Managements, die schließlich in Unternehmensstrategien münden, sind beispielsweise die Durchführung von Marketing-Kampagnen zur Gewinnung von Marktanteilen, das Ausmaß an Forschung und Entwicklung zur Erzielung von bestimmten Produkteigenschaften oder zur Einführung von ganz neuen Produkten, die Erschließung von neuen Märkten sowie neuartigen Vertriebskanälen oder auch Make-Or-Buy-Entscheidungen.[46]

Die Erfolgspotentiale eines Unternehmens geben gleichzeitig die Obergrenze für den erzielbaren Gesamterfolg eines Unternehmens vor.[47] Der erzielbare Gesamterfolg kann folglich nur ausgeweitet werden, wenn die bestehenden Erfolgspotentiale des Unternehmens erhöht respektive neue Erfolgspotentiale geschaffen werden. Aufgrund ihrer langfristigen Natur lassen sich auch in der Vergangenheit begangene Versäumnisse hinsichtlich des Aufbaus von Erfolgspotentialen nicht beliebig schnell korrigieren.[48] Dabei ist zu beachten, dass zwischen den Erfolgspotentialen als langfristiger Steuerungsgröße und dem (Perioden-)Erfolg sowie der Liquidität als kurzfristigen Steuerungsgrößen auch wechselseitige Zusammenhänge bestehen, d.h. dass ein Aufbau von Erfolgspotentialen durch die Durchführung von Investitionen kurzfristig zu Lasten des Erfolgs und der Liquidität gehen kann, langfristig jedoch die Chancen auf höhere Erfolge überproportional steigert.

Zur Ausgestaltung von Erfolgspotentialen existieren in der Literatur unterschiedliche Ansätze. Verfechter des marktorientierten Ansatzes sehen als entscheidendes Erfolgspotential die Schaffung von Wettbewerbsvorteilen an, die es einem Unternehmen ermöglichen, seinen Kunden ein „überlegenes Kundennutzen-Angebot"[49] bereit

44 Richter, F. (2002), Sp. 411.
45 Vgl. Fischer, T.M. (2000), S. 72.
46 Vgl. Richter, F. (2002), Sp. 412.
47 Vgl. Laux, H./Liermann, F. (1986), S. 26.
48 Vgl. Gälweiler, A. (1974), S. 133.
49 Richter, F. (1999), S. 78.

zu stellen.[50] Dieses drückt sich in externen Produkt-Markt-Potentialen aus, die entscheidend für den Erfolg eines Unternehmens sind.[51] Verfechter des ressourcenorientierten Ansatzes sehen als entscheidende Erfolgspotentiale dagegen vielmehr die aufgebauten Ressourcen eines Unternehmens an, die auch als interne Erfolgspotentiale bezeichnet werden können und zur Schaffung und Erhaltung von Wettbewerbsvorteilen beitragen sollen.[52] Um langfristig erfolgreich sein zu können, müssen Unternehmen schon frühzeitig den Aufbau bedeutender Ressourcen und darauf aufbauender Kernkompetenzen fördern.[53] Aufgrund der Forderung nach eingeschränkter Imitierbarkeit und Substituierbarkeit kommt insbesondere immateriellen Vermögenswerten wie technologischem Know-how oder dem Kundenstamm eines Unternehmens eine entscheidende Bedeutung zu.[54]

Mittlerweile hat sich die Erkenntnis durchgesetzt, dass die Ideen des marktorientierten und des ressourcenorientierten Ansatzes nicht als Gegensätze aufzufassen, sondern miteinander zu verknüpfen sind. So kommt insbesondere den Kunden eines Unternehmens sowohl im marktorientierten als auch im ressourcenorientierten Ansatz eine wichtige Bedeutung zu. Die folgende Abbildung von *Breid* stellt den Zusammenhang zwischen den externen Produkt-Markt-Potentialen und den internen Potentialen dar:[55]

---

50 Vgl. Baum, H.-G./Conenberg, A.G./Günther, T. (2004), S. 229.

51 Vgl. Breid, V. (1994), S. 34.

52 Vgl. Breid, V. (1994), S. 40; Hinterhuber, H.H./Friedrich, S.A. (1999), S. 990; Baum, H.-G./Conenberg, A.G./Günther, T. (2004), S. 230; Freiling, J. (2006), S. 87.

53 Vgl. Hamel, G./Prahalad, C.K. (1995).

54 Vgl. Dierkes, S./Gerum, E./Ayaz, M./Stieglitz, N. (2004), S. 39; Meyer, A./Kantsperger, R./Schaffer, M. (2006), S. 64.

55 Quelle: Breid, V. (1994), S. 37.

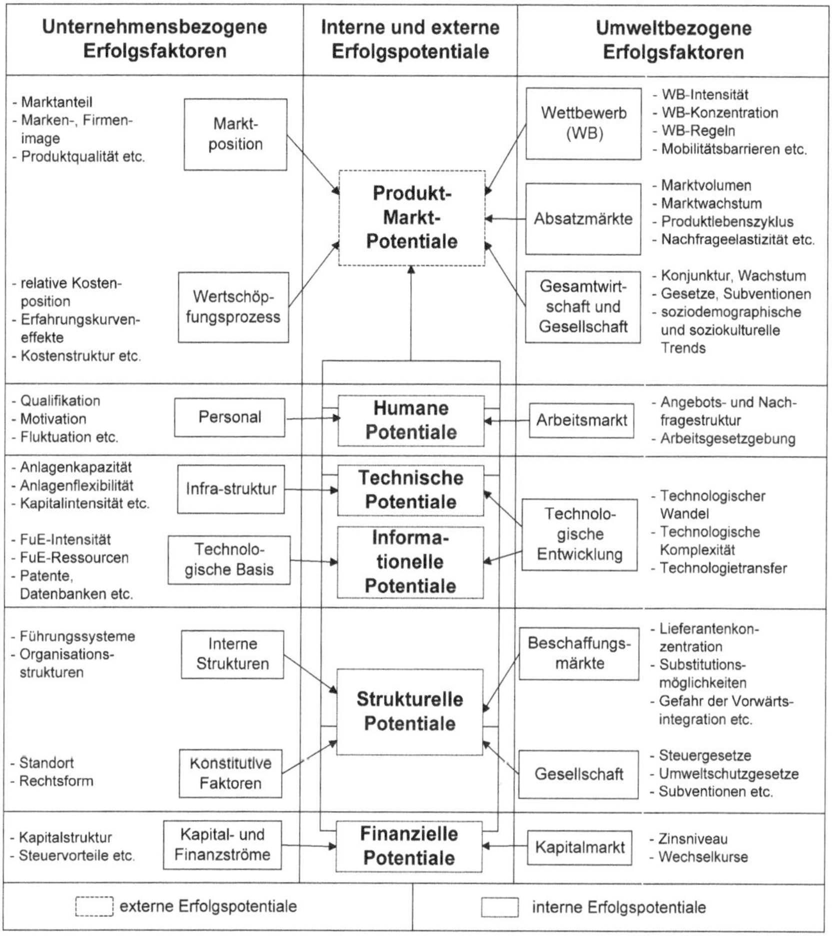

Abb. 2-2: Überblick über interne und externe Erfolgspotentiale und ihre Einflussgrößen

Entscheidend für den Unternehmenserfolg sind also letztlich die sich aus den Produkt-Markt-Potentialen ergebenden externen Erfolgspotentiale, die jedoch nur hinreichend geschaffen und genutzt werden können, wenn entsprechende interne Erfolgspotentiale in ausreichendem Maße vorhanden und aktiviert worden sind.[56] Zu den internen Erfolgspotentialen gehören sämtliche Kenntnisse, Fertigkeiten und aufgebauten Ressourcen eines Unternehmens, materielle wie auch immaterielle. Es handelt sich dabei um die humanen, technischen, informationellen, strukturellen sowie finanziellen Potentiale.[57] Allgemeiner formuliert beeinflussen sämtliche im Zeitablauf gewonnenen Erfahrungen eines Unternehmens mit Märkten, Technologien, sozialen Strukturen und Prozessen die bestehenden Erfolgspotentiale.[58]

Um die Schaffung, den Aufbau und die Erhaltung von externen und internen Erfolgspotentialen entsprechend steuern zu können, bedarf es geeigneter Instrumente, die eine Messung und Kontrolle dieser Erfolgspotentiale auch hinreichend unterstützen. Da den Mitarbeitern die Möglichkeit gegeben werden sollte, Einfluss auf die Erfolgspotentiale des Unternehmens zu nehmen, müssen diese darüber hinaus hinreichend operationalisierbar sein. An dieser Stelle ergibt sich jedoch das Problem, dass eine Vielzahl von potentiellen Einflussfaktoren auf die strategischen Erfolgspotentiale eines Unternehmens oder einzelner Geschäftsbereiche existieren und diese zudem häufig nur schwer messbar sind.[59] Im Rahmen der Erfolgsfaktorenforschung, die sich auf empirische Studien und Befragungen stützt, wird jedoch davon ausgegangen, dass letztlich nur eine überschaubare Anzahl dieser zahlreichen Einflussfaktoren maßgeblich für den Erfolg oder Misserfolg eines Unternehmens verantwortlich ist.[60] Diese werden auch als kritische oder strategische Erfolgsfaktoren bezeichnet.[61]

2.1.1.2 Strategische Erfolgsfaktorenforschung zur Erklärung der Erfolgspotentiale

Ausgangspunkt der Erfolgsfaktorenforschung ist die Beobachtung, dass in der Vergangenheit stets einige Unternehmen trotz schwacher Branchenkonjunktur und

---

56 Vgl. Link, J. (1985), S. 15; Dellmann, K. (1991), S. 433; Breid, V. (1994), S. 34f.; Schmidbauer, R. (1998), S. 88. Ähnlich auch *Krüger/Schwarz*, die das gesamte Erfolgspotential eines Unternehmens, eines Segments oder eines Geschäftsfelds als strategisches Erfolgspotential bezeichnen und dieses in ein externes und ein internes Erfolgspotential unterteilen. Vgl. Krüger, W./Schwarz, G. (1990), S. 192. Ein ähnliches Konzept zur Erklärung des Unternehmenserfolgs stammt von *Lev*, der allerdings nicht explizit zwischen externen und internen Erfolgspotentialen differenziert, sondern die Kombination von immateriellen und materiellen Vermögensgegenständen, die durch das Vorhandensein der „organizational infrastructure", vergleichbar mit den strukturellen Potentialen in Abbildung 2-2, als „enabler" ausgelöst wird, als entscheidenden Erfolgsfaktor ansieht. Vgl. Lev, B. (2003), S. 124f.

57 Vgl. Link, J. (1985), S. 15.

58 Vgl. Fischer, T.M. (2000), S. 72.

59 Vgl. Pfohl, H.-C. (1988), S. 813.

60 Vgl. Rockart, J.F. (1979), S. 85ff.; Hoffmann, F. (1986), S. 832; Schmidbauer, R. (1998), S. 88; Fischer, T.M. (2000), S. 74.

61 Vgl. Hoffmann, F. (1986), S. 831; Hahn, D./Gräb, U. (1989), S. 211; Fischer, T.M. (1993), S. 18; Baum, H.-G./Coenenberg, A.G./Günther, T. (2007), S. 31.

struktureller Umbrüche über einen sehr langen Zeitraum erfolgreicher am Markt agieren konnten als die Konkurrenz.[62] Dies drückte sich beispielsweise in einer Ausweitung des Marktanteils, der Gewinnung von neuen Märkten und in neuen Produkten in zuvor noch nicht bearbeiteten Marktsegmenten aus, und führte zu der Überzeugung, dass der außergewöhnliche Erfolg der Unternehmen seine Ursache in einer begrenzten Anzahl von Einflussfaktoren haben muss.[63] Die Erfolgsfaktorenforschung hatte es sich darauf aufbauend zum Ziel gesetzt, diese Einflussfaktoren zu identifizieren, um mit den daraus gewonnenen Erkenntnissen strategische Handlungsempfehlungen geben zu können und somit einen Zusammenhang zwischen einzelnen Marketing-Maßnahmen und einer ökonomischen Erfolgsgröße herzuleiten.[64] Im Kontext einer wertorientierten, strategischen Unternehmenssteuerung sollen unter strategischen Erfolgsfaktoren solche Größen verstanden werden, die einen entscheidenden Einfluss auf die Höhe und die zeitliche Verlaufsstruktur der finanziellen Werttreiber und somit letztlich auch auf den Unternehmenswert haben.[65] Anders ausgedrückt garantieren strategische Erfolgsfaktoren einem Unternehmen, dass es einen Vorteil gegenüber seinen Wettbewerbern erzielen und somit Projekte mit positivem Kapitalwert realisieren kann.[66]

Strategische Erfolgsfaktoren lassen sich in umweltbezogene und unternehmensbezogene Erfolgsfaktoren unterteilen.[67] Umweltbezogene Erfolgsfaktoren können vom Unternehmen nicht oder nur partiell beeinflusst werden, wie etwa die Marktattraktivität, der Marktlebenszyklus und die Kunden- und Lieferantenstärke, während unternehmensbezogene Erfolgsfaktoren direkt vom Unternehmen beeinflusst werden können, wie beispielsweise die Unternehmensstruktur, die Unternehmenskultur, das Wissen und Know-how sowie die Finanzkraft des Unternehmens.[68] Die direkt vom Unternehmen beeinflussbaren unternehmensbezogenen strategischen Erfolgsfaktoren stellen gleichzeitig die strategischen Aktionsparameter des Unternehmens zur Steigerung der finanziellen Werttreiber und somit zur Unternehmenswertsteigerung dar.

---

62 Vgl. Hahn, D./Gräb, U. (1989), S. 212.
63 Vgl. hierzu beispielsweise die Studien von Hoffmann, F. (1986), S. 831-843; Hahn, D./Gräb, U. (1989), S. 211-230.
64 Vgl. Rese, M./Herter, V. (2005), S. 1011.
65 Vgl. Peschke, M.A. (1997), S. 86.
66 Vgl. Richter, F. (1999), S. 78.
67 Vgl. Schmidbauer, R. (1998), S. 88.
68 Vgl. Fischer, T.M. (2000), S. 74.

Zur Ermittlung von strategischen Erfolgsfaktoren existieren eine ganze Reihe von empirischen Untersuchungen[69], deren Eignung exemplarisch anhand der bekanntesten und umfangreichsten empirischen Untersuchung analysiert werden soll. Diese entstand aus dem Profit Impact of Market Strategies (PIMS)-Programm, das Anfang der 1960er Jahre bei General Electric entwickelt wurde und seit 1975 durch das Strategic Planning Institute in Cambridge/Massachussetts betreut wird.[70] Hierzu wurden bestimmte Geschäftsfelder von amerikanischen und europäischen Industrie- und Dienstleistungsunternehmen untersucht, wobei als Geschäftsfeld ein Unternehmensbereich zu verstehen ist, „der einen abgegrenzten Markt mit einer homogenen Produktgruppe versorgt, durch einen einheitlichen Kreis von Wettbewerbern gekennzeichnet ist und über eine eigene, hinreichend zuverlässige Rechnungslegung verfügt."[71] Die Gesamtauswertung der in Form von vorstrukturierten Fragebögen ausgestalteten Studie führte schließlich zu einer Regressionsgleichung mit 37 unabhängigen Variablen respektive Erfolgsfaktoren, die die Varianz der abhängigen Variable Return on Investment (ROI) zu etwa 80% erklärt.[72] Die wichtigsten Einflussbereiche sind demnach die Marktattraktivität[73], die relative Wettbewerbsposition[74], die Investitionsattraktivität[75], die Kostenattraktivität[76], allgemeine Unternehmensmerkmale wie die Unternehmensgröße oder der Diversifikationsgrad sowie entsprechende Veränderungen von entscheidenden Schlüsselfaktoren[77].[78] Des Weiteren wurden 19 Variablen erfasst, die ca. 70% der Varianz des Cashflow der untersuchten strategischen Geschäftsfelder erklären.[79] Die Ergebnisse der PIMS-Studie führten bei ihren Verfechtern zu der Überzeugung, dass die Unternehmen nur noch den in Form von sog. „PIMS-Letters" publizierten Strategieempfehlungen, die auf statistisch fundierten Marktgesetzen basierten, folgen mussten, um erfolgreich zu sein.[80]

---

69 Darunter sind zahlreiche allgemeine, branchenspezifische sowie unternehmensspezifische Studien, die Aufschluss über wichtige strategische Erfolgsfaktoren in den unterschiedlichsten Branchen und Unternehmen geben. Einen umfassenden Überblick bietet Fischer. Vgl. Fischer, T.M. (1993), S. 21-32.

70 Vgl. Frese, E. (1986), S. 126; Buzzell, H.J./Gale, B.T. (1989); Fischer, T.M. (2000), S. 78.

71 Lange, B. (1982), S. 31.

72 Vgl. Lange, B. (1982), S. 32.

73 Diese ist etwa durch das kurz- und langfristige Marktwachstum, den Exportanteil sowie durch den Konzentrationsgrad auf der Anbieter- sowie Abnehmerseite gekennzeichnet.

74 Einflussfaktoren der relativen Wettbewerbsposition sind bspw. der Marktanteil, der relative Marktanteil in Relation zu den drei größten Konkurrenten, das relative Gehaltsniveau im Unternehmen sowie die relative Produktqualität.

75 Die Investitionsattraktivität wird z.B. durch die Investitionsintensität, die Wertschöpfung dividiert durch den Umsatz als Messgröße der vertikalen Integration oder durch die Kapazitätsausnutzung bestimmt.

76 Ausgedrückt bspw. durch den Marketingaufwand dividiert durch den Umsatz, den F&E-Aufwand dividiert durch den Umsatz oder durch die Rate von Neuprodukteinführungen.

77 Also bspw. eine Marktanteilsänderung, eine Änderung der vertikalen Integration, eine relative Preisänderung, eine Produktqualitätsänderung oder eine Kapazitätsänderung.

78 Vgl. Lange, B. (1982), S. 32; Fischer, T.M. (1993), S. 23; Rasche, C. (1994), S. 43.

79 Vgl. Fischer, T.M. (1993), S. 22.

80 Vgl. Aharoni, Y. (1993), S. 33; Rasche, C. (1994), S. 43f.

Die Erkenntnisse aus den empirischen Studien der Erfolgsfaktorenforschung zur Ermittlung der entscheidenden strategischen Erfolgsfaktoren weisen jedoch eine ganze Reihe von Kritikpunkten auf, die sich insbesondere auf generelle Probleme bei deren Identifikation, eine mangelnde Konkretisierbarkeit und Generalisierbarkeit der strategischen Erfolgsfaktoren sowie eine mangelnde Prognosevalidität beziehen.[81] Ein weiteres Problem ergibt sich aus der eigentlichen Intention, dass eine Bestimmung der strategischen Erfolgsfaktoren des Unternehmens dazu beitragen soll, die Schaffung und Erhaltung von Erfolgspotentialen besser zu operationalisieren und zu steuern.[82] Um abschätzen zu können, welche Auswirkungen mögliche Unternehmensstrategien auf das Erfolgspotential des Unternehmens haben, müssten streng genommen die genauen Ursache-Wirkungs-Zusammenhänge zwischen jedem einzelnen strategischen Erfolgsfaktor und dem Erfolgspotential bekannt sein. Aufgrund der Multidimensionalität der Ursache-Wirkungs-Zusammenhänge und bestehender Interdependenzen zwischen den einzelnen Erfolgsfaktoren ist es in der Praxis aber nahezu unmöglich, den Erfolg eines Unternehmens respektive einer Strategischen Geschäftseinheit (SGE)[83] auf einige wenige Erfolgsfaktoren zurückzuführen.[84] Noch schwieriger gestaltet sich jedoch die genaue Zurechnung auf einen einzelnen Erfolgsfaktor.[85] Da jede Ursache mehrere Wirkungen nach sich ziehen, umgekehrt aber auch eine Wirkung, in diesem Fall eine Steigerung des Erfolgspotentials, mehrere Ursachen haben kann, ist von besonderem Interesse, welchen Anteil jeder einzelne Erfolgsfaktor an der Steigerung des Erfolgspotentials trägt. Dies herauszufinden erscheint aber nahezu unmöglich. Darüber hinaus existieren auch zwischen den einzelnen Erfolgsfaktoren untereinander wechselseitige Beziehungen, die „erst in ihrer synergetischen Verknüpfung mit anderen Einflussgrößen das optimale Nutzenpotential“[86] ermöglichen, eine aussagekräftige detaillierte Zurechnung auf einzelne Erfolgsfaktoren aber unmöglich machen.[87] Auch muss es sich bei einem betrachteten Erfolgsfaktor gar nicht um den relevanten kritischen Erfolgsfaktor handeln, auch wenn aus analytischer Sicht bereits die Vermutung einer Ursache-Wirkungs-Beziehung entstanden ist.[88] Vielmehr kann der dem betrachteten Erfolgsfaktor vorgelagerte Ursachefaktor der eigentlich kritische Erfolgsfaktor zur Steigerung des Erfolgspotentials sein. Des Weiteren können aufgrund der dynamischen Umweltveränderungen bestimmte strategische Erfolgsfaktoren auch an Bedeutung verlieren und neue strategische Erfolgsfaktoren entstehen respektive an Bedeutung zunehmen, so dass vor

81 Vgl. Rasche, C. (1994), S. 42ff.
82 Vgl. Breid, V. (1994), S. 35.
83 Vgl. hierzu Breid, V. (1994), S. 15.
84 Vgl. Lange, B. (1982), S. 29; Rasche, C. (1994), S. 45.
85 Vgl. Lange, B. (1982), S. 29.
86 Rasche, C. (1994), S. 45.
87 Vgl. Fischer, T.M. (1993), S. 35.
88 Vgl. Lange, B. (1982), S. 28.

allem die vergangenheitsbezogene Sichtweise der empirischen Studien sehr kritisch zu beurteilen ist.[89] Ein weiterer wichtiger Punkt ist die Existenz schwer erhebbarer sog. soft facts, die bereits im Rahmen der PIMS-Studie erkannt worden sind, dort aber als „Störvariablen" interpretiert und daher vernachlässigt wurden.[90] Diese soft facts sind gerade der Ausgangspunkt für den oben bereits erwähnten ressourcenorientierten Ansatz. Es handelt sich dabei um mehrheitlich intangible Ressourcen, die als interne Erfolgspotentiale zur Erzielung der externen Produkt-Markt-Potentiale anzusehen sind.[91] Die strategischen Erfolgsfaktoren sind also allenfalls nur unter sehr großen Informationsverlusten identifizierbar und konkretisierbar.[92] Noch kritischer ist jedoch die im Rahmen der PIMS-Studie intendierte Generalisierbarkeit der Ergebnisse zu beurteilen, bei der die unternehmens- und branchenindividuellen Besonderheiten weitgehend unberücksichtigt bleiben.[93] In diesem Zusammenhang stellt sich die Frage, warum es sich bei einer Konzentration auf besonders Erfolg versprechende strategische Erfolgsfaktoren seitens der Unternehmen um ein Geheimrezept handeln sollte, wenn sich laut den Erkenntnissen der PIMS-Studie alle Unternehmen auf den entsprechenden Erfolgsfaktor konzentrieren sollen.[94] Wahrscheinlicher ist in diesem Fall, dass die Ausrichtung aller Unternehmen einer Branche auf einen entscheidenden Erfolgsfaktor einen derartigen Konkurrenzkampf auslöst, der für einige Unternehmen unweigerlich zur Existenzbedrohung führen muss.[95]

Ein weiterer Kritikpunkt betrifft die Vergangenheitsbezogenheit der Erfolgsfaktorenforschung und ihre damit einhergehende mangelnde Fähigkeit der Prognose zukünftiger Auswirkungen der eingeschlagenen Strategien respektive der Konzentration auf strategische Erfolgsfaktoren.[96] Aufgrund des Querschnittscharakters der PIMS-Studien ist es nicht möglich, Tendenzen hinsichtlich der zukünftigen Bedeutung einzelner strategischer Erfolgsfaktoren zu bestimmen.[97] Ein weiterer bedeutender Nachteil der PIMS-Studien ist ihre alleinige Konzentration auf den ROI, der allenfalls für die Beurteilung der kurz- und mittelfristigen finanziellen Leistungsfähigkeit eines Unternehmens herangezogen werden kann, nicht aber für die Beurteilung der langfristigen

---

89 Vgl. Frese, E. (1986), S. 135; Aharoni, Y. (1993), S. 33. Vgl. hierzu auch bereits Mises, L. (1949), S. 55f., der generell die statische Methodik der wirtschaftswissenschaftlichen empirischen Studien kritisiert, da diese lediglich historische Tatbestände aufdecken, nicht aber dynamische Kausalzusämmenhänge darstellen können.

90 Vgl. Aharoni, Y. (1993), S. 35.

91 Vgl. Breid, V. (1994), S. 34ff.; Rasche, C. (1994), S. 46.

92 Vgl. Rasche, C. (1994), S. 45ff.

93 Vgl. Rasche, C. (1994), S. 44.

94 Vgl. auch Schmid, S./Kutschker, M. (2002), S. 1242.

95 Vgl. Rasche, C. (1994), S. 49. Diese Entwicklung wurde meistens noch dadurch unterstützt, dass nur die strategischen Erfolgsfaktoren der Konkurrenz kopiert wurden, nicht aber der entsprechende Aufbau der Unternehmensressourcen, der eher heterogen erfolgte. Vgl. Rasche, C. (1994), S. 55.

96 Vgl. Lombriser, R./Abplanalp, P.A. (2004), S. 185.

97 Vgl. Rasche, C. (1994), S. 52.

finanziellen Leistungsfähigkeit, die ja eben den Aufbau, die Schaffung und die Erhaltung der Erfolgspotentiale eines Unternehmens begründet.[98]

Zusammenfassend kann gesagt werden, dass die Ergebnisse der Erfolgsfaktorenforschung aufgrund einer „gewisse[n] Beliebigkeit der Regressionsanalysen und eine[r] – nicht ganz verwunderliche[n] – fehlende[n] Stabilität an Einflussfaktoren"[99] eher bescheiden sind. Aufgrund des geringen Nutzens empirischer Studien der Erfolgsfaktorenforschung erscheint es ratsam, die strategischen Erfolgsfaktoren eines Unternehmens individuell für jedes Unternehmen unter Berücksichtigung der unterschiedlichen Branchenzugehörigkeit zu analysieren.[100] Bei der Formulierung, Bewertung und Auswahl der Unternehmensstrategien sollte dabei der Schwerpunkt auf den „weichen", einzigartigen Ressourcen liegen, die die entscheidenden strategischen Erfolgsfaktoren zum Aufbau interner Erfolgspotentiale darstellen, da diese wichtige Hinweise zur Eignung einer Unternehmensstrategie geben. Darüber hinaus bedarf es geeigneter quantitativer und qualitativer Instrumente, um die Informationen in Form strategischer Erfolgsfaktoren zu verarbeiten.

Die Kritik an solchen empirischen Untersuchungen zeigt deutlich auf, von welch entscheidender Bedeutung quantitative und dabei insbesondere monetäre Größen für die Unternehmenssteuerung sind. Aufgrund der oben beschriebenen Vorsteuerungsfunktion schlägt sich das Erfolgspotential eines Unternehmens letztlich auch in den Erfolgen respektive den Cashflows späterer Perioden nieder, die wiederum den aktuellen Wert eines Unternehmens ausmachen.[101] Aus diesem Grund lässt sich die qualitative Größe des Erfolgspotentials auch direkt mit Hilfe des Unternehmenswerts quantifizieren.[102] Dieser Zusammenhang soll zur Ausgestaltung eines strategischen Kunden-Controlling genutzt werden. Darüber hinaus entspricht eine Erhaltung des Unternehmenswertes, verstanden als Zukunftserfolgswert, dem Oberziel der nachhaltigen Existenzsicherung.[103] Auch wenn die Erhaltung und Steigerung des Unternehmenswertes das Oberziel der nachhaltigen Existenzsicherung nicht vollständig substituieren kann, wie beispielsweise anhand einer notwendigen, aber im Rahmen der Unternehmenswertermittlung nicht berücksichtigten Liquiditätssicherung aufgezeigt werden kann, verdeutlichen diese Ausführungen die Eignung einer auf den langfristigen Erfolg ausgelegten Shareholder Value-Orientierung für das Ziel- und

98 Vgl. Lombriser, R./Abplanalp, P.A. (2004), S. 185.
99 Ballwieser, W. (2002), S. 74.
100 Vgl. Schmidbauer, R. (1998), S. 88.
101 Vgl. Günther, T. (1997), S. 71.
102 Vgl. Küting, K./Lorson, P. (1997), S. 19; Kriegbaum, C. (2001), S. 69.
103 Vgl. Günther, T. (1997), S. 71.

Steuerungssystem eines Unternehmens, weswegen im folgenden Abschnitt die Grundzüge der Shareholder Value-Philosophie eingehender vorgestellt werden.

2.1.2 Die Steigerung des Shareholder Value als Ziel einer wertorientierten Unternehmensführung

Spätestens seit dem Klassiker „Creating Shareholder Value“[104] von *Rappaport* hat sich zunächst im angelsächsischen, später auch im internationalen Raum die Steigerung des Unternehmenswertes als Oberziel eines Unternehmens durchgesetzt.[105] Der Unternehmenswert beschreibt den finanziellen Nutzen des Unternehmens für seinen derzeitigen Eigentümer respektive, bei börsennotierten Unternehmen, für die Anteilseigner des Unternehmens.[106] Den finanziellen Nutzen zieht der Eigentümer aus sämtlichen Zahlungsströmen, die ihm in Zukunft aus dem Unternehmen zufließen und somit zu Konsumzwecken zur Verfügung stehen.[107] Da die Mehrzahl der Unternehmen sich auch über Fremdkapital finanziert, steht insbesondere der Marktwert des Eigenkapitals, der sog. Shareholder Value, als Teil des Unternehmenswertes im Zentrum des Interesses. Entsprechen die Zahlungsströme aus dem Unternehmen hinsichtlich der zeitlichen Struktur, der Breite sowie des Risikogehalts nicht den Wünschen des Eigentümers, kann dieser seine Anteile am Unternehmen jederzeit verkaufen, um so seine Konsumwünsche realisieren zu können.[108] Je höher der Shareholder Value ist, desto besser sind die Möglichkeiten für den Eigentümer einzuschätzen, sein gewünschtes Konsumpotential auch am Kapitalmarkt zu erhandeln.[109] Bei börsennotierten Unternehmen spricht somit auf den ersten Blick vieles dafür, den Börsenwert des Unternehmens als Zielgröße heranzuziehen, da dieser als aktueller, realisierter Marktpreis den Maßstab für das Vermögen der Aktionäre bildet.[110] Bei Existenz eines vollkommenen Kapitalmarktes und homogenen Erwartungen aller Marktteilnehmer entspricht dieser Börsenwert einem fundamentalen, mit investitions-

---

[104] Rappaport, A. (1986). Vgl. zum Shareholder Value-Ansatz auch bereits Rappaport, A. (1981), S. 139-149.

[105] Vgl. auch Siegert, T. (1995), S. 580ff.; Busse von Colbe, W. (1997), S. 271ff.; Günther, T. (1997), S. 1; Peschke, M. (1997), S. 39; Knorren, N. (1998), S. 1; Copeland, T./Koller, T./Murrin, J. (2002); Arbeitskreis „Finanzierungsrechnung“ (2005).

[106] Vgl. Fechtel, A. (2001), S. 24.

[107] Dem Eigentümer eines Unternehmens fließen Zahlungen in Form von Ausschüttungen zu. Außerdem profitiert der Eigentümer von jeglichen Unternehmenswertsteigerungen, da er dadurch seine Anteile am Unternehmen in Zukunft zu einem höheren Preis wieder verkaufen kann. In diesem Zusammenhang muss beachtet werden, dass bilanziell ermittelte Gewinne, die auf Bewertungsvorschriften und Periodisierungsregeln basieren, für die Konsumzwecke der Eigentümer uninteressant und stattdessen die tatsächlichen Zahlungen heranzuziehen sind. Vgl. hierzu auch Hebertinger, M. (2002), S. 9.

[108] Vgl. Hebertinger, M. (2002), S. 10.

[109] Vgl. Ballwieser, W. (1995), S. 121.

[110] Vgl. Hachmeister, D. (2000), S. 37; Dinstuhl, V. (2003), S. 6.

theoretischen Methoden errechneten Unternehmenswert.[111] In diesem Fall können anhand des Fisher-Separationstheorems jederzeit Entscheidungen über Investitionsvorhaben seitens des Managements im Sinne der Unternehmenseigentümer getroffen werden, ohne die genauen Konsumpräferenzen der Eigentümer kennen zu müssen.[112] Dieses Ergebnis lässt sich auch unter Unsicherheit aufrechterhalten, wenn der Kapitalmarkt vollkommen und zudem vollständig ist.[113] Vollständig ist ein Kapitalmarkt, wenn jeder beliebige zukünftige Zahlungsstrom realisierbar ist, unabhängig von der Höhe, der zeitlichen Struktur und der Unsicherheit, und für jeden denkbaren Zahlungsstrom ein Marktwert existiert, zu dem dieser gehandelt werden kann.[114] Unter Setzung dieser beiden grundlegenden Annahmen bleibt die Aussage des Fisher-Separationstheorems erhalten, so dass Konsum-, Investitions- und Finanzierungsentscheidungen unabhängig voneinander durchgeführt werden können, da alle Investoren diejenige Handlungsalternative präferieren, die zu einer Maximierung des Unternehmensmarktwertes führt.[115]

Zwar ist davon auszugehen, dass es in der Regel zu Abweichungen zwischen dem Börsenkurs als realisiertem Marktpreis und dem investitionstheoretischen Wert, der den erzielbaren Marktwert darstellen soll, kommen wird.[116] Dies ergibt sich zwangsläufig aufgrund von Unvollkommenheiten und Unvollständigkeiten auf den realen Kapitalmärkten.[117] Außerdem kann nur in Ausnahmefällen von homogenen Erwartungen der Eigentümer und der Unternehmensführung bezüglich der zukünftigen Zahlungen des Unternehmens ausgegangen werden.[118] Allerdings sorgen die mit dem Börsenkurs behafteten Probleme, die sich in einer hohen Spekulationsanfälligkeit, einer ineffizienten Informationsverarbeitung des Kapitalmarktes sowie einer zu starken Beeinflussbarkeit gegenüber markttechnischen und allgemeinwirtschaftlichen Einflüssen oder einer besonderen Marktenge ausdrücken können,[119] dafür, dass als finanztheoretisch richtiger Wert stets der Ertragswert oder ein nach den Discounted Cashflow-Methoden berechneter Shareholder Value verstanden wird und im Rahmen

---

111 Vgl. Aders, C./Hebertinger, M./Wiedemann, F. (2003), S. 357.
112 Vgl. Richter, F. (1999), S. 4 sowie Fisher, I. (1930), S. 125ff.
113 Vgl. Arrow, K.J. (1964), S. 91ff.; Debreu, G. (1959), S. 98ff.
114 Vgl. Schmidt, R.H./Terberger, E. (1997), S. 57f.
115 Vgl. Breid, V. (1994), S. 69ff.; Hebertinger, M. (2002), S. 11.
116 Vgl. Hachmeister, D. (2000), S. 37.
117 Vgl. Hebertinger, M. (2002), S. 11ff.
118 Vgl. Hachmeister, D. (2000), S. 47f.
119 Vgl. Hachmeister, D. (2000), S. 38ff.; Dinstuhl, V. (2003), S. 6. Ein weiterer wichtiger Punkt, der gegen den Börsenkurs einer einzelnen Aktie spricht, liegt in der Vernachlässigung von möglichen Verbundeffekten sowie einer fehlenden Berücksichtigung von Macht- und Gestaltungskomponenten, die ein potentieller Käufer bei Übernahme des gesamten Unternehmens oder bedeutender Aktienpakete an einem Unternehmen offensichtlich hat, so dass er hierfür zur Zahlung eines höheren Kaufpreises bereit sein wird, wie häufig bei Unternehmensübernahmen beobachtet werden kann. Vgl. Ballwieser, W. (1990), S. 165; Meyer, A./Kantsperger, R./Schaffer, M. (2006), S. 64.

einer wertorientierten Unternehmensführung auch Anwendung finden sollte.[120] Des Weiteren spricht gegen den realisierten Börsenkurs, dass sich dieser auf eine einzelne Aktie und nicht auf das gesamte Eigenkapital oder größere Bestandteile davon bezieht.[121]

Verfolgt ein Unternehmen das Ziel der Steigerung des Shareholder Value, so kann nur dann zusätzlicher Wert geschaffen werden, wenn es die Kosten für das eingesetzte Fremd- und Eigenkapital in seinen Entscheidungskalkülen mitberücksichtigt und seine Handlungen auf den langfristigen Erfolg des Unternehmens ausrichtet.[122] Dies ist Gegenstand einer wertorientierten Unternehmensführung und soll im folgenden Abschnitt ausführlicher dargestellt werden.

2.1.3 Grundlagen des Value Based Management

Grundgedanke einer wertorientierten Unternehmensführung, für die sich auch der Begriff des Value Based Management[123] etabliert hat, ist folglich, dass das Unternehmen zumindest eine Rendite über den Kapitalkosten, die stellvertretend für die alternativen Anlagemöglichkeiten der Anteilseigner sowie die vertraglich festgelegten Fremdkapitalkosten stehen, erwirtschaften muss, um Wert für seine Kapitalgeber und insbesondere seine Anteilseigner zu schaffen.[124] Ist dies der Fall, so trägt jeder weitere Kapitaleinsatz zu einer Steigerung des Unternehmenswertes bei.[125]
In der betriebswirtschaftlichen Literatur existieren zahlreiche Konzepte zur wertorientierten Unternehmensführung respektive dem sog. Value Based Management[126], die die Umsetzung der Unternehmenswertsteigerung durch Ausnutzung einer internen, wertorientierten Unternehmensrechnung[127] als Informations-, Planungs- und Kontrollinstrument für das Management gewährleisten sollen.[128] Auch wenn sich die Konzepte im Detail voneinander unterscheiden, haben sie doch gemeinsam, dass sie zumeist vom Aufbau eines umfangreichen wertorientierten Zielsystems ausgehen, die

---

120 Vgl. Hachmeister, D. (2000), S. 48; Hebertinger, M. (2002), S. 11ff.

121 So interessiert den Eigentümer eines Unternehmens nicht der realisierte Kurs einer Aktie, sondern vielmehr der erzielbare Marktwert eines Unternehmens. Vgl. Moxter, A. (1982), S. 31.

122 Vgl. Weber, J./Bramsemann, U./Heineke, C./Hirsch, B. (2002), S. 8.

123 Vgl. Velthuis, L.J./Wesner, P. (2005).

124 Vgl. Pfaff, D./Bärtl, O. (1999), S. 87; Börsig, C. (2000), S. 167; Pfaff, D./Kunz, A./Pfeiffer, T. (2000), S. 562.

125 Vgl. Günther, T. (2002), S. 89.

126 Vgl. beispielsweise Hebertinger, M. (2002); Weber, J./Bramsemann, U./Heineke, C./Hirsch, B. (2002); Aders, C./Hebertinger, M./Wiedemann, F. (2003); Velthuis, L.J./Wesner, P. (2005). Teilweise auch unter anderem Namen wie das integrierte Wertmanagementsystem von *Roos/Stelter*, vgl. Roos, A./Stelter, D. (1999), S. 301ff., oder das marktwertorientierte Steuerungs- und Monitoringsystem von *Richter*, vgl. Richter, F. (1999), S. 9ff.

127 Vgl. zur Ausgestaltung einer internen Unternehmensrechnung auch ausführlich Ewert, R./Wagenhofer, A. (2008), S. 6ff.

128 Vgl. Dirrigl, H. (1998b), S. 540.

Ausrichtung sämtlicher Steuerungsgrößen auf die Unternehmenswertsteigerung fordern und durch entsprechend ausgestaltete Anreiz- und Entlohnungssysteme die Implementierung forcieren. Die folgende Abbildung gibt einen ersten Überblick über ausgewählte Konzepte:[129]

Autor	Ausgestaltung des Value Based Management-Konzepts
Richter (1999)	1. Planung und Entscheidung 2. Budgetierung 3. Umsetzung 4a. Bewertung Soll/Ist 4b. Monitoring
Roos/Stelter (1999)	1. Wertorientierte Ziele setzen 2. Wertorientiert entscheiden 3. Wertschaffung messen 4. Wertschaffung belohnen
Hebertinger (2002)	1. Planung 2. Realisation 3. Messung 4. Beurteilung 5. Entlohnung
Aders/Hebertinger/ Wiedemann (2003)	1. Planung 2. Operationalisierung 3. Entlohnung 4. Kommunikation
Velthuis/Wesner (2005)	1. Wertorientierte Planung und Bewertung 2. Performancemessung und -kontrolle 3. Wertorientierte Vergütung

Abb. 2-3: Überblick über ausgewählte Value Based Management-Konzepte

Wie im vorherigen Abschnitt ausgeführt, sollte das Zielsystem eines Unternehmens auf den Shareholder Value respektive dessen Steigerung ausgerichtet werden.[130] Daher ist die Messung und Analyse des aktuellen Unternehmenswerts Ausgangspunkt des Value Based Managements.[131] Daraus gewonnene Erkenntnisse können

[129] Quelle: In Anlehnung an Richter, F. (1999), S. 9ff.; Roos, A./Stelter, D. (1999), S. 302; Hebertinger, M. (2002), S. 3; Aders, C./Hebertinger, M./Wiedemann, F. (2003), S. 358f.; Velthuis, L.J./Wesner, P. (2005), S. 14.

[130] Vgl. Roos, A./Stelter, D. (1999), S. 301ff.

[131] Im „Restructuring Hexagon"-Modell von *Copeland/Koller/Murrin* wird vorgeschlagen, den mit investitionstheoretischen Methoden bestimmten fundamentalen Unternehmenswert zunächst mit dem aktuellen Marktwert des Unternehmens zu vergleichen, da auf diese Weise bereits Möglichkeiten zur Wertsteigerung identifiziert werden könnten. Vgl. Copeland, T./Koller, T./Murrin, J. (2002), S. 46. Auf der anderen Seite soll eine verbesserte Kapitalmarktkommunikation dazu beitragen, die Bandbreite der Schwankungen des Marktwerts des Unternehmens um den fundamentalen Unternehmenswert zu verringern. Vgl. hierzu Aders, C./Hebertinger, M./Wiedemann, F. (2003), S. 358.

erste Möglichkeiten zur Wertsteigerung aufzeigen, die anschließend im Rahmen der wertorientierten, strategischen Planung ausgearbeitet werden.[132] Hier gilt es, mögliche Investitionsprojekte und Unternehmensstrategien schon im Vorfeld ihrer Einführung hinsichtlich ihres Beitrags zur Unternehmenswertsteigerung zu evaluieren.[133] Auf diese Weise werden bereits in der Planungsphase wertorientierte Entscheidungen unterstützt. Um das Unternehmen auf allen Ebenen wertorientiert steuern zu können, sind strategische und operative Steuerungsinstrumente nötig.[134]

Ziel der Steuerung ist die Beeinflussung des menschlichen Verhaltens seitens der Manager und Mitarbeiter. Durch die Vorgabe von Steuerungsgrößen sowie einer fortlaufenden Kontrolle werden Anreize für ein zielorientiertes Handeln gesetzt.[135] Dabei wird in Konzepten des Value Based Management häufig vorgeschlagen, das Ziel der Unternehmenswertsteigerung durch eine Orientierung an einer als geeignet eingeschätzten Spitzenkennzahl zu ersetzen.[136] Als solche Spitzenkennzahlen werden beispielsweise Übergewinne wie der Economic Value Added (EVA) von *Stern Stewart & Co.*[137] oder der Cash Value Added (CVA) der *Boston Consulting Group*[138] vorgeschlagen, die sowohl unter Zuhilfenahme ihrer absoluten Beträge, als auch ihrer Veränderungen im Zeitablauf eine entsprechende Unternehmenswertsteigerung respektive Unternehmenswertvernichtung signalisieren sollen.[139] Da aber solche Spitzenkennzahlen für die operativ tätigen Mitarbeiter nicht beeinflussbar und nicht immer nachvollziehbar sind, müssen diese auf die sie beeinflussenden finanziellen und operativen Werttreiber heruntergebrochen werden.[140] Diese Werttreiber können sowohl quantitativer[141], als auch qualitativer[142] Natur sein. Des Weiteren können sie entweder formal-logisch respektive mathematisch oder auch nur sachlogisch miteinander verknüpft sein.[143] Letzteres bedeutet, dass zwar eine Ursache-Wirkungs-Beziehung vermutet werden kann, diese aber nicht exakt berechenbar ist.[144] Hauptziel

---

132 Vgl. Dirrigl, H. (1998b), S. 553ff.
133 Vgl. Roos, A./Stelter, D. (1999), S. 303.
134 Vgl. Günther, T. (2000), S. 68ff.
135 Vgl. Richter, F. (1999), S. 9.
136 Vgl. Roos, A./Stelter, D. (1999), S. 303; Aders, C./Hebertinger, M./Wiedemann, F. (2003), S. 358f.; Velthuis, L.J./Wesner, P. (2005), S. 15. Kritisch hierzu aber bereits Günther, T. (2000), S. 67. Die tatsächliche Eignung einer solchen Spitzenkennzahl soll noch an späterer Stelle untersucht werden. Vgl. Kapitel 3.2.
137 Vgl. Stewart, G.B. (1991).
138 Vgl. Lewis, T.G./Lehmann, S. (1992); Lehmann, S. (1995); Lewis, T.G. (1995).
139 Vgl. Roos, A./Stelter, D. (1999), S. 303; Strack, R./Hansen, J./Dörr, T. (2001), S. 63f.
140 Vgl. Roos, A./Stelter, D. (1999), S. 304.
141 An dieser Stelle setzen Konzepte wie Werttreiberbäume oder die Wertsteigerungsanalyse von *Rappaport* an, die sich auf quantitative Kennzahlen stützen und im weiteren Verlauf der Arbeit noch ausführlicher vorgestellt werden. Vgl. statt vieler Rappaport, A. (1986), S. 76f.
142 So werden bspw. im Rahmen der Balanced Scorecard auch Kennzahlen wie etwa die Kundenzufriedenheit als Werttreiber herangezogen. Vgl. Kaplan, R.S./Norton, D.P. (1997), S. 66ff.
143 Vgl. Bramsemann, U./Heineke, C. (2004), S. 62.
144 Vgl. Weber, J./Bramsemann, U./Heineke, C./Hirsch, B. (2002), S. 37.

der Steuerung über Werttreiber soll die Operationalisierung des Ziels der Unternehmenswertsteigerung sein. Im Rahmen der wertorientierten Kontrolle muss anschließend die tatsächlich erzielte Performance in Form einer Wertsteigerung gemessen werden. Dies geschieht in der Praxis häufig ebenfalls mit Hilfe einperiodiger Übergewinn- oder Residualeinkommensgrößen wie dem bereits erwähnten EVA oder dem CVA.[145] Diese einperiodigen Residualeinkommensgrößen dienen zum einen der Informationsfunktion, indem über einzelne Perioden hinweg die Wertgenerierung verfolgt wird, zum anderen soll mit ihnen auch bereits eine Verhaltenssteuerungsfunktion erfüllt werden, so dass gewährleistet wird, dass der jeweilige Manager als Agent, der mit der Konzernzentrale respektive den Anteilseignern eines Unternehmens in einem Prinzipal-Agent-Verhältnis steht,[146] seine Entscheidungen auch im Sinne der Anteilseigner fällt.[147] Ein ex post ermittelter positiver Residualgewinn unter Berücksichtigung kalkulatorischer Zinsen auf das eingesetzte Kapital des Unternehmens steht dann stellvertretend für eine Unternehmenswertsteigerung und somit auch für eine gute Leistung seitens des Managers.[148] Darüber hinaus ist es denkbar, die wertorientierte Kontrolle durch eine strategische Kontrolle und Abweichungsanalyse wie die Erfolgspotentialrechnung zu ergänzen. Um sämtliche Mitarbeiter eines Unternehmens hinreichend für die wertorientierten Ziele zu motivieren, bedarf es darüber hinaus einer entsprechenden internen Kommunikation und eines Anreizsystems respektive Vergütungsinstrumentariums, das den Beitrag zu einer erzielten Wertschaffung auch finanziell belohnt. Eine variable Managementvergütung fördert die Ausrichtung aller Mitarbeiter auf das Oberziel der Unternehmenswertsteigerung, wenn jeder Mitarbeiter nur für die Leistungen entlohnt respektive für die Fehler bestraft wird, die auch in seinem individuellen Verantwortungsbereich liegen.[149] Das Anreizsystem sollte dermaßen ausgestaltet werden, dass die Integration der ex post erhobenen Wertdaten in das Vergütungssystem auf eine Weise erfolgt, dass der Manager bereits ex ante die richtigen Investitionsanreize erhält.[150] Des Weiteren beinhalten einige Value Based Management-Konzepte auch die externe Kommunikation gegenüber den Kapitalmärkten.[151]

---

145 Vgl. Günther, T. (2000), S. 67.

146 Vgl. zur Prinzipal-Agent-Theorie beispielsweise Hebertinger, M. (2002), S. 16ff.

147 Vgl. Ewert, R./Wagenhofer, A. (2000), S. 4.

148 Dass der Residualgewinn jedoch nicht zwangsläufig die Veränderung des Unternehmenswertes anzeigt, wird an späterer Stelle verdeutlicht. Vgl. Kapitel 3.2.2.4.

149 Vgl. Roos, A./Stelter, D. (1999), S. 305.

150 Vgl. Pfaff, D./Bärtl, O. (1999), S. 89.

151 Vgl. Aders, C./Hebertinger, M./Wiedemann, F. (2003), S. 359.

2.1.4 Grundlagen der kundenorientierten Unternehmensführung

Im Marketing steht seit jeher die marktorientierte Sichtweise der Unternehmensführung, also die Ausrichtung der Unternehmensaktivitäten auf sämtliche relevante Märkte sowie auf die jeweiligen Ansprüche der Marktteilnehmer, im Mittelpunkt des Zielsystems.[152] In den letzten beiden Jahrzehnten hat sich jedoch das Marketingverständnis von einer transaktions- zu einer beziehungsorientierten Sichtweise gewandelt.[153] Diese ist dadurch gekennzeichnet, dass sich die Marketingaktivitäten auf den Ausbau und die Pflege individueller und langfristiger Kunden- respektive Geschäftsbeziehungen[154] beziehen, die sich entsprechend individuell steuern lassen.[155] Die Ursprünge einer solchen auch als Relationship Marketing bezeichneten Ausrichtung liegen im Investitionsgütermarketing,[156] das sich schon frühzeitig mit diesem Thema befasste.[157] Einhergehend mit diesem vermeintlichen Paradigmenwechsel[158] ist eine verstärkte Ausrichtung hin zur kundenorientierten Unternehmensführung zu beobachten, die die Kunden als Wert- und Vermögensbestandteil eines Unternehmens in den Vordergrund unternehmerischer Aktivitäten rückt und somit etwa auch die ehemals vorherrschende Produktorientierung, die sich beispielsweise in einer Steigerung des Marktanteils als vorwiegendem Unternehmensziel ausdrückt,[159] in den Hintergrund drängt.[160] So stellen etwa auch *Rust et al.* die entscheidende Bedeutung der Kunden heraus: „...products come and go, but customers remain. The secret to success is maintaining a profitable relationship with the customer, regardless of what products are involved, or how the products needed may change over time.“[161]

---

152 Vgl. Bruhn, M. (2006), S. 36.

153 Vgl. Dwyer, R.F./Schurr, P.H./Oh, S. (1987), S. 12; Plinke, W. (1989), S. 307ff.; Cornelsen, J. (2000), S. 1; Fischer, T.M./Schmöller, P./Vielmeyer, U. (2002), S. 1; Helm, S./Günter, B. (2006), S. 5; Bruhn, M. (2006), S. 36; Meyer, A./Kantsperger, R./Schaffer, M. (2006), S. 69.

154 Die Kundenbeziehung respektive Geschäftsbeziehung setzt sich aus allen Transaktionen zusammen, die ein Kunde im Verlauf seines Lebens tätigt. Die beiden Begriffe werden im Verlauf der vorliegenden Arbeit synonym verwendet.

155 Vgl. Ryals, L. (2003), S. 165; Wirtz, B.W./Schilke, O. (2004), S. 21; Bruhn, M. (2006), S. 38. Zu den Unterschieden zwischen einem herkömmlichen Massenmarketing und einem, von einigen Autoren auch als One-to-One-Marketing bezeichneten, Beziehungsmarketing vgl. bspw. Grönroos, C. (1994), S. 11; Baaken, T./Bobiatynski, E. (2002), S. 14; Weinberg, J. (2002), S. 248ff. Zu den Nachteilen des Massenmarketing vgl. Rapp, R. (2000), S. 28f.

156 Vgl. etwa Engelhardt, W.H./Günter, B. (1981); Backhaus, K. (1982).

157 Vgl. Eberling, G. (2002), S. 50; Homburg, C./Bruhn, M. (2008), S. 6. Eine ähnliche Entwicklung ist auch in den USA beobachtet worden. Vgl. Hogan, J.E./Lemon, K.N./Rust, R.T. (2002), S. 6 m.w.N.

158 Vgl. bspw. Grönroos, C. (1994), S. 4; Wirtz, B.W./Schilke, O. (2004), S. 21; Homburg, C./Bruhn, M. (2008), S. 5.

159 Vgl. Wiedmann, K.-P./Siemon, N./Hennigs, J. (2003), S. 301.

160 Vgl. Helm, S./Günter, B. (2006), S. 6. Dabei ist der Übergang von der marktorientierten zur kundenorientierten Unternehmensführung jedoch fließend, denn bereits *Day* als klassischer Vertreter der Marktorientierung definiert diese wie folgt: „Market orientation represents superior skills in understanding and satisfying customers.“ Day, G. (1994), S. 37. Vgl. hierzu auch Shapiro, B.P. (1988), S. 119ff.

161 Rust, R.T./Zeithaml, V.A./Lemon, K.N. (2000), S. 6.

Im Rahmen einer kundenorientierten Unternehmensführung stellt sich die Frage, welche Performancegröße als Subziel herangezogen werden kann, um letztlich der Steigerung des Unternehmenswertes als Oberziel der Unternehmensführung gerecht zu werden.[162] In diesem Zusammenhang standen bei der Ausarbeitung des Relationship Marketing zunächst Schlagworte wie die Kundennähe[163], die thematisch weitestgehend der Kundenorientierung entspricht,[164] oder die Kundenzufriedenheit als Handlungsmaximen im Mittelpunkt des Interesses.[165] Eine ausgeprägte Kundennähe oder Kundenorientierung, die sich etwa in einem entsprechenden Leistungsangebot oder Interaktionsverhalten, in einem hervorragenden Image oder einer guten Infrastruktur ausdrückt, soll dazu führen, dass der Kunde überhaupt in Kontakt mit dem anbietenden Unternehmen tritt.[166] Im Rahmen seines Erstkontakts mit dem Unternehmen tätigt dieser einen Kauf oder nimmt eine Leistung in Anspruch.[167] Die tatsächlich erhaltene respektive wahrgenommene Leistung vergleicht der Kunde dann mit seinen ursprünglichen Erwartungen an diese Leistung.[168] Kundenzufriedenheit resultiert aus diesem Soll-Ist-Vergleich, wenn die Erwartungen des Kunden[169] erfüllt oder sogar übererfüllt werden.[170] Andernfalls entsteht eine Unzufriedenheit, die für den Anbieter dramatische ökonomische Folgen haben kann, weil der Kunde entweder direkt abwandert und damit zukünftige Erträge komplett wegfallen oder indirekt zusätzliche Kosten verursacht, da der Anbieter aufgrund von Beschwerden dem Kunden beispielsweise in Form von Preisnachlässen oder entgeltlosen Zusatzleistungen entgegenkommt.[171] Weitere finanzielle Einbußen können dem Anbieter auch durch negative Referenzwirkungen entstehen, wenn nämlich ein unzufriedener Kunde

---

162 Vgl. Rese, M./Herter, V. (2005), S. 1011.

163 Der Begriff Kundennähe stammt ursprünglich von *Peters/Waterman*. Die Autoren sind in ihrer umfangreichen Untersuchung zu der Erkenntnis gekommen, dass die Kundennähe ein zentraler Erfolgsfaktor für Anbieterunternehmen ist. Vgl. Peters, T.J./Waterman, R.H. (1982). Zur theoretischen Fundierung des Begriffs der Kundennähe vgl. Krafft, M. (1999), S. 514.

164 Vgl. Meyer, A./Kantsperger, R./Schaffer, M. (2006), S. 66.

165 Vgl. Weiber, R./Weber, M.R. (2002), S. 613; Stum, D.L./Thiry, A. (1991), S. 34; Heesch, C. (2000), S. 459; Wirtz, B.W./Schilke, O. (2004), S. 21; Eggert, A. (2006), S. 43.

166 Vgl. Smidt, W./Marzian, S.H. (2001), S. 27ff.

167 Vgl. Homburg, C./Bruhn, M. (2008), S. 10

168 Vgl. Helm, S./Günter, B. (2006), S. 12.

169 Es kann davon ausgegangen werden, dass sich die Erwartungen des Kunden an die Leistungen des Anbieters laufend aufgrund neuer Erfahrungen anpassen. Vgl. Schmöller, P. (2001), S. 112.

170 Diese Vorgehensweise basiert auf dem Confirmation/Disconfirmation-Paradigma, einem möglichen Erklärungsansatz für die Kundenzufriedenheit. Confirmation bezeichnet dabei die Bestätigung der Erwartungen und führt zur Entstehung von Kundenzufriedenheit. Disconfirmation kann positiv oder negativ ausfallen und führt im ersten Fall zur Zufriedenheit und im letzteren Fall zur Unzufriedenheit. Vgl. Homburg, C./Becker, A./Hentschel, F. (2008), S. 106ff.; Cornelsen, J. (2000), S. 211ff.; Matzler, K./Stahl, H.K. (2000), S. 627; Schmöller, P. (2001), S. 112f. Darüber hinaus merken *Homburg/Becker/Hentschel* an, dass für die daraus resultierende Kundenbindung letztlich die über die bisherige Kundenbeziehung kumulierte Zufriedenheit entscheidend ist. Vgl. Homburg, C./Becker, A./Hentschel, F. (2008), S. 107; vgl. hierzu auch Anderson, E.W./Fornell, C./Lehmann, D.R. (1994), S. 54.

171 Vgl. Smidt, W./Marzian, S.H. (2001), S. 30; Homburg, C./Becker, A./Hentschel, F. (2008), S. 108f.

seine Enttäuschung gegenüber anderen Bestandskunden oder potentiellen Neukunden kommuniziert und diese dadurch zu einem veränderten, aus Sicht des Anbieters nachteiligen, Verhalten beeinflusst.[172]

Daran anknüpfend wird in der Literatur kontrovers diskutiert, welchen Einfluss die Kundenzufriedenheit auf die Unternehmensprofitabilität hat. Eine Reihe von empirischen Untersuchungen zeigt auf, dass durchaus zwischen Kundenzufriedenheit und Unternehmenserfolg ein positiver Zusammenhang besteht,[173] der insbesondere darauf beruht, dass mit steigender Kundenzufriedenheit die Kundenloyalität respektive die Kundenbindung[174] zunimmt und dadurch verstärkt Wiederholungskäufe getätigt werden sowie Kostensenkungen realisiert werden können und es durch eine positive Mund-zu-Mund-Propaganda zu etlichen Weiterempfehlungen und somit zur Gewinnung von Neukunden kommt.[175] Entscheidend für den Einfluss der Kundenzufriedenheit auf den meist als Unternehmensprofitabilität oder ROI definierten Unternehmenserfolg[176] ist in den meisten Untersuchungen der unterstellte Zusammenhang zwischen Kundenzufriedenheit und Kundenbindung.[177] Letztlich sind allerdings weder der genaue funktionale Zusammenhang, noch die Signifikanz dieser unter-

---

172 So wurde beispielsweise in der sog. TARP-Studie (Technical Assistance Research Programs), einer Studie im Auftrag der US-amerikanischen Regierung zur Erforschung des Beschwerdeverhaltens der Konsumenten, festgestellt, dass im Durchschnitt zufriedene Kunden ihre Erfahrungen drei weiteren Personen mitteilen, während unzufriedene Kunden hingegen ihre negativen Erfahrungen gegenüber durchschnittlich neun oder zehn Personen äußern. Vgl. Matzler, K./Stahl, H.K. (2000), S. 635; Homburg, C./Becker, A./Hentschel, F. (2008), S. 109.

173 Vgl. beispielsweise Anderson, E.W./Fornell, C./Lehmann, D.R. (1994), S. 61. Kritisch hierzu *Krafft*, der zu dem folgenden Ergebnis kommt: „Insgesamt gilt für die deutsche wie internationale Literatur, dass ein Nachweis über einen direkten Zusammenhang von Kundenzufriedenheit und Unternehmenserfolg noch nicht geführt werden kann." Krafft, M. (1999), S. 526.

174 In der Literatur finden sich voneinander abweichende Definitionen der Begriffe Kundenloyalität und Kundenbindung. *Stahl* definiert bspw. drei unterschiedliche Schichten der Kundenloyalität. Die am weitesten gefasste „trügerische Kundenloyalität" beschreibt lediglich das Wiederholungskaufverhalten. Enger gefasst ist hingegen die „bedingte Kundenloyalität", die er mit der Kundenbindung gleichsetzt. Am engsten gefasst ist hingegen die „belastbare Loyalität", die dem Konstrukt des Commitment entspricht. Vgl. Stahl, H.K. (2006), S. 88ff. Vgl. zum Konstrukt des Commitment auch Söllner, A. (2001), S. 847f. Als entscheidende Kriterien der Kundenbindung können in diesem Zusammenhang entweder die vom Kunden geleisteten Inputs in die Anbieter-Nachfrager-Beziehung sowie die Ergebnisse der Geschäftsbeziehung (Output) oder allgemeiner formuliert das Vorliegen von Wechselbarrieren genannt werden. Vgl. Meyer, A./Oevermann, D. (1995), Sp. 1341; Söllner, A. (2001), S. 848f.; Reinecke, S./Dittrich, S. (2006), S. 314.

175 Vgl. Rust, R.T./Zahorik, A.J./Keiningham, T.L. (1995), S. 59; Matzler, K./Stahl, H.K. (2000), S. 627.

176 Vgl. Matzler, K./Stahl, H.K./Hinterhuber, H.H. (2006), S. 7.

177 Vgl. Krafft, M. (1999), S. 526; Matzler, K./Stahl, H.K. (2000), S. 629. Die meisten Ansätze der empirischen Zufriedenheitsforschung weisen den Nachteil auf, dass sie lediglich den Zusammenhang zwischen der Kundenzufriedenheit und der statischen Erfolgsgröße der Unternehmensprofitabilität untersuchen. Eine Ausnahme stellen die Ansätze von *Matzler/Stahl* sowie *Matzler/Stahl/Hinterhuber* dar, die den Zusammenhang zwischen Kundenzufriedenheit und einer möglichen Unternehmenswertsteigerung untersuchen. Vgl. Matzler, K./Stahl, H.K. (2000), S. 636f. sowie Matzler, K./Stahl, H.K./Hinterhuber, H.H. (2006), S. 14f.

stellten Beziehung eindeutig nachgewiesen.[178] So zeigt sich etwa in der Praxis, dass eine hohe Kundenzufriedenheit nicht immer auch mit einer hohen Kundenbindung einhergeht, sondern häufig ein Großteil der zufriedenen Kunden zu Wettbewerbern wechselt.[179] Somit stellt die Kundenzufriedenheit eine zentrale Voraussetzung, aber keinen Garant für die Kundenbindung dar[180] und scheidet folglich als zentrale Zielgröße für eine kundenorientierte Unternehmensführung aus.

Strittig ist des Weiteren, wie hoch die Erfolgswirkung der Kundenbindung respektive der Kundenbindungsdauer ist.[181] Die zentrale Hypothese stammte ursprünglich von *Reichheld/Sasser* und besagte, dass der Wert einer langfristigen Kundenbindung daraus resultiert, dass mit wachsender Kundenbindungsdauer die aus der Kundenbeziehung resultierenden Erfolge ansteigen, da einerseits die Kauffrequenz sowie das Kaufvolumen ansteigen, das Cross-Selling-Potential zunimmt, aufgrund einer abnehmenden Preissensitivität des Kunden Preisaufschläge durchgesetzt werden können, die Transaktionskosten im Zeitablauf sinken und andererseits treue Kunden über Weiterempfehlungen eine kostenlose Werbung betreiben.[182] Darüber hinaus wurde häufig unterstellt, dass die Investitionsauszahlungen für die Neukundenakquisition die Auszahlungen für die Kundenbindung bei weitem überschreiten.[183] Letztlich sind diese Hypothesen jedoch nicht ausreichend empirisch nachgewiesen worden,[184] so dass mittlerweile in der Literatur Zweifel an der Generalisierbarkeit einer positiven Erfolgswirkung von Kundenbindungsmaßnahmen festzustellen sind.[185] Somit erscheint es im Rahmen kundenorientierter Strategien auch kaum ratsam, die Förderung der Kundenbindung als primäres Ziel auszugeben. Zwar kann der Kundenbindung in vielen Fällen ein positiver Einfluss auf den Kundenwert zugesprochen werden, aber von einer Steigerung der Kundenbindung um jeden Preis res-

---

178 Vgl. Heesch, C. (2000), S. 459ff.; Eberling, G. (2002), S. 55; Stahl, H.K./Hinterhuber, H.H./Eichen, S.A.F.v.d./Matzler, K. (2006), S. 223.

179 Vgl. Stum, D.L./Thiry, A. (1991), S. 34.

180 Vgl. Homburg, C./Becker, A./Hentschel, F. (2008), S. 105.

181 Vgl. Reinartz, W.J./Krafft, M. (2001), S. 1264; Messner, W. (2005), S. 50.

182 Vgl. Reichheld, F.F./Sasser, W.E. (1990), S. 105ff.; Reichheld, F.F./Sasser, W.E. (1991), S. 108ff.; Reichheld, F.F. (1997), S. 47-76. Ähnlich auch die Studie von *Krüger-Strohmayer*. Vgl. Krüger-Strohmayer, S. (2000), S. 224ff.

183 Vgl. Bruhn, M./Georgi, D./Treyer, M./Leumann, S. (2000), S. 168.

184 Vgl. Krafft, M. (1999), S. 526; Eberling, G. (2002), S. 58. Dass die Kundenbindung nicht immer einen positiven Effekt auf den Unternehmenserfolg haben muss, wurde bspw. sowohl in einer Untersuchung von ca. 10.000 Kunden eines amerikanischen Katalogversandes als auch in einer Untersuchung von ca. 33.000 Kunden eines deutschen Kataloghandels bestätigt, in denen das Beziehungsalter und der Gewinn pro Kunde nur sehr schwach korrelierten, die Kostenverursachung der Langzeitkunden keineswegs niedriger war und Kurzzeitkunden weniger preissensitiv als Langzeitkunden waren. Vgl. hierzu Reinartz, W.J./Kumar, V. (2000), S. 23ff. sowie Reinartz, W.J./Krafft, M. (2001), S. 1265ff.

185 Vgl. Eberling, G. (2002), S. 57; Roso, M./Söllner, A./Utzig, B.P. (2003), S. 4. So stellen bspw. *Dowling/Uncles* zusammenfassend fest: „...the contention, that loyal customers are always more profitable is a gross oversimplification." Dowling, G.R./Uncles, M. (1997), S. 78.

pektive der von *Reichheld/Sasser* geforderten Unternehmenspolitik der „zero defections“[186] ist definitiv abzuraten. Vielmehr sollte die differenzierte Steigerung der Kundenbindung das Ziel eines Kundenbindungsmanagements sein, d.h., dass Beziehungen vorwiegend zu besonders profitablen Kunden stabilisiert und ausgebaut werden sollten.[187]

In welchem konkreten Zusammenhang die Kundenzufriedenheit, die Kundenbindung sowie der Unternehmenserfolg stehen, ist in der Literatur weder empirisch noch hinsichtlich des funktionalen Zusammenhangs hinreichend geklärt, so dass es aus Sicht der kundenorientierten Unternehmensführung einer Zielgröße bedarf, mit der sich die kundenorientierten Strategien evaluieren lassen, um letztlich Entscheidungen im Sinne einer nachhaltigen Sicherung der Unternehmensexistenz fällen zu können.[188] Mittlerweile hat sich in der Literatur unter dem Stichwort eines Customer Relationship Management (CRM) die Erkenntnis durchgesetzt, dass der Kundenwert diesen Anforderungen gerecht wird und als die entscheidende Größe zur Beurteilung und Steuerung von Kundenbeziehungen in Frage kommt.[189]

Auch weitere in der Literatur zur kundenorientierten Unternehmensführung vorgeschlagene Konzepte wie etwa die sog. Erfolgskette der Kundenorientierung, die aufbauend auf unterstellten Ursache-Wirkungsbeziehungen eine Verknüpfung zwischen Kundenorientierung, Kundenzufriedenheit, Kundenbindung sowie Kundenwert herstellt, zeigen auf, dass der Kundenwert als aussagekräftige Ziel- und Steuerungsgröße akzeptiert wird.[190]

In diesem Zusammenhang muss jedoch festgestellt werden, dass in der Literatur zahlreiche Definitionen eines Kundenwerts existieren, die nicht für die Verwendung

---

186 Reichheld, F.F./Sasser, W.E. (1990), S. 105.

187 Vgl. Bruhn, M./Hadwich, K./Georgi, D. (2008), S. 715; Eggert, A. (2006), S. 45. Ein guter Überblick über die Vorteile einer hohen Kundenbindung für den Anbieter sowie den mit einer undifferenzierten Kundenbindungsstrategie verbundenen Risiken findet sich bei *Söllner*. Vgl. Söllner, A. (2001), S. 849.

188 An dieser Stelle muss jedoch angemerkt werden, dass zwischen einzelnen Marketing-Maßnahmen und dem Kundenwert keine direkten Kausalbeziehungen bestehen, sondern stattdessen eine Vielzahl von zeitlichen und innerbetrieblichen Verbundeffekten sowie Verbundeffekten zwischen einzelnen Marketing-Maßnahmen oder Absatzobjekten dazu führt, dass ein Kunde (oder mehrere Kunden) einen Kauf tätigen. In diesem Zusammenhang kann vorökonomischen Erfolgsgrößen wie der Kundenzufriedenheit oder der Kundenbindung durchaus eine besondere Bedeutung zukommen. Allerdings müsste auch in diesem Fall zunächst ein eindeutiger Zusammenhang zwischen den vorökonomischen Erfolgsgrößen und dem ökomomischen Erfolg nachgewiesen werden. Vgl. Rese, M./Herter, V. (2005), S. 1010f. Diesbezüglich besteht noch ein erheblicher Forschungsbedarf, der jedoch nicht Gegenstand der vorliegenden Arbeit ist.

189 Vgl. Gierl, H./Kurbel, T.M. (1997), S.176; Wittkötter, M./Steffen, M. (2002), S. 73; Helm, S./Günter, B. (2006), S. 6.

190 Vgl. Homburg, C./Bruhn, M. (2008), S. 10; Bruhn, M. (2006), S. 39.

im Rahmen einer wertorientierten Unternehmensführung geeignet sind. Daher werden im folgenden Abschnitt zunächst die benötigten Eigenschaften aufgeführt, die ein Kundenwert aufweisen sollte, um als Ziel- und Steuerungsgröße für ein wertorientiertes Kunden-Controlling Anwendung finden zu können.

2.1.5 Der Kundenwert als Zielgröße einer kunden- und wertorientierten Unternehmensführung

Das Konzept des Shareholder Value bekennt sich zwar zur Ausrichtung der gesamten Unternehmenspolitik und -philosophie auf die Anteilseigner des Unternehmens, aber bereits *Rappaport* kam zu der Erkenntnis, dass das Ziel der Unternehmenswertsteigerung bei einer vollständigen Vernachlässigung der Stakeholder, insbesondere der Kunden, nicht erreicht werden kann: „Without customer value there can be no shareholder value."[191] Da ein Unternehmen seine überwiegenden Einnahmen durch den Verkauf seiner Produkte und Dienstleistungen an die Kunden erzielt, erscheint es somit nur konsequent, im Rahmen der Unternehmensführung den Fokus auf die Kunden zu richten und diesen eine entsprechende Aufmerksamkeit zukommen zu lassen.[192]

Die bisherigen Ausführungen haben verdeutlicht, dass der Kundenwert eine geeignete Zielgröße darstellt, um die sich auf den ersten Blick widersprechenden Sichtweisen der kundenorientierten und der wertorientierten Unternehmensführung miteinander kombinieren zu können.[193] Aus Sicht der kundenorientierten Unternehmensführung ermöglicht der Kundenwert eine differenzierte Kundenbearbeitung.[194] Der Einsatz von Marketinginstrumenten sollte in Abhängigkeit vom jeweiligen Kundenpotential erfolgen, um letztlich den Aufbau von kundenbezogenen Erfolgspotentialen als Schnittmenge aus dem Kundenpotential und den unternehmerischen Stärken und Schwächen zu unterstützen.[195] Dies verdeutlicht die folgende Abbildung:[196]

---

191 Rappaport, A. (1998), S. 76. Zum Stakeholder Value-Ansatz, der im Rahmen dieser Arbeit nicht näher untersucht werden soll, da er für eine Ausgestaltung des Unternehmens-Zielsystems nicht sinnvoll erscheint, vgl. beispielsweise Breid, V. (1994), S. 45ff.; Bühner, R./Tuschke, A. (1997), S. 499-516; Hachmeister, D. (2000), S. 29ff.; Hebertinger, M. (2002), S. 16.

192 Vgl. hierzu Reinecke, S./Keller, J. (2007), S. 83 sowie ausführlich Gulati, R./Oldroyd, J.B. (2005), S. 92-101.

193 Vgl. Bruhn, M./Georgi, D./Treyer, M./Leumann, S. (2000), S. 167; Hogan, J.E./Lehmann, D.R./Merino, M./Srivastava, R.K./Thomas, J.S./Verhoef, P.C. (2002), S. 26; Lissautzki, M. (2005), S. 84. Ähnlich auch Matzler, K./Stahl, H.K./Hinterhuber, H.H. (2006), S. 3ff., die im Rahmen ihrer Customer-based view der Unternehmung die kundenorientierte und die wertorientierte Sicht auch noch mit der ressourcenorientierten Sicht der Unternehmung verknüpfen.

194 Vgl. Link, J./Hildebrand, V.G. (1997), S. 160.

195 Vgl. Schmöller, P. (2001), S. 108.

196 Quelle: Schmöller, P. (2001), S. 108.

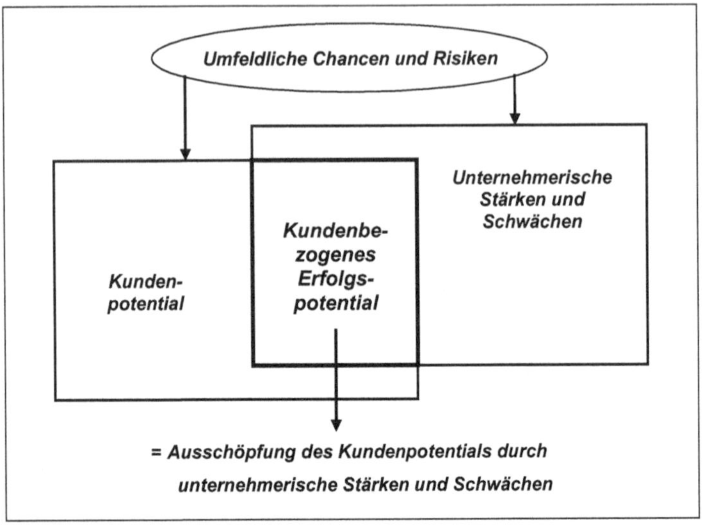

Abb. 2-4: Zusammenhang zwischen Erfolgs- und Kundenpotentialen

Das kundenbezogene Erfolgspotential kann wiederum als Barwert aller zukünftigen Rückflüsse aus der Kundenbeziehung und somit als Kundenwert verstanden werden. Auf diese Weise lassen sich die Auswirkungen eingesetzter Marketinginstrumente auf den Kundenwert analysieren und kontrollieren. Auch wenn in der Literatur teilweise der Eindruck vermittelt worden ist, dass Investitionen in die Steigerung der Kundenzufriedenheit und Kundenbindung generell zu tätigen sind,[197] muss gründlich abgewogen werden, bis zu welchem Grad diese bei abnehmendem Grenznutzen noch zu einer Verbesserung des Kundenwertes beitragen können.[198] Letztlich können hierüber aber nur Aussagen gefällt werden, wenn auch eine quantitative Bewertung der Vorteilhaftigkeit kundenbezogener Investitionen erfolgt.[199] Des Weiteren kann bei Ressourcenknappheit eine Selektion der Kunden durch eine Orientierung an der Höhe des Kundenwertes erfolgen.[200]

Obgleich sich in der Literatur zum Marketing zwar mittlerweile die Erkenntnis durchgesetzt hat, dass es im Rahmen der Unternehmenssteuerung eines Kundenwerts bedarf, gehen die Meinungen über die genaue Konzeptionierung des Kundenwertkal-

---

197 Vgl. hierzu insbesondere Reichheld, F.F./Sasser, W.E. (1990), S. 105-117; Reichheld, F.F./Sasser, W.E. (1991), S. 108-116. Diese Meinung findet sich aber auch heute noch häufig in der Praxis, vgl. bspw. Kornmeier, M./Schneider, W. (2007), S. 18.

198 Vgl. Bruhn, M./Georgi, D. (2008), S. 645.

199 Vgl. Bruhn, M./Georgi, D. (2008), S. 646.

200 Vgl. Eberling, G. (2002), S. 42.

küls noch immer weit auseinander. Dem Kundenwert kann jedoch nur dann die Eignung als Zielgröße für eine wertorientierte Unternehmensführung attestiert werden, wenn dieser auch imstande ist, Aussagen über die Auswirkungen kundenbezogener Entscheidungen auf den Unternehmenswert abzubilden. Aus diesem Grund muss der Kundenwert respektive müssen die Verfahren zur Messung und Bewertung des Kundenwertes bestimmte Anforderungen erfüllen, die sich aus den Grundeigenschaften eines unternehmenswertorientierten Controlling ergeben:[201]

- Zukunftsorientierung
- Mehrperiodigkeit
- Zahlungsstromorientierung
- Zeitwert des Geldes
- Berücksichtigung von Risiken

Analog zu den Ansätzen der Unternehmensbewertung sollte der Kundenwert auf den zukünftigen Erfolgsbeiträgen eines Kunden basieren. Daraus ergibt sich auch die Anforderung der Mehrperiodigkeit, die die Berücksichtigung der gesamten Kundenbeziehung bis zum Beziehungsende beinhaltet. Die Verwendung von zahlungsstrombezogenen Größen liegt im Rahmen eines unternehmenswertorientierten Controlling nahe, denkbar wäre grundsätzlich aber auch eine Verwendung von zukünftigen periodisierten Größen, mit denen sich, aufbauend auf dem sog. Lücke-Theorem[202], unter Berücksichtigung von kalkulatorischen Zinsen auf das eingesetzte Kapital ein zum Unternehmenswert kompatibler Kundenwert berechnen ließe. Um entscheidende Anforderungen handelt es sich jedoch wiederum bei der Berücksichtigung des Zeitwertes des Geldes sowie der zukünftigen Risiken.[203] Zahlungen, die zu unterschiedlichen Zeitpunkten anfallen, weisen einen unterschiedlichen Zeitwert des Geldes auf und sind nur vergleichbar, wenn sie auf den gleichen Zeitpunkt, meist den Betrachtungszeitpunkt, mit Hilfe eines geeigneten Kalkulationszinssatzes diskontiert werden. Die Risiken werden mittels aus der Unternehmensbewertung bekannten Methoden berücksichtigt.[204]

Wird der Kundenwert mit Hilfe von Bewertungsmethoden bestimmt, die diesen Anforderungen gerecht werden, so eignet sich der Kundenwert sowohl als Zielgröße einer kundenorientierten als auch einer wertorientierten Unternehmensführung und dient

---

201 Vgl. Günther, T. (1997), S. 204; Dirrigl, H. (1998b), S. 547; Günther, T. (2001), S. 57ff.
202 Vgl. Kapitel 3.2.2.2.
203 Vgl. auch Stahl, H.K./Matzler, K./Hinterhuber, H.H. (2006), S. 427.
204 Vgl. hierzu Kapitel 3.1.2.

einem darauf aufbauenden wertorientierten Kunden-Controlling bzw. Kundenwert-Controlling[205] als Spitzenkennzahl.

2.2 Konzeption eines wertorientierten Kunden-Controlling-Systems

2.2.1 Abgrenzung des Kundenbegriffs

Für die Ausarbeitung eines wertorientierten Kunden-Controlling soll zunächst eine klare Abgrenzung des Kundenbegriffs erfolgen. Als Kunden kommen grundsätzlich Einzelpersonen, Organisationen oder Institutionen in Betracht,[206] wobei letztlich der Entscheidungseinfluss beim Kauf oder, allgemeiner formuliert, der Nachfrage nach einem Produkt oder einer Dienstleistung entscheidend ist.[207] So werden sich im Business-to-Consumer-Bereich zwar noch überwiegend Einzelpersonen finden, auch wenn durchaus Fälle vorstellbar sind, in denen die Ehefrau, der Ehemann oder die Familie entscheidend Einfluss auf die Auswahl der Leistung nimmt, erst recht bestehen jedoch im Business-to-Business-Bereich die Nachfrager aus mehreren Entscheidungsträgern, die etwa in sog. Buying Centern organisiert sind.[208] Dies ist insofern von Interesse, als dass die Multipersonalität auf der Nachfragerseite die Struktur und den Ablauf von Geschäftsprozessen wesentlich beeinflusst. Aus Vereinfachungsgründen soll im Folgenden jedoch von individuellen Einzel-Nachfragern ausgegangen werden.

Generell reicht es im Rahmen von Kundenwertanalysen nicht aus, nur aktuelle Kunden zu berücksichtigen. Vielmehr gilt es auch zukünftige Kunden in die Betrachtung mit einzubeziehen, um auf diese Weise Kundenwert-Potentiale in bislang unerschlossenen Marktsegmenten erschließen zu können.[209] Dies geschieht innerhalb des „numerischen Kundenpotentials"[210], das zunächst eine Unterteilung in aktuelle Kunden, potentielle Kunden und Altkunden, die verlorene Kunden darstellen und unter Umständen wiedergewonnen werden können, vornimmt.[211] Die aktuellen Kunden können darüber hinaus in Stammkunden, Erstkunden und Wechselkunden

205 Vgl. Weber, J./Lissautzki, M. (2004), S. 10.
206 Vgl. Schmöller, P. (2001), S. 6; Eberling, G. (2002), S. 26.
207 Vgl. Diller, H. (2001), S. 845.
208 Vgl. Eberling, G. (2002), S. 26. Im Business-to-Business-Marketing können allerdings Probleme bei der Kundendefinition auftreten, wenn innerhalb eines Konzerns unklar ist, ob die Kaufentscheidungen dezentral oder von der Konzernführung gefällt werden, wenn mehrstufige Geschäftsbeziehungen vorliegen oder unter Umständen Drittparteien Einfluss auf die Kaufentscheidung nehmen. Vgl. Plinke, W. (1997), S. 120.
209 Vgl. Cornelsen, J. (2000), S. 24.
210 Cornelsen, J. (2000), S. 24.
211 Vgl. Cornelsen, J. (2000), S. 24; Schmöller, P. (2001), S. 6; Eberling, G. (2002), S. 28f. Auf die Frage, ab wann ein Kunde den Status des aktuellen Kunden verlässt und zum Altkunden wird, soll an dieser Stelle nicht näher eingegangen werden.

unterteilt werden.[212] Eine solche Unterteilung findet auch im Konzept der sog. Loyalitätsleiter statt.[213] Diese differenziert die Kunden hinsichtlich ihrer Bindung zum Unternehmen.[214] Die einzelnen Leitersprossen veranschaulichen die Kategorisierung der Kunden, die zwischen den beiden Extrema Stammkunden und Nicht-Verwender ohne Verwendungskenntnis liegen kann und letztlich Aussagen über die Kaufwahrscheinlichkeit der Kunden liefern soll.

Eine Kundentypisierung kann auch hinsichtlich der Art des Geschäfts zwischen einem Unternehmen und seinem Kunden, also der Art der Kundenbeziehung, vorgenommen werden. Diese treten in der Praxis in sehr unterschiedlicher Form auf.[215] Die möglichen Formen einer Kundenbeziehung sollen einmal beispielhaft für die Investitionsgüterbranche veranschaulicht werden.[216] Je nachdem, ob der Fokus eher auf Einzeltransaktionen oder einem zeitlichen Kaufverbund liegt, und ob eher ein Einzelkunde oder ein ganzes Kundensegment betrachtet wird, lässt sich zwischen Produkt-, System-, Anlagen- oder Zuliefergeschäft differenzieren. Die folgende Abbildung verdeutlicht dies beispielhaft anhand eines Herstellers für Büromöbel:[217]

212 Vgl. Schmöller, P. (2001), S. 6. Ähnlich auch Diller, der für die Erstkunden und Wechselkunden die Begriffe Neukunden und Gelegenheitskunden verwendet. Vgl. Diller, H. (2001), S. 845.

213 Vgl. Kreutzer, R. (1990), S. 106.

214 Vgl. Link, J./Hildebrand, V.G. (1997), S. 161; Wirtz, B.W./Schilke, O. (2004), S. 31.

215 Ein Extrem stellt im Business-to-Business-Bereich bspw. die Beziehung von einem Automobilzulieferer zu einem Automobilhersteller dar, wenn der Zulieferer als Wertschöpfungspartner die Entwicklung und Fertigung eines komplexen Produkts, das spezifisches Know-how erfordert, übernimmt und gegebenenfalls sog. Model-Life-Verträge abgeschlossen wurden. In diesem Fall ist von einer sehr engen Kundenbeziehung auszugehen, während Kundenbeziehungen bei Commodity-Produkten häufig transaktionsorientiert sind. Ähnliche Beispiele lassen sich auch im Business-to-Consumer-Bereich finden. Vgl. Kajüter, P. (2006), S. 552.

216 Vgl. Backhaus, K./Voeth, M. (2007), S. 200ff.

217 Quelle: Kreuz, C. (2005), S. 5.

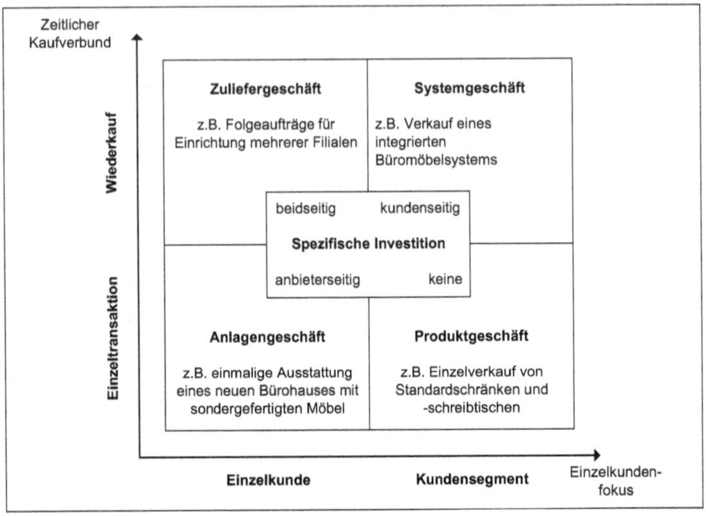

Abb. 2-5: Geschäftstypenansatz nach **Backhaus**

Die Abbildung 2-5 zeigt darüber hinaus auf, von welcher Marktseite unter Umständen spezifische Investitionen[218] zu tätigen sind. Unter spezifischen Investitionen werden solche zur Realisierung einer Transaktion notwendigen (Vor-)Leistungen verstanden, „die (a) zwingende Voraussetzung für nachfolgende Geschäftsabschlüsse darstellen, (b) sich erst nach mehreren Transaktionen mit dem Partner amortisieren und (c) die verloren sind, wenn genau mit diesem Partner keine weiteren Geschäfte zustande kommen."[219] Für den Fall des Zuliefer- sowie des Systemgeschäfts ist offensichtlich, dass von einem mehrperiodigen Bewertungszeitraum auszugehen ist, da zur Bewertung des Kunden nicht nur die in der betrachteten Periode durchgeführte Einzeltransaktion von Interesse ist, sondern des Weiteren auch, ob der Kunde in Zukunft Wiederholungskäufe tätigt und wenn ja, zu welchen Konditionen. Letztlich ist also der Wert der gesamten Kundenbeziehung von Interesse. Eine mehrperiodige Betrachtung ist auch für das Anlagengeschäft notwendig, da der Fertigungsprozess solcher Anlagen in der Regel mehrere Jahre in Anspruch nimmt.[220] Anders verhält es sich beim Produktgeschäft. Da hier weder seitens des Anbieters noch seitens des Nachfragers spezifische Investitionen getätigt werden, wird teilweise argumentiert, dass in diesem Fall die Bestimmung eines Kunden-Deckungsbeitrags ausreichend wäre.[221]

---

218 Vgl. Söllner, A. (2001), S. 848.
219 Rese, M. (2006b), S. 296.
220 Vgl. Backhaus, K./Voeth, M. (2007), S. 202f.
221 Vgl. Kreuz, C. (2005), S. 6.

Dies gilt aber nur für den Fall unverbundener Einzelgeschäfte mit einem Kunden. Sobald jedoch eine innere Verbindung zwischen den einzelnen Transaktionen mit einem Kunden besteht, darf die Einzeltransaktion nicht isoliert betrachtet werden, da die Entscheidung über dessen Durchführung auch Auswirkungen auf zukünftige Transaktionen hat.[222] Die Ausführungen verdeutlichen, von welch entscheidender Bedeutung eine kundenbezogene Unternehmensrechnung respektive ein Kunden-Controlling ist.

2.2.2 Einsatz und Notwendigkeit eines wertorientierten Kunden-Controlling

Während die Wertorientierung im Controlling nicht erst im Zuge des Value Based Managements entdeckt worden, sondern die Idee einer Berücksichtigung der Eigenkapitalkosten eigentlich schon seit jeher im internen Rechnungswesen bekannt ist, waren Schlagwörter wie Marktorientierung oder Kunden-Orientierung in der Vergangenheit eher eine Domäne des Marketings oder des Vertriebs und wurden im Controlling kaum beachtet. Aus den in den vorherigen Abschnitten dargestellten Gründen gerät die Kunden-Orientierung aber auch immer mehr in den Fokus des Controlling. So wurde die Notwendigkeit einer Kunden-Orientierung bereits in Controlling-Konzepten wie der Balanced Scorecard erkannt, in der der Kundenperspektive neben der internen Prozessperspektive und der Lern- und Entwicklungsperspektive eine entscheidende Rolle bei der Erreichung der in der Finanzperspektive enthaltenen finanziellen Ziele zukommt.[223] Solche Konzepte sind jedoch vor allem dadurch geprägt, dass meistens die Kundenzufriedenheit oder die Kundentreue als nicht-monetäre Größen in die Betrachtung eingehen. Eine Bewertung und Steuerung einzelner Kundenbeziehungen ist auf diese Weise nicht möglich.

Da mittlerweile in den meisten Unternehmen die Kunden-Orientierung als wesentliches Mittel zur Sicherung der Wettbewerbsfähigkeit und langfristigen Überlebensfähigkeit des Unternehmens angesehen wird,[224] bedarf es einer Rationalitätssicherung[225] durch das Controlling, um als Dienstleister des Managements zur koordinierenden Informationsversorgung und Entscheidungsunterstützung einen sinnvollen Beitrag zur Erreichung der Unternehmensziele leisten zu können.[226] Da in der Praxis unter Kunden-Orientierung häufig noch in erster Linie eine Verbesserung der Kundenbindung über eine Steigerung der Kundenzufriedenheit sowie eine Erhöhung der

222 Vgl. Rese, M. (2006b), S. 295.
223 Vgl. Weber, J./Schäffer, U. (2000), S. 3ff.; Creutzmann, A. (2005), S. 29; Fickert, R. (2005), S. 348.
224 Vgl. bspw. Matzler, K./Stahl, H.K./Hinterhuber, H.H. (2006), S. 3-31.
225 Vgl. Mödritscher, G./Mussnig, W. (2006), S. 644.
226 Vgl. Weber, J./Lissautzki, M. (2004), S. 7.

Akquisitionsrate verstanden wird,[227] dies aber nicht zwangsläufig bedeutet, dass dadurch die Profitabilität der Kundenbeziehung erhöht wird, geschweige denn, dass Wertbeiträge durch eine existierende Kundenbeziehung erzielt werden können, ist es Aufgabe des Controlling, dafür zu sorgen, dass Wirtschaftlichkeit und Wertorientierung im Unternehmen, insbesondere seitens des Marketing und Vertriebs, nicht vernachlässigt werden.[228] Denn eine zu eindimensionale Kundenorientierung ist keineswegs dazu geeignet, die Interessen der Kapitalgeber an einer Unternehmenswertsteigerung sicherzustellen.[229] Sowohl die Kundenorientierung als auch die Wertorientierung benötigen folglich ein entsprechend ausgestaltetes unternehmerisches Steuerungssystem, das durch eine adäquate interne Unternehmensrechnung unterstützt wird.[230]

Die Ausgestaltung eines solchen, als wertorientiertes Kunden-Controlling-System bezeichnetes Steuerungssystem muss nicht grundlegend neu konzeptioniert werden, sondern kann auf bereits entwickelten Instrumenten des wertorientierten Controlling aufbauen.[231] Anstelle von Investitionen in Maschinen werden Investitionen in die Kundenbeziehung hinsichtlich ihrer Vorteilhaftigkeit überprüft, anstelle der produktorientierten Kosten- und Erlösrechnung wird eine kundenorientierte Kosten- und Erlösrechnung durchgeführt und anstelle einer Bewertung des ganzen Unternehmens und seiner Bereiche steht nunmehr die Bewertung von Einzelkunden, Kundensegmenten oder des ganzen Kundenstamms im Mittelpunkt des Controlling-Systems. Es geht in diesem Zusammenhang darum, die aktuellen und potentiellen Kunden zu analysieren, zu bewerten und zu steuern, um auf diese Weise die wertvollsten Kunden zu identifizieren und zukünftig die vorhandenen Ressourcen des Unternehmens sinnvoll mittels Fokussierung auf diese Kunden einzusetzen.[232] Ein einfaches Beispiel für eine Kundenfokussierung ist die Etablierung von Key Account Managern, die speziell für die Betreuung von ausgewählten Großkunden verantwortlich sind.[233] Allerdings soll ein Customer Relationship Management noch weiter führen und die Grundzüge des Key Account Managements auf die Masse der Kunden übertragen.[234] Für die Auswahl der zu betreuenden Kunden und der entsprechenden Marketingmaßnahmen zur Betreuung dieser Kunden werden kundenbezogene Informationen hinsichtlich der Profitabilität und des Erfolgspotentials benötigt. In der Praxis geschieht die Auswahl der Kunden i.d.R. anhand des Umsatzes, so dass noch er-

227 Vgl. Dzienziol, J./Kreyer, N./Schroeder, N. (2004), S. 2.
228 Vgl. Schirmeister, R./Reimsbach, D. (2006), S. 98.
229 Vgl. Weber, J./Lissautzki, M. (2006), S. 277.
230 Vgl. Schmöller, P. (2001), S. 2.
231 Ähnlich auch Wäscher, D. (2001), S. 345.
232 Vgl. Plinke, W. (1997), S. 119; Schirmeister, R./Reimsbach, D. (2006), S. 98.
233 Vgl. Homburg, C./Daum, D. (1997a), S. 84.
234 Vgl. Smidt, W./Marzian, S.H. (2001), S. 151.

hebliches Verbesserungspotential besteht. Es ist Aufgabe des wertorientierten Kunden-Controlling, den Kundenwert durch Bereitstellung der entsprechenden Instrumente zur Kundenplanung, -bewertung, -steuerung und -kontrolle zu ermitteln.

2.2.3 Elemente eines wertorientierten Kunden-Controlling-Systems

Bei der Ausarbeitung des wertorientierten Kunden-Controlling-Systems stellt sich die Frage, welche Elemente dieses beinhalten soll. In der Controlling-Literatur existiert eine Vielzahl an Systematisierungen und Strukturierungen des Controlling-Systems, das sich in erster Linie an den allgemeinen Funktionen des Controlling orientiert.[235] Das Controlling soll als Subsystem des Unternehmensführungssystems zur Erreichung der übergeordneten Unternehmensziele beitragen und hat sich hierzu an den Führungssystemen des Unternehmens zu orientieren.[236] *Horvath* unterscheidet diesbezüglich zwischen dem Planungs- und Kontrollsystem, dem Informationssystem und einem Koordinationssystem, das der ergebniszielorientierten Abstimmung von Planung und Kontrolle sowie der Informationsversorgung dient.[237] *Küpper* sieht darauf aufbauend die Koordination des Führungsgesamtsystems mit den Teilsystemen der Planung, Kontrolle, Personalführung, Organisation sowie dem Informationssystem als wichtigste Aufgabe des Controlling an.[238] Entscheidende Bedeutung kommt insbesondere den Teilsystemen der Planung, der Kontrolle sowie der Informationsversorgung zu.[239] Um die Leitidee der Shareholder Value-Orientierung auch im wertorientierten Kunden-Controlling und (als Schnittstelle zum Kunden) im wertorientierten Vertriebs-Controlling verankern zu können, sollen diese bereits für das wertorientierte Controlling entwickelten Teilsysteme übernommen und auf den Kunden abgestimmt werden.

Im Rahmen des Kunden-Informationssystems sollen kundenbezogene Informationen bereitgestellt werden, die der Bewertung der Kunden sowie der Planungs- und Kontrollaufgaben dienen. Letztlich müssen diese Informationen hinsichtlich ihrer Art, Quantität und Qualität derart ausgestaltet sein, dass sie zur Entscheidungsunterstützung bei kundenbezogenen Entscheidungen unterschiedlichster Art herangezo-

---

235 Vgl. Schmöller, P. (2001), S. 8; Küpper, H.-U. (2005), S. 25ff.; Horvath, P. (2006), S. 97ff. Einen guten Überblick über die unterschiedlichen Konzepte liefern Littkemann, J. (2006), S. 9 sowie Spillecke, D. (2006), S. 8ff.

236 Vgl. Schmöller, P. (2001), S. 9; Horvath, P. (2006), S. 98. Vgl. zu den Management-Funktionen auch Steinmann, H./Schreyögg, G. (2005), S. 8ff.

237 Vgl. Horvath, P. (2006), S. 98

238 Vgl. Küpper, H.-U. (2005), S. 27.

239 Vgl. auch Kaland, A./Wömpener, A. (2007), S. 30.

gen werden können. Die Sammlung und Bereitstellung der Kundendaten erfolgt in der Praxis häufig mittels des Customer Relationship Managements.[240]

Für das Kunden-Planungs- und -Kontrollsystem, das als kybernetisches Regelkreismodell zu verstehen ist,[241] soll zunächst eine funktional ausgerichtete Systematisierung erfolgen, die sich an den informationsverarbeitenden Teilprozessen der Planung und Kontrolle orientiert.[242] Als Teilprozesse nennt *Wild* die Zielbildung, Problemerkenntnis, Alternativensuche, Prognose, Bewertung, Entscheidung, Durchsetzung und Realisation sowie die Kontrolle und Abweichungsanalyse.[243] Darüber hinaus existiert in der Literatur eine Vielzahl von weiteren Modellen zur Strukturierung des Planungs- und Kontrollprozesses, die sich allerdings hinsichtlich der Anzahl und der Bezeichnungen der einzelnen Elemente voneinander unterscheiden:[244]

Quelle	Bezeichnung	Untergliederung
Bircher (1976)	Planung und Kontrolle als Systemgestaltungsprozess	Systemanalyse, Systemgestaltung, Systemimplementierung
Pfohl (1981)	Phasenschema des Planungs- und Kontrollprozesses	Problemstellung, Lösungsfindung, Optimierung und Implementierung
Hahn (1993)	Planung, Steuerung und Kontrolle als Führungstätigkeiten	Problemstellungs-, Such-, Beurteilungs-, Entscheidungs-, Realisations- und Kontrollphase
Köhler (1993)	Aufgaben der Marketing-Planung	Situationsanalyse, Marktprognosen, Erarbeitung von Marketing-Zielen, Suche/Bewertung/Auswahl der Zielmärkte, Entwurf/Bewertung/Auswahl grundsätzlicher Marktbearbeitungsalternativen (Langfristige Marketing-Mix-Planung), konkrete Festlegung der Aktivitäten zur Marktbearbeitung (Kurzfristige Marketing-Mix-Planung), Budgetierung und Marketing-Kontrolle
Bauer (1995)	Teilschritte der Marketing-Planung	Analyse der Unternehmens- und Umweltsituation und Bewertung der relevanten Faktoren, Festlegung der Marketing-Ziele, Formulierung und Bewertung alternativer Strategien und Maßnahmen, Budgetierung der Strategien und Maßnahmen, Aufstellen eines Zeitplans mit Meilensteinen und Zuständigkeiten
Diller (1998)	Ablaufstruktur der Marketing-Planung	Situationsanalyse, Absatzplanung i.e.S., Festlegung der Marketing-Strategie, Marketing-Mix-Planung, Marketing-Controlling
Wirtz/Schilke (2004)	Regelkreis des Managements	Planung, Steuerung, Durchführung und Kontrolle

Abb. 2-6: Ausgewählte Gliederungsansätze des Planungs- und Kontrollprozesses

Folgt man hinsichtlich der Untergliederung des Planungs- und Kontrollprozesses im Wesentlichen *Wild*, so resultiert daraus die folgende Vorgehensweise: Der Teilprozess der Zielbildung umfasst im Rahmen eines wertorientierten Kunden-Controlling die Planung des Kundenwertes, dessen Operationalisierung sowie die Vorgabe von Soll-Werten hinsichtlich der zukünftigen aus der Kundenbeziehung resultierenden

240 Vgl. Grabner-Kräuter, S./Schwarz-Musch, A. (2006); Kuhl, M./Stöber, O. (2006).
241 Vgl. Wild, J. (1974), S. 34; Pfohl, H.C. (1981), S. 20ff.
242 Vgl. Eberling, G. (2002), S. 244.
243 Vgl. Wild, J. (1974), S. 39.
244 Quelle: In Anlehnung an Eberling, G. (2002), S. 244; Bircher, B. (1976), S. 281; Pfohl, H.-C. (1981), S. 61-74; Hahn, D. (1993), Sp. 3185-3200; Köhler, R. (1993), S. 7-13; Bauer, H.H. (1995), Sp. 1654; Diller, H. (1998), S. 11; Wirtz, B.W./Schilke, O. (2004), S. 27.

Wertbeiträge. Die Zielbildung muss auch erste Anhaltspunkte darüber liefern, mit welchen Bestandskunden die Geschäftsbeziehung intensiviert werden soll und welche finanziellen Mittel in die Akquisition von Neukunden investiert werden sollen.[245] Dies wird seitens des Marketing häufig vernachlässigt, ist jedoch von entscheidender Bedeutung, da in der Regel von einer Ressourcenknappheit ausgegangen werden muss. Aus diesem Grund bietet sich bereits an dieser Stelle eine Priorisierung der Kunden an, die sich weitgehend am Kundenwert orientiert.

Die Teilprozesse der Problemerkenntnis, der Alternativensuche und der Prognose schließen nahtlos an den Teilprozess der Zielbildung an, da eine Vorgabe von Kundenwerten ohne Prognose der zukünftigen kundenbezogenen Einzahlungsüberschüsse kaum möglich sein dürfte, aus der Herleitung der Kundenwertziele bereits erste Problemerkenntnisse resultieren werden und auch schon zu diesem Zeitpunkt eine Alternativensuche in Abhängigkeit vom realisierbaren Kundenwert erfolgen sollte.

Schon an dieser Stelle wird bereits deutlich, welch zentrale Bedeutung der Bewertung der Kunden und somit dem Kundenwert zukommt. Ohne den Kundenwert ist eine Planung, Steuerung und Kontrolle der Kunden nicht möglich. Daher widmet sich der folgende Abschnitt ausführlich der Definition des Kundenwertes und bietet einen ersten Überblick zu den in Wissenschaft und Praxis gängigen Methoden zur Bestimmung des Kundenwerts.[246] Zunächst werden aber noch die Teilprozesse der Entscheidung, Durchsetzung, Realisation, Kontrolle und Abweichungsanalyse vorgestellt.

Im Rahmen der Planung gilt es, die kundenbezogenen Informationen derart abzubilden und in die Zukunft zu projizieren, dass dadurch eine Unterstützung der verantwortlichen Entscheidungsträger erfolgen kann. So kann der Kundenwert dem Management letztlich Klarheit über vielfältige Entscheidungen verschaffen. Soll eine Kundenbeziehung beispielsweise intensiviert, der Status Quo beibehalten oder die Kundenbeziehung sogar abgebrochen werden? Lohnt sich die Neukundenakquisition des Kunden X? Sollen die knappen finanziellen Mittel zur Intensivierung der Kundenbeziehungen mit umsatzstarken, aber bereits stark an das Unternehmen gebundenen Kunden verwendet werden, oder sollen diese stattdessen dazu genutzt werden, um in solche Kunden zu investieren, die ein hohes Kundenpotential, aber bislang niedrige Umsätze aufweisen?

---

245 Ähnlich *Wirtz/Schilke*, die jedoch das Bereitstellen von Ressourcen unter den Teilprozess der Steuerung subsumieren. Vgl. Wirtz, B.W./Schilke, O. (2004), S. 27.

246 Vgl. Kapitel 2.3.

Die Teilprozesse Entscheidung, Durchsetzung und Realisation münden schließlich in der Planung kundenwertgestaltender Maßnahmen.[247] Diese könnten etwa so ausgestaltet werden, dass innerhalb des Geschäfts mit Bestandskunden konkrete Maßnahmen zur Erhöhung der Kundenumsätze und der Kundenbindung sowie zur Senkung der Kundenkosten und Kundenrisiken im Vordergrund stehen.[248] Neukunden sollten nur bei Aussicht auf eine vorteilhafte Kundenbeziehung akquiriert werden. Derartige Kundenanalysen stehen und fallen mit der Qualität der zugrunde liegenden Prognosen und der Berücksichtigung der damit verbundenen Risiken.

Das Kunden-Planungssystem wäre darüber hinaus unvollständig ohne ein umfangreiches Kunden-Kontrollsystem und daran anschließende Abweichungsanalysen zur Bestimmung der Ursachen bei festgestellten Soll-Ist-Abweichungen. Von entscheidender Bedeutung sind auch prozessbegleitende Soll-Wird-Analysen, die Informationen im Sinne eines feedforward geben.[249]

Im folgenden Abschnitt soll zunächst eine Abgrenzung des Kundenwertbegriffs erfolgen.

2.3 Abgrenzung des Kundenwertbegriffs

Da sich in der Literatur keine einheitliche Definition für den Kundenwert findet,[250] soll in diesem Abschnitt eine Abgrenzung für den Begriff des Kundenwerts erfolgen. Zunächst muss unterschieden werden zwischen dem Kundenwert aus Nachfragersicht und dem Kundenwert aus Anbietersicht.[251]
Der Kundenwert aus Nachfragersicht wird auch als „Customer Value“[252], „Value to the Customer“[253] oder als „Customer Perceived Value“[254] bezeichnet. Letzterer Ausdruck macht deutlich, dass es sich hierbei um den vom Kunden wahrgenommenen Nettonutzen handelt.[255] *Eggert* beschreibt den Kundenwert aus Nachfragersicht als „das Ergebnis eines Abgleichs zwischen der Nutzensumme und der Aufwandssumme, die ein Kunde im Rahmen eines Austauschs ex ante erwartet bzw. ex post

247 Vgl. Eberling, G. (2002), S. 245.
248 Vgl. Weber, J./Lissautzki, M. (2006), S. 279.
249 Vgl. Baum, H.-G./Coenenberg, A.G./Günther, T. (2007), S. 319.
250 Vgl. auch Kumar, V./Ramani, G./Bohling, T. (2004), S. 61; Wirtz, B.W./Schilke, O. (2004), S. 22. Ein „Begriffsdurcheinander“ stellen auch *Pfeifer et al.* fest. Vgl. Pfeifer, P.E./Haskins, M.E./Conroy, R.M. (2005), S. 11-13.
251 Vgl. Weber, J./Lissautzki, M. (2006), S. 278; Meyer, A./Kantsperger, R./Schaffer, M. (2006), S. 69.
252 Matzler, K. (2000), S. 289; Wiedmann, K.-P./Siemon, N./Hennigs, J. (2003), S. 303.
253 Spahlinger, L.I./Herrmann, A./Huber, F./Magin, S. (2006), S. 613.
254 Mulhern, F.J. (1999), S. 26; Schröder, R./Wall, F. (2004), S. 670; Eggert, A. (2006), S. 43.
255 Vgl. Matzler, K. (2000), S. 290; Eggert, A. (2006), S. 51.

wahrnimmt."[256] Dabei darf nicht vernachlässigt werden, dass der Kundenwert aus Nachfragersicht etwa auch durch das Image des Unternehmens oder die Angebote der Konkurrenz beeinflusst wird und dass in die Aufwandssumme nicht nur der monetäre Aufwand, sondern beispielsweise auch der Zeitaufwand, der Energieaufwand oder der psychische Aufwand einfließen.[257] Die für das Zielsystem des Unternehmens sowie für die Ausarbeitung eines wertorientierten Kunden-Controlling-Systems entscheidende Bedeutung hat jedoch der Kundenwert aus Anbietersicht, der den Wert des Kunden für das Unternehmen darstellt und im Folgenden detaillierter beleuchtet werden soll.[258]

Die Definitionen für den Kundenwert aus Anbietersicht, der auch als „Value of the Customer"[259] bezeichnet wird, unterscheiden sich inhaltlich teilweise sehr stark voneinander, haben jedoch gemeinsam, dass sie letztlich den Kundenwert als Instrument zur Bewertung der Attraktivität einzelner Kunden oder Kundengruppen charakterisieren.[260] Allgemein formuliert kann der Kundenwert aus Anbietersicht als „Beitrag eines betrachteten Kunden zur (situationsspezifischen) Zielerreichung der betreffenden Unternehmung, d.h. als Summe aller positiven Einflüsse abzüglich der Summe aller negativen Einflüsse auf den Zielerreichungsgrad"[261] definiert werden. Da sich die Definition des Kundenwertes darüber hinaus entscheidend an den Methoden der zugrunde liegenden Kundenbewertung orientiert, bieten die folgenden Ausführungen sowohl einen Überblick über die möglichen Kundenwertdefinitionen als auch bereits einen ersten Überblick über mögliche Bewertungsmethoden.

Die Bewertungsmethoden zur Bestimmung des Kundenwertes lassen sich grundsätzlich in ein- und mehrdimensionale Kundenwertmodelle unterteilen, wobei sich beide Ansätze wiederum durch die Anwendung monetärer oder nicht-monetärer Kriterien differenzieren lassen.[262] Neben der sachlichen Dimension lassen sich die Kundenwertmodelle darüber hinaus auch hinsichtlich des Zeitbezugs in einer zeitlichen Dimension voneinander abgrenzen.[263] Im Rahmen der zeitlichen Dimension kann unterschieden werden zwischen periodenbezogenen, periodenübergreifenden und periodenunabhängigen Ansätzen.[264]

---

256 Eggert, A. (2006), S. 48.
257 Vgl. hierzu ausführlich Matzler, K. (2000), S. 289ff. Vgl. auch bereits Plinke, W. (1989), S. 310f.
258 Ähnlich Berger, P.D./Bolton, R.N./Bowman, D./Briggs, E./Kumar, V./Parasuraman, A./Terry, C. (1992), S. 40; Wirtz, B.W./Schilke, O. (2004), S. 23; Lissautzki, M. (2005), S. 85.
259 Messner, W. (2005), S. 51.
260 Vgl. Eggert, A. (2006), S. 45.
261 Reckenfelderbäumer, M./Welling, M. (2006), S. 339.
262 Vgl. Cornelsen, J. (2000), S. 91.
263 Vgl. Tewes, M. (2003), S. 61ff.
264 Vgl. Homburg, C./Schnurr, P. (1998), S. 175.

2.3.1 Eindimensional-monetäre Bewertungsmethoden

Für die Ausarbeitung eines wertorientierten Kunden-Controlling sind insbesondere die eindimensional-monetären Bewertungsmethoden von Interesse, die dem Kunden einen quantitativen, leicht nachvollziehbaren Wert zuteilen. Zu den eindimensional-monetären Bewertungsmethoden gehören etwa einfache Umsatzanalysen, periodenbezogene Methoden wie die Kundenerfolgsrechnungen, bei denen der Kundenwert als Synonym für kundenbezogene Erfolgsgrößen verstanden wird,[265] oder periodenübergreifende Methoden, die den Kundenwert als Kundenkapitalwert, der mit Hilfe dynamischer Investitionsrechnungen ermittelt wird, auffassen.

Wirft man einen Blick auf die Praxis, so kann in diesem Zusammenhang festgestellt werden, dass die meisten Unternehmen zur Bewertung von Kundenbeziehungen derzeit noch sehr primitive Verfahren der Kundenwertanalyse anwenden, wie beispielsweise eine Befragung von Unternehmen im Investitionsgüterbereich aufzeigt.[266] Demnach beurteilen 76,3% der Unternehmen die Kunden anhand des Umsatzes, während gerade einmal 37% der Unternehmen den Kunden-Gewinn/-Deckungsbeitrag heranziehen. Kundenbewertungen anhand des zukünftigen Ertragswertpotentials folgen mit 18,3% weit abgeschlagen. Auch *Rudolf-Sipötz* kommt zu dem Ergebnis, dass die meisten Unternehmen eher traditionelle Methoden wie die ABC-Analyse nach Umsatz oder Deckungsbeiträgen sowie Kundendeckungsbeitragsrechnungen bevorzugen und diese auch generell für sinnvoller erachten.[267]

2.3.1.1 Umsatzbezogene Kundenwertanalysen

2.3.1.1.1 Überblick

In der Praxis am weitesten verbreitet ist die Analyse von Kunden mit Hilfe von aktuellen Umsatzkennzahlen.[268] Dabei werden sowohl absolute als auch relative Umsatzzahlen, wie etwa der Anteil eines Kunden am Gesamtumsatz der Periode,

---

[265] Vgl. Tewes, M. (2003), S. 63.

[266] Vgl. Cornelsen, J. (2000), S. 90 sowie dem zugrunde liegend Krafft, M./Marzian, S. (1997), S. 106. *Reinecke/Reibstein* weisen anhand einer in Deutschland und der Schweiz im Jahre 1998 von *Tomczak et al.* durchgeführten Studie noch extremere Werte aus. Demnach dient der Umsatz in 96% der befragten Unternehmen als Schlüsselkennzahl, der Deckungsbeitrag in 76% und der Nettogewinn in 83%. Der Kundenwert wird von 17% der Unternehmen als Schlüsselkennzahl genannt. Vgl. Reinecke, Sven/Reibstein, David J. (2002), S. 22.

[267] Vgl. Rudolf-Sipötz, E. (2001), S. 70ff. Eine sehr große Bedeutung kommt laut der durchgeführten Umfrage auch Kundenbefragungen zu, die von 48% der befragten Unternehmen in regelmäßigen Abständen und von weiteren 42% zumindest in unregelmäßigen Abständen durchgeführt wurde. Vgl. Rudolf-Sipötz, E. (2001), S. 70.

[268] Vgl. Rieker, S.A. (1995), S. 50f.

herangezogen.[269] Weitere Beispiele für eine relative Umsatzzahl sind die sog. Kundendurchdringungsrate[270], die das Verhältnis des Umsatzes eines Kunden zu seinem Gesamtbedarf an einem betrachteten Produkt oder einer Produktkategorie beschreibt, sowie die relative Lieferantenposition, die den Umsatz mit einem Kunden zu seinen Umsätzen beim größten Wettbewerber des anbietenden Unternehmens ins Verhältnis setzt.[271] Ein Instrument zur weitergehenden Analyse der Umsatzzahlen stellt die sog. ABC-Analyse dar.[272] Mit Hilfe der ABC-Analyse erfolgt eine Kundensegmentierung anhand der jeweiligen Kundenumsätze, indem sämtliche Kunden aufgrund ihrer Umsatzhöhe in A-, B- und C-Kunden eingeteilt werden, wobei mit den A-Kunden die größten Umsätze und mit den C-Kunden die niedrigsten Umsätze erzielt werden.[273] Zur genaueren Darstellung werden die Umsätze als Lorenzkurve[274] kumuliert dargestellt:[275]

269 Vgl. Rieker, S.A. (1995), S. 51.
270 Vgl. Köhler, R. (2008), S. 470.
271 Vgl. Homburg, C./Schnurr, P. (1998), S. 171.
272 Vgl. Rieker, S.A. (1995), S. 53.
273 Vgl. Homburg, C./Schnurr, P. (1998), S. 178f.; Helm, S./Günter, B. (2003), S. 15f.
274 Vgl. Schirmeister, R./Reimsbach, D. (2006), S. 98.
275 Quelle: Helm, S./Günter, B. (2003), S. 16.

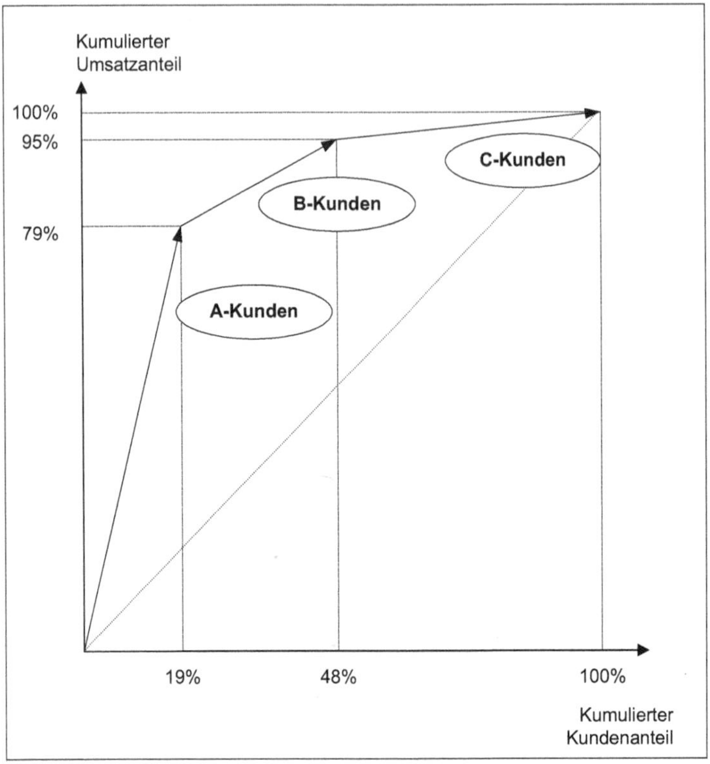

Abb. 2-7: Beispiel einer umsatzbezogenen ABC-Analyse

Die ABC-Analyse ist aufgrund ihrer einfachen und schnellen Anwendbarkeit insbesondere in der Praxis sehr beliebt. Aus Erfahrungswerten entstand die sog. „Pareto-Regel" oder „80:20-Regel", die besagt, dass auf die wichtigsten 20 Prozent der Kunden bereits 80 Prozent des Gesamtumsatzes entfallen, und die in der Unternehmenspraxis häufig bestätigt wird.[276] Darauf aufbauend wird die Handlungsempfehlung gegeben, diese in Bezug auf die Umsätze wichtigsten Kunden im Rahmen eines Key-Account-Managements entsprechend intensiv zu betreuen, da sich ein Abwandern der umsatzstarken Kunden folgenschwerer auswirkt als ein Abwandern von umsatzschwachen Kunden.[277]

276 Vgl. Homburg, C./Schnurr, P. (1998), S. 178; Zezelj, G. (2000), S. 17; Wiedmann, K.-P./Siemon, N./Hennigs, J. (2003), S. 309; Spahlinger, L.I./Herrmann, A./Huber, F./Magin, S. (2006), S. 610.

277 Vgl. Schirmeister, R./Reimsbach, D. (2006), S. 99.

2.3.1.1.2 Kritische Analyse

An den bisher dargestellten Kundenanalysen ist zunächst einmal die statische Betrachtung kritisch anzumerken, da nur die Kundenumsätze eines bestimmten Zeitraums herangezogen werden und diese stets vergangenheitsorientiert sind.[278] Aufschlussreicher wären Kundenanalysen bereits, wenn auch Wachstumsraten oder detaillierte Umsatzentwicklungen über mehrere Jahre zur Beurteilung der Kunden berücksichtigt würden.[279] Ein wesentlicher Kritikpunkt an der Beurteilung von Kunden anhand der absoluten und relativen Umsätze oder auch der ABC-Analyse betrifft des Weiteren die fehlende Berücksichtigung der Inanspruchnahme der betrieblichen Ressourcen und der daraus resultierenden kundenbezogenen Kosten, aufgrund dessen es sehr schnell zu einer Fehlsteuerung kommen kann, da Kunden mit hohen Umsätzen nicht zwangsläufig profitabel sein müssen.[280] So tritt beispielsweise in der Praxis häufig das Phänomen auf, dass gerade die im Rahmen der ABC-Analyse als A-Kunden charakterisierten Großkunden zwar sehr hohe Umsätze erbringen, diese aber auch einerseits aufgrund der intensiven Kundenbetreuung im Rahmen des Key-Account-Managements höhere Kosten verursachen und andererseits darüber hinaus aufgrund ihrer Marktmacht häufig hohe Rabatte zugestanden bekommen, die sich als Erlösschmälerungen negativ auf die Kundenerfolge auswirken.[281] Um dies bei der Beurteilung der Kunden entsprechend mitzuberücksichtigen, sollten daher im nächsten Schritt zumindest die Kunden-Deckungsbeiträge herangezogen werden.[282]

2.3.1.2 Erfolgsbezogene Kundenanalysen

2.3.1.2.1 Überblick

Die Erkenntnis, dass die kundenspezifischen Kosten nicht vernachlässigt werden sollten, führt im nächsten Schritt zu periodenbezogenen Kundenerfolgsrechnungen. Als spezifische Variante der Absatzsegmentrechnung werden den einzelnen Kunden oder ganzen Kundengruppen die spezifischen Erlöse und Kosten zugerechnet und diesen somit ein Periodenerfolg zugeordnet.[283] Ein auf diese Weise als periodenbezogener Kundenerfolg definierter Kundenwert ist dann aber davon abhängig, in

278 Wiedmann, K.-P./Siemon, N./Hennigs, J. (2003), S. 301.
279 Vgl. Rieker, S.A. (1995), S. 51.
280 Vgl. Wiedmann, K.-P./Siemon, N./Hennigs, J. (2003), S. 301f.; Meyer, M./Shaffu, N. (2007a), S. 54. Vgl. auch bereits Shapiro, B.P./Rangan, V.K./Moriarty, R.T./Ross, Elliot B. (1987), S. 101-108.
281 Vgl. Cornelsen, J. (2000), S. 97; Wiedmann, K.-P./Siemon, N./Hennigs, J. (2003), S. 305; Schirmeister, R./Reimsbach, D. (2006), S. 100; Stauss, B./Friege, C. (2006), S. 513f.
282 Vgl. Homburg, C./Schnurr, P. (1998), S. 179.
283 Vgl. Link, J./Gerth, N./Voßbeck, E. (2000), S. 215ff.; Tewes, M. (2003), S. 125.

welchem Umfang dem Kunden die von ihm in direkter oder indirekter Weise verursachten Kosten zugeteilt werden. Dabei zeichnen sich Kunden-Nettoerfolgsrechnungen dadurch aus, dass den Kundenerlösen respektive -leistungen sämtliche im Unternehmen anfallenden Kosten durch eine entsprechende Vollkostenrechnung gegenübergestellt werden.[284] In diesem Zusammenhang stellt sich jedoch die Frage, ob und gegebenenfalls wie die im Unternehmen anfallenden Gemeinkosten auf die einzelnen Kunden verteilt werden sollen.

Innerhalb der Kunden-Nettoerfolgsrechnungen werden die Gemeinkosten i.d.R. über die Zuschlagskalkulation[285] verteilt, ungeachtet der Tatsache, ob diese tatsächlich in dieser Höhe vom Kunden verursacht worden sind.[286] Diese mit dem sog. Durchschnitts- oder Tragfähigkeitsprinzip[287] begründete Vorgehensweise führt jedoch zwangsläufig zu falschen Schlussfolgerungen hinsichtlich der Kunden-Profitabilität[288] respektive der Kundenrentabilität[289],[290] da die Schlüsselung der Gemeinkosten immer nur zu einem gewissen Grad willkürfrei geschehen kann und somit gegen das Kostenverursachungsprinzip[291] oder das präziser formulierte Marginalprinzip[292] verstößt.[293] Bei der Anwendung des Durchschnittsprinzips werden denjenigen Kunden, die hohe Einzelkosten verursachen, auch automatisch hohe Gemeinkosten zugeordnet, ungeachtet der Plausibilität einer solchen Zurechnung. De facto ist jedoch sogar vorstellbar, dass gerade die Kunden eine geringere Ressourceninanspruchnahme benötigen und somit niedrigere Gemeinkosten verursachen, die hohe Einzelkosten aufweisen. Keinesfalls kann jedoch von einer homogenen Leistungsbeanspruchung aller Kunden im Verhältnis zu den Einzelkosten ausgegangen werden, die die Zuschlagskalkulation aber gerade impliziert.[294]

---

284 Vgl. Hummel, S./Männel, W. (1986), S. 45; Stahl, H.K./Matzler, K./Hinterhuber, H.H. (2006), S. 428.

285 Vgl. Knöbel, U. (1997), S. 85; Preißler, P. (2005), S. 70ff.

286 Vgl. Cornelsen, J. (2000), S. 103f.; Fickert, R. (2005), S. 350ff.

287 Vgl. Homburg, C./Schnurr, P. (1998), S. 177.

288 Vgl. Knöbel, U. (1995), S. 8; Mulhern, F.J. (1999), S. 26; Fischer, T.M./Decken, T.v.d. (2001), S. 295.

289 Vgl. Homburg, C./Daum, D. (1997a), S. 91.

290 Die Begriffe Kundenprofitabilität und Kundenrentabilität wurden in den ersten Publikationen zur Kundenbewertung mit dem Wert des Kunden gleichgesetzt. Im eigentlichen Sinne bezieht sich die Profitabilität jedoch auf die Differenz zwischen Erlösen und Kosten, also auf den Gewinn oder den Deckungsbeitrag als absolute Größe, und die Rentabilität auf eine relative Gewinnbetrachtung. Vgl. Wirtz, B.W./Schilke, O. (2004), S. 24.

291 Vgl. Preißler, P. (2005), S. 22.

292 Vgl. Hummel, S./Männel, W. (1983), S. 37.

293 Vgl. Hummel, S./Männel, W. (1986), S. 48; Reckenfelderbäumer, M./Welling, M. (2003), S. 364; Homburg, C./Daum, D. (1997a), S. 83f.

294 Vgl. Link, J./Gerth, N./Voßbeck, E. (2000), S. 223.

Um das Problem einer willkürlichen Gemeinkostenverrechnung zu umgehen, könnte auf Systeme der Teilkostenrechnung zurückgegriffen werden. Diese werden unter der Annahme durchgeführt, dass einem Kunden als Kostenträger nur die Kosten zugerechnet werden sollten, die auch ausschließlich für ihn anfallen.[295] Werden also nur diese Kosten von den mit dem Kunden erzielten Erlösen abgezogen, so erhält man den Kunden-Deckungsbeitrag.[296] Grundsätzlich vorstellbar ist die Verrechnung von Einzelkosten oder variablen Kosten. In beiden Fällen soll der Kunden-Deckungsbeitrag Auskunft über den Beitrag eines Kunden zur Deckung der nicht verrechneten Kosten und gegebenenfalls zum Gewinn eines Unternehmens geben.[297]

Beim Direct-Costing wird zwischen beschäftigungsvariablen und beschäftigungsfixen Kosten unterschieden. Darauf aufbauend werden dem Bezugsobjekt nur die variablen Kostenbestandteile zugerechnet.[298] Bei der Ermittlung von Kunden-Deckungsbeiträgen muss jedoch eine Unterscheidung zwischen variablen und fixen Kosten nicht das ausschlaggebende Kriterium der Zurechenbarkeit sein, „vielmehr kommt es auf den Sachzusammenhang mit der Kundenbeziehung an, der auch bei manchen innerhalb eines Zeitraumes fixen Kosten [...] gegeben sein kann."[299] Umgekehrt werden im Rahmen des Direct Costing teilweise auch Kostenbestandteile wie die Fertigungslöhne zugerechnet, die zwar als (beschäftigungs-)variable (Gemein-) Kosten ausgewiesen werden, tatsächlich aber eher als Fixkosten einzuschätzen sind, da beim Einstellen der Arbeitskräfte gewöhnlich längerfristige vertragliche Bindungen eingegangen werden und vorzeitige Entlassungen aufgrund der gesetzlichen Kündigungsfristen unmöglich sind.[300] Eine Abgrenzung zwischen variablen und fixen Kostenbestandteilen gestaltet sich daher in Bezug auf den einzelnen Kunden im System des Direct Costing als immens schwierig.[301]

Dies mündet in der Erkenntnis, dass eine Ermittlung der Kunden-Deckungsbeiträge auf Basis der Einzel- und Gemeinkosten wesentlich sinnvoller ist.[302] Die relative Einzelkosten- und Deckungsbeitragsrechnung von *Riebel*[303] weist den entscheidenden Vorteil auf, dass dem jeweiligen Kunden nur die Erlös- und Kostengrößen zugeordnet werden, die ohne die Existenz der Kundenbeziehung nicht entstanden

295 Vgl. Hummel, S./Männel, W. (1986), S. 50.
296 Vgl. Homburg, C./Schnurr, P. (1998), S. 175.
297 Vgl. Tewes, M. (2003), S. 128.
298 Vgl. Hummel, S./Männel, W. (1983), S. 40.
299 Köhler, R. (2008), S. 475.
300 Vgl. Hummel, S./Männel, W. (1983), S. 43.
301 Zu den Nachteilen der Anwendung des Direct Costing respektive der Grenzplankostenrechnung zur Berechnung der Kunden-Deckungsbeiträge vgl. auch Reckenfelderbäumer, M. (1995), S. 194ff.
302 Vgl. Tewes, M. (2003), S. 129.
303 Vgl. Riebel, P. (1994).

wären.[304] Entscheidend ist folglich, dass dem Kunden nicht etwa solche Kostenbestandteile angelastet werden, die sich insgesamt selbst dann nicht verändern würden, wenn der Kundenkontakt nicht weiter Bestand hätte.[305] Dies entspricht dem sog. Identitätsprinzip, nach dem sich zwei Größen, in diesem Fall die Erlöse und Kosten, nur dann eindeutig untereinander oder einem Kunden als Bezugsobjekt zurechnen lassen, wenn diese denselben dispositiven Ursprung haben respektive auf dieselbe Entscheidung zurückzuführen sind.[306] Auf diese Weise ist grundsätzlich eine Beurteilung des Stellenwerts eines Kunden und der daraus resultierenden betrieblichen Entscheidungen im Rahmen einer operativen Kunden-Steuerung möglich, denn nun zeigt der ermittelte Kunden-Deckungsbeitrag auf, welche Kosten und Erlöse tatsächlich wegfallen würden, wenn die Kundenbeziehung sofort beendet werden würde.[307]

2.3.1.2.2 Kritische Analyse

Im Vergleich zu den umsatzbezogenen Kundenanalysen weisen die erfolgsbezogenen Kundenanalysen generell den Vorteil auf, dass auch die zur Erzielung der Leistungen notwendige Inanspruchnahme betrieblicher Ressourcen mitberücksichtigt wird. Dies ist insbesondere insofern von Bedeutung, als im Rahmen einer kundenorientierten Unternehmensführung zunehmend von einer kundenindividuellen Gestaltung der internen und externen Geschäftsprozesse auszugehen ist, so dass sich stark heterogene Kostenstrukturen für einzelne Kunden ergeben können.[308] So ist bei einer heterogenen Kundenstruktur von einer unterschiedlichen Inanspruchnahme interner Serviceleistungen, worunter beispielsweise die Bonitätsprüfung, die Rechnungsstellung oder das Mahnwesen in der Auftragsabwicklung zu zählen sind, auszugehen.[309] In diesem Zusammenhang bedarf es geeigneter Instrumente, die aufzeigen, welche zusätzlichen Leistungen für Kunden erbracht werden sollten und bei welchen Kunden die Einstellung bestimmter Leistungen ratsam erscheint.

Darüber hinaus ist die Eignung der erfolgsbezogenen Kundenanalysen allerdings sehr unterschiedlich zu beurteilen. Als besonders kritisch ist die Kunden-Nettoerfolgsrechnung mit Hilfe der Vollkostenrechnung anzusehen. Da ein direkter Zusammenhang im Sinne einer Ursache-Wirkungsbeziehung zwischen der Inanspruch-

---

[304] Vgl. Cornelsen, J. (2000), S. 98.
[305] Vgl. Köhler, R. (2001), S. 859.
[306] Vgl. Riebel, P. (1992), S. 259. Oder wie *Coenenberg* es formuliert: „Kosten, die durch eine bestimmte Entscheidung ausgelöst werden, sind nur auf diejenigen Bezugsobjekte zu verrechnen, die durch die betreffende Entscheidung unmittelbar beeinflusst werden." Coenenberg, A.G. (2007), S. 200.
[307] Vgl. Tewes, M. (2003), S. 131.
[308] Vgl. Tewes, M. (2003), S. 124.
[309] Vgl. Knöbel, U. (1995), S. 8.

nahme der Ressourcen und den entstehenden Kosten nicht nachgewiesen werden kann, entspricht der für gewöhnlich aus einer Zuschlagskalkulation der Gemeinkosten resultierende Kunden-Nettoerfolg nur in Ausnahmefällen den tatsächlichen wirtschaftlichen Gegebenheiten. Dementsprechend werden sogar irreführende Kundenerfolgswerte ausgewiesen, die „letztlich keine Basis für eine wertorientierte Steuerung von Kundenbeziehungen darstellen können."[310] Daher spricht vieles für die Bestimmung von Kunden-Deckungsbeiträgen, die von einer willkürlichen Verteilung der Gemeinkosten weitestgehend absehen. Prinzipiell ist es möglich, bei der Berücksichtigung der Kosten entweder auf der Idee des Direct Costing oder der Grenzplankostenrechnung, der Unterteilung in beschäftigungsvariable und beschäftigungsfixe Kosten, aufzubauen oder gemäß der relativen Einzel- und Gemeinkostenrechnung strikt zwischen den direkt vom Kunden verursachten Einzelkosten und den von mehreren Kunden verursachten Gemeinkosten zu differenzieren. Insbesondere für die Bestimmung von Kunden-Deckungsbeiträgen bietet die relative Einzel- und Gemeinkostenrechnung das überzeugendere Konzept. Als operativer Kundenwert verstanden lässt sich ein solcher Kunden-Deckungsbeitrag sinnvoll nutzen, um operative Entscheidungen zu fällen und somit zu einer effizienteren operativen Steuerung der Kundenbeziehungen beizutragen.

Allerdings darf diese Erkenntnis nicht darüber hinwegtäuschen, dass auch der Kunden-Deckungsbeitrag aufgrund seines Periodenbezugs, angesichts des fehlenden Zukunftsbezugs sowie der Vernachlässigung jeglicher Risiken nicht den Anforderungen gerecht wird, die an den Kundenwert als Steuerungsgröße eines wertorientierten Kunden-Controlling gestellt wurden.[311] Der Kunden-Deckungsbeitrag beschreibt nur die aktuelle Situation des Kunden und vernachlässigt jegliches Entwicklungspotential.[312] Wird der Wert eines Kunden als Beitrag zum Unternehmenswert verstanden, wie es im Rahmen eines wertorientierten Kunden-Controlling der Fall sein soll, so ist die Aussagekraft des Kunden-Deckungsbeitrags daher stark eingeschränkt.[313]

Rese untersucht die Möglichkeiten der Deckungsbeitragsrechnung zur Entscheidungsunterstützung in Kunden/Lieferanten-Beziehungen, die i.d.R. durch eine Folge

---

310 Tewes, M. (2003), S. 127.

311 Vgl. Kapitel 2.1.5.

312 So bemängelt bspw. auch *Cornelsen*, dass es sich beim Umsatz und beim Kunden-Deckungsbeitrag um statische Kennzahlen handelt, die keine vorausschauende, prospektive Bewertung von Kundenbeziehungen leisten können. Vgl. Cornelsen, J. (2000), S. 89f. *Rese* verweist auf die innere Verbindung der einzelnen Transaktionen mit einem Kunden, die etwa zur Folge haben können, dass durch Nichtrealisation eines an sich unattraktiven Geschäfts attraktive Folgegeschäfte verhindert werden. Vgl. Rese, M. (2006b), S. 295ff.

313 Vgl. Tewes, M. (2003), S. 134.

von verschiedenartigen Entscheidungen gekennzeichnet sind.[314] Stellt man sich die Kundenbeziehung als Summe aufeinander folgender Transaktionen vor, so führt der Periodenbezug des Deckungsbeitrags dazu, dass dieser nur eingeschränkt zur Entscheidungsunterstützung in Geschäftsbeziehungen herangezogen werden kann, da nur die aktuelle Transaktion berücksichtigt wird.[315] Dies ist aber aus zwei Gründen unzureichend: Zum einen bleiben beziehungsspezifische Investitionen im Deckungsbeitrag weitgehend unberücksichtigt, zum anderen können innere Verbindungen zwischen der aktuellen Transaktion und Transaktionen zukünftiger Perioden nicht hinreichend im Transaktions-Deckungsbeitrag erfasst werden. So eignet sich dieser auf den ersten Blick weder hinsichtlich einer generellen Beziehungsentscheidung vor Durchführung dazu notwendiger Investitionen, noch für einzelne Transaktionsentscheidungen.[316] Dies führt zu der Erkenntnis, dass es der Ermittlung einer umfassenderen Erfolgsgröße bedarf, die alle verbundenen Ein- und Auszahlungen aus der Geschäftsbeziehung berücksichtigt.[317] Eine solche Erfolgsgröße könnte der Kundenkapitalwert darstellen, der im Folgenden vorgestellt werden soll.[318]

2.3.1.3 Dynamische Kundenbewertungsmethoden

2.3.1.3.1 Überblick

Um als Zielgröße eines wertorientierten Kunden-Controlling in Frage zu kommen, sind investitionstheoretische Kalküle zur Bestimmung des Kundenwertes heranzuziehen, die als mehrperiodige, dynamische Modelle auf den gleichen Grundlagen aufbauen wie die Modelle der Unternehmensbewertung. Diese basieren jedoch auf den zukünftig zu erwartenden Cashflows des Unternehmens. Daher wird bereits vermehrt die Ermittlung des Kundenwertes als Kundenkapitalwert vorgeschlagen, der sich aus dem Barwert sämtlicher Ein- und Auszahlungen, die im Zeitablauf aus der Geschäftsbeziehung mit einem Kunden resultieren, abzüglich der Investitionsauszahlungen, etwa für die Neukundenakquisition, ergibt.[319] Im Kundenkapitalwert schlagen sich laut *Plinke* „alle direkten und indirekten Wirkungen nieder, die vom

---

314 Vgl. Rese, M. (2006b), S. 298.

315 Vgl. Rese, M. (2006a), S. 752f.; Rese, M. (2006b), S. 297.

316 Als Beispiele werden der Aufbau von Vertrauen zwischen den Geschäftspartnern auf der Erlösseite sowie eine nicht mehr notwendige Bonitätsprüfung im Falle von Folgetransaktionen auf der Kostenseite genannt, die jeweils eine heute bereits realisierte positive Wirkung auf zukünftige Deckungsbeiträge haben. Vgl. Plinke, W./Rese, M. (2000), S. 709f. sowie S. 721; Rese, M. (2006b), S. 297.

317 Vgl. Rese, M. (2006b), S. 298.

318 Darüber hinaus zeigt *Rese* den Nutzen einer Deckungsbeitragsrechnung zur Entscheidungsunterstützung in Geschäftsbeziehungen auf. Vgl. Rese, M. (2006b), S. 303ff.

319 Vgl. Wirtz, B.W./Schilke, O. (2004), S. 24; Pfeifer, P.E./Haskins, M.E./Conroy, R.M. (2005), S. 17-19.

Kunden auf Vermögensziele des Anbieters ausgehen. Der Kapitalwert ist also der theoretisch richtige Maßstab für die Bedeutung, die die Geschäftsbeziehung für den Anbieter hat, wenn ausschließlich Vermögensziele zugrunde gelegt werden“[320]. In der englischsprachigen Literatur hat sich hierfür der Begriff des Customer Lifetime Value (CLV) etabliert.[321]

Für den Customer Lifetime Value wird häufig ein Kunden-Lebenszyklus unterstellt, der an dieser Stelle kurz dargestellt werden soll. Innerhalb der Kundenbeziehungsdauer entwickelt sich der Kunden-Lebenszyklus anhand des folgenden auf Umsätzen und Kosten bezogenen idealtypischen Verlaufs:[322]

- In der Phase der Kenntnisnahme (awareness) entstehen dem Anbieter zunächst erhebliche Kosten, um den Kunden auf sich aufmerksam zu machen. Der Umsatz ist noch gleich null.
- In der Phase der frühen Entwicklung (exploration) ist bereits mit geringfügigen Umsätzen zu rechnen, die aber bei weitem nicht die Kosten decken können. Es ist Aufgabe des Kunden-Controlling, in dieser Phase die Qualität des Kunden einzuschätzen und zu beurteilen, ob sich eine länger andauernde Kundenbeziehung lohnt oder der Kunde besser bereits als Fehlinvestition abgehakt werden sollte.
- In der Expansionsphase (expansion) können die ersten positiven Deckungsbeiträge erwirtschaftet werden, da die Umsätze stark ansteigen und die Kosten erstmals gesenkt werden können, da der Informations- und Koordinationsbedarf langsam sinkt.
- Die letzte Phase umfasst die höchste Einbindung (commitment). Der Kunde wird zum loyalen Kunden. Da die Umsätze ihr Maximum erreichen und die Kosten auf Anbieterseite ihr Minimum, werden in dieser Phase die höchsten Deckungsbeiträge erzielt.

---

320 Plinke, W. (1989), S. 316f.

321 Vgl. beispielsweise Dwyer, F.R. (1989), S. 8; Berger, P.D./Nasr, N.I. (1998), S. 18; Gupta, S./Lehmann, D.R. (2003), S. 10; Kumar, V./Ramani, G./Bohling, G. (2004), S. 61; Rust, R.T./Lemon, K.N./Zeithaml, V.A. (2004), S. 109. Zum Begriff des Customer Lifetime Value in der deutschsprachigen Literatur vgl. beispielsweise Bruhn, M./Georgi, D./Wöhle, C.B. (2005), S. 389; Schirmeister, R./Kreuz, C. (2006), S. 317. Die Begriffe des Kundenkapitalwertes und des Customer Lifetime Value werden im Verlauf dieser Arbeit synonym verwendet.

322 Vgl. Dwyer, F.R./Schurr, P.H./Oh, S. (1987), S. 15ff.; Homburg, C./Schnurr, P. (1998), S. 183f. *Kumar et al.* zeigen dagegen auf, wie eine „traditional CLV curve“ als idealtypischer Verlauf des CLV aussehen könnte und wie diese durch strategische Entscheidungen zu einer „maximized CLV curve“ ausgeweitet werden kann. Vgl. Kumar, V./Ramani, G./Bohling, T. (2004), S. 62.

Auch wenn diese idealtypische Darstellung hinsichtlich ihrer Generalisierbarkeit kritisch zu hinterfragen ist und empirisch nicht bestätigt werden konnte,[323] zeigt sie ansatzweise auf, zu welchen Fehlentscheidungen eine Beurteilung des Kunden anhand des Erfolgsbeitrags einer Periode führen kann, da dieser nur eine Momentaufnahme darstellt und kaum den tatsächlichen Wert des Kunden wiedergeben kann. Eine sinnvolle Beurteilung ist folglich in diesem Zusammenhang nur mit dem vorgestellten Customer Lifetime Value möglich, indem die gesamte Kundenbeziehungsdauer und die daraus entstehenden Ein- und Auszahlungen in die Betrachtung einbezogen werden.[324] Für die Bewertung des Kunden ist die Mehrperiodigkeit, also die Abbildung des kompletten zeitlichen Verlaufs der Kundenbeziehung, entscheidend. *Reinecke/Keller* schlagen darüber hinaus vor, die kundenindividuellen Investitionen an der jeweiligen Phase des Lebenszyklus auszurichten, in der sich ein Kunde gerade befindet.[325]

Auf der Ebene des Gesamtunternehmens ist das sog. „Customer Equity“[326], das „Customer Capital“[327] oder der „Kundenstammwert“[328] ein Maß für den ökonomischen Wert aller Kundenbeziehungen, kann somit folglich auch als Summe der Customer Lifetime Value sämtlicher aktueller und zukünftiger Kunden eines Unternehmens interpretiert werden.[329] Dieser stellt den kundenbezogenen Anteil am Unternehmenswert dar und ist auch auf der Ebene der strategischen Geschäftseinheiten anwendbar. Da für viele Unternehmensakquisitionen Kaufpreise gezahlt werden, die in hohem Maße mit dem Erwerb von immateriellen Vermögensgegenständen und hier insbesondere mit dem Erwerb des Kundenstamms begründet werden, kommt der Wertermittlung des Customer Equity als ökonomischer Wert des Kundenstamms in diesem Zusammenhang eine wichtige Bedeutung zu, da sie somit auch als Steuerungsgröße bei der Allokation von knappen Ressourcen an Bedeu-

---

323 So zeigte beispielsweise eine Studie im Business-to-Consumer-Bereich auf, dass gerade einmal 26% der beobachteten Kunden alle Phasen eines idealtypischen Lebenszyklus durchlaufen haben. Vgl. hierzu Eberling, G. (2002), S. 136f.

324 Dies gilt insbesondere auch für unter Umständen auftretende Vorlauf- und Folgekosten. Vgl. Homburg, C./Beutin, N. (2006), S. 243.

325 Vgl. Reinecke, S./Keller, J. (2007), S. 84.

326 Blattberg, R.C./Deighton, J. (1996), S. 137.

327 Bassen, A./Popovic, T. (2004), S. 842.

328 Vgl. Cornelsen, J. (2000), S. 69.

329 Vgl. Blattberg, R.C./Deighton, J. (1996), S. 137f.; Hogan, J.E./Lehmann, D.R./Merino, M./Srivastava, R.K./Thomas, J.S./Verhoef, P.C. (2002), S. 30; Wiedmann, K.-P./Siemon, N./Hennigs, J. (2003), S. 303; Bassen, A./Popovic, T. (2004), S. 842; Kumar, V./Ramani, G./Bohling, T. (2004), S. 61; Rust, R.T./Zeithaml, V.A./Lemon, K.N. (2005), S. 48f.; Freiling, J. (2006), S. 86.

tung gewinnt.[330] Dies ergibt sich bereits daraus, dass eine Steigerung des Customer Equity letztlich auch zu einer Steigerung des Unternehmenswertes führt.[331]

2.3.1.3.2 Kritische Analyse

Der Kundenkapitalwert weist eine Reihe von Vorteilen auf, die sich insbesondere in dessen Anwendungsmöglichkeiten zeigen. Betrachtet man den Kunden als Investition, so kann der Kundenkapitalwert zur Beurteilung der Vorteilhaftigkeit dieser kundenbezogenen Investitionsentscheidung herangezogen werden.[332] Auszahlungen für die Neukundenakquisition oder zur Erhöhung der Kundenbindung werden auf diese Weise nur getätigt, wenn ihnen auch ein hinreichend hoher Barwert zukünftiger Einzahlungen gegenübersteht. Bei einem positiven Kundenkapitalwert kann auf diese Weise garantiert werden, dass das Unternehmen eine angemessene Verzinsung auf das eingesetzte Kapital erwirtschaften kann. Angemessen ist die Verzinsung nur dann, wenn das Unternehmen auch für die eingegangenen Risiken entschädigt wird. Daher ist grundsätzlich das Risiko bei der Bestimmung des Kundenkapitalwertes zu berücksichtigen, wie an späterer Stelle noch eingehend erläutert wird. Auf diese Weise sind theoretisch auch Überlegungen möglich, wie hoch die Investitionsauszahlungen unter Berücksichtigung des funktionalen Zusammenhangs zwischen Investitionsauszahlung und realisierbaren Cashflows höchstens sein dürfen.[333]

Hinsichtlich der bestehenden Kundenbeziehungen stellt sich die Frage, ob ein spezifischer Kunde zur Wertschaffung beitragen kann. Zur Identifizierung von wertschaffenden und wertvernichtenden Kunden kann ebenfalls der Kundenkapitalwert herangezogen werden. Die Überlegungen lassen sich auch dahingehend erweitern, dass unter Umständen in der Vergangenheit bereits Auszahlungen für die Neukundenakquisition oder Kundenbindungsprogramme, wie Werbeaktionen etc., getätigt wurden, aber noch nicht vollständig amortisiert wurden und sich noch nicht hinreichend auf die kundenbezogenen Cashflows auswirken konnten. Der Kundenkapitalwert dient in diesen Fällen „als Maßstab zur systematischen Gestaltung und Steuerung von Kundenbeziehungen und somit zur Entscheidungsfindung bezüglich der finanziellen und nicht-finanziellen Ressourcenallokation durch die Konzentration auf „wertvolle" Kunden."[334] Als periodenübergreifende Erfolgsgröße eignet sich der Customer Lifetime Value somit als strategische Steuerungsgröße für die wertorientierte Steuerung von

---

330 Vgl. Creutzmann, A. (2005), S. 29; Tomczak, T./Rudolf-Sipötz, E. (2006), S. 129; Mödritscher, G./Mussnig, W. (2006), S. 647.
331 Vgl. Cornelsen, J. (2000), S. 3.
332 Vgl. Plinke, W. (1989), S. 309.
333 Vgl. Pfeifer, P.E./Haskins, M.E./Conroy, R.M. (2005), S. 21.
334 Wiedmann, K.-P./Siemon, N./Hennigs, J. (2003), S. 301.

Einzelkunden, der gänzlich den Anforderungen im Rahmen des entwickelten Zielsystems gerecht wird, wie noch eingehend aufgezeigt werden soll.

Auch für den Anwendungsbereich der oben beschriebenen Kunden/Lieferanten-Beziehung scheint der Kundenkapitalwert zu einer Entscheidungsunterstützung beitragen zu können. Insbesondere zur Unterstützung der Beziehungsentscheidung vor der Durchführung spezifischer Investitionen ist der Kundenkapitalwert geeignet, da dieser alle zukünftigen Ein- und Auszahlungen aus der Geschäftsbeziehung berücksichtigt. In diesem Zusammenhang verweist jedoch *Rese* zu Recht darauf, dass sich insbesondere die Prognose der zukünftigen Einzahlungen in einer Geschäftsbeziehung als schwierig gestaltet, da der Kunde nach Durchführung der Investition nicht bereit sein könnte, die ursprünglich eingeplanten Absatzpreise zu zahlen respektive dem Lieferanten die eingeplanten Absatzmengen abzunehmen, sofern keine Rahmenverträge oder sonstigen Vereinbarungen getroffen wurden.[335] Dieses Risiko wird im Rahmen von institutionenökonomischen Analysen respektive der Transaktionskostentheorie auch als Ex-post-Unsicherheit bezeichnet, die immer dann auftritt, „wenn eine Marktpartei in die andere spezifisch investiert und damit eine ausbeutbare Quasirente aufbaut."[336] Die Ex-post-Unsicherheit betrifft den Anbieter typischerweise im Anlagengeschäft, da in diesem Fall nur der Anbieter spezifische Investitionen tätigt, sowie im Zuliefergeschäft, in dem beide Marktparteien spezifische Investitionen tätigen.[337] Auch wenn die dargestellten Gefahren für den Anbieter zweifellos existieren, soll dennoch nicht auf eine Anwendung dynamischer, investitionstheoretischer Methoden wie der Kapitalwertmethode verzichtet werden, da diese ein bedeutender Bestandteil eines noch näher zu erläuternden unternehmenswert-orientierten Controlling sind. Stattdessen sollen derartige Risiken durch geeignete Methoden zur Risikoerfassung und -bewertung berücksichtigt werden. Als Methoden zur Risikoerfassung werden in dieser Arbeit die Szenario-Analyse sowie die Monte-Carlo-Risikosimulation vorgeschlagen.[338] Des Weiteren finden sich in der Literatur Vorschläge, das Risiko mit Hilfe von Realoptionen zu erfassen.[339] Der Bewerter muss sich unabhängig von der gewählten Methode bereits bei der Erstellung der Planung zukünftiger Ein- und Auszahlungen über die damit verbundenen Risiken bewusst sein. Wird ein solches opportunistisches Verhalten im Zweifel bereits einkalkuliert, so kann dies einerseits dazu führen, dass spezifische Investitionen auf-

335 Vgl. Rese, M. (2006a), S. 753; Rese, M. (2006b), S. 302. Auch *Wiedmann et al.* sehen mögliche Prognoseprobleme bei der Schätzung der zukünftigen Einflussfaktoren des Kundenkapitalwertes. Vgl. Wiedmann, K.-P./Siemon, N./Hennigs, J. (2003), S. 306.

336 Backhaus, K./Baumeister, C./Koch, M./Mühlfeld, K. (2008), S. 222. Vgl. auch Rese, M./Roemer, E. (2004), S. 502ff.

337 Vgl. hierzu Backhaus, K./Baumeister, C./Koch, M./Mühlfeld, K. (2008), S. 222 sowie Abb. 2-5.

338 Vgl. hierzu noch ausführlich Kapitel 3.2.5.2, 4.1.5.2 sowie 5.2.2.2.4.

339 Vgl. Rese, M./Roemer, E. (2004), S. 501-512.

grund eines negativen Kundenkapitalwerts nicht durchgeführt werden, andererseits ermöglicht dies bereits im Vorfeld die Entwicklung von Gegenmaßnahmen.

Um opportunistisches Verhalten seitens des Kunden im Betrachtungszeitpunkt unter Umständen ausschließen zu können, bietet sich die von *Rese* vorgeschlagene Vorgehensweise an: Indem einerseits der bis zum Betrachtungszeitpunkt erzielte Kunden-Deckungsbeitrag[340] und andererseits die Entwicklung der Deckungsbeiträge in der jüngeren Vergangenheit analysiert werden, können sowohl Entscheidungen hinsichtlich der Durchführung einer weiteren Transaktion als auch hinsichtlich zu tätigender Beziehungsinvestitionen unterstützt werden.[341] Auf diese Weise werden Verhaltensänderungen des Kunden in der Vergangenheit aufgedeckt, die Aufschlüsse bezüglich seines möglichen Verhaltens in der Zukunft, etwa in Form einer gezielten Ausbeutungsstrategie, geben sollen. Da der Kunde durch den Versuch einer Umverteilung zu seinen Gunsten ein Abbruchrisiko eingeht, wird er eine solche Strategie nur dann auswählen, wenn er bereits über andere Alternativen verfügt oder die Leistungen aus der Kunden/Lieferanten-Beziehung nicht weiter benötigt.[342]

Zur Entscheidungsunterstützung bei einer Transaktion genügt i.d.R. der Transaktions-Deckungsbeitrag. Solange dieser einen positiven Wert aufweist, ist die Transaktion durchzuführen, unabhängig davon, ob eine Verbindung zu Folgegeschäften besteht oder nicht. Ist der Transaktions-Deckungsbeitrag hingegen negativ, kann es unter Umständen Fälle geben, in denen die Folgegeschäfte sich derartig positiv entwickeln, dass trotz eines negativen Transaktions-Deckungsbeitrags diese durchgeführt werden sollte. Eine Entscheidung lässt sich in diesem Fall nur fällen, wenn hinsichtlich der Entwicklung in der Vergangenheit eine steigende Deckungsbeitrag/Umsatz-Relation beobachtet werden kann.[343]

Auf die Entwicklung in der Vergangenheit kann auch bei Entscheidungen hinsichtlich der Durchführung einer beziehungsspezifischen Investition zurückgegriffen werden. Ist die auf den Betrachtungszeitpunkt bezogene Attraktivität der Geschäftsbeziehung in Form des beschriebenen bis dato erreichten (kumulierten) Kunden-Deckungsbeitrag positiv, hängt die Entscheidung von der kosten- und erlösmäßigen Entwicklung in der Vergangenheit in Form der Deckungsbeitrag/Umsatz-Relation ab. Kann dies-

---

[340] *Rese* definiert in diesem Zusammenhang den Kunden-Deckungsbeitrag als transaktions- und zeitraumübergreifende Summe aller mit dem Kunden erzielten Transaktions-Deckungsbeiträge abzüglich der kundenspezifischen Kosten. Vgl. Rese, M. (2006b), S. 305. Vgl. hierzu auch Plinke, W. (1997), S. 151.

[341] Vgl. Rese, M. (2006b), S. 303-308.

[342] Vgl. Rese, M. (2006b), S. 305.

[343] Vgl. Rese, M. (2006b), S. 307.

bezüglich eine Verschlechterung identifiziert werden, die auf eine Ausbeutungsstrategie des Kunden hindeutet, ist von einer Investition abzuraten, andernfalls sollte die Investition durchgeführt werden. Allerdings sollten im ersten Fall die positiven Auftrags-Deckungsbeiträge noch so lange realisiert werden, wie dies ohne die Durchführung der Investition noch möglich ist.[344]

Ist hingegen die Attraktivität bereits negativ und weist die Entwicklung in der Vergangenheit darüber hinaus auf eine Verschlechterung hin, sollte die Geschäftsbeziehung sofort beendet werden. Unklar ist eine Entscheidungsunterstützung lediglich dann, wenn die Attraktivität der Geschäftsbeziehung negativ ist, aber immerhin keine Verschlechterung der Deckungsbeitrag/Umsatz-Relation in der Vergangenheit zu beobachten war.[345]

Zusammenfassend wird der Kundenkapitalwert als geeignete Größe zur Evaluierung der Kunden im Rahmen eines unternehmenswert-orientierten Kunden-Controlling-Systems beurteilt. Allerdings dürfen die mit der Prognose der Ein- und Auszahlungen verbundenen Risiken nicht unterschätzt werden, so dass es geeigneter Methoden zur Berücksichtigung dieser Risiken bedarf. Um unvorteilhafte Investitionen in die Geschäftsbeziehung aufgrund eines opportunistischen Verhaltens seitens des Kunden zu vermeiden, bietet sich der Ansatz von *Rese* an, die kosten- und erlösmäßige Entwicklung der Geschäftsbeziehung in der Vergangenheit in die Analyse des Kunden einzubeziehen.

2.3.2 Nicht-monetäre Bewertungsverfahren

In der Literatur herrscht Einigkeit darüber, dass sich der Wert eines Kunden nicht nur aus den gegenwärtigen und zukünftigen monetären Wertbeiträgen, dem sog. Marktpotential zusammensetzt, sondern darüber hinaus auch aus seinen nicht-monetären Beiträgen, die unter dem Begriff des Ressourcenpotentials zusammengefasst werden.[346]

Das Marktpotential des Kunden beschreibt den „Verkaufserfolg, den ein Kunde gegenwärtig oder zukünftig als Abnehmer von Leistungen im Rahmen seiner Geschäftsbeziehung dem Unternehmen verschafft."[347] Dazu zählen nicht nur die aktuellen und potentiellen Umsätze eines Produktes, die letztlich im Ertrags- und Entwick-

---

[344] Vgl. Rese, M. (2006b), S. 306f.
[345] Vgl. Rese, M. (2006b), S. 307.
[346] Vgl. Tomczak, T./Rudolf-Sipötz, E. (2006), S. 131.
[347] Rudolf-Sipötz, E. (2001), S. 95.

lungspotential berücksichtigt werden, sondern auch der potentielle Umsatz eines Kunden in anderen Produktklassen.[348] Dieses als Cross Selling-Potential[349] bekannte Phänomen ist abhängig von der Branche, in dem ein Unternehmen tätig ist, von den Produkten und Dienstleistungen und von den bearbeiteten Kundengruppen.[350] Das Cross Selling-Potential ist insbesondere für Banken und Versicherungen von entscheidender Bedeutung.[351] Der Vorteil eines hohen Cross Selling-Potentials besteht darin, dass für Kunden, zu denen bereits eine Kundenbeziehung besteht, keine neuen Akquisitionskosten anfallen, sondern allenfalls Produkt- und Prozesskosten, denen zusätzliche Umsatzerlöse gegenüberstehen.[352]

Neben den direkt monetär erzielten Einzahlungsüberschüssen basiert der Wert des Kunden aber auch auf bestimmten Aktivitäten und Verhaltensweisen des Kunden, die über einzelkundenübergreifende Verbundeffekte auf indirekte Weise zu weiteren Einzahlungen (oder geringeren Auszahlungen) für das betrachtete Unternehmen führen.[353] Der als Ressourcenpotential des Kunden bezeichnete zusätzliche Wert eines Kunden berücksichtigt, dass dieser auch über seine Produktkäufe hinaus als Verwender, Nutzer, Informationsquelle, Prosumer oder Partner zum Unternehmenserfolg beitragen kann.[354] Ein zusätzlicher Wert kommt einem Kunden somit beispielsweise durch sein als Referenzpotential[355] bezeichnetes Weiterempfehlungsverhalten oder durch sein Informationspotential[356] zu.[357]
Unter Berücksichtigung dieser nicht-monetären Ressourcenpotentiale ergibt sich der sog. mehrdimensionale Kundenwert.[358]

---

348 Vgl. Homburg, C./Schnurr, P. (1998), S. 172.

349 Vgl. Gelbrich, K. (2001), S. 57f.; Homburg, C./Schäfer, H. (2006), S. 162. *Rudolf-Sipötz* benutzt den Begriff des Cross-Buying-Potentials, um zu verdeutlichen, dass dieses letztlich das Potential zusätzlicher Produktkäufe ausdrücken und somit den Beitrag des Kunden zum Unternehmenserfolg aufzeigen soll. Vgl. Rudolf-Sipötz, E. (2001), S. 100.

350 Vgl. Rudolf-Sipötz, E. (2001), S. 102.

351 Man denke beispielsweise an jugendliche Kunden, die bereits zu Schulzeiten ihr erstes Girokonto bei einer Bank eröffnen und im Laufe ihres Lebens dann mit hoher Wahrscheinlichkeit weitere Produkte (z.B. Bausparvertrag, Fonds, Kredite) bei dieser Bank in Anspruch nehmen werden.

352 Vgl. Gelbrich, K. (2001), S. 58.

353 Vgl. Hoekstra, J.C./Huizingh, E.K.R.E. (1999), S. 266; Cornelsen, J. (2006), S. 188ff.; Weber, J./Lissautzki, M. (2004), S. 24f.

354 Vgl. Rudolf-Sipötz, E. (2001), S. 94; Meyer, A./Kantsperger, R./Schaffer, M. (2006), S. 70ff.; Helm, S./Scheelen, M./Günter, B. (2006), S. 400.

355 Vgl. Homburg, C./Schnurr, P. (1998), S. 174.

356 Vgl. Kleinaltenkamp, M./Dahlke, B. (2006), S. 225ff.

357 Vgl. Homburg, C./Schnurr, P. (1998), S. 173f.; Wiedmann, K.-P./Siemon, N./Hennigs, J. (2003), S. 306. Vgl. hierzu auch Kapitel 4.1.2. Die Begriffe des Referenzpotentials bzw. Informationspotentials einerseits und des Referenzwertes bzw. Informationswertes andererseits werden in der Literatur synonym verwendet, da sich der Potenzialbegriff nicht nur auf zukünftige oder noch nicht bestehende Möglichkeiten beschränkt, sondern ebenfalls bestehende Potenziale umfasst. Vgl. Tomczak, T./Rudolf-Sipötz, E. (2006), S. 131.

358 Vgl. Wirtz, B.W./Schilke, O. (2004), S. 25.

Ein- und mehrdimensionale Bewertungsmethoden auf Basis nicht-monetärer Kriterien zielen darauf ab, auch solche, als eher qualitative Bestandteile des Kundenwertes einzustufende Kriterien mit in die Kundenbewertung einzubeziehen.[359] Da solche Kriterien nur schwer monetarisierbar sind, sondern sich allenfalls einem ordinalen Meßniveau unterordnen lassen, wird vorgeschlagen, sie anhand von mehrdimensionalen Bewertungsmethoden mit in die Kundenbewertung einfließen zu lassen.[360] Zu den mehrdimensionalen Bewertungsmethoden zählen etwa Kunden-Scoringmodelle wie das RFM-Modell sowie Kunden-Portfoliomodelle. Der Vorteil solcher mehrdimensionalen Modelle liegt in der Kombination sowohl monetärer als auch nicht-monetärer Kriterien, die jeweils auf unterschiedlichem Skalenniveau gemessen werden.[361]

2.3.2.1 Kunden-Scoringmodelle

2.3.2.1.1 Überblick

Bei Scoring-Modellen handelt es sich um mathematisch einfach strukturierte Bewertungsverfahren, die die Wertschätzung eines Objektes, in diesem Fall des Kunden, mit Hilfe eines Scoringwertes respektive Punktwertes widerspiegeln.[362] Dazu werden im Vorfeld die verschiedenen Kundenmerkmale oder Kundenkriterien, die zur Identifizierung von Kunden mit hohem oder geringem Wert beitragen sollen, festgelegt und anhand von Punkten bewertet.[363] Diese Einzelbewertungen werden anschließend zu einem eindimensionalen Ergebnis aggregiert, das dann als mehrdimensionaler Kundenwert interpretiert werden kann.[364] Die zu vergebenden Punkte, die gewissermaßen Noten darstellen und für den Erfüllungsgrad der einzelnen Kriteriendimensionen stehen, werden meist auf einer Ordinalskala angeordnet und geben somit ein Mehr oder Weniger an Kundenattraktivität an.[365] Fließen kardinale Größen aus dem Rechnungswesen wie der Umsatz oder der Deckungsbeitrag mit in die Bewertung ein, so werden diese von streng kardinalen Größen per Klassenbildung in weniger genaue ordinale Größen heruntergestuft.[366] Um die Bedeutung der Einzelkriterien für die Gesamtbeurteilung herauszustellen, können diese mit unterschiedlichen Gewich-

---

359 Vgl. Cornelsen, J. (2000), S. 145.

360 Vgl. Gelbrich, K./Wünschmann, S. (2006), S. 585.

361 Vgl. Cornelsen, J. (2000), S. 149; Günter, B. (2006), S. 246.

362 Vgl. Cornelsen, J. (2000), S. 149; Link, J./Gerth, N./Voßbeck, E. (2000), S. 125.

363 Vgl. Köhler, R. (2008), S. 480; Helm, S./Günter, B. (2006), S. 17.

364 Vgl. Eberling, G. (2002), S. 199.

365 Vgl. Köhler, R. (2008), S. 480. So kann beispielsweise einem Kunden für jedes Einzelkriterium eine normierte Punktzahl von 1 (erfüllt das Kriterium kaum) bis 5 (erfüllt das Kriterium vollkommen) zugewiesen werden. Vgl. Tewes, M. (2003), S. 144; Grabner-Kräuter, S./Schwarz-Musch, A. (2006), S. 184.

366 Vgl. Eberling, G. (2002), S. 199f.; Köhler, R. (2008), S. 480.

tungsfaktoren versehen werden.[367] Das Gesamtergebnis ergibt sich schließlich durch eine additive Verknüpfung der gewichteten Einzelpunkte. Je höher der Kunden-Score ist, desto höher ist die Bedeutung des Kunden für das Unternehmen.[368]

Ein populäres Scoring-Modell stellt das sog. RFM-Modell dar, das zur Ermittlung der Kaufwahrscheinlichkeit eines Kunden im Versandhandel entwickelt worden ist.[369] RFM steht für die drei entscheidenden Bestandteile Recency of Last Purchase, Frequency of Purchase sowie Monetary Ratio.[370] Das Modell baut auf empirischen Untersuchungen auf, nach der die Response-Rate als Prozentsatz der Kunden-Reaktionen in Bezug auf die versandte Direkt-Werbung umso höher ist, je weniger lang der letzte Kauf eines Kunden als sog. Recency zurückliegt, je größer die kumulierte Anzahl der Käufe in der Vergangenheit als sog. Frequency war und je mehr Profitabilität als sog. Monetary Ratio mit dem Kunden erzielt wurde.[371] Die Verteilung der Punkte orientiert sich an den vorher festgelegten Klassen, Minuspunkte werden vergeben, wenn der Anbieter in den Kunden investiert, indem er ihm z.B. Kataloge zuschickt.[372] Je höher der Gesamtpunktwert eines Kunden ausfällt, desto attraktiver wird er vom Unternehmen eingeschätzt.[373]

2.3.2.1.2 Kritische Analyse

Der Vorteil der Scoring-Modelle liegt darin, dass sich die verschiedenen Kundenmerkmale neben quantitativen Kriterien wie dem Umsatz oder dem Deckungsbeitrag auch aus qualitativen Kriterien wie dem bereits erwähnten Informationspotential zusammensetzen können.[374] Darüber hinaus werden die Möglichkeit der Aufnahme beliebig vieler Attribute sowie die einfache Ermittlung leicht vergleichbarer Kundenwerte als Vorteile genannt.[375]

Dem stehen jedoch eine ganze Reihe von Nachteilen gegenüber. Die Kritik an den Scoring-Modellen bezieht sich zunächst auf die hohe Subjektivität bei der Auswahl der Bewertungskriterien, auf die Operationalisierung sowie die eigentliche Bewertung

367 Vgl. Eberling, G. (2002), S. 200.
368 Vgl. Wirtz, B.W./Schilke, O. (2004), S. 32.
369 Vgl. Homburg, C./Schnurr, P. (1998), S. 179; Cornelsen, J. (2000), S. 150; Gelbrich, K. (2001), S. 92; Köhler, R. (2008), S. 481.
370 Vgl. Pfeifer, P.E./Carraway, R.L. (2000), S. 44; Dhar, R./Glazer, R. (2003), S. 88; Köhler, R. (2008), S. 481; Grabner-Kräuter, S./Schwarz-Musch, A. (2006), S. 184.
371 Vgl. Cornelsen, J. (2000), S. 150.
372 Vgl. Gelbrich, K. (2001), S. 93.
373 Vgl. Köhler, R. (2008), S. 481.
374 Vgl. Homburg, C./Schnurr, P. (1998), S. 179.
375 Vgl. Welling, M. (1999), S. 59f.; Gelbrich, K. (2001), S. 93.

der Einzelkriterien sowie auf die Gewichtungsfaktoren.[376] So kritisiert auch Köhler, dass teilweise „subjektive Einschätzungen von Merkmalsausprägungen und Gewichtungsfaktoren" in Zahlenwerte umgeformt werden, „deren Multiplikation, Addition, Prozentuierung usw. im Endergebnis eine Objektivität vortäuschen mag, die in Wirklichkeit nicht vorliegt."[377] Dies überschneidet sich bereits mit dem nächsten Kritikpunkt, nämlich der Verzerrung der Ergebnisse durch die additive Verknüpfung der Einzelkriterien, sofern bestimmte Kriterien miteinander verknüpft sind.[378] Um das Problem zu umgehen, dass ein schlecht bewertetes, aber bedeutendes Kriterium durch mehrere hoch bewertete, aber eher unwichtige Kriterien kompensiert werden kann, wird in der Literatur anstelle der additiven eine multiplikative Verknüpfung vorgeschlagen.[379] Da jedoch auch diese Vorgehensweise als nicht zielführend eingeschätzt werden muss, wird auf die exploratorische Faktorenanalyse als überlegenes Verfahren zur Vermeidung möglicher Verzerrungen verwiesen.[380] Ein weiterer Vorschlag bezieht sich auf die Einführung sog. Knockout-Kriterien, bei deren Unterschreiten der Kunde auf jeden Fall als unattraktiv gilt.[381] Zu Verzerrungen der Ergebnisse kann es auch durch die Anwendung normierter Skalen respektive der mehr oder weniger willkürlichen Klasseneinteilung kommen.[382] Ein weiteres, sogar recht entscheidendes Problem ist aber, dass mit den Kunden-Scoringmodellen zwar die relative Vorteilhaftigkeit eines Kunden, nicht aber deren absolute Vorteilhaftigkeit beurteilt werden kann.[383] Erst recht kann kein Bezug zum Unternehmenswert hergestellt werden, so dass Kunden-Scoringmodelle zur Beurteilung von Kunden im Rahmen eines wertorientierten Kunden-Controlling gänzlich ungeeignet sind.

Eine Alternative zu Kunden-Scoringmodellen stellen Kunden-Portfoliomodelle dar, die ebenfalls zu den mehrdimensionalen Bewertungsmethoden auf Basis nicht-monetärer Kriterien zu zählen sind, und im folgenden Abschnitt hinsichtlich ihrer Eignung untersucht werden sollen.

---

376 Vgl. Welling, M. (1999), S. 60; Cornelsen, J. (2000), S. 151f.; Gelbrich, K. (2001), S. 93f.; Helm, S./Günter, B. (2006), S. 18.

377 Köhler, R. (2008), S. 481. Dies birgt folglich die „Gefahr einer Scheingenauigkeit" des Verfahrens. Vgl. Engelhardt, W.H./Günter, B. (1981), S. 64.

378 Vgl. Plinke, W. (1997), S. 140; Welling, M. (1999), S. 60; Gelbrich, K. (2001), S. 94.

379 Vgl. Rieker, S.A. (1995), S. 69; Eberling, G. (2002), S. 200.

380 Vgl. Welling, M. (1999), S. 60f. m.w.N.

381 Vgl. Eberling, G. (2002), S. 200; Köhler, R. (2008), S. 481.

382 Vgl. Gelbrich, K. (2001), S. 94.

383 Vgl. Link, J./Gerth, N./Voßbeck, E. (2000), S. 129.

2.3.2.2 Kunden-Portfoliomodelle

2.3.2.2.1 Überblick

Der aus dem finanzwirtschaftlichen Bereich stammende Begriff des Portfolio bezeichnet einen Bestand an unterschiedlichen Wertpapieren eines Investors und ist Ausgangspunkt der ursprünglich von *Markovitz* für den Finanzbereich entwickelten Portfolio Selection-Theorie, die ein Instrument darstellt, um Vermögenswerte (Aktien, Anleihen etc.) so miteinander zu kombinieren, dass für ein gegebenes Risiko der Ertrag maximiert oder für einen gegebenen Ertrag das Risiko minimiert wird.[384] Diese Grundidee der Mischung von Renditeerwartungen und Sicherheitsaspekten wurde später im Rahmen des strategischen Managements auf die Geschäftsfelder respektive strategischen Geschäftseinheiten (SGE) eines Unternehmens übertragen.[385] Die Unternehmensführung sollte auf Unternehmensebene für eine optimale Mischung der SGE's sorgen und auf Ebene der SGE's zu einer optimalen Mischung der Produkte beitragen.[386] Seit Anfang der achtziger Jahre wird die Idee eines ausgeglichenen Portfolios auch verstärkt auf die Kunden respektive den Kundenstamm eines Unternehmens übertragen.[387] Daraus wird bereits ersichtlich, dass im Gegensatz zu den Kunden-Scoringmodellen bei den Kunden-Portfoliomodellen weniger die Bewertung des einzelnen Kunden, sondern vielmehr die Kundenstruktur der Kundengesamtheit sowie die relative Position des Einzelkunden innerhalb des Kundenstamms im Vordergrund der Betrachtung steht.[388] Ziel ist eine optimale Zusammensetzung und Gestaltung des Kundenstamms innerhalb des Kunden-Portfolios eines Unternehmens.[389] Typisches Charakteristikum der (Kunden-)Portfoliomodelle ist die zweidimensionale Darstellung, die jedoch hinsichtlich der heranzuziehenden Kriterien unterschiedlich ausgestaltet werden kann. In der Literatur findet sich eine Abgrenzung nach der Art (quantitativ oder qualitativ), der Menge (mono-faktoriell oder multi-faktoriell[390]) sowie der Beeinflussbarkeit (interne oder externe) der verwendeten Kriterien.[391] Da an dieser Stelle nicht auf alle in Literatur und Praxis vorgeschlagenen Ansätze eingegangen werden kann, sollen im Folgenden zwei verschiedene Ansätze exemplarisch vorgestellt werden. Das vielleicht bekannteste Kunden-Portfoliomodell baut auf der Kundenattraktivität als unternehmensexterner sowie der relativen Liefe-

---

384 Vgl. Markovitz, H.M. (1969), S. 24ff.; Lombriser, R./Abplanalp, P.A. (2004), S. 199.
385 Vgl. Gomez, P. (1990), S. 557; Günther, T. (1997), S. 341ff.
386 Vgl. Lombriser, R./Abplanalp, P.A. (2004), S. 199f.
387 Vgl. Campbell, N.C.G./Cunningham, M.T. (1983); Dubinsky, A.J./Ingram, T.N. (1984).
388 Vgl. Rieker, S.A. (1995), S. 71; Tewes, M. (2003), S. 151; Köhler, R. (2008), S. 482.
389 Vgl. Cornelsen, J. (2000), S. 155.
390 Vgl. Cornelsen, J. (2000), S. 163; Schmöller, P. (2001), S. 139.
391 Vgl. Welling, M. (1999), S. 61.

rantenposition als unternehmensinterner Dimension auf.[392] Zunächst erfolgt eine Analyse der Kunden hinsichtlich dieser beiden multi-faktoriellen Kriterien. In Abhängigkeit von der Attraktivität eines Kunden und der relativen Lieferantenposition des Unternehmens bezüglich dieses Kunden können die Kunden nun in einer graphischen Darstellung unterschiedlichen Feldern zugeordnet werden, wobei die jeweilige Kreisfläche als Indikator für den getätigten Umsatz zu verstehen ist:[393]

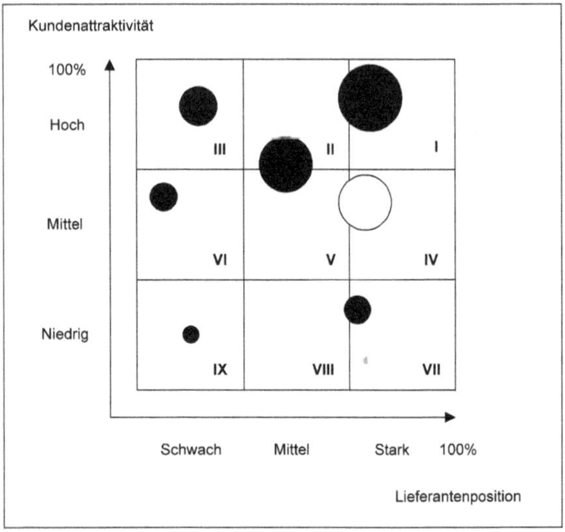

Abb. 2-8: Beispiel eines Kundenportfolios

Auf diese Weise werden beispielsweise die Kunden in den Feldern I und II aufgrund ihrer hohen Attraktivität bei einer mittleren bis starken Lieferantenposition als „Starkunden" definiert, wohingegen der als weißer Kreis symbolisierte Kunde als „Perspektivkunde" angesehen wird.[394] Die obige Darstellung wird als Ist-Portfolio bezeichnet, im Anschluss daran wird ein Ziel-Portfolio geplant.[395] Zur Erreichung des Ziel-Portfolios werden i.d.R. Handlungsempfehlungen in Form von Norm-Strategien gegeben, die sich beispielsweise in Investitions- oder Desinvestitions-Strategien unterteilen lassen.[396] Ein Vorteil des Modells wird darin gesehen, dass darauf aufbauend durch Einbezug der relativen Lieferantenposition aufgezeigt werden kann, ob das Unternehmen bei den attraktiven Kunden bereits eine starke Position besitzt

392 Vgl. Köhler, R. (2008), S. 482; Helm, S./Günter, B. (2006), S. 19.
393 Quelle: In Anlehnung an Köhler, R. (2008), S. 485.
394 Vgl. Schmöller, P. (2001), S. 140; Köhler, R. (2008), S. 485.
395 Vgl. Böing, E./Barzen, D. (1992a), S. 86.
396 Vgl. Böing, E./Barzen, D. (1992a), S. 88f.; Link, J./Gerth, N./Voßbeck, E. (2000), S. 107.

oder ob ein Ausbau der Geschäftsbeziehung durch entsprechende Investitionen sinnvoll erscheint.[397]

Ein weiteres Beispiel für ein Kunden-Portfoliomodell stellt das von *Dubinsky/Ingram* entwickelte mono-faktorielle Modell dar, das lediglich zwei interne Dimensionen berücksichtigt, nämlich den aktuellen und den potentiellen Kunden-Deckungsbeitrag, und die Kunden in erwünschte, unerwünschte, entwickelte und unterentwickelte Kunden einteilt.[398] Als besonders attraktive Kunden werden die erwünschten Kunden eingeschätzt, die sowohl bereits einen hohen aktuellen als auch einen hohen potentiellen Kunden-Deckungsbeitrag aufweisen, weswegen ihnen auch die größte Aufmerksamkeit, ausgedrückt in Kundenbesuchen, besonderen Konditionen, Schulungen und verstärktem Kundenservice, zukommen sollte.[399]

Die Kunden-Portfoliomodelle werden gemäß der von *Rudolf-Sipötz* durchgeführten Studie von den meisten Unternehmen als sinnvolle Analysemethode beurteilt, in der Praxis allerdings trotz ihrer Einfachheit von nur knapp 15% eingesetzt.[400]

2.3.2.2.2 Kritische Analyse

Aus theoretischer Sicht sind die Kunden-Portfoliomodelle scharf zu kritisieren. Als besonders problematisch sind die als Normstrategien bezeichneten Handlungsempfehlungen einzuschätzen, die im Rahmen der Kunden-Portfoliomodelle im Anschluss an die Analyse der Kundenstruktur gegeben werden.[401] Die sehr pauschal gehaltenen Normstrategien sind zu undifferenziert, nicht immer nachvollziehbar und daher wenig geeignet, um die strategische Kundenplanung daran auszurichten.[402] Betrachtet man beispielsweise das obige Portfoliomodell anhand der Kundenattraktivität und der relativen Lieferantenposition, so lässt sich ohne geeignete quantitative Methoden keine überzeugende Antwort auf die Frage finden, ob es nun zur Erzielung einer Unternehmenswertsteigerung sinnvoller wäre, in einen attraktiven Kunden zu investieren, bei dem das Unternehmen bereits eine starke relative Lieferantenposition aufweist (Feld I), mit dem es aber auch bereits einen hohen Umsatz erzielt, oder ob es nicht sinnvoller wäre, stattdessen eher in einen Kunden mit hoher Kundenattraktivität, aber niedrigem Umsatz bei einer bislang schwachen relativen Liefe-

---

397 Vgl. Köhler, R. (2008), S. 482.
398 Vgl. Dubinsky, A.J./Ingram, T.N. (1984), S. 34; Böing, E./Barzen, D. (1992b), S. 102.
399 Vgl. Böing, E./Barzen, D. (1992b), S. 103.
400 Vgl. Rudolf-Sipötz, E. (2001), S. 71.
401 Vgl. zur Kritik an sog. Normstrategien im Zusammenhang mit der Portfoliotechnik zur Steuerung strategischer Geschäftsfelder auch bereits Schneider, D. (1997), S. 383ff.
402 Vgl. Plinke, W. (1997), S. 144; Schmöller, P. (2001), S. 144.

rantenposition seitens des Unternehmens (Feld II) zu investieren.[403] Nicht zuletzt fehlt es in diesem Zusammenhang an wichtigen Informationen über die kundenbezogenen Kosten, die Höhe der notwendigen Investitionen und insbesondere die Risiken, die im Rahmen der Kunden-Portfoliomodelle völlig ignoriert werden.[404] Die Vorgabe von Norm-Strategien ist deshalb strikt abzulehnen.[405]

Somit beschränkt sich der Nutzen der Kunden-Portfoliomodelle allenfalls auf die Visualisierung der Kundenposition innerhalb der Kundenstruktur eines Unternehmens, also in der Analyse der Kundenstruktur.[406] In diesem Zusammenhang muss zudem kritisch angemerkt werden, dass sich Kunden-Portfoliomodelle stets nur auf die bereits vorhandenen Kunden beziehen und potentielle Kunden komplett vernachlässigen. Ein weiterer Kritikpunkt resultiert aus der Verwendung multi-faktorieller Kriterien, die anhand von Scoring-Modellen erfolgen.[407] Diese weisen eine hohe Subjektivität sowie die Gefahr der gegenseitigen Kompensation auf, wie im vorherigen Abschnitt bereits dargestellt worden ist.

Kommt den Kunden-Portfoliomodellen zur Visualisierung und Analyse der Kundenstruktur unter Umständen noch eine gewisse Bedeutung zu,[408] so ist eine Anwendung dieser Modelle im Rahmen eines wertorientierten Kunden-Controlling vollkommen unbrauchbar, da zwischen den herangezogenen Kriterien wie der Kundenattraktivität, der relativen Lieferantenposition etc. und dem Unternehmenswert keine Verknüpfung möglich ist.

2.3.3 Beurteilung der Verfahren zur Bestimmung des Kundenwertes

Die bisherigen Untersuchungen haben gezeigt, dass die in der Praxis sehr beliebten Analysen auf Basis des Umsatzes oder auf Basis von ABC-Analysen anhand des Umsatzes nicht den Anforderungen eines wertorientierten Kunden-Controlling genügen, da diese nicht einmal die Inanspruchnahme der Unternehmensressourcen und die dadurch entstehenden Kosten abbilden (können). Diese Schwäche weisen erfolgsbezogene Kundenanalysen anhand des Kunden-Nettoerfolgs oder des Kunden-Deckungsbeitrags nicht auf, vernachlässigen aber ebenfalls eine umfassende Analyse der gesamten Kundenbeziehungsdauer. Dies kann zu Fehlinterpretatio-

---

403 Ähnlich auch Rieker, S.A. (1995), S. 75; Schmöller, P. (2001), S. 144.
404 Vgl. Helm, S./Günter, B. (2006), S. 20.
405 Vgl. Plinke, W. (1997), S. 144.
406 Vgl. Welling, M. (1999), S. 64.
407 Vgl. Plinke, W. (1997), S. 146.
408 Vgl. hierzu bspw. Homburg, C./Beutin, N. (2006), S. 232ff. sowie Reinecke, S./Keller, J. (2007), S. 85.

nen führen, wenn der aktuelle Kunden-Deckungsbeitrag durch Aufwendungen für die Kundenakquisition und -bindung belastet wird, über die Dauer der Kundenbeziehung aber höchstwahrscheinlich durch entsprechende Erfolge überkompensiert wird.[409] Vorstellbar ist aber auch der Fall, dass ein hoher aktueller Kunden-Deckungsbeitrag die Unterlassung notwendiger kundenbezogener Investitionen verbirgt. Durch die einperiodige Betrachtungsweise mangelt es den umsatz- und erfolgsbezogenen Kundenanalysen generell an einer zukünftigen Potentialorientierung.[410] So sieht etwa auch *Köhler* den tatsächlich erzielten Kunden-Deckungsbeitrag als eher aussagekräftige Information „für die bisherige Ergiebigkeit der Lieferbeziehung als für die künftige Kundenattraktivität“[411] an, für die das Deckungsbeitragspotential eines Kunden geeigneter sei.

Des Weiteren weisen die periodenbezogenen Erfolgsgrößen letztlich auch die große Schwäche einer fehlenden Berücksichtigung der Verzinsung des Eigenkapitals auf, die als entscheidendes Charakteristikum wertorientierter Performancemaße eingeschätzt werden kann. Zwar ist eine Verknüpfung zwischen dem Unternehmenswert und mehrperiodigen Kunden-Deckungsbeiträgen möglich, wie noch in Kapitel 4 aufgezeigt werden soll, letztlich ist jedoch der Customer Lifetime Value respektive Kundenkapitalwert das dominierende Instrument zur Bestimmung eines Kundenwerts, der gleichzeitig mit dem Oberziel einer Orientierung am Unternehmenswert vereinbar ist. Auch von Seiten der Praxis werden Customer Lifetime Value-Berechnungen zwar als äußerst sinnvoll eingestuft, kamen aber laut der bereits vorgestellten Studie von *Rudolf-Sipötz* nur in knapp 5% der Unternehmen zum Einsatz.[412] Dies verdeutlicht, dass in diesem Bereich immer noch erheblicher Forschungsbedarf besteht, um die Berechnung des CLV weiterzuentwickeln und hinreichend zu operationalisieren.

Darüber hinaus wurden Kunden-Scoring- und Kunden-Portfoliomodelle hinsichtlich ihrer Eignung für ein wertorientiertes Kunden-Controlling untersucht. Diese zeichnen sich jedoch durch eine Fülle von Nachteilen und theoretischen Schwächen aus, so dass sie kaum die Berechnung des Kundenwertes auf Basis investitionstheoretischer Methoden ersetzen können. Allenfalls zur Visualisierung der Kundenstruktur kann den Kunden-Portfoliomodellen eine gewisse Eignung zugesprochen werden. So könnte beispielsweise das von *Dubinsky/Ingram* entwickelte mono-faktorielle Kunden-Portfoliomodell dahingehend weiterentwickelt werden, dass dem Kunden-

---

409 Vgl. Schmöller, P. (2001), S. 149; Ryals, L. (2003), S. 168.
410 Vgl. Wiedmann, K.-P./Siemon, N./Hennigs, J. (2003), S. 309.
411 Köhlor, R. (2008), S. 477.
412 Vgl. Rudolf-Sipötz, E. (2001), S. 71.

Erfolgspotential das mögliche Kundenpotential gegenübergestellt wird. Dadurch wäre eine Diagnose der Potentialausschöpfung möglich, die Aufschlüsse darüber geben könnte, wie die knappen finanziellen Mittel für Maßnahmen der Kundenakquisition und -bindung auf die einzelnen Kunden oder Kundensegmente zu verteilen sind.

Um der entscheidenden Bedeutung wertorientierter Methoden zur Bewertung der Kunden im Rahmen eines wertorientierten Kunden-Controlling gerecht werden zu können, folgt in Kapitel 3 zunächst eine grundlegende Darstellung mit anschließender Würdigung der Instrumente einer wertorientierten Planung und Kontrolle. Im darauf folgenden Kapitel 4 werden diese dann hinsichtlich ihrer Eignung zur Bewertung der Kunden kritisch durchleuchtet und gegebenenfalls angepasst, um sie anschließend in Kapitel 5 im Rahmen eines Kunden-Planungs- und Kontrollsystems einfließen lassen zu können.

3 Methodische Grundlagen eines unternehmenswert-orientierten Controlling

3.1 Barwertkompatible Rechenverfahren als Grundlage einer unternehmenswert-orientierten Unternehmensplanung

Grundlage einer wertorientierten Planung sind dynamische, investitionstheoretische Rechenverfahren und die darauf aufbauenden Unternehmensbewertungsverfahren.[413] Besondere Bedeutung kommt in diesem Zusammenhang der Kapitalwertmethode, der Ertragswertmethode sowie den finanztheoretischen Discounted Cashflow-Methoden zu.

3.1.1 Kapitalwertmethode

Im einfachsten Modell unter Sicherheit und unter Ausblendung von Finanzierungs- und Besteuerungsaspekten entspricht der Kapitalwert KW_0 eines Investitionsprojektes dem Barwert der mit dem Investitionsprojekt verbundenen laufenden Ein- und Auszahlungen abzüglich der Anschaffungsauszahlung A_0.[414] Zur Ermittlung des Barwertes werden alle Ein- und Auszahlungen innerhalb der Dauer des Investitionsprojektes *T* mit einem relevanten Kalkulationszinssatz *i* auf den Betrachtungszeitpunkt t=0, der bei einem Investitionsprojekt dem Anschaffungszeitpunkt entspricht, diskontiert:[415]

$$KW_0 = -A_0 + \sum_{t=1}^{T} \frac{EZ_t - AZ_t}{(1+i)^t} \qquad [3.1]$$

Der Kalkulationszinssatz *i* entspricht zunächst unter der Prämisse eines vollkommenen Kapitalmarktes einem risikolosen Zinssatz[416], zu dem jederzeit Kapital angelegt und aufgenommen werden kann.[417] Die Annahme eines vollkommenen Kapitalmarktes erleichtert die Bestimmung des Kapitalwertes erheblich, da auf diese Weise die verschiedenen Separationstheoreme herangezogen werden können, so dass einer-

---

413 Vgl. Coenenberg, A.G./Schultze, W. (2002), S. 613f.

414 Vgl. zum Kapitalwert grundlegend Busse von Colbe, W./Laßmann, G. (1990), S. 43ff.; Mandl, G./Rabel, K. (1997), S. 79ff.

415 Vgl. bspw. Arbeitskreis „Finanzierung" (1996), S. 569.

416 Vgl. Richter, F. (1999), S. 22. Meistens wird in diesem Fall als risikolose Verzinsung die Rendite langfristiger staatlicher Schuldverschreibungen (Bundesanleihen) herangezogen. Vgl. Arbeitskreis „Finanzierung" (1996), S. 549.

417 Vgl. Dirrigl, H. (1988), S. 234; Busse von Colbe, W./Laßmann, G. (1990), S. 48f.

seits eine Trennung der Investitions- von den Konsumentscheidungen und andererseits eine Trennung der Investitions- von den Finanzierungsentscheidungen vorgenommen werden kann.[418] Dies bedeutet, dass sowohl die Eigenmittelausstattung eines Investors als auch dessen subjektive Konsum- und Zeitpräferenz irrelevant für die Bestimmung des Kapitalwertes ist. In einem vollkommenem Kapitalmarkt werden alle während der Projektlaufzeit erwirtschafteten Einzahlungsüberschüsse implizit zum risikolosen Zinssatz angelegt und alle Auszahlungsüberschüsse zum risikolosen Zinssatz finanziert. Dies wird auch als Wiederanlageprämisse bezeichnet.[419] Probleme können entstehen, wenn unterstellt wird, dass überschüssige Mittel implizit zum internen Zinsfuß wieder angelegt werden, wie es beispielsweise bei der Methode des internen Zinsfußes der Fall ist.[420]

Wird die Prämisse des vollkommenen Kapitalmarktes akzeptiert,[421] dann signalisiert ein positiver Kapitalwert, dass die Verzinsung des Investitionsprojektes höher ist als eine risikolose Verzinsung am Kapitalmarkt.[422] Es handelt sich dann um ein aus Sicht des Unternehmens vorteilhaftes Projekt, welches das Vermögen des Unternehmens erhöht und nach Möglichkeit, nämlich für den Fall ausreichend vorhandener Ressourcen, auch durchgeführt werden sollte.[423] Beschließt ein Unternehmen, ein vorteilhaftes Investitionsprojekt zum Zeitpunkt t=0 in das Investitionsprogramm aufzunehmen, so erhöht sich gleichzeitig der Ertragswert respektive Unternehmenswert des Unternehmens um den Kapitalwert des Investitionsprojektes.[424]

Eine Berücksichtigung der Finanzierung des Investitionsprojektes kann anhand der Netto-Methode oder der Brutto-Methode erfolgen. Innerhalb der sog. Netto-Methode ist eine Berücksichtigung der Finanzierung dann gewährleistet, wenn bei teilweiser Fremdfinanzierung des Investitionsprojektes die zu zahlenden Fremdkapitalzinszahlungen FKZ_t sowie eventuell anfallende Fremdkapitaltilgungen FKT_t vom Einzahlungsüberschuss vor Fremdfinanzierung $EZÜ_t$ abgezogen und mit dem (unter der

418 Vgl. Dirrigl, H. (1988), S. 230f.
419 Vgl. Busse von Colbe, W./Laßmann, G. (1990), S. 56f.
420 Vgl. Busse von Colbe, W./Laßmann, G. (1990), S. 115ff.; Dirrigl, H. (2004b), S. 8ff.
421 Zur Bestimmung des Kapitalwertes in einem unvollkommenen Kapitalmarkt vgl. Dirrigl, H. (1988), S. 235-240.
422 Vgl. Mandl, G./Rabel, K. (1997), S. 80.
423 Vgl. Unzeitig, E./Köthner, D. (1995), S. 55ff.
424 Vgl. Pfaff, D. (1998), S. 492.

Annahme der Sicherheit) risikolosen Eigenkapitalzinssatz k_{EK} diskontiert werden. Auf diese Weise ergibt sich der Kapitalwert bei Mischfinanzierung KW_0^{MF}:[425]

$$KW_0^{MF} = -A_0 + FK_0 + \sum_{t=1}^{T} \frac{EZÜ_t - FKZ_t - FKT_t}{\left(1 + k_{EK}\right)^t} \qquad [3.2]$$

Im Rahmen der sog. Brutto-Methode[426] wird die Art der Finanzierung durch Heranziehung eines nach Eigen- und Fremdkapitalanteilen gewichteten Kapitalkostensatzes berücksichtigt. Der Fremdkapitalkostensatz k_{FK} resultiert beispielsweise aus dem im Kreditvertrag festgeschriebenen Fremdkapitalzinssatz und unter Umständen entstehenden Nebenkosten (z.B. Abschlussgebühren, Provisionen, Disagio).[427] Der gewichtete Gesamtkapitalkostensatz k_{GK} wird wie folgt ermittelt:[428]

$$k_{GK} = k_{EK} \cdot \frac{EK}{GK} + k_{FK} \cdot \frac{FK}{GK} \qquad [3.3]$$

Dabei bezeichnet *EK* den Wert des Eigenkapitals, *FK* den Wert des Fremdkapitals und *GK* den Wert des Gesamtkapitals. Anschließend wird der gewichtete Gesamtkapitalkostensatz zur Diskontierung der Einzahlungsüberschüsse vor Fremdfinanzierung $EZÜ_t$ herangezogen:[429]

$$KW_0^{MF} = -A_0 + \sum_{t=1}^{T} \frac{EZÜ_t}{\left(1 + k_{GK}\right)^t} \qquad [3.4]$$

Wird zur Berechnung des Kapitalwertes ein einheitlicher gewichteter Gesamtkapitalkostensatz über alle Perioden der Nutzungsdauer des Investitionsprojektes herangezogen, so wird implizit ein konstanter Verschuldungsgrad unterstellt.[430] Daher sind bei einem variierenden Verschuldungsgrad auch periodenindividuelle Gesamtkapitalkostensätze $k_{GK,t}$ heranzuziehen.[431]

---

425 Vgl. Drukarczyk, J./Schüler, A. (2007), S. 21, allerdings ohne die Berücksichtigung von Steuern. Da auf diese Weise nur die Zahlungsüberschüsse an die Eigenkapitalgeber in die Berechnung des Kapitalwertes eingehen, wird als eingesetztes Kapital auch nur das Eigenkapital herangezogen und somit der Wert des Fremdkapitals FK_0 in t=0 hinzuaddiert.

426 Vgl. Mandl, G./Rabel, K. (1997), S. 83ff.

427 Vgl. Busse von Colbe, W./Laßmann, G. (1990), S. 53f.; Küting, K./Lorson, P. (1997), S. 23; Perridon, L./Steiner, M. (2007), S. 488.

428 Vgl. Ballwieser, W. (1998), S. 84f.

429 Vgl. Arbeitskreis „Finanzierung" (1996), S. 569.

430 Vgl. Mandl, G./Rabel, K. (1997), S. 84.

431 Vgl. Hachmeister, D. (2000), S. 95.

In der Realität wird ein Zustand vollkommener Sicherheit jedoch i.d.R. nicht vorkommen. Gibt man die Annahme sicherer Zahlungen jedoch auf, so müssen die im Zahlungsstrom enthaltenen Risiken mit Hilfe eines geeigneten Risikokonzepts im Investitionskalkül mit berücksichtigt werden. Die bekanntesten Ansätze zur Berücksichtigung des Risikos stellen die Sicherheitsäquivalent-Methode sowie die Risikozuschlags-Methode dar.[432]

Im Rahmen einer wertorientierten Unternehmensplanung sollten zusammenfassend nur solche Investitionsprojekte durchgeführt werden, die einen positiven Kapitalwert aufweisen und somit den Unternehmenswert erhöhen. Insofern wird ein Unternehmen grundsätzlich dem Ziel der Maximierung des Unternehmenswertes gerecht, wenn es jedes Investitionsprojekt realisiert, dessen diskontierte Einzahlungsüberschüsse größer als die Anschaffungsauszahlung sind.[433] Entscheidend ist in diesem Zusammenhang jedoch, dass die Diskontierung der zukünftigen Einzahlungsüberschüsse unter Berücksichtigung sämtlicher Risiken mit Hilfe des Kalkulationszinssatzes erfolgt respektive eine Berücksichtigung der relevanten Risiken alternativ im Rahmen der Sicherheitsäquivalent-Methode vorgenommen wird.

3.1.2 Grundlagen der Unternehmensbewertung

3.1.2.1 Überblick

Im Rahmen einer wertorientierten Unternehmensplanung benötigt man Methoden der Unternehmensbewertung nicht nur, um bei Unternehmensakquisitionen oder Unternehmensverkäufen einen als Entscheidungswert dienenden Grenzpreis bestimmen zu können, sondern auch, um diese im Rahmen eines wertorientierten Controlling intern zur strategischen Steuerung und Kontrolle von Geschäftsbereichen und größeren Projekten einsetzen zu können.[434] Im Folgenden sollen zunächst Methoden der Unternehmensbewertung aus dem Blickwinkel der Grenzpreis- und Entscheidungswertermittlung vorgestellt werden.

Der Grenzpreis aus Sicht des Käufers stellt den Betrag dar, den er maximal für ein Akquisitionsobjekt bezahlen darf, ohne sich ökonomisch zu verschlechtern.[435] Dem-

---

432 Die Sicherheitsäquivalent-Methode sowie die Risikozuschlags-Methode werden im Rahmen der Ertragswertmethode noch ausführlicher vorgestellt. Vgl. hierzu das folgende Kapitel 3.1.2.2.

433 Vgl. Hachmeister, D. (2000), S. 91.

434 Vgl. Steiner, M./Wallmeier, M. (1999), S. 1; Coenenberg, A.G./Schultze, W. (2002), S. 599f.

435 Vgl. Coenenberg, A.G./Schultze, W. (2002), S. 599; Drukarczyk, J./Schüler, A. (2007), S. 102.

entsprechend stellt der Grenzpreis aus Sicht des Verkäufers den Betrag dar, den er mindestens erhalten muss, ohne sich ökonomisch schlechter zu stellen.[436]

In der Theorie der Unternehmensbewertung zur Grenzpreisbestimmung hat sich mittlerweile die Ermittlung eines Zukunftserfolgswertes[437] durchgesetzt.[438] Methoden der Unternehmensbewertung bauen insofern auf dem Prinzip der Kapitalwertmethode auf, als dass sie auch auf dem Barwert der Zahlungsüberschüsse[439], die in Zukunft bei Fortführung der Unternehmung erwartet werden, basieren.[440] Der Unternehmenswert kann somit auch als Bruttokapitalwert vor Abzug einer Anschaffungsauszahlung interpretiert werden.[441] Da sämtliche finanziellen Vorteile aus der Nutzung der Aktiva und Passiva, unter Umständen auch unter Berücksichtigung aller Verbundeffekte, innerhalb der Berechnung des Unternehmenswertes berücksichtigt werden, spricht man in diesem Zusammenhang auch von Gesamtbewertungsverfahren.[442] Zu den

---

436 Vgl. Ballwieser, W. (2005), S. 365; Mandl, G./Rabel, K. (2005), S. 50.

437 Vgl. Günther, T. (1997), S. 77ff.; Küting, K./Eidel, U. (1999a), S. 225; Zimmermann, J./Prokop, J. (2002), S. 272. Darüberhinaus existieren aus Verkäufersicht noch der Liquidationswert bei Liquidation des Unternehmens und der Marktwert bei Verkauf des Unternehmens am Sekundärmarkt, beispielsweise über die Börse. Vgl. Günther, T. (1997), S. 77. Solange der Liquidationswert jedoch niedriger ist als ein entsprechender Unternehmenswert bei Fortführung des Unternehmens respektive eine Liquidation außer Frage steht, kommt dem Liquidationswert keine Bedeutung zu.

438 Vgl. Kruschwitz, L./Löffler, A. (1998), S. 1043.

439 In diesem Zusammenhang wurde in der betriebswirtschaftlichen Literatur lange Zeit diskutiert, welche Zahlungsgrößen im Rahmen der Ertragswertmethode, die auf einer solchen Ermittlung eines Zukunftserfolgswertes aufbaut, herangezogen werden sollen. Als Ergebnis dieser Diskussion hat sich jedoch der Netto-Cashflow, der letztlich nach Zahlung sämtlicher Transaktionskosten und Steuern, insbesondere der Einkommensteuer, beim Eigenkapitalgeber ankommt, aus theoretischer Sicht als richtig erwiesen. In der Praxis bereitet besonders die Prognose der zukünftigen Netto-Cashflows ernsthafte Probleme. Dieser insbesondere für die Ausarbeitung kundenbezogener Strategien immens wichtige Teilbereich der Unternehmensbewertung soll im Verlauf dieser Arbeit noch eingehender behandelt werden. Vgl. Mandl, G./Rabel, K. (1997), S. 33; Günther, T. (1997), S. 79. Einen Überblick über mögliche alternative Zahlungsgrößen, die jedoch nur als praktische Vereinfachung angesehen werden können, bietet Günther, T. (1997), S. 78.

440 Unbestritten ist in diesem Zusammenhang die These, dass der Wert eines Unternehmens keine objektive Eigenschaft darstellen kann. Einem Unternehmen kann also nicht per se ein bestimmter, für alle Individuen gleicher Wert zugeordnet werden. Der Wert eines Unternehmens ergibt sich vielmehr aus dem Nutzen, der aus den zukünftigen Cashflows des Unternehmens resultiert, und ist insofern subjektiv. Um den Nutzen jedoch bewerten zu können, bedarf es eines Bewertungsmaßstabs. Hierzu wird ein Vergleichsobjekt herangezogen, das den gleichen Nutzen bzw. Ertrag wie das zu bewertende Unternehmen erbringt und dessen Preis bereits bekannt ist. Insofern handelt es sich vielmehr um einen Vergleich als eine Bewertung. Dem zu bewertenden Unternehmen wird auf diese Weise ein subjektiver Wert in Abhängigkeit der jeweils spezifischen Subjekt-Objekt-Beziehung zugeteilt. Vgl. Mandl, G./Rabel, K. (1997), S. 68f.; Moxter, A. (1983), S. 11. Ähnlich auch Popovic, T. (2004), S. 165. Vgl. zur Alternativanlage auch IDW (2005), S. 29. *Moxter* hat für die auf dem Alternativenvergleich aufbauende Unternehmensbewertung seine „Grundsätze ordnungsmäßiger Unternehmensbewertung" entwickelt. Vgl. Moxter, A. (1983). Zu den wichtigsten gehören bspw. das Individualitäts- oder Subjektivitätsprinzip, das Zukunftsbezogenheitsprinzip, das Gesamtbewertungsprinzip sowie das Äquivalenz- oder Vergleichbarkeitsprinzip. Vgl. Mandl, G./Rabel. K. (1997), S. 72ff.

441 Vgl. Ballwieser, W. (2007), S. 12; Ballwieser, W. (2005), S. 365.

442 Vgl. Ballwieser, W. (2007), S. 9; Mandl, G./Rabel, K. (2005), S. 51; Drukarczyk, J./Schüler, A. (2007), S. 103.

Gesamtbewertungsverfahren zählen insbesondere die Ertragswertmethode sowie die Discounted Cashflow-Methoden.[443] Die Gesamtbewertungsverfahren lassen sich darüber hinaus in Netto-Methoden und Brutto-Methoden unterteilen.[444] Bei den Netto-Methoden werden die Zahlungen diskontiert, die allein den Eigenkapitalgebern zur Verfügung stehen, so dass direkt der Marktwert des Eigenkapitals respektive der Shareholder Value ermittelt wird.[445] Zu den Netto-Methoden sind die Ertragswertmethode sowie das Flow-to-Equity-Verfahren auf Seiten der Discounted Cashflow-Methoden zu zählen.[446] Dagegen werden bei den Brutto-Methoden die zukünftigen Zahlungsüberschüsse herangezogen, die sowohl den Eigen- als auch den Fremdkapitalgebern zur Verfügung stehen.[447] Brutto-Methoden ermitteln folglich zunächst einen Marktwert des Gesamtkapitals,[448] von dem der Marktwert des verzinslichen Fremdkapitals abgezogen wird, um als Ergebnisgröße den Shareholder Value zu erhalten. Als Brutto-Methoden sind die zu den Discounted Cashflow-Methoden zählenden Konzepte zu nennen. Dies sind im Einzelnen die Weighted Average Cost of Capital-Methode, die Total Cashflow-Methode sowie die Adjusted Present Value-Methode.[449]

Besondere Bedeutung kommt bei Anwendung der Ertragswertmethode sowie der Discounted Cashflow-Methoden der Berücksichtigung der Unsicherheit, der Finanzierung sowie der Besteuerung zu, wie im Folgenden erläutert wird.

3.1.2.2 Ertragswertmethode

3.1.2.2.1 Überblick

Bei der Ertragswertmethode werden die den Eigenkapitalgebern zustehenden zukünftigen Zahlungsüberschüsse mit Hilfe eines Kalkulationszinssatzes i, der zunächst unter der Annahme von Sicherheit als risikoloser Zinssatz zu interpretieren

---

443 Vgl. Mandl, G./Rabel, K. (1997), S. 31; Ballwieser, W. (2007), S. 11. Des Weiteren lassen sich zu den Gesamtbewertungsmethoden auch sog. Residualgewinnmodelle (RIM) zählen. Vgl. Coenenberg, A.G./Schultze, W. (2002), S. 601. Diese sollen jedoch erst im Zusammenhang mit der wertorientierten Kontrolle und Performancemessung behandelt werden. Vgl. Kapitel 3.2.

444 Vgl. Ballwieser, W. (2005), S. 365.

445 Vgl. Mandl, G./Rabel, K. (1997), S. 40. Vereinzelt wird der Barwert der Netto-Cashflows zuvor noch um den Marktwert des nicht-betriebsnotwendigen Vermögens erhöht. Vgl. Mandl, G./Rabel, K. (1997), S. 41.

446 Vgl. Mandl, G./Rabel, K. (1997), S. 40.

447 Vgl. Mandl, G./Rabel, K. (1997), S. 38; Böcking, H.-J./Nowak, K. (1998), S. 686.

448 Auch bei den Brutto-Methoden kann zunächst noch der Barwert der Netto-Cashflows um den Marktwert des nicht-betriebsnotwendigen Vermögens erhöht werden. Vgl. Mandl, G./Rabel, K. (1997), S. 40.

449 Vgl. Zimmermann, J./Prokop, J. (2002), S. 272; Dinstuhl, V. (2003), S. 7.

ist, auf den Betrachtungszeitpunkt diskontiert.[450] Unterstellt man ein in der betriebswirtschaftlichen Literatur als sachlich plausibel erachtetes 2-Phasenmodell[451], so ergibt sich der Ertragswert im Grundmodell ohne die Berücksichtigung von Risiko und Steuern wie folgt:[452]

$$EW_0 = \sum_{t=1}^{T} \frac{E_t}{(1+i)^t} + \frac{E_{T+1}}{i \cdot (1+i)^T} \qquad [3.5]$$

E_t steht für die periodenbezogenen Zahlungen nach Abzug der Zahlungen an die Fremdkapitalgeber in der Detailprognose-Phase und entspricht den Ausschüttungen an die Eigenkapitalgeber[453], E_{T+1} bezeichnet die konstante Zahlung in der Rentenphase. Dabei kommt der Bestimmung des sog. Rest- oder Fortführungswerts eine besondere Bedeutung zu, da dieser i.d.R. einen sehr großen Anteil am Ertragswert hat.[454]

Die Höhe der zukünftigen Überschüsse steht jedoch nicht mit Sicherheit fest, sondern ist vom Eintritt zukünftiger Entwicklungen innerhalb und außerhalb des Unternehmens abhängig, unterliegt folglich einer gewissen Unsicherheit[455] respektive einem Risiko.[456] Das Gesamtrisiko resultiert insbesondere aus dem leistungswirt-

---

450 Vgl. Ballwieser, W. (1997), S. 2393.

451 Vgl. Ballwieser, W. (2007), S. 62; Mandl, G./Rabel, K. (1997), S. 153ff. Denkbar wäre auch die Erweiterung des 2-Phasenmodells zu einem 3-Phasenmodell, wie es auch ursprünglich vom *IDW* im HFA 2/1983 vorgeschlagen wurde, bei dem die zweite Phase einen periodendifferenzierten Trend von der detaillierten Planungsphase 1 hin zur pauschalen und uniformen Prognosephase 3 darstellt. Auf diese Weise ist es möglich, die Übergewinne auf einen in Zukunft nur noch möglichen Normalgewinn abschmelzen zu lassen. Dies bietet sich insbesondere dann an, wenn von der Auffassung des sog. market based view ausgegangen wird. Vgl. Dirrigl (1988), S. 166ff.; Dirrigl (1998a), S. 12ff.; Dirrigl, H. (2004a), S. 119. Vgl. zum ursprünglichen Vorschlag IDW (1983), S. 471.

452 Vgl. Ballwieser, W. (2007), S. 62.

453 Vgl. Dinstuhl, V. (2003), S. 22. Hierzu zählen in erster Linie Dividenden, aber auch Anteilsrückkäufe oder Bezugsrechtsverkäufe etc. Vgl. Coenenberg, A.G./Schultze, W. (2002), S. 603.

454 Auf die Probleme, die sich aus der Ermittlung des Restwerts insbesondere durch undifferenzierte Pauschalannahmen ergeben, soll hier nicht näher eingegangen werden. Stattdessen wird auf die Arbeiten von Dirrigl, H. (1988); Kruschwitz, L./Löffler, A. (1998), S. 1041ff.; Henselmann, K. (2000), S. 151 sowie Ballwieser, W. (2007), S. 64f. verwiesen.

455 Zur Definition von Unsicherheit und Risiko vgl. Perridon, L./Steiner, M. (2007), S. 94f.; Rosenkranz, F./Missler-Behr, M. (2005), S. 53ff. Demnach versteht man unter Unsicherheit das subjektiv empfundene Risiko. Risiko i.e.S. liegt vor, wenn dem Entscheider objektive oder zumindest subjektiv schätzbare Wahrscheinlichkeiten für das Eintreten möglicher Umweltzustände vorliegen.

456 Als Risiko werden hier sowohl die Risiken, als auch die Chancen hinsichtlich des tatsächlichen Eintritts von Zukunftsprognosen definiert. Vgl. Mandl, G./ Rabel, K. (1997), S. 212. *Rosenkranz/Missler-Behr* bezeichnen die Chancen oder positiven Risiken als upside risk und die negativen Risiken als downside risk und sprechen insgesamt von einem spekulativen Risiko. Vgl. Rosenkranz, F./Missler-Behr, M. (2005), S. 7.

schaftlichen Risiko, das maßgeblich durch zukünftige Ergebnisschwankungen bestimmt wird.[457] Die Risikostruktur der prognostizierten zukünftigen Überschüsse kann im Rahmen der Ertragswertmethode mit Hilfe der Sicherheitsäquivalent-Methode[458] im Zähler oder mit Hilfe der Risikozuschlags-Methode[459] im Nenner der Ertragswertformel berücksichtigt werden.[460] Entscheidend ist, dass die Ertragswertmethode streng dem Subjektivitätsprinzip folgt, d.h. an die Stelle der mit Unsicherheit behafteten zukünftigen Zahlungsüberschüsse treten subjektive Sicherheitsäquivalente.[461] Auch bei Anwendung der Risikozuschlags-Methode wird ein subjektiver, pauschal vom Bewertungssubjekt festgelegter, Risikozuschlag berücksichtigt.

3.1.2.2.2 Bestimmung von Sicherheitsäquivalenten

Zur Bestimmung von Sicherheitsäquivalenten ist zunächst eine Offenlegung der Risikostruktur der zukünftigen Einzahlungsüberschüsse nötig.[462] Dies kann beispielsweise durch stetige Wahrscheinlichkeitsverteilungen geschehen.[463] So hat etwa *Breid* den Vorschlag unterbreitet, zur Offenlegung der Risikostruktur die standardisierte Beta-Verteilung heranzuziehen.[464] Als Alternativen kommen beispielsweise die Dreiecksverteilung, die Normalverteilung oder die Gleichverteilung in Betracht.[465] Im einfachsten Fall kann die Risikostruktur auch durch diskrete Wahrscheinlichkeitsverteilungen, etwa durch die Anwendung von Szenario-Analysen mit einer 3-Zustands-Szenario-Struktur, transparent gemacht werden.[466] Liegen erst einmal die diskreten oder stetigen Wahrscheinlichkeitsverteilungen für die zukünftigen Einzahlungsüberschüsse vor, lassen sich leicht der Erwartungswert und die dazugehörigen Streuungsparameter wie die Standardabweichung oder die Varianz berechnen, die der Messung des Risikos dienen.[467] Durch die Berechnung von Kovarianz-Risikomaßen kann darüber hinaus auch die Berücksichtigung eines Risikoverbunds, beispielsweise zum Konzern-Portfolio oder Markt-Portfolio, erfolgen.[468] Schließlich gilt es, das

---

457 Vgl. Küting, K./Eidel, U. (1999b), S. 830.

458 Vgl. Ballwieser, W. (1997), S. 2393ff.; Schwetzler, B. (2000), S. 469; Mandl, G./Rabel, K. (2005), S. 62.

459 Vgl. Siegel, T. (1997), S. 2389ff.; Schwetzler, B. (2000), S. 470; Mandl, G./Rabel, K. (2005), S. 62.

460 Auf diese Weise wird das Postulat der Unsicherheitsäquivalenz respektive Kapitalzinsäquivalenz erfüllt. Vgl. Moxter (1983), S. 155ff.; Mandl, G./Rabel, K. (1997), S. 77f.

461 Vgl. Böcking, H.-J./Nowak, K. (1998), S. 687; Dinstuhl, V. (2003), S. 16. Zum Subjektivitätsprinzip vgl. Moxter, A. (1983), S. 23f.

462 Vgl. Dirrigl, H. (2003), S. 149.

463 Vgl. Dirrigl, H. (2004a), S. 109.

464 Vgl. Breid, V. (1994), S. 167ff.

465 Vgl. Dirrigl, H. (2004a), S. 110f.

466 Vgl. Dirrigl, H. (2003), S. 149. Auf die Szenario-Analyse wird an späterer Stelle noch ausführlich eingegangen.

467 Vgl. Dirrigl, H. (2003), S. 149.

468 Vgl. Dirrigl, H. (2003), S. 150.

gemessene Risiko zu bewerten. Dies geschieht in Abhängigkeit der jeweiligen Bewertungsmethode.

Mit der Bestimmung des Sicherheitsäquivalent eines unsicheren Einzahlungsüberschusses ermittelt man einen Unternehmensertrag respektive einen Zahlungsbetrag, der einem in der Realität i.d.R. risikoaversem Investor[469] den gleichen Nutzen stiftet wie die Wahrscheinlichkeitsverteilung der zu beobachtenden Unternehmenserträge,[470] oder wie *Moxter* es formuliert, bei dem „das Risiko niedrigerer Erträge gerade aufgewogen wird durch die Chance höherer Erträge."[471]

Das Sicherheitsäquivalent $SÄ[EZÜ_t]$ ergibt sich aus dem Erwartungswert der Verteilung der Einzahlungsüberschüsse $\mu[EZÜ_t]$ abzüglich eines subjektiven Risikoabschlags RA_t:[472]

$$SÄ[EZÜ_t] = \mu[EZÜ_t] - RA_t \qquad [3.6]$$

Bei Anwendung der Sicherheitsäquivalent-Methode tritt an die Stelle von Gleichung [3.5] die folgende Gleichung, in der die ursprünglich als sicher angenommenen Erträge E_t durch entsprechende Sicherheitsäquivalente ersetzt werden:[473]

$$EW_0 = \sum_{t=1}^{T} \frac{SÄ_t}{(1+i)^t} + \frac{SÄ_{T+1}}{i \cdot (1+i)^T} \qquad [3.7]$$

Im Sicherheitsäquivalent kommt die individuelle Risikoeinstellung des Entscheiders zum Ausdruck.[474] Zur Bestimmung der Sicherheitsäquivalente wird in diesem Zusammenhang ein geeignetes Entscheidungskriterium benötigt, das sowohl den theoretischen Anforderungen der Eindeutigkeit und Konsistenz, als auch den praktischen Anforderungen der Umsetzbarkeit und Wirtschaftlichkeit gerecht wird.[475]

---

469 Vgl. Drukarczyk, J./Schüler, A. (2007), S. 49f.
470 Vgl. Mandl, G./Rabel, K. (1997), S. 218.
471 Moxter, A. (1983), S. 147.
472 An dieser Stelle muss jedoch beachtet werden, dass unter Umständen auch Sicherheitsäquivalente für künftige Auszahlungsüberschüsse bestimmt werden müssen. In diesem Fall wird vorgeschlagen, den Erwartungswert der Auszahlungen um einen Risikozuschlag zu erhöhen. Vgl. Kruschwitz, L. (2001), S. 2410.
473 Vgl. Ballwieser, W. (2007), S. 75.
474 Vgl. Mandl, G./Rabel, K. (1997), S. 219.
475 Vgl. Dinstuhl, V. (2003), S. 283.

3.1.2.2.2.1 Das (μ,σ)-Prinzip

Als klassische Entscheidungsregel kann das (μ,σ)-Prinzip herangezogen werden.[476] Dieses integriert den erwarteten Erfolg μ und das in Form der Standardabweichung σ oder in Form der Varianz σ^2 ausgedrückte Risiko zu einer übergeordneten Nutzenfunktion mit ϕ als Nutzen des Entscheiders:[477]

$$\phi = \phi(\mu,\sigma) \tag{3.8}$$

Um den Nutzen des Entscheiders berechnen zu können, muss die als Risikopräferenzfunktion bezeichnete Gleichung [3.8] konkretisiert werden. Hierzu kommt prinzipiell eine ganze Reihe von mathematischen Funktionen in Betracht, wobei häufig die folgende mögliche Risikopräferenzfunktion herangezogen wird:[478]

$$\phi = \mu - rak \cdot \sigma \tag{3.9}$$

Der subjektiv wählbare Parameter rak wird als Risikoaversionskoeffizient bezeichnet und drückt die Risikoeinstellung[479] des Entscheiders aus.[480]

Die in der Literatur geäußerte Kritik am (μ,σ)-Prinzip bezieht sich in der Regel auf die Bestimmung eines geeigneten Risikoaversionskoeffizienten und die dabei auftretenden Probleme.[481] Bezüglich dieser Problematik stellt jedoch *Siegel* fest: „Denn auf welche Weise eine Wahrscheinlichkeitsverteilung zu einem Sicherheitsäquivalent verdichtet wird, ist methodisch völlig unerheblich. So mag der Investor das Sicher-

---

476 Vgl. Reuter, A.L. (1970), S. 267f.; Bitz, M. (1981), S. 98ff.; Mag, W. (1990), S. 78ff.; Adam, D. (2001), Sp. 1146.

477 Vgl. Dinstuhl, V. (2003), S. 284.

478 Vgl. Bretzke, W.-R. (1975), S. 215; Mag, W. (1990), S. 83; Dinstuhl, V. (2003), S. 284; Dirrigl, H. (2003), S. 151.

479 In der Literatur wird gewöhnlich zwischen Risikoaversion, Risikoneutralität und Risikofreude unterschieden. Vgl. Kruschwitz, L. (2001), S. 2409.

480 Vgl. Dirrigl, H. (1998b), S. 554; Dirrigl, H. (2003), S. 151. Der Parameter *rak* lässt sich auch als (subjektiver) Preis je Einheit Risiko interpretieren. Vgl. Dinstuhl, V. (2003), S. 284. Ein *rak* > 0 drückt dabei eine Risikoaversion, ein *rak* = 0 Risikoneutralität und ein *rak* < 0 eine Risikofreudigkeit seitens des Entscheiders aus. Zur Ermittlung des Risikoaversionskoeffizienten vgl. bspw. Reuter, A.L. (1970), S. 268.

481 So kritisiert z.B. Bretzke, W.-R. (1975), S. 217f.: „Die praktischen Möglichkeiten der Ermittlung eines präferenzkonformen Risikoaversionskoeffizienten sind allerdings eher skeptisch zu beurteilen. Denn da statistische Parameter theoretische Terme sind und keine Daten, die am Bewertungsobjekt selbst bzw. an der zu seiner Beschreibung ermittelten Verteilung beobachtet werden können, und da mit ihnen keine konkreten Vorstellungen verbunden werden können und sie zudem nicht alle Informationen über die zu bewertende Verteilung enthalten, ist es relativ unwahrscheinlich, dass sich ein Mensch in der Realität so verhält, als ob er sich bei der Bewertung an einer spezifischen Kombination von Mittelwert und Standardabweichung orientieren würde."

heitsäquivalent nach freier Einschätzung bestimmen."[482] Insofern muss die zunächst als schwerwiegend erscheinende Kritik am (μ,σ)-Prinzip stark relativiert werden. Dies ist darüber hinaus auch deswegen geboten, da auch bei der noch näher zu erläuternden Alternative des marktorientierten Ansatzes, nämlich im Rahmen der Portfolio Selection-Theorie[483] von *Markowitz*, die Risikoeinstellung der Marktteilnehmer durch den Erwartungswert μ und die Standardabweichung σ abgebildet wird.[484] Zudem muss auch das Marktportfolio im darauf aufbauenden Capital Asset Pricing Model die Eigenschaft der (μ,σ)-Effizienz erfüllen.[485] Hinsichtlich der aufgestellten Anforderungen an ein geeignetes Entscheidungskriterium kann dem (μ,σ)-Prinzip attestiert werden, dass es die praktischen Anforderungen der Umsetzbarkeit und Wirtschaftlichkeit grundsätzlich erfüllt.[486] Auch die Forderungen der Eindeutigkeit und Konsistenz lassen sich bei Vorgabe eines unternehmensweit festgelegten Risikoaversionskoeffizienten, der bei der Bewertung aller Kunden oder Kundensegmente Anwendung finden könnte, bedenkenlos erfüllen.

3.1.2.2.2.2 Das Bernoulli-Prinzip

Eine weitere Entscheidungsregel stellt das Bernoulli-Prinzip dar, bei dem die Alternative mit dem höchsten Erwartungswert des Nutzens zu wählen ist. Hierzu wird mit einer für jeden Entscheidungsträger individuell zu bestimmenden Nutzenfunktion $u(e)$ den möglichen Ergebniswerten e_{ij} einer Alternative a_i ein entsprechender Nutzenwert $u_{ij} = u(e_{ij})$ zugeordnet und anschließend der Erwartungswert des Nutzens $\phi(a_i)$ ermittelt, indem die einzelnen Nutzenwerte $u(e_{ij})$ mit den jeweiligen Eintrittswahrscheinlichkeiten π_j gewichtet und schließlich aufsummiert werden:[487]

$$\max \phi(\mathrm{a_i}) = \sum_{j=1}^{n} u(e_{ij}) \cdot \pi_j \qquad [3.10]$$

[482] Siegel, T. (1994), S. 466. So auch *Bretzke*, der in diesem Zusammenhang lediglich die Versuche kritisiert, die Einstellung des Käufers eines Unternehmens zu den daraus resultierenden Chancen und Risiken in einer mathematischen (Nutzen-)Funktion zu erfassen. Vgl. Bretzke, W.-R. (1976), S. 164f.

[483] Vgl. Markowitz, H.M. (1952), S. 77-91.

[484] Vgl. Dinstuhl, V. (2003), S. 284f.

[485] Vgl. Dirrigl, H. (1998b), S. 554.

[486] Vgl. Dinstuhl, V. (2003), S. 284.

[487] Vgl. Bitz, M. (1981), S. 153f.; Bitz, M. (1998), S. 924; Adam, D. (2001), Sp. 1145.

Ein Beispiel für solch eine Nutzenfunktion ist die LN-Funktion: $u(e_{ij}) = \ln(e_{ij})$.[488] Diese lässt sich den Klassen der CRRA-Nutzenfunktionen zuordnen.[489] Auf diese Weise ergibt sich zwar der Erwartungsnutzen der unsicheren Überschussverteilung,[490] gegenüber dem (μ, σ)-Prinzip weist jedoch das Bernoulli-Prinzip den entscheidenden Nachteil auf, dass die Risikoeinstellung des Entscheiders nicht explizit in die Bestimmung des Sicherheitsäquivalent einfließt respektive von Risikoneutralität auszugehen ist, damit Bernoulli-Nutzenfunktion und Höhenpräferenzfunktion sich nicht gegenseitig widersprechen.[491] In diesem Zusammenhang erweist sich darüber hinaus die „Übertragung einer auf einzelne Individuen bezogenen Maximierung des Nutzenerwartungswertes auf die Organisationsform Unternehmung“[492] als höchst problematisch. So kann es insbesondere in einem Entscheidungsgremium innerhalb eines Unternehmens zu Intransivitäten kommen, wenn über verschiedene Alternativen abgestimmt wird.[493] Ein weiteres Problem bei Anwendung des Bernoulli-Prinzips besteht darin, geeignete Nutzenfunktionen zu finden.[494] Somit ist das Bernoulli-Prinzip insbesondere zur Anwendung im Rahmen einer wertorientierten Kunden-Bewertung ungeeignet.[495]

Wird hingegen dennoch akzeptiert, dass das Bernoulli-Prinzip die Durchführung von rationalen Entscheidungen unterstützt, kann dieses unabhängig von der praktischen Anwendbarkeit auch als Prüfkriterium für traditionelle Entscheidungsregeln wie das (μ, σ)-Prinzip herangezogen werden,[496] indem diese auf der Basis von vier Axiomen beurteilt werden.[497] Dies sind im Einzelnen:[498]

- Ordinalprinzip
- Dominanzprinzip
- Stetigkeitsprinzip
- Substitutionsprinzip

---

488 Vgl. Schwetzler, B. (2000), S. 471.
489 CRRA ist die Abkürzung für „constant relative risk aversion“.
490 Dieser entspricht gleichzeitig dem Nutzen des Sicherheitsäquivalent. Vgl. Drukarczyk, J. (1998), S. 314.
491 Vgl. Hieronimus, A. (1979), S. 200ff.; Schildbach, T. (1989), S. 766-778; Schildbach, T. (1992), S. 479-483.
492 Dinstuhl, V. (2003), S. 285.
493 Vgl. Frank, B. (1998), S. 286ff.; Dinstuhl, V. (2003), S. 285.
494 Vgl. Refäuter, D. (1990), S. 57ff.
495 Vgl. zur Kritik am Bernoulli-Prinzip auch Siegel, T. (1994), S. 466.
496 Vgl. Dinstuhl, V. (2003), S. 285.
497 Vgl. Bitz, M. (1981), S. 180; Perridon, L./Steiner, M. (2007), S. 107.
498 Vgl. Bitz, M. (1981), S. 181f.; Bitz, M. (1998), S. 921ff.; Perridon, L./Steiner, M. (2007), S. 107.

Die Vereinbarkeit des (μ,σ)-Prinzips mit dem Bernoulli-Prinzip ist garantiert, wenn[499]

- alle in Frage kommenden Wahrscheinlichkeitsverteilungen einer Klasse angehören und durch μ und σ vollständig beschrieben sind.
- die Nutzenfunktion so beschaffen ist, dass der Erwartungswert des Nutzens beliebiger Wahrscheinlichkeitsverteilungen der Ergebnisse nur von μ und σ abhängt.

3.1.2.2.2.3 Kapitalmarktbasierte Sicherheitsäquivalente

Eine weitere Möglichkeit zur Bestimmung der Sicherheitsäquivalente greift auf den Modellrahmen des Capital Asset Pricing Model (CAPM) zurück. Allerdings wird nicht, wie im kapitalmarktorientierten Ansatz üblich, ein β-Faktor herangezogen, sondern stattdessen ein „Risikopreis" λ bestimmt:[500]

$$\lambda = \frac{\mu(r_M) - r_f}{\sigma^2(r_M)} \qquad [3.11]$$

Dabei bezeichnet $\mu(r_M)$ die erwartete Marktrendite, r_f den risikofreien Zinssatz und $\sigma^2(r_M)$ die Varianz der Marktrendite.

Das darauf aufbauende Sicherheitsäquivalent wird ermittelt, indem vom Erwartungswert der Verteilung der Einzahlungsüberschüsse ein Risikoabschlag erfolgt. Der Risikoabschlag ergibt sich wiederum aus der Kovarianz der Einzahlungsüberschüsse des Unternehmens mit der Marktrendite, multipliziert mit dem Risikopreis λ:[501]

$$S\ddot{A}[EZ\ddot{U}_t] = \mu[EZ\ddot{U}_t] - \lambda \cdot \operatorname{cov}(EZ\ddot{U}_t, r_M) \qquad [3.12]$$

Der Vorteil besteht darin, dass auf eine Verwendung vergangenheitsorientierter Betafaktoren oder heuristisch-risikoadjustierter, segmentspezifischer Kapitalkosten verzichtet wird, die Marktrendite jedoch mit in die Bewertung des Risikos einfließt.[502]

---

499 Vgl. Franke, G./Hax, H. (2004), S. 306.
500 Vgl. Schwetzler, B. (2000), S. 470; Dirrigl, H. (2003), S. 151.
501 Vgl. Dirrigl, H. (2003), S. 151.
502 Vgl. Dirrigl, H. (2003), S. 150.

3.1.2.2.3 Risikozuschlags-Methode

Des Weiteren könnte die Berücksichtigung des Risikos im Rahmen der Ertragswertmethode auch mit pauschalen, subjektiv gewählten Risikozuschlägen z_t erfolgen:[503]

$$EW_0 = \sum_{t=1}^{T} \frac{\mu(EZÜ_t)}{(1+i+z_t)^t} + \frac{\mu(EZÜ_{T+1})}{(i+z_{T+1}) \cdot (1+i+z_{T+1})^T} \qquad [3.13]$$

Diese Vorgehensweise wird in der Literatur seit langem überwiegend abgelehnt, da die Risikozuschläge ihrer konkreten Höhe nach nicht rational begründbar und auch nicht nachprüfbar sind.[504] Eine rationale Begründung ist nur bei Kenntnis des Sicherheitsäquivalent bzw. der Risikonutzenfunktion möglich, die aber die Ermittlung von Risikozuschlägen erübrigen würde.[505]

3.1.2.2.4 Berücksichtigung von Steuern im Rahmen der Ertragswertmethode

Schließlich gilt es, bei der Ermittlung des Ertragswertes die Besteuerung mitzuberücksichtigen. Hierzu muss beachtet werden, dass letztlich die Netto-Cashflows respektive Ausschüttungen entscheidend sind, die nach Abzug der Unternehmensteuern (Gewerbesteuer, Körperschaftsteuer) und der Einkommensteuer dem Eigenkapitalgeber zu Konsumzwecken zur Verfügung stehen.[506] Des Weiteren unterliegt auch der risikolose Kalkulationszinssatz der Besteuerung, so dass dieser hinsichtlich der steuerlichen Einflüsse anzupassen ist. Da eine solche Berücksichtigung der Besteuerung jedoch im Rahmen der Bewertung von Kunden keine zusätzlichen Erkenntnisse für das vorliegende Untersuchungsproblem liefern würde, soll die Besteuerung an dieser Stelle nicht weiter vertieft werden.

3.1.2.3 Discounted Cashflow-Methoden

Bei den aus dem angelsächsischen Raum stammenden Discounted Cashflow (DCF)-Methoden wird der Unternehmenswert durch Diskontierung der zukünftigen Cashflows ermittelt.[507] Die einzelnen DCF-Methoden unterscheiden sich im Detail voneinander, die Gemeinsamkeit liegt jedoch in der kapitalmarktbezogenen Ermittlung der Kapitalkosten, die auch als entscheidendes Abgrenzungskriterium zur Ertragswert-

---

503 Vgl. Mandl, G./Rabel, K. (1997), S. 228.
504 Vgl. Mandl, G./Rabel, K. (1997), S. 234.
505 Vgl. Siegel, T. (1994), S. 464.
506 Vgl. Dinstuhl, V. (2003), S. 22.
507 Vgl. Mandl, G./Rabel, K. (2005), S. 64;

methode angesehen werden kann.[508] Denn während Überlegungen zur Ertragswertmethode eher einen Schwerpunkt im Bereich der Erfolgsprognose und der Berücksichtigung leistungswirtschaftlicher Risiken aufweisen, widmen sich die DCF-Methoden schwerpunktmäßig der Berücksichtigung der Finanzierung sowie der finanzwirtschaftlichen Risiken.[509]

3.1.2.3.1 Brutto-Methode

Bei der Weighted Average Cost of Capital (WACC)-Methode werden zunächst sog. Free Cashflows $FCF_{s,t}$ ermittelt,[510] die unter der Annahme vollständiger Eigenfinanzierung und somit vor Abzug von Zahlungen an die Fremdkapitalgeber erwirtschaftet werden.[511] Sie stellen die aus der Unternehmenstätigkeit nach Abzug aller laufenden Auszahlungen, der Unternehmensteuern und der Investitionsauszahlungen für Anlage- und Umlaufvermögen für alle Kapitalgeber vorgesehenen Zahlungsüberschüsse dar.[512] Da die Unterstellung einer vollständigen Eigenfinanzierung jedoch zu verzerrten Steuerzahlungen führt, ist ein aus der Verschuldung resultierender Steuervorteil, das sog. Tax Shield[513], im Rahmen des Gesamtkapitalkostensatzes, des sog. Weighted Average Cost of Capital (wacc)[514], unter der Annahme eines einfachen, definitiven Unternehmensteuersatzes $s_{U,t}$ wie folgt zu berücksichtigen:[515]

$$wacc_t = k_{EK,t}^V \cdot \frac{EK_{t-1}}{UW_{t-1}} + k_{FK,t} \cdot (1 - s_{U,t}) \cdot \frac{FK_{t-1}}{UW_{t-1}} \qquad [3.14]$$

Da der Verschuldungsgrad des Unternehmens im Zeitablauf variiert, sind periodenspezifische $wacc_t$ zu berechnen, die sich aus den Eigenkapitalkosten eines verschuldeten Unternehmens $k_{EK,t}^V$ sowie den Fremdkapitalkosten $k_{FK,t}$, die jeweils mit ihren

508 Vgl. Dinstuhl, V. (2003), S. 16.
509 Vgl. Dirrigl, H. (2003), S. 146.
510 Vgl. hierzu Kapitel 3.1.3.
511 Vgl. Mandl, G./Rabel, K. (1997), S. 311.
512 Vgl. Ballwieser, W. (2005), S. 367. Darüber hinaus gilt es noch, die auf den ausgeschütteten Betrag anfallenden Einkommensteuern zu berücksichtigen. Vgl. Dinstuhl, V. (2002), S. 80; Dinstuhl, V. (2003), S. 23. Dies soll jedoch angesichts der geringen Bedeutung der Besteuerung für die Bewertung von Kunden nicht weiter vertieft werden.
513 Vgl. bspw. Böcking, H.-J./Nowak, K. (1998), S. 686.
514 Vgl. Knorren, N./Weber, J. (1997), S. 17.
515 Vgl. Ballwieser, W. (1998), S. 84f.; Mandl, G./Rabel, K. (2005), S. 65; Ballwieser, W. (2005), S. 307. Hierbei handelt es sich um die einfachste Variante des WACC, dessen genaue Ausgestaltung vom Steuersystem sowie der Finanzierungspolitik abhängig ist. Vgl. insbesondere Dinstuhl, V. (2003), S. 43-114.

Kapitalanteilen am Unternehmenswert gewichtet werden, zusammensetzen. Der Unternehmenswert lässt sich dann anhand der folgenden Gleichung ermitteln:[516]

$$UW_0^{WACC} = \sum_{t=1}^{T} \frac{FCF_{s,t}}{(1+wacc_t)^t} + \frac{RW_{T+1}}{(1+wacc_{T+1})^T} \qquad [3.15]$$

Als Restwert *RW* in Periode T+1 kommt grundsätzlich ein Veräußerungswert bei geplanter Veräußerung des Unternehmens am Ende der Detailprognosephase, ein Liquidationswert oder eine unendliche Rente in Form eines unendlichen Free Cashflows mit oder ohne Wachstum in Betracht.[517]

Der Vorteil der WACC-Methode besteht darin, dass eine klare Trennung zwischen dem Leistungsbereich und dem Finanzierungsbereich des Unternehmens, der erst im Diskontierungszinssatz eine Berücksichtigung findet, vorgenommen wird.[518]

Die Total Cashflow (TCF)-Methode unterscheidet sich von der WACC-Methode dadurch, dass die Steuervorteile nicht im Diskontierungssatz, sondern jeweils im Zähler im Rahmen der Bestimmung der Free Cashflows berücksichtigt werden.[519] Die Bestimmung des WACC nach Gleichung [3.14] wird somit um die Berücksichtigung des Tax Shield gekürzt.

Bei der Adjusted Present Value (APV)-Methode wird zunächst der Marktwert des unverschuldeten Unternehmens bestimmt, indem die Free Cashflows mit dem fiktiven Eigenkapitalkostensatz bei vollständiger Eigenfinanzierung diskontiert werden.[520] Anschließend wird der Wert der diskontierten Steuervorteile ermittelt, so dass sich in der Summe der Marktwert des verschuldeten Unternehmens ergibt:[521]

$$UW_0^{APV} = UW_0^U + WB_0^{FK} = \sum_{t=1}^{\infty} \frac{FCF_{s,t}}{(1+k_{EK}^U)^t} + \sum_{t=1}^{\infty} \frac{k_{FK} \cdot s_U \cdot FK_{t-1}}{(1+k_{FK})^t} \qquad [3.16]$$

516 Vgl. Mandl, G./Rabel, K. (2005), S. 68.

517 Vgl. Dinstuhl, V. (2003), S. 115ff.; Mandl, G./Rabel, K. (2005), S. 68.

518 Vgl. Ballwieser, W. (1998), S. 85; Mandl, G./Rabel, K. (2005), S. 65.

519 Vgl. Mandl, G./Rabel, K. (2005), S. 69.

520 Vgl. Mandl, G./Rabel, K. (2005), S. 70.

521 Vgl. Dinstuhl, V. (2003), S. 47. Dabei muss beachtet werden, dass sich Gleichung [3.16] streng genommen nur bei einer autonomen Finanzierungspolitik und konstantem Fremdkapitalbestand anwenden lässt, da die Realisierung der Steuervorteile nur in diesem Fall als sicher eingestuft werden kann. Vgl. zur Diskussion um die Unsicherheit von Steuervorteilen auch bereits Miles, J.A./Ezzell, J.R. (1980), S. 719-730. Vgl. hierzu auch Inselbag, I./Kaufold, H. (1997), S. 114-122; Drukarczyk, J./Honold, D. (1999), S. 333-349.

Auch der APV-Ansatz weist den Vorteil auf, dass zwischen Leistungsbereich und Finanzierungsbereich streng differenziert wird.[522] Somit wirken sich Finanzierungsmaßnahmen nur auf den Wertbeitrag der diskontierten Steuervorteile aus, nicht aber auf den Marktwert des unverschuldeten Unternehmens.

Der Marktwert des Eigenkapitals ergibt sich bei den drei vorgestellten Brutto-Methoden, indem vom berechneten Unternehmenswert der Marktwert des verzinslichen Fremdkapitals abgezogen wird.[523]

3.1.2.3.2 Netto-Methode

Bei der Flow-to-Equity (FTE)-Methode als Netto-Methode wird dagegen der Marktwert des Eigenkapitals direkt ermittelt. Dies geschieht durch Diskontierung der Netto-Cashflows mit den Eigenkapitalkosten des verschuldeten Unternehmens:[524]

$$MEK_0^{FTE} = \sum_{t=1}^{T} \frac{NCF_t}{\left(1 + k_{EK,t}^V\right)^t} + \frac{NCF_{T+1}}{k_{EK,T+1}^V \cdot \left(1 + k_{EK,T+1}^V\right)^T} \qquad [3.17]$$

Die Netto-Cashflows stellen Zahlungsüberschüsse nach Abzug der Fremdkapitalzinsen, Steuern und Investitionen dar.[525]

3.1.2.3.3 Capital Asset Pricing Model

Zur Bestimmung der zur Diskontierung der Cashflows notwendigen Eigenkapitalkosten wird im Rahmen der Discounted Cashflow-Verfahren i.d.R. das Capital Asset Pricing Model (CAPM)[526] herangezogen.[527] Das CAPM baut auf der Portfolio Selection-Theorie von *Markowitz*[528] und dem Separationstheorem von *Tobin*[529] auf.[530] Zur Ableitung des Grundmodells werden die folgenden, teilweise sehr restriktiven, Annahmen getroffen:[531]

---

522 Vgl. Küting, K./Eidel, U. (1999a), S. 227.
523 Vgl. Ballwieser, W. (1998), S. 81f.
524 Vgl. Mandl, G./Rabel, K. (2005), S. 70.
525 Vgl. Dinstuhl, V. (2003), S. 22. Die Netto-Cashflows entsprechen den Ausschüttungsbeträgen im Rahmen der Ertragswertmethode, vermindert um etwaige Einkommensteuerzahlungen.
526 Vgl. Sharpe, W.F. (1964), S. 425-442; Lintner, J. (1965), S. 13-37; Mossin, J. (1966), S. 768-783.
527 Vgl. Ballwieser, W. (1995), S. 122f.; Mandl, G./Rabel, K. (2005), S. 66f.
528 Vgl. Markowitz, H.M. (1952), S. 77-91.
529 Vgl. Tobin, J. (1958), S. 65-86.
530 Vgl. Hachmeister, D. (2000), S. 160.
531 Vgl. Schneider, D. (1992), S. 506f.; Drukarczyk, J. (1993), S. 234; Hachmeister, D. (2000), S. 160; Dinstuhl, V. (2003), S. 25; Perridon, L./Steiner, M. (2007), S. 250ff.

- Es existieren vollständige Kapitalmärkte. Somit agieren alle Marktteilnehmer als Preisnehmer. Außerdem sind Informationen kostenlos und allen Marktteilnehmern zugänglich. Es existieren keine Steuern oder Transaktionskosten. Alle Wertpapiere werden auf dem Kapitalmarkt gehandelt und sind beliebig teilbar.
- Die Marktteilnehmer agieren als einperiodige, risikoscheue Vermögensmaximierer.
- Es existiert ein risikoloser Zinssatz, zu dem die Marktteilnehmer unbegrenzt Kapital aufnehmen und anlegen können.
- Investitionsentscheidungen werden auf der Basis von Erwartungswert und Standardabweichung getroffen. Durch diese Annahme werden quadratische Risikonutzenfunktionen oder eine Normalverteilung der erwarteten Renditen unterstellt.
- Investoren haben homogene Erwartungen im Hinblick auf Erwartungswert, Varianz und Kovarianz der Wertpapiererträge.
- Alle Investoren verfügen über den gleichen Zeithorizont von einer Periode.

Grundidee der Portfolio Selection-Theorie ist die Möglichkeit der Diversifikation in unterschiedliche Kapitalanlageformen, die zu einer Verringerung des Gesamtrisikos führt.[532] Es werden risikoscheue Anleger unterstellt, die im Hinblick auf ihre erwartete Rendite und das Risiko effiziente Wertpapierportefeuilles auswählen. Als effizient kann ein Wertpapierportefeuille bezeichnet werden, wenn kein alternatives Portefeuille existiert, das bei gegebenem Risiko eine höhere Rendite erwarten lässt oder bei gegebenem Ertrag ein geringeres Risiko aufweist.[533] Durch die Existenz einer risikolosen Geldanlage- und Verschuldungsmöglichkeit können die Anleger gemäß ihrer persönlichen Risikoeinstellung die jeweilige effiziente Kombination aus Ertrag und Risiko frei wählen, indem sie ihrem individuell festgelegten Wertpapierportefeuille einen mehr oder weniger großen Anteil an einer risikolosen Geldanlage beimischen oder sich im Extremfall sogar zum risikolosen Zinssatz verschulden, um den

---

532 Der Ertrag eines Portefeuilles resultiert aus den mit den jeweiligen Anteilen am Gesamtportefeuille gewichteten Renditen der enthaltenen Finanzierungstitel. Das Risiko eines Portefeuilles entspricht jedoch aufgrund stochastischer Abhängigkeiten der Wertpapiere untereinander im allgemeinen nicht dem Durchschnittsrisiko der Finanzierungstitel, sondern wird neben den Varianzen vor allem durch die Kovarianzen der einzelnen Wertpapiere bestimmt. Die Varianz eines Portefeuilles ist der gewogene Durchschnitt der Kovarianzen der Renditen aller Wertpapiere mit der Rendite des Portefeuilles. Eine Diversifikation setzt nun an den unterschiedlichen Kovarianzen oder der Korrelation der Wertpapiere untereinander an, indem bei der Zusammenstellung des Portefeuilles solche Wertpapiere ausgewählt werden, die möglichst gegensätzlich miteinander korrelieren. Vgl. Hachmeister, D. (2000), S. 161.

533 Vgl. Perridon, L./Steiner, M. (2007), S. 241. Alle risikoeffizienten Portefeuilles liegen auf der sog. Effizienzkurve.

Anteil an risikobehafteten Wertpapieren und somit das Risiko sowie die erwartete Rendite ihres Gesamt-Portefeuilles zu erhöhen.[534]

Das CAPM übernimmt die Überlegungen der Portfolio Selection-Theorie als Erklärungsmodell für das Verhalten aller Anleger, die annahmegemäß alle das gleiche Marktportefeuille, bestehend aus allen am Markt gehandelten Wertpapieren, halten.[535] Da somit ein Gleichgewichtszustand in einem vollkommenen Kapitalmarkt unterstellt wird, resultieren die Preise der einzelnen Wertpapiere im Marktportefeuille aus den mit ihnen verbundenen Risiken.[536] Der Erwartungswert $\mu(r_i)$ der Rendite eines Wertpapiers *i* ergibt sich aus der sog. Wertpapiermarktlinie (Security Market Line):[537]

$$\mu(r_i) = r_f + \left[\mu(r_M) - r_f\right] \cdot \frac{\operatorname{cov}(r_i; r_M)}{\sigma^2(r_M)} \qquad [3.18]$$

Somit setzt sich die erwartete Rendite eines Wertpapiers *i* aus dem risikofreien Zinssatz und einem wertpapier-individuellen Risikozuschlag zusammen,[538] die sich wiederum durch Multiplikation der Marktrisikoprämie [$\mu(r_M) - r_f$] mit dem Quotienten aus der Kovarianz der Wertpapierrendite mit der Marktrendite $\operatorname{cov}(r_i; r_M)$ sowie der Varianz der Marktrendite $\sigma^2(r_M)$ ergibt. Der auf diese Weise berechnete Quotient wird auch als Beta-Faktor des Wertpapiers *i* bezeichnet:[539]

$$\beta_i = \frac{\operatorname{cov}(r_i; r_M)}{\sigma^2(r_M)} \qquad [3.19]$$

Der Beta-Faktor drückt die Volatilität einer Aktie *i* im Verhältnis zum Marktportefeuille aus. Aktien mit einem Beta größer Eins sind demnach risikoreicher als das Marktportefeuille, Aktien mit einem Beta kleiner Eins sind risikoärmer.[540] Darüber hinaus

---

534 Vgl. Hachmeister, D. (2000), S. 161; Perridon, L./Steiner, M. (2007), S. 251f. Alle effizienten Kombinationen aus risikobehafteten Wertpapieren und risikoloser Geldanlage oder risikoloser Verschuldung liegen auf der sog. Kapitalmarktlinie (Capital Market Line). Vgl. Perridon, L./Steiner, M. (2007), S. 252. Dass die individuelle Risikoneigung nicht über den Kapitalmarkt, sondern über die Verschuldung oder die Geldanlage zum risikolosen Zinssatz erzielt wird, wird auch als *Tobin's* Separationstheorem bezeichnet. Vgl. Günther, T. (1997), S. 165 sowie Tobin, J. (1958), S. 65ff.

535 Vgl. Hachmeister, D. (2000), S. 161.

536 Vgl. Günther, T. (1997), S. 163.

537 Vgl. Perridon, L./Steiner, M. (2007), S. 255.

538 Vgl. Dinstuhl, V. (2003), S. 24f.

539 Vgl. Günther, T. (1997), S. 166; Perridon, L./Steiner, M. (2007), S. 255.

540 Vgl. Arbeitskreis „Finanzierung" (1996), S. 549.

sind auch negative Beta-Faktoren möglich, wenn sich das untersuchte Wertpapier antizyklisch zur Gesamtmarktentwicklung verhält.[541] Beachtet werden muss, dass der Beta-Faktor nur die systematischen Risiken einer Aktie erfasst, da als unsystematisch bezeichnete wertpapierspezifische Risiken durch die Diversifikation vernichtet und somit auch nicht in Form einer Risikoprämie entgolten werden.[542] Im Kapitalmarktgleichgewicht mit risikoscheuen Anlegern wird folglich die Rendite eines Wertpapiers umso höher sein, je größer das damit verbundene Risiko ist.[543]

Ein vermeintlicher Vorteil des CAPM besteht darin, dass bei dessen Anwendung, „aus entscheidungstheoretisch begründeten Annahmen über das Verhalten risikoscheuer Investoren Aussagen über die Höhe von Risikoprämien abgeleitet"[544] werden. Dabei wird die Risikoprämie eines Wertpapiers nicht nur durch ein entsprechendes Risikomaß für das Risiko des Wertpapiers bestimmt, sondern durch den stochastischen Zusammenhang mit allen anderen Wertpapieren respektive dem Marktportefeuille.[545] Da die Bewertungsfunktion des CAPM die Eigenschaft der Wertadditivität erfüllt,[546] lassen sich mit dessen Hilfe auch einzelne Investitionsprojekte beurteilen. In diesem Fall muss beachtet werden, dass nicht einheitliche Kapitalkosten herangezogen werden, sondern die projektspezifischen Kapitalkosten. Diese entsprechen höchstens in Ausnahmefällen den Kapitalkosten des Unternehmens, beispielsweise wenn die Investitionsprojekte die gleichen Risikostrukturen aufweisen wie das Gesamtunternehmen. Weisen neue Investitionsprojekte dagegen abweichende Risikostrukturen auf, so würden bei Verwendung eines einheitlichen Kapitalkostensatzes stets risikoarme zugunsten risikoreicher Projekte abgelehnt.[547]

Das CAPM als Modell zur Bestimmung entscheidungsrelevanter Eigenkapitalkosten ist erheblicher Kritik ausgesetzt.[548] Ein wesentlicher Kritikpunkt bezieht sich dabei auf die Übertragung der in der Vergangenheit beobachteten Daten auf zukünftige Beta-Faktoren und Renditen des Marktportefeuilles, ohne Zugrundelegung geeigneter empirischer Gesetzmäßigkeiten.[549] Weitere Kritikpunkte betreffen die engen, realitätsfremden Annahmen, insbesondere hinsichtlich der Vollkommenheit des Kapitalmarktes und der Existenz eines risikolosen Zinssatzes, die in der Realität bestritten

541 Vgl. Perridon, L./Steiner, M. (2007), S. 270.
542 Vgl. Timmreck, C. (2002), S. 301; Dinstuhl, V. (2003), S. 25.
543 Vgl. Franke, G./Hax, H. (2004), S. 352f.
544 Hachmeister, D. (2000), S. 162.
545 Vgl. Franke, G./Hax, H. (2004), S. 357f.
546 Vgl. zur Wertadditivität bspw. Franke, G./Hax, H. (2004), S. 356.
547 Vgl. Hachmeister, D. (2000), S. 163.
548 Vgl. Ballwieser, W. (1998), S. 83; Böcking, H.-J./Nowak, K. (1998), S. 688f.; Dinstuhl, V. (2003), S. 28f.; Buch, A./Dorfleitner, G. (2007), S. 142.
549 Vgl. Schneider, D. (1995), S. 11; Schneider, D. (1998), S. 1478; Böcking, H.-J./Nowak, K. (1998), S. 688; Ballwieser, W. (1998), S. 83; Timmreck, C. (2002), S. 302; Dinstuhl, V. (2003), S. 25.

wird.[550] So zeigen auch zahlreiche empirische Untersuchungen zum CAPM auf, dass dieses nur bedingt einen empirischen Erklärungsgehalt aufweist.[551] Problematisch ist des Weiteren auch, dass das dargestellte CAPM nur für eine Periode definiert worden ist. Wird dagegen ein mehrperiodiger Kapitalkostensatz benötigt, so verlangt dies stationäre Bedingungen, die eine Veränderung des risikolosen Zinssatzes, der Marktrisikoprämie sowie des systematischen Risikos im Zeitablauf ausschließen.[552] Somit sind für die Ermittlung mehrperiodiger Kapitalkosten auch zusätzliche Risikoprämien für die Schwankungen des risikolosen Marktzinssatzes im Zeitablauf, der Marktrisikoprämie im Zeitablauf sowie des systematischen Risikos im Zeitablauf zu berücksichtigen.[553] Da allerdings zwischen den einzelnen Risiken Kovarianzen bestehen können, muss die gesamte Risikoprämie im Mehr-Perioden-Fall nicht unbedingt im Zeitablauf ansteigen.[554]

3.1.3 Bestimmung der zukünftigen Cashflows im Rahmen einer unternehmenswert-orientierten Unternehmensplanung

3.1.3.1 Das Werttreibermodell von *Rappaport*

3.1.3.1.1 Finanzielles Grundkonzept

Das vermutlich bekannteste Modell zur Planung der zukünftigen Cashflows ist die von *Rappaport* entwickelte Wertsteigerungsanalyse (Shareholder Value Analysis), die als bedeutender Bestandteil seines Werkes „Creating Shareholder Value"[555] im Folgenden vorgestellt wird.[556]

Bei der Wertsteigerungsanalyse handelt es sich um einen investitionstheoretischen Ansatz, der auf der WACC-Methode basiert und auf einem Werttreibermodell aufbaut.[557] Das Werttreibermodell von *Rappaport* dient in seiner Grundform der Bestimmung der zukünftigen betrieblichen Free Cashflows, die in der Detailprognosephase periodenspezifisch bestimmt und in der Restwertphase als konstant angenommen werden, sowie der darauf aufbauenden Berechnung des Shareholder

550 Vgl. Schneider, D. (1992), S. 531-546; Günther, T. (1997), S. 167; Schneider, D. (1998), S. 1475.

551 Vgl. Zimmermann, P. (1997), S. 39ff.; Dinstuhl, V. (2003), S. 29; Franke, G./Hax, H. (2004), S. 357; Perridon, L./Steiner, M. (2007), S. 260ff.

552 Vgl. Hachmeister, D. (2000), S. 163f.

553 Vgl. Günther, T. (1997), S. 168.

554 Vgl. Schneider, D. (1992), S. 517ff.

555 Vgl. Rappaport, A. (1986); Rappaport, A. (1998).

556 Vgl. Rappaport, A. (1999), S. 39ff. Ähnliche Konzepte wurden daraufhin auch von diversen Unternehmensberatungen entwickelt. Vgl. hierzu bspw. Copeland, T./Koller, T./Murrin, J. (2002).

557 Vgl. Gomez, P./Weber, B. (1989), S. 29ff.; Dirrigl, H. (1994), S. 415ff.; Druakarczyk, J. (1997), S. 219.

Value, der sich als Differenz zwischen dem gesamten Unternehmenswert und dem Marktwert des Fremdkapitals ergibt.[558] Im Blickpunkt des Werttreibermodells stehen insbesondere die als Werttreiber, Wertgeneratoren oder Value Driver bezeichneten Teilkomponenten, die einen entscheidenden Einfluss auf den Shareholder Value haben und im Rahmen des Value Based Management gesteuert werden sollen.[559]

Nach *Rappaport* ergeben sich die Free Cashflows FCF_t der jeweiligen Periode t stark vereinfacht durch eine Verknüpfung der zuvor geplanten Werttreiber:[560]

$$FCF_t = U_{t-1} \cdot (1 + w_t) \cdot üs_t \cdot (1 - s_{CF,t}) - I_t^{AV} - I_t^{UV} \qquad [3.20]$$

Zunächst ergibt sich der betriebliche Cashflow vor Steuern durch eine Erhöhung des Umsatzes der Vorperiode U_{t-1} mit der Wachstumsrate w_t der jeweiligen Periode t und der Umsatzüberschussrate $üs_t$. Diese stellt die betriebliche Gewinnmarge oder Umsatzrendite dar, von der also bereits – wie im Umsatzkostenverfahren üblich – die Herstellungskosten, die Verwaltungs- und Vertriebskosten sowie die Abschreibungen in Höhe der nötigen Ersatzinvestitionen abgezogen worden sind.[561] Die Steuerzahlungen ergeben sich vereinfacht durch Multiplikation des Cashflow-Steuersatzes $s_{CF,t}$ mit dem betrieblichen Cashflow vor Steuern. Aus dem daraus resultierenden betrieblichen Cashflow nach Steuern ergibt sich der Free Cashflow nach Abzug der Zusatzinvestitionen ins Anlagevermögen I_t^{AV} sowie ins Nettoumlaufvermögen[562] respektive Working Capital I_t^{UV}. Bei diesen Zusatzinvestitionen handelt es sich um die Investitionen, die zur Schaffung von Wettbewerbsvorteilen respektive zur Umsatzsteigerung notwendig sind und somit über die Ersatzinvestitionen hinausgehen.[563] Sie werden daher in der Regel auf das Umsatzwachstum im Vergleich zur Vorperiode bezogen. Als weiterer Werttreiber wird von *Rappaport* die Dauer der Wertsteigerung genannt, die zugleich der Dauer der Detailprognosephase entspricht.[564]

In der Restwertphase werden die Umsätze respektive die betrieblichen Cashflows als konstant angenommen, so dass keine Erweiterungsinvestitionen mehr nötig sind.

---

558 Vgl. Fickert, R. (1992), S. 55ff.; Rappaport, A. (1994), S. 54f.; Dirrigl, H. (1994), S. 416.

559 Vgl. Gomez, P./Weber, B. (1990), S. 188; Dirrigl, H. (1994), S. 416; Unzeitig, E./Köthner, D. (1995), S. 115; Mandl, G./Rabel, K. (1997), S. 335.

560 Vgl. Rappaport, A. (1999), S. 41.

561 Vgl. Klien, W. (1995), S. 60.

562 Das Nettoumlaufvermögen ergibt sich dabei als Differenz aus dem Umlaufvermögen (Kundenforderungen, Vorräte, Kasse etc.) und dem kurzfristigen, nicht verzinslichen Abzugskapital (z.B. Verbindlichkeiten aus Lieferungen und Leistungen).

563 Vgl. Klien, W. (1995), S. 61; Fechtel, A. (2001), S. 115.

564 Vgl. Rappaport, A. (1986), S. 50; Rappaport, A. (1999), S. 68.

Der Unternehmenswert resultiert schließlich aus den zukünftigen Free Cashflows, die mit dem relevanten Kapitalkostensatz $wacc_t$ diskontiert werden.[565] Anschließend wird gegebenenfalls noch der Marktwert des nicht-betriebsnotwendigen Vermögens[566] hinzugerechnet.[567]

Die einfache Berechnung der Free Cashflows mittels der finanziellen Werttreiber erlaubt eine schnelle Bewertung und zeigt Ansatzpunkte für mögliche unternehmenswertsteigernde Strategien auf, die zu einer Erhöhung des Shareholder Value führen sollen.[568] Unternehmenswertsteigernde Strategien könnten grundsätzlich an operativen Entscheidungen, an Investment-Entscheidungen sowie an Finanzierungs-Entscheidungen innerhalb des sog. Shareholder Value-Netzwerks von *Rappaport* anknüpfen:[569]

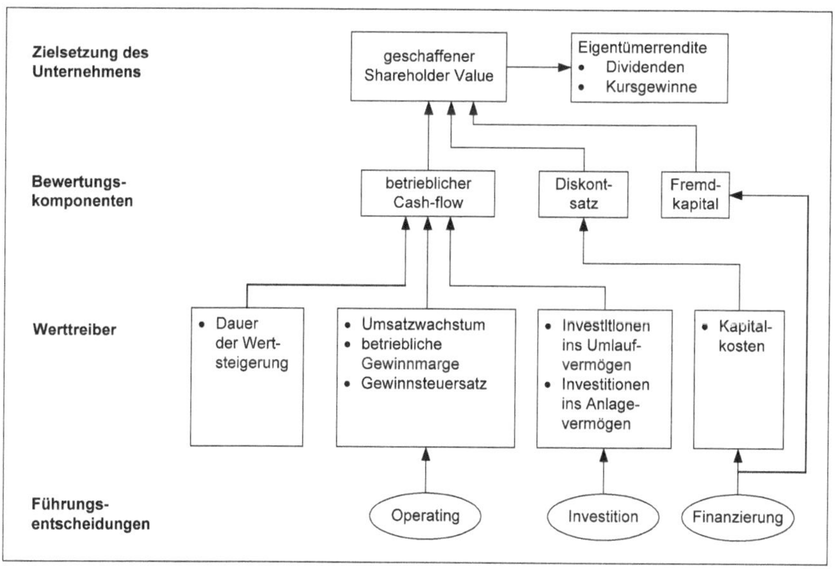

Abb. 3-1: Das Shareholder-Value-Netzwerk von Rappaport

Die dargestellten sieben Werttreiber können noch weiter aufgespaltet werden, um so den unterschiedlichen Anforderungen und Gegebenheiten der verschiedenen Unter-

565 Vgl. Rappaport, A. (1994), S. 55.
566 Z.B. handelsfähige Wertpapiere.
567 Vgl. Rappaport, A. (1999), S. 40.
568 Vgl. Weber, B. (1991), S. 221; Herter, R.N. (1994), S. 62; Unzeitig, E./Köthner, D. (1995), S. 115.
569 Quelle: Rappaport, A. (1994), S. 79.

nehmenseinheiten und ihrer spezifischen Einflussfaktoren gerecht zu werden.[570] So lassen sich beispielsweise die Nettoinvestitionen in das Umlaufvermögen einerseits in Vorräte und andererseits in Kundenforderungen aufspalten. Dies gibt den Verantwortlichen bessere Aufschlüsse über die Konsequenzen ihrer Entscheidungen.
Die Werttreiber geben mögliche Anknüpfungspunkte wertschaffender Strategien vor, die anschließend unmittelbar danach beurteilt werden können, ob sie zu einer Wertsteigerung beitragen können.[571] So lassen sich insbesondere Wachstumsstrategien danach beurteilen, ob sie zu einer Vernichtung oder einer Mehrung der investierten Mittel beitragen. Eine Konzeption möglicher Ansätze für Erfolg versprechende Unternehmensstrategien sollte sowohl auf der Gesamtunternehmensebene als auch auf der organisatorischen Ebene der strategischen Geschäftseinheiten ansetzen.[572] Zwar sind die strategischen Aufgaben der unterschiedlichen organisatorischen Ebenen grundlegend verschieden, doch ist die Zielsetzung, die Steigerung des Unternehmenswertes, stets die Gleiche.[573]

Auf der Ebene des Gesamtunternehmens stehen eine Steigerung des Unternehmenswertes durch optimale Allokation der vorhandenen Ressourcen und die Ausnutzung von Synergieeffekten im Vordergrund.[574] Diversifizierung oder eine Fokussierung auf das Kerngeschäft stellen mögliche Strategien dar.[575] Sollte das Unternehmen sich nicht durch interne Wachstumsstrategien weiterentwickeln können, kommt auch eine Neustrukturierung des Portfolios der strategischen Geschäftseinheiten mit Hilfe von Akquisitions- und Desinvestitionsstrategien in Betracht.[576] Des Weiteren bieten sich auch strategische Allianzen in bestimmten Funktionsbereichen an. Weitere Anknüpfungspunkte für Strategien auf der Ebene des Gesamtunternehmens liegen in einer Verbesserung der Finanzierungsstruktur des Unternehmens, die Auswirkungen auf die Kapitalkosten und die Steuerzahlungen hat.[577]

Auf der Ebene der strategischen Geschäftseinheiten liegt der Schwerpunkt auf den Produkt-/Markt-Strategien, die an die speziellen Gegebenheiten der vorhandenen Produkte und Märkte angepasst werden.[578] Im Vordergrund steht hier die Frage, wie

---

570 Vgl. Unzeitig, E./Köthner, D. (1995), S. 117.
571 Vgl. Fechtel, A. (2001), S. 116.
572 Des Weiteren schlägt *Rappaport* eine Planung auf der Ebene einer Gruppe vor, um mögliche Synergieeffekte zwischen den einzelnen Geschäftseinheiten einer Gruppe besser identifizieren und nutzen zu können. Vgl. hierzu Rappaport, A. (1999), S. 91f.
573 Vgl. Rappaport, A. (1999), S. 91.
574 Vgl. Gomez, P. (1990), S. 559; Gomez, P./Weber, B. (1990), S. 194ff.; Peschke, M.A. (1997), S. 27.
575 Vgl. Welge, M.K./Al-Laham, A. (2003), S. 442ff.
576 Vgl. Weber, B. (1990), S. 575ff.
577 Vgl. Gomez, P. (1990), S. 559; Gomez, P./Weber, B. (1990), S. 193.
578 Vgl. Peschke, M.A. (1997), S. 32f.

die Bedürfnisse der Kunden am besten erfüllt werden können und wie sich am ehesten Wettbewerbsvorteile gegenüber der Konkurrenz erzielen lassen. Die optimale Strategie wird maßgeblich durch die Struktur in der jeweiligen Branche und durch die Wettbewerbsausgangsposition des Unternehmens bestimmt, wie im folgenden Abschnitt kurz verdeutlicht werden soll.

3.1.3.1.2 Ansätze zur Verknüpfung von strategischen Planungsinstrumenten mit finanziellen Werttreibermodellen

Um die beschriebenen Werttreiber quantifizieren zu können, „müssen die untergeordneten Erfolgsfaktoren unternehmerischer Aktionen, ihre funktionalen Beziehungen zueinander und ihre Wirkungsrelationen auf den Unternehmenswert identifiziert und bestimmt werden."[579] *Rappaport* versucht dies, indem er sein finanzielles Werttreibermodell mit dem wettbewerbsanalytischen Konzept von *Porter* verknüpft.[580] Auf diese Weise sollen Wettbewerbsstrategien entwickelt werden, die eine Steigerung des Unternehmenswertes herbeiführen können.[581]

Die entscheidenden Erfolgsfaktoren sind in diesem Modell die Marktattraktivität sowie die Wettbewerbsvorteile, die sich ein Unternehmen im Laufe der Zeit aufbaut.[582] Durch die Verknüpfung von strategischer Planung und finanziellen Werttreibern entsteht ein Modell zur Bewertung von Unternehmensstrategien, das neben den finanziellen Werttreibern auch die sie beeinflussenden Haupteinflussfaktoren Branchenattraktivität, Wettbewerbsposition sowie Wettbewerbsvorteil enthält:[583]

---

579 Hachmeister, D. (2000), S. 78.
580 Vgl. Peschke, M.A. (1997), S. 115; Franz, K.-P. (2006), S. 455.
581 Vgl. Drukarczyk, J. (1997), S. 221
582 Vgl. Hachmeister, D. (2000), S. 79.
583 Quelle: Rappaport, A. (1994), S. 91.

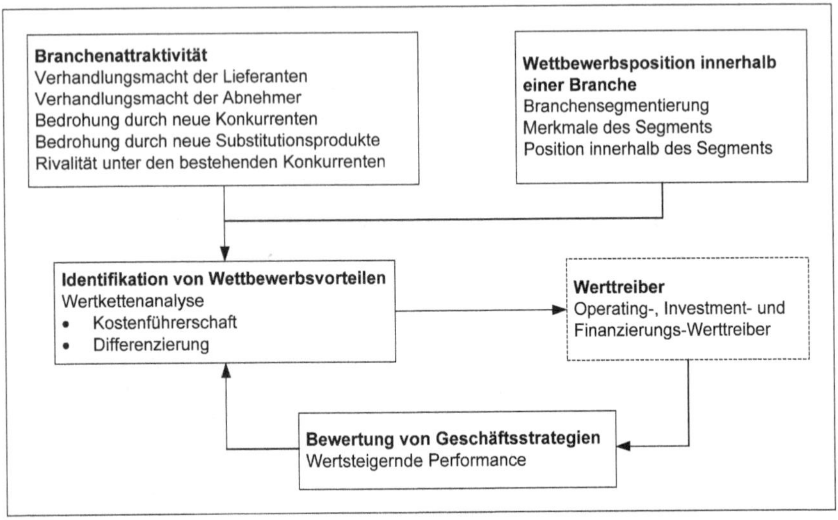

Abb. 3-2: Wettbewerbsanalyse und Strategiebewertung

Die Analyse der Branchenattraktivität basiert auf dem Konzept der fünf Wettbewerbskräfte von *Porter*.[584] Da der Wettbewerb in einer Branche maßgeblich die Absatz- und Beschaffungspreise, die möglichen Marktanteile und Absatzmengen, darüber hinaus auch die nötigen Investitionen sowie das Risiko eines Unternehmens in einer Branche und somit letztlich auch die Erfolgsmöglichkeiten eines Unternehmens in einer Branche beeinflusst, muss im Vorfeld einer Strategiebewertung eine ausführliche Analyse der Branchenattraktivität erfolgen.[585] Dadurch werden bereits Wertsteigerungspotentiale und Wettbewerbsrisiken einer Branche sowie Möglichkeiten der Strategieformulierung aufgezeigt.[586] *Rappaport* führt die wesentlichen Geschäftsrisiken des Unternehmens in einer Branche auf und erklärt diese mit Hilfe des Konzepts der fünf Wettbewerbskräfte von *Porter*:[587]

- Die Nachfragevariabilität in einer Branche wird maßgeblich durch eine Bedrohung durch Ersatzprodukte und eine Bedrohung durch neue Konkurrenten beeinflusst.
- Die Variabilität der Verkaufspreise ergibt sich weitestgehend aus der Verhandlungsmacht der Abnehmer und aus der Rivalität unter den bestehenden Konkurrenten.

---

584 Vgl. Porter, M.E. (1999), S. 33ff.
585 Vgl. Rappaport, A. (1994), S. 84.
586 Vgl. Rappaport, A. (1994), S. 91; Peschke, M.A. (1997), S. 116.
587 Vgl. Rappaport, A. (1994), S. 93f.; vgl. hierzu auch Porter, M.E. (1999), S. 34ff.

- Die Fähigkeit der Weitergabe von höheren Input-Preisen durch höhere Output-Preise hängt hauptsächlich von der Verhandlungsmacht der Abnehmer ab.
- Die Variabilität der Input-Preise ist auf die Verhandlungsmacht der Lieferanten zurückzuführen.
- Das Niveau des Operating-Leverage, d.h. das Fixkostenniveau, wird entscheidend durch die Verhandlungsmacht der Lieferanten und durch die Rivalität unter den bestehenden Konkurrenten bestimmt.

Sämtliche Faktoren haben Einfluss auf die Höhe der betrieblichen Gewinnmarge, die ersten drei Faktoren bestimmen darüber hinaus die Umsatzvariabilität und somit auch die Umsatzwachstumsrate.[588] Des Weiteren können eine hohe Verhandlungsmacht der Abnehmer oder eine hohe Rivalität unter den bestehenden Konkurrenten das Unternehmen zu Zugeständnissen in Form von längeren Zahlungszielen zwingen. Dies kann langfristig eine Erhöhung der Investitionen in das Umlaufvermögen durch Erhöhung der Forderungsbestände zur Folge haben. Gleiches gilt für eine Senkung der Lieferantenverbindlichkeiten bei zunehmender Verhandlungsmacht der Lieferanten. Diese hat darüber hinaus über das notwendige Fixkostenniveau auch einen Einfluss auf die erforderlichen Investitionen ins Anlagevermögen.

Ob ein Unternehmen in einer attraktiven Branche auch ein entsprechend hohes Wertsteigerungspotential generieren kann, ist darüber hinaus von der Wettbewerbsposition in einer Branche abhängig.[589] *Porter* betont, dass selbst in der attraktivsten Branche eine schwache Wettbewerbsposition das Wertsteigerungspotential stark einschränken kann.[590] Auf der anderen Seite kann eine starke Wettbewerbsposition selbst in der schlechtesten Branche noch unter Umständen ein starkes Wertsteigerungspotential garantieren. Eine Analyse der Wettbewerbsposition beinhaltet die genaue Analyse der Konkurrenten, ihrer Stärken und Schwächen.

Hat ein Unternehmen die Branchenstruktur, die Konkurrenz und die eigene Position in der Branche analysiert, gilt es, diese Kenntnisse zur Erlangung von Wettbewerbsvorteilen zu nutzen. Nach *Porter* existieren trotz unzähliger Stärken und Schwächen eines Unternehmens nur zwei wesentliche Grundtypen von Wettbewerbsvorteilen, über die ein Unternehmen gegenüber seiner Konkurrenz verfügt, nämlich zum einen über niedrigere Kosten und zum anderen über eine Differenzierung.[591] Ein Unternehmen kann also entweder seine Produkte und Dienstleistungen zu einem Preis anbie-

---

588 Vgl. Peschke, M.A. (1997), S. 116.
589 Vgl. Rappaport, A. (1994), S. 95.
590 Vgl. Porter, M.E. (2000), S. 25.
591 Vgl. Porter, M.E. (2000), S. 37.

ten, der niedriger als der entsprechende Nutzen für den Kunden, zumindest aber niedriger als der Preis der Konkurrenz ist, oder es kann seinen Kunden Produkte und Dienstleistungen anbieten, die sich gegenüber den Konkurrenzprodukten durch solch einzigartige Leistungen auszeichnen, dass das Unternehmen diese zu einem höheren Preis absetzen kann. Nach *Porter* ergeben sich aus diesen Wettbewerbsvorteilen drei Strategietypen:[592] die Strategie der Kostenführerschaft[593], die Strategie der Differenzierung[594] sowie die Strategie der Fokussierung.[595] *Schneider* stellt in diesem Zusammenhang fest, dass sich die Strategien der Kostenführerschaft und der Differenzierung nicht zwangsläufig gegenseitig ausschließen und eine Fokussierung auf Nischenmärkte letztlich stets eine der beiden zuvor genannten Strategien umfassen wird, so dass anstelle der drei vorgestellten Strategien auch auf die altbekannte Unterscheidung zwischen Nicht-Preis-(Qualitäts-)Wettbewerb und Preiswettbewerb zurückgegriffen werden kann.[596] Die detaillierte Ausgestaltung der Strategien kann anschließend anhand der Wertschöpfungskette eines Geschäftes erfolgen.[597]

3.1.3.1.3 Unternehmensstrategien zur Schaffung und zum Aufbau von Erfolgspotentialen

Rappaport baut auf den obigen Überlegungen von *Porter* auf und verknüpft die Ergebnisse einer Wettbewerbsanalyse mit den finanziellen Werttreibern.[598] Die identifizierten respektive in Zukunft realisierbaren Wettbewerbsvorteile determinieren die einzuschlagende Unternehmensstrategie, die auch dem Test einer nachhaltigen Wertsteigerung standhalten muss.[599] Hierzu wird die eingeschlagene Unternehmensstrategie hinsichtlich ihres Einflusses auf die finanziellen Werttreiber untersucht, um die Werttreiber ausfindig zu machen, die maßgeblich zur Wertsteigerung beitragen.[600]

---

592 Vgl. Gomez, P./Weber, B. (1989), S. 19; Gomez, P. (1990), S. 559; Schneider, D. (1997), S. 386.

593 Die Ursachen des Kostenvorspungs können unterschiedlichster Natur sein. Neben einer größenbedingten Kostendegression, der Verfügbarkeit unternehmensspezifischer Technologien oder einem Rohstoffzugang unter Vorzugsbedingungen, über die ein Unternehmen verfügen kann, können eine ganze Reihe von Faktoren entscheidend für eine niedrige Kostensituation sein. Vgl. Porter, M.E. (2000), S. 38f.

594 Die Strategie der Differenzierung zielt dagegen darauf ab, das eigene Unternehmen gegenüber der Konkurrenz abzuheben, etwa anhand der Produkt- und Servicequalität, der Produktvielfalt oder durch besonders innovative Produkte und Distributionswege.

595 Die Strategie der Fokussierung beschränkt sich auf einzelne Marktnischen.

596 Vgl. Schneider, D. (1997), S. 386.

597 Vgl. Fechtel, A. (2001), S. 117.

598 Vgl. Rappaport, A. (1999), S. 78ff.; Porter, M.E. (2000).

599 Vgl. Rappaport, A. (1994), S. 100. Vgl. auch Day, G.S./Fahey, L. (1988), S. 45-57; Day, G.S./Fahey, L. (1990), S. 156-162.

600 Vgl. Weber, B. (1990), S. 577.

Eine strategiebedingte Wertsteigerung ergibt sich jeweils aus der Differenz zwischen dem Unternehmenswert unter Berücksichtigung einer neuen Strategie und dem sog. Pre-Strategy-Value.[601] Der Pre-Strategy-Value stellt den heutigen Wert des Basisgeschäftes dar. Hierzu wird unterstellt, dass in Zukunft kein zusätzlicher Wert durch Erweiterungsinvestitionen geschaffen wird, so dass sich der Pre-Strategy-Value als Rentenwert aus dem derzeitigen Cashflow vor Erweiterungsinvestitionen ergibt:[602]

$$\text{Prestrategy value} = \frac{\text{Cashflow vor Erweiterungsinvestitionen}}{\text{wacc}} \\ + \text{Marktwert börsenfähiger Wertpapiere} \\ - \text{Marktwert des Fremdkapitals} \qquad [3.21]$$

Die Höhe einer strategieinduzierten Wertsteigerung ergibt sich aus dem Shareholder Value einer Strategiealternative abzüglich des Pre-Strategy-Value.[603] Mögliche Unternehmensstrategien stellen nun zum einen qualitäts- oder preisorientierte Wettbewerbsstrategien dar, die Werttreiber können aber auch differenzierter an sog. Nutzenpotentialen anknüpfen.[604] „Nutzenpotentiale sind in der Umwelt im Markt oder im Unternehmen selbst latent oder effektiv vorhandene Konstellationen, deren Erschließung dem Unternehmen selbst neue Möglichkeiten eröffnen."[605] Dabei kann es sich um verborgene Marktpotentiale, Beschaffungspotentiale, Finanz- und Steuersenkungspotentiale, Übernahme- und Restrukturierungspotentiale, Humanpotentiale, Informations- und Logistikpotentiale oder auch um Produktionspotentiale handeln.[606] In der sog. VALCOR (value is core)-Matrix werden die Nutzenpotentiale mit den für die Shareholder Value-Analyse entscheidenden Werttreibern kombiniert. Dies verschafft dem Management einen guten Überblick über die Wertsteigerungsmöglichkeiten, indem bereits mögliche Aktivitäten zur Ausnutzung der Nutzenpotentiale identifiziert werden.[607]

Problematisch ist allerdings der Bezug zur Umsetzung für das operative Management.[608] Zur Lösung dieses Problems können für die operativen Unternehmensbereiche sog. Meilensteine formuliert werden, die als Grundlage für das Erreichen der finanziellen Werttreiber angesehen werden können und sich folgendermaßen be-

601 Vgl. Rappaport, A. (1986), S. 68; Day, G.S./Fahey, L. (1988), S. 47; Bischoff, J. (1994), S. 106; Krause, S./Schmidbauer, R. (2003), S. 445
602 Vgl. Rappaport, A. (1986), S. 68.
603 Vgl. Rappaport, A. (1994), S. 72.
604 Vgl. Weber, B. (1991), S. 224ff.; Herter, R.N. (1994), S. 62.
605 Gomez, P. (1993), S. 71.
606 Vgl. Herter, R.N. (1994), S. 63; Weber, B. (1991), S. 224.
607 Vgl. Weber, B. (1991), S. 226.
608 Vgl. Unzeitig, E./Köthner, D. (1995), S. 117.

schreiben lassen: „Bei strategischen Meilensteinen handelt es sich also um besonders bedeutungsvolle nicht monetäre Kennzahlen, bestimmte Daten bis zu denen Schlüsselaktivitäten durchgeführt worden sein müssen oder ein bestimmter Status erreicht sein soll und monetäre Kennzahlen, die über den Horizont der jährlichen Budgetierung hinausgehen."[609] Plant beispielsweise ein Industrieunternehmen, die betriebliche Gewinnmarge durch Kosteneinsparungen, insbesondere in der Produktion, zu erhöhen, könnten den Mitarbeitern der Produktionsabteilungen als strategische Meilensteine etwa die Senkung des Anteils der Bearbeitungszeit der Produktionsabteilung an der Gesamtdurchlaufzeit[610] oder ein hoher Auslastungsgrad der Fertigungseinrichtungen vorgegeben werden. Dabei ist von entscheidender Bedeutung, dass die strategischen Meilensteine auch an die unternehmensspezifischen Probleme und Gegebenheiten angepasst und einer Unternehmenseinheit nicht zu viele Meilensteine vorgegeben werden, damit die Wirkung der einzelnen Meilensteine nicht in der Masse verloren geht.[611] Welchen Einfluss die strategischen Meilensteine auf die finanziellen Werttreiber haben, wird anschließend mit Hilfe einer Werttreiber-Meilenstein-Matrix dargestellt.[612] Auch wenn sich der Zusammenhang zwischen den einzelnen Meilensteinen und den Werttreibern häufig auch quantitativ darstellen ließe, ist ein qualitativer Ausweis prinzipiell ausreichend, weil insbesondere die Kontrolle von ungewollten Veränderungen der Werttreiber auf eine Verfehlung bei der Erreichung von Meilensteinen im Vordergrund steht.[613]

Zusammenfassend stellt *Weber* fest, dass die Wertsteigerungsanalyse aus den folgenden vier voneinander abhängigen Elementen besteht:[614]

- Einer Portfolioanalyse, in welcher die Unternehmens- mit den Geschäftsfeldstrategien zusammengeführt werden.
- Einer Wettbewerbsanalyse zur Evaluation der strategischen Geschäftseinheiten durch die Beurteilung von Handlungsalternativen in verschiedenen Marktkonstellationen.
- Einer finanziell-quantitativen Unternehmensbewertung, die die interne Bewertung über die Ermittlung der Kapitalkosten (Opportunitätskosten) mit dem Markt verbindet.

609 Herter, R.N. (1994), S. 180.
610 Auf diese Weise könnte auch der Wettbewerb zwischen den einzelnen Produktionsabteilungen angeregt werden, indem bspw. die Bearbeitungszeiten verschiedener Arbeitsgruppen am „Schwarzen Brett" ausgehängt und darüber hinaus die drei schnellsten Gruppen prämiert werden.
611 *Herter* schlägt bspw. vor, weniger als zehn Meilensteine zu verwenden. Vgl. Herter, R.N. (1994), S. 180. Vgl. auch Unzeitig, E./Köthner, D. (1995), S. 117f.
612 Vgl. Herter, R.N. (1994), S. 186.
613 Vgl. Unzeitig, E./Köthner, D. (1995), S. 119.
614 Weber, B. (1991), S. 227.

- Dem Realisieren der Wertsteigerungsopportunitäten.

Die ersten beiden Elemente beinhalten die Strategieformulierung, während das dritte Element die eigentliche Strategiebewertung darstellt.[615] Das vierte Element ist dann Aufgabe der Strategieumsetzung.

Des Weiteren kann festgestellt werden, dass bislang in der Literatur keine derart ausgearbeiteten Alternativen zur Bewertung und Umsetzung von Unternehmensstrategien existieren, so dass die Wertsteigerungsanalyse in diesem Zusammenhang durchaus als Fortschritt gewertet werden kann.[616] So stellen etwa auch *Unzeitig/Köthner* fest, dass das Konzept der Wertsteigerungsanalyse „insbesondere in der zukunftsgerichteten Betrachtung des Unternehmenswertes sowie für die Verbreitung der Shareholder Value Analyse in den operativen Einheiten des Unternehmens ein notwendiges und wichtiges Hilfsmittel ist."[617]

Obgleich der Wertsteigerungsanalyse im Rahmen einer wertorientierten Unternehmenssteuerung eine nicht zu verachtende Bedeutung zukommt, darf nicht übersehen werden, dass sich bei Anwendung dieser einfachen Free Cashflow-Herleitung auch Ungenauigkeiten, vor allem bei der Berücksichtigung von Steuern, ergeben können. Aus diesem Grunde erscheint es durchaus ratsam, die wertorientierte Unternehmensplanung möglichst um eine integrierte Unternehmensplanung, die die Aufstellung kompletter Plan-Bilanzen, Plan-Gewinn- und Verlustrechnungen sowie Finanzplänen beinhaltet, zu erweitern.[618]

3.1.3.2 Die Integrierte Unternehmensplanung als Modell zur Bestimmung der relevanten Cashflows

Das Modell der Integrierten Unternehmensplanung[619] muss durch die hohe Detailgenauigkeit gegenüber der Wertsteigerungsanalyse als weitaus überlegen angesehen werden. Dennoch lassen sich gewisse Gemeinsamkeiten entdecken. So baut etwa das Modell von *Henselmann* auf dem Werttreibermodell von *Rappaport* auf, erweitert dieses aber um komplette Plan-Bilanzen, Plan-Gewinn- und Verlustrechnungen sowie Finanzpläne.[620] Es basiert auch auf Werttreibern, mit dessen Hilfe die Cash-

615 Vgl. auch Rappaport, A. (1999), S. 71.
616 Vgl. Dirrigl, H. (1994), S. 418.
617 Unzeitig, E./Köthner, D. (1995), S. 121.
618 Vgl. Dirrigl, H. (1988), S. 174-228; Dinstuhl, V. (2003), S. 19.
619 Vgl. Dirrigl, H. (1988), S. 174-228; Henselmann, K. (1999), S. 511ff. Zur Bedeutung einer integrierten Unternehmensplanung vgl. bereits Chmielewicz, K. (1976), Sp. 616-630.
620 Die folgenden Ausführungen basieren vollständig auf Henselmann, K. (1999), S. 511ff.

flows in den zukünftigen Perioden geplant werden. Zunächst aber werden die Werttreiber für die Vergangenheit berechnet, um so Erkenntnisse über die zukünftige Entwicklung zu gewinnen, indem beispielsweise die Bilanzen sowie Gewinn- und Verlustrechnungen der letzten drei Jahre herangezogen werden. Dabei wird die Umsatzwachstumsrate als bedeutender Werttreiber aus dem Modell von *Rappaport* übernommen. Auf der Kostenseite wird jedoch anstelle der Umsatzüberschussrate im Modell von *Rappaport*, mit der indirekt alle Herstellungskosten, die Verwaltungs- und Vertriebskosten sowie die Abschreibungen berücksichtigt werden,[621] hinsichtlich der Kosten für Materialeinsatz, Personal, sonstigen Aufwand und Zinsen unterteilt.[622] Dies geschieht, indem die Kosten für Materialeinsatz, Personalaufwand und sonstigen Aufwand in Prozent der Gesamtleistung, verstanden als Summe aus Umsatz und Veränderungen bei den Beständen an Fertigerzeugnissen, und die Zinsen in Prozent der Kredite am Jahresanfang berechnet werden. Die Abschreibungen werden in ihrer absoluten Höhe direkt aus der Gewinn- und Verlustrechnung übernommen. Als Ergebnisgröße erhält man den ordentlichen Gewinn, schlecht prognostizierbare außerordentliche Erfolgsbestandteile werden aus dem ordentlichen Gewinn herausgerechnet und in einem außerordentlichen Gewinn/Verlust erfasst, weil diese für die Planungen zukünftiger Erfolge nicht aussagekräftig sind. An die Stelle der Investitionsrate ins Nettoumlaufvermögen oder Working Capital treten die Bestände der Roh-, Hilfs-, Betriebsstoffe (RHB), der Fertigen Erzeugnisse (FE), der Forderungen aus Lieferungen und Leistungen sowie der Verbindlichkeiten aus Lieferungen und Leistungen, die ins Verhältnis zum jeweiligen Jahresumsatz gesetzt werden:

- Bestand Roh-, Hilfs-, Betriebsstoffe (RHB) in % vom Umsatz
- Bestand Fertige Erzeugnisse (FE) in % vom Umsatz
- Forderungen LuL in % vom Umsatz
- Verbindlichkeiten LuL in % vom Umsatz

Anstelle einer Investitionsrate ins Anlagevermögen treten im Modell von *Henselmann* die absoluten Beträge der Investitionen in Sachanlagen und Anlagenabgängen zum jeweiligen Buchwert.[623] Steuern werden zwar nicht berücksichtigt, man könnte aber nun die Steuerbemessungsgrundlagen mit Hilfe der Gewinn- und Verlustrechnungen wesentlich genauer bestimmen, als es im Modell von *Rappaport* mit dem vereinfachten Cashflow-Steuersatz möglich ist. Schließlich werden noch Veränderungen in der Kapitalstruktur mitberücksichtigt, um – im Gegensatz zum Werttreibermodell von *Rappaport* – nicht nur die Zahlungen an die Gesamtkapitalgeber ausweisen zu kön-

621 Vgl. Rappaport, A. (1999), S. 42.
622 Vgl. Henselmann, K. (1999), S. 514.
623 Vgl. Henselmann, K. (1999), S. 514f.

nen, sondern auch die Zahlungen an die Eigenkapitalgeber. Dies ermöglicht sowohl eine Heranziehung der Bruttomethode als auch der Nettomethode.

Darüber hinaus schlägt *Dirrigl* vor, das Grundmodell von *Henselmann* hinsichtlich der Berücksichtigung der Unsicherheit zu erweitern.[624] Da nun bereits ausführliche Prognosen hinsichtlich der zukünftigen Cashflows sowie deren Werttreiber verfügbar sind, lässt sich die Risikostruktur mit Hilfe von Wahrscheinlichkeitsverteilungen offenlegen. In Frage kommen neben diskreten auch stetige Verteilungen wie die standardisierte oder die allgemeine Betaverteilung, die Dreiecksverteilung oder die Gleichverteilung, die auch in Kombination mit der (Monte-Carlo-)Risikosimulation Verwendung finden könnten.[625] Als Alternative ist auch an dieser Stelle eine Szenario-Analyse denkbar.[626] Mit Hilfe von vorher festgelegten Eintrittswahrscheinlichkeiten können die diskreten oder stetigen Wahrscheinlichkeitsverteilungen in einem Erwartungswert verdichtet werden. Anschließend kann das Risiko, das durch die Darstellung der Risikostruktur bereits offengelegt wurde, anhand eines aussagekräftigen Risikomaßes gemessen und mit einem Risikopreis bewertet werden. Zieht man vom Erwartungswert den Risikoabschlag ab, so erhält man das Sicherheitsäquivalent der jeweiligen Periode. Werden die zukünftigen Sicherheitsäquivalente zur Bestimmung des Ertragswerts genutzt, so weist die Sicherheitsäquivalent-Methode den Vorteil auf, dass das Risiko nur im Risikoabschlag in der Erfolgsgröße auftaucht, nicht aber im Diskontierungsfaktor. So wird eine Vermischung aus Risiko- und Zeiteffekt, die implizit bei den Risikozuschlags-Methoden und darauf basierenden Verfahren wie den Discounted Cashflow-Methoden erfolgt, vermieden.[627]

3.2 Grundlagen einer unternehmenswert-orientierten Kontrolle und Performancemessung

3.2.1 Überblick

Mittlerweile hat sich die aus der Shareholder Value-Philosophie resultierende „Wertorientierung“ in vielen Unternehmen durchgesetzt. Dies beinhaltet insbesondere die Implementierung eines Value Based Management in diesen Unternehmen.[628] Unter Wertorientierung wird eine stärkere Ausrichtung der Unternehmensführung an der

624 Vgl. Dirrigl, H. (2004a), S. 109ff.
625 Vgl. Dolny, O. (2003), S. 157-251.
626 Vgl. Klien, W. (1995), S. 198ff.
627 Vgl. Dirrigl, H. (2004a), S. 113.
628 Vgl. bspw. Pfaff, D./Bärtl, O. (2000), S. 96; Coenenberg, A.G./Mattner, G.R./Schultze, W. (2003), S. 2.

Eigentümer-Wertsteigerung verstanden.[629] Soll dem Ziel der Maximierung des Unternehmenswertes jedoch die allerhöchste Priorität zukommen, so gestaltet sich dies für neue Investitionsprojekte im Rahmen der wertorientierten Planung noch als relativ einfach. Eine Investition ist vorteilhaft, d.h. es kommt zu einer Unternehmenswertsteigerung, wenn der Barwert der zukünftigen Einzahlungsströme größer ist als die entsprechende Investitionsauszahlung, die den Kapitaleinsatz darstellt.[630] Man könnte in diesem Fall auch von einem Kapital(einsatzmehr-)wert sprechen.[631] Der Kapitaleinsatz dient somit als Werthürde und Bezugspunkt zur Messung einer Wertschaffung.[632] Der Unternehmenswert steigt bei Überschreitung der Werthürde, in diesem Fall in Höhe des Kapitalwertes.

Bedeutend schwieriger gestalten sich dagegen Aussagen hinsichtlich des Unternehmenserfolgs respektive einer Unternehmenswertsteigerung ex post für laufende Projekte oder das laufende Geschäft ganzer Unternehmensbereiche. In diesem Zusammenhang wird der Entwicklung von wertorientierten Performancemaßen[633] eine große Bedeutung beigemessen.[634] Solche wertorientierten Performancemaße sollen sowohl eine Informationsfunktion, als auch eine Verhaltenssteuerungsfunktion erfüllen.[635] Während sich die Informationsfunktion auf die Verfolgung der Wertgenerierung in den einzelnen Perioden bezieht, umfasst die Verhaltenssteuerungsfunktion die Anreizkompatibilität von Performancemaßen. Diese sollen dazu führen, dass Managementscheidungen stets im Interesse der Eigentümer gefällt werden.[636] Als

---

629 Vgl. Knorren, N. (1998), S. 1.

630 Vgl. Richter, F. (1999), S. 153.

631 Vgl. Dirrigl, H. (2003), S. 177 ff.

632 Vgl. Richter, F. (1999), S. 153.

633 „Unter einem Performance Measure [respektive dem synonym zu verwendenden Begriff Performancemaß] wird eine Metrik verstanden, anhand derer die Performance einer Unternehmung, ihrer Teileinheiten und Mitarbeiter gemessen sowie bewertet werden kann und anhand derer Performanceziele formuliert werden können. Bei Performance Measures handelt es sich stets um eine informatorische Verdichtung betriebswirtschaftlich relevanter Sachverhalte." Riedl, J.B. (2000), S. 20. „Unter Performance sollen dabei [...] unternehmungszielbezogene Aktionen sowie output- und inputerfassende, bereits realisierte oder zukunftsorientierte Ergebnisse unternehmungszielbezogener Aktionen einer Unternehmung, ihrer Subsysteme und Mitarbeiter verstanden werden." Riedl, J.B. (2000), S. 17.

634 Es wird an dieser Stelle bewusst nicht der Begriff „Kennzahl" verwendet, da mit traditionellen Kennzahlen unweigerlich bestimmte Nachteile wie eine Vergangenheitsorientierung, ein hoher Aggregationsgrad sowie ein fehlender Strategiebezug verbunden sind. Vgl. Riedl, J.B. (2000), S. 20. Unter traditionellen Kennzahlen sind vielmehr statische Zahlen zu verstehen, die einen bestimmten betriebswirtschaftlichen Sachverhalt wiedergeben und sowohl bestandsorientiert an Größen aus der Bilanz oder stromgrößenorientiert an den Größen aus der GuV oder der Kapitalflussrechnung gebildet werden können. Vgl. Hebertinger, M. (2002), S. 107.

635 Vgl. Ewert, R./Wagenhofer, A. (2000), S. 4.

636 Vgl. Hachmeister, D. (2002), Sp. 1385.

weitere Grundprinzipien werden die Entscheidungsverbundenheit[637], Manipulationsfreiheit[638], Vergleichbarkeit[639], Barwertidentität[640] sowie das Prinzip der pareto-effizienten Risikoteilung[641] genannt.[642] Da sich diese Grundprinzipien jedoch teilweise gegenseitig ausschließen, ist die Bedeutung der einzelnen Prinzipien letztlich vom Rechnungszweck abhängig und daher jeweils individuell festzulegen. Im Rahmen einer internen, wertorientierten Unternehmensrechnung kommt insbesondere den Grundprinzipien der Entscheidungsverbundenheit sowie der Barwertidentität eine hohe Bedeutung zu. Darüber hinaus wird für ein periodenbezogenes Performancemaß auch eine starke Zielkongruenz gefordert. Ist das Lücke-Theorem erfüllt, so ist für ein Performancemaß das Prinzip der Barwertidentität[643] erfüllt und somit zumin-

---

637 Das Prinzip der Entscheidungsverbundenheit besagt, dass zwischen der jeweiligen Entscheidung und dem darauf zurückzuführenden Erfolgsausweis sowohl in sachlicher als auch in zeitlicher Hinsicht keine zu großen Diskrepanzen bestehen sollten. Optimal wäre in diesem Zusammenhang, dass der Erfolg einer Entscheidung bereits in der entsprechenden Periode ausgewiesen wird, in der die Entscheidung gefällt wurde. Wie bedeutsam die Forderung nach einer hohen Entscheidungsverbundenheit sein kann, wird vor allem bei strategischen Entscheidungen offensichtlich, bei denen sich ein Erfolg erst nach einigen Jahren und nur für den Fall einer erfolgreichen Strategieumsetzung zeigt. Dies kann für Zwecke einer Erfolgskontrolle zur Beurteilung der Qualität der Entscheidungen besonders problematisch sein, da man hier erst nach einigen Jahren den Erfolg einer Entscheidung erkennt. Vgl. Hax, H. (1989), S. 162; Hebertinger, M. (2002), S. 37f.

638 Das Prinzip der Manipulationsfreiheit steht in engem Spannungsverhältnis zum Prinzip der Entscheidungsverbundenheit. Es besagt, dass ein Entscheidungsträger, der unter Umständen im Rahmen eines Anreiz- und Entlohnungssystems anhand des Periodenerfolgs beurteilt werden soll, diesen nicht dahingehend manipulieren darf, dass ein höherer Periodenerfolg aus der Weitergabe falscher Informationen oder aus einer beliebigen Gestaltung der Periodenerfolge resultiert. Stattdessen muss gewährleistet werden, dass ein höherer Periodenerfolg durch eine bessere Leistung des Managers entstanden ist. Vgl. Hax, H. (1989), S. 163; Hebertinger, M. (2002), S. 38f.

639 Das Prinzip der Vergleichbarkeit soll eine gewisse Qualität bei der Beurteilung von Entscheidungen garantieren. Dazu ist es notwendig, dass Periodenerfolge auf nachvollziehbare und, sofern dies möglich ist, auf ähnliche Weise ermittelt werden. Des Weiteren sollten Veränderungen bei der Wahl der Bewertungsmethoden sowie der Darstellungsform angegeben werden. Vgl. Hebertinger, M. (2002), S. 39; Laux, H. (2006), S. 90.

640 Das vielleicht bedeutendste Grundprinzip für die Ermittlung geeigneter Periodenerfolge stellt das Prinzip der Barwertidentität dar. Vgl. Hebertinger, M. (2002), S. 36; Laux, H. (2006), S. 89. Das Prinzip der Barwertidentität basiert auf den Erkenntnissen von *Preinreich* und *Lücke* und soll aufgrund seiner elementaren Bedeutung an späterer Stelle noch eingehender behandelt werden. Vgl. Kapitel 3.2.2.2.

641 Das Prinzip der pareto-effizienten Risikoteilung besagt, dass selbst bei unterschiedlicher Risikoeinstellung (bspw. bei einem risikoneutralen Principal und einem risikoaversen Agent) beide Parteien einen Vorteil erlangen können, wenn der Periodenerfolg entsprechend konzipiert wird. Vgl. Laux, H. (2006), S. 90.

642 Vgl. Hax, H. (1989), S. 161ff.; Hebertinger, M. (2002), S. 36ff.; Laux, H. (2006), S. 89f.

643 Vgl. Laux, H. (2006), S. 89.

dest eine schwache Zielkongruenz[644] gegeben. Eine starke Zielkongruenz[645] ist jedoch nur dann gegeben, wenn eine Performancegröße beispielsweise für ein Investitionsprojekt in jeder Periode t das gleiche Vorzeichen aufweist wie der Kapitalwert dieses Projekts.

Zur Unternehmenssteuerung wurde schon seit jeher auf das betriebliche Rechnungswesen zurückgegriffen, das Instrumente und Kennzahlen zur Verfügung stellte, um anhand der erzielten Ergebnisse den Unternehmenserfolg beurteilen und kontrollieren zu können.[646] Während anfangs eher der betriebliche Gewinn und darauf aufbauende Renditekennzahlen wie Umsatz-, Eigenkapital- oder Gesamtkapitalrendite als Kennzahlen zur Beurteilung der erzielten Ergebnisse herangezogen wurden, sind im Rahmen der wertorientierten Unternehmensführung wertorientierte Performancemaße entwickelt oder wiederentdeckt worden, die nach *Ewert/Wagenhofer* hinsichtlich zweier wesentlicher Kriterien klassifiziert werden können. Zum einen können die Kennzahlen entweder auf Gewinngrößen, die aus dem externen oder internen Rechnungswesen gewonnen werden, oder dem Cashflow eines Unternehmens aufbauen.[647] Zum anderen können sowohl absolute als auch relative Kennzahlen ermittelt werden. Die folgende Abbildung gibt einen ersten Überblick über gängige, im Rahmen des Value Based Management verwendete Kennzahlen:[648]

644 Vgl. Baldenius, T./Fuhrmann, G./Reichelstein, S. (1999), S. 54. Eine schwache Zielkongruenz ist immer dann gegeben, wenn der verantwortliche Manager als Agent über den gleichen Planungshorizont und insbesondere über den gleichen Kalkulationszinssatz verfügt wie die Unternehmenszentrale respektive die Anteilseigner als Principal. Dies muss in der Realität nicht zwangsläufig der Fall sein und wurde im Rahmen des sog. Problems des ungeduldigen Managers diskutiert. Um dennoch als Entscheidungsgrundlage dienen zu können, muss ein Performancemaß auch das Prinzip der starken Zielkongruenz erfüllen. Dieses besagt, dass bei Investitionen mit positivem Kapitalwert auch in jeder Periode das Performancemaß so ausgestaltet sein muss, dass dieses in jeder Periode einen positiven Betrag aufweist. Vgl. hierzu bspw. Rogerson, W.P. (1997), S. 770-795; Reichelstein, S. (1997), S. 157-180; Pfaff, D. (1998), S. 491-516; Schultze, W./Weiler, A. (2007), S. 137.

645 Vgl. Baldenius, T./Fuhrmann, G./Reichelstein, S. (1999), S. 55.

646 In der betriebswirtschaftlichen Literatur wird schon lange diskutiert, ob es möglich ist, mit Hilfe einer einzigen Periodenerfolgsgröße die erzielten Ergebnisse hinreichend zu kontrollieren und entsprechende Anreize für das Management zu setzen, damit diese auch im Sinne der Unternehmenseigentümer handeln. *Hax* behandelt beispielsweise die theoretischen Voraussetzungen für eine Separation von Periodenerfolgen aus dem Gesamterfolg eines Unternehmens. Hierzu greift er auch die Diskussion von *Schmalenbach* und *Rieger* auf, die sich mit der Frage beschäftigt, ob die Separation des Gesamterfolgs respektive Totalerfolg in Periodenerfolge und somit die Ermittlung des „richtigen" Periodenerfolgs möglich ist. Vgl. hierzu Hax, H. (2004), S. 82ff. sowie die ursprünglichen Arbeiten von Schmalenbach, E. (1926) sowie Rieger, W. (1954).

647 Vgl. Ewert, R./Wagenhofer, A. (2000), S. 7.

648 Quelle: Ewert, R./Wagenhofer, A. (2000), S. 7.

Basis für Kennzahlen	Wertbeitrag	Rentabilität
Gewinn	• Economic Value Added (EVA) • Economic Profit (EP)	• Return on Capital Employed (ROCE) • Return on Net Assets (RONA)
Cashflow	• Cash Value Added (CVA) • Shareholder Value Added (SVA)	• Cashflow Return on Investment (CFROI) • Shareholder Value Return (SVR)

Abb. 3-3: Systematisierung in der Praxis gängiger Kennzahlen

Empirischen Studien zufolge werden in der deutschen Unternehmenspraxis noch immer überwiegend traditionelle Erfolgsgrößen und Renditeziffern eingesetzt.[649] Zu den traditionellen Erfolgsgrößen wurden in diesem Zusammenhang etwa der Jahresüberschuss, das interne Betriebsergebnis ohne Einbeziehung von kalkulatorischen Eigenkapitalzinsen sowie der operative Cashflow gezählt. Traditionelle Renditeziffern umfassen die darauf aufbauenden Eigenkapital-, Gesamtkapital- und Vermögensrenditen, die sich ohne weitere Korrekturen aus dem Jahresabschluss ermitteln lassen.

Traditionell versteht man unter einem Periodenerfolg im Rahmen der externen Rechnungslegung die Differenz zwischen Ertrag und Aufwand einer Periode oder als Reinvermögenszuwachs die Differenz von einem Bilanzstichtag zum nächsten. Das Reinvermögen stellt den Buchwert des Eigenkapitals dar und setzt sich aus Geldvermögen und Sachvermögen zusammen.[650] Die Kritik an einer Verwendung des kaufmännischen oder buchhalterischen Gewinns und allen darauf aufbauenden Renditegrößen bezieht sich insbesondere auf die Einperiodenorientierung, die mangelnde Berücksichtigung von Risiken, die Vernachlässigung des Zeitwertes des Geldes sowie die fehlende Berücksichtigung von Investitionserfordernissen.[651] Ein weiterer Kritikpunkt betrifft die Manipulationsanfälligkeit des buchhalterischen Gewinns aufgrund von Ansatz- und Bewertungswahlrechten im externen Rechnungswesen. Insbesondere nach HGB existieren zahlreiche bilanzpolitische Möglichkeiten, wie z.B. die Wahl des Verbrauchsfolgeverfahrens (LIFO, FIFO, etc.), die Wahl der Abschreibungsmethode (linear, degressiv, gemischt) oder unterschiedliche Aktivierungs- und Abschreibungsmöglichkeiten für bestimmte Aufwendungen wie die Aufwendungen

649 Die oben bereits aufgeführte empirische Untersuchung von *Pellens et al.* führte zu dem Ergebnis, dass zu Beginn des Jahres 2000 25,4% der befragten Unternehmen als zentrale Kennzahl zur Performancemessung von Teileinheiten eine traditionelle Erfolgsgröße einsetzten, während 15,3% eine traditionelle Renditeziffer verwendeten. Dagegen setzten 16,9% der befragten Unternehmen eine wertorientierte Erfolgsgröße und 22% eine wertorientierte Renditeziffer als zentrale Kennzahl ein. Vgl. Pellens, B./Tomaszewski, C./Weber, N. (2000), S. 1829.

650 Vgl. Laux, H. (2006), S. 87.

651 Vgl. Rappaport, A. (1981), S. 140; Rappaport, A. (1994), S. 19ff.; Siegert, T. (1995), S. 585-592; Günther, T. (1997), S. 50-59; Riedl, J.B. (2000), S. 110ff.

für die Ingangsetzung und Erweiterung des Geschäftsbetriebs bei Kapitalgesellschaften nach § 269 HGB oder dem derivativen Geschäftswert nach § 255 Abs. 4 HGB.[652] Die folgende Gleichung, die den buchhalterischen Gewinn G_t^b als Cashflow CF_t zuzüglich der Veränderung des Buchwerts des investierten Kapitals (BIK) definiert, verdeutlicht, inwiefern sich dieser durch Ansatz- und Bewertungswahlrechte, die zu einer Veränderung des Buchwerts des investierten Kapitals führen, gegenüber dem Cashflow einer Periode beeinflussen lässt:[653]

$$G_t^b = CF_t + BIK_t - BIK_{t-1} \qquad [3.22]$$

Zusammenfassend kann festgestellt werden, dass eine im Sinne der Shareholder betriebene wertorientierte Unternehmensführung mit diesen herkömmlichen Jahresabschluss-bezogenen Kennzahlen nur unzureichend möglich ist.

Auch der operative Cashflow einer Periode ist allerdings für eine wertorientierte Unternehmenssteuerung ungeeignet. Zwar gibt dieser Auskunft über den Liquiditätszufluss und ist grundsätzlich resistent gegenüber bilanzpolitischen Maßnahmen, stellt aber keinerlei Zusammenhang zu den dazu getätigten Investitionen her.[654] Der im Rahmen der DCF-Methoden verwendete Free Cashflow berücksichtigt zwar auch den Cashflow aus Investitionstätigkeit, ist aber in Bezug auf seine Ursachen schwer interpretierbar. Ob ein höherer Free Cashflow auf eine verbesserte operative Betriebstätigkeit oder auf eine mangelnde Investitionstätigkeit zurückzuführen ist, lässt sich häufig erst durch eine mehrperiodige Betrachtung sinnvoll beurteilen.

Aufgrund der Kritik an den traditionellen Kennzahlen hat sich in den letzten Jahren eine Reihe von „wertorientierten" Performancemaßen zur periodischen Erfolgsbeurteilung in den Unternehmen etabliert. Besonders beliebt sind in diesem Zusammenhang die sog. Residualgewinnverfahren, die im folgenden Kapitel zunächst kurz vorgestellt und hinsichtlich ihrer Eignung für eine wertorientierte Performancemessung untersucht werden sollen.

652 Vgl. Günther, T. (1997), S. 54.
653 Vgl. Richter, F. (1999), S. 204.
654 Vgl. Bronner, T. (1995), S. 27f.; Coenenberg, A.G./Schultze, W. (2002), S. 612.

3.2.2 Der Residualgewinn als Instrument einer wertorientierten Performancemessung

3.2.2.1 Grundkonzept des Residualgewinns

Im Rahmen der wertorientierten Unternehmensführung sind in der betriebswirtschaftlichen Literatur und Praxis eine ganze Reihe von Residualgewinnverfahren vorgestellt worden, die sich in ihrer genauen Konzeption teilweise erheblich voneinander unterscheiden.[655] Allen Residualgewinnverfahren liegt jedoch die gemeinsame Idee zugrunde, dass ein Unternehmen dann erfolgreich ist, wenn die erzielte Vermögensrendite die Kapitalkosten übersteigt.[656]

Die Berechnung des Residualgewinns RG_t einer Periode t kann in einer allgemeinen Schreibweise wie folgt dargestellt werden:[657]

$$RG_t = OCF_t - Ab_t - k \cdot BIK_{t-1} \qquad [3.23]$$

Als Ausgangspunkt der Residualgewinnverfahren kann somit zunächst der operative Cashflow OCF_t herangezogen werden, der sich aus der betrieblichen Geschäftstätigkeit ergibt. Wird vereinfachend angenommen, dass alle Erträge auch einzahlungswirksam und alle Aufwendungen mit Ausnahme der Abschreibungen auch auszahlungswirksam sind, so ergibt sich das operative Ergebnis OE_t[658] durch Abzug der Abschreibungen Ab_t vom operativen Cashflow.[659] Anschließend werden die kalkulatorischen Zinsen, die sich durch Multiplikation des relevanten Kalkulationszinssatzes k mit dem eingesetzten Kapital BIK_{t-1} zu Beginn der Periode ergeben, vom operativen Ergebnis abgezogen.

655 Der Begriff „Residual Income" wurde bereits in den 1950er Jahren erstmals von *General Electric* verwendet. Vgl. Solomons, D. (1965), S. 63. Das Hauptanliegen von *General Electric* war es, ein Performancemaß zur Leistungsbewertung von Managern zu entwickeln, das den operativen Gewinn in Relation zum eingesetzten Kapital setzt, ähnliche Nachteile wie beim ROI, insbesondere die Nichtberücksichtigung der Kapitalkosten, aber vermeidet. Vgl. Baldenius, T./Fuhrmann, G./Reichelstein, S. (1999), S. 53.

656 Vgl. Crasselt, N./Pellens, B./Schremper, R. (2000a), S. 72.

657 Eine ähnliche Vorgehensweise findet sich bei Baldenius, T./Fuhrmann, G./Reichelstein, S. (1999), S. 55 sowie Richter, F./Honold, D. (2000), S. 266.

658 Vgl. Richter, F./Honold, D. (2000), S. 266. Das operative Ergebnis dient gegebenenfalls auch als Steuerbemessungsgrundlage. Steuern sollen im Folgenden jedoch vernachlässigt werden.

659 Vgl. hierzu Stewart, G.B. (1991), S. 86ff.; Crasselt, N./Pellens, B./Schremper, R. (2000a), S. 73; Hachmeister, D. (2002), Sp. 1389f.

Aufgrund seiner großen Popularität und den sich aus dessen Anwendung ergebenden Problemen soll das vielleicht bekannteste Residualgewinnkonzept, der von *Stern Stewart & Co.* entwickelte Economic Value Added (EVA)[660], im Folgenden ausführlicher vorgestellt werden.[661]

Ausgangspunkt für die Berechnung des EVA ist gemäß *Stewart* der handelsrechtliche Konzernabschluss, aus dem das operative Ergebnis nach Abzug von Steuern, aber vor Abzug von Fremdkapitalzinsen (Net Operating Profit after Taxes, NOPAT) sowie das eingesetzte Kapital auf der Basis von Buchwerten (Economic Book Value, EBC oder auch Invested Capital, IC) gewonnen werden.[662] Besondere Bedeutung kommt in der Systematik von *Stern/Stewart* der genauen Herleitung des operativen Ergebnisses sowie des Economic Book Value aus dem handelsrechtlichen Konzernabschluss anhand von mitunter bis zu 164 Modifikationen („conversions") zu.[663] Die Modifikationen dienen dazu, die in den Buchwerten enthaltenen bilanziellen Verzerrungen rückgängig zu machen und beispielsweise versteckte Fremdfinanzierungen aufzudecken und Investitionen in nicht bilanzierungsfähige immaterielle Vermögensgegenstände, beispielsweise aus Forschung und Entwicklung, im eingesetzten Kapital zu berücksichtigen.[664] Geht man einerseits vom Jahresüberschuss und andererseits vom Buchwert des Gesamtkapitals aus, so ist die Zielsetzung der Conversions, das NOPAT möglichst in eine zahlungsstromorientierte Cash-Größe, die nur noch die Abschreibungen als nicht zahlungswirksame Aufwands-Größe beinhaltet, umzuwandeln und beim investierten Kapital die Buchwerte in aussagekräftigere ökonomische Kapitalgrößen zu transformieren, indem beispielsweise Aufwendungen für Forschung und Entwicklung oder Leasingaufwendungen aktiviert werden.[665] Kritisch anzumerken ist in diesem Zusammenhang, dass diese Umrechnungen allerdings größtenteils überflüssig wären, wenn gleich auf Zahlen vor Anwendung einer Bilanzpolitik zurückgegriffen würde.[666]

---

660 Vgl. Stewart, G.B. (1991).

661 Ein ähnliches Verfahren zur Berechnung eines Residualgewinns bei linearer Abschreibung stellt beispielsweise der von *Copeland et al.* für die Unternehmensberatung *McKinsey* entwickelte Economic Profit (EP) dar. Vgl. Copeland, T./Koller, T./Murrin, J. (2002), S. 184ff.

662 Da es sich beim NOPAT um das Ergebnis vor Abzug der Finanzierungskosten handelt, werden an dieser Stelle auch nur adjustierte Steuern berücksichtigt, die dem Steueraufwand bei angenommener vollständiger Eigenfinanzierung entsprechen. Stattdessen wird ein Steuervorteil bei anteiliger Fremdfinanzierung wie bei der WACC-Methode im Gesamtkapitalkostensatz berücksichtigt. Vgl. Böcking, H.-J./Nowak, K. (1999), S. 283; Keller, B./Plack, A. (2001), S. 348.

663 Vgl. Stewart, G.B. (1991), S. 744; Ehrbar, A. (1999), S. 173-193; Küting, K./Eidel, U. (1999b), S. 834; Keller, B./Plack, A. (2001), S. 348.

664 Vgl. zu den Problemen bei der Erfassung von Investitionen in technische Fertigkeiten sowie Forschung & Entwicklung bereits Solomons, D. (1965), S. 124.

665 Vgl. Böcking, H.-J./Nowak, K. (1999), S. 285. Einen guten Überblick über mögliche Conversions liefern Böcking, H.-J./Nowak, K. (1999), S. 286f.; Hostettler, S. (2000), S. 97-105; Nowak, K. (2000), S. 148-154.

666 Vgl. Schneider, D. (2001), S. 2510.

Vereinfachend soll im Folgenden unterstellt werden, dass es sich beim NOPAT um einen operativen Cashflow handelt, von dem als einziger nicht-auszahlungswirksamer Posten die Abschreibungen abgezogen wurden.[667] Die Abschreibungen werden berücksichtigt, weil es sich hierbei laut *Stewart* um „true economic expenses"[668] handelt und zunächst Ersatzinvestitionen getätigt werden müssen, bevor Investoren einen Übergewinn auf ihre Investition verlangen können. Aus Vereinfachungsgründen werden i.d.R. lineare Abschreibungen angesetzt.[669] Vom operativen Ergebnis nach Steuern werden anschließend die kalkulatorischen Zinsen auf das eingesetzte Kapital abgezogen. Hierzu greift das EVA-Konzept auf den kapitalmarkttheoretisch hergeleiteten Weighted Average Cost of Capital[670] zurück. EVA ergibt sich dann wie folgt:[671]

$$EVA_t = NOPAT_t - wacc \cdot IC_{t-1} \qquad [3.24]$$

Die sog. EVA-Rendite, die durch einen Vergleich mit dem Kapitalkostensatz direkt Aufschluss über Wertschaffung respektive Wertvernichtung gibt, lässt sich folgendermaßen ermitteln:[672]

$$r_{EVA} = \frac{NOPAT_t}{IC_{t-1}} \qquad [3.25]$$

Zu einem positiven EVA kommt es dann, wenn die EVA-Rendite über dem Gesamtkapitalkostensatz liegt:[673]

$$EVA_t = \left(r_{EVA} - wacc\right) \cdot IC_{t-1} \qquad [3.26]$$

Mittels dieser Schreibweise lässt sich ein direkter Bezug zu den Strategiealternativen eines Unternehmens herstellen. Operative Geschäftsstrategien werden einen Einfluss auf die EVA-Rendite haben, Finanzierungsstrategien beeinflussen den Gesamtkapitalkostensatz und Investitionsstrategien wirken sich auf das eingesetzte Kapital

667 Vgl. Stewart, G.B. (1991), S. 86. Das „Net" im Net Operating Profit after taxes steht laut Stewart für „Net of depreciation".

668 Stewart, G.B. (1991), S. 86.

669 Vgl. Baldenius, T./Fuhrmann, G./Reichelstein, S. (1999), S. 55; Hachmeister, D. (2002), Sp. 1390.

670 Vgl. Kapitel 3.1.2.3.

671 Vgl. Küting, K./Eidel, U. (1999b), S. 834; Böcking, H.-J./Nowak, K. (1999), S. 283; Keller, B./Plack, A. (2001), S. 347.

672 Vgl. Böcking, H.-J./Nowak, K. (1999), S. 283.

673 Vgl. Keller, B./Plack, A. (2001), S. 347. Die Kapitalkosten stellen somit eine auch als „hurdle rate" bezeichnete Hürde dar, die überschritten werden muss, damit ein positiver EVA realisiert wird. Vgl. Küting, K./Eidel, U. (1999b), S. 834.

aus.[674] Hierdurch ergeben sich Anknüpfungspunkte zum Shareholder Value-Netzwerk von *Rappaport*.[675] Gleichung [3.26] zeigt darüber hinaus, dass sich ein Unternehmenswachstum durch eine Erhöhung des investierten Kapitals nur lohnt, wenn die EVA-Rendite über dem Gesamtkapitalkostensatz liegt.

3.2.2.2 Ermittlung des Unternehmenswertes anhand zukünftiger Residualgewinne

Auf der Basis des sog. Lücke-Theorems[676] lässt sich ein Zusammenhang zwischen den zukünftigen Residualgewinnen und einem mit Hilfe dynamischer Investitionsrechenverfahren berechneten Unternehmenswert herstellen. Das Lücke-Theorem liefert zunächst jedoch eine systematische Verknüpfung der auf Basis von Ein- und Auszahlungen ermittelten Kapitalwertmethode mit kostenrechnerischen oder handelsrechtlichen Erfolgsgrößen.[677] Hierzu müssen die beiden folgenden Bedingungen erfüllt sein:[678]

- Die Summe der Einzahlungsüberschüsse über die gesamte Laufzeit des Projektes muss der Summe der Periodengewinne PG_t entsprechen:

$$\sum_{t=o}^{T} PG_t = \sum_{t=0}^{T} (EZ_t - AZ_t) \qquad [3.27]$$

- Die als Differenz zwischen den Leistungen und Kosten oder Erträgen und Aufwendungen ermittelten Periodengewinne müssen um kalkulatorische Zinsen auf den Kapitalbestand KB_{t-1} der Vorperiode korrigiert werden. Die Kapitalbindung ergibt sich in diesem Zusammenhang aus den bis zur Vorperiode aufsummierten Periodengewinnen abzüglich den bis zur Vorperiode aufsummierten Einzahlungsüberschüssen:

$$KB_{t-1} = \sum_{s=0}^{t-1} PG_s - \sum_{s=0}^{t-1} (EZ_s - AZ_s) \qquad \text{mit } KB_0 = 0 \qquad [3.28]$$

---

674 Vgl. Hostettler, S. (1995), S. 309.
675 Vgl. Rappaport, A. (1999), S. 68. Siehe hierzu auch Kapitel 3.1.3.1.
676 Vgl. Lücke, W. (1955). Ein ähnliches Konzept wurde im anglo-amerikanischen Raum von *Preinreich* entwickelt. Vgl. Preinreich, G.A.D. (1937).
677 Vgl. Lücke, W. (1955), S. 310ff.; Kloock, J. (1981), S. 876f.; Küpper, H.-U. (1990), S. 256. Zur Kritik am Lücke-Theorem vgl. Schneider, D. (2001), S. 2510.
678 Vgl. Kloock, J. (1981), S. 876f.; Küpper, H.-U. (1990), S. 256; Crasselt, N./Pellens, B./Schremper, R. (2000a), S. 73.

Sind die Bedingungen erfüllt, dann lässt sich der Kapitalwert KW_0 mit Hilfe eines beliebigen Kalkulationszinsfußes k sowohl über eine Diskontierung der Einzahlungsüberschüsse als auch über eine Diskontierung der um die kalkulatorischen Zinsen korrigierten Periodengewinne ermitteln:[679]

$$KW_0 = -A_0 + \sum_{t=1}^{T} \frac{(EZ_t - AZ_t)}{(1+k)^t} = \sum_{t=0}^{T} \frac{(PG_t - k \cdot KB_{t-1})}{(1+k)^t} \qquad [3.29]$$

Bei den über die Verzinsung auf den Kapitalbestand der Vorperiode hinausgehenden Übergewinnen handelt es sich um die Residualgewinne.[680]

Dieser Zusammenhang stellt die Grundlage für das Residual Income Model (RIM) dar, mit dessen Hilfe der Unternehmenswert anhand der zukünftigen Residualgewinne bestimmt wird.[681] Demnach ergibt sich anhand des Lücke-Theorems der Unternehmenswert in t=0 aus der Summe der Kapitalbindung in t=0 und dem anhand von Gleichung [3.29] ermittelten Barwert aller zukünftigen Residualgewinne in t=0:[682]

$$UW_0 = KB_0 + BW_{0,RG} = KB_0 + \sum_{t=1}^{T} \frac{RG_t}{(1+k)^t} \qquad [3.30]$$

Das Konzept des Economic Value Added berücksichtigt beispielsweise als eingesetztes Kapital das Invested Capital in Form von mehr oder weniger modifizierten

---

679 Vgl. Kloock, J. (1981), S. 876; Küpper, H.-U. (1990), S. 256; Crasselt, N./Pellens, B./Schremper, R. (2000a), S. 74.

680 Vgl. Henselmann, K. (2001), S. 159.

681 Vgl. Preinreich, G.A.D. (1938), S. 219-241; Edwards, E.O./Bell, P.W. (1965); Conenberg, A.G./Schultze, W. (2002), S. 606; Zimmermann, J./Prokop, J. (2002), S. 272; Conenberg, A.G./Schultze, W. (2003), S. 120.

682 Vgl. Richter, F./Honold, D. (2000), S. 266. Voraussetzung für eine Unternehmensbewertung anhand von Residualgewinnen, die zu den gleichen Ergebnissen führt wie die investitionstheoretischen Bewertungsmethoden, ist hingegen in der englischsprachigen Literatur ein sog. clean surplus accounting. Hierunter wird verstanden, „dass alle nicht auf Außenfinanzierung beruhenden Änderungen des Eigenkapitals über die GuV geführt werden und damit auch zu einer Veränderung des Gewinns führen." Coenenberg, A.G./Schultze, W. (2003), S. 120. Vgl. auch Pfaff, D./Stefani, U. (2003), S. 58. Daraus resultiert die sog. clean surplus relation, unter der sich der Buchwert des Eigenkapitals einer Periode t aus dem Buchwert des Eigenkapitals einer Periode t-1 zuzüglich des Gewinns in Periode t und abzüglich der ausgezahlten Dividende in Periode t ergibt: $BEK_t = BEK_{t-1} + PG_t - Div_t$. Vgl. Peasnell, K.V. (1982), S. 362; Ohlson, J.A. (1995), S. 666; Zimmermann, J./Prokop, J. (2002), S. 273; Schumann, J. (2005), S. 25. Durch Umformungen lässt sich dann letztlich aus dem Dividendendiskontierungsmodell die folgende Gleichung zur Bestimmung des Marktwerts des Eigenkapitals EK_0 herleiten:

$EK_0 = BEK_0 + \sum_{t=1}^{\infty} \frac{RG_t}{(1+r_{EK})^t}$. Vgl. Gebhardt, G. (2003), S. 72f.

Buchwerten. Der Bezug zum Unternehmenswert wird über den sog. Market Value Added (MVA) als Barwert aller zukünftigen Residualgewinne hergestellt:[683]

$$MVA_t = \sum_{\tau=1}^{\tau=T} \frac{EVA_{t+\tau}}{(1+wacc)^{\tau}} \qquad [3.31]$$

Der MVA entspricht dem Barwert sämtlicher zukünftiger EVA's, die mit dem Gesamtkapitalkostensatz (wacc) auf den Zeitpunkt t diskontiert werden.[684] Der Unternehmenswert setzt sich schließlich aus der Summe von Market Value Added und Invested Capital zusammen:[685]

$$UW_t = IC_t + MVA_t \qquad [3.32]$$

Unter Setzung der gleichen Annahmen und Gültigkeit des Lücke-Theorems entspricht ein auf diese Weise berechneter Unternehmenswert einem mit Hilfe der Discounted Cashflow-Methoden berechneten Unternehmenswert.[686] Anders ausgedrückt stellt der MVA die Differenz zwischen der Marktkapitalisierung des Eigen- und Fremdkapitals eines Unternehmens und dessen Buchwert des eingesetzten Kapitals dar.[687] Der MVA drückt somit den Gesamterfolg für ein Projekt respektive einen Geschäftsbereich für den Gesamtzeitraum aus.[688] Für ein Projekt mit einer Anschaffungsauszahlung A_0 und zukünftigen Einzahlungsüberschüssen $EZÜ_t$ während der Projektlaufzeit t=1 bis T entspricht der MVA zu Beginn des Investitionsprojektes in t=0 zugleich dem Kapitalwert des Projektes. Weist ein Investitionsprojekt oder ein Geschäftsbereich einen positiven MVA aus, kommt es folglich zu einer Wertsteigerung, also zu einer Erhöhung des Unternehmenswertes in gleicher Höhe. Der MVA stellt also bereits einen Nettokapitalwert dar, bei dem das eingesetzte Kapital in Form des Buchwerts des investierten Kapitals entsprechend berücksichtigt wird, so dass nur dann eine Wertsteigerung geschaffen wird, wenn der Unternehmenswert den Buchwert des investierten Kapitals übersteigt und somit der MVA positiv ist.[689]

683 Vgl. Stewart, G.B. (1991), S. 153; O'Hanlon, J./Peasnell, K. (1998), S. 425.
684 Vgl. Ewert, R./Wagenhofer, A. (2000), S. 11.
685 Vgl. Küting, K./Eidel, U. (1999b), S. 833; Böcking, H.-J./Nowak, K. (1999), S. 288.
686 Vgl. Richter, F. (1996), S. 32ff.; Hebertinger, M. (2002), S. 131.
687 Vgl. Crasselt, N./Pellens, B./Schremper, R. (2000a), S. 74.
688 Vgl. Schüler, A. (2000), S. 2105.
689 Vgl. auch Richter, F./Honold, D. (2000), S. 267; Schüler, A. (2000), S. 2105.

3.2.2.3 Kritik am Residualgewinn bei linearer Abschreibung

Die Bestimmung von Residualgewinnen und auf diesen aufbauenden Unternehmenswerten weist neben einer besonderen Einfachheit und Praktikabilität vor allem den Vorteil auf, dass – im Gegensatz zu traditionellen Kennzahlen – auch die Mindestrenditeforderungen aller Kapitalgeber mitberücksichtigt werden.[690] Darüber hinaus wird über den Barwert der zukünftigen Residualgewinne eine Verknüpfung zum Unternehmenswert hergestellt. Die im vorangegangenen Kapitel dargestellten Zusammenhänge verführen daher zu der Annahme, den Residualgewinn und insbesondere den Economic Value Added als ideales Performancemaß anzusehen, um die Wertsteigerung einer Periode einem bestimmten Geschäftsbereich oder einem Projekt zuordnen zu können, oder wie *Richter/Honold* es formulieren: „Wird also mit EVA der alte Traum wahr, in dem ein periodenbezogener, vergleichsweise einfacher Erfolgsmaßstab eine Aussage über den Gesamterfolg erlaubt, und der dazu nur die Daten eines Jahres braucht?“[691]. Folgt man den Befürwortern des Economic Value Added, könnte man fast glauben, dass dieser Traum wahr geworden ist.[692] So fordert beispielsweise *Stewart*: „Accept all investment opportunities which will produce a positive discounted EVA.”[693] *Richter/Honold* zerstören diesen Traum jedoch recht deutlich, denn sie stellen fest, dass „der Zusammenhang besteht zwischen MVA und allen zukünftigen, diskontierten EVA's und nicht zwischen MVA und den EVA's einzelner Perioden“[694].

Die dargestellten Zusammenhänge sollen kurz anhand eines einfachen Beispiels verdeutlicht werden.

Die PROCON AG ist ein mittelständisches Unternehmen, das die Einführung eines neuen Produktes plant. Zur Einführung des Produktes fallen zu Beginn der ersten Periode Anschaffungsauszahlungen von 8.500 GE an, die linear abgeschrieben werden. Das Unternehmen plant die zukünftigen operativen Cashflows innerhalb des prognostizierten Produktlebenszyklusses von fünf Jahren wie folgt:

---

690 Vgl. Böcking, H.-J./Nowak, K. (1999), S. 282.
691 Richter, F./Honold, D. (2000), S. 265.
692 Vgl. insbesondere Stewart, G.B. (1991), vgl. aber auch Ehrbar, A. (1999); Hostettler, S. (2000).
693 Stewart, G.B. (1991), S. 3.
694 Richter, F./Honold, D. (2000), S. 265.

Periode [in GE]	**0**	**1**	**2**	**3**	**4**	**5**
OCF_t	-8.500	2.500	2.300	2.278	2.348	1.960
Ab_t		1.700	1.700	1.700	1.700	1.700
kalk. $Zinsen_t$		850	680	510	340	170
RG_t^{lin}		**-50**	**-80**	**68**	**308**	**90**
RBW_t	8.500	6.800	5.100	3.400	1.700	0

Tab. 3-1: Einfache Darstellung des Economic Value Added

Für die Kapitalkosten, die auf den Restbuchwert des eingesetzten Kapitals RBW_t anfallen, wird von einer Mindestverzinsung von 10% ausgegangen. Die Residualgewinne RG_t ergeben sich durch Abzug der Abschreibungen sowie der kalkulatorischen Zinsen vom jeweiligen operativen Cashflow der Periode t.

Der Market Value Added als Barwert aller zukünftigen Residualgewinne beträgt:

$$MVA_t = \sum_{\tau=1}^{\tau=T} \frac{EVA_{t+\tau}}{(1+wacc)^{\tau}} = \frac{-50}{1,1} + \frac{-80}{1,1^2} + \frac{68}{1,1^3} + \frac{308}{1,1^4} + \frac{90}{1,1^5} \approx 205,77$$

Dieser entspricht zugleich dem Kapitalwert des Projektes. Dieses ist vorteilhaft und sollte somit in t=0 durchgeführt werden.

Nimmt der verantwortliche Manager nun den Economic Value Added in der ersten Periode als Entscheidungsgrundlage für die Weiterführung des Projektes, so ergibt sich das bereits angedeutete Problem, dass das negative EVA in Höhe von -50,0 GE eine Wertvernichtung signalisiert, obwohl das Investitionsprojekt offensichtlich zu einer Wertsteigerung beiträgt.

Dies bedeutet, dass zwar das Prinzip der Barwertidentität und somit eine schwache Zielkongruenz erfüllt ist, die Economic Value Added-Methode aber nicht der Forderung nach einer starken Zielkongruenz gerecht wird. Somit kann es beispielsweise vorkommen, dass ein Projekt in einer Periode t ein negatives EVA aufweist, der Kapitalwert dieses Projektes jedoch positiv ist, was den Nutzen der Berechnung eines Economic Value Added für Zwecke der Unternehmenssteuerung drastisch in Frage stellt.[695] Dies ist insbesondere dann der Fall, wenn man von einer endlichen Lebensdauer und geringen Reinvestitionen des Unternehmens ausgeht, da hierdurch

695 Probleme ergeben sich insbesondere für die Unternehmenssteuerung, wenn die Management-Anreiz- und Vergütungssysteme direkt an den EVA gekoppelt werden. Vgl. Kröger, F. (2005), S. 14f.

der Buchwert des investierten Kapitals im Zeitablauf stark sinkt und somit die kalkulatorischen Zinsen auf das investierte Kapital entsprechend stark fallen.[696] Ein entscheidender Grund für dieses Problem ist aber auch in der Tatsache zu sehen, dass sich ein EVA nur auf die Vergangenheit bezieht. Um aber wirkliche Aussagen über eine Unternehmenswertsteigerung fällen zu können, muss der Unternehmenswert auch in die Berechnung des Performancemaßes einfließen und somit insbesondere auch zukünftige Erfolge mitberücksichtigen.[697] Dies ist insbesondere auch für den Zweck einer langfristigen, strategisch ausgerichteten Unternehmenssteuerung unabkömmlich, da sich erfolgreiche strategische Entscheidungen nicht sofort in der aktuellen Periode, sondern erst zu einem späteren Zeitpunkt im Periodenerfolg auswirken werden, im Unternehmenswert hingegen sofort berücksichtigt werden. Insofern könnte man vermuten, dass der Economic Value Added für eine wertorientierte strategische Unternehmenssteuerung nur bedingt geeignet ist, und diesen eher als typisches „operativ-retrospektives Performancemaß“[698] charakterisieren. Dies soll im folgenden Kapitel verdeutlicht werden.

3.2.2.4 Residualgewinn und Unternehmenswertsteigerung

Entscheidend für eine Wertsteigerung ist die Tatsache, ob sich in der betrachteten Periode das Vermögen für die Eigentümer des Unternehmens erhöht hat. Die Wertsteigerung des Eigentümers setzt sich aus der Dividende Div_t der betrachteten Periode zuzüglich einer Vermögenssteigerung $V_t - V_{t-1}$ im Sinne von Aktienkursgewinnen und abzüglich einer Verzinsung auf das Vermögen der Vorperiode $k \cdot V_{t-1}$ zusammen:[699]

$$\begin{aligned} \Delta V_t &= Div_t + V_t - V_{t-1} - k \cdot V_{t-1} \\ &= \mathrm{V_t} + Div_t - (1+k) \cdot V_{t-1} \end{aligned} \qquad [3.33]$$

Ewert/Wagenhofer zeigen auf, dass das Konzept des Economic Value Added mit der tatsächlichen Wertentwicklung für den Eigentümer verknüpft werden kann.[700] Hierzu wird der Unternehmenswert bei unterstellter vollständiger Eigenfinanzierung, der sich

696 Vgl. Richter, F./Honold, D. (2000), S. 268. Dies kann in der Praxis zu gravierenden Verzerrungen führen, wenn etwa Geschäftsbereiche in reifen Industrien mit größtenteils schon abgeschriebenen Vermögensgegenständen, aber stabilen operativen Ergebnissen, mit Geschäftsbereichen in jungen Branchen verglichen werden, deren Vermögensgegenstände erst zu einem geringen Teil abgeschrieben sind, die aber erst in der Zukunft mit guten operativen Ergebnissen rechnen.

697 Vgl. Dirrigl, H. (2003), S. 156.

698 Dirrigl, H. (2003), S. 159.

699 Vgl. Ewert, R./Wagenhofer, A. (2000), S. 16.

700 Vgl. Vgl. Ewert, R./Wagenhofer, A. (2000), S. 13ff.

aus dem Buchwert des Eigenkapitals (BEK) zuzüglich des Market Value Added zusammensetzt

$$V_t = BEK_t + \underbrace{\sum_{\tau=t+1}^{\infty} RG_t \cdot (1+k)^{-(\tau-t)}}_{MVA_t} \qquad [3.34]$$

in Gleichung [3.33] eingesetzt:

$$\Delta V_t = \underbrace{BEK_t - BEK_{t-1} + Div_t - k \cdot BEK_{t-1}}_{RG_t} + MVA_t - (1+k) \cdot MVA_{t-1} \qquad [3.35]$$

Die Veränderung des Eigenkapitals zuzüglich der Dividende in Periode t entspricht dem kaufmännischen Gewinn der Periode t. Zieht man hiervon die Verzinsung auf den Eigenkapitalwert der Vorperiode ab, so ergibt sich der Residualgewinn in Periode t. Gleichung [3.35] zeigt nun darüber hinaus, dass eine Aussage über die Wertsteigerung nur dann möglich ist, wenn neben dem Residualgewinn auch die Veränderung des MVA sowie die Verzinsung auf den MVA der Vorperiode mitberücksichtigt wird, der Residualgewinn aber isoliert betrachtet nur in seltenen Ausnahmefällen eine fundierte Aussage über die Wertsteigerung leisten kann.[701] Insofern zeigt der Residualgewinn nur den „realisierten zusätzlichen Wert"[702] an, der in der betrachteten Periode geschaffen worden ist. Der Ausweis eines realisierten, zusätzlichen Wertes entspricht den gängigen Ansätzen im Rahmen der gesetzlichen Rechnungslegung und wird beispielsweise auch im Zusammenhang mit der Beurteilung und Vergütung des Managements häufig vorgeschlagen.[703] Dabei darf jedoch nicht übersehen werden, dass bei Berücksichtigung des Residualgewinns durchaus Entscheidungen zugunsten der aktuellen Residualgewinne, aber zu Lasten zukünftiger Wertsteigerungspotentiale gefällt werden können.[704] Dies widerspricht jedoch den Zielen einer wertorientierten Unternehmenssteuerung.

Der Residualgewinn drückt nur in den folgenden Ausnahmefällen die gesamte Wertsteigerung aus:[705]

---

701 Vgl. Ewert, R./Wagenhofer, A. (2000), S. 16.
702 Ewert, R./Wagenhofer, A. (2000), S. 16.
703 Vgl. beispielsweise Grinyer, J.R./Lyon, R.A. (1989), S. 307; Green, C.D./Grinyer, J.R./Michaelson, R. (2002), S. 93.
704 Vgl. Küting, K./Eidel, U. (1999b), S. 835.
705 Vgl. Ewert, R./Wagenhofer, A. (2000), S. 16.

(1) Es gibt keinen nicht-bilanzierten Goodwill, d.h. die Summe der Buchwerte des Nettovermögens ist gleich dessen Marktwert.

(2) Es wird damit gerechnet, dass in Zukunft keine positiven Residualgewinne erwirtschaftet werden, so dass der Market Value Added als Barwert der Residualgewinne gleich null ist.

(3) Der Market Value Added wächst gleichförmig mit dem Kapitalkostensatz, d.h. es gilt: $MVA_t - MVA_{t-1} = k \cdot MVA_{t-1}$.

Dies bedeutet, dass innerhalb des Konzepts des Economic Value Added zwar ex ante für ein Projekt, ein Unternehmen oder eine strategische Geschäftseinheit eine Beurteilung hinsichtlich der (erwarteten) Wertsteigerung anhand des Market Valued Added erfolgen kann, aber ex post ein positiver Economic Value Added eben nicht zwangsläufig mit einer Wertsteigerung gleichgesetzt werden kann.

Es ist in der Literatur bereits auf Gesamtkapitalbasis und unter Annahme der Sicherheit von *Dirrigl* aufgezeigt worden, dass EVA sich aus der Unternehmenswertsteigerung einer Periode und der Veränderung der Restbuchwerte des eingesetzten Kapitals (RBW) zusammensetzt.[706] Demnach lässt sich ein Plan-EVA wie folgt bestimmen:[707]

$$EVA_t = \left[RBW_t - (1+k)\cdot RBW_{t-1}\right] - \left[UW_t - (1+k)\cdot UW_{t-1}\right] \qquad [3.36]$$

Dies verdeutlicht, warum EVA bei entsprechender Veränderung der Restbuchwerte selbst bei einer Unternehmenswertvernichtung einen positiven Wert annehmen kann und vice versa. Aufgrund der aufgezeigten Problematik ist die Anwendung des EVA im Rahmen eines wert-orientierten Controlling bedenklich.

Aus den genannten Gründen werden daher im folgenden Kapitel weitere mögliche Performancegrößen hinsichtlich ihrer Eignung im Rahmen einer unternehmenswert-orientierten Performancemessung untersucht und entsprechend strukturiert. Hierzu wird auf die grundlegende Systematisierung von *Dirrigl* zurückgegriffen.[708]

---

[706] Vgl. Dirrigl, H. (1998a), S. 20ff.; Dirrigl, H. (2004a), S. 122.
[707] Vgl. Dirrigl, H. (1998a), S. 21f.
[708] Vgl. Dirrigl, H. (2003), S. 156ff.

3.2.3 Systematisierung unternehmenswert-orientierter Performancegrößen

Auch *Dirrigl* merkt an, dass im Rahmen einer wertorientierten Performancemessung „erstaunlicherweise verschiedene Ansätze für Residualgewinngrößen unterschiedlichster Art und Herkunft (Beratungsgesellschaften) im Vordergrund stehen, und nicht der Unternehmenswert.“[709] Eine Unternehmenswertsteigerung kann letzten Endes aber nur dann hinreichend nachgewiesen werden, wenn auch der Unternehmenswert mit in die Performancegröße einfließt.[710] Vorbild für eine derart konzipierte Performancegröße könnte der ökonomische Gewinn sein, den *Dirrigl* als die „älteste, unternehmenswertorientierte Performancegröße“[711] bezeichnet. Eine solche Performancegröße hätte den Vorteil, dass sämtliche Auswirkungen heutiger strategischer Entscheidungen in den zukünftigen Cashflows abgebildet werden würden. Dies weist gegenüber den jahresabschlussbezogenen Periodenerfolgen und Kennzahlen sowie dem vorgestellten Residualgewinn bei linearer Abschreibung respektive Economic Value Added den Vorteil auf, dass auch Entscheidungen, die zu Lasten des kurzfristigen Erfolgs gehen, langfristig aber den Unternehmenswert steigern, auf Basis der strategischen Performancegröße durchgeführt werden. Hierzu muss zunächst von der Vorstellung einer strikt vergangenheits- oder gegenwartsorientierten Performancemessung abgewichen und zwischen den folgenden Arten von gemessenen Größen unterschieden werden:[712]

- Realisierte, vergangenheits- und gegenwartsorientierte Ist-Größen.
- Prognostizierte, zukunftsorientierte Wird-Größen.
- Normative bzw. gesetzte, zukunftsorientierte Soll-Größen aus der Planung.

Es sind grundsätzlich verschiedene Möglichkeiten denkbar, um eine solche unternehmenswert-orientierte Performancegröße zu konzipieren. Laut *Dirrigl* ist eine unternehmenswert-orientierte Performancegröße im Weiteren „davon abhängig, welche Merkmale und Eigenschaften die zum Vergleich mit einer Unternehmenswertgröße herangezogene Referenzgröße hat“.[713] Diese kann hinsichtlich zweier Dimensionen charakterisiert werden, nämlich zum einen anhand des Zeitpunktes, auf den sich die Vergleichsgröße bezieht, und zum anderen anhand der Art der Wertbestimmung der Vergleichsgröße. So kann sich die Vergleichsgröße entweder auf den gleichen Zeitpunkt t oder einen vorgelagerten Zeitpunkt t' beziehen. Bei der Vergleichsgröße kann es sich darüber hinaus um eine Barwertgröße (BW) oder eine

---

709 Dirrigl, H. (2003), S. 156.
710 Vgl. Dirrigl, H. (2003), S. 157.
711 Dirrigl, H. (2003), S. 157.
712 Vgl. Riedl, J.B. (2000), S. 19.
713 Dirrigl, H. (2003), S. 157.

Anderswertgröße (AW) handeln. Aus der Kombination der beiden Dimensionen resultiert daher die folgende Systematisierung:[714]

		Art des Referenzwerts	
		Barwert BW	***Anderswert AW***
Zeitbezug	***früherer Zeitpunkt t'***	$BW_{t'}$ (1)	$AW_{t'}$ (2)
	gleicher Zeitpunkt t	$BW_t^{'}$ (3)	$AW_t^{'}$ (4)

Abb. 3-4: ***Systematisierung von Referenzwerten für Unternehmenswerte im Rahmen der Performancemessung***

In Abhängigkeit der betrachteten Zeitpunkte und der herangezogenen Referenzwerte ergeben sich in Abbildung 3-4 vier unterschiedliche Konstellationen, die kurz vorgestellt werden sollen:[715]

- Bei Konstellation (1) werden zwei Barwertgrößen miteinander verglichen, wobei sich die zu betrachtende Größe auf den aktuellen Zeitpunkt t und die Vergleichsgröße auf einen früheren Zeitpunkt t' bezieht.
- Auch bei Konstellation (3) werden zwei Barwerte miteinander verglichen, die sich jedoch auf den gleichen Zeitpunkt t beziehen. Der Referenzwert $BW_t^{'}$ geht jedoch von anderen Prämissen aus. Da sich im Zeitablauf die Informationslage ändert, wirkt sich dies auch auf die gesetzten Prämissen hinsichtlich des Zinssatzes und der zukünftigen Markt- und Unternehmensentwicklung, aber auch auf die geplanten zukünftigen Maßnahmen seitens des Unternehmens aus.
- Typisch für die Konstellation (2) ist, dass die Unternehmenswertgröße mit einem Anderswert verglichen wird, der sich auf einen früheren Zeitpunkt t' bezieht. Als Anderswert kommt generell das eingesetzte Kapital in Betracht, wobei im Projektbezug direkt die Anschaffungsauszahlung A_0 und im Bereichsbezug der Buchwert des eingesetzten Kapitals, der Marktwert des eingesetzten Kapitals oder das fortgeschriebene ursprünglich investierte Kapital herangezogen werden kann.
- Bei Konstellation (4) bezieht sich der Anderswert auf den gleichen Zeitpunkt t. Dies ist typischerweise bei der Berechnung des Kapitalwerts der Fall, bei dem

[714] Quelle: Dirrigl, H. (2003), S. 158.
[715] Vgl. Dirrigl (2003), S. 158f.

der Barwert der zukünftigen Cashflows mit der Anschaffungsauszahlung A_0 als Anderswert der gleichen Periode verglichen wird. Die Berechnung eines Kapitalwerts erfolgt zumeist nur im Rahmen der Investitionsplanung zu Beginn einer Investition. Im Kontext eines weitergehenden (projektbezogenen) Investitions-Controlling sollten allerdings auch die Kapitaleinsatz-bezogenen Referenzwerte AW_t während der Nutzungsdauer interessieren, um die Vorteilhaftigkeit von laufenden Projekten zu überwachen, da es nach Anlaufen eines Projekts häufig noch zu weiteren Verschiebungen hinsichtlich der Aus- und Einzahlungen des Projekts kommen kann.

Die vorgestellte Systematik möglicher unternehmenswert-orientierter Performancemaße dient als erster Anhaltspunkt für ein unternehmenswert-orientiertes Controlling, da jedes Performancemaß letztlich einer der vier Konstellationen zugeordnet werden kann. Bei der genauen Ausarbeitung der unternehmenswert-orientierten Performancemaße kommen die folgenden Möglichkeiten als Ansatzpunkte in Betracht:

- Vergleich zweier Unternehmenswerte
- Ermittlung von Kapitaleinsatzmehrwerten
- Performance-Periodisierung

Eine Unternehmenswertsteigerung lässt sich wie in Konstellation (1) durch einen direkten Vergleich des für die laufende Periode t ermittelten Unternehmenswerts mit dem zuvor in der Vorperiode ermittelten Unternehmenswert feststellen. Darüber hinaus ist es sinnvoll, auf sich im Zeitablauf ergebenden Informationsverbesserungen aufzubauen und diese im Rahmen einer strategischen Abweichungsanalyse zu nutzen. Hierzu bietet es sich an, der Konstellation (3) folgend einen Vergleich zweier Barwerte der gleichen Periode durchzuführen, die auf unterschiedlichen Prämissen aufbauen.[716]

Eine weitere Möglichkeit besteht in der Ermittlung von Kapitaleinsatz-mehrwerten. Dadurch lässt sich erkennen, ob über eine risikoadäquate Verzinsung hinaus ein Mehrwert geschaffen werden konnte. In diesem Zusammenhang stellt sich die Frage, wie das eingesetzte Kapital im Unternehmen bestimmt werden soll, da der Kapitaleinsatz als entscheidende Größe in die Bestimmung des Gesamterfolgs eingeht. Prototyp des Kapitaleinsatzmehrwertes ist der im Rahmen von Investitionsprojekten bereits seit jeher verwendete Kapitalwert, der die Anschaffungsauszahlung als eingesetztes Kapital berücksichtigt. Darüber hinaus stellt sich bei vielen Methoden der Er-

---

716 Vgl. hierzu Kapitel 3.2.5.1 sowie 3.2.5.2.

folgsmessung aber zunächst erst einmal die Frage nach der geeigneten Bezugsbasis für das eingesetzte Kapital, um dann Aussagen über den Gesamterfolg sowie den Teilerfolg einer Periode fällen zu können.

Die dritte Möglichkeit bezieht sich auf die Performance-Periodisierung. Durch eine Periodisierung des ermittelten Kapitalwerts respektive Kapitaleinsatzmehrwerts soll jeder Periode ein Periodenerfolg zugeordnet werden, der als Signal für eine Wertsteigerung aufgefasst werden kann.

3.2.4 Kapitaltheoretische Gewinngrößen als Grundlage einer unternehmenswert-orientierten Performancemessung

3.2.4.1 Ökonomischer Gewinn

Der ökonomische oder kapitaltheoretische Gewinn einer Periode t beinhaltet den oben beschriebenen Vergleich zweier Barwerte unterschiedlicher Zeitpunkte, kann also der oben beschriebenen Konstellation (1) zugeordnet werden. Darüber hinaus wird der Cashflow der laufenden Periode t mit einbezogen, so dass der ökonomische Gewinn von seiner Intention her auch auf eine Performance-Periodisierung ausgerichtet ist.[717] Der ökonomische Gewinn ergibt sich als:[718]

$$\ddot{O}G_t = CF_t + EW_t - EW_{t-1} \qquad [3.37]$$

Der ökonomische Gewinn stellt aus theoretischer Sicht ein ideales Instrument zur Messung des Periodenerfolgs dar,[719] das sich in der Praxis aber weder als Rechnungslegungsgröße, als Maßstab für die Ausschüttung, noch als Informationsmittel für die Anteilseigner durchsetzen konnte, da es nicht nur den tatsächlich erzielten Cashflow einer Periode, sondern darüber hinaus innerhalb des Ertragswerts eben auch die erwarteten, aber noch nicht erzielten zukünftigen Cashflows enthält und somit ein gewisser Manipulationsspielraum bestehe.[720] Diese Kritik ist im Rahmen eines dem Schutz der unterschiedlichsten Interessengruppen eines Unternehmens (Gläubiger, Anteilseigner, etc.) dienenden externen Rechnungswesens durchaus berechtigt, erweist sich aber hinsichtlich einer auf die Zukunft des Unternehmens ausgerichteten strategischen Unternehmenssteuerung als verfehlt. Zur Beurteilung der

---

717 Vgl. Dirrigl, H. (2003), S. 161.

718 Vgl. Grinyer, J.R. (1985), S. 133; Dirrigl, H. (2003), S. 157; Laux (2006), S. 9. Alternativ dazu kann der ökonomische Gewinn auch auf Basis von Unternehmensgesamtwerten ermittelt werden. Vgl. Richter, F./Honold, D. (2000), S. 272.

719 Vgl. Schneider, D. (1963), S. 467ff.

720 Vgl. Laux, H. (2006), S. 98; Ferstl, J. (2000), S. 210.

Qualität der eingeschlagenen Unternehmensstrategien ist besonders die im ökonomischen Gewinn enthaltene strategische Abweichung von Interesse, die mit Hilfe zweier Barwerte unterschiedlicher Zeitpunkte, die miteinander verglichen werden, ermittelt wird. Der ökonomische Gewinn stellt exakt die Wertsteigerung einer betrachteten Periode dar, weil für den Fall einer Entnahme in Höhe des ökonomischen Gewinns am Ende der Periode der Wert des Unternehmens genauso hoch wäre wie zu Beginn der Periode.[721] Dies wird noch deutlicher, wenn alternativ zu Gleichung [3.37] der erwartete ökonomische Gewinn unter Sicherheit als Verzinsung auf den Ertragswert der Vorperiode t-1 ausgewiesen wird:[722]

$$\ddot{O}G_t^{erw} = k \cdot EW_{t-1} \qquad [3.38]$$

Unter Sicherheit entspricht der tatsächliche Cashflow stets dem zuvor geplanten Cashflow einer Periode, so dass sich eine Veränderung nur aus dem Zinseffekt ergibt. Der ökonomische Gewinn stellt folglich den Betrag dar, der entnommen werden kann, ohne dass der Ertragswert als Erfolgskapital dadurch geschmälert werden würde.[723] Im Gegensatz zum bilanziellen Gewinn, der auf dem Konzept der Nominalkapitalerhaltung aufbaut, basiert der ökonomische Gewinn auf einer Erhaltung des Erfolgskapitals und stellt somit die Grundlage des Shareholder Value-Ansatzes dar.[724] Dabei muss jedoch beachtet werden, dass nur unter der Annahme von Sicherheit die Erfolgskapitalerhaltungshypothese des ökonomischen Gewinns erfüllt ist. Im Regelfall wird jedoch der tatsächlich realisierte Cashflow vom ursprünglich geplanten Cashflow abweichen. Des Weiteren muss herausgestellt werden, dass der ökonomische Gewinn das zur Erzielung der zukünftigen Cashflows notwendige eingesetzte Kapital unberücksichtigt lässt. Dies führt zum Konzept des ökonomischen Residualgewinns.

3.2.4.2 Ökonomischer Residualgewinn

Weicht der tatsächlich realisierte Cashflow vom ursprünglich geplanten Cashflow ab, so entspricht der tatsächliche ökonomische Gewinn $\ddot{O}G_t$ auch nicht dem erwarteten

---

721 Vgl. Drukarczyk, J. (1973), S. 183; Hebertinger, M. (2002), S. 82.

722 Vgl. Grinyer, J.R. (1985), S. 133; Richter, F./Honold, D. (2000), S. 272.

723 Vgl. Hebertinger, M. (2002), S. 79.

724 Dem Nominalkapital kann hingegen der Betrag entzogen werden, durch dessen Entnahme der wertmäßige Reinvermögensbestand des Unternehmens nicht geschmälert wird. Vgl. Hebertinger, M. (2002), S. 78.

ökonomischen Gewinn $\ddot{O}G_t^{erw}$. Als Differenz dieser beiden Größen lässt sich daher ein ökonomischer Residualgewinn $RG_t^{\ddot{o}k}$ definieren:[725]

$$RG_t^{\ddot{o}k} = CF_t + \left(EW_t - EW_{t-1}\right) - k \cdot EW_{t-1} \qquad [3.39]$$

Dieser beinhaltet zuzüglich zum Cashflow und der Ertragswertabschreibung in Periode t auch eine kalkulatorische Verzinsung auf den Ertragswert der Vorperiode t-1.

Das Konzept des ökonomischen Residualgewinns weist den Vorteil auf, dass nun auch der sog. Zeiteffekt berücksichtigt wird. Der ökonomische Gewinn ergibt sich unter Sicherheit bereits allein aus einer Verzinsung des Ertragswerts der Vorperiode.[726] Ein zusätzlicher Wert wird daher nur geschaffen, wenn der tatsächlich realisierte ökonomische Gewinn die Erwartungen übertrifft. Dies ist entweder durch eine Erhöhung des operativen Cashflows oder aufgrund einer Initiierung von neuen Investitionsprojekten mit einem positiven Kapitalwert möglich. Der ökonomische Residualgewinn kann aber auch aufgrund veränderter Erwartungen, die aus einem neuen Informationsstand resultieren, steigen oder fallen. Hierzu lässt sich Gleichung [3.39] folgendermaßen anpassen:[727]

$$RG_t^{\ddot{o}k} = EW_t^{t-1} - (1+k) \cdot EW_{t-1}^{t-1} + \left(EW_t^{t} - EW_t^{t-1}\right) \qquad [3.40]$$

EW_t^{t-1} steht für den Ertragswert der Periode t, der sich aus den zum Zeitpunkt t-1 vorhandenen Informationen ergibt. Somit enthält Gleichung [3.40] die ursprünglich in t-1 geplante Ertragswertabschreibung, die kalkulatorischen Zinsen auf den Ertragswert der Vorperiode sowie die Informationsänderung hinsichtlich des Ertragswerts in t, der entweder auf einen veränderten Kalkulationszinssatz oder veränderte Ausschüttungserwartungen zurückgeführt werden kann.

Darüber hinaus weist der ökonomische Residualgewinn gegenüber dem ökonomischen Gewinn den Unterschied auf, dass ihm auch ein eingesetztes Kapital in Höhe des Ertragswerts gegenübersteht. Der Unterschied zum Residualgewinn bei linearer Abschreibung besteht darin, dass zum einen die Ertragswertabschreibung an die Stelle der linearen Abschreibung auf den Buchwert des eingesetzten Kapitals tritt und zum anderen sich die kalkulatorischen Zinsen auf den Ertragswert der Vorpe-

---

725 Vgl. Richter, F./Honold, D. (2000), S. 272.
726 Vgl. Hebertinger, M. (2002), S. 82.
727 Vgl. Hebertinger, M. (2002), S. 83.

riode anstelle des Buchwerts des eingesetzten Kapitals der Vorperiode BIK_{t-1} beziehen. Der Residualgewinn bei linearer Abschreibung bestimmt sich in Anlehnung an Gleichung [3.23] wie folgt:

$$RG_t = OCF_t - Ab_t^{lin} - k \cdot BIK_{t-1} \qquad [3.41]$$

Da beim ökonomischen Residualgewinn gegenüber Gleichung [3.41] definitionsgemäß an die Stelle der linearen Abschreibung die Ertragswertabschreibung tritt, wird die bereits getätigte Abschreibung auf den Buchwert des eingesetzten Kapitals um eine Abschreibung auf den MVA ergänzt.[728] Des Weiteren wird auch die bereits berücksichtigte kalkulatorische Verzinsung auf den Buchwert des investierten Kapitals um eine kalkulatorische Verzinsung auf den MVA der Vorperiode ergänzt, um so letztlich eine kalkulatorische Verzinsung auf den Ertragswert der Vorperiode vorzunehmen. Somit steht der ökonomische Residualgewinn mit dem Residualgewinn bei linearer Abschreibung in folgendem Zusammenhang:[729]

$$RG_t^{ök} = RG_t^{lin} - k \cdot MVA_{t-1} + (MVA_t - MVA_{t-1}) \qquad [3.42]$$

Man erkennt somit auch an Gleichung [3.42], dass ein Residualgewinn bei linearer Abschreibung wie etwa der Economic Value Added nur einen Teil der tatsächlichen Wertveränderung abbilden kann. Nur in Verbindung mit dem Market Value Added kann allenfalls eine Wertsteigerung respektive Wertvernichtung nachgewiesen werden.

3.2.5 Strategische Abweichungsanalysen auf der Basis unternehmenswert-orientierter Performancemaße

Unter der obigen Konstellation (3) wurden solche Performancegrößen kategorisiert, bei denen zwei Barwerte miteinander verglichen werden, die sich auf den gleichen Zeitpunkt t beziehen, jedoch von unterschiedlichen Informationsprämissen ausgehen. Instrumente zur Analyse von Barwert-Differenzen, die auf unterschiedlichen Prämissen bezüglich der künftigen Cashflows respektive deren Bewertung basieren,[730] können zusammenfassend als strategische Abweichungsanalysen bezeichnet werden, da diese Informationen liefern, die im Rahmen einer strategischen Kontrolle

---

[728] Es gilt: $EW_t = BIK_t + MVA_t$ und $EW_{t-1} = BIK_{t-1} + MVA_{t-1}$. Somit gilt auch: $EW_t - EW_{t-1} = (BIK_t - BIK_{t-1}) + (MVA_t - MVA_{t-1})$.

[729] Vgl. Richter, F./Honold, D. (2000), S. 272.

[730] Vgl. Dirrigl, H. (2003), S. 158.

zur rechtzeitigen Erkennung von Fehlentwicklungen und zur Beurteilung der eingeleiteten Unternehmensstrategien von entscheidender Bedeutung sind. Es ist in diesem Zusammenhang folglich wünschenswert, dass nicht nur der Umsetzungserfolg einer Strategie gemessen wird, sondern auch Methoden bereitgestellt werden, die dazu beitragen, die Fähigkeiten des Managements, wertsteigernde Strategien zu entwickeln, zuverlässig zu beurteilen.[731] Kommt es im Zeitablauf zu Veränderungen hinsichtlich der geplanten Unternehmenswertsteigerung, so lassen sich diese auf eine Veränderung der gesetzten Prämissen oder Informationen, auf den Erfolg bei der Strategieumsetzung, auf eine Veränderung der Strategien oder auf eine Veränderung der Bewertungsparameter zurückführen. Als strategische Abweichungsanalysen sollen an dieser Stelle beispielhaft die strategische Abweichungsanalyse und Prämissenkontrolle[732] sowie die Erfolgspotentialrechnung[733] eingehender behandelt werden.

3.2.5.1 Strategische Abweichungsanalyse und Prämissenkontrolle

Ausgangspunkt der strategischen Abweichungsanalyse und Prämissenkontrolle von *Richter* ist ein einmalig als Werthürde definierter Unternehmenswert[734] $V_{-\tau}^{*(p)}$ zu einem Zeitpunkt $t=-\tau$ mit den zu diesem Zeitpunkt gesetzten strategischen Prämissen.[735] Um zu einem späteren Entscheidungszeitpunkt t=0 ein Urteil über eine Wertsteigerung fällen zu können, wird die Werthürde nun auf den Wert zu Beginn des Entscheidungszeitpunktes aufgezinst und als $V_0^{*(p)}$ bezeichnet. Die folgende allgemein formulierte Gleichung verdeutlicht, dass hierzu die ursprünglich festgelegte Werthürde mit einem relevanten Zinssatz *k* aufgezinst und davon der Endwert der bereits angefallenen Cashflows abgezogen wird:[736]

731 Vgl. Richter, F. (1999), S. 224.

732 Vgl. Richter, F. (1999), S. 224-228 sowie Ferstl, J. (2000), S. 223-231. Die Erkenntnisse einer strategischen Kontrolle könnten auch anschließend zur Beurteilung der Leistung des Managements eingesetzt und in die Entlohnungsfunktion des Managements integriert werden. Vgl. Ferstl, J. (2000), S. 223.

733 Vgl. Breid, V. (1994) sowie Dirrigl, H. (2002), Sp. 419-431.

734 Für eine Durchführung der strategischen Abweichungsanalyse ist unerheblich, ob ein auf Basis der DCF-Methoden ermittelter Brutto- oder Netto-Unternehmenswert oder ein auf Basis der Ertragswertmethode ermittelter Unternehmenswert herangezogen wird. *Richter* schlägt allerdings vor, bei Anwendung der DCF-Methoden die strategische Kontrolle auf Basis der Adjusted Present Value-Methode durchzuführen, bei der eine getrennte Bewertung des leistungswirtschaftlichen und des finanzwirtschaftlichen Bereichs erfolgt, so dass die Prämissen jeder einzelnen Wertkomponente detailliert analysiert werden können. Vgl. Richter, F. (1999), S. 226. Vgl. zur APV-Methode auch Dinstuhl, V. (2003), S. 101f.

735 Vgl. Richter, F. (1999), S. 225. Ähnlich geht *Ferstl* vor, der zunächst einen Unternehmenswert V_{t-1}^{Ist} bestimmt. Vgl. Ferstl, J. (2000), S. 225.

736 In Anlehnung an Richter, F. (1999), S. 156.

$$V_t^{*(p)} = V_{-\tau}^{*(p)} \cdot (1+k)^{t-\tau} - \sum_{\tau=1}^{t} CF_\tau \cdot (1+k)^{t-\tau} \qquad [3.43]$$

Ein auf solche Art und Weise berechneter Unternehmensgesamtwert $V_0^{*(p)}$ wird als Zwischengröße zur Aufspaltung der Gesamtabweichung zwischen ursprünglich geplantem und tatsächlich eingetroffenem Unternehmensgesamtwert in eine Realisierungsabweichung und eine Planwertabweichung benötigt. Da inzwischen Ist-Werte für den Zeitraum zwischen t=-τ, dem Zeitpunkt der ursprünglich festgelegten Werthürde, und t=0, dem Beginn der Betrachtungsperiode, zur Verfügung stehen, kann der Unternehmensgesamtwert an die bereits realisierten Ist-Cashflows angepasst werden. Dieser als $V_0^{*(i)}$ bezeichnete Unternehmensgesamtwert baut aber weiterhin auf den in t=-τ für den Zeitraum t=1 bis t=∞ festgelegten Planzahlen auf, die erst im Zeitpunkt t=0 revidiert werden und in den aktuellen Unternehmensgesamtwert V_0 einfließen. Dies soll in der folgenden Zusammenfassung noch einmal verdeutlicht werden:[737]

- $V_{-\tau}^{*(p)}$: zum Zeitpunkt t=-τ ermittelter Unternehmensgesamtwert, der zu diesem Zeitpunkt als Werthürde zugrunde gelegt wird
- $V_0^{*(p)}$: die auf den Zeitpunkt t=0 (=Zeitpunkt der Abweichungsanalyse) fortgeschriebene Werthürde, basierend auf den in t=-τ geplanten Daten
- $V_0^{*(i)}$: die auf den Zeitpunkt t=0 fortgeschriebene Werthürde, basierend auf Istdaten im Zeitraum t=-τ bis t=0
- V_0: aktueller Unternehmensgesamtwert, basierend auf den in t=0 geplanten Daten

Die Gesamtabweichung ergibt sich nun aus der Differenz zwischen V_0 und $V_0^{*(i)}$ und wird in eine Realisierungsabweichung als Differenz zwischen $V_0^{*(p)}$ und $V_0^{*(i)}$ und in eine Planwertabweichung als Differenz zwischen V_0 und $V_0^{*(p)}$ aufgespaltet. Die Realisierungsabweichung ergibt sich daraus, dass im Rahmen der Fortschreibung der Werthürde nun nicht die geplanten Cashflows abgezogen werden, sondern die tatsächlich angefallenen Ist-Cashflows. Insofern wurden die Planungen für den Zeitraum t=-τ bis t=0 nicht hinreichend umgesetzt respektive sogar erfolgreicher umgesetzt und stellen daher eine tatsächliche Managementleistung dar, die beispielsweise auch im Rahmen einer variablen Managemententlohnung entsprechend honoriert

737 Vgl. Richter, F. (1999), S. 225f.

werden könnte. Da sich Implementierungsfehler durch Lerneffekte, organisatorische und personelle Maßnahmen in Zukunft beseitigen lassen, sollte in diesem Fall keine Neuformulierung der ursprünglich ausgewählten Strategie und auch kein Strategiewechsel erfolgen, sondern vielmehr zunächst auf operative und organisatorische Maßnahmen zurückgegriffen werden.[738]

Die Planwertabweichung ergibt sich daraus, dass sich die gesetzten Prämissen bezüglich der zukünftigen Markt- respektive Umweltentwicklung sowie der Unternehmensentwicklung im Nachhinein als falsch herausstellen, so dass sich nun neue Planzahlen unter Berücksichtigung neuer Informationen und strategischer Prämissen ergeben. Diese fließen sowohl in die Planwertabweichung als auch in den aktuellen Unternehmensgesamtwert V_0 ein.[739]

Die Planwertabweichung kann des Weiteren zerlegt werden in eine Teilabweichung, die auf endogene, vom Management zu verantwortende Einflussfaktoren zurückzuführen ist, und in eine Teilabweichung, die auf exogenen Einflussfaktoren beruht, also aus einer Veränderung des Umfelds resultiert und vom Management somit nicht beeinflussbar ist.[740] Hierzu bedarf es einer sog. Trägheitsprojektion[741], die die Cashflows fiktiv unter der Annahme einer gleich bleibenden Strategie seitens des Unternehmensmanagements bei sich ändernden Umweltzuständen ermittelt.[742] Auf diese Weise wird eine Zwischengröße $V_0^{*(T)}$ bereitgestellt, mit deren Hilfe die Planwertabweichung in einen endogen verursachten Aktionseffekt und einen exogen verursachten Informationseffekt aufgespaltet wird.[743] Dabei erhält man den Aktionseffekt $\Delta AE = V_0 - V_0^{*(T)}$ sowie den Informationseffekt $\Delta IE = V_0^{*(T)} - V_0^{*(p)}$.[744] Deutlich weiter geht an dieser Stelle die Erfolgspotentialrechnung von *Breid* und *Dirrigl*, bei der weitere Einflussfaktoren wie der Zinsänderungseffekt und der Risikopräferenzänderungseffekt abgespalten werden.[745] Das folgende stark vereinfachte Beispiel, bei dem Risiko-, Finanzierungs- und Besteuerungsaspekte vernachlässigt werden, verdeutlicht die dargestellten Überlegungen.

---

738 Vgl. Ferstl, J. (2000), S. 227. Anders sieht dies *Richter*, der der Meinung ist, dass die Realisierungsabweichung nicht nur durch die operative Umsetzung einer Strategie zustande kommt, sondern sich auch daraus ergeben kann, dass die ursprünglich in t=-τ festgelegten strategischen Prämissen hinsichtlich der Umsetzbarkeit nicht zutreffend waren respektive sich im Zeitablauf geändert haben, so dass man eine negative oder positive Realisierungsabweichung nicht nur dem operativen Management zurechnen kann. Vgl. hierzu Richter, F. (1999), S. 225.

739 Vgl. Richter, F. (1999), S. 225.

740 Vgl. Ferstl, J. (2000), S. 227.

741 Vgl. Ballwieser, W. (1990), S. 79.

742 Vgl. Ferstl, J. (2000), S. 228.

743 Vgl. hierzu bereits Laux, H./Liermann, F. (1986), S. 82ff.

744 Vgl. Ferstl, J. (2000), S. 229.

745 Vgl. Breid, V. (1994) sowie Dirrigl, H. (2002), Sp. 419-431.

Die PROCON AG hat eine für die in Periode t=-3 neu implementierte strategische Kontrolle festgelegte Werthürde in Höhe von 21.264 GE ermittelt, die sich auf eine detaillierte Planung bis Periode t=4 und einen auf Periode t=5 basierenden Restwert stützt. Die PROCON AG zieht einen relevanten Kalkulationszinssatz von 10% heran. Die Planungen sehen wie folgt aus:

t [in GE]	-3	-2	-1	0	1	2	3	4	5-∞
CF_t		2.150	2.250	2.350	2.500	2.300	2.278	2.348	1.960
$V_{-\tau}^{*(p)}$	**21.264**			**20.876**					

Tab. 3-2: Bestimmung der fortgeschriebenen Werthürde unter Einbeziehung der ursprünglichen Planzahlen

Die fortgeschriebene Werthürde $V_0^{*(p)}$ beträgt basierend auf den in t=-τ geplanten Daten für den Zeitraum t=-τ bis t=0 20.876 GE.

In t=0 können nun für den Zeitraum t=-τ bis t=0 höhere Cashflows beobachtet werden. Berücksichtigt man diese bei der Berechnung der fortgeschriebenen Werthürde $V_0^{*(i)}$, so ergibt sich eine Werthürde von 20.500 GE:

t [in GE]	-3	-2	-1	0	1	2	3	4	5-∞
CF_t		2.200	2.400	2.500	2.500	2.300	2.278	2.348	1.960
$V_0^{*(i)}$				**20.500**					

Tab. 3-3: Bestimmung der fortgeschriebenen Werthürde unter Einbeziehung der realisierten Istzahlen

An dieser Stelle muss darauf hingewiesen werden, dass der Unternehmenswert in t=0 auf Basis der Planzahlen weiterhin 20.876 GE beträgt. Im Zeitraum t=-τ bis t=0 kam es also bereits zu einer Wertsteigerung in Höhe von 20.876 - 20.500 = 376 GE. Hierbei handelt es sich um die Realisierungsabweichung $V_0^{*(p)}$- $V_0^{*(i)}$.

Darüber hinaus stehen nun in t=0 neue Informationen zur Verfügung, die Einfluss auf die strategischen Prämissen haben, so dass eine Revision der in t=-τ durchgeführten Planung erfolgen kann. Die PROCON AG geht für die Zukunft von besseren Umfeldbedingungen aus und korrigiert die ursprünglichen Planzahlen nach oben:

t [in GE]	-3	-2	-1	0	1	2	3	4	5-∞
CF_t		2.200	2.400	2.500	2.600	2.450	2.300	2.435	1.965
V_0				**21.201**					

Tab. 3-4: ***Bestimmung des Unternehmenswertes unter Einbeziehung der revidierten Planzahlen***

Auf Basis der revidierten Planzahlen ergibt sich nun ein Unternehmensgesamtwert V_0 i.H.v. 21.201 GE. Mit Hilfe des aktuellen Unternehmensgesamtwertes lässt sich nun auch die Planwertabweichung $V_0 - V_0^{*(p)} = 21.201 - 20.876 = 325$ GE berechnen. Sie resultiert aus einer Veränderung der Planzahlen. Die Gesamtabweichung $V_0 - V_0^{*(i)}$ beträgt 700 GE und setzt sich aus der Realisierungsabweichung und der Planwertabweichung zusammen.

Interpretiert man die in t=-3 ermittelte Werthürde i.H.v. 21.264 GE als ursprünglich vom Investor eingesetztes Kapital, so lässt sich an dieser Stelle auch ein Bezug zum noch näher auszuführenden Konzept des Nettokapitalwerts herstellen.[746] Die höheren tatsächlich realisierten Cashflows führen zu einem investierten Kapital in t=0 i.H.v. 20.500 GE, der neu berechnete Unternehmenswert beträgt 21.201 GE, woraus ein Nettokapitalwert i.H.v. 701 GE resultiert, der exakt der Gesamtabweichung entspricht. Bei Erweiterung des Nettokapitalwertkonzepts um die Berücksichtigung des investierten Kapitals i.H.v. 20.500 GE und dem zunächst ermittelten Unternehmenswert i.H.v. 20.876 GE ergibt sich ein Nettokapitalwert von 376 GE, der der Realisierungsabweichung entspricht. Die Planwertabweichung resultiert dann aus der Differenz zwischen Gesamtabweichung und Realisierungsabweichung.

Die dargestellte strategische Abweichungsanalyse stellt ein geeignetes Instrument bereit, um einen ersten Überblick über die strategische Performance eines Unternehmens oder eines Unternehmensbereichs zu erlangen. Nach *Richter* bezieht sich die strategische Kontrolle sowohl auf den Erfolg der Strategieumsetzung als auch auf die Wahl der Strategie, er stellt jedoch fest, dass „eine Trennung zwischen den Ursachen von Abweichungen aufgrund der Umsetzung und der Wahl einer Strategie nur schwer möglich sein dürfte."[747] Daher schlägt er vor, die Strategieentwicklungsfähigkeiten des Managements darüber hinaus durch eine strategische Prämissenkontrolle zu flankieren. Weitere Möglichkeiten zur Analyse einer strategischen Abweichung bestehen in einer detaillierteren Differenzierung zwischen internen und ex-

[746] Vgl. hierzu Kapitel 3.2.6.2.
[747] Richter, F. (1999), S. 224.

ternen Abweichungsursachen, wie im folgenden Abschnitt ausführlich aufgezeigt wird.

3.2.5.2 Die Erfolgspotentialrechnung als Instrument einer strategischen Kontrolle

Die Erfolgspotentialrechnung (EPR) basiert im Wesentlichen auf *Breid*[748] sowie *Dirrigl*[749] und stellt ein Instrument der strategischen Planung und Kontrolle dar, das sämtlichen Anforderungen einer unternehmenswert-orientierten Unternehmenssteuerung gerecht wird. *Breid* stellt diese erstmals zusammen mit der Erfolgs-Planungs- und -Kontrollrechnung sowie der Erfolgs-Steuerungsrechnung in seinem System der strategischen Erfolgsrechnung vor.[750] Die Erfolgspotentialrechnung kann des Weiteren unterteilt werden in eine Ertragswertorientierte Erfolgspotentialbewertung, eine Erfolgspotentialorientierte Abweichungsanalyse und eine Erfolgspotentialorientierte Performancemessung.[751] Die Absicht der Erfolgspotentialrechnung ist es, sämtliche Produkt-Markt-Potentiale eines Unternehmens zu bewerten. Die Gesamtheit dieser Potentiale stellt dann das gesamte Erfolgspotential eines Unternehmens dar und ist die Grundlage für jegliche zukünftigen Erfolge eines Unternehmens.[752] Sinnvolle strategische Entscheidungen seitens des Managements erhöhen das Erfolgspotential und führen letztendlich zu höheren Einzahlungsüberschüssen in der Zukunft, was wiederum zu einem höheren Unternehmenswert führt. Die Erfolgspotentialrechnung dient dazu, die Qualität von bereits in Ausführung befindlichen und erst geplanten Strategien bezüglich deren Einfluss auf den Wert des Unternehmens oder eines Unternehmensbereichs transparent zu machen, indem zu verschiedenen Zeitpunkten anhand von Ertragswerten das jeweilige Erfolgspotential ermittelt wird. Die Erfolgspotentialrechnung stellt also eine Überführung der qualitativen Zielgröße Erfolgspotential in die quantitative Zielgröße Unternehmenswert respektive Ertragswert dar.

Die Ertragswertorientierte Erfolgspotentialbewertung baut auf einer detaillierten Planung der zukünftigen Unternehmensstrategien und ihrer Auswirkungen auf.[753] Ausgangspunkt der Ertragswertorientierten Erfolgspotentialbewertung ist eine mehrperio-

---

748 Die Intention von *Breid* ist es, einen Beitrag zur Schließung der strategischen Lücke des Rechnungswesens zu leisten. Vgl. Breid, V. (1994), S. 21ff.

749 Vgl. Dirrigl, H. (2002), Sp. 419-431.

750 Vgl. Breid, V. (1994), S. 24.

751 Vgl. Dirrigl, H. (2002), Sp. 420f.

752 Vgl. Richter, F. (2002), Sp. 411-419.

753 Dabei bezieht *Breid* seine Untersuchungen auf ein in Divisionen gegliedertes, d.h. dezentral organisiertes Unternehmen, das aus einer Zentrale, einem Finanzbereich und verschiedenen, an den unterschiedlichen Produktmärkten operierenden Geschäftsbereichen besteht. Vgl. hierzu Breid, V. (1994), S. 170ff.

dige Finanzplanung zukünftiger Cashflows. Ein mögliches Instrument zur Offenlegung der in den zukünftigen Cashflows enthaltenen Risiken ist in diesem Zusammenhang die Szenario-Analyse, die sowohl quantitative als auch qualitative Prognosen miteinander verknüpft.[754] Im Rahmen der Szenario-Analyse werden zunächst potentielle Zukunftslagen entwickelt und in einem weiteren Schritt bewertet.[755] Als Grundlage dienen die in der strategischen Planung verankerten Umwelt- und Unternehmensanalysen, so dass ein Szenario als Beschreibung einer möglichen Zukunftssituation verstanden werden kann, in der die möglichen Entwicklungen aller für das Unternehmen relevanten Umweltfaktoren und internen Faktoren sowie deren Interdependenzen berücksichtigt werden.[756] Die Szenarien basieren auf dem derzeitigen Informationsstand und der derzeitigen Risikoeinschätzung des Bewerters, so dass es in der Zukunft durchaus zu Überraschungen hinsichtlich der tatsächlichen Umweltentwicklung kommen kann.[757] I.d.R. wird von drei Zukunftsszenarien ausgegangen, die als Worst Case sowie Best Case bezeichneten Extremszenarien und das als Base Case bezeichnete Trendszenario, das aus der Fortführung des aktuellen Zukunftstrends entwickelt wird.[758]

Diese drei Szenarien können dann mit Hilfe von diskreten Wahrscheinlichkeiten zu einem Erwartungswert verdichtet werden. Allerdings spricht viel dafür, für solche Cashflow-Prognosen einen bestimmten Verteilungstyp zu unterstellen, wobei entweder den aggregierten Cashflows als auch den einzelnen Bestandteilen bestimmte Wahrscheinlichkeitsverteilungen zugeordnet werden können. Sowohl *Breid* als auch *Dirrigl* verwenden im Rahmen der Erfolgspotentialrechnung hierfür die Beta-Verteilung, die den Vorteil aufweist, dass nur wenige Verteilungsparameter geschätzt werden müssen.[759] Außerdem weist die Betaverteilung den Vorteil auf, dass „für eine stetige Dichte der Wahrscheinlichkeitsverteilung der zu prognostizierenden Cashflows für ein endliches Intervall zwischen dem unteren Wert a (pessimistische Schätzung) und dem oberen Wert b (optimistische Schätzung) mit $0 \leq a < b$ durch die Festlegung des wahrscheinlichsten Wertes m (Modalwert) eine breite Vielfalt eingipfliger Dichtefunktionen mit beliebiger Schiefe (von linkssteil über symmetrisch bis

754 Vgl. Fischer, T.M./Decken, T.v.d. (2001), S. 316; Tewes, M. (2003), S. 294. Szenario-Analysen werden mittlerweile auch in der Praxis verstärkt eingesetzt. Vgl. bspw. zum Einsatz der Szenario-Analyse bei der *BASF AG* Heinzelbecker, K. (2007), S. 60-65.

755 Vgl. Welge, M.K./Eulerich, M. (2007), S.70.

756 An dieser Stelle muss beachtet werden, dass die Szenario-Analyse keine bloße Fortschreibung der Vergangenheit i.S. einer Trendanalyse darstellt, sondern eben auch einen Versuch wagt, zukünftige Diskontinuitäten und Trendbrüche zu prognostizieren.

757 Vgl. Tewes, M. (2003), S. 294.

758 Vgl. Dolny, O. (2003), S. 211. Prinzipiell ist die Zahl möglicher Szenarien jedoch nicht festgelegt. Vgl. Jenner, T. (2006), S. 652.

759 Vgl. Breid, V. (1994); Dirrigl, H. (2002).

rechtssteil) definiert werden"[760] kann. Darüber hinaus ist aus der Netzplantechnik[761] ein Näherungsverfahren bekannt, das im Rahmen der Erfolgspotentialrechnung geeignet ist, um die Erwartungswerte und Standardabweichungen der jährlichen Cashflows zu ermitteln. Die sog. PERT-Methode[762] greift auf eine Betaverteilung zurück, vereinfacht diese aber durch Setzung von Annahmen.

Die Dichtefunktion der „allgemeinen" Betaverteilung lässt sich durch die folgende Formel beschreiben:[763]

$$f(x)=\begin{cases}\dfrac{(x-a)^{\alpha}\cdot(b-x)^{\beta}}{(b-a)^{\alpha+\beta+1}\cdot B(\alpha+1,\beta+1)} & \text{für } a\leq x\leq b\\ 0 & \text{sonst.}\end{cases} \qquad [3.44]$$

Dabei repräsentiert *B(•)* die Betafunktion. Allerdings muss beachtet werden, dass in der Praxis nur die Werte $\alpha>0$, $\beta>0$[764] und $0<a<b$ von Interesse sind.[765] An dieser Stelle setzt nun das Näherungsverfahren an, für das eben lediglich Schätzungen eines optimistischen Wertes *b*, eines pessimistischen Wertes *a* und eines wahrscheinlichsten Wertes *m* für die zu prognostizierenden Zahlungsgrößen nötig sind. Unter der Annahme, dass der wahrscheinlichste Wert *m* mit einer doppelt so hohen Wahrscheinlichkeit eintritt wie die beiden Grenzwerte a sowie b, und dass das endliche Intervall $b-a$ sechs Standardabweichungen umfasst, werden dann näherungsweise der Erwartungswert

$$\mu(EZÜ)=\frac{a+4m+b}{6} \qquad [3.45]$$

sowie die Standardabweichung

---

760 Dirrigl, H. (2002), Sp. 422.

761 Die Netzplantechnik umfasst Methoden zur optimalen Planung und Überwachung im Rahmen des Projektmanagements. Sie stellt u.a. Methoden zur Zeit- und Terminplanung, zur Kostenplanung und zur Einsatzmittelplanung bereit. Vgl. hierzu Neumann, K. (1992), S. 168-260.

762 Die Netzplantechnik-Methode PERT stellt die Ereignisse eines Projekts in den Vordergrund, ist also insofern mit der Planung von zukünftigen Einzahlungsüberschüssen vergleichbar, da auch dort die zukünftigen Ereignisse im Unternehmen bzw. in der Umwelt mit Unsicherheit behaftet sind. Vgl. Neumann, K. (1992), S. 192ff.

763 Vgl. Breid, V. (1994), S. 168.

764 Im Spezialfall $\alpha = \beta = 0$ ergibt sich eine [a,b]-Gleichverteilung.

765 Vgl. Breid, V. (1994), S. 168.

$$\sigma(EZÜ)=\frac{b-a}{6} \qquad [3.46]$$

bestimmt.[766] *a* lässt sich als möglicher Cashflow dem Worst Case, *b* dem Best Case und *m* dem Base Case zuordnen. Unter den gesetzten Prämissen wird somit das Risiko durch die Bandbreite zwischen dem pessimistischen Wert *a* und dem optimistischen Wert *b* bestimmt. Anders als in quantitativen Risikoanalysen wie der Monte-Carlo-Risikosimulation kommt es aber nun bei der Prognose der zukünftigen Cashflows „nicht darauf an, aus wenigen Punktschätzungen über Simulationen vollständige Wahrscheinlichkeitsverteilungen für die Zahlungskomponenten aufzustellen".[767] Stattdessen soll das Risiko gemäß dem (μ,σ)-Prinzip anhand der Berechnung eines Sicherheitsäquivalent berücksichtigt werden. Dies geschieht durch die folgende Formel:

$$SÄ[EZÜ_t]=\mu[EZÜ_t]-rak\cdot\sigma[EZÜ_t] \qquad [3.47]$$

Werden der Erwartungswert und die Standardabweichung der jährlichen Einzahlungsüberschüsse anhand der Betaverteilung bestimmt, so ergibt sich das Sicherheitsäquivalent wie folgt:

$$SÄ[EZÜ_t]=\frac{a+4m+b}{6}-rak\cdot\frac{b-a}{6} \qquad [3.48]$$

Der Ertragswert der zukünftigen Einzahlungsüberschüsse zum Zeitpunkt t=0 ergibt sich aus einer Diskontierung der zukünftigen Sicherheitsäquivalente mit Hilfe eines risikofreien Kalkulationszinsfußes k. Für eine Projektstruktur mit einem begrenzten Prognosehorizont von T Perioden berechnet sich der Ertragswert daraufhin durch:[768]

$$EW_0=\sum_{t=1}^{T}\frac{\mu[EZÜ_t]-rak\cdot\sigma[EZÜ_t]}{(1+k)^t} \qquad [3.49]$$

Im Rahmen einer strategischen Planung und Kontrolle sind nun vor allem die langfristigen Auswirkungen der strategischen Entscheidungen, die im Unternehmen bzw.

---

766 Vgl. Dirrigl, H. (2002), Sp. 422.
767 Breid, V. (1994), S. 169.
768 Vgl. Dirrigl, H. (2002), Sp. 424.

in den strategischen Geschäftseinheiten getroffen werden, von Interesse. Dafür werden die zukünftigen Cashflows in Anlehnung an die Unternehmensbewertung im Rahmen eines 2-Phasenmodells bewertet.[769] Dieses sieht wie folgt aus:

$$EW_0 = \sum_{t=1}^{T} \frac{(\mu[EZÜ_t] - rak \cdot \sigma[EZÜ_t])}{(1+k)^t} + \frac{(\mu[EZÜ_{T+1}] - rak \cdot \sigma[EZÜ_{T+1}])}{(1+k)^T} \qquad [3.50]$$

Berechnet man anschließend in der folgenden Periode den Ertragswert zum Zeitpunkt t=1, so ergibt sich eine als Soll-Ist-Abweichung zu interpretierende Gesamtabweichung vom ursprünglich geplanten Ertragswert. Diese Soll-Ist-Abweichung kann sowohl endogene als auch exogene Ursachen haben, so dass nun eine ursachengerechte Aufspaltung und Zurechnung mit Hilfe der Erfolgspotentialorientierten Abweichungsanalyse als eigentlicher strategischer Kontrolle erfolgt.

Ausgangsbasis einer Erfolgspotentialorientierten Abweichungsanalyse ist der Ertragswert einer Periode t, der mit dem Ertragswert der Vorperiode t-1 verglichen wird. Daraus ergibt sich eine Gesamtabweichung, die unterschiedliche Einflussfaktoren hat. Neue strategische Entscheidungen und Maßnahmen des Managements können genauso den Ertragswert beeinflusst haben wie veränderte Umweltbedingungen. Auch ein höheres oder niedrigeres Zinsniveau und eine veränderte Risikoaversion, beispielsweise durch eine neue Zusammensetzung im Management, können den Ertragswert in der laufenden Periode beeinflusst haben, so dass eine genauere Analyse der Gesamtabweichung sinnvoll erscheint. Die Erfolgspotentialrechnung wird diesen Problemen gerecht, indem sie die folgenden Einflussfaktoren auf das Erfolgspotential berücksichtigt:

- Zeiteffekt
- Zinsänderungseffekt
- Risikopräferenzänderungseffekt
- Informationseffekt
- Aktionseffekt

Da ein undifferenzierter Vergleich zwischen einem ermittelten Ertragswert in t=1 und einem in t=0 ermittelten Ertragswert wenig sinnvoll ist, wird eine daraus resultierende Gesamtabweichung in seine verantwortlichen Einflussfaktoren aufgespalten. Zunächst werden die drei verschiedenen Bezugspunkte ex ante (A), Beharrungszu-

---

[769] Vgl. Dirrigl, H. (1998a), S. 12ff. Vgl. auch Kapitel 3.1.2.

stand (B) und ex post (P) eingeführt, die für den ursprünglich in t=0 ermittelten Ertragswert als Ausgangszustand, den auf Basis der Trägheitsprojektion im Beharrungszustand ermittelten Ertragswert sowie den schließlich in t=1 unter Berücksichtigung sämtlicher neuer Informationen ermittelten Ertragswert stehen. Darüber hinaus sind auch Veränderungen bei den ex ante festgestellten Bewertungsparametern Kalkulationszinsfuß und Risikopräferenz entsprechend zu berücksichtigen. Die ursprünglichen in t=0 herangezogenen Bewertungsparameter werden mit k_0^{EPR} respektive rak_0^{EPR}, die ex post in t=1 zu berücksichtigenden Bewertungsparameter mit k_1^{EPR} und rak_1^{EPR} bezeichnet. Die Symbolisierung der jeweiligen Ertragswerte mit $EW(\bullet)_t^{[k,rak]}$ zeigt auf, zu welchem Zeitpunkt und auf Basis welcher Informationen ein Ertragswert bestimmt wird und welcher Zinssatz sowie welcher Risikoaversionskoeffizient mit in die Berechnung einfließen. Ausgangspunkt für die Erfolgspotentialorientierte Abweichungsanalyse ist der Ertragswert ex ante in t=0 $EW(A)_0^{[0,0]}$.[770] Sofern keine Veränderungen in der Unternehmensstrategie vorgenommen werden oder neue Projekte in das Aktionsprogramm aufgenommen werden, entspricht der ökonomische Gewinn in der Periode t der Verzinsung auf den Ertragswert der Vorperiode $EW(A)_0^{[0,0]}$.[771] Dieser als Zeiteffekt bekannte Vermögenszuwachs kommt jedoch nur unter Sicherheit durch eine zeitliche Verschiebung des Zahlungsstroms zustande.[772] Bei der Erfolgsbeurteilung ist der Zeiteffekt nicht mitzuberücksichtigen, da dieser nicht auf der Leistung des Managements beruht. Um den Zeiteffekt abzuspalten, wird zunächst der Ertragswert in t=1 bei sonst unveränderter Informationslage $EW(A)_1^{[0,0]}$ bestimmt. Der Zeiteffekt ergibt sich dann wie folgt:[773]

$$DEW(A)_1 = EW(A)_1^{[0,0]} - EW(A)_0^{[0,0]} \qquad [3.51]$$

Als nächstes werden der Zinseffekt, der Risikopräferenzänderungs-effekt, der Informationseffekt sowie der Aktionseffekt abgespalten, wobei aufgrund der Nachteile, die mit der Anwendung einer kumulativen Abweichungsanalyse verbunden sind, der Reihenfolge der Abspaltungen eine nicht unerhebliche Bedeutung zukommt.[774] Diese sollte jedoch zweckgebunden sein, so dass es beispielsweise für die Aufgabe einer Beurteilung des Managements respektive der neuen Strategie sinnvoll erscheint, den

---

770 Vgl. Dirrigl, H. (2002), Sp. 425ff.
771 Vgl. Laux, H./Liermann, F. (1986), S. 83; vgl. auch Kapitel 3.2.4.1.
772 Vgl. bereits Moxter, A. (1982), S. 52.
773 Vgl. Dirrigl, H. (2002), Sp. 427.
774 Vgl. zur kumulativen Abweichungsanalyse bspw. Coenenberg, A.G. (2007), S. 235-243.

Aktionseffekt als letztes abzuspalten und somit also den äußeren Weg mit den Schritten 2, 3, 4 und 5 in der folgenden Abbildung zu wählen:[775]

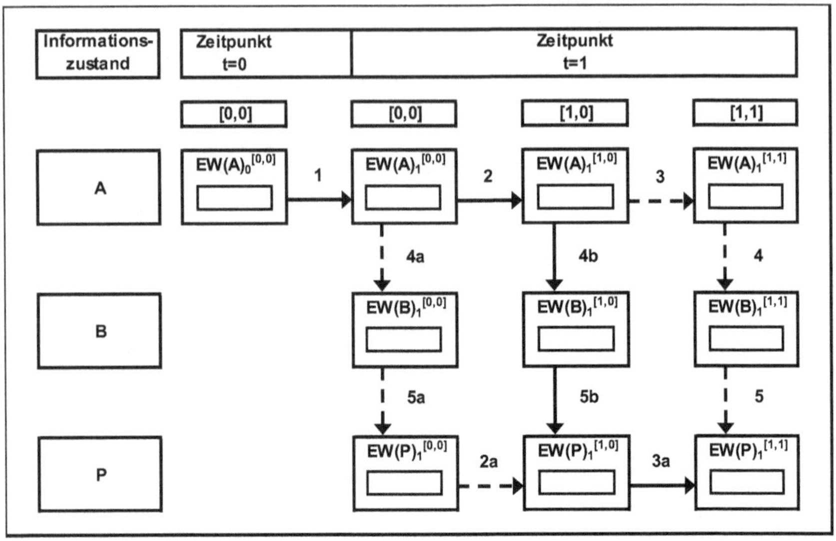

Abb. 3-5: ***Grundstruktur der Erfolgspotentialrechnung und Abweichungsanalyse***

Um demnach als nächstes den Zinsänderungseffekt (ZE) abspalten zu können, wird ein Ertragswert mit Hilfe eines neuen Zinssatzes k_1^{EPR} berechnet. In der allgemeinen Form ergibt sich die folgende Darstellung:[776]

$$\Delta EW(\bullet)_1^{ZE} = EW(\bullet)_1^{[1,0]} - EW(\bullet)_1^{[0,0]} \qquad [3.52]$$

Im nächsten Schritt wird der Risikopräferenzänderungseffekt abgespaltet, indem der neue Risikoaversionskoeffizient für eine Neuberechnung der Sicherheitsäquivalente herangezogen wird. Anschließend wird auf Basis der neuen Sicherheitsäquivalente ein Ertragswert $EW(A)_1^{[1,1]}$ berechnet. Der Risikopräferenzänderungseffekt (RE) ergibt sich als:[777]

---

775 Vgl. Dirrigl, H. (2002), Sp. 426.
776 Vgl. Dirrigl, H. (2002), Sp. 429.
777 Vgl. Dirrigl, H. (2002), Sp. 429.

$$\Delta EW(\bullet)_1^{RE} = EW(\bullet)_1^{[1,1]} - EW(\bullet)_1^{[1,0]} \quad [3.53]$$

Da eine Abweichung vom ursprünglich geplanten Ertragswert in t=0 nun sowohl Ursachen, die ihre Gründe in den (guten oder schlechten) Entscheidungen des Managements haben, also eindeutig von diesem zu beeinflussen sind, als auch Ursachen haben kann, die auf veränderte Markt- und Umweltbedingungen zurückzuführen sind, sollte demzufolge versucht werden, die Einflüsse exogenen Ursprungs von den Einflüssen zu trennen, die aufgrund von strategischen und operativen Entscheidungen vom verantwortlichen Management beeinflusst werden können. Auf diese Weise lassen sich folglich auch einzelne Unternehmensstrategien auf ihre Qualität hin bewerten. Um nun die Einflüsse exogenen Ursprungs getrennt ausweisen zu können, wird unterstellt, dass das verantwortliche Management „träge" auf neue Umweltentwicklungen reagiert, die neuen ex-post revidierten Informationen über die Umweltbedingungen allerdings schon berücksichtigt werden, weswegen man in der Literatur bei dieser Vorgehensweise auch von einer Trägheitsprojektion spricht.[778] Unter Verwendung der neu hinzugewonnenen Informationen über den Umweltzustand werden zunächst neue Cashflows für den Beharrungszustand ermittelt. Mit Hilfe neuer Sicherheitsäquivalente wird dann der Ertragswert im Beharrungszustand $EW(B)_1^{[1,1]}$ ermittelt und der Informationseffekt (IE) ausgewiesen:[779]

$$\Delta EW_1^{IE} = EW(B)_1^{[1,1]} - EW(A)_1^{[1,1]} \quad [3.54]$$

Die Auswirkungen sämtlicher Aktionen seitens des Managements, wie neue strategische Aktionsprogramme oder die Einleitung neuer Projekte, fließen schließlich in den Aktionseffekt. Aufbauend auf den neuen Cashflow-Prognosen wird ein Ertragswert ex post $EW(P)_1^{[1,1]}$ und anschließend der Aktionseffekt (AE) berechnet:[780]

$$\Delta EW_1^{AE} = EW(P)_1^{[1,1]} - EW(B)_1^{[1,1]} \quad [3.55]$$

Eine strategische Abweichung lässt sich wie folgt ermitteln:

$$\Delta EW(A \to P)_1 = EW(P)_1^{[1,1]} - EW(A)_1^{[0,0]} \quad [3.56]$$

778 Vgl. Dirrigl, H. (2002), Sp. 424; Dolny, O. (2003), S. 277.
779 Vgl. Dirrigl, H. (2002), Sp. 428.
780 Vgl. Dirrigl, H. (2002), Sp. 428.

Aufbauend auf der Erfolgspotentialorientierten Abweichungsanalyse kann auch die strategische Abweichung als strategisch-prospektive Performancegröße mit einer operativ-retrospektiven Größe kombiniert werden.[781] Der auf dieser Idee aufbauende ökonomische Erfolg der abgelaufenen Periode PE_1 resultiert zunächst aus dem Cashflow der abgelaufenen Periode zuzüglich der strategischen Abweichung:[782]

$$PE_1 = CF_1 + EW(P)_1^{[1,1]} - EW(A)_0^{[0,0]} \qquad [3.57]$$

Der Ertragswert $EW(A)_1^{[0,0]}$ in Periode t=1 ergibt sich als sichere Verzinsung auf den Ertragswert der Vorperiode t=0 abzüglich der erwarteten Entnahme:

$$EW(A)_1^{[0,0]} = \left(1 + k_0^{EPR}\right) \cdot EW(A)_0^{[0,0]} - S\ddot{A}(CF_1) \qquad [3.58]$$

Unter Berücksichtigung dieser Tatsache lässt sich der ökonomische Erfolg in Periode t=1 PE_1 auch folgendermaßen bestimmen:

$$PE_1 = \underbrace{CF_1 - S\ddot{A}(CF_1)}_{\substack{operative\\Abweichung}} + \underbrace{k_0^{EPR} \cdot EW(A)_0^{[0,0]}}_{Mindestverzinsung} + \underbrace{EW(P)_1^{[1,1]} - EW(A)_1^{[0,0]}}_{\substack{strategische\\Abweichung}} \qquad [3.59]$$

Der ökonomische Erfolg PE_1 setzt sich also zusammen aus einem operativen Erfolg, einem strategischen Erfolg sowie einer sicheren Mindestverzinsung auf den Ertragswert der Vorperiode. Der operative Erfolg zeigt auf, ob das ursprünglich geplante Sicherheitsäquivalent des Einzahlungsüberschusses in Periode t=1 durch den tatsächlich eingetretenen Ist-Erfolg übertroffen werden konnte oder ob eine schlechte Strategieumsetzung dazu führte, dass der Ist-Erfolg unter dem ursprünglich geplanten Sicherheitsäquivalent liegt. Der strategische Erfolg, der sich auf der Basis der neuen, in Periode t=1 ergebenden, Informationslage und auf der Basis neuer in die Wege geleiteter Strategien ergibt, ist einer starken Unsicherheit unterworfen. Die gesamte strategische Abweichung kann sich dabei aus einer veränderten Informationslage, neuen Strategien, einem veränderten Zinsniveau oder einer veränderten Risikoeinstellung ergeben. Die Mindestverzinsung auf den Ertragswert der Vorperiode $EW(A)_0^{[0,0]}$ gilt als sicher, spiegelt gleichzeitig aber auch die Opportunitätskosten der Kapitalgeber wider, die diese auch in einer Alternativanlage erzielen würden. Daher

781 Vgl. Dirrigl, H. (2003), S. 159.
782 Die folgenden Überlegungen basieren auf Dirrigl, H. (2002), Sp. 430f.

wird diese vom ökonomischen Erfolg abgezogen. Es ergibt sich ein modifizierter ökonomischer Erfolg PE_t^{mod}:[783]

$$PE_1^{\mathrm{mod}} = CF_1 + EW(P)_1^{[1,1]} - EW(A)_0^{[0,0]} \cdot \left(1 + k_0^{EPR}\right) \qquad [3.60]$$

Daraus folgt:

$$PE_1 = \underbrace{CF_1 - S\ddot{A}(CF_1)}_{\substack{operative \\ Abweichung}} + \underbrace{EW(P)_1^{[1,1]} - EW(A)_1^{[0,0]}}_{\substack{strategische \\ Abweichung}} \qquad [3.61]$$

Der modifizierte ökonomische Erfolg zeigt somit sowohl die bereits realisierte operative Abweichung als auch die noch zu realisierende strategische Abweichung auf.

Im Folgenden sollen verschiedene Möglichkeiten zur Ermittlung von Kapitaleinsatzmehrwerten vorgestellt werden.

3.2.6 Der Kapitaleinsatz als Einflussfaktor und Problem einer unternehmenswertorientierten Performancemessung

Bei der Bestimmung des Kapitaleinsatzes kann allgemein unterschieden werden zwischen der input-orientierten Perspektive und der Opportunitätsperspektive. Beide Konzepte orientieren sich an den alternativen Kapitalverwendungsmöglichkeiten der Kapitalgeber:[784]

- Bei der input-orientierten Perspektive ist der Betrag von Interesse, den die Kapitalgeber in der Vergangenheit bis zum heutigen Betrachtungszeitpunkt im Unternehmen investiert haben, um einen Anspruch auf den Unternehmensgesamtwert bzw. die dahinter stehenden Zahlungen zu erlangen, wobei jedoch auch ein Verzinsungsanspruch der Kapitalgeber berücksichtigt wird, so dass sich das investierte Kapital (IK) einer Vorperiode mit dem Zinssatz einer vergleichbaren Alternativanlage erhöht.[785] Auf der anderen Seite sinkt das investierte Kapital dagegen um sämtliche Zahlungen, die wieder an die Kapitalgeber zurückfließen:[786]

$$IK_t = IK_{t-1} \cdot (1 + k) - CF_t \qquad [3.62]$$

---

783 Vgl. Dolny, O. (2003), S. 239.
784 Vgl. Richter, F./Honold, D. (2000), S. 270f.
785 Vgl. Schüler, A. (2000), S. 2107.
786 Vgl. Drukarczyk, J./Schüler, A. (2000), S. 265; O'Hanlon, J./Peasnell, K. (2002), S. 232.

Ein auf solche Art und Weise berechnetes investiertes Kapital entspricht nur in Ausnahmefällen dem Buchwert des eingesetzten Kapitals. Für ein Investitionsprojekt entspricht das investierte Kapital nur zum Zeitpunkt der Durchführung der Anfangsinvestition dem Buchwert des eingesetzten Kapitals in Höhe der Anschaffungsauszahlung. Bei der Bewertung von Gesamtunternehmen, Unternehmensbereichen und strategischen Geschäftseinheiten wird das investierte Kapital nur dann dem Buchwert des eingesetzten Kapitals entsprechen, wenn die Kapitalgeber in der Vergangenheit stets eine angemessene Verzinsung ihres Kapitaleinsatzes erhalten haben, wenn also jährlich $CF_t = k \cdot IK_{t-1}$ gilt bzw. über die Gesamtlaufzeit *n* zwischen Investition und Betrachtungszeitpunkt die Verzinsung dem Endwert der erhaltenen Zahlungen entspricht:

$$\sum_{t=1}^{n} CF_t \cdot (1+k)^t = IK_0 \cdot (1+k)^n \qquad [3.63]$$

- Bei der Opportunitätsperspektive wird berücksichtigt, dass die Aktionäre einer Aktiengesellschaft theoretisch jederzeit ihre Aktien verkaufen und den Erlös anderweitig investieren könnten. In diesem Fall würden sie den Marktwert für ihre Aktien erhalten und könnten diesen Betrag in eine Alternativanlage reinvestieren. Daher wird vorgeschlagen, dass die Verzinsungsansprüche der Kapitalgeber auf dem Marktwert des Unternehmens basieren sollten. Der entscheidende Unterschied einer Heranziehung des Marktwerts zum Buchwert besteht darin, dass im Marktwert bereits die Übergewinne enthalten sind. Die Berechnung des Residualgewinns wird darauf aufbauend folgendermaßen angepasst:[787]

$$EVA_t = NOPAT_t - wacc \cdot (BIK_{t-1} + MVA_0) \qquad [3.64]$$

Die Summe aus BIK und MVA entspricht dem Marktwert des Unternehmens. Dieser wird im folgenden Abschnitt als Kapitaleinsatz berücksichtigt.

3.2.6.1 Der Residualgewinn unter Verwendung von Marktwerten und Akquisitionsfiktion

Ursächlich für die falsche Signalwirkung des Economic Value Added ist der Bezugspunkt in Form der Werthürde, auf den sich ein ermittelter Periodenerfolg bezieht und ab dem ein Übergewinn ausgewiesen wird.[788] Beim Economic Value Added-Ansatz

[787] Vgl. Richter, F./Honold, D. (2000), S. 271.
[788] Vgl. Richter, F. (1999), S. 153; Richter, F./Honold, D. (2000), S. 266.

wird als Bezugspunkt der Buchwert des eingesetzten Kapitals herangezogen. Da es dem Economic Value Added jedoch nicht gelingt, in allen Fällen die richtige Signalwirkung zu geben, wurde mit dem Refined Economic Value Added (REVA) ein Konzept vorgestellt, bei dem das eingesetzte Kapital nicht mit seinem Buchwert in die Capital Charge eingeht, sondern mit dem Marktwert.[789] Somit muss das operative Ergebnis höher ausfallen als die Verzinsung des Marktwertes des eingesetzten Kapitals, um einen positiven Residualgewinn ausweisen zu können.[790] Dies wird wie im Konzept des ökonomischen Residualgewinns damit begründet, dass die Anteilseigner eines Unternehmens jederzeit ihre Anteile verkaufen und den Verkaufserlös in ein anderes Unternehmen zum derzeitigen Marktwert investieren könnten.[791] Im Gegensatz zum Vorgehen im Konzept des ökonomischen Residualgewinns wird jedoch weiterhin vom NOPAT als Ergebnisgröße ausgegangen und somit eine lineare Abschreibung auf die Anschaffungsauszahlung des Projekts vorgenommen. Geht man von einem vollständig eigenfinanzierten Unternehmen aus, so entsprächen die Opportunitätskosten folglich dem Produkt aus dem Marktwert des Eigenkapitals und der Renditeforderung der Eigenkapitalgeber.[792] Bei einem anteilig fremdfinanzierten Unternehmen berechnet sich der REVA aus Unternehmenssicht wie folgt:[793]

$$REVA_t = NOPAT_t - wacc_t \cdot UW_{t-1} \qquad [3.65]$$

Die Opportunitätskosten der Anteilseigner entsprechen in diesem Fall dem Produkt aus der Renditeforderung bei anteiliger Fremdfinanzierung, die Opportunitätskosten der Fremdkapitalgeber dem Produkt aus Fremdkapitalkostensatz sowie Marktwert des Fremdkapitals.

REVA stelllt ein „trading-based measure of performance“[794] dar, das von seiner Konzeption her dem Total Shareholder Return[795] respektive dem ökonomischen Gewinn ähneln soll.[796] Konsequenterweise müsste an diese Überlegung aber ein Performancemaß wie der ökonomische Residualgewinn anknüpfen, um nicht nur die Ver-

789 Vgl. Bacidore, J.M./Boquist, J.A./Milbourn, T.T./Thakor, A.V. (1997), S. 11ff.
790 Vgl. Hebertinger, M. (2002), S. 179.
791 Vgl. Bacidore, J.M./Boquist, J.A./Milbourn, T.T./Thakor, A.V. (1997), S. 13.
792 Vgl. Bacidore, J.M./Boquist, J.A./Milbourn, T.T./Thakor, A.V. (1997), S. 14.
793 Vgl. Hebertinger, M. (2002), S. 179.
794 Vgl. Bacidore, J.M./Boquist, J.A./Milbourn, T.T./Thakor, A.V. (1997), S. 14.
795 Der Total Shareholder Return einer Periode t setzt sich aus der Kursveränderung einer Aktie in Periode t zuzüglich der an den Aktionär gezahlten Dividende in Periode t, die annahmegemäß dem Cashflow in t entspricht, zusammen und stellt quasi einen ökonomischen Gewinn auf Ebene eines Anteilseigners sowie auf Basis von Marktwerten dar. Vgl. Rappaport, A. (1998), S. 20; Richter, F./Honold, D. (2000), S. 272.
796 Dagegen setzt das Grundkonzept des Economic Value Added eher an der operativen Performance des Unternehmens an. Vgl. Bacidore, J.M./Boquist, J.A./Milbourn, T.T./Thakor, A.V. (1997), S. 14.

zinsung auf den Marktwert des eingesetzten Kapitals zu erfassen, sondern auch eine Veränderung des Markwertes des eingesetzten Kapitals im Zeitablauf[797] zu berücksichtigen. Dies ist im REVA-Konzept, in dem die Abschreibungen einer Periode der Veränderung des Buchwertes entsprechen, jedoch nicht vorgesehen.[798] Somit wird das ursprüngliche Konzept eines buchhalterisch ermittelten Residualgewinns mit einer Marktwertbetrachtung des Kapitals vermischt.[799] Zieht man REVA als Entscheidungsgrundlage heran, so führt dies sogar dazu, dass die Schwäche des EVA, nämlich die falsche Anreizwirkung im Zusammenhang mit einer nicht gegebenen starken Zielkongruenz, im Konzept des REVA sogar noch verstärkt wird.[800]

Dies kann anhand der Zahlen aus dem Beispiel in Kapitel 3.2.2.3 verdeutlicht werden. Der Refined Economic Value Added berechnet sich zunächst wie folgt:

t [in GE]	**0**	**1**	**2**	**3**	**4**	**5**
OCF_t	-8.500	2.500	2.300	2.278	2.348	1.960
Ab_t		1.700	1.700	1.700	1.700	1.700
$NOPAT_t$		800	600	578	648	260
EW_t	8.706	7.076	5.484	3.754	1.782	0
kalk. $Zinsen_t$		871	708	548	375	178
RG_t^{REVA}		**-71**	**-108**	**30**	**273**	**82**
EWA_t		-1.630	-1.592	-1.730	-1.972	-1.782

Tab. 3-5: Einfache Darstellung des Refined Economic Value Added

Der Refined Economic Value Added übernimmt die Schwäche des Economic Value Added, da REVA in den ersten beiden Perioden negative Werte in Höhe von -71 GE respektive -108 GE aufweist, obwohl der Kapitalwert des Investitionsprojektes mit 206 GE positiv ist.

Wird unterstellt, dass der für ein Investitionsprojekt verantwortliche Entscheidungsträger am REVA entlohnt wird, so verstärkt sich im Vergleich zum Konzept des Economic Value Added sogar noch der Anreiz, vorteilhafte Investitionen zu unterlassen, da in diesem Fall ein positiver Kapitalwert bereits das eingesetzte Kapital und somit die kalkulatorischen Zinsen erhöht, so dass der Entscheidungsträger quasi für die Durchführung sich lohnender Investitionsprojekte bestraft wird.[801]

797 Wie etwa die Ertragswertabschreibung respektive Ertragswertzuschreibung im Konzept des ökonomischen Residualgewinns.
798 Vgl. auch Hebertinger, M. (2002), S. 179.
799 Vgl. Hebertinger, M. (2002), S. 180.
800 Vgl. Albrecht, T. (1998), S. 86.
801 Vgl. Hebertinger, M. (2002), S. 180.

Das REVA-Konzept kann dahingehend erweitert werden, dass nicht nur in jeder Periode unter „Akquisitionsfiktion“ die kalkulatorischen Zinsen bestimmt werden, sondern dass zuzüglich zur Buchwertänderung auch die Veränderung des MVA mitberücksichtigt wird, so dass die bilanzielle Abschreibung zu einer Ertragswertabschreibung erweitert wird:[802]

$$\begin{aligned} REVA_t^{\text{modifiziert}} &= NOPAT_t - wacc \cdot UW_{t-1} + (UW_t - UW_{t-1}) - (BIK_t - BIK_{t-1}) \\ &= NOPAT_t - wacc \cdot UW_{t-1} + (MVA_t - MVA_{t-1}) \end{aligned} \quad [3.66]$$

Die folgende Tabelle verdeutlicht dies:

t [in GE]	**0**	**1**	**2**	**3**	**4**	**5**
OCF_t	-8.500	2.500	2.300	2.278	2.348	1.960
Ab_t		1.700	1.700	1.700	1.700	1.700
$NOPAT_t$		800	600	578	648	260
EW_t	8.706	7.076	5.484	3.754	1.782	0
kalk. $Zinsen_t$		871	708	548	375	178
$MVA_t - MVA_{t-1}$		71	108	-30	-273	-82
$REVA_t^{modifiziert}$		**0**	**0**	**0**	**0**	**0**
RBW_t	8.500	6.800	5.100	3.400	1.700	0
MVA_t	206	276	384	354	82	0

Tab. 3-6: Einfache Darstellung des erweiterten Refined Economic Value Added

Unter Berücksichtigung der Abschreibung auf den MVA ergibt sich in jeder Periode ein modifiziertes REVA von null, so dass die Diskrepanz zwischen REVA und dem ökonomischen Residualgewinn geschlossen worden ist. Allerdings verdeutlichen die dargestellten Zusammenhänge auch, dass das eigentliche Konzept des Refined Economic Value Added keinerlei Verbesserung gegenüber dem Konzept des Economic Value Added darstellt.[803]

3.2.6.2 Der periodische Nettokapitalwert auf Basis des Investierten Kapitals

Ein strategisches Performancemaß, das das eingesetzte Kapital als investiertes Kapital berücksichtigt, ist das von *O'Hanlon/Peasnell* vorgeschlagene Excess Value Created.[804] Es basiert auf der Konstellation (4) der in Abbildung 3.3 dargestellten Systematisierung. In der deutschen Literatur wird dieses unter der Bezeichnung des

802 Vgl. Richter, F./Honold, D. (2000), S. 271.
803 Vgl. Richter, F./Honold, D. (2000), S. 271; Hebertinger, M. (2002), S. 180.
804 Vgl. O'Hanlon, J./Peasnell, K. (2002), S. 232.

„periodischen Nettokapitalwertes (NKW)“ behandelt.[805] Dieser stellt eine Erweiterung des einfachen Kapitalwertes dar, der sich im Rahmen der Beurteilung eines Investitionsprojekts als Barwert der zukünftigen Einzahlungsüberschüsse abzüglich einer Anschaffungsauszahlung zum Zeitpunkt t=0 berechnen lässt.[806]

Der Nettokapitalwert NKW_t einer Periode t entspricht der Differenz aus dem jeweiligen Ertragswert EW_t und dem investierten Kapital IK_t in der Periode t:[807]

$$NKW_t = EW_t - IK_t \qquad [3.67]$$

Dabei berechnet sich das investierte Kapital gemäß Gleichung [3.62] wie folgt:

$$IK_t = IK_{t-1} \cdot (1+k) - CF_t$$

Zur Berechnung des investierten Kapitals einer Periode t ist das investierte Kapital der Vorperiode t-1 um Kapitalkosten respektive Opportunitätskosten der Investoren zu erhöhen und um Auszahlungen an die Investoren, wie Dividenden und Kapitalrückzahlungen, zu vermindern.[808] Zu Beginn einer Investition oder zum Zeitpunkt eines Unternehmenskaufs entspricht das investierte Kapital in Höhe der Anschaffungsauszahlung respektive des Kaufpreises stets dem Buchwert der Aktiva BIK_0:[809]

$$IK_0 = BIK_0 \qquad [3.68]$$

In den folgenden Perioden weicht jedoch das investierte Kapital durch die Berücksichtigung der Verzinsung und der Rückzahlungen an die Investoren vom Buchwert der Aktiva ab. Beim investierten Kapital werden extern finanzierte Investitionen direkt über eine Kapitalerhöhung als negative Ausschüttung und innenfinanzierte Investitionen durch eine Ausschüttungsverkürzung erfasst.[810] Der Nettokapitalwert drückt aus, um welchen Betrag der ökonomische Wert der Kapitalgeber („economic value of shareholders' funds“) das von den Kapitalgebern investierte Kapital („unrecovered capital“) zum Zeitpunkt t übersteigt.[811] Der Nettokapitalwert weist also den Vorteil auf, dass er zu jedem Zeitpunkt für ein Investitionsprojekt oder einen Geschäftsbereich

---

805 Vgl. Drukarczyk, J./Schüler, A. (2000), S. 255ff.; Schüler, A./Krotter, S. (2004), S. 430ff.
806 Vgl. Kapitel 3.1.1.
807 Vgl. O'Hanlon, J./Peasnell, K. (2002), S. 232; Schüler, A./Krotter, S. (2004), S. 431.
808 Vgl. O'Hanlon, J./Peasnell, K. (2002), S. 231; Schüler, A./Krotter, S. (2004), S. 431.
809 Vgl. O'Hanlon, J./Peasnell, K. (2002), S. 232.
810 Vgl. Schüler, A./Krotter, S. (2004), S. 431.
811 Vgl. O'Hanlon, J./Peasnell, K. (2002), S. 232.

den Kapitaleinsatzmehrwert aus Sicht der Investoren aufzeigt. Aus diesem Grund ist der Nettokapitalwert geradezu prädestiniert für den Einsatz im Rahmen der wertorientierten Kontrolle.[812]

Zu Beginn der ersten Periode (in t=0) entspricht der Nettokapitalwert im Gründungszeitpunkt respektive zu Beginn eines Investitionsprojekts einem auf Basis der zukünftigen Residualgewinne berechneten Barwert wie beispielsweise dem Market Value Added.[813] In den Folgeperioden weicht der Nettokapitalwert jedoch in jeder Periode vom Barwert der zukünftigen Residualgewinne ab. Gegenüber dem Konzept des Market Value Added, das in den Folgeperioden zwar Barwertkompatibilität aufweist, nicht aber Barwertidentität, hat der periodische Nettokapitalwert den Vorteil, dass dieser in jeder Periode auch eine Barwertidentität gewährleistet, d.h. ein positiver Kapitalwert für die Gesamtlaufzeit auch in jeder Periode einen positiven Nettokapitalwert zur Folge hat. Dies erhöht die Aussagefähigkeit des Nettokapitalwerts für eine unternehmenswertorientierte Steuerung des Unternehmens.[814] Ein weiterer Vorteil des Konzepts liegt darin, dass der Vermögensendwert des Unternehmens dem Nettokapitalwert zum Liquidationszeitpunkt entspricht. Für den Fall, dass das Projekt vorteilhaft ist, weist das investierte Kapital am Ende der Projektlaufzeit einen negativen Wert auf, und zwar in Höhe des Vermögensendwerts. Das investierte Kapital zeigt die Vorteilhaftigkeit des Projekts aber eben erst zum Zeitpunkt der tatsächlichen Realisierung des Wertbeitrags an, der periodische Nettokapitalwert hingegen zu jedem Zeitpunkt.[815]

Die Differenz ΔNKW_t zwischen dem NKW einer Periode t und dem NKW der Vorperiode t-1 wird als Net Economic Income (NEI)[816] bezeichnet und drückt die Steigerung des NKW aus, die einer Periode t zugerechnet werden kann.[817] Das Net Economic Income ergibt sich auch als Differenz der Ertragswerte abzüglich der Differenz des investierten Kapitals zwischen zwei Perioden:[818]

$$NEI_t = \Delta NKW_t = \Delta EW_t - \Delta IK_t = \Delta EW_t + CF_t - k \cdot IK_{t-1} \qquad [3.69]$$

812 Im Folgenden soll des Weiteren die Überlegenheit des Nettokapitalwerts gegenüber dem Market Value Added aufgezeigt werden. Dies unterliegt einer besonderen Brisanz, da der Market Value Added laut *Stewart* die Wertsteigerung einer Periode aufzeigen soll. Vgl. Stewart, G.B. (1991).

813 Vgl. Schüler, A./Krotter, S. (2004), S. 431.

814 Vgl. Schüler, A./Krotter, S. (2004), S. 430.

815 Vgl. Schüler, A./Krotter, S. (2004), S. 431.

816 Vgl. Drukarczyk, J./Schüler, A. (2000), S. 265.

817 Vgl. Schüler, A./Krotter, S. (2004), S. 431.

818 Vgl. Drukarczyk, J./Schüler, A. (2000), S. 265; Schüler, A./Krotter, S. (2004), S. 431. Aus Gleichung [3.62] folgt $\Delta IK_t = -CF_t + k \cdot IK_{t-1}$.

Das Net Economic Income einer Periode t lässt sich darüber hinaus auch durch Abzug der Kapitalkosten auf das investierte Kapital der Vorperiode t-1 vom ökonomischen Gewinn der Periode t bestimmen:[819]

$$NEI_t = CF_t + EW_t - EW_{t-1} - k \cdot IK_{t-1} \quad [3.70]$$

Um zu verhindern, dass eine bloße zeitliche Verschiebung als Erfolg für das verantwortliche Management interpretiert wird, kann der Zeiteffekt, der in diesem Zusammenhang der Verzinsung auf den Nettokapitalwert der Vorperiode entspricht, vom Net Economic Income abgezogen werden:[820]

$$\begin{aligned} NEI_t - k \cdot NKW_{t-1} &= \Delta EW_t + CF_t - k \cdot IK_{t-1} - k \cdot NKW_{t-1} \\ &= \Delta EW_t + CF_t - k \cdot EW_{t-1} \end{aligned} \quad [3.71]$$

Als Ergebnis resultiert daraus der kapitaltheoretische Residualgewinn. Für den Fall, dass die ursprünglichen Erwartungen eintreffen, entspricht die Veränderung des Nettokapitalwerts ΔNKW_t der Verzinsung auf den Nettokapitalwert der Vorperiode und somit genau dem Zeiteffekt. In diesem Fall beträgt das Net Economic Income folglich stets null. Dies bedeutet, dass über den anfangs ausgewiesenen Wertbeitrag in Höhe des Nettokapitalwerts in t=0 kein zusätzlicher Wert geschaffen wurde.[821] Kommt es allerdings im Verlauf eines Projekts zu Abweichungen von den ursprünglich geplanten Cashflows oder ändern sich die Erwartungen bezüglich der zukünftigen Cashflows, so kann das Net Economic Income auch Werte annehmen, die über einen positiven wie negativen Zeiteffekt hinausgehen. Die dargestellten Zusammenhänge sollen an einem einfachen Beispiel verdeutlicht werden.[822]

Ein Investor finanziert ein geplantes Investitionsprojekt vollständig mit seinem Eigenkapital in Höhe von 80 Mio. GE. Die Projektlaufzeit soll vier Jahre betragen. Die Abschreibungen erfolgen linear. Die Jahresüberschüsse des eigens für das Projekt gegründeten Unternehmens unterliegen einem einfachen Unternehmensteuersatz von 35%. Die erwirtschafteten operativen Cashflows (OCF) nach Steuern werden direkt wieder ausgeschüttet und setzen sich bilanztechnisch aus den Dividenden und der

819 Dieses ähnelt somit dem Kapitaltheoretischen Residualgewinn, nur dass sich die Kapitalkosten beim Net Economic Income auf das investierte Kapital und beim Kapitaltheoretischen Residualgewinn auf den Unternehmensgesamtwert beziehen. Vgl. Drukarczyk, J./Schüler, A. (2000), S. 265 sowie zum Kapitaltheoretischen Residualgewinn bereits Kapitel 3.2.4.2.

820 Vgl. Schüler, A./Krotter, S. (2004), S. 431; Breid, V. (1994), S. 220. Zum Zeiteffekt vgl. auch Breid, V. (1994), S. 219, jedoch im Zusammenhang mit Ertragswerten.

821 Vgl. Schüler, A./Krotter, S. (2004), S. 431.

822 In Anlehnung an das Beispiel von Schüler, A./Krotter, S. (2004), S. 430ff.

jeweiligen Kapitalherabsetzung in Höhe der Abschreibungen zusammen. Der Investor führt Vorteilhaftigkeitsüberlegungen mit seinem Opportunitätskostensatz k von 10% durch. Einkommensteuern werden aus Vereinfachungsgründen nicht mitberücksichtigt. Der Investor geht von den folgenden Planungen aus:

GuV und Cashflow [in Mio. GE]	t = 0	t = 1	t = 2	t = 3	t = 4
Operativer Cashflow vor Steuern		22,00	35,00	40,00	28,00
Abschreibungen		20,00	20,00	20,00	20,00
Steuern		0,70	5,25	7,00	2,80
Jahresüberschuss		1,30	9,75	13,00	5,20
Kapitalherabsetzung		20,00	20,00	20,00	20,00
Cashflow		21,30	29,75	33,00	25,20
Bilanz [in Mio. GE]					
Aktiva	80,0	60,0	40,0	20,0	0,0
EK	80,0	60,0	40,0	20,0	0,0

Abb. 3-6: Ausgangsdaten

Daraus lassen sich die Unternehmenswerte, das investierte Kapital sowie die einzelnen periodischen Nettokapitalwerte wie folgt berechnen:

Bewertung [in Mio. GE]	t = 0	t = 1	t = 2	t = 3	t = 4
Unternehmenswert	85,96	73,25	50,83	22,91	0,00
Investiertes Kapital	80,00	66,70	43,62	14,98	-8,72
Nettokapitalwert	5,96	6,55	7,21	7,93	8,72
ΔNKW = Net Economic Income		0,60	0,66	0,72	0,79
NKW-Änderung nach Zeiteffekt		0,00	0,00	0,00	0,00

Tab. 3-7: Nettokapitalwert im Projektverlauf (Ausgangssituation)

Der Nettokapitalwert in t=0 in Höhe von 5,96 Mio. GE entspricht dem Kapitalwert des Projekts. Das investierte Kapital weist am Ende der Projektlaufzeit ein negatives Vorzeichen in Höhe des Vermögensendwerts von 8,72 Mio. GE auf. Das Net Economic Income ist in jeder Periode positiv, umfasst jedoch nur den Zeiteffekt, da die Wertsteigerungen in den Perioden t=1 bis t=4 bereits im Vorfeld erwartet worden sind.

Berechnet man für das Projekt die Residualgewinne, so tritt in t=1 das bereits bekannte Problem eines negativen Residualgewinns bei einem positiven Kapitalwert für das Gesamtprojekt auf:

Performance-Messung [in Mio. GE]	t = 0	t = 1	t = 2	t = 3	t = 4
Jahresüberschuss		1,30	9,75	13,00	5,20
Kapitalkosten auf Buchwert der Aktiva		8,00	6,00	4,00	2,00
Residualgewinn		-6,70	3,75	9,00	3,20
Barwert der Residualgewinne	5,96	13,25	10,83	2,91	0,00

Tab. 3-8: Residualgewinne im Projektverlauf (Ausgangssituation)

Nur in der Periode t=0 entspricht der Barwert der Residualgewinne dem periodischen Nettokapitalwert, in den folgenden Perioden führen die Konzepte zu unterschiedlichen Ergebnissen.

Allerdings lässt sich der Nettokapitalwert dennoch aus den buchwertbasierten Residualgewinnen herleiten:[823]

$$NKW_t = \sum_{\tau=t+1}^{T} RG_\tau \cdot (1+k)^{t-\tau} + \sum_{\vartheta=1}^{t} RG_\vartheta \cdot (1+k)^{t-\vartheta} \qquad [3.72]$$

Entscheidend ist folglich, dass sich der Nettokapitalwert nicht nur aus dem Barwert der zukünftigen Residualgewinne, sondern darüber hinaus auch aus dem Endwert der in den vergangenen Perioden bereits realisierten Residualgewinne zusammensetzt.[824] Somit lässt sich die Wertsteigerung einer Periode auch durch alle (bereits realisierten und noch erwarteten) Residualgewinne eines Projekts abbilden, weswegen *O'Hanlon/Peasnell* auch vom „missing link"[825] zwischen den Residualgewinnen und der Wertsteigerung sprechen. Dabei muss jedoch beachtet werden, dass sich der Unternehmenswert einmalig zu Beginn eines Investitionsprojekts um den Kapitalwert erhöht, spätere Unternehmenswertsteigerungen jedoch besser anhand des Net Economic Income als Veränderung des Nettokapitalwerts einer Periode ausgewiesen werden sollten, da andernfalls Wertsteigerungen teilweise mehrfach erfasst werden würden.

Dies soll anhand des obigen Beispiels verdeutlicht werden:

---

823 Zur Herleitung von Gleichung [3.72] vgl. O'Hanlon, J./Peasnell, K. (2002), S. 234; Schüler, A./Krotter, S. (2004), S. 432.
824 Vgl. Schultze, W./Weiler, A. (2007), S. 139.
825 O'Hanlon, J./Peasnell, K. (2002), S. 235.

Performance-Messung [in Mio. GE]	t = 0	t = 1	t = 2	t = 3	t = 4
Residualgewinn		-6,70	3,75	9,00	3,20
Barwert der Residualgewinne	5,96	13,25	10,83	2,91	0,00
Endwert vergangener RG		-6,70	-3,62	5,02	8,72
Summe = Nettokapitalwert	5,96	6,55	7,21	7,93	8,72
ΔNKW = Net Economic Income		0,60	0,66	0,72	0,79
NKW-Änderung nach Zeiteffekt		0,00	0,00	0,00	0,00

Tab. 3-9: Berechnung der Nettokapitalwerte anhand der Residualgewinne (Ausgangssituation)

Der Endwert der realisierten Residualgewinne ergibt sich aus dem realisierten Residualgewinn der laufenden Periode zuzüglich der aufgezinsten Residualgewinne der vergangenen Perioden. Es zeigt sich, dass sich die in Tabelle 3-7 ermittelten Nettokapitalwerte anhand der Residualgewinne nachbilden lassen, wenn der Barwert der Residualgewinne in der jeweiligen Periode um den Endwert der bereits realisierten Residualgewinne gemäß Formel [3.72] korrigiert wird.

Im Folgenden wird nun anhand des Beispiels verdeutlicht, auf welche Art und Weise Erwartungsänderungen im Konzept des Nettokapitalwerts verarbeitet werden. In der Periode t=1 ändern sich die Erwartungen des Managements, das nun einen Cashflow für Periode t=4 in Höhe von 38 Mio. GE annimmt:

Performance-Messung [in Mio. GE]	t = 1	t = 2	t = 3	t = 4
Erwartungsrevision: OCF vor Steuern				+10,00
Ertragswert	**78,13**	56,20	28,82	0,00
Investiertes Kapital	66,70	43,62	14,98	**-15,22**
Nettokapitalwert	**11,43**	12,58	13,84	15,22
ΔNKW = Net Economic Income	**5,47**	1,14	1,26	1,38
NKW-Änderung nach Zeiteffekt	**4,87**	0,00	0,00	0,00

Tab. 3-10: Nettokapitalwerte nach Erwartungsänderungen (Fall 1)

Das Net Economic Income weist aus strategischer Sicht den Vorteil auf, dass sich Veränderungen bei den Erwartungen bezüglich der zukünftigen Cashflows bereits zum Zeitpunkt der Erwartungsänderungen im Net Economic Income niederschlagen.[826] Im Vergleich dazu weisen Residualgewinne bei veränderten Erwartungen den höheren Cashflow erst zum Zeitpunkt des erwarteten Eintretens auf:

---

[826] Vgl. Schüler, A./Krotter, S. (2004), S. 433.

Performance-Messung [in Mio. GE]	t = 1	t = 2	t = 3	t = 4
Jahresüberschuss	1,30	9,75	13,00	11,70
Kapitalkosten auf Buchwert der Aktiva	8,00	6,00	4,00	2,00
Residualgewinn	-6,70	3,75	9,00	**9,70**
Barwert der Residualgewinne	**18,13**	16,20	8,82	0,00
Endwert vergangener RG	-6,70	-3,62	5,02	8,72
Summe = Nettokapitalwert	11,43	12,58	13,84	15,22
ΔNKW = Net Economic Income	5,47	1,14	1,26	1,38
NKW-Änderung nach Zeiteffekt	4,87	0,00	0,00	0,00

Tab. 3-11: Residualgewinne nach Erwartungsänderungen (Fall 1)

Besonders hilfreich ist die Reaktion des periodischen Nettokapitalwerts auch im Zusammenspiel mit dem investierten Kapital. Während der Nettokapitalwert wie der Ertragswert sofort auf die Veränderungen in den Erwartungen reagiert, kommt es beim investierten Kapital erst zu Veränderungen, wenn ein höherer oder niedrigerer Cashflow auch tatsächlich zu einem späteren Zeitpunkt realisiert wird.[827] Aufgrund der veränderten Erwartungen in t=1 beträgt auch das Net Economic Income nach Herausrechnung des Zeiteffekts 4,87 Mio. GE, d.h. dass eine über die Mindestverzinsung hinausgehende Wertsteigerung erzielt wurde. Mit Hilfe einer Erfolgspotentialrechnung könnte darauf aufbauend festgestellt werden, ob dies nur auf veränderte Umweltbedingungen oder auf eine veränderte (und somit erfolgreiche) Strategie des Managements zurückzuführen ist.[828]

Das Konzept des periodischen Nettokapitalwerts überzeugt auch, wenn es zunächst in Periode t=1 zu einer positiven Erwartungsrevision für die Periode t=2 kommt, demzufolge der operative Cashflow vor Steuern um 10 Mio. GE höher ausfallen wird, diese höhere Erwartung in t=2 aber nicht bestätigt wird, so dass der tatsächliche operative Cashflow vor Steuern schließlich dem ursprünglich in t=0 geplanten Wert entspricht. Ausgehend von den Ausgangsdaten in Abbildung 3-6 wird also für t=1 ein Ertragswert von 79,16 Mio. GE und ein investiertes Kapital i.H.v. 66,70 Mio. GE ermittelt. Der entsprechende Nettokapitalwert beträgt 6,55 Mio. GE.[829] Durch die Erwartungsänderung können die folgenden neuen Zahlen berechnet werden:

827 Vgl. Schüler, A./Krotter, S. (2004), S. 433.
828 Vgl. Dirrigl, H. (2002). Vgl. hierzu auch Kapitel 3.2.5.2.
829 Wie Tabelle 3-7 entnommen werden kann.

Performance-Messung [in Mio. GE]	t = 1	t = 2	t = 3	t = 4
Erwartungsrevision: OCF vor Steuern		+10,00		
Ertragswert	**79,16**	50,83	22,91	0,00
Investiertes Kapital	66,70	**37,12**	7,83	-16,58
Nettokapitalwert	**12,46**	13,71	15,08	16,58
ΔNKW = Net Economic Income	**6,50**	1,25	1,37	1,50
NKW-Änderung nach Zeiteffekt	**5,90**	0,00	0,00	0,00

Tab. 3-12: Nettokapitalwerte nach einer Erwartungsänderung in t=1 (Fall 2 – ex ante)

Da nun in t=2 ein operativer Cashflow vor Steuern in Höhe von 45,00 Mio. GE angenommen wird, steigt der Ertragswert bereits in t=1 auf 79,16 Mio. GE an. Das investierte Kapital würde erst in t=2 auf die Erwartungsänderung reagieren. Durch den höheren Ertragswert kommt es jedoch zu einem höheren Nettokapitalwert von 12,46 Mio. GE und zu einem höheren Net Economic Income von 6,50 Mio. GE, das nach Abzug des Zeiteffekts noch 5,90 Mio. GE beträgt.

Nun wird aber angenommen, dass in t=2 aber nur der ursprünglich geplante operative Cashflow vor Steuern in Höhe von 35,00 Mio. GE realisiert werden kann. Die folgende Tabelle zeigt auf, wie die irrtümlich vorgenommene Erwartungsänderung bezüglich des operativen Cashflows vor Steuern in der Periode t=2 durch das Konzept des periodischen Nettokapitalwerts wieder korrigiert wird:

Performance-Messung [in Mio. GE]	t = 1	t = 2	t = 3	t = 4
Erwartungsrevision: OCF vor Steuern		-10,00		
Ertragswert		50,83	22,91	0,00
Investiertes Kapital		43,62	14,98	-8,72
Nettokapitalwert		7,21	7,93	8,72
ΔNKW = Net Economic Income		-5,25	0,72	0,79
NKW-Änderung nach Zeiteffekt		-5,90	0,00	0,00

Tab. 3-13: Nettokapitalwerte nach einer korrigierten Erwartungsänderung in t=2 (Fall 2 – ex post)

Der im Nachhinein falsch berechnete Ertragswert in Höhe von 79,16 Mio. GE wird in t=2 nicht mehr berücksichtigt, eine Korrektur kann aber innerhalb des Ertragswerts nicht mehr erfolgen. Der als operativer Erfolg einzuschätzende tatsächliche operative Cashflow vor Steuern hat allerdings Einfluss auf das investierte Kapital, das nun nicht auf 37,12 Mio. GE sinkt, sondern auf 43,62 Mio. GE. Daher ergibt sich dennoch ein veränderter Nettokapitalwert in Periode t=2 i.H.v. 7,21 Mio. GE. Aufgrund des zuvor falsch berechneten Nettokapitalwerts i.H.v. 12,46 Mio. GE in Periode t=1, der vollständig auf die leider als falsch einzustufende Erwartungsänderung zurückzuführen ist, wird nun ein negatives Net Economic Income i.H.v. 5,25 Mio. GE ausgewiesen. Auch für die Perioden t=3 und t=4 sinkt das Net Economic Income wieder auf 0,72 respektive 0,79 Mio. GE. Dieser Effekt resultiert aus der Veränderung des investierten Kapitals.

Das vorangegangene Beispiel zeigt, dass der strategische Erfolg, der Erkenntnisse über die richtige strategische Ausrichtung des Unternehmens geben soll, durch das Net Economic Income nach Herausrechnung des Zeiteffekts ausgewiesen wird. Im Beispiel wurde zunächst in t=1 ein positives Net Economic Income i.H.v. 5,90 Mio. GE ausgewiesen, das der Steigerung des Ertragswerts von 73,25 Mio. GE im Ausgangsbeispiel in Tabelle 3-7 auf 79,16 Mio. GE in Tabelle 3-12 entspricht.[830] Zum Zeitpunkt der tatsächlichen Realisation des operativen Cashflows vor Steuern in Höhe von 35 Mio. GE in t=2 senkt jedoch der operative Erfolg in t=2 den Nettokapitalwert um 6,5 Mio. GE von 13,71 Mio. GE (in Tabelle 3-12) auf 7,21 Mio. GE (in Tabelle 3-13), so dass die zuvor prognostizierte Wertsteigerung in Höhe von 5,90 Mio. GE schließlich im Net Economic Income (nach Zeiteffekt) wieder vollständig korrigiert wird.

3.2.7 Performance-Periodisierung anhand von Residualgewinnen

3.2.7.1 Überblick

Die große Beliebtheit, die Residualgewinnkonzepten wie dem bereits vorgestellten Economic Value Added zukommt, zeigt deutlich den Wunsch nach einer einfachen Periodengewinngröße, die, lediglich durch Abzug einer Verzinsungskomponente angepasst, mit dem Ziel der Wertsteigerung kompatibel sein soll.[831] So stellt die Performancebeurteilung und Managementvergütung anhand von Residualgewinnen in vielen Unternehmen ein zentrales Element der im Rahmen der wertorientierten Unternehmensführung etablierten Systeme dar.[832] Aus diesem Grund sollen an dieser Stelle Residualgewinnkonzepte vorgestellt werden, die gegenüber dem Residualgewinn bei linearer Abschreibung, dessen bekanntester Vertreter der Economic Value Added ist, auf anderen Abschreibungsstrukturen basieren. Die Anpassung der Abschreibungsstruktur soll zu einer stärkeren Wirkungsweise residualgewinnbasierter Anreiz- und Entlohnungssysteme führen.

---

830 Es handelt sich dabei um die Erhöhung des Operativen Cashflows nach Steuern, diskontiert auf t=1.

831 Vgl. Dirrigl, H. (2003), S. 159f.

832 Vgl. Crasselt, N. (2004), S. 121.

3.2.7.2 Der Residualgewinn bei annuitätischer Abschreibung

Bereits 1965 stellte *Solomons* ein Annuitätenverfahren vor, das stets zu einer konstanten Summe aus Abschreibungen und kalkulatorischen Zinsen führt und somit – im Gegensatz zum EVA-Konzept – für konstante Cashflows auch konstante Residualgewinne ausweist.[833] Die Annuität beschreibt folglich den Kapitaldienst KD, der periodenunabhängig ist und mit Hilfe des Kapitalwiedergewinnungsfaktors sowie der Investitionsauszahlung bestimmt wird:[834]

$$Ann_t = \frac{(1+k)^n \cdot k}{(1+k)^n - 1} \cdot A_0 = const.\text{ für alle t.} \qquad [3.73]$$

Der Barwert aller Annuitäten entspricht wiederum der Investitionssumme. Der Residualgewinn bei annuitätischer Abschreibung wird wie folgt ermittelt:

$$RG_t^{ann} = OCF_t - Ann_t \qquad [3.74]$$

Da die Annuität in jeder Periode gleich hoch ist, weist der Residualgewinn bei annuitätischer Abschreibung im Projektverlauf nicht die hohen Abschreibungen wie der Residualgewinn bei linearer Abschreibung auf. Für den Sonderfall konstanter operativer Cashflows werden bei Abzug der für alle Perioden berechneten Annuität sogar konstante Residualgewinne ausgewiesen. Dies wurde bereits von *Stewart* erkannt, weswegen er die sog. „Sinking-fund-depreciation" vorgeschlagen hat.[835] Im Zeitablauf nimmt der Tilgungsanteil am Kapitaldienst zu. Die Berücksichtigung der Annuität verhindert allerdings auch nicht den Ausweis negativer Residualgewinne bei positivem Kapitalwert, wie die folgende Tabelle anhand des fortgeführten Beispiels aus Kapitel 3.2.2.3 zeigt:

---

833 Vgl. Hebertinger, M. (2002), S. 140. Dabei ermittelt *Solomons* jedoch zunächst die Abschreibung der ersten Periode aus dem Produkt der Anschaffungsauszahlung und dem Rückwärtsverteilungsfaktor. Die folgenden Abschreibungen werden jeweils durch Multiplikation der Abschreibung der Vorperiode mit dem Zinsfaktor $(1+k)$ bestimmt und ergeben zuzüglich der Zinsen auf das gebundene Kapital der Vorperiode eine Belastung, die der Annuität ähnelt. Vgl. Solomons, D. (1965), S. 135f.

834 Vgl. Hebertinger, M. (2002), S. 140.

835 Vgl. Stewart, G.B. (1994), S. 80f.

t [in GE]	0	1	2	3	4	5
OCF_t	-8.500	2.500	2.300	2.278	2.348	1.960
Ann_t		2.242	2.242	2.242	2.242	2.242
Ab_t		1.392	1.531	1.684	1.853	2.038
kalk. $Zinsen_t$		850	711	558	389	204
RG_t^{ann}		**258**	**58**	**36**	**106**	**-282**
RBW_t	8.500	7.108	5.577	3.893	2.038	0
BW_0 (RG_t^{ann})	206					

Tab. 3-14: Einfache Darstellung des Residualgewinns bei annuitätischer Abschreibung

Somit weist auch der Residualgewinn bei annuitätischer Abschreibung keine starke Zielkongruenz, jedoch eine schwache Zielkongruenz auf, denn aufbauend auf dem Lücke-Theorem ergibt sich auch hier ein Barwert der zukünftigen Residualgewinne i.H.v. 206 GE. Der Residualgewinn in t=5 weist jedoch einen negativen Wert i.H.v. -282 GE auf.

Auch das Konzept des Cash Value Added (CVA)[836] der *Boston Consulting Group* geht implizit von einer annuitätischen Abschreibung aus.[837] Demnach wird zunächst der Cashflow Return on Investment (CFROI) bestimmt:[838]

$$CFROI = \frac{BCF - ÖA}{IK} \qquad [3.75]$$

BCF steht für den Brutto-Cashflow nach Steuern, aber vor Abzug der kalkulatorischen Zinsen und Abschreibungen.[839] Die ökonomische Abschreibung *ÖA* beschreibt den Betrag, der jährlich unter Berücksichtigung der Verzinsung zurückgelegt werden muss, um nach Ablauf der Nutzungsdauer Ersatzinvestitionen in entsprechender Hö-

---

836 Dieser Ansatz wird 1999 erstmals von *Stelter* vorgeschlagen, nachdem das ursprüngliche Cashflow Return on Investment (CFROI)-Konzept der *Boston Consulting Group* noch auf der Methode des internen Zinsfußes aufbaute, aber erheblicher Kritik ausgesetzt war. Mit der neuen Variante des CFROI näherte sich die Boston Consulting Group schließlich der Ermittlung üblicher Residualgewinne an. Vgl. Crasselt, N./Pellens, B./Schremper, R. (2000b), S. 205f. Vgl. zum ursprünglichen CFROI-Konzept bspw. Lewis, T.G. (1995); Stelter, D. (1999), S. 233-238; Hebertinger, M. (2002), S. 161-164. Vgl. zur Kritik am CFROI insbesondere Hachmeister, D. (1997), S. 564-573.

837 Vgl. Pfeiffer, T. (2003), S. 43f.

838 Vgl. Strack, R./Villis, U. (2001), S. 69.

839 Wird der *BCF* indirekt aus dem Jahresüberschuss ermittelt, so ist er definiert als bereinigter Gewinn nach Steuern plus Abschreibungen plus Zinsaufwand plus der Differenz aus Auflösung und Zuführung von Rückstellungen. Vgl. Stelter, D. (1999), S. 235; Strack, R./Hansen, J./Dörr, T. (2001), S. 64.

he tätigen zu können.[840] Das investierte Kapital *IK* umfasst das gesamte eingesetzte Kapital zu historischen Anschaffungs- und Herstellungskosten,[841] gegebenenfalls abzüglich der unverzinslichen Verbindlichkeiten und zuzüglich der kumulierten Abschreibungen auf das Sachanlagevermögen.[842] Der CFROI soll auf diese Weise frei von Verzerrungen aufgrund von buchhalterischen Entscheidungen, z.B. der Abschreibungspolitik, sein und dadurch einen Vergleich von unterschiedlich strukturierten Bereichen ermöglichen, in denen das unterschiedliche Alter der Anlagen keine Rolle spielt.[843]

Darauf aufbauend kann dann eine Bestimmung des CVA erfolgen:[844]

$$CVA = (CFROI - KK) \cdot IK \tag{3.76}$$

Die Berechnung des CVA soll anhand des obigen Beispiels verdeutlicht werden:

t [in GE]	0	1	2	3	4	5
BCF_t	-8.500	2.500	2.300	2.278	2.348	1.960
$ÖA_t$		1.392	1.392	1.392	1.392	1.392
kalk. $Zinsen_t$		850	850	850	850	850
$CFROI_t$		13,03%	10,68%	10,42%	11,24%	6,68%
CVA_t		**258**	**58**	**36**	**106**	**-282**
IK_t	8.500	8.500	8.500	8.500	8.500	8.500
BW_0 (CVA_t)	206					

Tab. 3-15: Einfache Darstellung des Cash Value Added

Die Werte für den CVA der jeweiligen Periode entsprechen den Residualgewinnen bei annuitätischer Abschreibung. Insofern weist das Konzept des CVA zwar nicht den Nachteil sinkender Buchwerte im Projektverlauf auf, kann aber durchaus dazu führen, dass für ein Projekt mit positivem Kapitalwert negative CVA's ausgewiesen werden.

840 Vgl. Strack, R./Villis, U. (2001), S. 69. Die ökonomische Abschreibung ergibt sich dann als $ÖA = \frac{wacc}{(1+wacc)^n - 1} \cdot abschreibbare\ \text{Aktiva}$. Vgl. Stelter, D. (1999), S. 235.

841 Vgl. Strack, R./Villis, U. (2001), S. 69.

842 Vgl. Stelter, D. (1999), S. 235.

843 Vgl. Stelter, D. (1999), S. 233; Strack, R./Hansen, J./Dörr, T. (2001), S. 64.

844 Vgl. Strack, R./Villis, U. (2001), S. 69.

3.2.7.3 Der Residualgewinn bei Abschreibung nach dem Tragfähigkeitsprinzip

Eine weitere mögliche Abschreibungsstruktur im Zusammenhang mit der Ermittlung von Residualgewinnen stellt die Abschreibung nach dem Tragfähigkeitsprinzip dar. Sowohl von *Rogerson* als auch von *Reichelstein* wurde unabhängig voneinander eine Methode entwickelt, bei der sich die jeweilige Abschreibung an der Tragfähigkeit[845], also an der Höhe des Cashflows in der jeweiligen Periode orientiert.[846] Diese im deutschsprachigen Raum als „Relatives Beitragsverfahren"[847] bekannte Methode ähnelt dem von *Grinyer* entwickelten Earned Economic Income (EEI)[848], das ebenfalls eine Abschreibung nach dem Tragfähigkeitsprinzip vornimmt. Im Folgenden werden diese Verfahren detailliert vorgestellt und hinsichtlich ihrer Eignung für eine wertorientierte Unternehmenssteuerung kritisch durchleuchtet.

3.2.7.3.1 Der Ansatz von *Rogerson* und *Reichelstein*

Rogerson und *Reichelstein* schlagen ein neues Verfahren für die Allokation von Investitionsauszahlungen vor, die sie „Relative Benefit Depreciation Schedule"[849] respektive „Relative Marginal Benefits Allocation Rule"[850] nennen und bei der sich die Struktur der Kapitaldienste (KD) an die Struktur der aus dem Projekt resultierenden Cashflows und somit an die jeweilige Tragfähigkeit anpasst.[851] Hierzu werden Abschreibungen und kalkulatorische Zinsen in Gleichung [3.23] zum Kapitaldienst KD_t zusammengefasst.[852] Der Residualgewinn bei Abschreibung nach dem Tragfähigkeitsprinzip lässt sich wie folgt darstellen:[853]

$$RG_t = OCF_t - kd_t \cdot IK_0 \qquad [3.77]$$

$$\text{mit:} \quad kd_t = \frac{KD_t}{A_0} \qquad [3.78]$$

Bei kd_t handelt es sich um die Kapitaldienstfaktoren, die die Verteilung der Kapitaldienste zum Ausdruck bringen. Der Barwert aller Kapitaldienste kd_t muss eins be-

---

845 Vgl. Hebertinger, M. (2002), S. 142.
846 Vgl. Rogerson, W.P. (1997), S. 770ff. sowie Reichelstein, S. (1997), S. 157ff.
847 Vgl. Crasselt, N. (2004), S. 121-129.
848 Vgl. Kapitel 3.2.7.3.2.
849 Reichelstein, S. (1997), S. 158.
850 Rogerson, W.P. (1997), S. 790.
851 Vgl. Rogerson, W.P. (1997), S. 770ff.; Reichelstein, S. (1997), S. 157ff.; Mohnen, A./Bareket, M. (2007), S. 7.
852 Vgl. Rogerson, W.P. (1997), S. 771.
853 Vgl. Crasselt, N. (2004), S. 122.

tragen, da nur auf diese Weise eine Barwertkompatibilität erreicht werden kann.[854] Zur Bestimmung der Residualgewinne werden zunächst die erwarteten operativen Cashflows $E(OCF_t)$ auf Basis eines Profitabilitätsniveaus („profitability parameter“[855]) des Projekts $\bar{y}$, das nur dem verantwortlichen Manager bekannt ist, und den periodenindividuellen Verteilungsparametern („distributional parameters“[856]) ζ_t ausgedrückt, die die zeitliche Struktur der operativen Cashflows beschreiben und dem Principal annahmegemäß bekannt sein sollen:[857]

$$E(OCF_t) = \bar{y} \cdot \zeta_t \qquad [3.79]$$

Aus Vereinfachungsgründen wird der erste Verteilungsparameter ζ_1 gleich eins gesetzt, die folgenden Verteilungsparameter ζ_t beschreiben das Verhältnis der zukünftig zu erwartenden Cashflows zum erwarteten Cashflow der ersten Periode.[858] Mit den Verteilungsparametern kann eine uniforme Verteilung der Cashflows ausgedrückt werden, als auch ein wachsender respektive sinkender Verlauf der Cashflows dargestellt werden.[859] Im Konzept von *Rogerson* und *Reichelstein* wird nun ausgenutzt, dass die Unternehmenszentrale zumindest die Verteilungsparameter ζ_t und somit den Verlauf der zukünftigen Cashflows kennt, so dass der Ertragswert eines Projektes auch folgendermaßen bestimmt werden kann:[860]

$$EW_0 = \bar{y} \cdot \sum_{t=1}^{T} \zeta_t \cdot (1+k)^{-t} \qquad [3.80]$$

Unter Berücksichtigung der Beziehung

$$kd_t = \frac{E(OCF_t)}{EW_0} \qquad [3.81]$$

können die Kapitaldienstfaktoren auch über die Verteilungsparameter hergeleitet werden:[861]

---

854 Vgl. Reichelstein, S. (1997), S. 160.
855 Reichelstein, S. (1997), S. 167.
856 Reichelstein, S. (1997), S. 167.
857 Vgl. Hebertinger, M. (2002), S. 143; Crasselt, N. (2004), S. 124.
858 Ein $x_t > 1$ ($x_t < 1$) bedeutet also, dass der erwartete Cashflow größer (kleiner) als der erwartete Cashflow der ersten Periode ist. Vgl. Crasselt, N. (2004), S. 124.
859 Vgl. Reichelstein, S. (1997), S. 167.
860 Vgl. Crasselt, N. (2004), S. 125; Reichelstein, S. (1997), S. 169.
861 Vgl. Rogerson, W.P. (1997), S. 790.

$$kd_t = \frac{E(OCF_t)}{EW_0} = \frac{\bar{y} \cdot \zeta_t}{\bar{y} \cdot \sum_{t=1}^{T} \zeta_t \cdot (1+k)^{-t}} = \frac{\zeta_t}{\sum_{t=1}^{T} \zeta_t \cdot (1+k)^{-t}} \qquad [3.82]$$

Mit Hilfe der Kapitaldienstfaktoren lassen sich daraufhin die Kapitaldienste respektive Soll-Cashflows berechnen, die sich wiederum in Abschreibungen und kalkulatorische Zinsen auf das eingesetzte Kapital der Vorperiode unterteilen lassen. Durch Abzug der Soll-Cashflows von den erwarteten Operativen Cashflows einer Periode ergibt sich schließlich der Residualgewinn.

Dies soll anhand des Beispiels aus Kapitel 3.2.2.3 verdeutlicht werden:

t [in GE]	**0**	**1**	**2**	**3**	**4**	**5**
OCF_t	-8.500	2.500	2.300	2.278	2.348	1.960
ζ_t		1,0000	0,9200	0,9112	0,9392	0,7840
Summe ζ_t	3,48231					
kd_t		0,28717	0,26419	0,26167	0,26971	0,22514
SCF_t		2.441	2.246	2.224	2.293	1.914
Ab_t		1.591	1.555	1.689	1.926	1.740
$k{*}RBW_{t-1}$		850	691	535	367	174
RG_t^{RR}		**59**	**54**	**54**	**55**	**46**
RBW_t	8.500	6.909	5.354	3.666	1.740	0
BW_0 (RG_t^{RR})	206					

Tab. 3-16: Bestimmung des Residualgewinns bei strukturäquivalenter Abschreibung nach Rogerson und Reichelstein

Wie Tabelle 3-16 verdeutlicht, wird für ein Investitionsprojekt mit positiven Kapitalwert für jede Periode ein positiver Residualgewinn ausgewiesen.[862] Das eigentliche Ziel von *Rogerson* und *Reichelstein*, mittels eines Vergütungsvertrags auf Basis von Residualgewinnen eine starke Zielkongruenz herzustellen, bei welcher der verantwortliche Manager auch für den Fall eines kürzeren Planungshorizonts oder eines höheren Kalkulationszinssatzes im Interesse der Unternehmenszentrale bzw. der Anteilseigner eines Unternehmens handelt und keine Anreize zur Unter- oder Überinvesti-

862 Vgl. auch Mohnen, A./Bareket, M. (2007), S. 7.

tion hat, wird somit erfüllt, so dass nur Investitionsprojekte mit einem positiven Kapitalwert initiiert und solche mit einem negativen Kapitalwert abgelehnt werden.[863]

3.2.7.3.2 Der Ansatz von *Grinyer*

Dem Modell von *Rogerson* und *Reichelstein* ähnelt das Modell des Earned Economic Income (EEI)[864] von *Grinyer.*[865] Ausgangspunkt für die Überlegungen von *Grinyer* ist die Kritik an Modellen wie dem Ökonomischen Gewinn, denn diese „can be criticized easily because they are not directly applicable in practice“[866]. *Grinyer* stellt den Ökonomischen Gewinn vielmehr als ein theoretisches Ideal heraus, das als Basis für die Entwicklung des sog. Earned Economic Income dienen soll.[867] Dem ökonomischen Gewinn und dem darauf aufbauenden „valuation approach“ stellen *Grinyer/Lyon* den „Historical Cost Accounting Approach“ gegenüber und kritisieren an diesem insbesondere die willkürlichen Abschreibungsstrukturen.[868] Aus diesem Grund wird eine Abschreibung der angeschafften Gegenstände des Anlagevermögens vorgeschlagen, die sich an der Höhe des Cashflows einer Periode orientiert.[869]

Grinyer geht zunächst vom „Net Terminal Value“[870], also dem Vermögensendwert, später vom „Net Present Value“[871], dem Kapitalwert eines Projektes aus, um Aussagen über die Vorteilhaftigkeit des Gesamtprojektes zu fällen. Die Abschreibungen auf die Anschaffungsinvestition eines Projektes sollen daraufhin derart erfolgen, dass das Earned Economic Income als ex post-Performancemaß für den Erfolg einer Periode zu jedem Zeitpunkt die gleiche Signalwirkung aufweist wie der Net Terminal

---

863 Vgl. Reichelstein, S. (1997), S. 159f.; Rogerson, W.P. (1997), S. 781; Baldenius, T./Fuhrmann, G./Reichelstein, S. (1999), S. 55. Fraglich ist jedoch, ob die Unternehmenszentrale als Principal generell über die Informationen des Cashflow-Profils verfügt. Vgl. hierzu Pfaff, D. (1999), S. 67; Crasselt, N. (2004), S. 126. Für die Immobilienbranche oder Investitionsvorhaben, die keine Innovation darstellen, sind jedoch Einsatzbereiche vorstellbar, für die die Annahme, dass die Unternehmenszentrale eine Vorstellung über die Cashflow-Struktur im Lebenszyklus des Projekts hat, als durchaus plausibel eingeschätzt werden kann. Vgl. Pfaff, D. (1999), S. 67; Hebertinger, M. (2002), S. 147.

864 Vgl. Grinyer, J.R. (1985), S. 130-148; Grinyer, J.R. (1987), S. 43-54; Grinyer, J.R./Elbadri, A.M. (1987), S. 247-265; Grinyer, J.R./Lyon, R.A. (1989), S. 303-315; Grinyer, J.R./Kouhy, R./Elbadri, A.M. (1992), S. 249-259; Grinyer, J.R. (1993), S. 747-753; Grinyer, J.R. (1995), S. 211-228; Grinyer, J.R. (2000), S. 115-124; Green, C.D./Grinyer, J.R./Michaelson, R. (2002), S. 91-120.

865 Die folgende Darstellung beschränkt sich auf die Einzelprojektstruktur, die für ein wertorientiertes Controlling der Einzelkunden ausreichend ist. Eine umfassende Darstellung des EEI mit Bereichsbezug findet sich bei Dirrigl, H. (2003), S. 156-182.

866 Grinyer, J.R. (1985), S. 131.

867 Vgl. Grinyer, J.R. (1985), S. 133. Vgl. auch Kapitel 3.2.4.1.

868 Vgl. Grinyer, J.R./Lyon, R.A. (1989), S. 305f.

869 Vgl. Grinyer, J.R. (1985); Grinyer, J.R. (1987).

870 Vgl. Grinyer, J.R. (1985), S. 135; Grinyer, J.R (1987), S. 45.

871 Vgl. Grinyer, J.R./Lyon, R.A. (1989), S. 306ff.; Grinyer, J.R. (1993), S. 748; Grinyer, J.R. (1995), S. 212ff.

Value respektive Net Present Value des Projektes.[872] Die Berechnung des EEI erfolgt hierzu folgendermaßen:[873]

$$EEI_t = CF_t - \frac{AK_0}{\sum_{t=1}^{T} \frac{CF_t}{(1+i)^t}} \cdot CF_t \qquad [3.83]$$

Dabei stellt AK_0 den ursprünglichen Kapitaleinsatz in t=0 dar. Somit lässt sich die Berechnung des EEI auch ausdrücken als:[874]

$$EEI_t = CF_t \cdot \left(1 - \frac{AK_0}{EW_0}\right) \qquad [3.84]$$

Der Quotient aus ursprünglichem Kapitaleinsatz und Ertragswert kann auch als Kapitaleinsatz-Barwert-Relation KBR_0 oder als Skalierungsfaktor skf_0 bezeichnet werden.[875] Das Produkt aus Skalierungsfaktor und Cashflow der jeweiligen Periode ergibt den Soll-Cashflow der Periode:

$$SCF_t = skf_0 \cdot CF_t \qquad [3.85]$$

Das Konzept des Earned Economic Income wird gegenüber herkömmlichen Konzepten als überlegen angesehen, da dieses Aspekte eines herkömmlichen Rechnungswesens mit der Logik investitionstheoretischer Methoden wie dem ökonomischen Gewinn kombiniert.[876] Im Gegensatz zum ökonomischen Gewinn als ex ante berechnete Größe, die die erwarteten zukünftigen Erträge bereits in der Periode ausweist, in der die Erwartungen erstmals formuliert werden,[877] soll jedoch dem Earned Economic Income eine besondere Bedeutung als ex post berechneter Performance-

---

872 Vgl. Grinyer, J.R. (1985), S. 137; Grinyer, J.R./Lyon, R.A. (1989), S. 309; Grinyer, J.R. (1995), S. 213. In diesem Zusammenhang geht es auch darum, die Performance des verantwortlichen Managers zu messen und ihm entsprechende Anreize zu liefern, diese in Zukunft auszubauen. Vgl. Grinyer, J.R./Lyon, R.A. (1989), S. 303.

873 Vgl. Grinyer, J.R. (1985), S. 137, der die Formel jedoch nur verbal beschreibt, sowie Grinyer, J.R./Lyon, R.A. (1989), S. 310f.

874 Vgl. Grinyer, J.R./Lyon, R.A. (1989), S. 311.

875 Vgl. Dirrigl, H. (2003), S. 164.

876 Vgl. Peasnell, K.V. (1995), S. 5-33; Skinner, R.C. (1998), S. 93-104; Hebertinger, M. (2002), S. 149f.

877 Vgl. Grinyer, J.R. (1995), S. 213.

größe zukommen,[878] die derartige Erträge erst dann ausweist, wenn sie realisiert werden.[879]

In Anlehnung an den ökonomischen Gewinn oder den ökonomischen Residualgewinn lässt sich die Berechnung des EEI auch folgendermaßen darstellen:[880]

$$EEI_t = CF_t + \frac{AK_0}{EW_0} \cdot (EW_t - EW_{t-1}) - \frac{AK_0}{EW_0} \cdot k \cdot EW_{t-1} \qquad [3.86]$$

Die Berechnung des EEI beinhaltet also auch eine Ertragswertabschreibung, wobei jedoch nicht der komplette Ertragswert abgeschrieben wird, sondern nur die Anschaffungsauszahlung, so dass der Nettokapitalwert erhalten bleibt.[881]

Wird in Formel [3.84] der Ertragswert EW_0 als Bruttokapitalwert BKW_0 bezeichnet und das Amortisationskapital durch die Differenz aus Bruttokapitalwert und Nettokapitalwert ersetzt, so lässt sich EEI_t auch durch die folgende Formel ausdrücken:[882]

$$EEI_t = CF_t \cdot \frac{NKW_0}{BKW_0} \qquad [3.87]$$

Die Allokationsregel gemäß einer Normierung des Ertragswerts respektive Bruttokapitalwerts auf die Anschaffungsauszahlung entspricht der bereits 1890 von *Ladelle* vorgestellten und später von *Brief* und *Owen* wiederentdeckten Methode „zur Bestimmung einer Abschreibung, die den Widerspruch zwischen Ertragswerterhaltung und nominaler Kapitalerhaltung beseitigt."[883]

Die Berechnung des EEI für den Ein-Projekt-Fall soll erneut am obigen Beispiel der PROCON AG verdeutlicht werden. Zunächst werden die erwarteten zukünftigen operativen Cashflows mit Hilfe des Kalkulationszinssatzes diskontiert, um einen Ertragswert in t=0 von 8.525,84 GE zu erhalten. Teilt man die Anschaffungsauszahlung von 8.500 GE durch den Ertragswert, resultiert daraus der relevante Skalierungsfaktor i.H.v. 97,636%. Dieser wird herangezogen, um die jeweiligen Soll-Cashflows zu be-

---

878 Vgl. Grinyer, J.R. (1985), S. 134.
879 Vgl. Grinyer, J.R./Lyon, R.A. (1989), S. 309.
880 Ähnlich Peasnell, K.V. (1995), S. 9.
881 Vgl. Hebertinger, M. (2002), S. 148.
882 Vgl. Peasnell, K.V. (1995), S. 7; Hebertinger, M. (2002), S. 150.
883 Hebertinger, M. (2002), S. 156. Vgl. Ladelle, O.G. (1890), S. 659ff., Nachdruck in Brief, R.P. (1967), S. 27-38. Vgl. auch Peasnell, K.V. (1995), S. 12; Crasselt, N. (2004), S. 124f.

rechnen. Tabelle 3-17 zeigt die Soll-Cashflows sowie die Unterteilung in Abschreibungen und kalkulatorische Zinsen, die auf den Restbuchwert der Vorperiode anfallen:

t [in GE]	**0**	**1**	**2**	**3**	**4**	**5**
OCF_t	-8.500	2.500	2.300	2.278	2.348	1.960
EW_0	8.706					
skf_0	97,636%					
SCF_t		2.441	2.246	2.224	2.293	1.914
Ab_t		1.591	1.555	1.689	1.926	1.740
$k*RBW_{t-1}$		850	691	535	367	174
EEI_t		**59**	**54**	**54**	**55**	**46**
RBW_t	8.500	6.909	5.354	3.666	1.740	0
BW_0 (EEI)	206					

Tab. 3-17: Bestimmung des Earned Economic Income (Ausgangsfall)

Der Barwert der EEI's in t=0 ist mit 206 GE positiv und entspricht dem Kapitalwert des Projektes. Auch die Residualgewinne in den Perioden t=1 bis t=5 weisen einen positiven Betrag auf, da der Kapitaldienst bestehend aus Abschreibungen und kalkulatorischen Zinsen gemäß der Tragfähigkeit auf die einzelnen Perioden verteilt wird. Das Earned Economic Income weist stets die richtige Signalwirkung auf. Somit sind sowohl der Grundsatz der Barwertkompatibilität als auch der Grundsatz der Barwertidentität erfüllt.

Wie ist nun aber zu verfahren, wenn am Ende von Periode t=2 festgestellt wird, dass der operative Cashflow in t=1 zwar wie erwartet eingetreten ist, der operative Cashflow in t=2 aber anstelle der erwarteten 2.300 GE nur 2.100 GE beträgt? In der Literatur wird an dieser Stelle die folgende Vorgehensweise vorgeschlagen:[884] Für die neuen operativen Cashflows wird zunächst ein neuer Erwartungswert berechnet, anschließend werden mit einem neuen Skalierungsfaktor die neuen Soll-Cashflows ermittelt. Dadurch ergibt sich für alle fünf Perioden ein neues Earned Economic Income:

[884] Vgl. bspw. Dirrigl, H. (2003), S. 181f.

t [in GE]	0	1	2	3	4	5
OCF_t	-8.500	2.500	2.100	2.278	2.348	1.960
EW_0	8.540					
skf_0	99,526%					
SCF_t	8500	2.488	2.090	2.267	2.337	1.951
Ab_t		1.638	1.404	1.721	1.963	1.773
$i \cdot RBW_{t-1}$		850	686	546	374	177
RG_t^{EEI}		**12**	**10**	**11**	**11**	**9**
RBW_t	8.500	6.862	5.458	3.737	1.773	0
BW_0 (RG)	40					

Tab. 3-18: Earned Economic Income bei Modifikation (herkömmliche Variante)

Aufgrund der Verteilung der Kapitaldienste gemäß der Tragfähigkeit wird für Periode t=2 nun ein positiver EEI in Höhe von 10 GE ausgewiesen. Die EEI's in den Perioden t=3 bis t=5 sinken gegenüber der Ausgangssituation, obwohl sich die Erwartungen für die operativen Cashflows der zukünftigen Perioden nicht geändert haben. Diese Vorgehensweise weist den Vorteil auf, dass durch den positiven EEI in t=2 das richtige Signal zu Fortführung des Projektes gegeben wird, allerdings ist die Aussagekraft einer solchen Vorgehensweise nur bedingt geeignet, wenn der Periodenerfolg in t=2 beurteilt werden soll. An dieser Stelle wird daher noch eine alternative Vorgehensweise vorgestellt.

Für t=1 und t=2 werden die Abschreibungen und kalkulatorischen Zinsen beibehalten. Auch eine Neuberechnung des Skalierungsfaktors für t=0 unterbleibt, stattdessen wird der ursprünglich für t=0 berechnete Skalierungsfaktor für t=2 beibehalten. Der Skalierungsfaktor in t=2 i.H.v. 97,636% ergibt sich auch, indem die fortgeschriebene, d.h. bereits teilweise abgeschriebene Anschaffungsauszahlung durch den neu berechneten Ertragswert in t=2 dividiert wird, wie der folgenden Tabelle zu entnehmen ist:

t [in GE]	0	1	2	3	4	5
OCF_t	-8.500	2.500	2.100	2.278	2.348	1.960
EW_t	8.540		5.484			
RBW_t	8.500	6.909	5.354	3.666	1.740	**0**
skf_t	99,526%		97,636%			
SCF_t				2.224	2.293	1.914
Ab_t		1.591	1.555	1.689	1.926	1.740
k^*RBW_{t-1}				535	367	174
EEI_t		**59**	**-146**	**54**	**55**	**46**
BW_0 (EEI)	40		**130**			

Tab. 3-19: Earned Economic Income bei Modifikation (neue Variante)

Dies führt dazu, dass in t=2 ein negativer EEI i.H.V. -146 ausgewiesen wird, die EEI's in den Perioden t=3 bis t=5 jedoch gegenüber der Ausgangssituation unverändert bleiben. Darin kommt zum Ausdruck, dass zwar die operative Abweichung als Differenz zwischen dem realisierten Periodenerfolg negativ ist, es jedoch zu keiner strategischen Abweichung in Form einer Veränderung der zukünftigen Residualgewinne kommt, da die zukünftigen Operativen Cashflows unverändert bleiben. Eine Entscheidung für oder gegen eine Weiterführung des Projektes sollte anhand des Barwerts der zukünftigen EEI's erfolgen, da der negative EEI in t=2 einen operativen Verlust darstellt, der bereits realisiert worden ist, wohingegen die zukünftigen EEI's alle einen positiven Wert aufweisen und somit einen positiven Erfolgsbeitrag bedeuten.[885] Außerdem ist der neu berechnete Barwert der EEI's in t=2 positiv. Das Beispiel zeigt, dass mit Verwendung des Earned Economic Income eine ex post-Kontrolle im Unternehmen erfolgen kann, mit deren Hilfe Fehlentwicklungen und Schwächen in der Umsetzung der Unternehmensstrategie rechtzeitig aufgedeckt werden können, so dass diesen entsprechend entgegengewirkt werden kann.

Der Ausweis eines negativen EEI für die abgelaufene Periode mit anschließender Neuberechnung der zukünftigen EEI's verstößt zwar gegen die Grundüberlegung, dass bei Vorliegen eines positiven Kapitalwertes auch in jeder Periode ein positiver EEI ausgewiesen werden soll, wenn der gesamte Planungshorizont betrachtet wird, nicht aber, wenn sich die Grundüberlegung auf den Ausweis der zukünftigen EEI's bezieht. Des Weiteren muss beachtet werden, dass der vorgestellten Alternative in den Fällen eine entscheidende Bedeutung zukommt, in denen der operative Cashflow einer Periode wider Erwarten so schlecht ausfällt, dass sich der Kapitalwert ins

885 Eine andere Entscheidungssituation liegt vor, wenn die Fehlentwicklungen in der Umsetzung der Unternehmensstrategie so dramatisch wären, dass man auch die Erwartungen hinsichtlich der zukünftigen Einzahlungsüberschüsse soweit nach unten revidieren müsste, dass sich daraus auch für die Perioden t=3 bis t=5 negative *EEI's* ergeben.

Negative umkehrt.[886] In diesem Fall wird für jede Periode ein negativer EEI angezeigt, was einen Abbruch des Projektes zur Folge hätte. Da die ursprünglichen Investitionsauszahlungen jedoch bereits getätigt worden sind, ist die Entscheidung hinsichtlich einer Weiterführung des Projektes allein aufgrund des Kapitalwertes respektive des Barwerts der zukünftigen EEI's zu fällen.

Im Anschluss an die theoretische Darstellung der Methoden eines unternehmenswert-orientierten Controlling wird nun untersucht, inwieweit diese auf die Bewertung der Kunden übertragen werden können.

[886] Im obigen Beispiel wäre dies bereits bei einem Operativen Cashflow in t=2 i.H.v. 2.000 GE der Fall.

4 Methoden der Kundenbewertung

4.1 Bewertung von Einzelkunden

4.1.1 Grundkonzept des Customer Lifetime Value

Ausgangsbasis für die Bewertung von Einzelkunden im Rahmen eines wertorientierten Kunden-Controlling ist der Customer Lifetime Value, der gegen Ende der 1980er Jahre insbesondere von *Dwyer* mit dem Ziel entwickelt worden ist, die kundenbezogene Erfolgsrechnung über die gesamte Dauer der Kundenbeziehung zu dynamisieren.[887] Der Customer Lifetime Value basiert auf investitionstheoretischen Grundlagen und kann daher auch als Kundenkapitalwert bezeichnet werden.[888] Vereinfacht lässt er sich zunächst unter Vernachlässigung jeglicher Risiken wie folgt darstellen:[889]

$$CLV_c = -A_{0,c}^{NA} + \sum_{t=1}^{T_c} \frac{EZ_{t,c} - AZ_{t,c}}{(1+i)^t} \qquad [4.1]$$

Dabei bezeichnet $A_{0,c}^{NA}$ die Investitionsauszahlung zu Beginn der Geschäftsbeziehung bei Neuakquisition eines Kunden *c*, $EZ_{t,c}$ die Einzahlungen in Höhe der getätigten Umsätze des Kunden *c* und $AZ_{t,c}$ die laufenden Auszahlungen, die das Unternehmen zur Erhaltung der Kundenbeziehung tätigt.[890] Sollen bereits akquirierte Bestandskunden eines Unternehmens bewertet werden, so treten gegebenenfalls anfängliche Auszahlungen für die Kundenbindung $A_{0,c}^{KB}$ an die Stelle der Auszahlung für

---

[887] Vgl. Dwyer, F.R. (1989), S. 8-15; Dwyer, F.R. (1997), S. 6-13; Krafft, M./Albers, S. (2000), S. 518. Das Konzept des Customer Lifetime Value wird häufig mit dem bereits vorgestellten Konzept des idealtypischen Kundenlebenszyklus in Verbindung gebracht, muss dieses jedoch nicht beinhalten. Vgl. zur Verknüpfung von Customer Lifetime Value und Kundenlebenszyklus bspw. Bauer, H.H./Stokburger, G./Hammerschmidt, M. (2006), S. 175ff.

[888] Vgl. Plinke, W. (1989), S. 316; Wilde, K.D./Hickethier, E. (1997), S. 483; Rudolf-Sipötz, E. (2001), S. 16; Schmöller, P. (2001), S. 163; Henseler, J./Hoffmann, T. (2003), S. 35; Popovic, T. (2004), S. 234.

[889] Vgl. Homburg, C./Schnurr, P. (1998), S. 185.

[890] Bei der Bestimmung des Customer Lifetime Value wird von Fragen der Finanzierung sowie der Besteuerung abstrahiert. Der Grund für eine Vernachlässigung der Finanzierung auf Einzelkundenebene liegt darin, dass es in der Praxis nahezu unmöglich sein dürfte, die Finanzierungsquellen für jeden einzelnen Kunden zu eruieren. Vgl. Perridon, L./Steiner, M. (2007), S. 77, allerdings in Bezug auf einzelne Investitionsprojekte, die jedoch mit einzelnen Kundenbeziehungen vergleichbar sind. Dies hat auch Auswirkungen auf die Besteuerung, da zur Bestimmung der Steuerbemessungsgrundlagen die Fremdkapitalzinsen abzuziehen sind. Darüber hinaus ergeben sich hinsichtlich einer Berücksichtigung von Steuern weitere Probleme. Als Steuerbemessungsgrundlage ist der steuerrechtliche Gewinn des Gesamtunternehmens respektive der Einzelunternehmen innerhalb eines Konzerns maßgeblich. Die Steuerbemessungsgrundlagen lassen sich jedoch nicht ohne Weiteres auf den Kunden herunterbrechen.

die Neuakquisition. Laufende Auszahlungen für die Kundenbindung werden im Rahmen der zukünftigen Kunden-Einzahlungsüberschüsse berücksichtigt, so dass sich in diesem Fall die Darstellung des Kundenkapitalwertes zum Kundenertragswert verkürzt. Hinsichtlich der Kundenbeziehungsdauer wird zunächst angenommen, dass diese definitiv in $t = T_c$ endet. Diskontiert werden die Einzahlungsüberschüsse mit einem relevanten Zinssatz *i*, auf den an anderer Stelle noch ausführlich einzugehen ist.[891]

Ziel des Customer Lifetime Value respektive des Kundenkapitalwertes ist es, für jeden Kunden einen monetären Wert zu ermitteln, der sämtliche zukünftig erwarteten und direkt zurechenbaren Ein- und Auszahlungen des Kunden berücksichtigt.[892] Somit ist jeder Kunde als Investition anzusehen, die für ein Unternehmen nur dann vorteilhaft sein kann, wenn der Barwert der Kunden-Einzahlungsüberschüsse, gegebenenfalls abzüglich der Auszahlung für Neuakquisitions- oder Kundenbindungsmaßnahmen, einen positiven Betrag aufweist.[893] Während sich die Bestimmung der zukünftigen Auszahlungen durch den Kunden, abgesehen von Zuordnungsproblemen bei auftretenden Gemeinkosten, noch als relativ unproblematisch erweist, gestaltet sich insbesondere die Bestimmung der zukünftigen Einzahlungen dann als extrem problematisch, wenn diese nicht direkt einem einzelnen Kunden zugeordnet werden können, sondern sich in Form von Erlösverbunden lediglich auf höherer Ebene beim ganzen Kundensegment bemerkbar machen.[894] Um aber die richtigen kundenbezogenen Entscheidungen hinsichtlich einer Fortführung der Kundenbeziehung oder der Einleitung möglicher Kundenstrategien fällen zu können, ist eine verursachungsgerechte Zuteilung der kundenbezogenen Ein- und Auszahlungen unverzichtbar. Auf Auszahlungsseite betrifft dies insbesondere solche Auszahlungen, die für kundenspezifische Investments wie Customer Relationship Management- sowie Logistiksysteme oder für Produktionsanlagen getätigt werden.[895] Auf Einzahlungsseite finden sich in der Literatur Forderungen, dass bei der Bestimmung des Kundenkapitalwertes sowohl direkte als auch indirekte Einzahlungsüberschüsse einer Kundenbeziehung mitberücksichtigt werden sollten, um so der Tatsache gerecht zu werden, dass ein Kunde nicht nur als einzelner Erlös- und Kostenträger angesehen werden muss,[896] sondern darüber hinaus auch über Referenz- und Netzwerkeffekte dazu

---

891 Vgl. Kapitel 4.1.2.4.2 sowie 4.1.5.4.
892 Vgl. Bauer, H.H./Hammerschmidt, M./Brähler, M. (2002), S. 326.
893 Vgl. Lissautzki, M. (2005), S. 85.
894 Vgl. Plinke, W./Rese, M. (2000), S. 700-712; Rese, M. (2002), Sp. 455f.
895 Vgl. Mödritscher, G./Mussnig, W. (2006), S. 655f.
896 Vgl. Günter, B. (2006), S. 249; Tomczak, T./Rudolf-Sipötz, E. (2006), S. 129.

beitragen kann, die Umsätze mit anderen Kunden zu erhöhen respektive über Informationseffekte die Kosten des Unternehmens zu senken.[897]

Da der Kundenwert in entscheidendem Maße von den jeweiligen Kundenwerttreibern abhängig ist, erfolgt zunächst eine detaillierte Darstellung der Werttreiber. Diese unterstützt einerseits eine systematische Prognose kundenbezogener Ein- und Auszahlungen im Rahmen der Ermittlung der Kundenkapitalwerte und andererseits eine effektive Steuerung der Kunden, da auf diese Weise eine Verknüpfung zwischen konkreten Einzelmaßnahmen und den Kundenwerttreibern leichter möglich ist.[898]

4.1.2 Determinanten und Werttreiber des Kundenwerts

Die Aufdeckung der relevanten Werttreiber und Bestimmungsfaktoren des Kundenwerts sowie die Bildung eines logisch-konsistenten Werttreibersystems bezeichnen *Weber/Lissautzki* als „Herzstück und größte Herausforderung der Kundenwertforschung".[899] Dies liegt vor allem daran, dass sich der Kundenwert nicht nur aus quantitativen Werttreibern zusammensetzt, sondern insbesondere auch durch etliche qualitative Kundenwerttreiber beeinflusst wird, wie die folgende Abbildung verdeutlicht:[900]

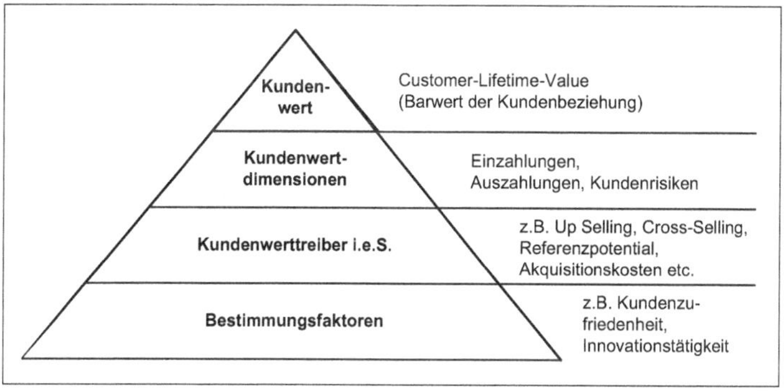

Abb. 4-1: Werttreiberhierarchie des Kundenwerts

897 Ob eine Integration nicht-monetärer Bestandteile in den Kundenkapitalwert möglich ist, soll in Kapitel 4.1.6 untersucht werden.

898 Vgl. Lissautzki, M. (2005), S. 87.

899 Weber, J./Lissautzki, M. (2004), S. 18.

900 Quelle: In Anlehnung an Weber, J./Lissautzki, M. (2004), S. 19; Lissautzki, M. (2005), S. 86; Bauer, H.H./Hammerschmidt, M./Brähler, M. (2002), S. 327ff.

In der betriebswirtschaftlichen Literatur existieren zahlreiche Werttreiberhierarchien, die sich im Detail jedoch teilweise stark voneinander unterscheiden.[901] Nach der Werttreiberhierarchie von *Weber/Lissautzki* setzt sich der Kundenwert aus drei Hauptkomponenten oder Kundenwertdimensionen zusammen, denen sich letztlich alle Kundenwerttreiber i.e.S. unterordnen lassen: den Einzahlungen, den Auszahlungen sowie den Kundenrisiken.[902]

4.1.2.1 Kundenbezogene Einzahlungen

Auch hinsichtlich der Abgrenzung der kundenbezogenen Einzahlungen finden sich in der Literatur voneinander abweichende Ansätze, weitgehend einig ist sich diese jedoch darüber, dass sich die direkt mit dem Kunden erzielbaren Umsätze in eine gegenwärtige Ertragskomponente und eine Entwicklungskomponente, die das Wachstum eines Kunden berücksichtigt, unterteilen lassen.[903] Hinweise auf das Entwicklungspotential eines Kunden geben im Business-to-Consumer-Bereich sozioökonomische Faktoren wie beispielsweise Alter, Einkommen, Ausbildung, Sparquote oder Familienstand des Kunden.[904] Im Business-to-Business-Bereich bietet sich eine Entwicklungspotentialanalyse an, die Informationen über die Stellung des Kunden auf seinen Märkten relativ zum Wettbewerb sowie zu den Zukunftschancen dieser Märkte liefern könnte.[905]

Nach *Bauer et al.* werden zunächst mit einem Kunden direkt autonome Umsätze erzielt, in der Zukunft ist es das Ziel, diese um Up Selling-Umsätze sowie Cross Selling-Umsätze zu erweitern.[906] Dabei wird unter dem autonomen Umsatz zunächst ein Grundumsatz verstanden, der sich unabhängig von Direkt-Marketingmaßnahmen, also allenfalls durch Standardmarketingmaßnahmen wie Fernsehwerbung, mit einem Kunden erzielen lässt.[907] Weitere Teilkomponenten sind Up Selling- sowie Cross Selling-Umsätze, die durch den Verkauf höherwertiger respektive weiterer Pro-

---

901 Vgl. beispielsweise Bauer, H.H./Hammerschmidt, M./Brähler, M. (2002), S. 327ff.; Cornelsen, J. (2000), S. 169-237; Henseler, J./Hoffmann, T. (2003), S. 37ff.; Homburg, C./Schnurr, P. (1998), S. 171ff.; Weber, J./Lissautzki, M. (2004), S. 18ff.

902 Vgl. Weber, J./Lissautzki, M. (2006), S. 279. Ähnlich auch Bauer, H.H./Hammerschmidt, M./Brähler, M. (2002), S. 327, die im Rahmen der Berücksichtigung der Kundenrisiken jedoch nur die Einbeziehung einer Kundenbindungsrate nennen, also nur das Risiko einer Abwanderung in die Betrachtung einbeziehen.

903 Vgl. Homburg, C./Schnurr, P. (1998), S. 171f.; Bauer, H.H./Hammerschmidt, M./Brähler, M. (2002), S. 328; Lissautzki, M. (2005), S. 86ff.; Stahl, H.K./Matzler, K./Hinterhuber, H.H. (2006), S. 428f.; Tomczak, T./Rudolf-Sipötz, E. (2006), S. 132ff.

904 Vgl. Sträter (2004), S. 84ff.; Tomczak, T./Rudolf-Sipötz, E. (2006), S. 133.

905 Vgl. Fischer, T.M./Schmöller, P. (2006), S. 492.

906 Vgl. Bauer, H.H./Hammerschmidt, M./Brähler, M. (2002), S. 328.

907 *Schneider* verwendet hierfür den Begriff des Straight Selling. Vgl. Schneider, N.C. (2007), S. 117.

dukte entstehen und häufig als entscheidende Kundenwerttreiber genannt werden.[908] Up Selling-Umsätze sind entweder auf eine veränderte Mengenkomponente durch einen Mehrverkauf desselben Produkts aufgrund einer zunehmenden Kaufhäufigkeit oder -intensität oder auf eine Preiskomponente durch den Verkauf von höherpreisigen Produkten desselben Typs zurückzuführen.[909] Unter Cross Selling-Umsätzen versteht man zusätzliche, zukünftige Umsätze, die sich durch den Verkauf von weiteren, von den ursprünglichen Produkten unabhängigen, Dienstleistungen und Produkten ergeben, indem die bestehende Geschäftsbeziehung mit einem Kunden dazu genutzt wird, diesem zu niedrigeren Transaktionskosten Angebote zu erstellen und somit die Geschäftsbeziehung auszubauen.[910] Somit kann jedem Kunden ein individuelles Umsatzpotential zugeschrieben werden, das von der Summe seiner während des Kundenlebenszyklus insgesamt benötigten Produkte abhängig ist.[911]

Stahl et al. unterscheiden lediglich zwischen dem Sockelgeschäft mit einem Kunden und dessen Erweiterungspotential, das sich aus dem zyklischen Kundenbeziehungsverlauf oder aus Cross Selling-Möglichkeiten ergeben kann.[912]

Lissautzki unterteilt die Umsätze in einen Basisumsatz, Umsätze aufgrund sich verändernder Loyalitäten oder Kundenentwicklungen sowie Cross Selling-Umsätze.[913] Der Basisumsatz bezieht sich auf das bisherige Stammgeschäft in Periode t=0.[914] In den folgenden Perioden ergeben sich die Umsätze innerhalb einer Produktgruppe aufgrund sich verändernder Loyalitäten oder Kundenentwicklungen.[915] Die loyalitätsbedingten Umsätze sind abhängig vom sog. Share-of-Wallet[916] respektive der Kundendurchdringungsrate, die den Umsatz mit einem Kunden im Verhältnis zu

908 Vgl. auch Homburg, C./Schnurr, P. (1998), S. 172; Cornelsen, J. (2006), S. 188f.

909 Vgl. Zezelj, G. (2000), S. 14; Bauer, H.H./Hammerschmidt, M./Brähler, M. (2002), S. 328.

910 Vgl. Cornelsen, J. (2000), S. 172ff.; Eberling, G. (2002), S. 134ff. sowie ausführlich Homburg, C./Schäfer, H. (2006), S. 157-181.

911 Vgl. Weber, J./Lissautzki, M. (2004), S. 20.

912 Vgl. Stahl, H.K./Matzler, K./Hinterhuber, H.H. (2006), S. 428f.

913 Vgl. Lissautzki, M. (2005), S. 87f. Ähnlich auch Tomczak/Rudolf-Sipötz, die zwischen Ertragspotential, Entwicklungspotential, Loyalitätspotential sowie Cross-Selling-Potential unterscheiden. Vgl. Tomczak, T./Rudolf-Sipötz, E. (2006), S. 133f.

914 Vgl. Lissautzki, M. (2005), S. 87. Dabei gilt es jedoch zu beachten, dass dieser als $EZ(B)_{PS;t=0}$ bezeichnete Basisumsatz entgegen den Ausführungen von *Lissautzki* aus mathematischen Gründen nicht in den Kundenumsatzwert (KUW) einfließen kann, sofern dieser als Kundenertragswert, der nur die zukünftigen Einzahlungen berücksichtigt, verstanden werden soll. Vgl. hierzu Lissautzki, M. (2005), S. 87, Formel 1.

915 Vgl. Lissautzki, M. (2005), S. 87.

916 Vgl. Weber, J./Lissautzki, M. (2004), S. 21. Vgl. auch Cooil, B./Keiningham, T.L./Aksoy, L./Hsu, M. (2007), S. 67.

seinem Gesamtbedarf an der betrachteten Produktkategorie beschreibt.[917] Dieser Umsatz führt zu den loyalitätsbedingten Einzahlungen. Durch eine Erhöhung des Share-of-Wallet wird dieser „Marktanteil" an den bestehenden Gesamtausgaben des Kunden erhöht, so dass sich hierdurch die kundenbezogenen Einzahlungen steigern lassen, die auf den Betrachtungszeitpunkt t=0 diskontiert den Loyalitätswert ergeben.[918] Eine Ausweitung der Gesamtausgaben eines Kunden innerhalb der betrachteten Produktkategorie führt dagegen zu weiteren entwicklungsbedingten Einzahlungen, die auf t=0 diskontiert den Entwicklungswert ergeben.[919] Der Cross Selling-Wert ergibt sich schließlich aus dem Barwert sämtlicher Umsätze, die in neuen Produktkategorien mit einem Kunden erzielt werden können.[920]

Die jeweiligen Umsätze setzen sich aus dem Erlös für die abgesetzte Kernleistung als Basiserlös sowie weiteren Erlöskomponenten mit positiver oder negativer Wirkung zusammen. Zusätzliche Erlöse mit positiver Wirkung stellen z.B. Entfernungszuschläge, Mindermengenzuschläge oder Zuschläge für spezielle Transportverpackungen dar, während zu den Erlösen mit negativer Wirkung die Erlösschmälerungen wie Boni, Skonti und Rabatte zu zählen sind.[921]

Von den kundenbezogenen Einzahlungen sind schließlich die kundenbezogenen Auszahlungen abzuziehen, auf die im folgenden Kapitel eingegangen wird.

4.1.2.2 Kundenbezogene Auszahlungen

4.1.2.2.1 Kundenbezogene Investitionsauszahlungen

Kundenbezogene Investitionsauszahlungen entstehen entweder als anfängliche Investitionsauszahlungen für die Neukundenakquisition oder als laufende Marketinginvestitionen für die Erhaltung der Kundenbeziehung und die Steigerung der Kundenbindung.[922] Die Anfangsinvestitionen werden auch als „Customer Acquisition Costs" (CAC), die laufenden Marketinginvestitionen als „Customer Retention Costs" (CRC) bezeichnet.[923] Strittig ist in diesem Zusammenhang, welcher genaue Stellenwert der

---

917 Vgl. Homburg, C./Schnurr, P. (1998), S. 171. Eine gewisse Aussagekraft kommt in diesem Zusammenhang auch der Lieferantenposition des Anbieters zu, die sich als Umsatz mit einem Kunden im Verhältnis zu dessen Umsatz mit dem größten Wettbewerber des Unternehmens definiert. Vgl. Eberling, G. (2002), S. 133.

918 Vgl. Lissautzki, M. (2005), S. 88.

919 Vgl. Lissautzki, M. (2005), S. 88f.

920 Vgl. Lissautzki, M. (2005), S. 90f.

921 Vgl. Eberling, G. (2002), S. 132.

922 Vgl. Blattberg, R.C./Deighton, J. (1996), S. 136; Dzienziol, J./Kreyer, N./ Schroeder, N. (2004), S. 3; Tomczak, T./Rudolf-Sipötz, E. (2006), S. 129.

923 Vgl. Popovic, T. (2004), S. 249; Bassen, A./Popovic, T. (2004), S. 844.

im Zentrum des Customer Relationship Management stehenden Kundenbindung zukommt.[924] So finden sich in der Literatur Aussagen wie die folgende: „Erfahrungen aus der Unternehmenspraxis zeigen, dass die Pflege loyaler Kundenpotentiale lediglich 15 bis 20 Prozent der Aufwendungen erfordert, die das Marketing für die Gewinnung neuer Kunden einsetzen muss“[925]. Dieser Vergleich untermauert den Wert einer langfristigen Kundenbindung allein aus Sicht niedrigerer Investitionsauszahlungen heraus, erscheint jedoch zu allgemein und darf keinesfalls isoliert ohne die Einbeziehung der aus der individuellen Geschäftsbeziehung resultierenden Ertragsmöglichkeiten vorgenommen werden.[926] Dass pauschale Aussagen hinsichtlich der Vorteilhaftigkeit von Investitionen in die Kundenbindung gegenüber Investitionen in die Neukundenakquisition letztlich nicht sinnvoll sind, verdeutlichen auch verschiedene in der Literatur vorzufindende Untersuchungen, die zu dem Ergebnis kommen, dass kein eindeutiger Zusammenhang zwischen der Kundenbindungsdauer und dem Kundenwert besteht.[927] Die empirische Untersuchung von *Reinartz/Krafft*, die sich allerdings nur auf den Versandhandel bezieht, zeigt auf, dass sich hochprofitable Kundensegmente vielmehr durch eine Zusammensetzung aus loyalen Kunden und transaktionalen Kunden, die je nach Bedarf bei jeder Transaktion den Anbieter neu auswählen, auszeichnen.[928] *Dzienziol et al.* verdeutlichen in ihrem Modell, dass strategische Entscheidungen zwischen Investitionen in die Kundenbindung und Investitionen in die Neukundenakquisition sowie deren Vorteilhaftigkeit von den einzelkundenspezifischen Kundenwertfunktionen und den daraus resultierenden optimalen Investitionssummen abhängig sind.[929] Somit kann der Kundenbindung zwar i.d.R. ein positiver Einfluss auf den Kundenwert zugesprochen werden, jedoch muss beachtet werden, dass bei Investitionsauszahlungen in die Kundenbindung über eine optimale Investitionssumme hinaus Kundenwert vernichtet wird.[930] In diesem Fall ist es vorteilhaft, auf weitere Kundenbindungsprogramme zu verzichten und alternativ in die Ak-

---

924 Vgl. Reinartz, W.J./Krafft, M. (2001), S. 1264; Messner, W. (2005), S. 50.

925 Müller, W./Riesenbeck, H.-J. (1991), S. 69. Vgl. zu dieser Aussage auch Meyer, A./Oevermann, D. (1995), Sp. 1340f.; Bruhn, M./Georgi, D./Treyer, M./Leumann, S. (2000), S. 168.

926 Vgl. Köhler, R. (2008), S. 474f.

927 Vgl. Blattberg, R.C./Deighton, J. (1996), S. 136ff.; Reinartz, W.J./Krafft, M. (2001), S. 1263-1281; Dzienziol, J./Kreyer, N./Schroeder, N. (2004), S. 1ff.

928 Vgl. Reinartz, W.J./Krafft, M. (2001), S. 1263ff.

929 Vgl. Dzienziol, J./Kreyer, N./Schroeder, N. (2004), S. 1ff. Ein ähnliches Modell wurde zuvor bereits von *Blattberg/Deighton* vorgestellt. Vgl. Blattberg, R.C./Deighton, J. (1996), S. 136ff.; Jain, D./Singh, S.S. (2002), S. 39. Derartige Modelle zeigen auf, dass bei einer Investition in die Kundenbindung über eine optimale Investitionssumme hinaus Kundenwert vernichtet wird, so dass es in diesem Zusammenhang stattdessen vorteilhaft sein kann, auf weitere Maßnahmen zur Kundenbindung zu verzichten und alternativ in die Akquisition von Neukunden mit einem höheren Kundenerfolgspotential zu investieren. Vgl. Dzienziol, J./Kreyer, N./Schroeder, N. (2004), S. 18ff. sowie Blattberg, R.C./Deighton, J. (1996), S. 138.

930 Vgl. Dzienziol, J./Kreyer, N./Schroeder, N. (2004), S. 18; Blattberg, R.C./Deighton, J. (1996), S. 138.

quisition von Neukunden mit einem höheren Kunden-Erfolgspotential zu investieren.[931]

4.1.2.2.2 Laufende kundenbezogene Auszahlungen

Die laufenden Auszahlungen sind abhängig von den Prozessen, die im Rahmen der Wertschöpfungskette des Unternehmens zur Erzielung der Einzahlungen erbracht werden müssen.[932] Bei einer bereits existierenden Kundenbeziehung entstehen vorwiegend Beziehungskosten durch Koordination und Abwicklung laufender Transaktionen sowie Bindungskosten, sofern das Unternehmen besondere Anstrengungen unternimmt, um einen Kunden an sich zu binden.[933] Bei den Beziehungskosten handelt es sich um alle kundenspezifischen Auftrags-, Marketing-, Verkaufs-, Service-, Kontroll-, Reklamations- sowie Transportkosten. Die aus der Existenz einer Kundenbeziehung resultierenden Kosten wie etwa die Verkaufs- und Servicekosten können direkt den Kunden zugerechnet werden und umfassen sowohl Kosten, die auch in direktem Zusammenhang mit den Einzahlungen aus der Kundenbeziehung stehen, als auch Kosten, die zusätzlich entstehen, ohne dass ihnen direkt Einzahlungen gegenüberstehen müssen.[934] Ein großer Teil der Kundenauszahlungen resultiert aus dem Leistungserstellungsprozess der zugrunde liegenden Produkte und Dienstleistungen, der die Entwicklung, den Materialeinkauf, die Produktion, Lagerung und Distribution umfasst.[935] Zur Bestimmung der Kundenauszahlungen bietet es sich an, auf einer kundenbezogenen Kostenrechnung aufzubauen.[936] Dabei ist auch in Bereichen, die traditionell eher mit einer produktorientierten Kostenrechnung arbeiten, die Einführung einer kundenorientierten Kostenrechnung sinnvoll, da viele Leistungen einer steigenden Individualisierung unterliegen, die sich beispielsweise in unterschiedlichen Lieferzeiten, unterschiedlichen Transportkosten und Sonderanfertigungen zeigen.[937]

Bei den Bindungskosten handelt es sich um die bereits erwähnten Marketinginvestitionen zur Steigerung der Kundenbindung und Kunden-Profitabilität, die den Kunden auf höherwertige Up Selling-Produkte oder andersartige Cross Selling-Produkte des Unternehmens aufmerksam machen sollen.[938] Des Weiteren sind als laufende Aus-

---

931 Vgl. Dzienziol, J./Kreyer, N./Schroeder, N. (2004), S. 30.
932 Vgl. Weber, J./Lissautzki, M. (2004), S. 22.
933 Vgl. Stahl, H.K./Matzler, K./Hinterhuber, H.H. (2006), S. 432.
934 Als Beispiel kann in diesem Zusammenhang einerseits eine erfolgreiche Direktmarketingaktion und andererseits eine Umtauschaktion aufgrund von Qualitätsmängeln genannt werden.
935 Vgl. Weber, J./Lissautzki, M. (2004), S. 22.
936 Vgl. auch Homburg, C./Daum, D. (1997a), S. 85.
937 Vgl. Weber, J./Lissautzki, M. (2004), S. 22.
938 Vgl. Bauer, H.H./Hammerschmidt, M./Brähler, M. (2002), S. 329.

zahlungen auch Wiedergewinnungskosten denkbar. *Keane/Wang* unterscheiden zwischen „churn costs“, die bereits vor Beendigung der Geschäftsbeziehung getätigt werden, um eine Abwanderung des Kunden zu verhindern, und „recovery costs“, die erst nach Beendigung einer Geschäftsbeziehung entstehen, um den Kunden zurückzugewinnen.[939]

4.1.2.3 Ressourcenpotential eines Kunden

Der Wert eines Kunden ergibt sich nicht nur aus seinem direkten Beitrag in Form von Umsätzen jeglicher Art, sondern auch aus seinen indirekten Beiträgen zum Unternehmenserfolg, die sich in seinem Ressourcenpotential ausdrücken. In der Literatur existieren hinsichtlich der weiteren Ausgestaltung des Ressourcenpotentials unterschiedliche Vorschläge, die insbesondere auch durch Interdependenzen zwischen den einzelnen Ausprägungen bedingt sind.[940] Die folgende Darstellung orientiert sich im Wesentlichen am Vorschlag von *Rudolf-Sipötz*, wonach zum Ressourcenpotential das Referenzpotential, das Informationspotential, das Kooperationspotential sowie das Synergiepotential zu zählen sind.[941] Das Referenzpotential[942] beschreibt das Weiterempfehlungsverhalten eines Kunden. Dieses wird durch die Anzahl potentieller Kunden determiniert, die der zu bewertende Kunde innerhalb seines Kundenlebenszyklus aufgrund seines Weiterempfehlungsverhaltens, das im Wesentlichen von seiner eigenen Kundenzufriedenheit abhängig ist, seines Einflussvermögens und seiner sozialen Beziehungsnetzwerke erreichen kann.[943] Dabei muss beachtet werden, dass ein Kunde sowohl positive als auch negative Informationen weitergeben kann.[944] Um einen Wert für das Unternehmen zu erzeugen, müssen positive Weiterempfehlungen[945] letztlich auch zu neuen oder höheren Einzahlungen seitens der

---

939 Vgl. Keane, T.J./Wang, P. (1995), S. 62.

940 Vgl. Cornelsen, J. (2000), S. 169ff.; Rudolf-Sipötz, E. (2001), S. 91ff.; Schmöller, P. (2001), S. 120ff.; Weber, J./Lissautzki, M. (2004), S. 24ff.

941 Vgl. Rudolf-Sipötz, E. (2001), S. 108ff. Teilweise kommt es jedoch bei den von *Rudolf-Sipötz* vorgeschlagenen Ausprägungen des Ressourcenpotentials hinsichtlich Inhalt und Bezeichnung zu Überschneidungen.

942 In der Literatur finden sich diesbezüglich unterschiedliche Begriffe. So spricht *Cornelsen* beispielsweise vom Referenzwert, *Günter* vom Empfehlungswert. Vgl. Cornelsen, J. (2000), S. 199 sowie Günter, B. (2006), S. 249.

943 Vgl. Cornelsen, J. (2000), S. 199; Rudolf-Sipötz, E. (2001), S. 108. Dabei gilt es zu beachten, dass die Erreichbarkeit durch die Zunahme von virtuellen Communities im Internet, etwa in Form von Chat Rooms, Internet-Foren o.ä., immer weiter ansteigt. Vgl. Dwyer, P. (2007), S. 64.

944 Vgl. Meyer, M./Shaffu, N. (2007b), S. 32.

945 *Rudolf-Sipötz* berücksichtigt neben den Weiterempfehlungen als aktives Referenzpotential auch noch die Ausstrahlungswirkung eines Kunden als passives Referenzpotential. Vgl. Rudolf-Sipötz, E. (2001), S. 108. *Cornelsen* spricht diesbezüglich vom Ausstrahlungspotential. Vgl. Cornelsen, J. (2000), S. 146f. Während das aktive Referenzpotential zumindest theoretisch einzelnen Kunden zugerechnet werden kann, ist es unmöglich, ein passives Referenzpotential oder Ausstrahlungspotential einzelnen Kunden zuzurechnen, weswegen es im Weiteren keinerlei Berücksichtigung findet. Vgl. Weber, J./Lissautzki, M. (2004), S. 25.

(Neu-)Kunden führen. Dementsprechend muss auch berücksichtigt werden, dass ein aufgrund von schlechter Produkt- oder Servicequalität unzufriedener Kunde mit ehemals hohem Referenzpotential nicht nur aufgrund von zukünftig niedrigeren direkten Einzahlungsüberschüssen, sondern auch über die Weitergabe von negativen Informationen an andere Kunden zu niedrigeren Einzahlungsüberschüssen beitragen kann.

Unter den Begriff des Informationspotentials eines Kunden fallen alle Informationen, die dieser direkt an das Unternehmen weitergibt und die in irgendeiner Art und Weise für das Unternehmen wertgenerierend sind.[946] Denkbar sind beispielsweise Aussagen zu bestimmten Produkteigenschaften oder zur Bedeutung von Serviceangeboten. Insbesondere im Business-to-Business-Bereich ist darüber hinaus vorstellbar, dass ein Anbieter durch zusätzliche Informationen des Abnehmers die Entwicklung von neuen Produkten schneller vorantreiben kann und dies zu höheren oder früheren Einzahlungen führt. Trägt der Abnehmer maßgeblich zur Neu- oder Weiterentwicklung von Produkten und Dienstleistungen bei, kann dies auch als Innovationspotential bezeichnet werden.[947] Insbesondere sog. Lead-User mit einer hohen Kompetenz bezüglich der Produkte des Anbieters können bei entsprechender Kooperationsbereitschaft dazu beitragen, Neuprodukte früher auf den Markt zu bringen und besser mit den Kundenbedürfnissen abzustimmen.[948] Informationen des Abnehmers könnten darüber hinaus auch seitens des Anbieters dazu genutzt werden, die Auszahlungen, beispielsweise durch Optimierung der Produktionsprozesse, zu verringern oder Kundenrisiken zu senken oder unter Umständen ganz zu vermeiden.

Das Kooperationspotential geht gegenüber dem Informationspotential noch einen Schritt weiter und umfasst sämtliche beabsichtigten Know-how-Transfers oder Anregungen für Produkt- und Prozessinnovationen innerhalb einer konkreten, unter Umständen vertraglich vereinbarten, Zusammenarbeit.[949] Dies bedeutet, dass unter Umständen sogar der Abnehmer dem Anbieter über einen begrenzten Zeitraum hinweg Produktionsfaktoren, wie z.B. Mitarbeiter, zur Verfügung stellt, um durch eine verstärkte Kooperation bis hin zur Integration der Wertschöpfungsketten von Anbieter und Nachfrager Wertsteigerungspotentiale aufdecken und umsetzen zu können.[950]

---

946 Vgl. Rudolf-Sipötz, E. (2001), S. 113.

947 Vgl. Plinke, W. (1989), S. 317; Rieker, S.A. (1995), S. 59. Des Weiteren finden sich in der Literatur auch Vorschläge, zwischen dem Informationspotential und dem Innovationspotential zu differenzieren. Vgl. Schmöller, P. (2001), S. 121ff.

948 Vgl. Schneider, N.C. (2007), S. 161.

949 Vgl. Bauer, H.H./Hammerschmidt, M./Brähler, M. (2002), S. 331.

950 Vgl. Rudolf-Sipötz, E. (2001), S. 121ff.; Schmöller, P. (2001), S. 123.

Das Kooperationspotential ist somit insbesondere für den Business-to-Business-Bereich von Bedeutung, weniger für den Business-to-Consumer-Bereich.[951]

Unter dem Synergiepotential werden schließlich alle Verbundwirkungen eines Kunden im Kundenstamm zusammengefasst, in denen der Kunde auf aktive oder passive Weise Wechselwirkungen auslöst, die sich jedoch nicht den zuvor beschriebenen Referenz-, Informations- und Kooperationspotentialen zuordnen lassen.[952] Weist ein Kunde beispielsweise einen hohen Anteil am Gesamtunternehmensumsatz auf, so entsteht für den Anbieter eine gewisse Abhängigkeit von diesem Kunden, „wodurch sich Änderungen aus dieser Beziehung, z.B. in der Bedürfnisstruktur, signifikant auf den Unternehmenserfolg auswirken."[953] Als weitere Beispiele werden die sog. Economies of Scale und andere interne Synergien genannt.[954] Die Bedeutung des Synergiepotentials eines Einzelkunden sinkt jedoch mit steigender Kundenanzahl eines Unternehmens respektive mit sinkendem Umsatzanteil. Des Weiteren ist das Synergiepotential von der aktuellen Marktsituation abhängig. In Märkten, auf denen es für ein Unternehmen unproblematisch ist, die Kapazitäten auszulasten und die Produkte und Dienstleistungen abzusetzen, dürfte selbst die Abhängigkeit von Großkunden als eher gering eingeschätzt werden. Anders verhält es sich, wenn bei Abbruch einer Kundenbeziehung die frei werdenden Kapazitäten nicht mehr ausgelastet werden können. In diesem Fall liegt jedoch vielmehr ein potentieller Wertverlust bei Aufgabe eines Kunden vor, und weniger ein kundenspezifischer Wertbeitrag.[955]

Es ist unbestritten, dass das Ressourcenpotential eines Kunden dessen Wert für ein Unternehmen erhöht. Fraglich ist, ob sich dieser Wert auch hinreichend quantifizieren lässt. Dies ist jedoch für eine Integration der Bestandteile des Ressourcenpotentials in das Kundenkapitalwertkalkül von entscheidender Bedeutung und soll an späterer Stelle noch eingehender untersucht werden.[956]

4.1.2.4 Kundenrisiko

Wenngleich die Kundenrisiken in der Literatur bislang bis auf wenige Ausnahmen noch weitestgehend vernachlässigt wurden, haben sie doch einen entscheidenden Einfluss auf den Kundenwert.[957]

---

951 Vgl. Schneider, N.C. (2007), S. 159.

952 Vgl. Plinke, W. (1989), S. 317; Rudolf-Sipötz, E. (2001), S. 129ff.

953 Rudolf-Sipötz, E. (2001), S. 130.

954 *Schmöller* bezeichnet das Synergiepotential als strategische Relevanz, in die teilweise auch das Kooperations- und Innovationspotential einfließen. Vgl. Schmöller, P. (2001), S. 128f.

955 Vgl. Rudolf-Sipötz, E. (2001), S. 183; Schneider, N.C. (2007), S. 160.

956 Vgl. Kapitel 4.1.6.

957 Zu einer ähnlichen Erkenntnis kommt auch *Lissautzki*. Vgl. Lissautzki, M. (2005), S. 91.

Hinsichtlich der Kundenrisiken unterscheiden *Srivastava et al.* zwischen der Volatilität und darüber hinausgehenden Risiken, die sie als „vulnerability" der zukünftigen Cashflows bezeichnen und für die *Stahl et al.* den Begriff der Reagibilität verwenden.[958] Während sich die Volatilität auf die allgemeinen natürlichen Schwankungen der zukünftigen Cashflows bezieht und somit negativ wie auch positiv ausfallen kann, bezeichnet die Reagibilität die Wahrscheinlichkeit, dass externe Ereignisse zu einem dramatischen Einbruch der zukünftigen Cashflows führen.[959] Im Extremfall hat dieses somit den vollständigen Abbruch der Kundenbeziehung zur Folge.[960] Gründe für solche externen Ereignisse lassen sich auf der makroökonomischen Ebene, auf der Branchenebene sowie auf der Kundenebene finden.[961]

Aus Sicht des Unternehmens kommt dem Kundenabwanderungsrisiko die größte Bedeutung zu, da eine Abwanderung des Kunden zu einem kompletten Wegfall der kundenbezogenen Einnahmen führt.[962] Die Volatilität resultiert aus zahlreichen operativen Risiken auf der Einzahlungs- und Auszahlungsseite, wie beispielsweise dem Risiko eines niedrigeren Share-of-Wallet oder höherer Servicekosten.[963] Diese Risiken können somit auch als Planungs- oder Prognoserisiken aufgefasst und beispielsweise im Rahmen von Szenario-Analysen offengelegt werden. In diesem Zusammenhang ist des Weiteren zu diskutieren, auf welche Weise die Bewertung der Prognoserisiken erfolgen soll. Eine Bewertung der Prognoserisiken könnte beispielsweise mit Hilfe der Sicherheitsäquivalent- oder der Risikozuschlags-Methode erfolgen.

Kundenrisiken entstehen darüber hinaus auch daraus, dass Kunden im Zeitablauf zahlungsunfähig werden können, so dass Kundenbeziehungen entweder ausgesetzt oder vollständig beendet werden müssen.[964] Solche Bonitätsrisiken sind etwa im Mobilfunkgeschäft, in dem zu Beginn einer Geschäftsbeziehung zunächst eine Subventionierung der Endgeräte stattfindet, oder generell für kleinere sowie liquiditätsschwächere Unternehmen, bei denen Zahlungsschwierigkeiten mehrerer Kunden im Extremfall auch zu eigenen Zahlungsschwierigkeiten führen können, von Bedeutung.

---

958 Vgl. Srivastava, R.K./Shervani, T.A./Fahey, L. (1997), S. 52. Vgl. hierzu auch Stahl, H.K./Matzler, K./Hinterhuber, H.H. (2006), S. 433.

959 Vgl. Srivastava, R.K./Shervani, T.A./Fahey, L. (1997), S. 52.

960 Vgl. zum Abwanderungsrisiko bereits Kapitel 4.1.2.4.

961 Vgl. Stahl, H.K./Matzler, K./Hinterhuber, H.H. (2006), S. 433.

962 Vgl. Ryals, L. (2003), S. 170.

963 Vgl. Hogan, J.E./Lehmann, D.R./Merino, M./Srivastava, R.K./Thomas, J.S./ Verhoef, P.C. (2002), S. 31.

964 Vgl. Lissautzki, M. (2005), S. 91.

Das Abwanderungsrisiko betrifft implizit die Dauer der Kundenbeziehung und kann mit Hilfe einer „Retention Rate“[965] oder „Kundenbindungsrate“[966] berücksichtigt werden.[967] An dieser Stelle sollen daher zunächst einige Überlegungen bezüglich der Kundenbeziehungsdauer erfolgen.

4.1.2.4.1 Kundenbeziehungsdauer

Der Prognose der Dauer einer Geschäftsbeziehung kommt im Rahmen der Kundenbewertung insofern eine besondere Bedeutung zu, als dass sich diese extrem von den Rahmenbedingungen gegenüber der Bewertung von Projekten oder der Unternehmensbewertung, bei der entweder von fest definierten Zeiträumen oder einem unendlichen Zeitraum ausgegangen wird, abgrenzen lässt.[968] Von einem fest definierten Zeitraum kann im Zusammenhang mit der Kundenbewertung nur dann ausgegangen werden, wenn im Rahmen der Geschäftsbeziehung dieser vertraglich festgeschrieben ist. Dies ist beispielsweise bei einem Zeitungsabonnement, bei Vertragskunden eines Mobilfunkanbieters sowie bei Kunden von Versicherungen oder Bausparkassen der Fall. Es stellt sich jedoch auch in diesen Fällen unter Umständen die Frage, ob mit dem Kunden am Ende des auslaufenden Vertrages nicht vielleicht noch ein neuer Vertrag ausgehandelt und somit eine Verlängerung der Geschäftsbeziehung herbeigeführt werden kann. Dagegen kann die Annahme einer unendlichen Kundenbeziehung bei der Bewertung von Einzelkunden definitiv ausgeschlossen werden, da sich die im Rahmen der Unternehmensbewertung i.d.R. herangezogene going-concern-Prämisse im Rahmen der Bewertung von Einzelkunden nicht mehr aufrechterhalten lässt.[969] Die Kundenbeziehung endet zwangsläufig mit dem Tod des betreffenden Kunden, unter Umständen jedoch bereits mit einer frühzeitigen Abwanderung des Kunden. Aus diesen Gründen sind für jeden Kunden individuelle Beziehungsdauern zu prognostizieren.

Die Bedeutung der Dauer einer Geschäftsbeziehung ist umso wichtiger, desto eher die Kunden als sog. „Lost-for-good“[970]-Kunden charakterisiert werden können. Dieser Begriff basiert auf der von *Jackson* vorgenommenen Kategorisierung von industriellen Käufern.[971] Dabei wird zwischen den beiden Extrempositionen „Relationship“ und

---

965 Gupta, S./Lehmann, D.R. (2003), S. 11.
966 Bauer, H.H./Hammerschmidt, M./Brähler, M. (2002), S. 327.
967 Die Begriffe Retention Rate und Kundenbindungsrate werden im weiteren Verlauf der Arbeit synonym verwendet.
968 Vgl. Tewes, M. (2003), S. 285.
969 Vgl. auch Fischer, T.M./Decken, T.v.d. (2001), S. 314 sowie Fischer, T.M./ Schmöller, P./Vielmeyer, U. (2002), S. 4f.
970 Jackson, B.B. (1985a), S. 13.
971 Vgl. Jackson, B.B. (1985a); Jackson, B.B. (1985b), S. 120ff.

„Transaction“ unterschieden, die als Endpunkte einer Bandbreite in der Realität vorkommender Ausprägungen von Geschäftsbeziehungen angesehen werden können.[972] Kunden der Lost-for-good-Situation unterhalten, auch aufgrund von hohen Wechselkosten, eine langjährige Geschäftsbeziehung („Relationship“) mit einem Unternehmen und kaufen alle Produkte und Dienstleistungen bei diesem Anbieter ein.[973] Solch eine Geschäftsbeziehung ist häufig durch hohe Wechselkosten, etwa durch leistungsspezifische Restriktionen, hohe beziehungsspezifische Investitionen oder aufgrund mangelnder alternativer Anbieter, gekennzeichnet. Daher wird davon ausgegangen, dass ein solcher Kunde endgültig verloren ist, sollte er doch einmal den Anbieter wechseln. Eine Rückgewinnung des Kunden ist allenfalls unter sehr hohem Aufwand möglich. Für ein Unternehmen ergibt sich aus solchen Kunden jedoch auch eine Reihe von Vorteilen. Gelingt es einem Unternehmen, dem Kunden über einen langen Zeitraum hinweg ein qualitativ hochwertiges Produkt anzubieten und auf seine Bedürfnisse und Probleme einzugehen, ist davon auszugehen, dass die zukünftigen Cashflows über den gesamten Kundenlebenszyklus gut prognostizierbar sind. Beispiele für Lost-for-good-Kunden finden sich im hochtechnologisierten Anlagenbau, im Flugzeugbau, in der Computertechnologie oder bei beratungsintensiven Finanzdienstleistungen.[974]

Dagegen sind Kunden in der sog. „Always-a-share“[975]-Situation dadurch gekennzeichnet, dass sie die gewünschten Produkte und Dienstleistungen bei unterschiedlichen Anbietern und in unterschiedlichen Mengen beziehen. Somit besteht die Geschäftsbeziehung eher aus einer Ansammlung von einzelnen Transaktionen („Transactions“), im Extremfall nur aus einer einzelnen Transaktion. Da die Wechselkosten annahmegemäß niedrig sind, wird ein Kunde allerdings noch nicht als endgültig abgewandert charakterisiert, sobald er in einer Periode keine Einkäufe getätigt hat.[976] Durch die niedrigen Wechselkosten kann bei derartigen Kunden vielmehr jederzeit der Share-of-Wallet ausgeweitet oder an die Wettbewerber eingebüßt werden. Die Wahrscheinlichkeit eines Wiederholungskaufes nimmt jedoch immer weiter ab, je länger ein Kunde nicht die Produkte und Dienstleistungen bei einem bestimmten Anbieter in Anspruch genommen hat.[977] Beispiele für Always-a-share-Kunden finden sich im Versandhandel, im Einzelhandel oder auch in der Gastronomie.

---

972 Vgl. Jackson, B.B. (1985a), S. 166f.; Jackson, B.B. (1985b), S. 122.
973 Vgl. Rudolf-Sipötz, E. (2001), S. 48.
974 Vgl. Jackson, B.B. (1985b), S. 122; Cornelsen, J. (2000), S. 141; Rudolf-Sipötz, E. (2001), S. 48.
975 Jackson, B.B. (1985a), S. 13.
976 Vgl. Pfeifer, P.E./Carraway, R.L. (2000), S. 43.
977 Vgl. Schmöller, P. (2001), S. 166.

Aufbauend auf der Kundeneinteilung von *Jackson* hat *Dwyer* das Customer Retention Model (Kundenloyalitätsmodell) für die Bewertung von Lost-for-good-Kunden und das Customer Migration Model (Kundenwanderungsmodell) zur Bewertung der Always-a-share-Kunden entwickelt.[978] Die Grundidee des Kundenloyalitätsmodells ist, dass die Dauer einer Geschäftsbeziehung keinesfalls als sicher angenommen werden kann, sondern dem Risiko eines frühzeitigen Abbruchs unterliegt, das sich mit Hilfe der Retention Rate oder Kundenbindungsrate beschreiben lässt.[979] Aufbauend auf der Lost-for-good-Situation bleibt ein Kunde dem Anbieter treu, solange er die Kundenbeziehung nicht abbricht. Beendet er die Kundenbeziehung jedoch, so gilt er für den Anbieter als verloren und wird innerhalb des Bewertungsmodells nicht weiter beachtet. Das ursprüngliche Modell basiert zwar auf der Bewertung von ganzen Kundengruppen, *Berger/Nasr* adaptieren das Modell jedoch zur Evaluierung von einzelnen Kundenbeziehungen, da die aus dem Kundenloyalitätsmodell resultierenden Erkenntnisse aufgrund der vorgestellten Eigenschaften von Lost-for-good-Kunden auch insbesondere für die Bewertung von Einzelkunden von Interesse sind.[980]

Die Grundidee des Kundenwanderungsmodells basiert auf der Annahme, dass in bestimmten Branchen die Kunden eines Anbieters ihren Bedarf nicht nur bei diesem Anbieter decken, sondern bei mehreren Anbietern. In diesem Fall wird ein Kunde nicht sofort als ehemaliger Kunde eingestuft, sobald er in einer Periode einmal nicht beim betrachteten Anbieter kauft. Vielmehr kann er jederzeit wieder als aktiver Kunde in Erscheinung treten. Erst wenn ein Kunde seinen Bedarf innerhalb eines zuvor definierten längeren Zeitraums nicht beim Anbieter gedeckt hat, wird er als Nicht-Kunde eingestuft. Da der Kunde somit über einen längeren Zeitraum beobachtet werden muss, umfangreiche Bewertungsmodelle jedoch aus Wirtschaftlichkeitsgründen ausscheiden, eignet sich das Kundenwanderungsmodell eher als Grundlage für einfachere Bewertungsmodelle im Rahmen der Bewertung des Kundenstamms und soll daher auch in diesem Zusammenhang detailliert vorgestellt werden.[981]

Sowohl das Kundenloyalitätsmodell als auch das Kundenwanderungsmodell stellen theoretische Modelle dar, die zwar nicht vollständig die Realität abbilden, aber unter Umständen geeignete Vereinfachungen der in der Praxis vorkommenden Kundenbeziehungen darstellen können. Es ist davon auszugehen, dass im Rahmen der Bewer-

---

978 Vgl. Dwyer, F.R. (1997), S. 6ff.

979 Vgl. Dwyer, F.R. (1997), S. 9f.

980 Vgl. hierzu insbesondere Berger, P.D./Nasr, N.I. (1998), S. 18ff. Vgl. auch Bruhn, M./Georgi, D./Treyer, M./Leumann (2000), S. 173ff.; Bauer, H.H./Hammerschmidt, M./Brähler, M. (2002), S. 327f.; Wirtz, B.W./Schilke, O. (2004), S. 34; Mödritscher, G./Mussnig, W. (2006), S. 651; Schneider, N.C. (2007), S. 68.

981 Vgl. Kapitel 4.2.3.1.

tung von Einzelkunden dem Kundenloyalitätsmodell eine größere Bedeutung zukommt. Lost-for-good-Kunden können als Kunden charakterisiert werden, für die eine wesentlich bessere Informationslage gegeben ist, für die aufgrund ihres Kaufverhaltens überhaupt erst eine langfristig ausgerichtete Kundenbeziehung definiert werden kann und die aufgrund dieser langfristig ausgelegten Kundenbeziehung voraussichtlich auch eher einen positiven Kundenkapitalwert aufweisen. Als störend kann unter Umständen die Annahme eingestuft werden, dass eine Wiederaufnahme der Kundenbeziehung nach Abbruch derselben im Kundenloyalitätsmodell kategorisch abgelehnt wird. Dies kann jedoch mit dem Argument einer extrem hohen Unsicherheit, die mit einer Kundenrückgewinnung in ferner Zukunft einhergeht, teilweise entkräftet werden. Eine Integration derartiger Überlegungen im Rahmen des Kundenkapitalwertkalküls ist theoretisch denkbar, wäre diesbezüglich aber mit großer Vorsicht zu behandeln.

Eine wesentliche Annahme, die im Rahmen von Lost-for-good-Kunden und dem darauf aufbauenden Kundenloyalitätsmodell gesetzt wird, betrifft das zukünftige Verhalten des Kunden. Es wird angenommen, dass die zukünftigen Cashflows über den gesamten Kundenlebenszyklus gut prognostizierbar sind, da das Kundenverhalten gut prognostizierbar ist. Als mögliche Gründe werden hierfür die Fähigkeit des Unternehmens, dem Kunden über einen langen Zeitraum hinweg ein qualitativ hochwertiges Produkt anzubieten und auf seine Bedürfnisse und Probleme einzugehen, die Existenz von Wechselbarrieren aufgrund von leistungsspezifischen Restriktionen und hohen beziehungsspezifischen Investitionen, die hohe Wechselkosten verursachen, oder ein Mangel an alternativen Anbietern genannt.[982] Eine andere Auffassung findet sich hingegen in institutionenökomischen Ansätzen, die explizit von Verhaltensunsicherheit ausgehen.[983] Demnach muss der Anbieter bei nicht vertraglich festgelegten Geschäftsbeziehungen mit einkalkulieren, dass der Kunde jederzeit alternative Anbieter finden kann, so dass sich ihm die Möglichkeit bietet, neben einem partnerschaftlichen Verhalten auch den Anbieter auszubeuten oder den Lieferanten zu wechseln.[984] Für den Anbieter entsteht somit das Risiko, dass die beziehungsspezifische Investition bereits getätigt worden ist, die zukünftigen Einzahlungen sich jedoch nicht wie geplant entwickeln, so dass daraus im Nachhinein ein negativer Kundenkapitalwert resultieren kann. Letztlich ist das zukünftige Kundenverhalten also stets durch Unsicherheit geprägt, so dass dieses durch Setzung geeigneter Annahmen prognostiziert werden muss.[985] Relativ unbedeutend wird die Verhaltensun-

---

982 Vgl. Rudolf-Sipötz, E. (2001), S. 48.
983 Vgl. bspw. Backhaus, K./Baumeister, C./Koch, M./Mühlfeld, K. (2008), S. 221f.
984 Vgl. Rese, M./Roemer, E. (2004), S. 502ff.; Rese, M. (2006b), S. 302.
985 Vgl. Schneider, N.C. (2007), S. 70.

sicherheit in den Fällen sein, in denen die Wechselbarrieren so ausgeprägt sind, dass eine Verhaltensänderung eher unwahrscheinlich und das Verhaltensrisiko somit vernachlässigbar ist.

Da die Kundenbeziehungsdauer bei Lost-for-good-Kunden nur bei vertraglichen Kundenbeziehungen feststeht, kommt der Retention Rate respektive Kundenbindungsrate eine entscheidende Bedeutung zur Prognose der Dauer der Geschäftsbeziehung zu.[986] In den noch näher vorzustellenden Methoden zur Bewertung des Kundenstamms werden i.d.R. konstante durchschnittliche Kundenbindungsraten herangezogen.[987] Deren Höhe wird letztlich von der jeweiligen Branche abhängig sein. So zeigen etwa *Kim et al.* auf, dass in der Telekommunikationsbranche in den USA die Churn Rate respektive Abwanderungsrate als Gegenstück der Kundenbindungsrate über 20% beträgt, somit also von einer Kundenbindungsrate von knapp unter 80% auszugehen ist.[988] *Zezelj* geht sogar von einer durchschnittlichen Abwanderungsrate in der Mobilfunkbranche i.H.v. 30% pro Jahr aus.[989] Für den deutschen Mobilfunkmarkt sind laut *Knauer* Abwanderungsraten von 15% bis 30% p.a. üblich, wobei er die durchschnittliche Abwanderungsrate auf 25% taxiert.[990]

Bei Heranziehung solcher Branchendurchschnittswerte darf nicht übersehen werden, dass die Lebenszeit eines Kunden stochastischen Schwankungen unterliegt.[991] Letztlich spricht vieles dafür, die in der jeweiligen Branche ermittelte durchschnittliche Kundenbindungsrate zwar als Ausgangsgröße heranzuziehen, aber im Einzelfall gegebenenfalls anzupassen. So kann sich die Kundenbindungsrate bei Einzelkunden theoretisch auch von Periode zu Periode verändern. Für eine Erhöhung der Kundenbindungsrate im Zeitablauf würde etwa sprechen, dass Kundenzufriedenheit und Loyalität des Kunden gegenüber dem Anbieter mit anhaltender Geschäftsbeziehung zunehmen und ein Abbruch der Geschäftsbeziehung mit fortlaufender Zeit immer unwahrscheinlicher wird.[992] Als Grund für eine Erhöhung der Kundenbindungsrate im Zeitablauf muss auch die Schaffung von ökonomischen, psychischen oder sozialen Wechselbarrieren genannt werden.[993] Möglich wäre jedoch auch, dass die Kunden-

986 Vgl. Schneider, N.C. (2007), S. 132ff.
987 Vgl. Reinecke, S./Keller, J. (2006), S. 269. Vgl. zu Methoden der Kundenstammbewertung beispielsweise Gupta, S./Lehmann, D.R./Stuart, J.A. (2004), S. 7-18; Wiesel, T./Skiera, B. (2007), S. 718 sowie ausführlich Kapitel 4.2.3.
988 Vgl. Kim, N./Mahajan, V./Srivastava, R.K. (1995), S. 257-279. In einem aktuelleren Beitrag beziffern McGovern/Moon die Abwanderungsrate im US-Mobilfunkmarkt auf 25%. Vgl. McGovern, G./Moon, Y. (2007), S. 60.
989 Vgl. Zezelj, G. (2000), S. 21.
990 Vgl. Knauer, M. (2000), S. 598.
991 Vgl. Reinecke, S./Keller, J. (2006), S. 269.
992 Vgl. Gupta, S./Lehmann, D.R. (2003), S. 11.
993 Vgl. Peter, S.I. (1997), S. 118ff.

bindungsrate im Zeitablauf eher sinkt, da der Kunde sich aufgrund von sog. Variety-Seeking-Motiven[994] nach neuen, attraktiveren Produkten respektive Anbietern[995] umsieht, die Folge einer in Zukunft steigenden Wettbewerbsintensität in einer Branche sein können. Daher muss letztlich im Einzelfall geklärt werden, welche Faktoren zur Erklärung der Kundenbindungsrate überwiegen. Hierzu kann auf eine Reihe unterschiedlicher theoretischer Ansätze zurückgegriffen werden, wie etwa die mikroökonomische Theorie *Hirschmans*, die Transaktionskostentheorie, die sozialpsychologische Interaktionstheorie oder eben das Variety Seeking als ein Konstrukt der Konsumentenverhaltenstheorie, auf die im Rahmen dieser Arbeit jedoch nicht näher eingegangen werden soll.[996]

Eine weitere Möglichkeit zur Prognose der Kundenbindungsraten besteht in der Heranziehung von Ansätzen, in denen aufbauend auf stochastischen Überlegungen die Kundenabwanderung modelliert wird.[997] *Schmittlein et al.* und *Schmittlein/ Peterson* haben in diesem Zusammenhang das Pareto/NBD-Modell entwickelt, mit dem sich, aufbauend auf einer negativen Binomial-Verteilung und über eine Pareto-Funktion zweiter Ordnung, die Wahrscheinlichkeit bestimmen lässt, dass ein Kunde weiterhin aktiver Kunde ist.[998] Als Erweiterung schlagen *Reinartz/Kumar* vor, diese geschätzte Wahrscheinlichkeit in ein dichotomes „alive/dead measure“ umzuwandeln, um unter Heranziehung des Geburtsdatums des Kunden eine Schätzung der voraussichtlichen Dauer der Kundenbeziehung durchzuführen.[999] Als weitere mögliche Modelle zur Bestimmung der Kundenbeziehungsdauer werden das BG/NBD-Modell von *Fader et al.*[1000] sowie das Modell von *Drew et al.*[1001], das Kundenmigrationen mittels „Survival Functions“ bzw. Hazard-Funktionen erklärt, vorgeschlagen.[1002]

4.1.2.4.2 Kalkulationszinssatz

Bei der Bestimmung des Customer Lifetime Value eines Kunden stellt sich die Frage, welches der adäquate Kalkulationszinssatz zur Diskontierung der zukünftigen kun-

---

994 Vgl. Peter, S.I. (1997), S. 99ff.; Zezelj, G. (2000), S. 22; Smidt, W./Marzian, S.H. (2001), S. 34f.
995 Vgl. Peter, S.I. (1997), S. 123f.
996 Vgl. stattdessen umfassend Peter, S.I. (1997), S. 82-105 m.w.N. Vgl. auch Heesch, C. (2000), S. 462ff. Zum Wechselverhalten der Kunden in der Dienstleistungsbranche vgl. bspw. die Studie von Keaveney, S.M. (1995), S. 71-82.
997 Vgl. Reinecke, S./Keller, J. (2006), S. 270.
998 Vgl. Schmittlein, D.C./Morrison, D.G./Colombo, R. (1987), S. 1-24; Schmittlein, D.C./Peterson, R.A. (1994), S. 41-67; Jain, D./Singh, Siddhartha S. (2002), S. 40f.
999 Vgl. Reinartz, W.J./Kumar, V. (2000), S. 21ff.; Jain, D./Singh, Siddhartha S. (2002), S. 41.
1000 Vgl. Fader, P.S./Hardie, B.G.S./Lee, K.L. (2005), S. 415-430.
1001 Vgl. Drew, J.H./Mani, D.R./Betz, A.L./Datta, P. (2001), S. 205-219.
1002 Vgl. Reinecke, S./Keller, J. (2006), S. 270.

denbezogenen Cashflows sein könnte.[1003] Eine Möglichkeit besteht darin, als Kalkulationszinssatz im Rahmen der Ertragswertmethode den risikolosen Zinssatz heranzuziehen.[1004] Die aus der Kundenbeziehung resultierende Unsicherheit kann mit Hilfe von Sicherheitsäquivalenten durch Berücksichtigung eines Risikoabschlags erfolgen. Bei dieser Vorgehensweise unterscheidet sich der risikofreie Zinssatz im Prinzip nicht von dem bereits im Rahmen der Unternehmensbewertung ermittelten Zinssatz.[1005]

Eine weitere Möglichkeit besteht darin, die Unsicherheit mit Hilfe eines Risikozuschlags im Kalkulationszinssatz zu berücksichtigen. Dieser Weg wird beispielsweise bei Anwendung der Discounted Cashflow-Methoden gewählt, die i.d.R. eine Ermittlung des Eigenkapitalzinssatzes mittels CAPM vornehmen.[1006] In der Praxis dürfte es allerdings nahezu unmöglich sein, einerseits die Finanzierungsquellen für jeden einzelnen Kunden zu eruieren[1007] und andererseits das CAPM auf die Bewertung von Kunden zu übertragen. Hierauf soll an späterer Stelle noch detaillierter eingegangen werden.[1008]

4.1.3 Bestimmung der kundenbezogenen Cashflows

4.1.3.1 Ermittlung der kundenbezogenen Cashflows auf Basis einer internen Unternehmensrechnung

Im Rahmen der Operationalisierung des Customer Lifetime Value-Konzepts kommt insbesondere der Generierung der kundenbezogenen Cashflows, die zur Ermittlung des Customer Lifetime Value notwendig sind, eine erhebliche Bedeutung zu. Daher werden im Folgenden zunächst Überlegungen hinsichtlich einer möglichen Informationsbeschaffung anhand der Unternehmensrechnung angestellt.
Das herkömmliche Rechnungswesen umfasst mit der bilanziellen Erfolgsrechnung, die die Bilanz sowie Gewinn- und Verlustrechnung beinhaltet, der Kosten- und Leistungsrechnung, der Investitionsrechnung, der Finanzrechnung sowie der Finanzierungsrechnung traditionell fünf Teilsysteme, die prinzipiell die erforderlichen Informa-

---

1003 Vgl. Günther, T. (1997), S. 160.
1004 Vgl. hierzu Kapitel 3.1.2.2.
1005 Vgl. Kapitel 3.1.1.
1006 Vgl. Kapitel 3.1.2.3.
1007 Vgl. bereits Perridon, L./Steiner, M. (2007), S. 77, allerdings in Bezug auf einzelne Investitionsprojekte, die jedoch mit einzelnen Kundenbeziehungen vergleichbar sind. Aus diesem Grund schlägt *Schmöller* vor, bei Anwendung der DCF-Methoden auf die APV-Methode zuzugreifen und die Kundenwerte innerhalb des Marktwerts des unverschuldeten Unternehmens zu berücksichtigen. Vgl. Schmöller, P. (2001), S. 157.
1008 Vgl. Kapitel 4.1.5.4.

tionen zur Bestimmung der aktuellen kundenbezogenen Cashflows bereitstellen könnten.[1009] Da im Zusammenhang mit der Bewertung von Einzelkunden jedoch die zukünftigen Cashflows des Kunden benötigt werden, scheidet bereits an dieser Stelle die bilanzielle Erfolgsrechnung als geeignetes Informationsinstrument aus. Des Weiteren zählt die bilanzielle Erfolgsrechnung zum externen Rechnungswesen, das auf die Erstellung des (Einzel- oder Konzern-)Jahresabschlusses und somit an externe Adressaten gerichtet ist.[1010] Diese unterliegt entweder der nationalen, gesetzlichen Rechnungslegung wie dem HGB oder internationalen Bilanzierungsstandards wie den IFRS oder US-GAAP und ist insofern hinsichtlich ihrer Flexibilität bei der Ausgestaltung stark eingeschränkt. Darüber hinaus weisen die Bilanz, die Gewinn- und Verlustrechnung sowie die Kapitalflussrechnung als Nebenrechnung einen zu hohen Aggregationsgrad auf und sind daher kaum zur Herleitung der kundenbezogenen Cashflows geeignet.[1011]

Besser geeignet zur Bestimmung der kundenbezogenen Cashflows scheinen die Teilsysteme des internen Rechnungswesens zu sein. Aufgrund der Zahlungsorientierung kommen insbesondere die Finanzrechnung als auch die Finanzierungsrechnung in Betracht. Die Finanzrechnung berücksichtigt die Ein- und Auszahlungen und dient der Sicherstellung der finanziellen Liquidität, weist allerdings den Nachteil auf, dass sie i.d.R. sehr kurzfristig ausgerichtet ist und somit ebenfalls als Prognoseinstrument ausscheidet.[1012] Die Finanzierungsrechnung bezieht zusätzlich auch Forderungen und Verbindlichkeiten mit ein und basiert auf einer längerfristigen Perspektive, so dass auch die Einnahmen und Ausgaben zukünftiger Perioden berücksichtigt werden.[1013] Fraglich ist jedoch in diesem Zusammenhang, ob die Ein- und Auszahlungen, die im Rahmen dieser Teilsysteme auf der Ebene des Gesamtunternehmens erfasst werden, auch auf der Ebene der Einzelkunden vorzufinden sind.[1014] Ist dies der Fall, so könnten die kundenbezogenen Cashflows direkt zur Bestimmung des Customer Lifetime Value herangezogen werden. Im Idealfall verfügt ein Unternehmen bereits über eine einzelkundenbezogene Finanzierungsrechnung oder baut diese in der Zukunft aus.

Verfügt ein Unternehmen jedoch (noch) nicht über entsprechende Informationen auf der Ebene der Einzelkunden, so bietet es sich an, auf die in der Praxis in Bezug auf die Kostenträger häufig differenzierter ausgebaute Kosten- und Leistungsrechnung

---

1009 Vgl. Tewes, M. (2003), S. 240.
1010 Vgl. Dirrigl, H. (1998b), S. 540.
1011 Vgl. Tewes, M. (2003), S. 244.
1012 Vgl. Kriegbaum, C. (2001), S. 212; Coenenberg, A.G. (2007), S. 13ff.
1013 Vgl. Kriegbaum, C. (2001), S. 212f.
1014 Vgl. Tewes, M. (2003), S. 243.

zurückzugreifen, um daraus die kundenbezogenen Cashflows abzuleiten, die im Anschluss auch in der Investitionsrechnung eingesetzt werden können. Zu diesem Zweck wird die in Kapitel 2.3.1.2 bereits vorgestellte relative Einzelkosten- und Deckungsbeitragsrechnung herangezogen und hinsichtlich ihrer Verwendungsmöglichkeiten untersucht.

4.1.3.2 Kundenbezogene Kosten- und Erlösrechnung als Grundrechnung zur Bestimmung der kundenbezogenen Cashflows

Im Folgenden wird zunächst auf die relative Einzelkosten- und Deckungsbeitragsrechnung und die Prozesskostenrechnung zurückgegriffen, um die im Unternehmen anfallenden Erlöse und Kosten den einzelnen Kunden zurechnen zu können. Darauf aufbauend lässt sich dann leichter eine Prognose der zukünftigen Erfolgsbeiträge der Kunden durchführen, indem entweder direkt die identifizierten Erlös- und Kostenpositionen für die Zukunft geplant werden oder aus den berechneten Kunden-Deckungsbeiträgen die kundenbezogenen Cashflows hergeleitet werden.

4.1.3.2.1 Relative Einzelkosten- und Deckungsbeitragsrechnung

Die relative Einzelkosten- und Deckungsbeitragsrechnung weist wie bereits angedeutet den Vorteil auf, dass aufgrund der Orientierung am Identitätsprinzip nur solche Erlöse und Kosten einem Bezugsobjekt zugeordnet werden, die mit diesem auch einen eindeutigen Zusammenhang aufweisen, so dass von einer Schlüsselung nicht eindeutig zurechenbarer Gemein-Kosten und -Erlöse vollständig abgesehen wird.[1015] Welche entscheidende Bedeutung einer solchen Kostenverrechnung zukommt, zeigt die empirische Studie von *Cornelsen* aus dem Jahr 1997, in der die befragten Vertriebsmanager neben einer fehlenden Datenintegration als größtes Problem bei der Ermittlung erfolgsbezogener Kundenwerte die willkürliche Schlüsselung der Kosten auf die einzelnen Kunden genannt haben.[1016] Dies unterstreicht die Eignung der relativen Einzelkostenrechnung für die Kundenbewertung.

Der Begriff der relativen Einzelkosten bezieht sich auf die Tatsache, dass die Unterscheidung zwischen Einzel- und Gemeinkosten vom jeweiligen Bezugsobjekt abhängig und insofern relativ ist.[1017] Auf diese Weise können alle Kostenarten innerhalb

---

[1015] Vgl. Tewes, M. (2003), S. 256. Dies unterstützt letztlich einzelkundenbezogene Entscheidungen, weswegen auch die Mehrzahl der vorgestellten Ansätze zur Bestimmung des Customer Lifetime Value dieser Vorgehensweise folgt. Vgl. bspw. Blattberg, R.C./Getz, G./Thomas, J.S. (2001), S. 22ff.; Wiesel, T./Skiera, B. (2007), S. 709.

[1016] Vgl. Cornelsen, J. (2000), S. 86f.

[1017] Vgl. Riebel, P. (1994), S. 36f.

einer Bezugsobjekt-Hierarchie[1018] respektive Bezugsgrößen-Hierarchie[1019] an irgendeiner Stelle als Einzelkosten erfasst werden, stellen jedoch zugleich in Bezug auf andere Bezugsobjekte Gemeinkosten dar.[1020] So können beispielsweise die Kosten für das Gehalt eines Kundengruppenmanagers, die in Bezug auf einen einzelnen Kunden Gemeinkosten darstellen, in Bezug auf die dazugehörige Kundengruppe in der nächsthöheren Ebene respektive Hierarchiestufe durchaus Einzelkosten darstellen.[1021] Soweit ökonomisch sinnvoll, sollten dem Einzelkostenprinzip von *Riebel* folgend die Kosten immer als Einzelkosten des speziellsten Bezugsobjekts ausgewiesen werden.[1022] Die jeweilige Bezugsobjekt-Hierarchie ist letztlich von den unternehmensindividuellen Anforderungen und vom jeweiligen Auswertungszweck abhängig,[1023] könnte aber beispielsweise folgendermaßen ausgestaltet werden:[1024]

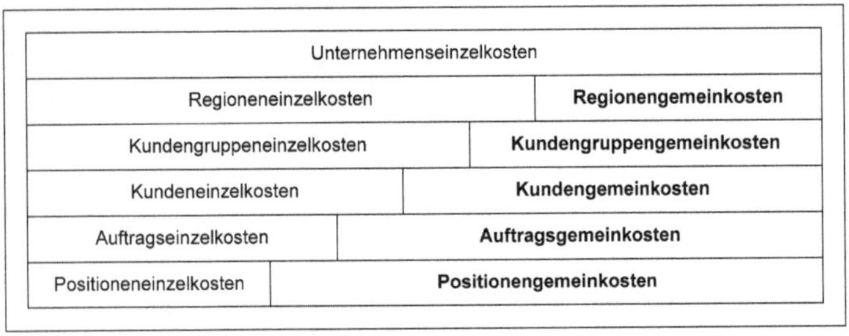

Abb. 4-2: Die Einzel-/Gemeinkostenleiter der Bezugsobjekt-Hierarchie im System der relativen Einzelkostenrechnung

Je höher die Ebene einer Bezugsobjekt-Hierarchie ist, desto größer ist der Anteil der verursachungsgerecht zurechenbaren Gemeinkosten, die als Einzelkosten dem jeweiligen Bezugsobjekt zugeordnet werden können.[1025] Die relative Einzelkosten- und Deckungsbeitragsrechnung weist also den Vorteil auf, dass sie keine willkürliche Zurechnung von Gemeinkosten vornimmt, sondern jedem Bezugsobjekt nur die (Einzel-) Kosten zuteilt, für die es auch wirklich verantwortlich ist. Andererseits gehen

1018 Vgl. Reckenfelderbäumer, M./Welling, M. (2006), S. 342.
1019 Vgl. Riebel, P. (1994), S. 37; Kilger, W./Pampel, J./Vikas, K. (2007), S. 82; Tewes, M. (2003), S. 256; Köhler, R. (2008), S. 471.
1020 Vgl. Kilger, W./Pampel, J./Vikas, K. (2007), S. 83.
1021 Vgl. Homburg, C./Schnurr, P. (1998), S. 176. Zur Unterscheidung von Einzel- und Gemeinkosten vgl. auch Homburg, C./Krohmer, H. (2006), S. 1221.
1022 Vgl. Riebel, P. (1992), S. 253.
1023 Vgl. Welling, M. (2000), S. 210.
1024 Quelle: Reckenfelderbäumer, M./Welling, M. (2006), S. 342. Ähnliche Bezugsobjekt-Hierarchien finden sich bei *Knöbel, Mussnig, Plinke/Rese* sowie *Smidt/Marzian*, vgl. Knöbel, U. (1995), S. 8; Mussnig, W. (1996), S. 46f.; Plinke, W./Rese, M. (2000), S. 697f.; Smidt, W./Marzian, S.H. (2001), S. 11.
1025 Vgl. Reckenfelderbäumer, M./Welling, M. (2006), S. 342; Welling, M. (2000), S. 210.

aber keinerlei Kosteninformationen verloren, da sämtliche Gemeinkosten als Einzelkosten eines Bezugsobjekts einer höheren Hierarchie transparent gemacht werden.

Die exakte Zurechnung der unterschiedlichen Kostenpositionen auf die Bezugsobjekte erfordert zunächst eine zweckneutrale sog. Grundrechnung, die in der internen Unternehmensrechnung implementiert werden muss und die sachlich begründeten Zuordnungsbeziehungen zwischen den Kosten und den unterschiedlichen Bezugsobjekten herstellt.[1026] Aufbauend auf der Grundrechnung sind dann zahlreiche Auswertungsrechnungen hinsichtlich unterschiedlicher Bezugsobjekte möglich, so dass auch spezielle Auswertungen der Kunden erfolgen können. Ein weiterer Vorteil der Verwendung der relativen Einzelkosten- und Deckungsbeitragsrechnung ist in diesem Zusammenhang, dass diese auf dem entscheidungsorientierten Kostenbegriff[1027], der sich wiederum am pagatorischen Kostenbegriff orientiert,[1028] aufbaut, so dass sie sich eher zur Ermittlung von kundenbezogenen Cashflows eignet als Kostenrechnungssysteme, die auf dem kalkulatorischen Kostenbegriff aufbauen.[1029] Eine Kunden-Deckungsbeitragsrechnung auf Basis der relativen Einzelkosten- und Deckungsbeitragsrechnung kann nun so ausgestaltet werden, dass zunächst die mit dem Kunden erzielten Brutto-Umsatzerlöse einer betrachteten Periode ausgewiesen werden. Diese ergeben sich durch Multiplikation des jeweiligen Listenpreises mit der abgesetzten Menge. Anschließend werden die Netto-Erlöse der Periode nach Abzug der produktbezogenen Erlösschmälerungen ausgewiesen.[1030] Zur Bestimmung des Kunden-Deckungsbeitrags werden von den Netto-Erlösen die kundenspezifischen Einzelkosten sowie die Kosten der vorgelagerten Hierarchiestufen (Aufträge, Auftragspositionen) abgezogen.[1031]

1026 Vgl. Riebel, P. (1994), S. 764; Mussnig, W. (1996), S. 46; Schweitzer, M./Küpper, H.-U. (2003), S. 530ff.; Tewes, M. (2003), S. 256; Köhler, R. (2008), S. 470f.; Preißler, P. (2005), S. 40. In der Praxis kann dies durch entsprechende Deskriptoren (Ordnungsmerkmale) geschehen, indem etwa Kosten, die unmittelbar in Bezug auf einen Kunden anfallen, mit einer Kundennummer, Produktkosten mit einer Artikelnummer und Versandkosten mit einer Auftragsnummer versehen werden. Vgl. Link, J./Gerth, N./Voßbeck, E. (2000), S. 212; Köhler, R. (2008), S. 471.

1027 Vgl. Riebel, P. (1978), S. 143; Riebel, P. (1992), S. 261f.

1028 Vgl. Koch, H. (1958), S. 362. Zu den Unterschieden von pagatorischen und kalkulatorischen Rechensystemen vgl. auch Küpper, H.-U. (1997), S. 20-26 sowie Schweitzer, M./Küpper, H.-U. (2003), S. 15f.

1029 Vgl. auch Küpper, H.-U. (1997), S. 25f.

1030 Vgl. Köhler, R. (2001), S. 859; Homburg, C./Schnurr, P. (1998), S. 177. Erlösschmälerungen wie z.B. Rabatte können auf Ebene der Produkte, der Aufträge oder der Kunden, z.B. als Perioden-Umsatzrabatt auftreten. Vgl. hierzu Plinke, W./Rese, M. (2000), S. 700f.

1031 Vgl. Fischer, T.M./Decken, T.v.d. (2001), S. 296.

Um Kostenanalysen auf den vorgelagerten Hierachiestufen durchführen zu können, lassen sich jedoch zunächst auch Positionen-Deckungsbeiträge[1032] ermitteln, indem von den Netto-Erlösen die Herstelleinzelkosten abgezogen werden.[1033] Die Auftrags-Deckungsbeiträge werden ermittelt, indem von der Summe aller Positionen-Deckungsbeiträge eines Auftrags die auftragsbezogenen Einzelkosten abgezogen werden. Die auftragsbezogenen Einzelkosten stellen auf der Ebene der einzelnen Positionen Gemeinkosten dar, weswegen sie bei der Ermittlung der Positionen-Deckungsbeiträge unberücksichtigt bleiben und erst auf der höheren Ebene der Bezugsobjekt-Hierarchie abgezogen werden. Des Weiteren werden bei Ermittlung der Auftrags-Deckungsbeiträge alle Einzelerlöse eines Auftrags, wie etwa Versandzuschläge, aufgeschlagen.[1034] Die auftragsbezogenen Einzelkosten fallen unabhängig von der verkauften Stückzahl des jeweiligen Auftrags an und entstehen z.B. für die Angebotserstellung, Fakturierung oder für Fracht und Versand.[1035] Der Kunden-Deckungsbeitrag lässt sich nun als Summe aller Auftrags-Deckungsbeiträge eines Kunden abzüglich der kundenbezogenen Einzelkosten bestimmen. Beispiele für kundenbezogene Einzelkosten stellen das Gehalt des bereits angesprochenen Key-Account-Managers dar, sofern dieser nur für einen einzelnen Kunden und nicht für eine ganze Kundengruppe verantwortlich zeichnet, Besuchseinzelkosten, spezielle Kundeneinzelerlösschmälerungen[1036] oder Kapitalbindungskosten, die infolge langer Zahlungsfristen entstehen, dar.[1037] Dagegen sind die Gehälter von Kundengruppen-Managern oder die Kosten, die für Ausbildungsveranstaltungen oder durch die Einrichtung und Durchführung eines Beschwerdemanagements entstehen, als kunden-

---

1032 Die Begriffe Positionen-Deckungsbeitrag und Produkt-Deckungsbeitrag werden im Folgenden synonym verwendet. Allerdings soll bereits an dieser Stelle deutlich gemacht werden, dass es sich beim Produkt-Deckungsbeitrag nicht um den Deckungsbeitrag des kompletten Produktes handelt, sondern nur um den Deckungsbeitrag der verkauften Mengeneinheiten innerhalb einer Produktkategorie.

1033 Vgl. Reckenfelderbäumer, M./Welling, M. (2006), S. 345. In diesem Zusammenhang wird hinsichtlich einer in der Praxis effizienten Umsetzung der Ermittlung von Kunden-Deckungsbeiträgen häufig vorgeschlagen, zunächst auf der in den meisten Unternehmen bereits vorhandenen Produktkalkulation aufzubauen und diese um eine Kundenkalkulation zu erweitern, da man die Produktkalkulation ohnehin zur Bestimmung der Verkaufspreise benötigt und sich viele der zu planenden und zu steuernden Leistungsprozesse direkt am Produkt orientieren. Vgl. beispielsweise Fischer, T.M./Decken, T.v.d. (2001), S. 297; Schirmeister, R./Kreuz, C. (2006), S. 313f. Dabei gilt es jedoch zu beachten, dass nur Erlösschmälerungen und variable Einzelkosten des Produktes in den Kunden-Deckungsbeitrag eingehen sollten, jedoch nicht etwa die Kosten für eine Produktwerbung, die zwar fixe Einzelkosten eines (Gesamt-)Produktes darstellen, aber nicht willkürlich dem jeweiligen Kunden angelastet werden sollten, der nur eine kleine Stückzahl eines Produktes bezieht.

1034 Versandzuschläge stellen Einzelerlöse des Auftrags, aber Gemeinerlöse der jeweiligen Auftragsposition dar. Synonym zu den Kostenarten sollten folglich auch die Erlösarten stets danach charakterisiert werden, ob sie in Bezug auf das jeweilige Bezugsobjekt Einzel- oder Gemeinerlöse darstellen. Vgl. Welling, M. (2000), S. 211. Zum Entscheidungsproblem, das aus der Existenz von Erlösverbunden resultiert, vgl. auch Plinke, W./Rese, M. (2000), S. 702ff.

1035 Vgl. Knöbel, U. (1995), S. 8.

1036 Z.B. Boni, vgl. Schirmeister, R./Reimsbach, D. (2006), S. 101.

1037 Vgl. Reckenfelderbäumer, M./Welling, M. (2006), S. 344f.; Fickert, R. (2005), S. 349.

bezogene Gemeinkosten erst auf der Ebene der jeweiligen Kundengruppe als relative Einzelkosten zu berücksichtigen.

Der Kundengruppen-Deckungsbeitrag ergibt sich dementsprechend als Summe aller Kunden-Deckungsbeiträge einer Kundengruppe abzüglich der Einzelkosten der Kundengruppe. Führt man die oben vorgestellte Bezugsobjekt-Hierarchie weiter, so ergeben sich schließlich der Deckungsbeitrag der Region sowie der Unternehmens-Deckungsbeitrag. Die folgende Tabelle 4-1 verdeutlicht noch einmal beispielhaft anhand eines Unternehmens, das innerhalb der Region Nordeuropa drei Produkte anbietet und über vier Großkunden verfügt, die in zwei Kundengruppen organisiert sind, die dargestellten Zusammenhänge, indem zunächst sämtliche Kosten entsprechend ihrer Verursachungsentstehung als Einzelkosten des jeweiligen Bezugsobjektes ausgewiesen werden:[1038]

[1038] Quelle: In Anlehnung an Reckenfelderbäumer, M./Welling, M. (2006), S. 345.

Tab. 4-1: ***Darstellung einer mehrdimensionalen periodischen (Kunden-)Deckungsbeitragsrechnung im System der relativen Einzelkostenrechnung***

Zeile	Einzelerfolgsgröße	Region Nordeuropa											
		Kundengruppe 1						Kundengruppe 2					
		Kunde 1			Kunde 2			Kunde 3			Kunde 4		
		Produkt 1	Produkt 2	Produkt 3	Produkt 1	Produkt 2	Produkt 3	Produkt 1	Produkt 2	Produkt 3	Produkt 1	Produkt 2	Produkt 3
1	Listenpreis	250,00	500,00	800,00	250,00	500,00	800,00	250,00	500,00	800,00	250,00	500,00	800,00
2	Abgesetzte Menge	200	500	300	850	300	0	800	400	100	300	700	600
3	**Brutto-Erlöse**	**50.000,00**	**250.000,00**	**240.000,00**	**212.500,00**	**150.000,00**	**0,00**	**200.000,00**	**200.000,00**	**80.000,00**	**75.000,00**	**350.000,00**	**480.000,00**
4	produktspezifische Erlösschmälerungen	-1.000,00	-5.000,00	-4.800,00	-6.375,00	-4.500,00	0,00	-4.000,00	-4.000,00	-1.600,00	-3.000,00	-14.000,00	-19.200,00
5	**Netto-Erlöse**	**49.000,00**	**245.000,00**	**235.200,00**	**206.125,00**	**145.500,00**	**0,00**	**196.000,00**	**196.000,00**	**78.400,00**	**72.000,00**	**336.000,00**	**460.800,00**
6	Herstelleinzelkosten pro Stück	-120,00	-250,00	-300,00	-120,00	-250,00	-300,00	-120,00	-250,00	-300,00	-120,00	-250,00	-300,00
7	Herstelleinzelkosten	-24.000,00	-125.000,00	-90.000,00	-102.000,00	-75.000,00	0,00	-96.000,00	-100.000,00	-30.000,00	-36.000,00	-175.000,00	-180.000,00
8	**Positionen-DB**	**25.000,00**	**120.000,00**	**145.200,00**	**104.125,00**	**70.500,00**	**0,00**	**100.000,00**	**96.000,00**	**48.400,00**	**36.000,00**	**161.000,00**	**280.800,00**
9	*Zusammensetzung der Aufträge*	*290.200,00*			*174.625,00*			*100.000,00*	*96.000,00*	*48.400,00*	*197.000,00*		*280.800,00*
10	Versandzuschläge	29.020,00			17.462,50			10.000,00	9.600,00	4.840,00	19.700,00		28.080,00
11	Transporteinzelkosten	-31.000,00			-35.500,00			-25.000,00	-13.000,00	-4.000,00	-31.000,00		-19.000,00
12	**Auftrags-DB**	**288.220,00**			**156.587,50**			**85.000,00**	**92.600,00**	**49.240,00**	**185.700,00**		**289.880,00**
13	Perioden-Umsatzrabatt	-16.746,60			-11.072,63			-14.412,00			-26.655,00		
14	Key-Account-Manager				-55.000,00						-120.000,00		
15	Besuchseinzelkosten	-5.000,00			-3.000,00			-2.500,00			-4.000,00		
16	diverse Kundeneinzelkosten	-3.000,00			-2.500,00			-3.200,00			-2.800,00		
17	**Kunden-DB**	**263.473,40**			**85.014,88**			**206.728,00**			**322.125,00**		
18	Kundengruppen-Manager	-50.000,00						-80.000,00					
19	Ausbildungsveranstaltungen	-12.000,00						-72.000,00					
20	Beschwerdemanagement	-80.000,00						-32.000,00					
21	diverse Kundengruppeneinzelkosten	-120.000,00						-224.000,00					
22	**Kundengruppen-DB**	**86.488,28**						**120.853,00**					
23	Vertriebsmitarbeiter Außendienst	-150.000,00											
24	Besuchskosten	-75.000,00											
25	Miete Regionalbüro	-14.400,00											
26	diverse Einzelkosten der Region	-60.000,00											
27	**Region$_{NE}$-DB**	**-92.058,73**											
28	**∑weitere Regionen-DB**	**1.500.000,00**											
29	Bestellannahme	-5.000,00											
30	Vorstandsgehälter	-600.000,00											
31	diverse Unternehmenseinzelkosten	-150.000,00											
32	**Unternehmens-DB**	**652.941,28**											

Mit Blick auf die Ergebnisse des Beispiels kann festgestellt werden, dass anhand der durchgeführten relativen Deckungsbeitragsrechnung alle vier Kunden einen positiven Deckungsbeitrag aufweisen. Insofern handelt es sich scheinbar um profitable Kunden, wobei insbesondere Kunde 1 mit einem Deckungsbeitrag i.H.v. 263.473,40 GE und Kunde 4 mit einem Deckungsbeitrag i.H.v. 322.125,00 GE einen hohen operativen Kundenwert aufweisen. Wesentlich niedriger fällt dagegen der Deckungsbeitrag des Kunden 2 i.H.v. 85.014,88 GE aus, obwohl für diesen eigens ein Key Account-Manager angesetzt worden ist. Da hier der Kunde als Bezugsobjekt im Fokus des Interesses steht, stellt sich des Weiteren die entscheidende Frage, inwiefern sich nun die jeweiligen Kunden-Deckungsbeiträge für sinnvolle operative Kundenentscheidungen heranziehen lassen. In diesem Zusammenhang kann zwar attestiert werden, dass es bei Anwendung der relativen Einzelkosten- und Deckungsbeitragsrechnung unter Beachtung des Identitätsprinzips im Sinne von *Riebel* nicht aufgrund von willkürlichen Zurechnungen der Gemeinkosten zu Fehlentscheidungen kommt, andererseits aber die Aussagekraft der Kunden-Deckungsbeiträge mit steigendem Anteil der Gemeinkosten an den Gesamtkosten eines Bezugsobjekts stark nachlässt.[1039] Da insbesondere mit einer zunehmenden Kundenorientierung der Anteil der indirekten Wertschöpfungsbereiche ansteigt und dies zu einer Erhöhung der Gemeinkostenblöcke führt, finden sich in der Literatur Vorschläge, die relative Einzelkosten- und Deckungsbeitragsrechnung mit der Prozesskostenrechnung zu kombinieren.[1040] Dies hat zwar einerseits eine Lockerung des strengen Identitätsprinzips von *Riebel* zur Folge, erhöht andererseits aber die Transparenz der Kundenanalysen.[1041] Zwar ist die Feststellung richtig, dass es dadurch zu einer Vermischung der Zurechnungsvorschriften einer Teilkostenrechnung einerseits und einer Vollkostenrechnung andererseits kommt,[1042] dies ist aber aus theoretischer Sicht hinsichtlich der Gemeinkostenschlüsselung solange vertretbar, wie die Zurechnung der Gemeinkosten nicht willkürlich geschieht, sondern anhand von Kostentreibern innerhalb der Prozesskostenrechnung verursachungsgerecht erfolgt.

Im obigen Beispiel wird allein schon durch den negativen Regionen-Deckungsbeitrag i.H.v. 92.058,73 GE ein weiterer Handlungsbedarf aufgezeigt. Auf Basis der relativen Einzelkosten- und Deckungsbeitragsrechnung unter Beachtung des strengen Identitätsprinzips lassen sich für die Kundensteuerung keine Ansatzpunkte zur Ergebnisverbesserung finden, da sämtliche Kunden-Deckungsbeiträge zumindest einen positiven Wert aufweisen und die Inanspruchnahme der Unternehmensressourcen nicht

---

1039 Vgl. Reckenfelderbäumer, M. (1995), S. 215; Reckenfelderbäumer, M./Welling, M. (2006), S. 347.
1040 Vgl. Reckenfelderbäumer, M. (1995); Knöbel, U. (1995), S. 10ff.; Homburg, C./Daum, D. (1997a), S. 87; Fischer, T.M./Decken, T.v.d. (2001), S. 295.
1041 Vgl. Fischer, T.M./Decken, T.v.d. (2001), S. 296.
1042 Vgl. Cornelsen, J. (2000), S. 110.

vollständig abgebildet wird. Ein möglicher Grund für den negativen Regionen-Deckungsbeitrag ist vielmehr in den hohen (Kunden-)Gemeinkosten zu sehen, die anhand der relativen Einzelkostenrechnung nicht hinreichend analysiert werden können. In diesem Zusammenhang muss zwar festgestellt werden, dass beispielsweise Gehälter für Kundengruppenmanager und Vertriebsmitarbeiter sowie die Kosten für Kundenbesuche nicht wegfallen würden, wenn die Geschäftsbeziehung zu dem jeweiligen Kunden nicht bestünde, „allerdings ist es bei den aufgeführten Beispielen zweifelsfrei einsichtig, dass die Kostenwirkungen im Zusammenhang mit den im Rahmen der Kundenbeziehungen erbrachten – und zur Aufrechterhaltung derselben notwendigen – Dienstleistungen stehen.“[1043]

Die bisherigen Überlegungen führen zu der Erkenntnis, dass es durchaus sinnvoll sein kann, das Identitätsprinzip zu einem „erweiterten Identitätsprinzip“[1044] auszubauen und die Prozesskostenrechnung zur Analyse der Gemeinkosten mit einzubeziehen.[1045] Zu diesem Zweck soll im folgenden Abschnitt zunächst die Prozesskostenrechnung in ihren Grundzügen vorgestellt werden.

4.1.3.2.2 Grundlagen der Prozesskostenrechnung

Die Prozesskostenrechnung entstand gegen Ende des 20. Jahrhunderts in Deutschland und unter dem Namen Activity-Based Costing nahezu zeitgleich in den USA, um den sich verändernden Rahmenbedingungen in den Unternehmen gerecht zu werden.[1046] Insbesondere konnte in vielen Unternehmen beobachtet werden, dass der Anteil der in den indirekten Leistungsbereichen entstehenden Gemeinkosten an der betrieblichen Wertschöpfung immer weiter zunahm, da den vorbereitenden, planenden, steuernden, überwachenden und koordinierenden Tätigkeiten in Forschung & Entwicklung, Beschaffung, Logistik, Arbeitsvorbereitung, Programmierung, Produktionsplanung und -steuerung, Instandhaltung, Qualitätssicherung, Auftragsabwicklung, Vertrieb und Rechnungswesen im Vergleich zu den eigentlichen Produktionsaufgaben eine immer größere Bedeutung zukam.[1047] Im Zuge dieser Entwicklungen konnten die Informationsbedürfnisse des Managements durch die gängigen Kosten-

[1043] Reckenfelderbäumer, M./Welling, M. (2006), S. 347.
[1044] Reckenfelderbäumer, M. (1995), S. 207.
[1045] Dazu gilt es, die entsprechenden Kundenprozesse zu identifizieren und mittels geeigneter Kostentreiber die entstandenen Kosten verursachungsgerecht den Kunden zuzurechnen. Vgl. Fickert, R. (2005), S. 348.
[1046] Vgl. Reckenfelderbäumer, M. (1998), S. 3ff.; Coenenberg, A.G. (2007), S. 126ff.; Preißler, P. (2005), S. 180ff.; Reckenfelderbäumer, M. (2006), S. 773f.
[1047] Vgl. Miller, J.G./Vollman, T.E. (1985), S. 143; Horvarth, P./Mayer, R. (1989), S. 214; Preißler, P. (2005), S. 180f.

rechnungsverfahren und der damit einhergehenden Zuschlagskalkulation[1048] nicht mehr hinreichend befriedigt werden.[1049] Die Prozesskostenrechnung hatte in diesem Zusammenhang das Anliegen, Kostenumlagen und pauschale Kostenzuschläge abzuschaffen und stattdessen eine genauere und verursachungsgerechtere Zurechnung der betrieblichen Gemeinkosten auf Basis der Prozesse und Aktivitäten, die den Gemeinkosten zugrunde liegen, zu ermöglichen.[1050]

Die Schwierigkeit der Prozesskostenrechnung besteht folglich darin, zunächst die entsprechenden Hauptprozesse in einem Unternehmen zu identifizieren, denen anschließend Prozesskosten mit Hilfe sog. Kostentreiber („cost driver"[1051]) zugeordnet werden können.[1052] Hauptprozesse setzen sich kostenstellenübergreifend aus mehreren sachlich zusammenhängenden Teilprozessen zusammen, die wiederum mehrere Tätigkeiten umfassen können.[1053] Von entscheidender Bedeutung ist diesbezüglich, dass zwischen der vom jeweiligen Kostenträger (Kundengruppe, Kunde, Auftrag etc.) in Anspruch genommenen Bezugsgrößenmenge und der Ressourceninanspruchnahme in Höhe der angefallenen Prozesskosten auch eine proportionale Beziehung besteht.[1054] Eine Prozesskostenrechnung im Sinne einer Vollkostenrechnung, bei der alle Gemeinkosten, unterteilt in leistungsmengeninduzierte und leistungsmengenneutrale Kosten, über die Prozesse verrechnet werden,[1055] wird aus diesem Grund strikt abgelehnt.[1056] Im Rahmen einer kundenbezogenen Prozesskostenanalyse kommen als Kostentreiber beispielsweise das Auftragsvolumen für die gegebenen Rabatte und Boni, die Anzahl der Aufträge bei der Auftragsbearbeitung, die Anzahl der Varianten bei der Verpackung oder die Anzahl der Kundenbesuche im Außendienst in Betracht.[1057] Für jeden Prozess kann anschließend ein Prozesskostensatz durch Division der Prozesskosten durch die Prozessmenge ermittelt werden.[1058] Dem jeweiligen Kunden als Kostenträger werden dann nur anteilig Prozesskosten zugerechnet, die sich durch Multiplikation seiner in Anspruch genom-

1048 Vgl. Männel, W. (1995), S. 15.
1049 Vgl. Braun, S. (2007), S. 21; Reckenfelderbäumer, M./Welling, M. (2006), S. 348f.
1050 Vgl. Männel, W. (1995), S. 15; Reckenfelderbäumer, M. (1998); Reckenfelderbäumer, M./Welling, M. (2006), S. 349; Preißler, P. (2005), S. 180ff.; Homburg, C./Krohmer, H. (2006), S. 1226.
1051 Mayer, R. (1991), S. 75.
1052 Vgl. Mayer, R./Glaser, H. (1991), S. 297.
1053 Vgl. Coenenberg, A.G. (2007), S. 135f.; Tewes, M. (2003), S. 262.
1054 Vgl. Homburg, C./Krohmer, H. (2006), S. 1226f.
1055 Bei Berücksichtigung der leistungsmengenneutralen Kosten werden diese verrechnet, indem ein leistungsmengenneutraler Umlagesatz (lmn) berechnet wird, der den leistungsinduzierten Prozesskostensatz erhöht. Vgl. Horvarth, P./Mayer, R. (1989), S. 217. Diese Zurechnung kann jedoch wie die Zuschlagskalkulation nur willkürlich erfolgen, so dass im Vergleich zur Vollkostenrechnung kaum zuverlässigere Informationen bereitgestellt werden können. Vgl. Reckenfelderbäumer, M./Welling, M. (2006), S. 350.
1056 Vgl. auch Fischer, T.M./Decken, T.v.d. (2001), S. 299; Tewes, M. (2003), S. 261.
1057 Vgl. Homburg, C./Daum, D. (1997a), S. 87.
1058 Vgl. Horvarth, P./Mayer, R. (1989), S. 217; Coenenberg, A.G. (2007), S. 140.

menen Prozessmengeneinheiten mit dem Prozesskostensatz ergeben.[1059] Darüber hinaus wird teilweise vorgeschlagen, solchen Kunden, die durch starke Nachfrageschwankungen bei gleichzeitiger Forderung nach schnellen Lieferzeiten dafür sorgen, dass ein Unternehmen zwar Kapazitäten aufbaut, diese aber nur in Spitzenzeiten vollständig auslasten kann, auch entsprechende Kosten nicht benötigter Kapazitäten wie folgt anzurechnen:[1060]

$$K^V = PKS_j \cdot \left(PM^{\max} - PM^I\right) \qquad [4.2]$$

Die Kosten der nicht benötigten Kapazität K^V ergeben sich durch Multiplikation des jeweiligen Kostensatzes PKS_j eines Prozesses j mit der Differenz aus der maximal möglichen Prozessmenge $PM^{\max}$ und der tatsächlich durchgeführten Prozessmenge PM^I.

Zur Verdeutlichung der dargestellten Zusammenhänge soll das bereits in Tabelle 4-1 abgebildete Beispiel weitergeführt werden. Es wird angenommen, dass sich die Tätigkeiten des Kundengruppen-Managers in die Kundenbetreuung und rein organisatorische sowie administrative Tätigkeiten, die keinen repetitiven Charakter haben,[1061] unterteilen lassen. Dies hat zur Folge, dass sich die Kosten, die für die Betreuung der Kunden entstehen, durch den Prozess „Kunden betreuen" und den Kostentreiber „Anzahl Kundenkontakte" beschreiben lassen. Die restlichen Kosten werden aufgrund des fehlenden repetitiven Charakters weiterhin als Gemeinkosten behandelt und daher auch nicht auf die einzelnen Kunden verteilt. Wird beispielsweise angenommen, dass sich die Arbeitszeit des Kundengruppen-Managers der Kundengruppe 1 mit einem Jahresgehalt von 50.000 GE zu 80% auf die Betreuung der Kunden und zu 20% auf die organisatorischen und administrativen Tätigkeiten aufteilen lässt, und dass dieser im gesamten Jahr 160 Kundenkontakte hat, die sich wiederum auf 100 Kundenkontakte mit dem Kunden 1 und 60 Kundenkontakten mit dem Kunden 2 verteilen, so ergeben sich Kundengruppen-Manager-Prozesskosten i.H.v. 40.000 GE und Kundengruppen-Manager-Gemeinkosten i.H.v. 10.000 GE. Bei einem daraus resultierenden Prozesskostensatz von 250 GE entfallen von den Kundengruppen-Manager-Prozesskosten 25.000 GE auf den Kunden 1 und 15.000 GE auf den Kunden 2. Auf die gleiche Art und Weise lassen sich auch die Einzelkosten des Kundengruppen-Managers 2 in Prozesskosten und Gemeinkosten unterteilen. Die Prozesskosten für Ausbildungsveranstaltungen sind auf den Prozess „Kunden-

---

[1059] Vgl. Knöbel, U. (1995), S. 11.
[1060] Vgl. Fischer, T.M./Decken, T.v.d. (2001), S. 299.
[1061] Vgl. Preißler, P. (2005), S. 189.

mitarbeiter schulen" zurückzuführen und werden über den Kostentreiber „Anzahl teilnehmender Kundenmitarbeiter" auf die einzelnen Kunden zugerechnet. Des Weiteren lassen sich auch die Prozesskosten für das Beschwerdemanagement, die Vertriebsmitarbeiter im Außendienst, die Besuchskosten und die Bestellannahme auf die einzelnen Kunden aufteilen. Auch hier muss beachtet werden, dass sich jedoch nicht alle Gemeinkosten auf bestimmte Prozesse verteilen lassen.

Darüber hinaus wurden die Prozesse „Teile verwalten" sowie „Auftragsbearbeitung" identifiziert, die anschließend als Positionen-Prozesskosten sowie als Auftrags-Prozesskosten ausgewiesen wurden.[1062] Kostentreiber sind die Anzahl der in das Produkt eingehenden Einzelteile sowie die Anzahl der Aufträge. Diese beiden Kostenblöcke sind zunächst in der herkömmlichen relativen Einzelkostenrechnung als diverse Einzelkosten der Kundengruppe zugeordnet worden, da eine Zuordnung als echte Einzelkosten der Auftragspositionen respektive Aufträge nicht möglich war.[1063] Die Prozesskostenrechnung soll nun im folgenden Abschnitt in die relative Einzelkosten- und Deckungsbeitragsrechnung integriert werden.

4.1.3.2.3 Erweiterung der relativen Einzelkosten- und Deckungsbeitragsrechnung um die Prozesskostenrechnung

Der Vorteil einer Verknüpfung der relativen Einzelkosten- und Deckungsbeitragsrechnung mit der Prozesskostenrechnung besteht darin, dass mit Hilfe der Prozesskostenrechnung diejenigen Kostenblöcke den jeweiligen Kalkulationsobjekten zugerechnet werden, die anhand der relativen Einzelkosten- und Deckungsbeitragsrechnung erst auf den höheren Ebenen der Bezugsobjekthierarchie als Einzelkosten berücksichtigt und auf der Ebene des zu analysierenden Kalkulationsobjektes als Gemeinkosten ausgewiesen werden würden.[1064] Die Integration der beiden Rechnungssysteme erfolgt zunächst anhand einer Einzel- und Prozesskostengrundrechnung als prozessbezogene Erweiterung der zweckneutralen Grundrechnung, in der die Kostenbestandteile und die ihnen zugrunde liegenden Prozesse in drei Blöcke unterteilt werden.[1065] Der erste Block umfasst weiterhin solche Kostenbestandteile, die den jeweiligen Kalkulationsobjekten als Einzelkosten direkt zugerechnet werden können, der zweite Kostenblock beinhaltet solche Bestandteile, die zumindest in einem gewissen ursächlichen Zusammenhang mit dem jeweiligen Kalkulationsobjekt stehen und somit als Prozesskosten verrechnet werden können, und der dritte Block die

---

1062 Vgl. Schweitzer, M./Küpper, H.-U. (2003), S. 362.
1063 Vgl. Reckenfelderbäumer, M./Welling, M. (2006), S. 358.
1064 Vgl. Reckenfelderbäumer, M./Welling, M. (2006), S. 349f.
1065 Vgl. Tewes, M. (2003), S. 265.

Kostenbestandteile, die keinerlei Bezug zu den Kalkulationsobjekten haben, so dass sie als Gemeinkosten verrechnet werden sollten, sofern von einer willkürlichen Zurechnung abgesehen werden soll.[1066]

Somit werden die ursprünglichen Gemeinkostenblöcke auf jeder Ebene der Bezugsobjekthierarchie in Abbildung 4-2 aufgespaltet in Prozesskosten, die nun als „Quasi-Einzelkosten" dem jeweiligen zu analysierenden Bezugsobjekt direkt zugeordnet werden können, und in Gemeinkosten, die auch weiterhin erst auf höheren Ebenen der Bezugsobjekthierarchie als Einzelkosten oder Prozesskosten verrechnet werden.[1067] Diese Vorgehensweise ermöglicht nun ausführliche Auswertungsrechnungen für alle interessierenden Kalkulationsobjekte. Insbesondere auf der Ebene des Kunden sind diese Informationen für eine kundenbezogene Analyse der Umsätze, Kosten und Deckungsbeiträge und die darauf aufbauenden Kunden- und Marketing-Entscheidungen von erhöhtem Interesse. So lässt sich nun einerseits ein Kunden-Deckungsbeitrag I (Kunden-DB I) berechnen, der sich aus der Summe aller Auftrags-Deckungsbeiträge abzüglich der Kunden-Einzelkosten ergibt, andererseits kann aber auch ein Kunden-Deckungsbeitrag II (Kunden-DB II) ermittelt werden, der darüber hinaus auch die Kunden-Prozesskosten berücksichtigt, indem diese vom Kunden-DB I abgezogen werden.[1068] Des Weiteren kann auch für die einzelnen Auftragspositionen, die einzelnen Aufträge, Kundengruppen oder ganze Regionen eine Analyse auf Basis von Deckungsbeiträgen I nach Abzug der Einzelkosten oder auf Basis von Deckungsbeiträgen II nach Abzug von Einzel- und zugeordneten Prozesskosten erfolgen.[1069] Die folgende Abbildung 4-3 verdeutlicht dies:[1070]

1066 Vgl. Reckenfelderbäumer, M. (1995), S. 211; Reckenfelderbäumer, M./Welling, M. (2006), S. 354.

1067 Vgl. Reckenfelderbäumer, M./Welling, M. (2006), S. 354.

1068 Eine ähnliche Vorgehensweise findet sich in Konzepten der sog. stufenweisen Kunden-Deckungsbeitragsrechnung. Vgl. Köhler, R. (1993), S. 304; Link, J. (1995), S. 109; Homburg, C./Schnurr, P. (1998), S. 177; Köhler, R. (2001), S. 859f. In diesen wird zunächst ein Kunden-Deckungsbeitrag I berechnet, indem von den Netto-Umsatzerlösen die Kosten der vom Kunden gekauften Produkte abgezogen werden. Dabei gilt es zu beachten, dass in die variablen Stückkosten der Produkte sowohl die Einzelkosten des jeweiligen Produktes als auch bereits variable Gemeinkosten wie etwa Energiekosten, Versandverpackung und Außendienstprovisionen einfließen. Anschließend wird der Kunden-Deckungsbeitrag II ermittelt, indem im nächsten Schritt die eindeutig kundenbedingten Auftragskosten abgezogen werden. Zieht man von diesem darüber hinaus noch die relativen Einzelkosten des Kunden wie etwa eindeutig kundenbedingte Besuchskosten oder das Gehalt des speziell für den Kunden zuständigen Key-Account-Managers sowie kundenbedingte Prozesskosten, die mit Hilfe der Prozesskostenrechnung verursachungsgerecht einem Kunden zugeordnet werden können, ab, so erhält man den Kunden-Deckungsbeitrag III.

1069 Vgl. Reckenfelderbäumer, M. (1995), S. 216.

1070 Quelle: Reckenfelderbäumer, M. (1995), S. 216.

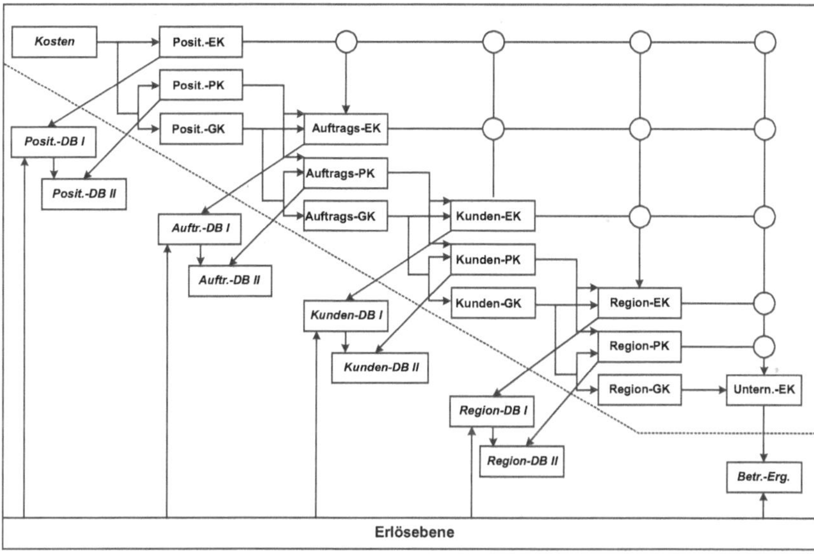

Abb. 4-3: ***Schema einer kombinierten Einzel- und Prozesskosten- und Deckungsbeitragsrechnung***

Darüber hinaus können die jeweiligen Einzel- und Prozesskosten noch hinsichtlich ihrer zeitlichen Abbaufähigkeit innerhalb eines zuvor bestimmten Betrachtungszeitraums getrennt nach abbaufähigen und nicht abbaufähigen Kosten und, soweit wirtschaftlich noch vertretbar, mit dem expliziten Bindungszeitraum ausgewiesen werden, um die Interpretationsmöglichkeiten der errechneten Deckungsbeiträge zu erhöhen.[1071]

Auf der Basis dieser hinzugewonnenen Informationen wird die in Tabelle 4-1 ent-haltene relative Einzelkosten- und Deckungsbeitragsrechnung nun um die Prozesskostenrechnung erweitert:[1072]

1071 Vgl. Fischer, T.M./Decken, T.v.d. (2001), S. 296; Tewes, M. (2003), S. 265.
1072 Quelle: In Anlehnung an Reckenfelderbäumer, M./Welling, M. (2006), S. 359.

Tab. 4-2: ***Darstellung einer mehrdimensionalen periodischen (Kunden-)Deckungsbeitragsrechnung im System der relativen Einzel- und Prozesskostenrechnung***

		Region Nordeuropa											
		Kundengruppe 1						**Kundengruppe 2**					
		Kunde 1			**Kunde 2**			**Kunde 3**			**Kunde 4**		
Zeile	**Einzelerfolgsgröße**	**Produkt 1**	**Produkt 2**	**Produkt 3**	**Produkt 1**	**Produkt 2**	**Produkt 3**	**Produkt 1**	**Produkt 2**	**Produkt 3**	**Produkt 1**	**Produkt 2**	**Produkt 3**
1	Listenpreis	250,00	500,00	800,00	250,00	500,00	800,00	250,00	500,00	800,00	250,00	500,00	800,00
2	Abgesetzte Menge	200	500	300	850	300	0	800	400	100	300	700	600
3	**Brutto-Erlöse**	**50.000,00**	**250.000,00**	**240.000,00**	**212.500,00**	**150.000,00**	**0,00**	**200.000,00**	**200.000,00**	**80.000,00**	**75.000,00**	**350.000,00**	**480.000,00**
4	produktspezifische Erlösschmälerungen	-1.000,00	-5.000,00	-4.800,00	-6.375,00	-4.500,00	0,00	-4.000,00	-4.000,00	-1.600,00	-3.000,00	-14.000,00	-19.200,00
5	**Netto-Erlöse**	**49.000,00**	**245.000,00**	**235.200,00**	**206.125,00**	**145.500,00**	**0,00**	**196.000,00**	**196.000,00**	**78.400,00**	**72.000,00**	**336.000,00**	**460.800,00**
6	Herstelleinzelkosten pro Stück	-120,00	-250,00	-300,00	-120,00	-250,00	-300,00	-120,00	-250,00	-300,00	-120,00	-250,00	-300,00
7	Herstelleinzelkosten	-24.000,00	-125.000,00	-90.000,00	-102.000,00	-75.000,00	0,00	-96.000,00	-100.000,00	-30.000,00	-36.000,00	-175.000,00	-180.000,00
7a	Herstell-PK	-5.000,00	-20.000,00	-15.000,00	-21.250,00	-12.000,00	0,00	-20.000,00	-16.000,00	-5.000,00	-7.500,00	-28.000,00	-30.000,00
8	**Positionen-DB**	**20.000,00**	**100.000,00**	**130.200,00**	**82.875,00**	**58.500,00**	**0,00**	**80.000,00**	**80.000,00**	**43.400,00**	**28.500,00**	**133.000,00**	**250.800,00**
9	Zusammensetzung der Aufträge	250.200,00			141.375,00			80.000,00	80.000,00	43.400,00	161.500,00		250.800,00
10	Versandzuschläge	29.020,00			17.462,50			10.000,00	9.600,00	4.840,00	19.700,00		28.080,00
11	Transporteinzelkosten	-31.000,00			-35.500,00			-25.000,00	-13.000,00	-4.000,00	-31.000,00		-19.000,00
11a	Auftragsbearbeitungs-PK	-500,00			-500,00			-500,00	-500,00	-500,00	-500,00		-500,00
12	**Auftrags-DB**	**247.720,00**			**122.837,50**			**64.500,00**	**76.100,00**	**43.740,00**	**149.700,00**		**259.380,00**
13	Perioden-Umsatzrabatt	-16.746,60			-11.072,63			-14.412,00			-26.655,00		
14	*Key-Account- Manager*				*-55.000,00*						*-120.000,00*		
15	Besuchseinzelkosten	-5.000,00			-3.000,00			-2.500,00			-4.000,00		
18a	*Kundengruppen-Manager-PK*	*-25.000,00*			*-15.000,00*			*-36.000,00*			*-20.000,00*		
19a	Ausbildungsveranstaltungs-PK	-6.000,00			-4.000,00			-24.000,00			-36.000,00		
20a	*Beschwerdemanagement-PK*	*-33.000,00*			*-27.000,00*			*-24.000,00*			*-6.000,00*		
23a	*Außendienst*	*-10.500,00*			*-10.200,00*			*-7.800,00*			*-1.500,00*		
24a	Besuchskosten-PK	-26.250,00			-25.500,00			-19.500,00			-3.750,00		
29a	*Bestellannahme*	*-300,00*			*-300,00*			*-900,00*			*-600,00*		
16	diverse Kundeneinzelkosten	-3.000,00			-2.500,00			-3.200,00			-2.800,00		
17	**Kunden-DB**	**121.923,40**			**-30.735,13**			**52.028,00**			**187.775,00**		
18	*Kundengruppen-Manager*	*-10.000,00*						*-24.000,00*					
19	Ausbildungsveranstaltungen	-2.000,00						-12.000,00					
20	*Beschwerdemanagement*	*-20.000,00*						*-2.000,00*					
21	*diverse Kundengruppen-EK*	*-45.750,00*						*-115.000,00*					
22	**Kundengruppen-DB**	**13.438,28**						**86.803,00**					
23	*Vertriebsmitarbeiter Außendienst*	*-120.000,00*											
24	Besuchskosten	0,00											
25	Miete Regionalbüro	-14.400,00											
26	*diverse Einzelkosten der Region*	*-60.000,00*											
27	**Region$_{NE}$-DB**	**-94.158,73**											
28	**∑weitere Regionen-DB**	**1.500.000,00**											
29	*Bestellannahme*	*-2.900,00*											
30	*Vorstandsgehälter*	*-600.000,00*											
31	*diverse Unternehmenseinzelkosten*	*-150.000,00*											
32	**Unternehmens-DB**	**652.941,28**											

Da die durch die Kunden verursachten Prozesskosten identifiziert und diesen zugerechnet werden konnten, ergibt sich ein verändertes Bild der Kunden-Deckungsbeiträge. So werden beispielsweise die Kundengruppen-Manager-Prozesskosten i.H.v. 25.000 GE beim Kunden 1 und i.H.v. 15.000 GE beim Kunden 2 bei der Berechnung des Kunden-DB II mitberücksichtigt, senken diesen also in gleicher Höhe. Dagegen fließen die Kundengruppen-Manager-Gemeinkosten i.H.v. 10.000 GE weiterhin nur in den Kundengruppen-Deckungsbeitrag ein. Die *kursiv* ausgewiesenen Zahlen in Tabelle 4-2 zeigen auf, welche der abgebildeten Kostenpositionen innerhalb des Betrachtungszeitraums nicht abbaufähig sind.

Die unter Heranziehung der Tabellen 4-1 und 4-2 abzulesenden Kunden-Deckungsbeiträge lassen nun vielfältige Interpretationen zu. Der Kunden-DB I in Tabelle 4-1, der nur die Kunden-Einzelkosten erfasst, zeigt prinzipiell auf, welcher Teil des Erfolgs im Betrachtungszeitraum nicht zustande gekommen wäre, wenn die Geschäftsbeziehung nicht existiert hätte.[1073] Enthalten die Einzelkostenpositionen jedoch in der Betrachtungsperiode nicht abbaufähige Fixkosten, so muss beachtet werden, dass diese bei Auflösung der Geschäftsbeziehung weiterhin anfallen würden. Aus diesem Grund sollten sie auf den Kunden-DB I wieder aufgeschlagen werden, um zu einer sinnvollen Beurteilung hinsichtlich der Weiterführung der Geschäftsbeziehung zu gelangen. Auf der anderen Seite sollten jedoch solche kundenspezifischen Prozesskosten, die im Betrachtungszeitraum abbaufähig sind, vom Kunden-DB I abgezogen werden, da die bei Auflösung der Geschäftsbeziehung frei werdenden Kapazitäten dann nicht das Unternehmensergebnis belasten würden. Ein auf diese Art und Weise definierter Kunden-Deckungsbeitrag soll hier als Kunden-Deckungsbeitrag $I^{erweitert}$ (Kunden-DB $I^{erweitert}$) bezeichnet werden.[1074]
Die höhere Aussagekraft des Kunden-DB II erklärt sich daraus, dass dieser einen besseren Indikator für die Inanspruchnahme der betrieblichen Ressourcen durch den Kunden darstellt, indem über die Prozesskosten beispielsweise auch Gehälter von Kundengruppen- oder Key Account-Managern mit berücksichtigt werden.[1075] Da von einer kundenindividuellen Betreuungsintensität auszugehen ist, können weniger betreuungsintensive Kunden c.p. als wertvollere Kunden eingeschätzt werden. Dies drückt sich jedoch nur im Kunden-DB II, nicht aber im Kunden-DB I aus. Dem Entscheidungsträger sollte gleichzeitig aber bei Anwendung des Kunden-DB II bewusst sein, dass den Kunden über die Prozesskostensätze auch solche Beträge zugeordnet werden, die bei Auflösung der Kundenbeziehung nicht unmittelbar entfallen würden, weil beispielsweise der für den Kunden verantwortliche Key Account-Manager

[1073] Vgl. Fischer, T.M./Decken, T.v.d. (2001), S. 300.
[1074] Vgl. Fischer, T.M./Decken, T.v.d. (2001), S. 301.
[1075] Vgl. Köhler, R. (2008), S. 478.

über einen langfristigen Vertrag verfügt oder Geräte im Bereich der Reklamationsbearbeitung bereits angeschafft worden sind und nicht kurzfristig wieder verkauft werden können. Durch die Anwendung der Prozesskostenrechnung kommt es somit zur Proportionalisierung von Fixkosten.[1076] Letztlich ist von der jeweiligen Entscheidungssituation abhängig, ob der Kunden-DB I, der Kunden-DB $I^{erweitert}$ oder der Kunden-DB II heranzuziehen ist.[1077]

Anhand der konkreten Zahlen sind nun weiterreichende Interpretationen hinsichtlich der kundenbezogenen Kosten und Deckungsbeiträge möglich. So zeigt sich beispielsweise, dass selbst unter Berücksichtigung der produkt-, auftrags- und kundenbezogenen Prozesskosten die Kunden-Deckungsbeiträge der Kunden 1, 3 und 4 positiv sind. Lediglich Kunde 2 weist nunmehr einen negativen Kunden-DB II auf, der insbesondere auf die hohen Kunden-Einzel- und -Prozesskosten sowie auf das aus Sicht des Anbieters unattraktive Produktsortiment mit einem hohen Anteil am Produkt 1 zurückzuführen ist. Für den Kunden 2 ließe sich nun auch ein Kunden-DB $I^{erweitert}$ berechnen, indem der Kunden- DB I i.H.v. 85.014,88 GE als Ausgangsgröße herangezogen wird und um die nicht abbaufähigen Kunden-Einzelkosten (Gehalt des Key Account-Managers) erhöht, sowie um die abbaufähigen, kundenspezifischen Prozesskosten (Ausbildungsveranstaltungs-PK, Besuchs-PK) gekürzt wird. Ein daraus resultierender Kunden-DB $I^{erweitert}$ i.H.v. 110.514,88 GE zeigt auf,[1078] dass von einem sofortigen Abbruch der Kundenbeziehung abzuraten ist, da wesentliche Kostenbestandteile auch bei Auflösung nicht in der betreffenden Periode abgebaut werden können.[1079] Die Möglichkeiten einer Kundenanalyse werden also bereits durch die Erweiterung der relativen Einzelkostenrechnung um eine Prozesskostenrechnung erheblich erweitert. Des Weiteren soll aufgezeigt werden, wie sich darauf aufbauend die kundenbezogenen Cashflows ableiten lassen.

4.1.3.3 Ableitung der kundenbezogenen Cashflows aus der kundenbezogenen Kosten- und Leistungsrechnung

Aufbauend auf der kombinierten Einzelkosten- und Prozesskostenrechnung sollen nun die zur Bestimmung des Customer Lifetime Value notwendigen mehrperiodigen kundenbezogenen Cashflows anhand der Ermittlungsmethodik der stufenweisen Free Cashflow-Rechnung abgeleitet werden.[1080] Hierzu werden die bereits vorhande-

---

1076 Vgl. Fischer, T.M./Decken, T.v.d. (2001), S. 302.
1077 Vgl. Fischer, T.M./Decken, T.v.d. (2001), S. 300.
1078 $Kunden - DB\ I^{erweitert} = 85.014{,}88 + 55.000 - 4.000 - 25.500 = 110.514{,}88$
1079 Vgl. auch Fischer, T.M./Decken, T.v.d. (2001), S. 301.
1080 Vgl. Günther, T. (1997), S. 281ff.

nen periodisierten Größen hinsichtlich ihrer Zahlungswirksamkeit überprüft respektive entsprechende Annahmen getroffen.[1081]

Zur Ermittlung der kundenbezogenen Cashflows bietet sich die folgende Vorgehensweise an:[1082]

Periode / **Zahlungsströme**	0	1	2	3	4	5
Zahlungswirksame, produktbezogene Netto-Umsatzerlöse - ausgabenwirksame, produktbezogene Herstellkosten						
Kundenbezogener Cashflow aus Produkten						
+ sonst. auftragsspezifische Einnahmen (z.B. Versandzuschläge) - sonst. ausgabenwirksame, auftragsspezifische Kosten (z.B. Versandkosten, Transportkosten)						
Kundenbezogener Cashflow aus Auftrag						
+ sonst. kundenspezifische Einnahmen (z.B. entgeltliche Serviceleistungen) - sonst. ausgabenwirksame, kundenspezifische Kosten (z.B. Periodenrabatt, Gehalt eines Key Account-Managers, Beschwerdekosten, Direct Mailing) - investitionsbedingte, kundenspezifische Auszahlungen (z.B. kundenspezifische Produktionsmaschine)						
Kundenbezogener Cashflow						
+ sonst. kundengruppenspezifische Einnahmen - sonst. ausgabenwirksame, kundengruppenspezifische Kosten (z.B. Kosten Ausbildungsveranstaltungen, Gehälter Kundengruppen-Manager, Beschwerdekosten) - investitionsbedingte, kundengruppenspezifische Auszahlungen (z.B. Investitionen in den Aufbau eines Beschwerdemanagements)						
Cashflow auf Kundengruppenebene						
+ sonst. regionenspezifische Einnahmen - sonst. ausgabenwirksame, regionenspezifische Kosten (z.B. Besuchskosten, Gehälter Vetriebsmitarbeiter Außendienst, Miete Regionalbüro) - investitionsbedingte, regionenspezifische Auszahlungen (z.B. Investitionen in Fuhrpark)						
Cashflow auf Regionenebene						
+ sonst. unternehmensspezifische Einnahmen - sonst. ausgabenwirksame, unternehmensspezifische Kosten (z.B. Verwaltungskosten, Vorstandsgehälter) - investitionsbedingte, unternehmensspezifische Auszahlungen (z.B. Investitionen in Verwaltungsgebäude)						
Cashflow auf Unternehmensebene						

Abb. 4-4: Stufenweise Bestimmung des kundenbezogenen Cashflows

Neben der Berücksichtigung der zahlungswirksamen Größen aus der relativen Einzel- und Prozesskostenrechnung müssen insbesondere die investitionsbedingten

[1081] Vgl. Fischer, T.M./Decken, T.v.d. (2001), S. 315.
[1082] Quelle: In Anlehnung an Tewes, M. (2003), S. 268.

Ausgaben für Kundenakquisitionen, Kundenbindungsmaßnahmen oder die Anschaffung von Spezialmaschinen erfasst werden, die als Investitionen in die Kundenbeziehung aufzufassen sind.[1083] Entscheidend sind im Weiteren die einzelkundenbezogenen Cashflows; der Vollständigkeit halber zeigt Abbildung 4-4 darüber hinaus auf, auf welche Weise der Cashflow auf Kundengruppenebene, der Cashflow auf Regionenebene sowie auf Unternehmensebene bestimmt werden könnte. So wird etwa der Cashflow auf Kundengruppenebene bestimmt, indem die kundenbezogenen Cashflows aller Kunden berücksichtigt werden, die kundengruppenspezifischen Einnahmen addiert und alle ausgabenwirksamen, kundengruppenspezifischen Kosten sowie die investitionsbedingten Auszahlungen abgezogen werden.

In den folgenden beiden Abschnitten wird nun aufgezeigt, wie sich der Customer Lifetime Value einerseits anhand mehrperiodiger Kunden-Deckungsbeiträge und andererseits anhand der kundenbezogenen Cashflows bestimmen lässt. Dazu wird zunächst von der Annahme ausgegangen, dass sämtliche Ein- und Auszahlungen sicher sind.

4.1.4 Bestimmung des Customer Lifetime Value unter Sicherheit

4.1.4.1 Bestimmung des Customer Lifetime Value anhand von mehrperiodigen Kunden-Deckungsbeitrags-Rechnungen

Mit der Begründung, dass „es dem Management weitaus geläufiger ist, in Kostengrößen zu denken als in Zahlungen“[1084], kann zunächst ein Modell zur Bestimmung des Customer Lifetime Value entwickelt werden, das weitestgehend auf den Überlegungen in Kapitel 4.1.3.2.3 aufbaut und diesen auf der Basis von mehrperiodigen Kunden-Deckungsbeiträgen bestimmt.[1085] Ein Vorteil dieser Vorgehensweise besteht in der Tat darin, dass durch Einbezug der relativen Einzel- und Prozesskosten- und Deckungsbeitragsrechnung bereits eine Zuordnung der relevanten Kosten und Erlöse auf die einzelnen Kunden erfolgt ist. Dies löst das nicht zu verkennende Problem der Zuordnung von Investitionen in Anlagen und Maschinen auf die einzelnen

---

[1083] Vgl. Tewes, M. (2003), S. 269.

[1084] Mödritscher, G./Mussnig, W. (2006), S. 655.

[1085] Zwar räumt auch *Mussnig* ein, dass die dynamischen Investitionsrechenverfahren bei einem unregelmäßigen Verlauf der Ein- und Auszahlungen während des Detailprognosezeitraums die sachgerechteste Aussagekraft aufweisen, doch seien sie mit dem Problem behaftet, dass eine geeignete kontinuierliche Kontrolle an der Wahl bestimmter Bezugsobjekte scheitern müsse. Ursprünglich dienen die investitionstheoretischen Verfahren dazu, ein vollständig isolierbares Investitionsprojekt als Bezugsobjekt zu bewerten. Schwieriger gestaltet es sich daher, wenn ein Kunde das zu beurteilende Bezugsobjekt darstellt, da in diesem Fall eine gemeinsame Nutzung von Ressourcen mit anderen Kunden erfolgt. Vgl. Mussnig, W. (2001), S. 141f.

Kunden.[1086] Ein solches Zuordnungsproblem ergibt sich beispielsweise, wenn ein Unternehmen für seine drei wichtigsten Kunden im Rahmen einer Qualitätsoffensive eine Spezialmaschine angeschafft hat, auf der vier Kernprodukte des Unternehmens zukünftig in besserer Qualität hergestellt werden sollen. In diesem Fall steht die dafür notwendige Investitionsauszahlung auf den ersten Blick in keinem eindeutigen Zusammenhang mit den einzelnen Kunden,[1087] so dass sich die entscheidende Frage stellt, nach welchen Kriterien die Investitionsauszahlung auf die einzelnen Kunden und Perioden der jeweiligen Kundenbeziehung verteilt werden kann.[1088] Der Großteil der Kostenrechnungssysteme in der Praxis ist derart konzipiert, dass zwar eine Zurechnung der Investitionsauszahlung der Maschine über die beanspruchten Prozesse und Prozesskosten auf die einzelnen Produkte, nicht aber auf die einzelnen Kunden erfolgen kann.[1089] Erst daran anschließend lassen sich die Produktkosten unter Einbezug der jeweiligen Absatzmenge den einzelnen Kunden zurechnen. Ähnliche Probleme ergeben sich bei der Verteilung von Investitionsauszahlungen für CRM-Systeme, Logistiksysteme oder Informationssysteme.

Die in Kapitel 4.1.3.2.3 für sämtliche Kunden des Unternehmens durchgeführte relative Einzelkosten- und Deckungsbeitragsrechnung unter Einbeziehung der Prozesskostenrechnung soll nun für die zukünftige Geschäftsbeziehung mit dem Kunden 1 fortgeführt werden. Es wird beispielhaft davon ausgegangen, dass der Anbieter eine vertraglich abgesicherte Geschäftsbeziehung mit dem Kunden 1 mit einer Vertragslaufzeit von 5 Jahren eingehen will. Die Geschäftsbeziehung würde zunächst eine Auszahlung i.H.v. 400.000 GE erfordern. Diese ist als spezifische Investition in die Kundenbindung anzusehen und darf keinesfalls als kundenspezifische Einzelkosten einer Abrechnungsperiode interpretiert werden.[1090]

Aus Gründen der Übersichtlichkeit bietet es sich an, die aus der Geschäftsbeziehung resultierenden, zukünftigen Kunden-Deckungsbeiträge im Folgenden an die Darstellung von *Fischer/von der Decken* anzupassen.[1091] Demnach werden zunächst die Brutto-Erlöse ausgewiesen, die sich nun aus den Produkterlösen sowie den Auftragserlösen in Form der Versandzuschläge zusammensetzen. Anschließend werden

---

1086 Vgl. Fischer, T.M./Decken, T.v.d. (2001), S. 315.

1087 Vgl. Mödritscher, G./Mussnig, W. (2006), S. 652.

1088 In diesem Zusammenhang schlagen *Fischer/von der Decken* vor, den Anschaffungspreis einer Maschine auf der Basis der durch die Kundenaufträge in Anspruch genommenen Kapazitäten den Kunden anteilig zu verrechnen, Kosten für Überkapazitäten aber beispielsweise nicht kundenspezifisch zu schlüsseln, sondern dem Gesamtunternehmen als „Auszahlungen nicht benötigter Kapazitäten anzurechnen. Vgl. Fischer, T.M./Decken, T.v.d. (2001), S. 315.

1089 Vgl. Mödritscher, G./Mussnig, W. (2006), S. 656.

1090 Vgl. Fischer, T.M./Decken, T.v.d. (2001), S. 313.

1091 Vgl. Fischer, T.M./Decken, T.v.d. (2001), S. 298. Die ausführlichen Berechnungen befinden sich jedoch im Anhang in den Tabellen A-1 und A-2.

die Erlösschmälerungen, die sowohl die produktbezogenen Erlösschmälerungen als auch den Perioden-Umsatzrabatt enthalten, von den Brutto-Erlösen subtrahiert. Von den daraus resultierenden Netto-Erlösen werden des Weiteren die Produkt-, Auftrags- und Kunden-Einzelkosten abgezogen, um den Kunden-DB I zu erhalten. Der Kunden-DB II ergibt sich nach Abzug der Produkt-, Auftrags- und Kunden-Gemeinkosten. Prinzipiell möglich ist darüber hinaus auch eine Berücksichtigung der Prozesskosten für nicht benötigte Kapazitäten.[1092] Da im Rahmen der Ermittlung des Customer Lifetime Value das erweiterte Identitätsprinzip beibehalten werden soll und daher nur die Einzel- und Prozesskosten, nicht aber die Gemeinkosten des Kunden berücksichtigt werden, ist eine Berücksichtigung leistungsmengenneutraler Kosten wie Mieten, Löhne der Verwaltung etc., die sich nicht über Prozesse auf den Kunden und daher allenfalls willkürlich dem Kunden zurechnen lassen, weiterhin abzulehnen.[1093] Dies ergibt sich aus dem Zweck der vorgestellten Methoden zur Kundenbewertung. Um fundierte Aussagen hinsichtlich der Vorteilhaftigkeit eines Kunden fällen zu können, sollten nur solche Erlöse und Kosten dem Kunden zugerechnet werden, die einer willkürfreien Entscheidungsfindung dienlich sind. Auf das fortgeführte Beispiel aus den Tabellen 4-1 und 4-2 bezogen ergibt sich die folgende Darstellung für Periode t=1:[1094]

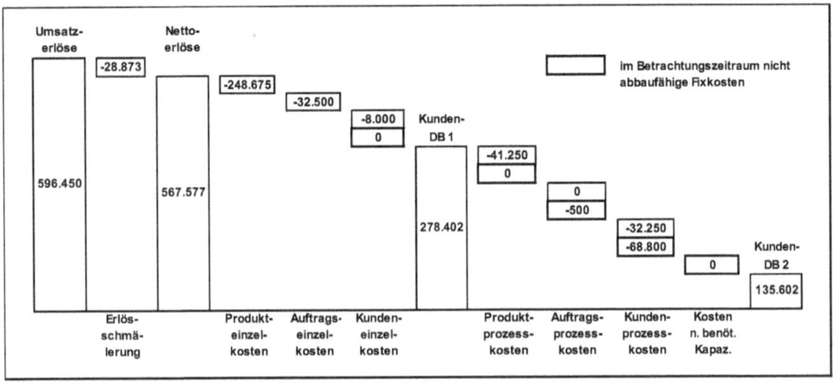

Abb. 4-5: Darstellung der Kunden-Deckungsbeiträge des Kunden 1

Um den Customer Lifetime Value nun anhand der zukünftigen Kunden-DB II bestimmen zu können, sind gemäß des Lücke-Theorems[1095] kalkulatorische Zinsen auf das

1092 Fischer, T.M./Decken, T.v.d. (2001), S. 299.
1093 Vgl. hierzu bereits Kapitel 4.1.3.2.3.
1094 Quelle: In Anlehnung an Fischer, T.M./Decken, T.v.d. (2001), S. 298.
1095 Vgl. Kapitel 3.2.2.2.

gebundene Kapital zu berechnen und vom jeweiligen Kunden-DB II abzuziehen.[1096] Das gebundene Kapital kann die Investitionen für Akquisitions- und Kundenbindungsmaßnahmen sowie die jeweiligen Bestände an Roh-, Hilfs- und Betriebsstoffen, Fertigerzeugnissen und Debitoren enthalten.[1097] Die Investitionsauszahlung in die Kundenbindung fließt in das gebundene Kapital ein, die darauf basierenden Abschreibungen[1098] werden aus Darstellungsgründen getrennt ausgewiesen.[1099] In diesem Zusammenhang stellt sich die Frage nach der zu wählenden Abschreibungsstruktur. Diese beeinflusst zwar nicht den Barwert der Kunden-Residualgewinne, jedoch die absolute Höhe der jeweiligen Kunden-Residualgewinne einer Periode.[1100]

Für das vorliegende Beispiel wird zunächst eine in der Praxis im Rahmen des Economic Value Added-Ansatzes gängige lineare Abschreibung gewählt, denkbar wären aber auch eine annuitätische Abschreibung oder eine Abschreibung auf Basis des Tragfähigkeitsprinzips.[1101] Des Weiteren wird hier beispielhaft davon ausgegangen, dass dem Kunden 1 zunächst ein Forderungsbestand in Höhe von 20% des Umsatzes zugestanden wird, der in den folgenden Jahren schrittweise abgesenkt werden soll. Da annahmegemäß davon ausgegangen wird, dass die Kundenbeziehung nach 5 Jahren aufgelöst wird, wird dem Kunden im letzten Jahr kein Zahlungsziel mehr zugestanden. Des Weiteren könnten auch Bestände an Roh-, Hilfs- und

---

[1096] Im ursprünglichen Konzept der relativen Einzelkostenrechnung von *Riebel*, das auf dem entscheidungsorientierten Kostenbegriff aufbaut, sind kalkulatorische Größen nicht vorgesehen. Vgl. Riebel, P. (1978), S. 129f. Eine Berücksichtigung der kalkulatorischen Zinsen ist für die weiteren Überlegungen jedoch unumgänglich, laut *Küpper* aber auch nicht problematisch: „Lediglich in Bezug auf die Zinskosten erscheint die Verrechnung einheitlicher kalkulatorischer Zinsen auf das gebundene Kapital gerechtfertigt, solange eine Separation von den Finanzentscheidungen beabsichtigt wird [...]." Küpper, H.-U. (1997), S. 23.

[1097] Vgl. Mödritscher, G./Mussnig, W. (2006), S. 661.

[1098] Diese stellen streng genommen überperiodische Einzelkosten des Kunden dar und könnten alternativ auch als Kunden-Einzelkosten berücksichtigt werden. Vgl. hierzu Reckenfelderbäumer, M./Welling, M. (2006), S. 357.

[1099] Auch eine Periodisierung von Kosten ist im ursprünglichen Konzept der relativen Einzelkostenrechnung nicht vorgesehen, da dies ebenfalls eine Schlüsselung von Gemeinkosten erfordert. Vgl. Schweitzer, M./Küpper, H.-U. (2003), S. 544f.; Tewes, M. (2003), S. 258. Dies lässt sich dadurch erklären, dass *Riebel* einen entscheidungsorientierten Ansatz wählt, in dem die für eine Entscheidung relevanten Kosten berücksichtigt werden. Vgl. Riebel, P. (1992), S. 255ff. Die Kosten für das Kundenbindungsprogramm sind in t=0 für die Entscheidung, ob der Kunde gehalten werden soll, von Interesse. Danach handelt es sich bei ihnen um nicht mehr entscheidungsrelevante sunk costs. Vgl. Riebel, P. (1992), S. 260. Im hier vorgestellten Beispiel soll jedoch u.a. auch aufgezeigt werden, dass eine Bestimmung des Customer Lifetime Value sowohl anhand von mehrperiodigen Kunden-Deckungsbeiträgen, als auch anhand von kundenbezogenen Cashflows möglich ist und gemäß des *Lücke*-Theorems zum gleichen Ergebnis führen. Des Weiteren wird die Basis für eine darauf aufbauende Kunden-Kontrollrechnung geschaffen. Für beide Aufgabenbereiche ist im Rahmen der periodisierten Erfolgsgrößen die Berücksichtigung der Abschreibungen unumgänglich. Vgl. auch Küpper, H.-U. (1997), S. 25. Gleichzeitig wird dadurch aber auch verdeutlicht, mit welchen Schwächen periodenbezogene Kunden-Deckungsbeiträge oder Kunden-Residualgewinne hinsichtlich kundenbezogener Entscheidungen behaftet sein können.

[1100] Vgl. Kapitel 3.2.

[1101] Vgl. hierzu noch eingehend Kapitel 5.3.2.2.

Betriebsstoffen sowie Fertigerzeugnissen ohne Weiteres in das Modell integriert werden.[1102] Die folgende Abbildung weist die berechneten Werte für das gebundene Kapital aus:

Periode [in GE]	0	1	2	3	4	5
gebundenes Kapital durch kundenspezifisches Investment	400.000,00	320.000,00	240.000,00	160.000,00	80.000,00	0,00
Forderungen in % vom Umsatz		20,0%	15,0%	10,0%	5,0%	0,0%
Forderungsbestand		113.515,41	97.605,16	75.535,76	38.768,76	0,00
Bestandsveränderung Forderungen		113.515,41	-15.910,25	-22.069,40	-36.767,00	-38.768,76
Kapitalbindung	400.000,00	433.515,41	337.605,16	235.535,76	118.768,76	0,00

Tab. 4-3: Bestimmung des gebundenen Kapitals

Das gebundene Kapital lässt sich anschließend zur Ermittlung der kalkulatorischen Zinsen heranziehen. Als kalkulatorischer Zinssatz wird unter der Annahme von Sicherheit vorerst ein risikoloser Zinssatz i von 5% herangezogen. Nach Abzug der kalkulatorischen Zinsen ergibt sich der jeweilige Kunden-Residualgewinn. Die Ermittlung des Customer Lifetime Value eines Kunden c basiert auf der folgenden Formel:

$$CLV_{0,c} = \sum_{t=1}^{T_c} \frac{KDB_{t,c} - i \cdot KKB_{t-1,c}}{(1+i)^t} = \sum_{t=1}^{T_c} \frac{KRG_{t,c}}{(1+i)^t} \qquad [4.3]$$

Dabei bezeichnet $KDB_{t,c}$ den Deckungsbeitrag des Kunden c in Periode t, $KKB_{t-1,c}$ die kundenbezogene Kapitalbindung für den Kunden c in der jeweiligen Vorperiode t-1 und $KRG_{t,c}$ den Kunden-Residualgewinn in Periode t.

Eine Diskontierung aller zukünftigen Kunden-Residualgewinne auf den Betrachtungs zeitpunkt resultiert schließlich im Customer Lifetime Value. Die folgende Tabelle 4-4 veranschaulicht dies:

[1102] Hierzu wäre es notwendig, die Produkteinzelkosten getrennt in Materialkosten, Fertigungskosten usw. aufzuspalten, um anschließend die Bestände an Roh-, Hilfs- und Betriebsstoffen als Prozentsatz des Wareneinsatzes ausweisen zu können. Um den Wareneinsatz auf die produzierte Menge beziehen zu können, werden darüber hinaus die Bestandsveränderungen bei den Fertigerzeugnissen benötigt, die sich erfahrungsgemäß am plausibelsten anhand der abgesetzten Menge des jeweiligen Produktes prognostizieren lassen. Vgl. Henselmann, K. (1999), S. 511ff.; Dirrigl, H. (2004a), S. 102ff.; Mödritscher, G./Mussnig, W. (2006), S. 661.

Periode [in GE]	0	1	2	3	4	5
Brutto-Erlöse		596.450	683.858	793.828	814.761	843.537
Erlösschmälerungen		-28.873	-33.157	-38.471	-39.386	-40.749
Netto-Erlöse		567.577	650.701	755.358	775.375	802.787
Produkteinzelkosten		-248.675	-276.615	-313.147	-306.012	-308.306
Auftragseinzelkosten		-32.500	-35.500	-40.000	-34.000	-32.500
Kundeneinzelkosten		-88.000	-88.250	-88.513	-88.788	-89.078
Kunden-DB I		198.402	250.336	313.698	346.575	372.904
Produktprozeßkosten		-41.250	-45.500	-51.000	-47.750	-47.000
Auftragsprozeßkosten		-500	-500	-500	-500	-500
Kundenprozeßkosten		-101.050	-99.940	-103.902	-102.962	-102.117
Kosten nicht benötigter Kapazitäten 1		0	0	0	0	0
Kunden-DB II		55.602	104.396	158.296	195.363	223.287
gebundenes Kapital	400.000	433.515	337.605	235.536	118.769	0
kalkulatorische Zinsen		20.000	21.676	16.880	11.777	5.938
Kunden-Residualgewinn (KRG)		35.602	82.720	141.416	183.586	217.348
CLV_{KRG}	552.432					

Tab. 4-4: ***Bestimmung des Customer Lifetime Value anhand der zukünftigen Kunden-Deckungsbeiträge***

Somit weist Kunde 1 einen positiven CLV i.H.v. 552.432 GE auf und kann als wertsteigernder Kunde identifiziert werden. Die Investitionen in die Kundenbindung führen unter den bisherigen Annahmen zu einer Unternehmenswertsteigerung zum Zeitpunkt t=0 in derselben Höhe. Im vorliegenden Beispiel wären zwar auch die Kunden-DB II durchaus geeignet, eine Aussage hinsichtlich der Bedeutung des Kunden zu treffen, es zeigt sich aber auch hier, dass die Kunden-DB II zunächst einer höheren Belastung aufgrund der Abschreibungen auf die Investitionen in die Kundenbindung unterliegen, als in späteren Perioden, so dass eine Entscheidung auf Basis des isolierten Kunden-DB II zu Fehlentscheidungen führen kann.

Im Folgenden soll die Bestimmung des Customer Lifetime Value anhand von kundenbezogenen Cashflows erfolgen.

4.1.4.2 Bestimmung des Customer Lifetime Value anhand von kundenbezogenen Cashflows

Im Verlauf dieser Arbeit wurde bereits an einigen Stellen darauf hingewiesen, dass sich das Kunden-Controlling an dem Oberziel der Unternehmenswertsteigerung orientieren sollte. Neben der Zukunftsperspektive sind gerade die Zahlungsströme konstitutive und elementare Merkmale einer unternehmenswertorientierten Sichtweise.[1103] Daher sollte nach Möglichkeit auch die Bestimmung des Kundenwertes auf der Basis von Ein- und Auszahlungen erfolgen. In diesem Zusammenhang muss zwar festgestellt werden, dass eine Ermittlung der kundenbezogenen Ein- und Aus-

1103 Vgl. Dirrigl, H. (1998b), S. 547.

zahlungen ohne eine zugrunde liegende Kostenrechnung nicht möglich erscheint, da sich insbesondere Investitionen, von denen mehrere Kunden profitieren, aber auch etliche Erlös- und Kostenpositionen sich nur schwer direkt den einzelnen Kunden zurechnen lassen. In diesen Fällen wird sich somit ein Umweg über die Verrechnung der Investitionen auf einzelne Produkte nicht umgehen lassen, da erst aufbauend auf den Produktstückkosten die produktbezogenen Auszahlungen dem einzelnen Kunden gemäß seines Beitrags zur Verursachung willkürfrei zugeordnet werden können. Ähnlich verhält es sich mit der Zuordnung von auftragsbezogenen Auszahlungen. Unproblematisch ist dagegen die Zurechnung solcher Auszahlungen, die sich direkt aus der Kundenbeziehung ergeben.

Kann jedoch auf eine zweckneutrale Einzel- und Prozesskostengrundrechnung und entsprechend ausgestaltete Datenbanken zurückgegriffen werden, so ist die Möglichkeit gegeben, die kundenbezogenen Cashflows anhand von Abbildung 4-4 aus den kundenbezogenen Kosten und Erlösen herzuleiten. Auf das fortlaufende Beispiel aus Tabelle 4-1 bezogen ergeben sich die folgenden kundenbezogenen Cashflows:

Periode / **Zahlungsströme [in GE]**	0	1	2	3	4	5
Zahlungswirksame, produktbezogene Netto-Umsatzerlöse		441.116	654.486	762.414	791.623	818.885
- ausgabenwirksame, produktbezogene Herstellkosten		-289.925	-322.115	-364.147	-353.762	-355.306
Kundenbezogener Cashflow aus Produkten		151.191	332.371	398.266	437.861	463.579
+ sonst. auftragsspezifische Einnahmen (z.B. Versandzuschläge)		30.500	32.250	38.375	44.500	47.500
- sonst. ausgabenwirksame, auftragsspezifische Kosten (z.B. Versandkosten, Transportkosten)		-33.000	-36.000	-40.500	-34.500	-33.000
Kundenbezogener Cashflow aus Auftrag		148.691	328.621	396.141	447.861	478.079
+ sonst. kundenspezifische Einnahmen (z.B. entgeltliche Serviceleistungen)		0	0	0	0	0
- sonst. ausgabenwirksame, kundenspezifische Kosten (z.B. Periodenrabatt, Gehalt eines Key Account-Managers, Beschwerdekosten, Direct Mailing)		-126.604	-128.315	-135.776	-135.731	-136.023
- investitionsbedingte, kundenspezifische Auszahlungen (z.B. kundenspezifische Produktionsmaschine)	400.000	0	0	0	0	0
Kundenbezogener Cashflow	-400.000	22.087	200.306	260.366	312.130	342.056

Tab. 4-5: Stufenweise Bestimmung der kundenbezogenen Cashflows von Kunde 1

Die Ermittlung des Customer Lifetime Value kann anschließend durch Diskontierung der kundenbezogenen Ein- und Auszahlungen mit dem risikofreien Zinssatz i gemäß Gleichung [4.1] erfolgen. Auf das Beispiel aus den vorangegangenen Abschnitten bezogen ergibt sich wiederum ein CLV i.H.v. 552.432 GE:

$$CLV_{0,c} = -A_{0,c}^{KB} + \sum_{t=1}^{T_c} \frac{EZ_{t,c} - AZ_{t,c}}{(1+i)^t} = -400.000 + \frac{22.087}{1{,}05} + \ldots + \frac{342.056}{1{,}05^5} = 552.432$$

Da aus der Bestimmung der kundenbezogenen Cashflows und einer anschließenden Diskontierung mit dem risikofreien Kalkulationszinssatz von 5% nach Abzug der Investitionsauszahlung wiederum ein positiver Kundenkapitalwert resultiert, lohnt sich die Investition in die Kundenbindung. Stehen unterschiedliche kundenorientierte Strategien zur Verfügung, so könnten diese anschließend auf die gleiche Art und Weise bewertet und mit dem bereits evaluierten Referenzszenario verglichen werden.[1104] Letztlich sollte sich das Unternehmen für die Kunden-Strategie entscheiden, die den höchsten Wertbeitrag des Kunden verspricht.[1105]

4.1.5 Berücksichtigung der Kundenrisiken im Rahmen der Bestimmung des Customer Lifetime Value

Bisher wurde bei der Bestimmung des Customer Lifetime Value von der Annahme sicherer Zahlungen ausgegangen, so dass Kundenrisiken komplett ausgeklammert wurden. Den Kundenrisiken kommt jedoch eine entscheidende Bedeutung bei der Bewertung von Einzelkunden wie auch bei der Zusammenstellung der Kunden innerhalb eines Kundensegments oder des Kundenstamms zu.[1106] Daher wird im Weiteren das Anliegen verfolgt, die Risiken innerhalb einer Kundenbeziehung im Rahmen des Bewertungskalküls zu berücksichtigen.

4.1.5.1 Berücksichtigung der Kundenbindungsrate im Rahmen der Bestimmung des Customer Lifetime Value

Im Rahmen der Prognose der zukünftigen kundenbezogenen Cashflows ist, sofern keine vertraglichen Kundenbeziehungen vorliegen, insbesondere die Dauer der Geschäftsbeziehung von besonderer Unsicherheit geprägt.[1107] In diesem Zusammenhang wurden das Kundenloyalitäts- sowie das Kundenwanderungsmodell vorgestellt, die auf unterschiedlich charakterisierten Kundentypen basieren. Aus den bereits dargestellten Gründen orientiert sich das im Folgenden zu entwickelnde Modell zur Bewertung von Einzelkunden unter Unsicherheit im Wesentlichen am Kundenloyalitätsmodell, indem die bisherigen Modelle zur Bestimmung des Customer Lifetime Value von Einzelkunden um eine Retention Rate respektive Kundenbindungsrate erweitert

---

1104 Vgl. Mödritscher, G./Mussnig, W. (2006), S. 654.
1105 Vgl. hierzu noch ausführlich Kapitel 5.2.2.2.
1106 Vgl. Ryals, L. (2003), S. 166f.
1107 Vgl. Tewes, M. (2003), S. 285; Mödritscher, G./Mussnig, W. (2006), S. 651.

werden. Auf diese Weise wird dem Abwanderungsrisiko entsprechend Rechnung getragen:[1108]

$$CLV_{0,c} = -A_{0,c}^{NA} + \sum_{t=1}^{\infty} \frac{(EZ_{t,c} - AZ_{t,c}) \cdot \prod_{j=1}^{t} rr_j}{(1+i)^t}, \text{ mit } rr_j \leq 1. \qquad [4.4]$$

Dabei beschreibt die Retention Rate rr_t die Wahrscheinlichkeit der Fortführung der Kundenbeziehung in einer Periode t. Das Produkt $\prod_{j=1}^{t} rr_j$ beschreibt die Wahrscheinlichkeit, dass der jeweilige Kunde c am Ende der Periode t noch Kunde eines Unternehmens ist. An dieser Stelle soll jedoch bereits darauf hingewiesen werden, dass auf diese Weise noch nicht dem Erfolgsrisiko des Kunden ausreichend Rechnung getragen wird.[1109]

Gleichung [4.4] beschreibt den komplexesten Fall einer Kundenbeziehung, da davon ausgegangen wird, dass die Dauer der Kundenbeziehung weder vertraglich festgelegt ist, noch durch besondere Anhaltspunkte geschätzt werden kann.[1110] Liegen hingegen vertraglich festgelegte Kundenbeziehungsdauern vor, so beträgt die Kundenbindungsrate in jeder Periode 100% und das Abwanderungsrisiko entfällt. Gleichung [4.4] vereinfacht sich wieder zu Gleichung [4.1].

Zur Verdeutlichung wird nun beispielhaft davon ausgegangen, dass die Kundenbindungsrate im Zeitablauf konstant 80% beträgt. Zur Bestimmung der zukünftigen Cashflows werden die ursprünglich aus der relativen Einzelkosten- und Deckungsbeitragsrechnung unter Verwendung der Prozesskostenrechnung hergeleiteten Cashflows für einen verlängerten Planungshorizont geplant. Im Idealfall steigen diese im Zeitablauf an, da davon ausgegangen wird, dass zukünftig die Absatzmengen gesteigert werden können und dem Kunden über Kundenbindungsmaßnahmen insbesondere auch andere Cross Selling-Produkte verkauft werden können. Allerdings unterliegt die Geschäftsbeziehung aufgrund fehlender vertraglicher Vereinbarungen

---

[1108] Vgl. im Folgenden Gupta, S./Lehmann, D.R. (2003), S. 11. Vgl. auch Berger, P.D./Nasr, N.I. (1998), S. 20f.; Bruhn, M./Georgi, D./Treyer, M./Leumann, S. (2000), S. 173f. Die vorgestellte Formel basiert auf der in der Investitions- und Finanzierungstheorie gängigen Annahme, dass sämtliche Zahlungen am Jahresende erfolgen. Zur Berücksichtigung unterjähriger Kunden-Ein- und -Auszahlungen zeigen *Berger/Nasr* jedoch modifizierte Formeln auf, die auch unterjährige oder oberjährige Zyklen berücksichtigen, so dass bspw. auch (wie in der Konsumgüterbranche üblich) monatliche oder wöchentliche Kundenzahlungseingänge sowie Zahlungseingänge (wie in der Automobilindustrie üblich) im 5- oder 7-Jahresrythmus integriert werden können. Vgl. Berger, P.D./Nasr, N.I. (1998), S. 21.

[1109] Vgl. hierzu Kapitel 4.1.5.2.

[1110] Als besonderer Anhaltspunkt wäre bspw. das Alter eines jugendlichen Kunden vorstellbar, wenn es sich um ein Unternehmen handelt, das spezielle Produkte und Dienstleistungen für Kinder und Jugendliche anbietet.

einem hohen Abwanderungsrisiko, so dass anstelle einer festen Dauer der Geschäftsbeziehung von einer möglicherweise unendlichen Dauer ausgegangen wird, die jedoch jederzeit seitens des Kunden abgebrochen werden könnte. Die Kundenbindungsrate wird auf konstant 80% beziffert und der Kalkulationszinssatz beträgt weiterhin 5%, da vom Abwanderungsrisiko abweichende Risiken weiterhin ausgeklammert bleiben sollen. Da sich die periodenbezogenen Kundenbindungswahrscheinlichkeiten aus dem Produkt aller Kundenbindungsraten bis zur jeweiligen betrachteten Periode t ergeben und darüber hinaus die erwarteten Cashflows diskontiert werden, relativiert sich die unendliche Betrachtung jedoch, da der Anteil zukünftiger Cashflows am Kundenkapitalwert auf diese Weise umso mehr abnimmt, desto weiter diese in der Zukunft liegen. Für die Kunden-Cashflows der Perioden t=6 bis t=10 wird angenommen, dass diese jährlich um 5% (bezogen auf den Cashflow der Vorperiode) steigen und anschließend auf einem konstanten Niveau verharren. Unter diesen Annahmen lässt sich für den betrachteten Kunden der folgende Customer Lifetime Value ermitteln:[1111]

Periode [in GE]	**0**	**1**	**2**	**3**	**4**	**5**
KCF_t		22.086,66	200.305,91	260.365,57	312.130,17	342.055,58
$\prod_{j=1}^{t} rr_j$		80,0%	64,0%	51,2%	41,0%	32,8%
$EKCF_t$		17.669,32	128.195,78	133.307,17	127.848,52	112.084,77
Periode [in GE]		**6**	**7**	**8**	**9**	**10**
KCF_t		359.158,36	377.116,28	395.972,10	415.770,70	436.559,24
$\prod_{j=1}^{t} rr_j$		26,2%	21,0%	16,8%	13,4%	10,74%
$EKCF_t$		94.151,21	79.087,02	66.433,09	55.803,80	46.875,19
Periode [in GE]		**15**	**20**	**30**	**40**	**50**
KCF_t		436.559,24	436.559,24	436.559,24	436.559,24	436.559,24
$\prod_{j=1}^{t} rr_j$		3,5%	1,2%	0,1%	0,01%	0,001%
$EKCF_t$		15.360,06	5.033,19	540,43	58,03	6,23
$A_{0,c}^{KB}$	-400.000,00					
$CLV_{0,c}$	369.527,25					

Tab. 4-6: Bestimmung des Customer Lifetime Value unter Berücksichtigung einer Retention Rate

Da in Tabelle 4-4 von den gleichen Cashflows, aber von einer festen Dauer der Geschäftsbeziehung ausgegangen wurde, lassen sich die in den Tabellen 4-4 und 4-6 ermittelten Customer Lifetime Value prinzipiell miteinander vergleichen. Es zeigt sich, dass der Customer Lifetime Value bei Einbeziehung der Retention Rate trotz des nun unendlichen Planungshorizonts und steigenden Kunden-Cashflows in den ersten

[1111] Der Kunden-Cashflow unter Berücksichtigung der (kumulierten) Wahrscheinlichkeit in Periode t soll im Folgenden als erwarteter Kunden-Cashflow $EKCF_t$ bezeichnet werden.

Jahren von zuvor 552.431,61 GE auf 369.527,25 GE sinkt.[1112] *Gupta/Lehmann* führen dies als generelles Argument für eine Überbewertung des Kunden bei Vernachlässigung des Abwanderungsrisikos an.[1113] Letztlich sollte aber diesbezüglich von einer allgemeinen Aussage abgesehen werden, da ein solcher Vergleich vom jeweiligen Einzelfall abhängig ist.

Welche entscheidende Bedeutung der Höhe der Kundenbindungsrate auf die Höhe des Customer Lifetime Value zukommt, zeigt sich, wenn im obigen Beispiel die Kundenbindungsrate um jeweils 10 Prozentpunkte nach unten respektive nach oben angepasst wird. Unter der Prämisse, dass alle anderen Größen unverändert bleiben, ergibt sich bei einer Kundenbindungsrate von 70% ein Customer Lifetime Value i.H.v. -9.825,70 GE, bei einer Kundenbindungsrate von 90% ein Customer Lifetime Value i.H.v. 1.400.758,40 GE.[1114] Im ersteren Fall wird folglich aus einer für das Unternehmen vorteilhaften eine unvorteilhafte Kundenbeziehung, in letzterem Fall steigt der Customer Lifetime Value gegenüber dem ursprünglichen Fall mit einer Retention Rate von 80% um 279,07% an. Die Bedeutung der Kundenbindungsrate zeigt sich vor allem auch dann, wenn beispielsweise die aus einer Multiplikation der jeweiligen Kundenbindungsraten resultierenden Kundenbindungswahrscheinlichkeiten nach zehn Jahren miteinander verglichen werden. Bei einer konstanten Kundenbindungsrate von 70% beträgt die Kundenbindungswahrscheinlichkeit nach zehn Jahren gerade noch 2,82%. Bei einer konstanten Kundenbindungsrate von 80% beträgt diese nach zehn Jahren immerhin noch 10,74% und bei einer konstanten Kundenbindungsrate von 90% nach zehn Jahren noch 34,87%. *Gupta/Lehmann* weisen in diesem Zusammenhang ausdrücklich darauf hin, dass eine Umrechnung der Kundenbindungsrate in eine erwartete Kundenbindungsdauer und eine daran anschließende Bestimmung des CLV über die begrenzte Kundenbindungsdauer häufig zu einem zu optimistischen CLV führt.[1115] Dies kann auch anhand des dargestellten Beispiels verdeutlicht werden, in dem die Bestimmung des CLV über zehn Jahre mit einer Kundenbindungsrate von 80% zu einem Wert von 369.527,25 GE führte, wohingegen die Bestimmung des CLV über einen festgelegten Zeitraum von fünf Jahren zu einem Wert i.H.v. 552.431,61 GE führte.[1116]

[1112] Dieses Ergebnis deckt sich mit den Berechnungen von *Gupta/Lehmann*, vgl. Gupta, S./Lehmann, D.R. (2003), S. 13.

[1113] Vgl. Gupta, S./Lehmann, D.R. (2003), S. 13.

[1114] Die Bedeutung der Retention Rate ist dabei umso größer, je stärker die zukünftigen Kunden-Cashflows wachsen. Vgl. Berger, P.D./Nasr, N.I. (1998), S. 24.

[1115] Vgl. Gupta, S./Lehmann, D.R. (2003), S. 13.

[1116] Die feste Kundenbindungsdauer von fünf Jahren ergibt sich folgendermaßen: $\frac{1}{(1-rr)} = \frac{1}{(1-0{,}8)} = 5$.

Die Ausführungen verdeutlichen, dass durch Einbeziehung einer Kundenbindungsrate zwar das Risiko eines vorzeitigen Abbruchs der Geschäftsbeziehung mitberücksichtigt wird, aber auch die Kundenbindungsrate selbst angesichts dessen Bedeutung für die Höhe des Customer Lifetime Value als unsicherer Parameter im Bewertungskalkül berücksichtigt werden sollte. Einer hohen Unsicherheit unterliegt die Kundenbindungsrate insbesondere dann, wenn nicht ausreichend Informationen vorhanden sind, um diese hinreichend genau abschätzen zu können.[1117] Des Weiteren bleibt bei einer isolierten Verwendung der Kundenbindungsrate das Risiko auf der Einzahlungs- und Auszahlungsseite unberücksichtigt. Dieses Risiko kann als Erfolgsrisiko bezeichnet werden. Es entspricht dem allgemeinen Prognoserisiko, das bei der Prognose von zukünftigen Entwicklungen, etwa von zukünftigen Absatzmengen, Absatzpreisen oder variablen Servicekosten, entsteht.[1118] Auf diese Problematik soll im folgenden Abschnitt eingegangen werden.

4.1.5.2 Überblick über mögliche Vorgehensweisen zur Berücksichtigung der Prognoserisiken

Bislang blieb im Rahmen der vorgeschlagenen Modelle zur Bestimmung des Customer Lifetime Value unberücksichtigt, dass die geplanten zukünftigen kundenbezogenen Ein- und Auszahlungen als unsicher einzuschätzen sind. Es kann aber davon ausgegangen werden, dass der Wert eines Kunden umso größer ist, je sicherer die zukünftigen kundenbezogenen Cashflows sind.[1119] Werden beispielsweise zwei Kunden miteinander verglichen, deren Erwartungswert aus den zukünftigen Cashflows gleich hoch einzuschätzen ist, so sollte der Kunde vorgezogen werden, dessen zukünftige Cashflows ein geringeres Risiko in Form einer niedrigeren Varianz oder Standardabweichung aufweisen.[1120] Daher ist die Prognoseunsicherheit hinsichtlich der zukünftigen Kunden-Erfolge in das Kundenbewertungskalkül zu integrieren. Das Prognoserisiko wird umso niedriger sein, je mehr Informationen über einen Kunden vorliegen.[1121] Daher sind die Prognoserisiken bei langjährigen Kunden als bedeutend niedriger einzuschätzen als bei Neukunden. Aus diesem Grund spricht auch viel dafür, dass das Risiko bei Investitionen in die Kundenbindung aufgrund der deutlich besseren Informationslage tendenziell niedriger einzuschätzen ist als das Risiko bei Investitionen in Neukundenakquisitionen.[1122]

1117 Vgl. zur Abschätzung der Kundenbindungsrate die Ausführungen in Kapitel 4.1.2.4.1.
1118 Vgl. Eberling, G. (2002), S. 157.
1119 Vgl. Srivastava, R.K./Shervani, T.A./Fahey, L. (1997), S. 51; Stahl, H.K./Matzler, K./Hinterhuber, H.H. (2006), S. 430.
1120 Vgl. Eberling, G. (2002), S. 157.
1121 Vgl. Hogan, J.E./Lehmann, D.R./Merino, M./Srivastava, R.K./Thomas, J.S./Verhoef, P.C. (2002), S. 31.
1122 Ähnlich auch Diller, H. (1996), S. 81f.

Die Berücksichtigung der Prognoserisiken kann im Rahmen zukunftsorientierter Bewertungsverfahren nur durch den Ausweis mehrwertiger Erwartungen bezüglich der zu prognostizierenden Variablen in ausreichendem Maße erfolgen. Ein mögliches Instrument zur Offenlegung der kundenbezogenen Risiken ist in diesem Zusammenhang die bereits im Rahmen der Erfolgspotentialrechnung vorgestellte Szenario-Analyse.[1123] Der Vorteil der Szenario-Analyse gegenüber einem einwertig ermittelten Kundenwert besteht darin, dass die komplette Bandbreite für möglich gehaltener Kundenwerte aufgezeigt wird, wodurch die dahinter stehenden Risiken verdeutlicht werden.[1124] Als Alternative zur Berücksichtigung des Risikos in einer Kunden/Lieferanten-Beziehung schlagen *Rese/Roemer* die Anwendung eines Realoptionsmodells in Kombination mit der Transaktionskostentheorie vor. Auf diese Weise sollen einerseits die Umweltrisiken, die einen entscheidenden Einfluss auf die zukünftigen Absatzmengen haben, mit Hilfe eines diskreten Binomialmodells berücksichtigt werden, und andererseits das Risiko einer Verhaltensänderung durch den Kunden, das erst nach Durchführung von beziehungsspezifischen Investitionen entsteht, bereits im Vorfeld der Investitionsentscheidung mit Hilfe einer auf der Transaktionskostentheorie aufbauenden Nutzenanalyse unterschiedlicher vertraglicher Ausgestaltungen spieltheoretisch analysiert werden.[1125] Die Anwendung eines Realoptionsmodells hat generell den Vorteil, dass explizit verschiedene Handlungsflexibilitäten seitens eines Unternehmens mitberücksichtigt werden können, die den Wert eines Kunden nicht nur erhöhen, wenn die jeweilige Handlungsmöglichkeit tatsächlich ausgeübt wird, sondern im Bewertungszeitpunkt auch dann bereits in den Kundenwert einfließen, wenn die Realoption zukünftig gar nicht ausgeübt werden sollte.[1126] Insofern wird i.d.R. mit dem Realoptionsmodell nicht der Basiswert selbst, sondern ein strategischer Zuschlag bestimmt, so dass das Realoptionsmodell i.d.R. nicht das eigentliche Modell zur Bestimmung des Basiswertes ersetzt, sondern vielmehr ergänzt.[1127] Dieser Zusatzwert in Form des strategischen Zuschlags resultiert im Rahmen einer Verzögerungsoption beispielsweise daraus, dass die Entscheidung hinsichtlich einer Investition in die Geschäftsbeziehung nicht sofort im Bewertungszeitpunkt gefällt werden muss, sondern aufgeschoben werden kann, so dass zu einem späteren Zeitpunkt tatsächlich nur bei einer positiven Umweltentwicklung eine Durchführung der Investition erfolgt.[1128] In diesem Sinne nehmen *Rese/Roemer* eine

---

1123 Vgl. Fischer, T.M./Decken, T.v.d. (2001), S. 316; Tewes, M. (2003), S. 294.
1124 Vgl. Tewes, M. (2003), S. 295.
1125 Vgl. Rese, M./Roemer, E. (2004), S. 505ff. Auf das diskrete Binomialmodell wird noch an späterer Stelle eingegangen. Vgl. Kapitel 4.2.3.4.
1126 Vgl. Fischer, T.M./Schmöller, P./Vielmeyer, U. (2002), S. 6. Zu den Grundlagen des Realoptionsansatzes vgl. bspw. Trigeorgis, L. (1996), S. 151-226; Tomaszewski, C. (2000), S. 99ff.; Crasselt, N. (2003), S. 22ff.; Hull, J.C. (2006), S. 241-312.
1127 Vgl. Dirrigl, H. (1994), S. 427; Fischer, T.M./Schmöller, P./Vielmeyer, U. (2002), S. 25.
1128 Vgl. Fischer, T.M./Schmöller, P./Vielmeyer, U. (2002), S. 23ff.

Bewertung einer Option auf den Abbruch einer vertraglichen Vereinbarung mit einem Kunden B, kombiniert mit einer Option auf die Neuinvestition in eine neue Geschäftsbeziehung mit einem Kunden C vor.[1129] Diese wird anschließend mit dem Kapitalwert verglichen, der sich aus einer Fortführung der Geschäftsbeziehung mit dem Kunden B ergibt. Dies ermöglicht schließlich beispielsweise Aussagen über die Vor- und Nachteile einer langfristig vertraglich geregelten Geschäftsbeziehung gegenüber einer Geschäftsbeziehung, die zwar auf einem kürzeren Vertrag basiert, aber Handlungsmöglichkeiten offen lässt.[1130]

Aus den dargestellten Gründen findet sich in der Literatur häufig die Ansicht, dass traditionelle Bewertungsverfahren wie die Kapitalwertmethode von einer im Bewertungszeitpunkt bereits festgelegten und über den Betrachtungszeitraum starren Planung des Unternehmens ausgehen, und dass zukünftig keine Veränderung der Verhaltensweise des Unternehmens möglich wäre.[1131] Theoretisch ist die Bewertung von verschiedenen Handlungsmöglichkeiten allerdings auch mit Hilfe des Konzepts der flexiblen Investitionsplanung und dem dazugehörigen Entscheidungsbaumverfahren möglich, allerdings ergibt sich in diesem Fall die Schwierigkeit der Bestimmung des risikoadjustierten Zinssatzes,[1132] während beim Realoptionsansatz von einer präferenzfreien Bewertung ausgegangen wird und auf die Bestimmung eines risikoadjustierten Zinssatzes sowie auf die explizite Angabe der Wahrscheinlichkeiten für das Eintreten der beiden Zustände innerhalb der Optionspreis-Struktur verzichtet werden kann.[1133] Handlungsflexibilitäten könnten alternativ auch mit Hilfe der Erfolgspotentialrechnung berücksichtigt werden, indem in jeder Periode die neuen strategischen Alternativen unter Berücksichtigung einer veränderten Verhaltensweise bewertet und im Aktionseffekt ausgewiesen werden.[1134] Auf diese Weise wird die starre Planung aufgegeben. Allerdings wird eine daraus in Höhe des Kapitalwerts der Neuinvestitionen resultierende Unternehmenswertsteigerung erst in den zukünftigen Perioden zum Zeitpunkt der neuen Planung ausgewiesen und nicht bereits im Betrachtungszeitpunkt t=0, wie es bei den Realoptionsansätzen der Fall ist.

Hinsichtlich der Berücksichtigung der allgemeinen, sich aus der zukünftigen Umweltentwicklung ergebenden Risiken ist jedoch irrelevant, ob dieses mit Hilfe eines dis-

---

1129 Vgl. Rese, M./Roemer, E. (2004), S. 508f.

1130 Vgl. Rese, M./Roemer, E. (2004), S. 509f.

1131 Vgl. Fischer, T.M./Schmöller, P./Vielmeyer, U. (2002), S. 4.

1132 Auf eine Berücksichtigung des risikoadjustierten Zinssatzes kann allerdings verzichtet werden, wenn bspw. das diskrete Binomialmodell mit der Sicherheitsäquivalentmethode kombiniert wird. Vgl. Kapitel 4.2.4.6.

1133 Vgl. Dirrigl, H. (1994), S. 426.

1134 Dies hat darüber hinaus den Vorteil, dass im Rahmen einer strategischen Abweichungsanalyse Fehlentwicklungen bereits frühzeitig erkannt werden könnten. Vgl. hierzu noch ausführlich Kapitel 5.3.3.2.

kreten Binomialmodells oder mit Hilfe der Szenario-Technik abgebildet wird, da beide Modelle sowohl Vor- als auch Nachteile aufweisen.[1135] Im Rahmen der Szenario-Technik muss beachtet werden, dass diese „weder die Prognose einzelner Werte noch eine exakte Vorhersage der Zukunft an[strebt]. Stattdessen werden mit ihrer Hilfe konsistente Zukunftsbilder in Form plausibler Konstellationen künftiger Bedingungen entworfen. Damit wird das strategische Denken gefördert, das eher auf die Entwicklung strategischer Alternativen als auf die Formulierung exakter Pläne abzielt."[1136] Die Szenario-Technik weist im Rahmen der Planung den Vorteil gegenüber dem diskreten Binomialmodell auf, dass sowohl die Anzahl als auch die Gestaltung der unterschiedlichen Szenarien flexibel gehandhabt werden kann und nicht einer starren binomialen Struktur mit im Zeitablauf konstanten „upward"- und „downward"-Faktoren angepasst werden muss. Der Realoptionsansatz weist hingegen den Vorteil auf, dass dieser implizit eine Abhängigkeit zwischen den einzelnen Perioden berücksichtigt und eine präferenzfreie Bewertung vorgenommen werden kann, so dass es keiner Bestimmung eines risikoadjustierten Zinssatzes bedarf und auch auf die explizite Angabe der Wahrscheinlichkeiten für das Eintreten der beiden Zustände verzichtet werden kann.

Wird der Verhaltensunsicherheit die entscheidende Bedeutung beigemessen, hat die Absicherung der zukünftigen Einzahlungen durch vertragliche Vereinbarungen absolute Priorität. Durch Einbeziehung von Methoden, die imstande sind, die strategische Flexibilität abzubilden, können darüber hinaus Bewertungskalküle herangezogen werden, um Entscheidungen hinsichtlich der vorteilhaftesten Vertragsdauer sowie der Auswahl zukünftiger Kunden zu fällen.[1137] Alternativ dazu kann auch zur Berücksichtigung der Verhaltensunsicherheit der Einsatz der Szenario-Technik aufgrund der bereits aufgezeigten Eigenschaften erwogen werden. Aus spieltheoretischer Sicht wird ein Anbieter in einer Geschäftsbeziehung, die vertraglich nicht abgesichert ist, im schlimmsten Fall langfristig nur Kunden-Einzahlungen in Höhe der variablen Kosten erhalten.[1138] Weniger wird der Kunde ihm nicht zahlen, da er sonst befürchten muss, dass der Anbieter die Kundenbeziehung abbricht. Auf der anderen Seite kann auch die Situation gegeben sein, dass der Kunde nur diesen einen Lieferanten zur Verfügung hat, etwa weil ein Produkt hohe leistungsspezifische Merkmale aufweist. Da in diesem Fall der Anbieter als Monopolist den Preis in Höhe des Weiterveräußerungspreises des Kunden setzen kann, stellt dies den günstigsten Fall dar. Im Normalfall teilen sich der Anbieter und der Kunde hingegen die Wertschöpfung in

---

[1135] Vgl. zur Kritik am Realoptionsmodell bspw. Spreemann, K. (2002), S. 178f.; Böhmer, C. (2003), S. 67; Kruschwitz, L. (2007), S. 462ff.
[1136] Jenner, T. (2006), S. 651.
[1137] Vgl. hierzu ausführlich Rese, M./Roemer, E. (2004), S. 501-512.
[1138] Vgl. Rese, M./Roemer, E. (2004), S. 506.

Höhe des Weiterveräußerungspreises des Kunden abzüglich der variablen Kosten des Anbieters. Diese drei Fälle könnten somit auch als Worst Case, Base Case sowie Best Case interpretiert werden. Den Ausführungen liegen allerdings die Annahmen zugrunde, dass dem Kunden keine Weiterverarbeitungskosten entstehen. Außerdem wird von einer starren Kostenplanung ausgegangen und angenommen, dass der Anbieter in Zukunft die variablen Kosten nicht, etwa durch Erfahrungskurveneffekte oder Einsparungen bei den Materialkosten, senken kann. Solche Überlegungen könnten darüber hinaus in das Modell integriert werden.

Im Folgenden wird von dem oben auch als „Ex-post-Unsicherheit" bezeichneten Risiko einer Verhaltensänderung seitens des Kunden abstrahiert. Stattdessen wird dem Abwanderungsrisiko eines Kunden die entscheidende Bedeutung beigemessen. Des Weiteren soll zunächst die Szenario-Technik zur Offenlegung der Kundenrisiken gewählt werden. Auf die Darstellung des diskreten Binomialmodells wird dagegen an späterer Stelle ausführlicher eingegangen.[1139]

4.1.5.3 Berücksichtigung der Prognoserisiken mit Hilfe der Szenario-Analyse

Nach *Dirrigl* stellt die Darstellung in Form einer Wahrscheinlichkeitsverteilung die beste Möglichkeit dar, um das Risikoprofil der zukünftigen (kundenbezogenen) Cashflows quantifizierbar und bewertungsfähig zu machen.[1140] Die vorgeschlagene Szenario-Analyse kann als einfachster Fall einer solchen Wahrscheinlichkeitsverteilung angesehen werden, da hier den einzelnen Szenarien eine diskrete Wahrscheinlichkeitsverteilung zugeordnet wird. Um die verschiedenen kundenbezogenen Cashflows ermitteln zu können, werden zunächst den einzelnen Szenarien die unterschiedlichen Werttreiber wie z.B. die Absatzmengen oder Absatzpreisentwicklungen, verschiedene Kostenentwicklungen oder die unterschiedlichen Auszahlungen zur Förderung der Kundenbindung zugeordnet.[1141] Anschließend kann unter Heranziehung der kundenbezogenen Cashflows und der diskreten Wahrscheinlichkeiten ein Erwartungswert für die jeweilige Periode ermittelt werden. Die Messung des Risikos soll gemäß dem (μ,σ)-Prinzip anhand bekannter statistischer Streuungsparameter wie der Standardabweichung oder der Varianz erfolgen.[1142] Erst anschließend wird das Risiko mit Hilfe des Risikoaversionskoeffizienten *rak* bewertet, der die subjektive Risikopräferenz des oder der Entscheider zum Ausdruck bringt.[1143] Auf diese Weise

---

[1139] Vgl. Kapitel 4.2.3.4.
[1140] Vgl. Dirrigl, H. (2003), S. 149.
[1141] Vgl. Dolny, O. (2003), S. 213ff., allerdings in einem anderen Kontext.
[1142] Vgl. Dirrigl, H. (2003), S. 149. Vgl. auch bereits Kapitel 3.1.2.2. Mit dem Risikomaß wird also zunächst die „Risiko-Menge" gemessen. Vgl. Dirrigl, H. (2003), S. 150.
[1143] Der *rak* stellt somit den Preis des Risikos dar. Vgl. Dirrigl, H. (2003), S. 150f.

erfolgt eine Reduzierung auf einwertige Erwartungen erst im allerletzten Schritt.[1144] Das periodenspezifische Sicherheitsäquivalent $SÄ(KCF_{t,c})$ für einen Kunden c wird in diesem Fall bestimmt, indem vom Erwartungswert $\mu(KCF_{t,c})$ der möglichen kundenbezogenen Cashflows einer Periode ein Risikoabschlag erfolgt, der sich aus der Multiplikation eines Risikomaßes, in diesem Falle der Standardabweichung $\sigma(KCF_{t,c})$, mit dem Risikoaversionskoeffizienten ergibt:[1145]

$$SÄ(KCF_{t,c}) = \mu(KCF_{t,c}) - rak \cdot \sigma(KCF_{t,c}) \qquad [4.5]$$

Der Customer Lifetime Value wird darauf aufbauend ermittelt, indem die periodenspezifischen Sicherheitsäquivalente $SÄ(KCF_{t,c})$ mit dem risikofreien Zinssatz i auf den Bewertungszeitpunkt t=0 diskontiert und davon die als sicher einzustufenden Akquisitionsauszahlungen in t=0 abgezogen werden:

$$CLV_{0,c} = -A_{0,c}^{NA} + \sum_{t=1}^{T_c} \frac{SÄ(KCF_{t,c})}{(1+i)^t} \qquad [4.6]$$

Gleichung [4.6] gilt jedoch wiederum nur für Kundenbeziehungen mit vertraglich festgelegter Dauer. Ist darüber hinaus die Kundenbeziehungsdauer als unsicher einzustufen, verändert sich Gleichung [4.6] zu:

$$CLV_{0,c} = -A_{0,c}^{NA} + \sum_{t=1}^{\infty} \frac{SÄ(EKCF_{t,c})}{(1+i)^t} \qquad [4.7]$$

In diesem Fall sind die Kunden-Cashflows unter Berücksichtigung der Kundenbindungswahrscheinlichkeit $EKCF_{t,c}$ heranzuziehen, um erst Erwartungswert und Standardabweichung und dann das Sicherheitsäquivalent zu berechnen.

Die Bestimmung des $CLV_{0,c}$ unter Berücksichtigung der Kundenprognoserisiken soll zunächst wieder an einem einfachen Beispiel für eine vertragliche Kundenbeziehung mit einer Dauer von fünf Jahren verdeutlicht werden. Der risikofreie Zinssatz beträgt 5%, der Risikoaversionskoeffizient 0,4. Die Szenario-Analyse ergab die folgenden KCF_t:

[1144] Vgl. Breid, V. (1994), S. 92.
[1145] Vgl. Dirrigl, H. (2003), S. 151.

Periode [in GE]	w	0	1	2	3	4	5
KCF_t							
Worst Case	30%		18.850,00	175.250,00	230.500,00	274.350,00	285.000,00
Base Case	50%		22.086,66	200.305,91	260.365,57	312.130,17	342.055,58
Best Case	20%		25.200,00	230.835,00	298.500,00	345.850,00	395.234,00
μ [KCF_t]			21.738,33	198.894,95	259.032,79	307.540,09	335.574,59
σ [KCF_t]			2.227,11	19.306,83	23.593,57	25.190,06	38.732,25
SÄ [KCF_t]			20.847,48	191.172,22	249.595,36	297.464,06	320.081,69
$A_{0,c}$		-400.000,00					
$CLV_{0,c}$		504.380,24					

Tab. 4-7: ***Bestimmung des Customer Lifetime Value unter Verwendung einer Szenario-Analyse***

Für die Planungen ergibt sich unter Berücksichtigung des Risikos ein $CLV_{0,c}$ i.H.v. 504.380,24 GE. Im Vergleich dazu ergäbe sich ein CLV von 552.431,61 GE, wenn man die kundenbezogenen Cashflows des Base Case heranziehen und das Risiko unberücksichtigt lassen würde. Die Differenz von 48.051,37 GE zeigt im Ansatz die Bedeutung der Risikoberücksichtigung auf, die umso wichtiger wird, desto riskanter die Vorteilhaftigkeit eines Kunden eingeschätzt wird. Ergibt eine Szenario-Analyse unter Berücksichtigung des Risikos beispielsweise einen negativen CLV, obwohl eine Bestimmung des Kundenkapitalwertes unter Heranziehung des Base Case noch positiv ausfallen würde, so bietet sich einem Unternehmen die Möglichkeit, die Durchführung der kundenbezogenen Investition noch einmal in Frage zu stellen und durch weitere Analysen, beispielsweise durch Sensitivitätsanalysen, zu ergänzen.[1146] Eine Vernachlässigung der Kundenrisiken kann hingegen zu schwerwiegenden Fehlentscheidungen führen.

Auf diese Weise ist es möglich, darauf aufbauend sowohl das Abwanderungs- als auch das Erfolgsrisiko des Kunden zu berücksichtigen. Dazu werden die Cashflows der drei Szenarien aus Tabelle 4-8 übernommen. Für die Perioden t=6 bis t=10 wird angenommen, dass die Cashflows im Worst Case jährlich um 3%, im Base Case um 5% und im Best Case um 6% (jeweils bezogen auf den Cashflow der Vorperiode) steigen und anschließend auf einem konstanten Niveau verharren. Außerdem beinhaltet die Planung der einzelnen Szenarien nun eine unterschiedlich hohe Realisierung der zukünftigen Kundenbindungsraten.[1147] Es wird davon ausgegangen, dass nur im Base Case mit einer Eintrittswahrscheinlichkeit von 50% eine Kundenbindungsrate von 80% realisiert werden kann. Im pessimistischen Szenario wird dagegen mit einer Kundenbindungsrate von 75% und im optimistischen Szenario mit einer

---

[1146] Vgl. hierzu auch Kapitel 5.2.2.2.3.
[1147] Ähnlich auch Schmöller. P. (2001), S. 166.

Kundenbindungsrate von 85% gerechnet. Aufbauend auf diesen Annahmen ergibt sich die folgende Planung:

Periode [in GE]	w	rr	1	2	3	4	5
Worst Case	30%		18.850,00	175.250,00	230.500,00	274.350,00	285.000,00
		75%	14.137,50	98.578,13	97.242,19	86.806,05	67.631,84
Base Case	50%		22.086,66	200.305,91	260.365,57	312.130,17	342.055,58
		80%	17.669,32	128.195,78	133.307,17	127.848,52	112.084,77
Best Case	20%		25.200,00	230.835,00	298.500,00	345.850,00	395.234,00
		85%	21.420,00	166.778,29	183.316,31	180.535,86	175.367,43
μ [KCF_t]			17.359,91	127.026,99	132.489,51	126.073,25	111.405,42
σ [KCF_t]			2.541,64	23.654,12	29.828,16	32.517,45	37.326,89
SÄ [KCF_t]			16.343,26	117.565,34	120.558,24	113.066,27	96.474,67
Periode [in GE]	**w**	**rr**	**6**	**7**	**8**	**9**	**10**
Worst Case	30%		293.550,00	302.356,50	311.427,20	320.770,01	330.393,11
		75%	52.245,59	40.359,72	31.177,88	24.084,92	18.605,60
Base Case	50%		359.158,36	377.116,28	395.972,10	415.770,70	436.559,24
		80%	94.151,21	79.087,02	66.433,09	55.803,80	46.875,19
Best Case	20%		418.948,04	444.084,92	470.730,02	498.973,82	528.912,25
		85%	158.006,05	142.363,45	128.269,47	115.570,79	104.129,28
μ [KCF_t]			94.350,49	80.124,11	68.223,81	58.241,53	49.845,13
σ [KCF_t]			36.637,04	35.350,35	33.681,15	31.785,25	29.774,77
SÄ [KCF_t]			79.695,68	65.983,98	54.751,35	45.527,43	37.935,23
Periode [in GE]	**w**	**rr**	**20**	**40**	**60**	**80**	**100**
Worst Case	30%		330.393,11	330.393,11	330.393,11	330.393,11	330.393,11
		75%	1.047,75	3,32	0,01	0,00	0,00
Base Case	50%		436.559,24	436.559,24	436.559,24	436.559,24	436.559,24
		80%	5.033,19	58,03	0,67	0,01	0,00
Best Case	20%		528.912,25	528.912,25	528.912,25	528.912,25	528.912,25
		85%	20.500,39	794,59	30,80	1,19	0,05
μ [KCF_t]			6.930,99	188,93	6,50	0,24	0,01
σ [KCF_t]			7.000,74	303,75	12,15	0,48	0,02
SÄ [KCF_t]			4.130,70	67,43	1,64	0,05	0,00

Periode [in GE]	0
$A_{0,c}$	-400.000,00
$CLV_{0,c}$	**265.515,50**

Tab. 4-8: Szenario-Analyse zur Bestimmung des Customer Lifetime Value

Aufbauend auf der Berechnung des Erwartungswerts und der Standardabweichung lässt sich das Sicherheitsäquivalent in der ersten Periode bei einem angenommenen *rak* von 0,4 gemäß Gleichung [4.5] wie folgt bestimmen:

$$\begin{aligned} SÄ\left(EKCF_{1,c}\right) &= \mu\left(EKCF_{1,c}\right) - rak \cdot \sigma\left(EKCF_{1,c}\right) \\ &= 17.359{,}91 - 0{,}4 \cdot 2.541{,}64 \\ &= 16.343{,}26 \end{aligned}$$

Anschließend wird der Customer Lifetime Value gemäß Gleichung [4.7] i.H.v. 265.515,50 GE errechnet, indem die Sicherheitsäquivalente mit Hilfe des risikofreien Zinssatzes in Höhe von 5% auf den Betrachtungszeitpunkt diskontiert werden und davon die kundenbezogene Investitionsauszahlung in Höhe von 400.000 GE abgezogen wird. Die Durchführung einer Szenario-Analyse unter Berücksichtigung szenariospezifischer Kundenbindungsraten führt zu dem Ergebnis, dass der CLV von zuvor

369.527,25 GE bei Heranziehung einer Kundenbindungsrate ohne Berücksichtigung unterschiedlicher Szenarien auf nunmehr 265.515,50 GE sinkt.

Hogan et al. weisen darauf hin, dass bei Berücksichtigung der Kundenbindungsrate bereits das Risiko einer Kundenabwanderung berücksichtigt wird und darauf aufbauend auf keinen Fall eine erneute Erfassung dieses Risikos im Kalkulationszinssatz erfolgen darf, da dies eine systematische Unterbewertung der Kunden zur Folge hätte.[1148] Wird die dargestellte Berücksichtigung der Kundenbindungsrate im Zähler als gängige Vorgehensweise akzeptiert, muss die Risikobewertung mit Hilfe der Sicherheitsäquivalent-Methode gegenüber der Risikozuschlags-Methode als überlegen angesehen werden, da eine getrennte Berücksichtigung von Abwanderungsrisiko und Erfolgsrisiko im Rahmen der Sicherheitsäquivalent-Methode („certainty-equivalent approach"[1149]) auf einfache Weise möglich ist.[1150] Bei Heranziehung des *wacc* wird hingegen auf die Risikozuschlags-Methode zurückgegriffen, wobei der adäquate Risikozuschlag i.d.R. mit Hilfe des CAPM bestimmt wird. Wird angenommen, dass sich abgesehen von den Problemen, die ohnehin mit der Bestimmung von kundenindividuellen Beta-Faktoren verbunden sind,[1151] zumindest theoretisch in diesem Fall der kundenindividuelle Beta-Faktor als Quotient der Kovarianz zwischen Ertrag des Kunden und Marktrendite und der Varianz der Marktrendite bestimmen ließe,[1152] besteht weiterhin das Problem, dass der Beta-Faktor in diesem Fall alle aus der Kundenbeziehung entstehenden Risiken beinhaltet. Eine Trennung in Abwanderungsrisiko und Erfolgsrisiko und somit eine Berücksichtigung der Kundenbindungsrate ist auf diese Weise nicht möglich. Für den Fall, dass der Risikozuschlag nicht kapitalmarktorientiert bestimmt wird, wäre eine getrennte Berücksichtigung von Abwanderungsrisiko im Zähler und Erfolgsrisiko im Nenner prinzipiell möglich, jedoch stellt sich die Frage, wie ein pauschaler Risikozuschlag für das Erfolgsrisiko zu bestimmen wäre.

Weitere Vorteile der Sicherheitsäquivalent-Methode sind darin zu sehen, dass mit Hilfe der Szenario-Analyse und der darauf aufbauenden Bewertung anhand von Sicherheitsäquivalenten auf dem intern vorhandenen Prognosewissen zur künftigen Entwicklung der Erfolgsfaktoren aufgebaut wird.[1153] Wird das Risiko bereits im Rah-

1148 Vgl. Hogan, J.E./Lehmann, D.R./Merino, M./Srivastava, R.K./Thomas, J.S./Verhoef, P.C. (2002), S. 31.

1149 Hogan, J.E./Lehmann, D.R./Merino, M./Srivastava, R.K./Thomas, J.S./Verhoef, P.C. (2002), S. 31.

1150 Auch *Lube* und *Cornelsen* schlagen eine Trennung der Bestandswahrscheinlichkeit vom Diskontierungszinssatz vor, gehen jedoch nicht auf die Frage ein, mit welcher Methode die Berücksichtigung der darüber hinausgehenden Risiken erfolgen soll. Vgl. Lube, M.M. (1996), S. 77ff. sowie Cornelsen, J. (2000), S. 140.

1151 Vgl. hierzu das folgende Kapitel 4.1.5.4.

1152 Vgl. Timmreck, C. (2002), S. 301.

1153 Ähnlich Dirrigl, H. (2004a), S. 109.

men der Erfolgsgröße hinreichend berücksichtigt, so kann die Diskontierung anhand eines risikofreien Zinssatzes erfolgen, so dass keinerlei „Kapitalmarktdaten“ benötigt werden.

4.1.5.4 Berücksichtigung der Kundenrisiken mittels CAPM zur Ermittlung eines kundenbezogenen Diskontierungssatzes

Um das Kundenrisiko innerhalb des Diskontierungssatzes berücksichtigen zu können, werden Methoden zur Bestimmung eines Risikozuschlags benötigt, die sich auch auf Ebene der Einzelkunden anwenden lassen. Im Rahmen der Discounted Cashflow-Methoden wird zur Bestimmung des Risikozuschlags i.d.R. auf das CAPM zurückgegriffen. Um aber in diesem Zusammenhang den Customer Lifetime Value anhand der Discounted Cashflow-Methoden bestimmen zu können, muss das CAPM auch auf die Kundenebene übertragbar sein. Da das CAPM die Eigenschaft der Wertadditivität erfüllt,[1154] resultiert der Beta-Faktor eines Unternehmens aus den gewichteten Beta-Faktoren der einzelnen Aktivitäten respektive aus den gewichteten Beta-Faktoren der einzelnen Kunden. Von der Verwendung eines für alle Kundenbeziehungen geltenden Beta-Faktors und Kapitalkostensatzes[1155] ist abzusehen, da durch einen einheitlichen Kapitalkostensatz für alle Kunden risikoarme zugunsten risikoreicher Kunden abgelehnt werden würden.[1156] Um das jeweilige kundenindividuelle Risiko evaluieren zu können, benötigt man somit einen kundenindividuellen Beta-Faktor. *Dhar/Glazer* schlagen daher vor, den kundenindividuellen Beta-Faktor in Abhängigkeit vom Kunden-Portfolio eines Unternehmens zu bestimmen, so dass dieser die Volatilität der kundenbezogenen Cashflows im Verhältnis zu den Cashflows des Kunden-Portfolios beschreibt.[1157] Der Beta-Faktor eines Kunden kann in diesem Zusammenhang auch als Kovarianz zwischen den Cashflows des Kunden mit den Cashflows des Kunden-Portfolios, dividiert durch die Varianz der Cashflows des Kunden-Portfolios ausgedrückt werden. Auf diese Weise wird der Schwerpunkt auf die Akquisition und Bindung solcher Kunden gelegt, deren zukünftige Cashflows zu einer Diversifikation und somit zu einer Wertmaximierung des gesamten Kundenstamms beitragen.[1158] Eine solche Vorgehensweise stößt jedoch auf einige Probleme. Zum

---

1154 Vgl. Franke, G./Hax, H. (2004), S. 356f.

1155 In diesem Zusammenhang wird etwa vorgeschlagen, für alle aktuellen und potentiellen Geschäftsbeziehungen eines Unternehmens einen risikoäquivalenten Kalkulationszinssatz zu bestimmen, der auf der Kapitalstruktur des Gesamtunternehmens, eines anhand des CAPM ermittelten Eigenkapitalkostensatzes und eines durchschnittlichen Fremdkapitalkostensatzes aufbaut. Vgl. Fischer, T.M./Decken, T.v.d. (2001), S. 317.

1156 Vgl. Hachmeister, D. (2000), S. 163; Schmöller, P. (2001), S. 159; Hogan, J.E./Lehmann, D.R./Merino, M./Srivastava, R.K./Thomas, J.S./Verhoef, P.C. (2002), S. 31. Vgl. auch Kapitel 3.1.2.3.

1157 Vgl. Dhar, R./Glazer, R. (2003), S. 88f.

1158 Vgl. Dhar, R./Glazer, R. (2003), S. 89.

einen liegen solche Daten in den meisten Unternehmen nicht vor,[1159] so dass eine direkte Bestimmung der kundenindividuellen Beta-Faktoren unmöglich erscheint. Eine indirekte Ableitung der kundenindividuellen Beta-Faktoren wäre möglich, wenn in der Praxis (vergleichbare) Kundenbeziehungen am Markt gehandelt und somit Marktpreise für die entsprechenden Kundenbeziehungen existieren würden.[1160] Dies ist in der Praxis aber i.d.R. nicht der Fall. Des Weiteren stellt sich die Frage, ob ein solches unternehmensspezifisches Kunden-Portfolio mit dem ursprünglichen, vollständig diversifizierten Marktportefeuille im CAPM gleichzusetzen ist. Denn es muss beachtet werden, dass der kundenindividuelle Beta-Faktor lediglich für ein vollständig diversifiziertes Marktportefeuille nur das systematische Risiko des jeweiligen Kunden im Verhältnis zum Gesamtmarkt beschreibt.[1161] Ungeeignet erscheinen auch alternative Vorschläge wie die indirekte Bestimmung des Beta-Faktors durch Anwendung von Analyseansätzen,[1162] die aber an sich bereits von jeher einer erheblichen Kritik ausgesetzt sind.[1163]

Ein weiterer Vorschlag zur Bestimmung eines kundenspezifischen Diskontierungssatzes bezieht sich auf die Möglichkeit der Adjustierung des unternehmensbezogenen Diskontierungssatzes respektive der Marktrendite um das kundenindividuelle Risiko mit Hilfe von qualitativen Risikobewertungsmodellen.[1164] In diesem Zusammenhang sind zwei alternative Vorgehensweisen denkbar. *Ryals* schlägt vor, zunächst das gewichtete Durchschnittsrisiko aller Kunden mit Hilfe eines Scoring-Modells zu bestimmen. Das Scoring-Modell baut auf zuvor von Experten festgelegten Kriterien, die maßgeblich das Kundenrisiko beeinflussen, deren Gewichtungen sowie den jeweiligen Punktwerten der Kunden in diesen Kriterien auf.[1165] Wurde auf diese Weise auch das Risiko des zu bewertenden Kunden ermittelt, so kann als nächstes die Adjustierung des Unternehmenszinssatzes um das niedrigere oder höhere Kundenrisiko erfolgen. Weist beispielsweise ein Kunde einen Scoring-Wert i.H.v. 18 Punkten auf und beträgt der als gewichteter Durchschnittswert berechnete Scoring-Wert aller Kunden 12 Punkte, so erhöht sich der Unternehmenszinssatz i.H.v. 8% auf 12%. Eine ähnliche Vorgehensweise findet sich bei *Tewes*: Zunächst werden Kriterien zur Erfassung des Kundenrisikos festgelegt, anschließend erfolgt für die einzelnen Kunden eine Bewertung der Kundeneinzelrisiken, die bei hohem Risiko in einem Risiko-

[1159] Ryals, L. (2003), S. 169.
[1160] Vgl. Schmöller. P. (2001), S. 159; Tewes, M. (2003), S. 279f.
[1161] Vgl. Kapitel 3.1.2.3.
[1162] Vgl. hierzu bspw. Arbeitskreis „Finanzierung" (1996), S. 554ff.
[1163] Vgl. Dinstuhl, V. (2003), S. 244ff.; Dirrigl, H. (2004a), S. 109.
[1164] Vgl. Ryals, L. (2003), S. 169f.; Tewes, M. (2003), S. 281ff. Eine allgemeine Darstellung zu qualitativen Risikobewertungsmodellen findet sich bei Günther, T. (1997), S. 186f.
[1165] Vgl. Ryals, L. (2003), S. 170.

aufschlag, bei niedrigem Risiko hingegen in einem Risikoabschlag von der Marktrendite resultieren.[1166]

Fraglich ist allerdings, ob sich die kundenindividuellen Risiken durch derartige Scoring-Modelle vollständig aufdecken lassen. Im Modell von *Tewes* muss darüber hinaus bei der Bestimmung der Risikoabschläge und -aufschläge darauf geachtet werden, ob diese nicht bereits in den prognostizierten Zahlungsströmen enthalten sind. Bei beiden Modellen ist außerdem unter Umständen die hohe Subjektivität zu kritisieren, die mit der Auswahl der Kriterien, insbesondere aber mit der Transformation der Kriterien in prozentuale Auf- und Abschläge verbunden ist. Zur Plausibilitätskontrolle bietet es sich jedoch an, den ermittelten Risikozuschlag in ein entsprechendes Sicherheitsäquivalent umzurechnen.[1167] Dieser Zusammenhang lässt sich wie folgt darstellen:[1168]

$$\frac{S\ddot{A}(KCF_t)}{1+r_f}=\frac{\mu(KCF_t)}{1+r_f+z_t}\Leftrightarrow z_t^{\max}=\left[\frac{\mu(KCF_t)}{S\ddot{A}(KCF_t)}-1\right]\cdot(1+r_f) \qquad [4.8]$$

Aus dem dargestellten Zusammenhang ergibt sich die Bedingung für einen maximalen Risikozuschlag, da sich dieser als unplausibel erweisen würde, sobald der mit dem risikoadjustierten Zinssatz diskontierte Cashflow niedriger ausfällt als das mit einem risikofreien Zinssatz diskontierte Sicherheitsäquivalent.

Ein Vorteil der vorgestellten qualitativen Bewertung des Kundenrisikos stellt die einfache Anpassung der Diskontierungssätze an die kundenindividuellen Risiken dar, so dass diese Vorgehensweise angesichts fehlender überzeugender Alternativen nicht zwangsläufig abgelehnt werden sollte. Allerdings sollte sich ein Bewerter durchaus der Probleme bewusst sein, die mit der Anwendung der vorgestellten Verfahren verbunden sind.[1169]

Wie die obigen Ausführungen verdeutlichen, besteht bezüglich der Ermittlung von kundenindividuellen Diskontierungssätzen noch erheblicher Forschungsbedarf. Dieser Zustand ist insofern unbefriedigend, als dass viele Methoden eines wertorientierten Controlling auf kapitalmarkt-orientierten Modellen aufbauen. Aus den dargestellten Gründen wird daher im weiteren Verlauf dieser Arbeit die Berücksichtigung der kundenindividuellen Risiken anhand einer Bestimmung von Sicherheitsäquivalenten bevorzugt.

[1166] Vgl. Tewes, M. (2003), S. 281f.
[1167] Vgl. Günther, T. (1997), S. 174f.; Tewes, M. (2003), S. 283.
[1168] Vgl. Günther, T. (1997), S. 174; Schwetzler, B. (2000), S. 470.
[1169] Vgl. Tewes, M. (2003), S. 282.

4.1.6 Die Bestimmung des Customer Lifetime Value unter Einbeziehung nicht-monetärer Wertkomponenten

Prinzipiell ist das Ressourcenpotential eines Kunden in die Kundenbewertung mit einzubeziehen, indem die aus Sicht des Anbieters zusätzlichen Nutzenelemente, wie das Referenz-, das Informations- oder das Kooperationspotential, monetär bewertet werden.[1170] In der Literatur zur Bestimmung des Customer Lifetime Value eines Kunden existieren bereits einige als „hybride"[1171] bezeichnete Modelle, die auch nicht-monetäre Wertkomponenten in die Evaluierung der Kunden einbeziehen. So stellen *Bauer et al.* ein umfassendes Modell zur Ermittlung des Customer Lifetime Value unter Berücksichtigung von Ressourcenpotentialen eines Kunden vor, das auf der folgenden Gleichung [4.9] aufbaut:[1172]

$$CLV_{0,c} = -AquK_{0,c} + \sum_{t}^{T} \left(\begin{array}{c} rr_{t,c} \cdot \dfrac{\left(AU_{t,c} + US_{t,c} + CS_{t,c} + WEW_{t,c}\right) - \left(MK_{t,c} + PK_{t,c}\right)}{(1+k)^t} \\ -\left(rr_{t-1,c} \cdot \left(1 - rr_{t,c}\right)\right) \cdot \dfrac{AuK_c}{(1+k)^t} + rr_{t,c} \cdot \dfrac{InfoW_{t,c} + KoopW_{t,c} + InnoW_{t,c}}{(1+k)^t} \end{array} \right)$$

mit:

$AquK_{0,c}$:	Akquisitionskosten zur Gewinnung des Kunden *c* in Periode t=0
$rr_{t,c}$:	Bindungsrate des Kunden *c* in Periode t
$AU_{t,c}$:	autonomer Umsatz des Kunden *c* in Periode t
$US_{t,c}$:	Up Selling-Umsatz des Kunden *c* in Periode t
$CS_{t,c}$:	Cross Selling-Umsatz des Kunden *c* in Periode t
$WEW_{t,c}$:	Deckungsbeiträge aus Weiterempfehlungsaktivitäten des Kunden *c* in Periode t (Referenzwert)
$MK_{t,c}$:	laufende Marketingkosten für die Bindung des Kunden *c* in Periode t
$PK_{t,c}$:	Produkt- und Servicekosten, die für die Bedienung des Kunden *c* in Periode t anfallen
AuK_c:	Auflösungskosten der Beziehung mit Kunde *c*
$InfoW_{t,c}$:	Informationswert des Kunden *c* in Periode t
$KoopW_{t,c}$:	Kooperationswert des Kunden *c* in Periode t
$InnoW_{t,c}$:	Innovationswert des Kunden *c* in Periode t
k:	Kalkulationszinssatz

[1170] Vgl. Fischer, T.M./Schmöller, P. (2006), S. 491f., vgl. hierzu auch bereits Kapitel 4.1.2.3.
[1171] Burmann, C. (2003), S. 116.
[1172] Vgl. im Folgenden Bauer, H.H./Hammerschmidt, M./Brähler, M. (2002), S. 330.

Demnach ergibt sich der Customer Lifetime Value eines Kunden *c* aus dem Barwert aller zukünftigen Einzahlungsüberschüsse abzüglich der Akquisitionskosten zur Gewinnung des Kunden *c*.[1173] Zur Ermittlung der zukünftigen Einzahlungsüberschüsse werden zunächst alle Umsätze des Kunden berücksichtigt, die sich aus dem autonomen Umsatz, dem Up Selling-Umsatz sowie dem Cross Selling-Umsatz des Kunden *c* in Periode t zusammensetzen. Aufgrund seines Referenzpotentials erzielt ein Unternehmen zwar nicht direkt Umsatzerlöse mit dem Kunden *c*, sollte dieser jedoch durch Weiterempfehlungen potentielle Kunden dazu bringen, entsprechende Umsatzerlöse beim betrachteten Unternehmen zu tätigen, so wird dieser indirekte monetäre Wert in Höhe des Referenzwerts des Kunden *c* in Höhe der auf den Weiterempfehlungen basierenden Deckungsbeiträge auch diesem angerechnet.[1174] Vom auf diese Weise ermittelten Gesamtumsatz des Kunden werden dann als laufende Auszahlungen die während der Geschäftsbeziehung anfallenden Marketingkosten sowie die Produkt- und Servicekosten abgezogen. Der daraus resultierende operative Kunden-Cashflow wird anschließend auf den Betrachtungszeitpunkt t=0 diskontiert und mit der jeweiligen Kundenbindungsrate multipliziert. Ist davon auszugehen, dass darüber hinaus am Ende der Geschäftsbeziehung Kosten für die Auflösung der Beziehung mit dem Kunden anfallen, so sind diese in das Kundenkapitalwertkalkül einzubeziehen. Die periodenspezifische Wahrscheinlichkeit einer Auflösung ergibt sich aus $rr_{t-1,c} \cdot (1 - rr_{t,c})$. Diese wird mit den diskontierten Auflösungskosten multipliziert. Zuletzt wird das über den Referenzwert hinausgehende Ressourcenpotential des Kunden analysiert. Weist der Kunde einen Informationswert, einen Kooperationswert oder einen Innovationswert aus,[1175] so erhöht sich der Wert des Kunden in Höhe der auf den Betrachtungszeitpunkt diskontierten Summe, multipliziert mit der Bindungsrate. Dies soll anhand eines einfachen Beispiels verdeutlicht werden.

Hinsichtlich der Kundenbindungsrate wird davon ausgegangen, dass diese im Zeitablauf konstant 90% beträgt. Im Rahmen der Prognose der Up-Selling- und Cross-Selling-Umsätze wird davon ausgegangen, dass diese erst mit steigender Kundenbindungsdauer zustande kommen. Gleiches gilt für die nicht-monetären Wertkomponenten Informations-, Kooperations- und Innovationswert. Die Marketingkosten steigen im Zeitablauf an, um den Kunden an das Unternehmen zu binden. Vereinfachend wird jedoch angenommen, dass nach fünf Jahren die Kundenbeziehung ab-

---

1173 Im Konzept von *Bauer et al.* bleibt dabei unklar, wie die Höhe des Diskontierungszinssatzes zustande kommt. Vgl. Bauer, H.H./Hammerschmidt, M./Brähler, M. (2002).

1174 Vgl. hierzu ausführlich Cornelsen, J. (2000), S. 186ff.

1175 Gemäß der in Kapitel 4.1.2 vorgenommenen Definition entsprechen sich der Informationswert und der Innovationswert. Es ist jedoch generell denkbar, die dort vorgenommene Einteilung des Ressourcenpotentials noch weiter zu differenzieren. Dies ändert aber nichts an dem hier vorgestellten Modell.

bricht. Als Kalkulationszinssatz wird in Anlehnung an *Bauer et al.* ein pauschaler Wert i.H.v. 10% angenommen. Die Risikoberücksichtigung beschränkt sich im vorgestellten Modell auf das Abwanderungsrisiko. Es ergeben sich die folgenden kundenbezogenen Cashflows sowie ein $CLV_{0,c}$ i.H.v. 1.038,43 GE:[1176]

Periode [in GE]	**0**	**1**	**2**	**3**	**4**	**5**
AK_c	-5.000,00					
Umsätze des Kunden						
AU_{tc}		2.500,00	2.600,00	2.800,00	2.400,00	2.100,00
US_{tc}		0,00	0,00	200,00	750,00	850,00
CS_{tc}		0,00	0,00	0,00	1.200,00	1.500,00
RW_{tc}		300,00	300,00	300,00	350,00	300,00
Summe Umsätze des Kunden		*2.800,00*	*2.900,00*	*3.300,00*	*4.700,00*	*4.750,00*
Kosten des Kunden						
MK_{tc}		50,00	50,00	150,00	250,00	300,00
PK_{tc}		1.500,00	1.500,00	1.500,00	1.500,00	1.500,00
Summe laufende Kosten des Kunden		*1.550,00*	*1.550,00*	*1.650,00*	*1.750,00*	*1.800,00*
AuK_k		100,00	100,00	100,00	100,00	100,00
Summe variable Kosten des Kunden		*1.650,00*	*1.650,00*	*1.750,00*	*1.850,00*	*1.900,00*
Mehrwert des Kunden						
$InfoW_{tc}$		0,00	0,00	120,00	240,00	180,00
$KoopW_{tc}$		0,00	160,00	180,00	190,00	200,00
$InnoW_{tc}$		0,00	0,00	500,00	0,00	0,00
Summe Mehrwert des Kunden		*0,00*	*160,00*	*800,00*	*430,00*	*380,00*
rr_{tc}	*90,00%*	*90,00%*	*81,00%*	*72,90%*	*65,61%*	*59,05%*
BW KCF_{tc}		1.014,55	996,69	1.325,39	1.497,54	1.204,25
CLV_{0c}	**1.038,43**					

Tab. 4-9: Bestimmung des Customer Lifetime Value unter Berücksichtigung nicht-monetärer Wertkomponenten

Es zeigt sich, dass eine Einbeziehung nicht-monetärer Bestandteile in das Kundenkapitalwertkalkül prinzipiell möglich ist. Entscheidende Bedingung ist hierzu jedoch, dass diese auch monetarisierbar sind. Bevor auf diese Fragestellung eingegangen wird, soll jedoch noch ein weiterer Ansatz aufgezeigt werden.

Auch *Bruhn et al.* zeigen eine Möglichkeit auf, wie nicht-monetäre Wertkomponenten bei der Bewertung eines Kunden mitberücksichtigt werden könnten.[1177] In dem vorgeschlagenen Modell werden zunächst die variablen Akquisitionskosten vAK berück-

[1176] Quelle: Eigene Berechnung in Anlehnung an die Berechnungsformel für den Customer Lifetime Value von *Bauer et al.*, vgl. Bauer, H.H./Hammerschmidt, M./Brähler, M. (2002), S. 330.

[1177] Vgl. Bruhn, M./Georgi, D./Treyer, M./Leumann, S. (2000), S. 174ff.

sichtigt, die solange anfallen, bis aus einem potentiellen Kunden schließlich im Zeitpunkt χ ein tatsächlicher Kunde wird:[1178]

$$vAK = \sum_{t=0}^{\chi} \left[\frac{vkk_t}{(1+i_{MZS})^t} \right] + \frac{vk_t}{(1+i_{MZS})^t} \qquad [4.10]$$

vkk_t bezeichnet die variablen Kontaktaufnahmekosten in Periode t, vk_t die variablen Verhandlungskosten und i_{MZS} den „Marketingzinssatz“[1179], der als gegeben angenommen wird.

Anschließend wird der sog. variable Kundenwert im engeren Sinne vKW_{ies} bestimmt, der sich aus den zukünftigen Einnahmen unter Berücksichtigung der Retention Rate rr^t abzüglich der variablen Bindungskosten vBK_t ergibt:[1180]

$$vKW_{ies} = \sum_{t=x}^{n} \left[\frac{x_t \cdot (p_t - vhk_t) \cdot rr^t}{(1+i_{MZS})^t} \right] - \sum_{t=x+1}^{n} \left[\frac{vBK_t \cdot rr^{t-1}}{(1+i_{MZS})^{t-0,5}} \right] \qquad [4.11]$$

Dabei steht x_t für die konsumierte Menge, p_t für den Absatzpreis und vhk_t für die variablen Herstellkosten.

Die Besonderheit des Modells ist nun, dass ab einem Zeitpunkt y aus einem Kunden ein loyaler Kunde wird, der bedingt durch die erlangte Kundenzufriedenheit auf freiwilliger Basis Kundenakquisition betreibt, ohne dass dem Unternehmen hierfür irgendwelche Kosten entstehen würden. Die Einsparung der variablen Akquisitionskosten $vEAK$ soll dem Kunden wie folgt zugerechnet werden:

$$vEAK = (1+\xi) \cdot \sum C_{at} \left\{ \sum_{t \geq y}^{n} \left[\frac{vkk_t \cdot rr^t}{(1+i_{MZS})^t} \right] \right\} \qquad [4.12]$$

1178 Vgl. im Folgenden Bruhn, M./Georgi, D./Treyer, M./Leumann, S. (2000), S. 175.

1179 Bruhn, M./Georgi, D./Treyer, M./Leumann, S. (2000), S. 175.

1180 Die Werbekosten, zu denen etwa Glückwunschkarten und Geschenke zählen, können direkt dem einzelnen Kunden zugerechnet werden, da im Rahmen des Relationship Marketing weitestgehend auf Werbung im Sinne der Massenkommunikation verzichtet wird. Diese werden antizyklisch diskontiert. Vgl. Bruhn, M./Georgi, D./Treyer, M./Leumann, S. (2000), S. 174f. Ähnlich auch Dwyer, F.R. (1989), S. 12.

C_{at} steht für die Anzahl der Kunden, die in Periode t akquiriert wurden, ξ bezeichnet eine Korrekturkennzahl für die Asymmetrie von positiver und negativer Weiterempfehlung.

Darüber hinaus gehen *Bruhn et al.* davon aus, dass ein loyaler Kunde andere Kunden von einem möglichen Produktwechsel abhält, so dass diesem auch die eingesparten variablen Wiedergewinnungskosten $vEWK$ angerechnet werden können:

$$vEWK = \sum C_{wt} \left\{ \sum_{t \geq y}^{n} \left[\frac{vwk_t \cdot rr^t}{(1 + i_{MZS})^t} \right] + \frac{\varpi \cdot vk_t \cdot rr^t}{(1 + i_{MZS})^t} \right\} \qquad [4.13]$$

C_{wt} steht für die Anzahl der Kunden, die in Periode t zurückbehalten wurden. vwk_t steht für die variablen Kontakt-Wiederaufnahmekosten, ϖ stellt einen Faktor dar, der die Vergünstigung der Verhandlungskosten bei Wiedergewinnung gegenüber einer Akquisition beschreibt.

Der Customer Lifetime Value eines Kunden ergibt sich schließlich als Summe aus den negativen Akquisitionskosten, den Einzahlungen abzüglich der Investitionen in die Kundenbindung, den Einsparungen der Wiedergewinnungskosten sowie den Einsparungen der Akquisitionskosten.

Zusammenfassend kann festgestellt werden, dass beide vorgestellten Methoden interessante Ansätze zur Berücksichtigung nicht-monetärer Wertkomponenten liefern, die zweifelsohne maßgeblich den Wert eines Kunden erhöhen können und somit nicht weiter als nicht-monetäre Wertkomponenten, sondern innerhalb eines weiter gefassten Kundenwertbegriffs eher als indirekte Wertkomponenten zu bezeichnen wären.[1181] Allerdings ist kritisch zu hinterfragen, ob solche indirekten nicht-monetären Wertkomponenten letztlich auch quantifiziert werden können. Auf diese Frage gehen weder *Bauer et al.* noch *Bruhn et al.* im Detail ein und verweisen stattdessen auf das Referenzwert-Modell von *Cornelsen.*[1182] Die Qualität der vorgestellten Modelle ist jedoch in hohem Maße von der Quantifizierbarkeit der Bestandteile des Ressourcenpotentials abhängig. Bei Betrachtung der Literatur kann festge-

---

1181 Dennoch hat sich in der Literatur der Begriff der nicht-monetären Bestandteile des Kundenwerts durchgesetzt. Vgl. Güntor, B. (2006), S. 245; Stahl, H.K./Matzler, K./Hinterhuber, H.H. (2006), S. 428; Gelbrich, K./Wünschmann, S. (2006), S. 587.

1182 Vgl. Cornelsen, J. (2000), S. 186-224; Cornelsen, J. (2006), S. 183-215.

stellt werden, dass diesbezüglich generell noch ein großer Forschungsbedarf besteht.

Das von *Cornelsen* entwickelte Referenzwert-Modell soll dazu beitragen, den Referenzwert als monetären Wert des Referenzpotentials eines Kunden zu ermitteln.[1183] Dieser ergibt sich einerseits aus dem durchschnittlichen Referenzvolumen, das aus Schätzungen hinsichtlich des durchschnittlichen, jährlichen Kaufvolumens aller Kunden in einer Branche resultiert, andererseits aus dem Referenzpotential eines Kunden.[1184] Das Referenzpotential eines Kunden setzt sich aus seinem sozialen Netzwerk, seiner Eigenschaft als Meinungsführer sowie seines eigenen Zufriedenheitsgrades zusammen.[1185] Der Grad an Kundenzufriedenheit gibt einerseits die Richtung der Referenzen vor, andererseits bestimmt er auch die Stärke der Referenzen, die jedoch auch von der Fähigkeit des Kunden abhängig ist, andere Kunden als Meinungsführer von den Produkten und Dienstleistungen des Anbieters zu überzeugen. Die Größe des referenzrelevanten sozialen Netzes soll schließlich Aussagen über die Anzahl und Häufigkeit themenbezogener Gespräche und abgegebener Referenzen liefern.[1186] Das durchschnittliche Referenzvolumen setzt sich aus der durchschnittlichen Referenzrate und dem durchschnittlichen Kaufvolumen zusammen.[1187]

Ohne das Modell weiter zu vertiefen,[1188] muss festgestellt werden, dass das Modell von *Cornelsen* zwar durchaus einen interessanten ersten Ansatz darstellt, das Referenzpotential eines Kunden zu monetarisieren, dieses jedoch kaum dazu geeignet ist, im Rahmen eines wertorientierten Kunden-Controlling einen Beitrag zur Ermittlung des Kundenwerts leisten zu können. Diverse Gründe sprechen dagegen: Zwar ist der unterstellte Einfluss der Kundenzufriedenheit, der Meinungsführerschaft sowie der Größe des sozialen Netzes auf das Referenzpotential einleuchtend, aber letztlich zu vage und schon gar nicht quantitativ abbildbar. So erscheint es nahezu unmöglich, bei einem Kunden feststellen zu können, inwiefern dieser die Eigenschaft als Meinungsführer erfüllt, und wie stark dessen Einfluss auf das Referenzpotential ist. Darüber hinaus erscheint es hochproblematisch, einer einzelnen Person innerhalb eines sozialen Netzwerks mit zahlreichen Gesprächspartnern die letztlich entscheidende Referenz zuzuschreiben. Bei der Ermittlung des Referenzvolumens resultie-

[1183] Vgl. Cornelsen, J. (2006), S. 196.
[1184] Vgl. Meyer, M./Shaffu, N. (2007b), S. 32f.
[1185] Vgl. Cornelsen, J. (2006), S. 198f.
[1186] Vgl. Cornelsen, J. (2006), S. 202f.
[1187] Vgl. Cornelsen, J. (2006), S. 207.
[1188] *Meyer/Shaffu* zeigen beispielsweise auf, wie das Modell in der Praxis umgesetzt werden könnte. Vgl. Meyer, M./Shaffu, N. (2007b), S. 31-37.

ren die Probleme daraus, dass nur Durchschnittswerte herangezogen werden, um dem Referenzgeber einen scheinbar individuellen, monetären Wert zuzuteilen.[1189] Des Weiteren werden die monetären Werte der Informations-, Innovations-, Kooperations- und Synergiepotentiale eines Kunden benötigt. Zur Monetarisierung dieser, voneinander nur unzureichend abgrenzbaren, Teilpotentiale schlägt *Schneider* vor, diese gemeinsam einem Informationswert unterzuordnen, der alle vom Kunden an den Anbieter fließenden Informationen integriert.[1190] Die Bestimmung dieses Informationswertes gestaltet sich allerdings noch schwieriger als eine Monetarisierung des Referenzpotentials, weswegen auf eine Berücksichtigung des Ressourcenpotentials im Rahmen der Bestimmung des Kundenkapitalwerts im weiteren Verlauf dieser Arbeit verzichtet wird.[1191] Selbst für den Fall, dass eine Monetarisierung dieser Bestandteile möglich wäre, erscheint es ratsam, diese getrennt vom eigentlichen Kundenkapitalwert auf Basis des Transaktionswertes auszuweisen, um eine höhere Transparenz zu schaffen und Doppelzählungen zu vermeiden.[1192] Allerdings sind hierzu noch erhebliche Forschungsbemühungen nötig, die jedoch nicht Gegenstand der vorliegenden Arbeit sind.

4.2 Bewertung des Kundenstamms

4.2.1 Überblick

Die folgenden Ansätze der Kundenbewertung haben zum Ziel, den Kundenwert aller Kunden eines Unternehmens zu bestimmen. Dieser als Kundenstammwert oder Customer Equity bezeichnete Barwert umfasst alle zukünftigen Cashflows, die von den gesamten aktuellen und zukünftigen (Neu)Kunden eines Unternehmens generiert werden.[1193] Die Ansätze zur Bestimmung des Kundenstamms entstanden aus der Intention heraus, eine Unternehmensbewertung unter Berücksichtigung der Kunden eines Unternehmens durchzuführen. Solche Anlässe für eine kundenwertbezogene Unternehmensbewertung sind beispielsweise ein geplanter Kauf oder Verkauf eines Start Up-Unternehmens, dessen Wert sich insbesondere über einen potentiell wertvollen Kundenstamm definiert, oder eine Bewertung von Dienstleistungsunter-

---

1189 Einen guten Überblick über weitere Ansätze zur Bestimmung des Referenzwertes, die jedoch letztlich nicht geeignet sind, den ökonomischen Wert von Referenzen individueller Kunden auszuweisen, liefert *Schneider*. Vgl. Schneider, N.C. (2007), S. 143-150.

1190 Vgl. Schneider, N.C. (2007), S. 161.

1191 Vgl. zu ersten Ansätzen zur Bestimmung des Informationswerts bspw. Cornelsen, J. (2000), S. 224-233; Kleinaltenkamp, M./Dahlke, B. (2006), S. 217-240; Schneider, N.C. (2007), S. 161-181.

1192 Vgl. Fischer, T.M./Schmöller, P. (2006), S. 492.

1193 Vgl. Henseler, J./Hoffmann, T. (2003), S. 127. Darüber hinaus schlägt *Rehbach* vor, die Kunden der Wettbewerber als spezielle Kundengruppe zu berücksichtigen, da diese unter Umständen abgeworben werden können. Vgl. Rehbach, S. (2003), S. 47ff.

nehmen, deren Unternehmenswert aufgrund eines wertvollen Kundenstamms und bedingt durch eine eingeschränkte Bilanzierbarkeit immaterieller Vermögenswerte weitaus höher eingeschätzt wird als die Summe der zugrunde liegenden Bilanzwerte. Weitere Beispiele sind eine Bewertung des Kundenstamms im Rahmen externer Aktienanalysen oder eine Berücksichtigung der Kunden für die strategische Unternehmenssteuerung.[1194] Eine Bewertung von Kundengruppen, Kundensegmenten oder des Kundenstamms ist darüber hinaus aber auch dann geboten, wenn die Bewertung von Einzelkunden aufgrund des erhöhten Aufwands der Datensammlung als nicht wirtschaftlich angesehen werden muss und daher auf aufschlussreichere kundenindividuelle Informationen verzichtet wird.[1195]

Es ist unbestritten, dass der Customer Equity einen erheblichen Einfluss auf den Unternehmenswert hat.[1196] Anders ausgedrückt muss ein Unternehmen umso höher bewertet werden, desto wertvoller die Kundenbeziehungen dieses Unternehmens sind, so dass der langfristige Unternehmenserfolg letztlich von der Fähigkeit eines Unternehmens abhängig ist, erfolgreiche neue Kundenbeziehungen zu etablieren und die bestehenden Kundenbeziehungen auszubauen.[1197] Aufgrund der offensichtlich engen Verknüpfung zwischen Customer Equity und Unternehmenswert bieten sich daher als Ausgangspunkt vor allem die in Kapitel 3.1.2 vorgestellten Verfahren zur Unternehmensbewertung an, deren Eignung für die Kundenbewertung im Folgenden zu analysieren ist.

4.2.2 DCF-basierte Verfahren zur Bestimmung des Customer Equity

4.2.2.1 Eignung der Wertsteigerungsanalyse von *Rappaport* für die Customer Equity-Bewertung

Da sowohl der Customer Lifetime Value als auch der Customer Equity durch die entsprechenden Werttreiber determiniert werden, ist ein möglicher Ansatzpunkt in diesem Zusammenhang die Verwendung des in Kapitel 3.1.3.1 vorgestellten Werttreibermodells von *Rappaport*.[1198] In diesem Zusammenhang wird jedoch berechtigterweise kritisiert, dass die darin verwendeten Werttreiber auf einem zu hohen Aggregationsniveau bestimmt werden, lediglich drei der sieben vorgeschlagenen Werttreiber

1194 Vgl. Popovic, T. (2004).
1195 Vgl. Reinecke, S./Keller, J. (2006), S. 275.
1196 Vgl. Creutzmann, A. (2005), S. 32f.
1197 Vgl. Henseler, J./Hoffmann, T. (2003), S. 121.
1198 Entsprechende Ansätze finden sich bei Peschke, M.A. (1997), S. 103-149; Barth, K./Marzian, S.H./Wille, K. (2000), S. 170-178; Bauer, H.H./Hammerschmidt, M./Brähler, M. (2002), S. 324-344; Henseler, J./Hoffmann, T. (2003), S. 119ff.

operativer Natur sind und dass lediglich die beiden Werttreiber Umsatzwachstumsrate und Umsatzrendite leistungswirtschaftlicher Natur sind.[1199] Darüber hinaus weisen diese beiden Werttreiber keinen direkten Bezug zum Einzelkunden auf, weswegen vorgeschlagen wird, die Prognose der Free Cashflows auf einem niedrigeren Aggregationsniveau vorzunehmen.[1200] *Rappaport* selbst schlägt diesbezüglich die Verwendung von Mikro-Werttreibern („Micro Value Driver") als Konkretisierung der finanziellen Werttreiber vor.[1201] Zur Operationalisierung der Umsatzwachstumsrate empfiehlt er beispielsweise die Mikro-Werttreiber Marktvolumen, Marktanteil und Absatzmix, für die Operationalisierung der Umsatzrendite Einzelhandelspreise, Personalausstattung, Lohnsatz und Materialkosten. Diese weisen jedoch keinen echten Kundenbezug auf und können allenfalls in stark homogenen Märkten oder Marktsegmenten, etwa in der Konsumgüterindustrie, eingesetzt werden.[1202] *Peschke* wählt einen ähnlichen Ansatz, der im folgenden Kapitel vorgestellt wird.

4.2.2.2 Erweiterungen des Werttreibermodells

Peschke entwickelt ein erweitertes Werttreibermodell zur Bestimmung des Shareholder Value, in dem er die Wichtigkeit des Kundenwertes[1203] sowie der Ressourcenorientierung betont und das daher auch zur Bestimmung des Customer Equity Verwendung finden könnte.[1204] Das Modell baut weitestgehend auf dem Werttreibermodell von *Rappaport* sowie dem Ansatz der fünf Wettbewerbskräfte von *Porter* auf.

In einem ersten Schritt werden zunächst die fünf Wettbewerbsfaktoren aus dem Branchenstrukturmodell konsequent den finanziellen Werttreibern zugeteilt.[1205] Dabei wird auf die Vereinfachung hinsichtlich der Bestimmung einer Umsatzwachstumsrate und einer Umsatzüberschussrate verzichtet, stattdessen werden sämtliche Ein- und Auszahlungsarten detailliert in absoluten Zahlen geplant. Um die Erkenntnisse des Branchenstrukturmodells sinnvoll nutzen zu können, wird bereits an dieser Stelle zwischen absatz- und beschaffungsmarktbezogenen Faktoren unterschieden. Denn während sich die Verhandlungsmacht der Lieferanten zwangsläufig auf die zukünftige Entwicklung der relevanten Beschaffungspreise und, bei entsprechenden Geschäftsstrategien zur Abwehr gegen eine zunehmende Verhandlungsmacht, auf die

---

1199 Vgl. Bauer, H.H./Hammerschmidt, M./Brähler, M. (2002), S. 336; Schneider, N.C. (2007), S. 1. Ähnlich Henseler, J./Hoffmann, T. (2003), S. 120.

1200 Vgl. Eichmann, K. (1992), S. 69 sowie S. 172; Bauer, H.H./Hammerschmidt, M./Brähler, M. (2002), S. 336f.

1201 Vgl. Rappaport, A. (1998), S. 171.

1202 Vgl. Bauer, H.H./Hammerschmidt, M./Brähler, M. (2002), S. 337. Auch *Peschke* kritisiert am Shareholder Value-Ansatz von *Rappaport* die fehlende Berücksichtigung der Kunden. Vgl. Peschke, M.A. (1997), S. 89.

1203 Vgl. hierzu auch schon Day, G.S./Fahey, L. (1990), S. 157ff.

1204 Vgl. Peschke, M.A. (2000), S. 97 sowie Peschke, M.A. (1997).

1205 Vgl. Peschke, M.A. (1997), S. 127ff. Vgl. zum Branchenstrukturmodell auch Kapitel 3.1.3.1.2.

Investitionen ins Umlauf- und Anlagevermögen auswirkt, haben die anderen vier Wettbewerbsfaktoren „Bedrohung durch neue Anbieter“, „Bedrohung durch neue Substitutionsprodukte“, „Rivalität unter den etablierten Wettbewerbern“ und „Verhandlungsmacht der Abnehmer“ vorwiegend einen Einfluss auf die Ein- und Auszahlungen auf den Absatzmärkten. Die Wettbewerbskräfte wirken sich jedoch nicht direkt auf den Umsatz eines Unternehmens aus, sondern beeinflussen zunächst die vorgelagerten strategischen Zwischengrößen Marktpotential und Marktpreisniveau.[1206] Das Marktpotential stellt die mengenmäßige maximale Aufnahmefähigkeit eines Marktes für ein bestimmtes Produkt oder eine Dienstleistung dar.[1207] Welche Absatzmenge dann letztlich durch die Anbieter einer Branche insgesamt realisiert werden kann, wird durch das Marktvolumen beschrieben.[1208] Dieses teilen sich die Anbieter einer Branche entsprechend ihrer Marktanteile auf. Das Marktpreisniveau ist der zweite entscheidende strategische Einflussfaktor auf dem Gesamtmarkt und dient als Anhaltspunkt für die Einschätzung der zukünftigen eigenen Absatzpreise. Dies kann wiederum als Anhaltspunkt für Produkt-Markt-Strategien genutzt werden.
In einem zweiten Schritt werden auch globale Umweltfaktoren mit in die Analyse einbezogen, wobei auf Ursache-Wirkungs-Beziehungen zwischen den globalen Umweltfaktoren und den relevanten Marktgrößen nicht näher eingegangen wird.[1209]
In einem dritten Schritt wird das erweiterte Werttreibermodell um den Kundenwert[1210] ergänzt, wobei dieser allerdings nicht in Form des Customer Equity, sondern vielmehr in Form der Kundenzufriedenheit als wesentlicher Indikator des Kundenwertes in das Modell einbezogen wird.[1211] Die Kundenzufriedenheit beeinflusst maßgeblich die Absatzmengen- und Absatzpreisentwicklung eines Unternehmens.[1212]
In einem vierten Schritt wird das erweiterte Werttreibermodell anschließend noch um die ressourcenbezogene Perspektive ergänzt.[1213]

Die folgende Abbildung stellt die Zusammenhänge zwischen den beschriebenen „Steuerungsgrößen“ und den finanziellen Werttreibern im ursprünglichen Werttreibermodell von *Rappaport* graphisch dar:[1214]

1206 Vgl. Peschke, M.A. (1997), S. 127; Lemke, H.-J. (1993), S. 57.
1207 Das Marktpotential wird daher als Summe aller Kundenpotentiale interpretiert.
1208 Marktpotential und Marktvolumen weichen insbesondere in wachsenden Märkten voneinander ab. Vgl. Peschke, M.A. (1997), S. 128.
1209 Vgl. Peschke, M.A. (1997), S. 129f.
1210 Dieser Kundenwert bezieht sich auf alle Kunden eines Unternehmens und ist daher als Kundenstammwert zu interpretieren. Vgl. Peschke, M.A. (1997), S. 131.
1211 Zur Idee, die Kunden mit in die Shareholder Value-Analyse einzubeziehen, vgl. bereits Day, G.S./Fahey, L. (1990), S. 156ff. Zur Verknüpfung der strategischen Parameter mit den finanziellen Werttreibern vgl. Peschke, M.A. (1997), S. 130ff.
1212 Vgl. Peschke, M.A. (1997), S. 136ff.
1213 Vgl. Peschke, M.A. (1997), S. 139ff.
1214 Quelle: Peschke, M.A. (1997), S. 146.

Abb. 4-6: Das erweiterte Werttreibermodell von Peschke

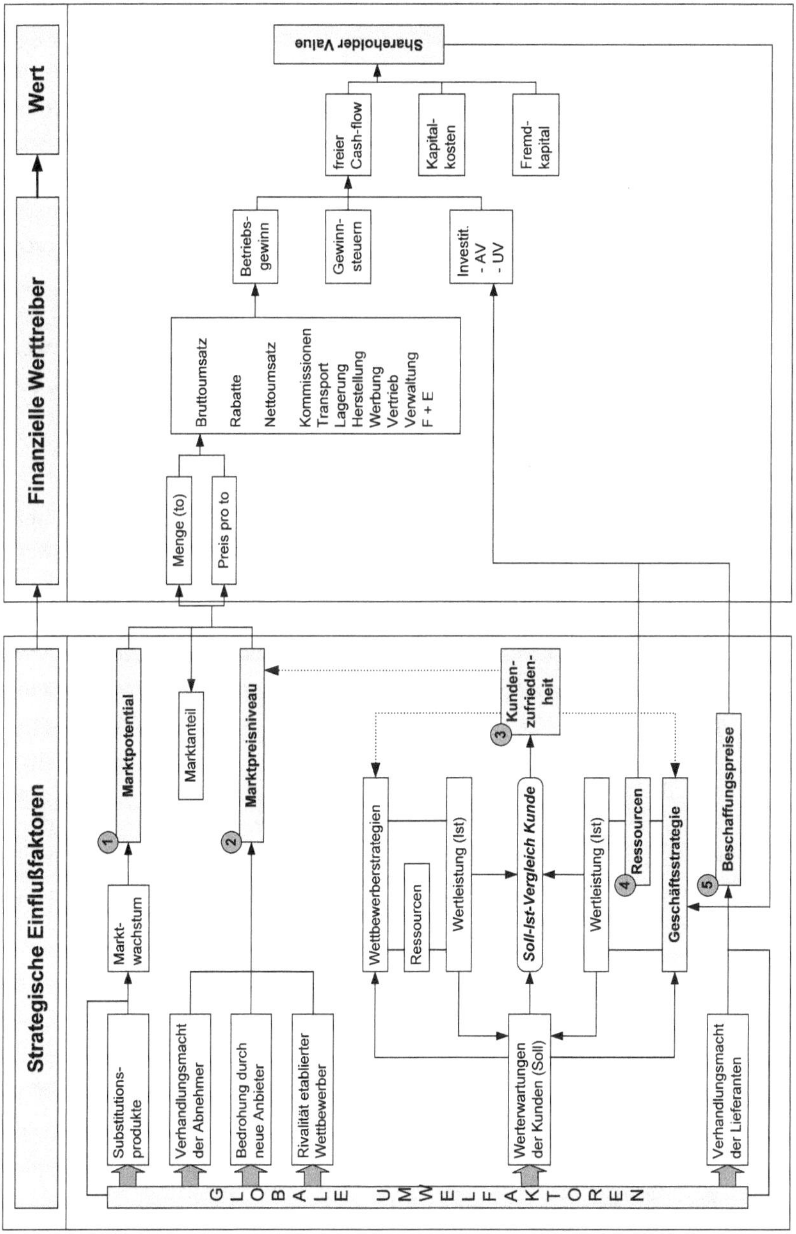

Zusammenfassend kann festgestellt werden, dass das Modell von *Peschke* auf anschauliche Weise Anknüpfungspunkte für kundenorientierte Strategien aufzeigt. Einen Beitrag zur monetären Bewertung des Kundenstamms kann dieses jedoch nicht liefern, da sich zahlreiche Ursache-Wirkungs-Zusammenhänge nur unzureichend quantitativ abbilden lassen. So ist es beispielsweise unmöglich, eine Aussage darüber abzugeben, um wie viel Prozent das Marktpreisniveau steigt, wenn die Kundenzufriedenheit um x Prozent gesteigert werden kann.[1215] Daher erweist sich das Modell von *Peschke* für die Bewertung des Kundenstamms als ungeeignet.

Einen weiteren Ansatz, der ebenfalls als Erweiterung des Werttreibermodells von *Rappaport* aufzufassen ist, stellt das sog. Customer Equity-Netzwerk von *Barth et al.* dar. Als bedeutende Werttreiber der kundenbezogenen Cashflows werden im Customer Equity-Netzwerk die Kaufhäufigkeit, die Erfolgsquote sowie die Deckungsbeiträge einzelner Transaktionen des Kunden genannt.[1216] Die Kaufhäufigkeit beschreibt die mögliche Anzahl der Transaktionen eines Kunden pro Periode, die mit den jeweiligen Deckungsbeiträgen einzelner Transaktionen eines Kunden sowie der Erfolgsquote multipliziert wird.[1217] „Die Erfolgsquote gibt an, welcher Anteil der begonnenen Dialoge mit Kunden auch tatsächlich zum Auftragseingang geführt wird."[1218] Die beschriebenen Werttreiber sind auf die entsprechenden leistungswirtschaftlichen Prozesse zurückzuführen.[1219] Investitionen erhöhen die Kundennähe, die Kundenzufriedenheit sowie die Kundenbindung und führen theoretisch zu einer höheren Kaufhäufigkeit und höheren Deckungsbeiträgen pro Transaktion. Letztere sind auf eine höhere Preisbereitschaft und – bei gleichzeitiger Ausweitung der Kaufmengen – auf sinkende Kosten durch die Erzielung von Skaleneffekten zurückzuführen.[1220] Operative Entscheidungen haben Auswirkungen auf die Transaktionsprozesse Potential, Leistung sowie Akquise und beeinflussen die Höhe der Erfolgsquote.[1221] Die kundenbezogenen Cashflows KCF_t werden anschließend mit dem Kapitalkostensatz diskontiert, der wie im ursprünglichen Werttreiber-Modell durch Finanzierungsentscheidungen beeinflusst werden kann. Die folgende Abbildung vertieft die dargestellten Zusammenhänge:[1222]

[1215] Ein wesentliches Modellelement ist für *Peschke* „der aus der relativen Zufriedenheit der Kunden mit einem Lieferanten resultierende Wettbewerbsvorteil, manifestiert in den Wiederkäufen und Umsatzsteigerungen". Peschke, M.A. (1997), S. 139. Für eine fundierte Bewertung des Kundenstamms reicht ein solcher thesenförmiger Zusammenhang jedoch nicht aus.
[1216] Vgl. Barth, K./Marzian, S.H./Wille, K. (2000), S. 170ff.
[1217] Vgl. Henseler, J./Hoffmann, T. (2003), S. 129.
[1218] Barth, K./Marzian, S.H./Wille, K. (2000), S. 174.
[1219] Vgl. Eberling, G. (2002), S. 222.
[1220] Vgl. auch Henseler, J./Hoffmann, T. (2003), S. 133.
[1221] Vgl. Henseler, J./Hoffmann, T. (2003), S. 129.
[1222] Quelle: Barth, K./Marzian, S.H./Wille, K. (2000), S. 175.

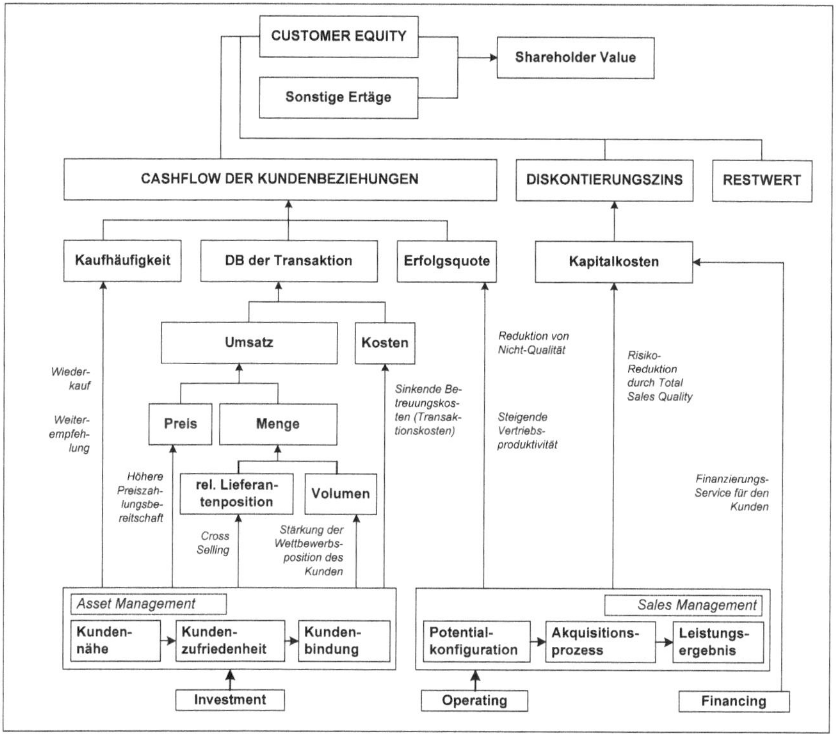

Abb. 4-7: Customer Equity-Netzwerk

Das Customer Equity-Netzwerk ermöglicht eine Integration des kundenwertorientierten Kennzahlensystems in die Wertsteigerungsanalyse von *Rappaport*, so dass prinzipiell eine Verknüpfung von Unternehmensstrategien und entsprechenden Strategien im Rahmen des Kundenwertmanagements erfolgen könnte.[1223] Es verdeutlicht darüber hinaus den Stellenwert, den der Customer Equity in einem auf den Kunden ausgerichteten Unternehmen als Vorsteuerungsgröße für den Shareholder Value einnimmt. Allerdings liefert das Customer Equity-Netzwerk letztlich nur einen Denkanstoß, eine konkrete Umsetzung in Form einer Bestimmung des Customer Equity bleibt im Ansatz von *Barth et al.* aus, so dass zahlreiche Fragen, etwa hinsichtlich einer Abgrenzung des Kostenbegriffs, der Berücksichtigung von Investitionen oder der Bestimmung des Restwerts, offen bleiben.[1224] Auch die Prognose der Kundenzahlen, insbesondere hinsichtlich potentieller Neukunden, wird nur sehr oberflächlich

[1223] Vgl. auch Eberling, G. (2002), S. 223.
[1224] Vgl. hierzu Barth, K./Marzian, S.H./Wille, K. (2000), S. 170-178.

thematisiert.[1225] Darüber hinaus sind die Ursache-Wirkungs-Zusammenhänge zwischen den Führungsentscheidungen, den kunden- und transaktionsbezogenen Prozessen sowie den Werttreibern hinsichtlich ihrer Wirkungsstärke, teilweise sogar hinsichtlich ihrer Wirkungsrichtung als unklar einzuschätzen. Da mit Hilfe des Modells zunächst für jeden Kunden eine Berechnung des Customer Lifetime Value angedacht ist und erst anschließend die Summe aller Customer Lifetime Value als Customer Equity herangezogen wird, stellt sich einerseits die Frage der Ermittlung der Kapitalkosten für einen Kunden, andererseits muss festgestellt werden, dass sich gegenüber den in Kapitel 4.1 vorgestellten detaillierten Modellen der Customer Lifetime Value-Bestimmung kaum Erleichterungen ergeben. So können sich auch in diesem Modell bei einer hohen Kundenanzahl erhebliche Probleme bei der Datenerhebung ergeben.[1226] Aufgrund der dargestellten Schwächen ist auch der Ansatz des Customer Equity-Netzwerks für die Bewertung des Kundenstamms ungeeignet.

4.2.2.3 Kundenwertintegrierendes DCF-Verfahren

Da für die Bestimmung des Customer Equity als Summe der Customer Lifetime Value aller Kunden eine Vielzahl von Daten über aktuelle und zukünftige Kundenbeziehungen benötigt wird, wählt *Popovic* einen Ansatz zur Kundenbewertung aus externer Sicht. Dieser basiert mangels interner Informationen auf einer Modifikation der Gewinn- und Verlustrechnung sowie der Cashflow-Rechnung auf Unternehmensebene und wird insbesondere für die Bewertung von Wachstumsunternehmen der E-Commerce-Branche konzipiert, könnte prinzipiell aber auch für die Kundenstammbewertung von Unternehmen anderer Branchen von Interesse sein.[1227]

Der Ansatz basiert auf dem Shareholder Value-Netzwerk von *Rappaport*, allerdings wird zusätzlich zu den bereits vorgestellten Werttreibern die aggregierte Größe des Customer Capital[1228] als zentraler Werttreiber in das ursprüngliche Modell integriert, um den Einfluss von Investitionen in das Customer Capital, hier als I_t^{CC} bezeichnet, auf die betrieblichen Cashflows entsprechend zu berücksichtigen.[1229] Die Gleichung [3.20] verändert sich entsprechend zu:[1230]

[1225] Vgl. Barth, K./Marzian, S.H./Wille, K. (2000), S. 174.
[1226] Vgl. hierzu auch Henseler, J./Hoffmann, T. (2003), S. 133.
[1227] Vgl. Popovic, T. (2004), S. 238ff.
[1228] Die Begriffe Customer Capital und Customer Equity werden im Folgenden synonym benutzt.
[1229] Vgl. Popovic, T. (2004), S. 239f. Vgl. zur Bedeutung von immateriellen Vermögensgegenständen auch Creutzmann, A. (2005), S. 31.
[1230] Vgl. Popovic, T. (2004), S. 240.

$$FCF_t = U_{t-1} \cdot (1+w_t) \cdot üs_t \cdot (1-s_t) - I_t^{AV} - I_t^{UV} - I_t^{CC} \qquad [4.14]$$

Popovic ermittelt die Umsätze einer Periode anhand eines Umsatztreibermodells, das sich durch das auf den Kunden bezogene durchschnittliche Umsatzvolumen pro Periode und der periodenspezifischen Kundenanzahl ergibt. Dabei basiert die Prognose der zukünftigen Kundenzahlen auf Internet-Performance-Maßen[1231], die Auskunft darüber geben sollen, mit welcher Wahrscheinlichkeit aus passiven Nutzern von Internetseiten erst registrierte Nutzer und schließlich Neukunden werden könnten.[1232] Das durchschnittliche Umsatzvolumen eines Kunden pro Periode wird anhand der Anzahl der Transaktionen eines Kunden und der Höhe des durchschnittlichen Einkaufsbons ermittelt, wobei für die Zukunft vereinfachend für beide Parameter auf pauschale Wachstumsraten zurückgegriffen wird.[1233]

Das sehr einfach gehaltene Umsatztreibermodell wurde speziell für die E-Commerce-Branche entwickelt, es ist jedoch vorstellbar, dass ähnliche Modelle auch für andere Branchen entwickelt werden könnten.[1234] Darüber hinaus ist auch vorstellbar, das Umsatztreibermodell durch komplexere Modifizierungen zu erweitern.

Da das kundenwertintegrierende DCF-Modell Unterstützung für eine Kundenbewertung aus externer Sicht leisten soll, die mangels umfangreicherer interner Informationen auf den Gewinn- und Verlustrechnungen, Bilanzen und Cashflow-Rechnungen eines Unternehmens aufbauen muss, werden die in der Gewinn- und Verlustrechnung aufgeführten Marketingaufwendungen genauer betrachtet und in Marketinginvestitionen einerseits und tatsächlichen Marketingaufwand andererseits unterteilt.[1235] Diese Vorgehensweise könnte aus externer Sicht damit gerechtfertigt werden, dass die jeweilige Kundenbeziehung als Vermögensgegenstand aufgefasst werden kann und somit diesbezügliche Auszahlungen als Investitionen verstanden werden können, sofern sie bestimmte Anforderungen erfüllen. *Popovic* definiert in diesem Zusammenhang Marketinginvestitionen als „Marketingmaßnahmen, die dazu dienen, neue Marktchancen zu erschließen bzw. zu nutzen und im Rahmen dessen

---

[1231] Für eine ausführliche Darstellung der Internet-Performance-Maße vgl. Popovic, T. (2004), S. 154ff.

[1232] Vgl. Popovic, T. (2004), S. 241ff.

[1233] Vgl. Popovic, T. (2004), S. 244.

[1234] So ist beispielsweise für die Finanzdienstleistungsbranche vorstellbar, dass der Bedarf an bestimmten Produkten vom Alter, der Lebenssituation und der Einkommensverhältnisse der Kunden abhängig ist.

[1235] Dies ergibt sich aus der Tatsache, dass eine Aktivierung der Marketinginvestitionen in den gängigen Rechnungslegungssystemen strikt untersagt ist und direkt als Marketingaufwendungen verbucht werden. Vgl. bspw. Pellens, B./Fülbier, R.U. (2000), S. 119-155; Kajüter, P. (2006), S. 549-579.

finanzielle Mittel für einen längerfristigen Zeitraum binden."[1236] Die Marketinginvestitionen werden anschließend aktiviert und in den folgenden Perioden abgeschrieben, wobei sich jedoch die Frage der Abschreibungsmethode stellt. In diesem Zusammenhang rät *Popovic* von linearen oder degressiven Abschreibungsverläufen ab und hält auch eine Ausrichtung des Abschreibungsverlaufs an der Customer Survivorship Curve oder die Anwendung von Impairment-Tests für nicht praktikabel. Aus diesem Grund schlägt *Popovic* letztlich vor, die Abwanderungsraten („Churn Rates"[1237]) der Kunden als Grundlage für die Bestimmung der Abschreibungsbeträge heranzuziehen. Dadurch kann etwa berücksichtigt werden, dass eine hohe Kundenloyalität, die tendenziell längere Kundenbeziehungsdauern mit sich bringt, zu niedrigeren Abschreibungen führt, so dass in Zukunft weniger Investitionen für Aufbau und Erhalt der Kundenbeziehungen notwendig sind. Der absolute Abschreibungsbetrag einer Periode ergibt sich durch Multiplikation der Churn Rate der Periode mit den Marketinginvestitionen. Die Abschreibungsbeträge fließen dann Ergebnis mindernd in die modifizierte Gewinn- und Verlustrechnung (GuV) ein.[1238]

Der jeweilige Bestand des immateriellen Vermögensgegenstands „Customer Capital" einer Periode t ermittelt sich auf Basis der Marketinginvestitionen und deren Abschreibungen wie folgt:

$$CC_t = CC_{t-1} + I_{t-1}^{CC} - AB_t^{kum} \qquad [4.15]$$

Der Brutto-Cashflow wird ermittelt, indem von der EBIT-Größe in der modifizierten GuV die Steuern abgezogen und die Abschreibungen wieder hinzugerechnet werden. Anschließend ergibt sich der Free Cashflow als Brutto-Cashflow abzüglich der Investitionen ins Net Working Capital, ins Anlagevermögen und ins Customer Capital.[1239] Zur Bestimmung des Unternehmenswertes werden dann analog zu Kapitel 3.1.2.3 die Free Cashflows mit dem jeweiligen $wacc_t$ auf den Betrachtungszeitpunkt diskontiert. Bei der Bestimmung des Diskontierungssatzes, die in dem vorgestellten Modell von *Popovic* für junge Wachstumsunternehmen der E-Commerce-Branche erfolgt, zeigt sich die ganze Problematik des CAPM. Da kaum Vergleichsunternehmen zur Verfügung stehen und aufgrund der kurzen Historie solcher Unternehmen auch keine Daten zur Bestimmung eines β-Faktors vorhanden sind, schlägt

1236 Popovic, T. (2004), S. 249. Die Marketinginvestitionen werden in Customer Acquisition Costs und Customer Retention Costs unterteilt. Vgl. bereits Kapitel 4.1.2.
1237 Popovic, T. (2004), S. 256.
1238 Tendenziell dürfte die EBIT-Größe als Ausgangsgröße zur Ermittlung der Free Cashflows jedoch zunächst höher ausfallen, da durch die Aktivierung der Marketinginvestitionen ein großer Teil der Marketingaufwendungen anfangs nicht in der modifizierten GuV auftaucht.
1239 Vgl. Popovic, T. (2004), S. 261.

Popovic vor, bei jungen Wachstumsunternehmen aufgrund des hohen Risikos in der Startphase zunächst für die Detailprognosephase auf den β-Faktor von Internetunternehmen „mit ähnlichen Charakteristika“[1240] zurückzugreifen und dieses für die Reifephase an das Marktbeta anzupassen, da im Zeitablauf mit einer Senkung des Risikos zu rechnen ist.[1241]

Insbesondere aufgrund der fragwürdigen Bestimmung der Eigenkapitalkosten ist das Modell für die vorliegende Arbeit, in der eine Bestimmung des Kundenstammwertes für die Verwendung im Controlling und somit auf Basis interner Informationen erfolgen soll, ungeeignet. Eine weitere entscheidende Schwäche des Modells ist die Prognose der zukünftigen Anzahl der Kunden. Welche Gefahren mit der Heranziehung von Internet-Performance-Maßen zur Prognose von potentiellen Neukunden verbunden ist, hat nicht zuletzt das Platzen der Dot-Com- respektive New Economy-Blase gezeigt.[1242]

4.2.2.4 DCF-orientierte Modelle zur Bewertung des Kundenstamms auf der Basis von Kundenlebenswerten

Über die bisher vorgestellten Modelle hinaus existieren in der Literatur weitere Modelle, die zwar ebenfalls auf den Discounted Cashflow-Methoden basieren, als Ausgangspunkt jedoch die Customer Lifetime Value der Einzelkunden CLV_c wählen,[1243] wobei häufig auch vereinfachend die Customer Lifetime Value der einzelnen Kohorten CLV_κ herangezogen werden.[1244] Unter einer Kohorte werden alle Kunden verstanden, die in einer Zugangsperiode κ akquiriert wurden.
Im ersten Fall werden die Customer Lifetime Value aller Einzelkunden, mit einem Diskontierungsfaktor z_c auf den Bewertungszeitpunkt diskontiert, zum Customer Equity 1 ($CE1$) zusammengefasst:[1245]

$$CE1 = \sum_{c=1}^{C} CLV_c \cdot z_c \qquad [4.16]$$

1240 Popovic, T. (2004), S. 263.
1241 Vgl. Popovic, T. (2004), S. 262f.
1242 Vgl. Gupta, S./Lehmann, D.R./Stuart, J.A. (2004), S. 7.
1243 Vgl. Bayón, T./Gutsche, J./Bauer, H.H. (2001), S. 1-30; Henseler, J./Hoffmann, T. (2003), S. 122-130; Wiesel, T./Skiera, B. (2007), S. 706-731.
1244 Vgl. Gupta, S./Lehmann, D.R./Stuart, J.A. (2004), S. 7-18; Messner, W. (2005), S. 50-53.
1245 Vgl. Wiesel, T./Skiera, B. (2007), S. 710.

Zur Bestimmung des Customer Equity sind nicht nur die aktuellen Kunden eines Unternehmens heranzuziehen, sondern auch alle zukünftigen Kunden des Unternehmens.[1246]

So unterscheiden etwa auch *Henseler/Hoffmann* sowie *Bayón et al.* zwischen den aktuellen Kunden $C_{gegenwärtig}$ sowie allen „potenziell relevanten Kunden"[1247] $C_{zukünftig}$ und bestimmen den Kundenstammwert wie folgt:[1248]

$$CE = \sum_{c_g=1}^{C_{gegenwärtig}} \left(\sum_{t=1}^{T_{c_g}} \frac{KCF_{t,c_g}}{(1+k)^t} \right) + \sum_{c_z=1}^{C_{zukünftig}} \left(\sum_{t=1}^{T_{c_z}} \frac{KCF_{t,c_z}}{(1+k)^t} \right) \cdot p_{rc} \qquad [4.17]$$

KCF_{t,c_g} bezeichnet den Cashflow eines aktuellen Kunden c_g, KCF_{t,c_z} den Cashflow eines zukünftigen Kunden c_z und T_c die Dauer der Kundenbeziehung. Die Wahrscheinlichkeit, dass ein potentiell relevanter Kunde vom Unternehmen akquiriert werden kann, wird mit p_{rc} bezeichnet. Zur Bestimmung der Akquisitionswahrscheinlichkeit wird vorgeschlagen, auf das binomiale Logit-Modell zurückzugreifen.[1249] Dabei gilt es jedoch zu beachten, dass bei der Bestimmung des Customer Lifetime Value von Einzelkunden nicht alle Erlöse und Kosten respektive Ein- und Auszahlungen den Einzelkunden zugeordnet werden können. Daher müssen aufbauend auf Formel [4.17] auch alle Ein- und Auszahlungen mitberücksichtigt werden, die sich nur einzelnen Kundengruppen oder dem ganzen Kundenstamm zuordnen lassen. *Wiesel/Skiera* bezeichnen diese Auszahlungen einer Periode, die sich nicht direkt den Kunden zurechnen lassen, mit ndA_t.[1250]

Des Weiteren ergibt sich bei der Berücksichtigung der Customer Lifetime Value der zukünftigen Kunden das Problem, dass diese nicht bis in alle Ewigkeit detailliert prognostiziert werden können. Daher wird der zukünftige Customer Equity 1 nur bis zur Zugangsperiode $t = T_K$ respektive werden nur die Kohorten $\kappa = 0$ bis $\kappa = K$ de-

1246 Vgl. Bayón, T./Gutsche, J./Bauer, H.H. (2001), S. 25; Bauer, H.H./Hammerschmidt, M./Brähler, M. (2002), S. 332f.; Henseler, J./Hoffmann, T. (2003), S. 127; Wiesel, T./Skiera, B. (2007), S. 711.

1247 Henseler, J./Hoffmann, T. (2003), S. 127. Der ursprüngliche Begriff der relevanten Noch-nicht-Kunden geht auf *Bayón et al.* zurück. Vgl. Bayón, T./Gutsche, J./Bauer, H.H. (2001), S. 25.

1248 Vgl. Henseler, J./Hoffmann, T. (2003), S. 128. Im Rahmen des Modells wird vorgeschlagen, das Risiko implizit im Diskontierungssatz durch Heranziehung eines *wacc* zu berücksichtigen. Vgl. Henseler, J./Hoffmann, T. (2003), S. 131f.

1249 Dieses stellt eine Vereinfachung des multinomialen Logit-Modells dar, das sich als geeignetes Verfahren zur Schätzung von Kaufwahrscheinlichkeiten in der Konsumentenverhaltensforschung herausgestellt hat. Vgl. Bayón, T./Gutsche, J./Bauer, H.H. (2001), S. 22ff.; Burmann, C. (2003), S. 124ff.

1250 Vgl. Wiesel, T./Skiera, B. (2007), S. 713.

tailliert geplant und darüber hinaus, wie bei den Verfahren der Unternehmensbewertung üblich, ein Restwert unterstellt. Der Customer Equity 1 ergibt sich daher wie folgt:[1251]

$$\begin{aligned} CE1 &= CE1_{gegenwärtig} + CE1_{zukünftig} \\ &= CE1_{gegenwärtig} + \sum_{\kappa=0}^{K} \frac{CLV_{\kappa}}{(1+k)^{\kappa}} + \frac{RW_{K,CE1}}{(1+k)^{K}} \end{aligned} \qquad [4.18]$$

Dabei bezeichnet $CE1_{gegenwärtig}$ den Wert aller gegenwärtigen Kunden und $CE1_{zukünftig}$ den Wert aller zukünftigen Kunden, jeweils unter Berücksichtigung sämtlicher direkt zurechenbarer Ein- und Auszahlungen. Der Wert der zukünftigen Kunden wird unterteilt in die Summe der auf den Betrachtungszeitpunkt diskontierten Barwerte der in der Zugangsperiode κ gewonnenen Kunden, deren Wert als CLV_{κ} bezeichnet wird, und den abgezinsten Restwert am Ende der Detailprognosephase $RW_{K,CE1}$. Der Diskontierungssatz k ist im Modell von *Wiesel/Skiera* als *wacc* zu interpretieren und mit Hilfe des CAPM zu bestimmen.[1252]
Wird Gleichung [4.16] in Gleichung [4.18] berücksichtigt, so resultiert daraus auch die folgende Gleichung:[1253]

$$CE1 = \sum_{c=1}^{C_{gegenwärtig}} CLV_{c,gegenwärtig} + \sum_{\kappa=0}^{K} \frac{\sum_{c=1}^{C_{\kappa}} CLV_{c,\kappa}}{(1+k)^{\kappa}} + \frac{RW_{K,CE1}}{(1+k)^{K}} \qquad [4.19]$$

mit:

$CLV_{c,gegenwärtig}$: Wert eines in t=0 bereits akquirierten Kunden *c*,

$CLV_{c,\kappa}$: Wert eines in der Zugangsperiode κ akquirierten Kunden *c*,

$C_{gegenwärtig}$: Anzahl der gegenwärtigen Kunden,

C_{κ}: Anzahl der akquirierten Kunden in der Zugangsperiode respektive der Kohorte κ.

1251 Vgl. Wiesel, T./Skiera, B. (2007), S. 711f. Streng genommen ist der Restwert $RW_{K+1,CE1}$ heranzuziehen, allerdings gilt hier: $K+1=K$.

1252 Vgl. Wiesel, T./Skiera, B. (2007), S. 715f.

1253 Vgl. Wiesel, T./Skiera, B. (2007), S. 712.

Vom ermittelten $CE1$ wird anschließend der Barwert der nicht direkt den Kunden zurechenbaren Auszahlungen ndA_t abgezogen, wobei auch hier zwischen einer Detailprognose- und einer Restwertphase unterschieden wird:[1254]

$$CE2 = CE1 - \sum_{t=0}^{K} \frac{ndA_t}{(1+k)^t} - \frac{RW_{K,ndA}}{(1+k)^K} \qquad [4.20]$$

Den Wert des Eigenkapitals EK bestimmen *Wiesel/Skiera* schließlich, indem sie neben dem Customer Equity 2 noch den Wert des nicht-betriebsnotwendigen Vermögens NBV berücksichtigen und von diesem Gesamtunternehmenswert den Wert des Fremdkapitals FK abziehen:[1255]

$$EK = GK - FK = CE2 + NBV - FK \qquad [4.21]$$

Unter Heranziehung der Gleichungen [4.1], [4.19] und [4.20] lässt sich Gleichung [4.21] auch umschreiben zu:[1256]

$$EK = \sum_{c=1}^{C_{gegenwärtig}} \sum_{t=0}^{T_{c,gegenwärtig}} \left(\frac{KCF_{c,t}}{(1+k)^t} \right) + \sum_{\kappa=0}^{K} \frac{\sum_{c=1}^{C_\kappa} \left(-A_{c,\kappa}^{NA} + \sum_{t=\kappa}^{T_{c,\kappa}+\kappa} \left(\frac{KCF_{c,t}}{(1+k)^{t-\kappa}} \right) \right)}{(1+k)^\kappa} \\ + \frac{RW_{K,CE1}}{(1+k)^K} - \sum_{t=0}^{K} \frac{ndA_t}{(1+k)^t} - \frac{RW_{K,ndA}}{(1+k)^K} + NBV - FK \qquad [4.22]$$

Gleichung [4.22] geht von der Prämisse aus, dass die Kundenbeziehungsdauern $T_{c,gegenwärtig}$ und $T_{c,\kappa}$ bekannt sind. Dies wird mit dem Vorliegen von vertraglichen Kundenbeziehungen begründet, deren Dauer im Rahmen einer Bestimmung des Customer Equity sowie des Unternehmenswertes aus interner Sicht bekannt sind.[1257]

Des Weiteren sind auch nur aus interner Sicht detaillierte Informationen hinsichtlich der Cashflows der einzelnen Kunden und Perioden verfügbar. Daher schlagen *Wiesel/Skiera* darüber hinaus auch ein alternatives Modell zur externen Bestimmung

1254 Vgl. Wiesel, T./Skiera, B. (2007), S. 713.
1255 Vgl. Wiesel, T./Skiera, B. (2007), S. 711.
1256 In Anlehnung an Wiesel, T./Skiera, B. (2007), S. 713. Allerdings weisen *Wiesel/Skiera* in ihrer Formel zur Bestimmung des Werts des Eigenkapitals zunächst die Investitionsauszahlungen zur Kundenbindung explizit aus, wohingegen diese in Gleichung [4.1] bereits im $KCF_{c,t}$ enthalten sind.
1257 Vgl. Wiesel, T./Skiera, B. (2007), S. 714.

des Customer Equity sowie des Unternehmenswertes vor. Dieses beinhaltet die folgenden Vereinfachungen:[1258]

(1) An die Stelle der Kundenbeziehungsdauern T_c tritt eine Kundenbindungsrate $rr_{c,t}$, die angibt, mit welcher Wahrscheinlichkeit ein Kunde c in Periode t noch Kunde ist,
(2) Für die Kunden einer Kohorte werden identische Auszahlungen für die Akquisition und Kundenbindung sowie identische Kundenbindungsraten unterstellt,
(3) Für die Kunden aller Kohorten wird im Zeitablauf die gleiche Zahlungsstromentwicklung mit einem Basis-Cashflow $KCF_{0,c}$ und einer zukünftigen Wachstumsrate w_j angenommen.

Diese Annahmen werden mit der häufig im Rahmen von Bewertungsmodellen zur Bestimmung des Kundenstammwertes vorzufindenden Überlegung begründet, „dass die heterogene Struktur der Kunden für eine Unternehmensbewertung durch das Betrachten des Kundenlebenswerts eines durchschnittlichen Kunden und anschließender Multiplikation mit der Anzahl der Kunden hinreichend genau berücksichtigt wird."[1259] Diese Überlegung ist im Rahmen der Evaluierung des Kundenstamms durchaus nachvollziehbar, erschwert jedoch die Verwendung eines solchen Kundenstammwertes für andere Zwecke wie beispielsweise die Steuerung von einzelnen Kunden oder Kundengruppen.

Durch die gesetzten Annahmen lässt sich der Wert des Eigenkapitals auch wie folgt bestimmen:[1260]

1258 Vgl. Wiesel, T./Skiera, B. (2007), S. 714.
1259 Wiesel, T./Skiera, B. (2007), S. 714.
1260 Vgl. Wiesel, T./Skiera, B. (2007), S. 714.

$$EK = C_{gegenwärtig} \cdot \sum_{t=0}^{\infty} \frac{\left(KCF_{0,c} \cdot \prod_{j=0}^{t} (1+w_j) - I_t^{KB} \right) \cdot \prod_{j=0}^{t} rr_j}{(1+k)^t}$$

$$+ \sum_{\kappa=0}^{K} \frac{C_\kappa \cdot \left[-A_{\kappa,c}^{NA} + \sum_{t=\kappa}^{\infty} \frac{\left(KCF_{0,c} \cdot \prod_{j=0}^{t-\kappa} (1+w_j) - I_{t-\kappa}^{KB} \right) \cdot \prod_{j=0}^{t-\kappa} rr_j}{(1+k)^{t-\kappa}} \right]}{(1+k)^\kappa} \qquad [4.23]$$

$$+ \frac{RW_{K,CE1}}{(1+k)^K} - \sum_{t=0}^{K} \frac{ndA_t}{(1+k)^t} - \frac{RW_{K,ndA}}{(1+k)^K} + NBV - FK$$

4.2.2.5 Beurteilung

Wie verdeutlicht worden ist, eignet sich das Werttreibermodell von *Rappaport* aufgrund eines zu hohen Aggregationsniveaus und eines fehlenden Kundenbezugs nicht für eine Bewertung des Kundenstamms. Auch darauf aufbauende Erweiterungen des Werttreibermodells, wie sie einerseits von *Peschke* und andererseits von *Barth et al.* vorgeschlagen worden sind, weisen insbesondere aufgrund kaum quantifizierbarer Ursache-Wirkungs-Beziehungen keine Eignung für die Bestimmung des Kundenstammwertes auf. Darüber hinaus wurde mit dem kundenwertintegrierenden DCF-Verfahren von *Popovic* ein Modell vorgestellt, das zwar auf einem quantitativen Modell zur Bewertung des Kundenstamms aufbaut, aber durch Schwächen bei der Bestimmung des Kalkulationszinssatzes und der Prognose der Kundenanzahl gekennzeichnet ist.

Wesentlich besser geeignet zur Bestimmung des Kundenstammwerts ist hingegen eine Vorgehensweise, die zunächst auf einer Betrachtung des Customer Lifetime Value eines einzelnen Kunden aufbaut und eine anschließende Multiplikation mit der Anzahl der gegenwärtigen sowie zukünftigen Kunden vorsieht. Ob die Prognose der zukünftigen kundenbezogenen Cashflows der Einzelkunden dabei kundenspezifisch oder vereinfacht in Form von identischen Investitionsauszahlungen für alle Kunden einer Kohorte sowie einer identischen Zahlungsstromentwicklung für die Kunden aller Kohorten erfolgt, ist einerseits von der Verfügbarkeit der kundenbezogenen Informationen und andererseits von der Anzahl der Kunden sowie der Heterogenität der Kundenstruktur abhängig. So sollten beispielsweise bei einer unternehmensinternen Bestimmung des Kundenstammwertes ausreichend Informationen zur Verfügung stehen, um die einzelkundenspezifischen Cashflows berücksichtigen zu können.

Bei Heranziehung der Kundenwerte der Einzelkunden muss jedoch berücksichtigt werden, dass qualitative Aspekte des Kundenwertes wie etwa der Referenz- oder Informationswert, sofern sie überhaupt monetarisierbar sind, nicht mit einbezogen werden dürfen, da beispielsweise die aus der Weiterempfehlung resultierenden Cashflows auch beim angeworbenen Neukunden berücksichtigt und somit bei der Bestimmung des Kundenstammwerts doppelt erfasst werden würden.[1261] Während sich jedoch die Summe der Customer Lifetime Value der aktuellen Kunden noch relativ einfach ermitteln lässt, ergeben sich insbesondere Probleme bei der Bestimmung der zukünftigen Kunden, die im Bewertungszeitpunkt noch nicht bekannt sind.[1262] Aus diesem Grund kommt im Rahmen der Kundenstammbewertung der Prognose der Kundenanzahl eine entscheidende Bedeutung zu.

In Modellen zur Kundenstammbewertung muss zunächst berücksichtigt werden, dass die Dauer der Geschäftsbeziehung häufig nicht vertraglich festgelegt ist, sondern in vielen Fällen jederzeit seitens des Kunden beendet werden kann. Dieses Abwanderungsrisiko betrifft sowohl die aktuellen als auch die zukünftig akquirierten Kunden. Des Weiteren ist unsicher, in welchem Ausmaß neue Kunden akquiriert werden können. Diese Fragestellung ist insbesondere bei Wachstumsunternehmen, deren Unternehmenswert sich zum überwiegenden Teil aus den Kunden-Cashflows zukünftiger Kunden zusammensetzt, von überragender Bedeutung.[1263] Bei der Kundenstammbewertung „vermischen" sich das Abwanderungsrisiko und das Akquisitionsrisiko, so dass die Unsicherheit hinsichtlich der zukünftigen Kundenbestände als Kundenbestandsrisiko bezeichnet werden kann. Unsicher sind jedoch nicht nur die zukünftigen Kundenbestände, sondern auch die Cashflows, die mit den einzelnen Kunden erwirtschaftet werden können, so dass dieses Kundenerfolgsrisiko auch innerhalb des Bewertungskalküls mitberücksichtigt werden muss.

Es stellt sich darauf aufbauend die Frage, wie diese Risiken im Rahmen der Bestimmung des Customer Equity berücksichtigt werden können: Im oben dargestellten Modell von *Wiesel/Skiera* erfolgte die Berücksichtigung des Risikos im internen Modell mit Hilfe der Gleichung [4.22] allgemein durch Heranziehung eines Risikozuschlags innerhalb des Diskontierungssatzes, der auf der Basis des CAPM zu bestimmen ist.[1264] Eine Differenzierung zwischen Kundenbestandsrisiko und Erfolgsrisiko findet auf diese Weise nicht statt, ist aber zumindest für die aktuellen Kunden auch nicht nötig, da die jeweilige Dauer der vertraglichen Kundenbeziehungen als bekannt angenommen wurde. Werden stattdessen nicht vertraglich geregelte Geschäftsbezie-

---

[1261] Vgl. Schmöller, P. (2001), S. 164f.; Henseler, J./Hoffmann, T. (2003), S. 127.
[1262] Vgl. Bayón, T./Gutsche, J./Bauer, H.H. (2001), S. 19.
[1263] Vgl. bspw. Rudolf, M./Witt, P. (2002), S. 231ff.

hungen angenommen oder sind die zugrunde liegenden Verträge für Unternehmensexterne nicht einsehbar, besteht für die einzelnen Kunden in jeder Periode ein Abwanderungsrisiko, das durch Rückgriff auf Gleichung [4.23] entsprechend berücksichtigt werden kann. Unsicher ist jedoch nicht nur der Kundenbestand der aktuellen Kunden in zukünftigen Perioden, sondern in beiden Fällen auch die Anzahl zukünftiger Kunden, die gegenwärtig noch nicht Kunden des Unternehmens sind. In diesem Zusammenhang stellt sich also auch die Frage, mit welcher Unsicherheit die (eingeplante) Akquisition zukünftiger Kunden und die daraus resultierenden Kunden-Cashflows behaftet sind. Dieses Akquisitionsrisiko sowie das Kundenerfolgsrisiko werden in den Gleichungen [4.22] sowie [4.23] innerhalb des risikoadjustierten Zinssatzes berücksichtigt.

Da Fragen hinsichtlich einer Prognose der zukünftigen Kundenbestände bislang unbeantwortet blieben, werden zunächst im folgenden Abschnitt verschiedene Methoden vorgestellt, die eine solche Prognose unterstützen.

4.2.3 Instrumente zur Prognose der zukünftigen Kundenbestände

4.2.3.1 Kundenprognose und Bestimmung des Kundenstammwertes anhand des Customer Migration Model

Das Grundmodell zur Prognose der Kundenanzahl mit anschließender Bewertung des Kundenstamms stellt das von *Dwyer* ursprünglich entwickelte und als Customer Migration Model bezeichnete Kundenwanderungsmodell dar.[1265] Bei der Prognose der zukünftigen Kundenanzahl wird von der Annahme ausgegangen, dass ein Kunde nicht unbedingt für ein Unternehmen als verloren gilt, sobald dieser einmal eine Zeit lang keine Einkäufe beim betrachteten Unternehmen getätigt hat. Das Customer Migration Model weist folglich den Vorteil auf, dass auch passive oder reaktivierte Kunden in die Kundenbewertung mit einbezogen werden können.[1266]

Ausgangspunkt für die Analyse des Kaufverhaltens der Kunden ist der Zeitraum seit dem letzten getätigten Kauf.[1267] Je länger der Zeitpunkt des zuletzt getätigten Kaufs zurückliegt, desto niedriger ist die Wahrscheinlichkeit eines erneuten Kaufs. Nach diesem Kriterium werden die aktiven und passiven Kunden in Segmente, sog.

1264 Vgl. Wiesel, T./Skiera, B. (2007), S. 715f.

1265 Die folgenden Überlegungen basieren weitestgehend auf *Dwyer*, vgl. Dwyer, F.R. (1989), S. 8ff.; Dwyer, F.R. (1997), S. 6ff.

1266 Vgl. Rudolf-Sipötz, E. (2001), S. 50.

1267 Vgl. Schulz, B. (1995), S. 236. Allerdings wären grundsätzlich auch andere Kriterien für die Segmenteinteilung der Kunden vorstellbar.

Recency Cells, eingeteilt.[1268] In Abhängigkeit ihrer Segmenteinteilung werden den Kunden daraufhin die folgenden Kaufwahrscheinlichkeiten, Umsätze, Gewinnmargen sowie Marketingkosten zugeordnet:[1269]

Zelle	Letzter Kauf	Kaufwahr-scheinlichkeit	Erwarteter Umsatz [in GE]	Gewinn-marge	Werbeausgaben pro Kunde [in GE]
1	in t-1	30%	100,00	40%	3,60
2	in t-2	20%	80,00	40%	3,10
3	in t-3	15%	60,00	40%	1,80
4	in t-4	5%	40,00	40%	1,30
5	in t-5	0%	0,00	40%	0,00

Abb. 4-8: Die Einteilung der Kunden im Customer Migration Model

Im Gegensatz zum Customer Retention Model gilt ein Kunde somit erst dann als Nicht-Kunde, wenn er über einen festzulegenden längeren Zeitraum nicht als Kunde eines Unternehmens in Erscheinung getreten ist. Aufbauend auf Abbildung 4-6 könnte die Prognose der zukünftigen Kundenanzahl etwa wie folgt aussehen:[1270]

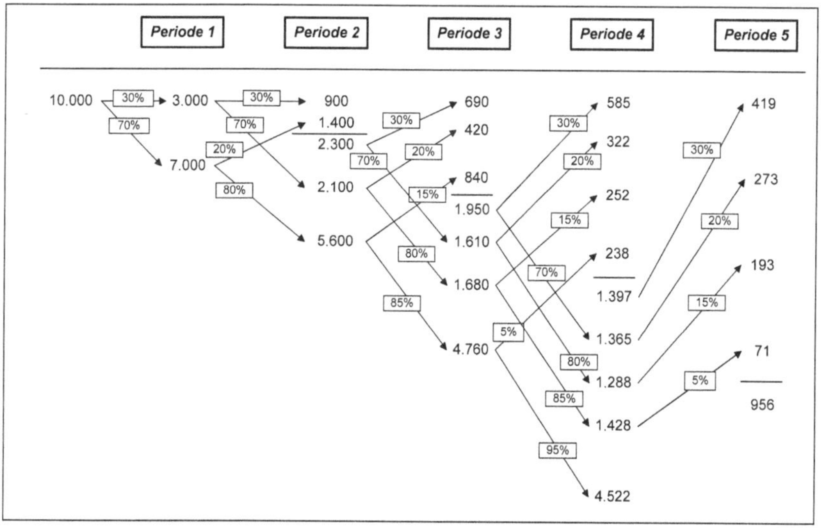

Abb. 4-9: Die Prognose des Kundenbestands anhand des Customer Migration Model

[1268] Vgl. Dwyer, F.R. (1997), S. 12 sowie Eberling, G. (2002), S. 192.
[1269] Quelle: In Anlehnung an Dwyer, F.R. (1997), S. 12.
[1270] Quelle: In Anlehnung an Dwyer, F.R. (1997), S. 12; Berger, P.D./Nasr, N.I. (1998), S. 26.

Der Kundenbestand beträgt zunächst in Periode t=0 10.000 Kunden. Unter der Annahme, dass die aktuellen Kunden[1271] mit 30%-iger Wahrscheinlichkeit im folgenden Jahr wieder einen Kauf tätigen werden, entscheiden sich demzufolge in Periode t=1 voraussichtlich 3.000 Kunden zum Kauf. In Periode t=2 entscheiden sich wiederum 30% dieser Kunden, also 900 Kunden, zum Kauf. Von den 7.000 passiven Kunden, die nun zuletzt in t-2 einen Kauf getätigt haben, können bei einer Kaufwahrscheinlichkeit von 20% immerhin 1.400 als Kunden reaktiviert werden. Kunden schließlich, die zuletzt vor fünf Jahren einen Kauf getätigt haben, werden in diesem Modell endgültig als verlorene Kunden angesehen.

Aufbauend auf der Anzahl der Kunden einer Periode kann der Kundenwert für den gesamten Kundenstamm ermittelt werden, indem jedem Kundensegment die voraussichtlichen Umsätze und Kosten zugeordnet werden. Der Cashflow des Kundenstamms in Periode t=1 lässt sich beispielsweise wie folgt ermitteln:

$$\begin{aligned} KCF_1 &= C_1^{t-1} \cdot U_1^{t-1} \cdot \overline{gm} - C_0^{t-1} \cdot wa_1^{t-1} \\ &= 3.000 \cdot 100 \cdot 40\% - 10.000 \cdot 3{,}60 \\ &= 84.000 \end{aligned} \qquad [4.24]$$

Dabei bezeichnet C_1^{t-1} die Anzahl der Kunden in t=1, die zuletzt in t-1 einen Kauf getätigt haben und somit diesem Kundensegment zugeordnet werden können. C_0^{t-1} beschreibt dementsprechend die Anzahl der Kunden in der Vorperiode t=0, die zuletzt in t-1 einen Kauf getätigt haben und für die seitens des Unternehmens die Werbeausgaben wa_1^{t-1} pro Kunde in Periode t=1 anfallen. Weitere Einflussfaktoren sind der erwartete Umsatz pro Kunde U_1^{t-1} sowie die im betrachteten Beispiel über alle Perioden und Kundensegmente konstante Gewinnmarge $\overline{gm}$.

Der Cashflow in Periode t=2 lässt sich darauf aufbauend folgendermaßen bestimmen:

$$\begin{aligned} KCF_2 &= \overline{gm} \cdot \left(C_2^{t-1} \cdot U_2^{t-1} + C_2^{t-2} \cdot U_2^{t-2}\right) - \left(C_2^{t-1} \cdot wa_2^{t-1} + C_2^{t-2} \cdot wa_2^{t-2}\right) \\ &= 40\% \cdot (900 \cdot 100 + 1.400 \cdot 80) - (3.000 \cdot 3{,}60 + 7.000 \cdot 3{,}10) \\ &= 48.300 \end{aligned} \qquad [4.25]$$

[1271] Als aktuelle Kunden werden diejenigen Kunden definiert, die in der vergangenen Periode t-1 einen Kauf getätigt haben.

Auf die gleiche Art und Weise lassen sich die Cashflows in den Perioden t=3 bis t=30 bestimmen.[1272] In Periode t=30 stirbt der Kundenstamm quasi aus, da in dem betrachteten Modell zwar Altkunden in den nächsten vier Jahren zurückgewonnen werden können, ab dem fünften Jahr aber als verlorene Kunden angesehen werden müssen. Darüber hinaus wird in dem betrachteten Modell die Akquisition neuer Kunden, die bis dato zu keinem Zeitpunkt Kunden des betrachteten Unternehmens waren, völlig ausgeschlossen.

Die resultierenden Cashflows werden schließlich mit einem Kalkulationszinsfuß in Höhe von 20% abgezinst,[1273] so dass sich anhand der folgenden Gleichung ein Kundenwert für den gesamten Kundenstamm, der als Customer Equity 1 (*CE1*) bezeichnet werden soll, in t=0 i.H.v. 153.077,27 GE ergibt:

$$CE1 = \frac{84.000}{1,2} + \frac{48.300}{1,2^2} + \frac{36.330}{1,2^3} + ... + \frac{4,76}{1,2^{30}} \approx 153.077,27$$

Bezieht man den Customer Equity 1 auf die 10.000 Kunden in Periode t=0, ergibt sich also ein durchschnittlicher Customer Lifetime Value in Höhe von 15,31 GE pro Kunde.

Das dargestellte Customer Migration Model stellt ein einfaches Modell zur Bewertung des Kundenstamms dar, das jedoch einige Schwächen offenbart und daher kritisch zu beurteilen ist. Ein Nachteil ist die fehlende Differenzierung der aktiven Kunden. So wäre es etwa denkbar, auch die Kaufhistorie eines aktiven Kunden mitzuberücksichtigen. Da von Always-a-share-Kunden ausgegangen wird, stellt sich beispielsweise die Frage, wie lange ein aktiver Kunde bereits Käufer ist und wie häufig respektive regelmäßig er bei dem betrachteten Anbieter kauft.[1274] Anzumerken ist, dass die Prognosen bzgl. der Kaufwahrscheinlichkeiten, Umsätze, Gewinnmargen sowie Marketingkosten im Customer Migration Model aus empirischen Daten der Vergangenheit abgeleitet und für die Zukunft unmodifiziert übernommen werden.[1275] Dies lässt sich nur rechtfertigen, wenn allgemein von relativ statischen Umfeldbedingungen ausgegangen werden kann und somit eine Exploration der Erfahrungen aus der Vergangenheit in die Zukunft erfolgen kann.[1276] Anzumerken ist des Wei-

---

[1272] Einen Überblick über die gesamte Entwicklung der Kundenanzahl sowie der zukünftigen Cashflows findet sich im Anhang. Vgl. Tab. A-3.

[1273] *Dwyer* wählt aufgrund erheblicher Risiken im Rahmen des Customer Migration Model eine „relatively high discount rate“, geht jedoch nicht im Detail darauf ein, wie der Kalkulationszinsfuß zustande kommt. Vgl. Dwyer, F.R. (1997), S. 9.

[1274] Vgl. Cornelsen, J. (2000), S. 143.

[1275] Vgl. Eberling, G. (2002), S. 193f.

[1276] Vgl. Cornelsen, J. (2000), S. 143.

teren die fehlende Berücksichtigung von potentiellen Neukunden. Dies führt dazu, dass die Kunden mit der Zeit aussterben, wie im obigen Modell leicht aufgezeigt werden kann.

Ein weiteres Modell zur Bewertung des Kundenstamms stellt das sog. Markov-Modell dar, das im folgenden Abschnitt vorgestellt wird.

4.2.3.2 Kundenprognose und Bestimmung des Kundenstammwertes anhand von Markov-Ketten

Mittels Markov-Ketten, die bereits im Jahre 1907 von dem Mathematiker A.A. Markov entwickelt wurden, auf stochastischen Prozessen aufbauen, und seit geraumer Zeit Einsatz in diversen Anwendungsbereichen finden, lassen sich Veränderungen auf der Basis eines gegebenen Ausgangszustands bei entsprechender Kenntnis von Übergangswahrscheinlichkeiten beschreiben.[1277] Da im Rahmen der Kundenbewertung den Kundenrisiken im Zusammenhang mit der Kundenabwanderung und –zuwanderung, aber auch dem Übergang in profitablere oder weniger profitablere Kundensegmente eine entscheidende Bedeutung zukommt, ist es empfehlenswert, die Flexibilität der Markov-Ketten zu nutzen und dieses als Instrument der Kundenbewertung heranzuziehen.[1278] Markov-Ketten basieren auf sog. Markov-Prozessen, die auch als „Prozess ohne Gedächtnis“[1279] bezeichnet werden können.[1280] Zur Berechnung des Kundenstammwerts mit Hilfe des hier betrachteten Markov-Modells erster Ordnung[1281] benötigt man die segmentspezifische Kundenanzahl zum Bewertungszeitpunkt, die geplanten Cashflows pro Kunde im jeweiligen Segment sowie eine Zustandübergangsmatrix.[1282]

Kernstück des Markov-Modells ist die periodenspezifische Übergangsmatrix P mit den Übergangswahrscheinlichkeiten p_{ij}, die jeweils für die Wahrscheinlichkeit eines Wechsels des Kunden aus seinem aktuellen Zustand i in den Zustand j stehen.[1283] Für den Fall von vier gegebenen Zuständen sieht die Übergangsmatrix beispielsweise wie folgt aus:[1284]

1277 Vgl. Schulz, B. (1995), S. 230.
1278 Vgl. Meyer zu Selhausen, H. (1989), S. 77ff.; Pfeifer, P.E./Carraway, R.L. (2000), S. 44.
1279 Rudolf-Sipötz, E. (2001), S. 52.
1280 Vgl. zur Markov-Eigenschaft ausführlich Ferschl, F. (1970), S. 13ff.
1281 Markov-Modelle erster Ordnung zeichnen sich dadurch aus, dass die Übergangswahrscheinlichkeiten nur vom letzten Ereignis abhängig sind, wohingegen bei Markov-Ketten höherer Ordnung auf mindestens zwei Vorereignisse zurückgegriffen wird. Vgl. Schulz, B. (1995), S. 230.
1282 Vgl. Eberling, G. (2002), S. 194f.
1283 Vgl. Rudolf-Sipötz, E. (2001), S. 53.
1284 Vgl. Ferschl, F. (1970), S. 17; Eberling, G. (2002), S. 195.

$$P = \begin{pmatrix} p_{11} & p_{12} & p_{13} & p_{14} \\ p_{21} & p_{22} & p_{23} & p_{24} \\ p_{31} & p_{32} & p_{33} & p_{34} \\ p_{41} & p_{42} & p_{43} & p_{44} \end{pmatrix} \qquad [4.26]$$

Für die Kundenbewertung wird nun davon ausgegangen, dass sich die Kunden eines Unternehmens in verschiedene Zustände, die für unterschiedliche Kundengruppen stehen, einteilen lassen.[1285] Diese können entweder durch bestimmte Eigenschaften wie etwa der Höhe des Einkommens[1286] gekennzeichnet sein, oder generell Ausdruck ihrer Bedeutung für das Unternehmen sein, da beispielsweise mit Kunden der Kundengruppe 1 in der Regel höhere Cashflows erzielt werden können als mit Kunden der Kundengruppe 2 etc. Die unterste Kundengruppe umfasst sämtliche Nichtkunden, die ehemals Kunden des Unternehmens waren. Meistens wird an dieser Stelle unterstellt, dass ein Kunde auf ewig in diesem Zustand verbleibt, sobald er einmal diese Kundengruppe erreicht hat und somit zum Nichtkunden geworden ist.[1287] Aus diesem Grund wird dieser Zustand auch als „absorbing state“[1288] bezeichnet.[1289]

Die Kundenstruktur einer Periode t wird anhand der absoluten Kundenzahlen eines Segmentes mit Hilfe des Vektors $\overrightarrow{C_t}$ beschrieben.[1290] Dieser ergibt sich durch:[1291]

1285 Vgl. Meyer zu Selhausen, H. (1989), S. 78.

1286 Vgl. Rudolf-Sipötz, E. (2001), S. 53.

1287 Vgl. Ferschl, F. (1970), S. 25; Meyer zu Selhausen, H. (1989), S. 80; Rudolf-Sipötz, E. (2001), S. 54; Pfeifer, P.E./Carraway, R.L. (2000), S. 45.

1288 Pfeifer, P.E./Carraway, R.L. (2000), S. 45. Mathematisch ausgedrückt resultiert ein Zustand i daraus zum absorbierenden Zustand, dass in der Zeile i der Übergangsmatrix P alle Elemente mit Ausnahme des Elements auf der Hauptdiagonalen gleich null sind. Vgl. Meyer zu Selhausen, H. (1989), S. 80.

1289 Aus dem absorbierenden Zustand folgt die realitätsfremde Annahme, dass ein einmal abgewanderter Kunde nicht mehr zurückgewonnen werden kann. Vgl. hierzu auch Rudolf-Sipötz, E. (2001), S. 54.

1290 Alternativ dazu wird die aktuelle Kundenstruktur in t=0 häufig auch durch einen Zustandsvektor $\pi(t)$ mit dazugehörigen relativen Häufigkeiten beschrieben, also z.B. durch $\pi(0) = (0{,}\bar{3} \quad 0{,}4 \quad 0{,}2 \quad 0{,}0\bar{6} \quad 0{,}0)$. Vgl. Meyer zu Selhausen, H. (1989), S. 79. Um die absoluten Kundenzahlen zu erhalten, werden in diesem Fall anschließend die relativen Häufigkeiten mit der Gesamtkundenzahl multipliziert.

1291 Ähnlich Meyer zu Selhausen, H. (1989), S. 80. Eine Alternative hierzu wäre die Herleitung von periodenindividuellen Übergangsmatrizen. Vgl. beispielsweise Pfeifer, P.E./Carraway, R.L. (2000), S. 46f., allerdings zur Bestimmung des CLV für einen Kunden. Die periodenindividuellen Übergangsmatrizen wären anschließend jeweils mit der Kundenstruktur in t=0 zu multiplizieren. Dies weist jedoch gegenüber der vorgestellten Variante den Nachteil auf, dass die Entwicklung der Kundenstruktur im Zeitablauf nicht explizit dargestellt wird. Des Weiteren täuscht diese Vorgehensweise, die eher eine alternative „Rechenvariante“ als einen neuen Ansatz darstellt, vor, dass den Berechnungen keine konstante Übergangsmatrix zugrunde liegen würde. Dies ist aber nicht der Fall, vielmehr greifen alle periodenindividuellen Übergangsmatrizen auf die ursprüngliche Übergangsmatrix zu.

$$\overrightarrow{C_t} = \overrightarrow{C_{t-1}} \cdot P \qquad [4.27]$$

Der Vektor $\overrightarrow{C_0}$ gibt dementsprechend die absolute Kundenstruktur im Ausgangszeitpunkt t=0 an.

Zuletzt wird zur Bewertung der Kunden noch der Vektor der geplanten segmentabhängigen Cashflows pro Kunde $\overrightarrow{KCF_t}$ benötigt. Darauf aufbauend lässt sich der Kundenstammwert in t=0 wie folgt berechnen:[1292]

$$KSW_0 = \sum_{t=0}^{T} \frac{\overrightarrow{C_t} \cdot \overrightarrow{KCF_t}}{(1+k)^t} \qquad [4.28]$$

Dies soll anhand eines Beispiels verdeutlicht werden. Ein Unternehmen teilt seine Kunden in Abhängigkeit des Kunden-Cashflows einer Periode in drei verschiedene Kundengruppen ein. Des Weiteren wird angenommen, dass sich in Kundengruppe 4 alle ehemaligen Kunden befinden, die seit geraumer Zeit keine Käufe mehr getätigt haben, in absehbarer Zeit aber bei entsprechenden Marketing-Aktivitäten wieder zu aktiven Käufern werden könnten.[1293] Die folgende Tabelle zeigt die Kundenanzahl und die derzeitigen kundenbezogenen Cashflows der vier verschiedenen Kundengruppen sowie die entsprechenden Übergangswahrscheinlichkeiten, wobei vereinfachungsgemäß davon ausgegangen wird, dass die Cashflows in den nächsten 7 Jahren mit einer Wachstumsrate von 2% p.a. wachsen und dann ab Periode t=8 auf konstantem Niveau verharren:

	Kunden-anzahl in t=0	KCF je Kunde [in GE]	Übergangswahrscheinlichkeiten zu Segment				
Segment			A	B	C	D	Summe
A	800	175	0,5	0,3	0,15	0,05	1
B	900	160	0,4	0,4	0,1	0,1	1
C	400	60	0,05	0,2	0,6	0,15	1
D	100	-10	0,05	0,1	0,25	0,6	1

Abb. 4-10: Ausgangsdaten im Markov-Modell

Der Kundenvektor lässt sich in diesem Fall folgendermaßen darstellen:

1292 In Anlehnung an Eberling, G. (2002), S. 196, der jedoch eine Formel zur Berechnung des *CLV* eines Kunden aufzeigt.

1293 Vgl. auch Jain, D./Singh, S.S. (2002), S. 39. Diese Annahme verhindert ein zu rasches Aussterben aller Kunden, wie es etwa im Modell von *Meyer zu Selhausen* der Fall ist. Vgl. Meyer zu Selhausen, H. (1989), S. 80.

$$\vec{C}_0 = \begin{pmatrix} 800 \\ 900 \\ 400 \\ 100 \end{pmatrix}$$

Darüber hinaus wurde die folgende Übergangsmatrix P angenommen:

$$P = \begin{pmatrix} 0{,}5 & 0{,}3 & 0{,}15 & 0{,}05 \\ 0{,}4 & 0{,}4 & 0{,}1 & 0{,}1 \\ 0{,}05 & 0{,}2 & 0{,}6 & 0{,}15 \\ 0{,}05 & 0{,}1 & 0{,}25 & 0{,}6 \end{pmatrix}$$

Der Kundenvektor in Periode t=1 ergibt sich anschließend durch Multiplikation von $\vec{C}_0$ mit P:

$$\vec{C_1} = \begin{pmatrix} 800 \\ 900 \\ 400 \\ 100 \end{pmatrix} \cdot \begin{pmatrix} 0{,}5 & 0{,}3 & 0{,}15 & 0{,}05 \\ 0{,}4 & 0{,}4 & 0{,}1 & 0{,}1 \\ 0{,}05 & 0{,}2 & 0{,}6 & 0{,}15 \\ 0{,}05 & 0{,}1 & 0{,}25 & 0{,}6 \end{pmatrix} = \begin{pmatrix} 785 \\ 690 \\ 475 \\ 250 \end{pmatrix}$$

Der Kundenvektor in Periode t=2 wird dementsprechend folgendermaßen bestimmt:

$$\vec{C_2} = \begin{pmatrix} 785 \\ 690 \\ 475 \\ 250 \end{pmatrix} \cdot \begin{pmatrix} 0{,}5 & 0{,}3 & 0{,}15 & 0{,}05 \\ 0{,}4 & 0{,}4 & 0{,}1 & 0{,}1 \\ 0{,}05 & 0{,}2 & 0{,}6 & 0{,}15 \\ 0{,}05 & 0{,}1 & 0{,}25 & 0{,}6 \end{pmatrix} = \begin{pmatrix} 705 \\ 632 \\ 534 \\ 330 \end{pmatrix}$$

Auf diese Weise ergeben sich die folgenden Kundenzahlen für die nächsten acht Perioden:[1294]

[1294] Auch hinsichtlich der Entwicklung der Kunden wird angenommen, dass die Kundenstruktur ab der achten Periode konstant bleibt.

	Anzahl Kunden in Periode							
Segment	1	2	3	4	5	6	7	8
A	785	705	648	613	592	579	571	566
B	690	632	604	588	578	573	569	567
C	475	534	572	595	609	617	622	625
D	250	330	376	404	421	431	438	441
Summe	2.200	2.200	2.200	2.200	2.200	2.200	2.200	2.200

Abb. 4-11: Die Entwicklung der Kundenanzahl im Markov-Modell

Unter Berücksichtigung der periodenbezogenen Vektoren der geplanten segmentabhängigen Cashflows pro Kunde $\overrightarrow{KCF_t}$, die mit einem angenommenen risikoadjustierten Kalkulationszinssatz von 10% auf den Betrachtungszeitpunkt diskontiert und mit den Kundenvektoren multipliziert werden, lässt sich schließlich ein Wert für den kompletten Kundenstamm in Höhe von 2.581.648,22 GE ermitteln, indem ein Detailprognosezeitraum für die Perioden t=1 bis t=7 sowie ein Restwertzeitraum für die Perioden t=8 bis t=∞ definiert wird.[1295] Die folgende Tabelle 4-11 verdeutlicht dies:

KCF [in GE] in	t=1	t=2	t=3	t=4	t=5	t=6	t=7	t=8ff.
Segment A	140.122,50	128.313,83	120.371,17	116.120,16	114.313,39	114.049,41	114.756,69	113.804,84
Segment B	112.608,00	105.122,02	102.525,43	101.828,07	102.187,28	103.198,55	104.625,97	104.241,08
Segment C	29.070,00	33.350,02	36.407,13	38.625,66	40.320,75	41.697,17	42.883,03	43.095,96
Segment D	-2.550,00	-3.428,12	-3.992,53	-4.376,21	-4.650,75	-4.859,03	-5.027,27	-5.070,22
Summe	279.250,50	263.357,75	255.311,19	252.197,69	252.170,67	254.086,11	257.238,42	256.071,66
KSW_0	**2.581.648,22**							

Tab. 4-10: Bestimmung des Kundenstammwerts anhand des Markov-Modells

Möglich ist auch eine Bewertung der einzelnen Kundensegmente. Anhand der obigen Vorgehensweise lässt sich ein Kundenwert für Kundensegment A i.H.v. 1.181.421,48 GE, für Kundensegment B i.H.v. 1.046.141,81 GE, für Kundensegment C i.H.v. 399.453,51 GE und für Kundensegment D i.H.v. -45.368,58 GE ermitteln.[1296]

Das dargestellte Markov-Modell eignet sich vor allem für solche Geschäftsfelder, die schon heute in die Kunden von morgen investieren müssen, wie es etwa im Banken- oder Versicherungsbereich häufig der Fall ist. Schüler, Auszubildende und Studenten zeichnen sich in der Regel durch niedrige Umsätze aus, werden in Zukunft jedoch mit hoher Wahrscheinlichkeit weitere Produkte und Dienstleistungen einer Bank oder Versicherung nachfragen. Insofern sind anfängliche Subventionen beispielsweise in

---

[1295] Der exakte Kundenstammwert beträgt 2.574.153,22 GE, so dass der oben unter der Vereinfachung einer Restwertphase ab der achten Periode berechnete Wert nur unwesentlich von diesem abweicht.

[1296] Die Werte ergeben sich durch Diskontierung der segmentspezifischen Cashflows mit dem angenommenen Kalkulationszinssatz i.H.v. 10%.

ein kostenloses Giro-Konto o.Ä. trotz oder gerade wegen des erheblichen zeitlichen Auseinanderfallens von Aus- und Einzahlungen bereits als Akquisitionsmaßnahmen und Investitionen in die Zukunft zu interpretieren, wenn es gelingt, diese Kunden anschließend auch langfristig an das Unternehmen zu binden.[1297] Der Vorteil kann insbesondere darin liegen, dass die Auszahlungen für Investitionen in die Neukundenakquisition bei diesen Kundengruppen weitaus niedriger ausfallen als bei gehobeneren Kunden, da diese bereits über mehrere Bankverbindungen verfügen, höhere und kostenintensivere Ansprüche stellen, durch bessere ökonomische Vorkenntnisse eine Durchsetzung der Konditionen erschweren oder schneller wieder als Kunden ausscheiden.[1298] Das Markov-Modell bietet in diesem Zusammenhang die Möglichkeit, den aus profitablen und eher unprofitablen Kundensegmenten, zu denen Schüler, Auszubildende und Studenten häufig zu zählen sind, bestehenden Kundenstamm zu bewerten und ihre Entwicklung im Zeitablauf eingehend zu analysieren, um auf diese Weise Fehlentwicklungen bereits frühzeitig gegensteuern zu können.

Die Bewertung des Kundenstamms anhand des Markov-Modells weist den Vorteil auf, dass dieses gegenüber dem Customer Migration Model von *Dwyer* nicht implizit auf der unrealistischen Annahme eines im Zeitablauf aussterbenden Kundenstamms aufbaut, sondern stattdessen Nicht-Kunden aus dem Segment D jederzeit durch Akquisitionsmaßnahmen zurückgewonnen werden können. Potentielle Neukunden werden jedoch auch im Markov-Modell nicht berücksichtigt.[1299] Dies führt dazu, dass die Summe der betrachteten Kunden (einschließlich der vorübergehenden Nicht-Kunden im Segment D) im Zeitablauf konstant bleibt. Auch eine Differenzierung der aktiven Kunden hinsichtlich ihrer Kaufhistorie findet im Markov-Modell nicht statt. Des Weiteren wird kritisiert, dass es sich beim Markov-Modell „um eine Status quo-Projektion handelt, die einen Prozess mit konstanten Parametern in die Zukunft modelliert."[1300] Dies bezieht sich insbesondere auf die konstante Übergangsmatrix, die Verhaltensänderungen der Kunden pauschal ausschließt.[1301] Dagegen könnten die kundenbezogenen Cashflows, die im obigen Beispiel in allen Zuständen zunächst eine Wachstumsrate von 2% aufweisen und ab Periode t=8 dann als konstant unterstellt wurden, auch in die einzelnen Bestandteile aufgespalten werden, die sich wiederum unterschiedlich entwickeln könnten. Es stellt sich aber auch die Frage, ob und gegebenenfalls wie die zur Erstellung der Übergangsmatrix notwendigen Daten beschafft werden können.[1302]

1297 Vgl. Belz, C. (2005), S. 328.
1298 Vgl. Meyer zu Selhausen, H. (1989), S. 77f.
1299 Vgl. Schulz, B. (1995), S. 233; Rudolf-Sipötz, E. (2001), S. 55.
1300 Rudolf-Sipötz, E. (2001), S. 55.
1301 Vgl. Schulz, B. (1995), S. 233.
1302 Vgl. Eberling, G. (2002), S. 196.

Darüber hinaus finden sich in der Literatur Vorschläge, die Verweildauern der Kunden in den einzelnen Zuständen anhand des Markov-Modells zu bestimmen.[1303] Da jedoch eine ganze Reihe von Annahmen, insbesondere die mit der Verwendung einer konstanten Übergangsmatrix verbundene Annahme fehlender Verhaltensänderungen des Kunden, als extrem realitätsfremd einzuschätzen sind, gestaltet sich eine Bestimmung der Verweildauern mit Hilfe des Markov-Modells als schwierig. Dagegen eignet sich das Markov-Modell durchaus zur Bewertung des Kundenstamms.

Im folgenden Abschnitt soll nun ein Modell vorgestellt werden, das im Gegensatz zu den beiden bislang vorgestellten Modellen zur Prognose der Kundenentwicklung auch eine explizite Berücksichtigung von potentiellen Neukunden vornimmt.

4.2.3.3 Kundenprognose und Bestimmung des Kundenstammwertes anhand des Modells von *Gupta et al.*

Ausgangspunkt des Modells von *Gupta et al.* ist die Erkenntnis, dass sich der Kundenstamm eines Unternehmens unter Heranziehung des langfristigen Wertes eines Kunden sowie der zukünftigen Kundenzahlen anhand von wenigen, aber entscheidenden Rechengrößen bewerten lässt.[1304] Dazu werden gegenüber dem Customer Migration Model sowie dem Markov-Modell sowohl Kundenabwanderungen als auch Kundenzuwanderungen berücksichtigt. Um die Kundenzuwanderungen in das Bewertungsmodell einbauen zu können, werden die Kunden in Kohorten eingeteilt, in denen sich jeweils alle akquirierten Kunden einer Periode befinden.[1305] Die Anzahl der Kunden einer Kohorte κ, die in einer Periode akquiriert werden, soll mit C_κ bezeichnet werden. Kundenabwanderungen innerhalb einer Kohorte werden mit Hilfe der jeweiligen Kundenbindungsrate rr_t respektive mit Hilfe des Produkts $\prod_{j=0}^{t} rr_j$ aus den bis zur betrachteten Periode t angefallenen Kundenbindungsraten berücksichtigt.[1306]

Für die Prognose der zukünftigen Kundenbestände wird im Modell von *Gupta et al.* das ursprünglich von *Kim et al.* vorgeschlagene sog. „technological substitution

---

[1303] Vgl. Meyer zu Selhausen, H. (1989), S. 82. Ähnlich auch *Pfeifer/Carraway*, die das Modell dahingehend modifizieren, dass Aussagen über die Zuordnung eines Einzelkunden zu einem Zustand nach t Perioden möglich sind. Vgl. Pfeifer, P.E./Carraway, R.L. (2000), S. 47.

[1304] Vgl. Gupta, S./Lehmann, D.R./Stuart, J.A. (2004), S. 7-18. Ähnliche Modelle wurden aber auch von *Kim et al.* und *Kumar et al.* entwickelt. Vgl. Kim, N./Mahajan, V./Srivastava, R.K. (1995), S. 257-279 sowie Kumar, V./Ramani, G./Bohling, T. (2004), S. 60-72.

[1305] Vgl. Messner, W. (2005), S. 51.

[1306] Vgl. Gupta, S./Lehmann, D.R./Stuart, J.A. (2004), S. 8f.; Messner, W. (2005), S. 51.

model“ verwendet, das mit dem Diffusionsmodell von *Bass* und darauf aufbauenden Wachstumsmodellen vergleichbar ist.[1307] Demnach ergibt sich der kumulierte Kundenbestand $\overline{N_t}$ in der jeweiligen Periode t anhand der folgenden Gleichung:[1308]

$$\overline{N_t} = \frac{\overline{N}}{1 + \exp(-\delta_1 - \delta_2 \cdot t)} \qquad [4.29]$$

Dabei beschreibt $\overline{N}$ die Obergrenze des möglichen Kundenbestands. Zur Bestimmung von $\overline{N}$ sowie der beiden Parameter δ_1 und δ_2 kann entweder auf empirische Untersuchungen oder auf Expertenschätzungen zurückgegriffen werden.[1309] Der Kundenbestand einer Periode setzt sich aus den Bestandskunden der Periode sowie den akquirierten Neukunden in dieser Periode zusammen. Die Bestandskunden einer Periode lassen sich dann vereinfachend aus dem Produkt aus Bestandskunden der Vorperiode und der entsprechenden Kundenbindungsrate ermitteln. Liegen vertraglich geregelte Kundenbeziehungen vor, so können auch die festgelegten Vertragslaufzeiten für eine exakte Planung der zukünftigen Kundenbestände herangezogen werden.[1310] Die Neukunden lassen sich in diesem Fall aus der Differenz zwischen kumuliertem Kundenbestand und Bestandskunden der jeweiligen Periode bestimmen. Es muss folglich beachtet werden, dass die Anzahl an akquirierten Neukunden höher sein muss als die Differenz zwischen der Anzahl der Gesamtkunden am Anfang und am Ende einer Periode.[1311]

Im Anschluss an die Planung der Kundenzahlen kann die Bewertung der Kunden erfolgen. Den Customer Lifetime Value eines Kunden bestimmen *Gupta et al.* vereinfachend als Summe der diskontierten, zukünftigen Kunden-Deckungsbeiträge („margin“[1312]), die zuvor mit der jeweiligen Kundenbindungsrate rr_t multipliziert worden sind. Da jedoch auch beispielsweise laufende Investitionsauszahlungen für die

---

1307 Vgl. Kim, N./Mahajan, V./Srivastava, R.K. (1995), S. 257-279; Gupta, S./Lehmann, D.R./Stuart, J.A. (2004), S. 7-18. Zum BASS-Modell und darauf aufbauenden Wachstumsmodellen vgl. auch noch eingehender Kapitel 5.1.3.2.2.

1308 Vgl. Kim, N./Mahajan, V./Srivastava, R.K. (1995), S. 264.

1309 Vgl. Kim, N./Mahajan, V./Srivastava, R.K. (1995), S. 275. Vgl. allgemein zur Schätzung von den Diffusionsmodellen zugrunde liegenden Parametern ausführlich Böhmer, C. (2003), S. 127-133 m.w.N.

1310 Vgl. auch Wiesel, T./Skiera, B. (2007), S. 712f.

1311 *Gupta et al.* verweisen zur Bestimmung der akquirierten Neukunden auf die folgende Gleichung: $n_t = \frac{dN_t}{dt} = \frac{\alpha \cdot \gamma \cdot \exp(-\beta - \gamma \cdot t)}{[1 + \exp(-\beta - \gamma \cdot t)]^2}$. Vgl. Gupta, S./Lehmann, D.R./Stuart, J.A. (2004), S. 10. Diese liefert als Ergebnis jedoch nicht die Anzahl der neu akquirierten Kunden, sondern die Erhöhung des Kundenbestands vor Abzug der verlorenen Kunden.

1312 Gupta, S./Lehmann, D.R./Stuart, J.A. (2004), S. 8.

Bindung der Kunden berücksichtigt werden müssen, ist die folgende Gleichung heranzuziehen:[1313]

$$CLV_{c,\kappa} = \sum_{t=\kappa}^{\infty} \frac{KCF_{c,t}}{(1+k)^{t}} \cdot \prod_{j=0}^{t} rr_j \qquad [4.30]$$

Für die einzelnen Kohorten wird zwar prinzipiell eine unendliche Betrachtung vorgenommen, diese relativiert sich allerdings dadurch, dass das Produkt aus den periodenspezifischen Kundenbindungsraten im Zeitablauf gegen null tendiert.
Zur Akquirierung der Kunden einer Kohorte in Periode t fallen zum Zeitpunkt der Akquisition $t = \kappa$ Auszahlungen $A_{c,\kappa}^{NA}$ pro Kunde an, die auf die Anzahl der Kunden einer Kohorte C_{κ} bezogen werden. Der Customer Lifetime Value einer Kohorte lässt sich dann wie folgt ermitteln:[1314]

$$CLV_{\kappa} = C_{\kappa} \cdot \sum_{t=\kappa}^{\infty} \frac{KCF_{c,t}}{(1+k)^{t-\kappa}} \cdot \prod_{j=0}^{t-\kappa} rr_j - C_{\kappa} \cdot A_{c,\kappa}^{NA} \qquad [4.31]$$

Der Customer Equity 1 als Summe der Customer Lifetime Value aller Kohorten ergibt sich daraufhin anhand von Gleichung [4.18].

Die dargestellten Zusammenhänge sollen anhand eines Beispiels verdeutlicht werden. Hierzu wird angenommen, dass die Obergrenze des möglichen Kundenbestands 15.000, der Parameter δ_1 -4,114 und der Parameter δ_2 0,265 beträgt. Für die Prognose der Bestandskundenentwicklung wird eine Kundenbindungsrate i.H.v. 80% angenommen. Es ergeben sich darauf aufbauend die folgenden Prognosen für den Gesamtkundenbestand, die Anzahl an Bestandskunden, unterteilt in die jeweiligen Kohorten, sowie die Anzahl an Neukunden. Die folgende Tabelle gibt auszugsweise einen Überblick über die Entwicklung des Gesamtkundenbestandes, der Neukunden sowie der Kundenentwicklung in den ersten 60 Perioden respektive Kohorten:[1315]

1313 Vgl. Gupta, S./Lehmann, D.R./Stuart, J.A. (2004), S. 8; Messner, W. (2005), S. 51. Ähnlich Kumar, V./Ramani, G./Bohling, T. (2004), S. 62.

1314 In Anlehnung an Messner, W. (2005), S. 51.

1315 Quelle: Eigene Berechnungen in Anlehnung an die Darstellung von Gupta, S./Lehmann, D.R./Stuart, J.A. (2004), S. 9.

t	Gesamt-Kunden-bestand	Neu-kunden	Kohorte 0 rr_t	n_k	1 n_k	2 n_k	3 n_k	4 n_k	15 n_k	30 n_k	45 n_k	55 n_k	56 n_k	57 n_k	58 n_k	59 n_k	60 n_k	KS n_k
0	241	241		241														241
1	313	120	*80%*	193	120													313
2	405	155	*64%*	154	96	155												405
3	524	200	*51%*	123	77	124	200											524
4	676	257	*41%*	99	61	99	160	257										676
5	869	328	*33%*	79	49	79	128	205										869
6	1.113	418	*26%*	63	39	63	102	164										1.113
7	1.419	528	*21%*	51	31	51	82	131										1.419
8	1.798	663	*17%*	40	25	41	65	105										1.798
9	2.261	823	*13%*	32	20	32	52	84										2.261
10	2.818	1.009	*11%*	26	16	26	42	67										2.818
11	3.475	1.221	*9%*	21	13	21	34	54										3.475
12	4.232	1.452	*7%*	17	10	17	27	43										4.232
13	5.081	1.695	*5%*	13	8	13	21	34										5.081
14	6.005	1.941	*4%*	11	7	11	17	28										6.005
15	6.980	2.175	*4%*	8	5	9	14	22	2.175									6.980
16	7.972	2.388	*3%*	7	4	7	11	18	1.740									7.972
17	8.948	2.570	*2%*	5	3	5	9	14	1.392									8.948
18	9.875	2.717	*2%*	4	3	4	7	11	1.114									9.875
19	10.729	2.828	*1%*	3	2	3	6	9	891									10.729
20	11.490	2.907	*1%*	3	2	3	4	7	713									11.490
30	14.683	3.011	*0%*	0	0	0	0	1	77	3.011								14.683
40	14.977	3.001	*0%*	0	0	0	0	0	8	323								14.977
41	14.982	3.001	*0%*	0	0	0	0	0	7	259								14.982
42	14.987	3.001	*0%*	0	0	0	0	0	5	207								14.987
43	14.990	3.000	*0%*	0	0	0	0	0	4	166								14.990
44	14.992	3.000	*0%*	0	0	0	0	0	3	132								14.992
45	14.994	3.000	*0%*	0	0	0	0	0	3	106	3.000							14.994
46	14.995	3.000	*0%*	0	0	0	0	0	2	85	2.400							14.995
47	14.996	3.000	*0%*	0	0	0	0	0	2	68	1.920							14.996
48	14.997	3.000	*0%*	0	0	0	0	0	1	54	1.536							14.997
49	14.998	3.000	*0%*	0	0	0	0	0	1	43	1.229							14.998
50	14.998	3.000	*0%*	0	0	0	0	0	1	35	983							14.998
51	14.999	3.000	*0%*	0	0	0	0	0	1	28	786							14.999
52	14.999	3.000	*0%*	0	0	0	0	0	1	22	629							14.999
53	14.999	3.000	*0%*	0	0	0	0	0	0	18	503							14.999
54	14.999	3.000	*0%*	0	0	0	0	0	0	14	403							14.999
55	15.000	3.000	*0%*	0	0	0	0	0	0	11	322	3.000						15.000
56	15.000	3.000	*0%*	0	0	0	0	0	0	9	258	2.400	3.000					15.000
57	15.000	3.000	*0%*	0	0	0	0	0	0	7	206	1.920	2.400	3.000				15.000
58	15.000	3.000	*0%*	0	0	0	0	0	0	6	165	1.536	1.920	2.400	3.000			15.000
59	15.000	3.000	*0%*	0	0	0	0	0	0	5	132	1.229	1.536	1.920	2.400	3.000		15.000
60	15.000	3.000	*0%*	0	0	0	0	0	0	4	106	983	1.229	1.536	1.920	2.400	3.000	15.000

***Tab. 4-11:** Entwicklung des zukünftigen Kundenbestands im Modell von* **Gupta et al.**

Wie Tabelle 4-11 verdeutlicht, steigen die Anzahl der Neukunden sowie der Gesamtkundenbestand zunächst langsam an. Nach 55 Perioden erreicht dann der Gesamtkundenbestand die Obergrenze i.H.v. 15.000 Kunden. Ab diesem Zeitpunkt entspricht die Anzahl an akquirierten Neukunden den abwandernden Kunden i.H.v. 3.000, so dass man auch von einem „ausgeglichenen Kundenbestand" sprechen könnte.

Für die Bewertung des Kundenstamms werden die zukünftigen Ein- und Auszahlungen der Kunden einer Kohorte benötigt. Das Modell von *Gupta et al.* sieht zur Prognose der zukünftigen Kundenerfolge lediglich die Berücksichtigung von Kunden-Deckungsbeiträgen vor, die sich zwar innerhalb einer Kohorte entwickeln können, annahmegemäß jedoch für jede Kohorte identisch sind.[1316] Daher soll das vorliegende Modell dahingehend erweitert werden, dass die Kunden aller Kohorten nicht zwangsläufig eine identische Zahlungsstromentwicklung aufweisen müssen, sondern auch unterschiedliche Zahlungsstromentwicklungen in den einzelnen Kohorten möglich sind. Die Planungen sehen darauf aufbauend die folgenden Entwicklungen für die Akquisitionskosten $A_{c,\kappa}^{NA}$, die zukünftigen Basis-Cashflows $KCF_{c,\kappa+1}$ im ersten Jahr der Kundenbeziehung sowie die Wachstumsraten des Basis-Cashflows w_{κ}^{KCF} in den einzelnen Kohorten vor:

Periode t [in GE]	0	1	2	3	4	5	6ff.
$A_{c,\kappa}^{NA}$		60,00	58,00	56,00	54,00	52,00	50,00
$KCF_{c,\kappa+1}$	50,00	52,00	54,00	55,00	56,00	58,00	60,00
w_{κ}^{KCF}	4%	5%	6%	8%	9%	4%	0%

Abb. 4-12: Entwicklung der Parameter in den zukünftigen Kundenkohorten

Die Auszahlungen für die Neukundenakquisition fallen jeweils bereits zu Beginn einer Periode an, die Kunden-Cashflows hingegen jeweils am Ende der Periode. In Bezug auf die Ausgestaltung der in Abbildung 4-12 aufgeführten Größen werden lediglich ab der sechsten Kohorte die vereinfachenden Annahmen von *Gupta et al.* übernommen. Des Weiteren wird zur Diskontierung der zukünftigen Kunden-Cashflows ein Diskontierungssatz benötigt. *Gupta et al.* verweisen hierzu auf das Capital Asset Pricing Model zur Bestimmung eines Risikozuschlags innerhalb eines risikoadjustierten Diskontierungssatzes und wählen einen Zinssatz i.H.v. 12%.[1317] Dies ist jedoch, wie bereits hinreichend verdeutlicht worden ist, nicht unproblematisch, da eine Heranziehung eines risikoadjustierten Diskontierungssatzes in Verbindung mit der Verwendung von Kundenbindungsraten zu einer Vermischung und doppelten Erfassung von Kundenbestands- und Erfolgsrisiko führen kann.[1318]

Aufgrund der Probleme, die mit der Anwendung eines aus dem CAPM hergeleiteten Zinssatzes verbunden sind, wird an dieser Stelle ein risikoloser Zinssatz i.H.v. 5%

1316 Vgl. Gupta, S./Lehmann, D.R./Stuart, J.A. (2004), S. 8f.
1317 Vgl. Gupta, S./Lehmann, D.R./Stuart, J.A. (2004), S. 12.
1318 Vgl. Hogan, J.E./Lehmann, D.R./Merino, M./Srivastava, R.K./Thomas, J.S./Verhoef, P.C. (2002), S. 31 sowie Kapitel 4.1.5.2.

herangezogen und somit die Problematik hinsichtlich einer geeigneten Risikoberücksichtigung der zukünftigen Erfolge zunächst ausgeklammert. Ein entsprechendes Erfolgsrisiko soll stattdessen an späterer Stelle mit Hilfe der Sicherheitsäquivalent-Methode erfolgen.[1319]

Die Bewertung des Kundenstamms erfolgt in zwei Schritten. In einem ersten Schritt wird der jeweilige Wert der Kohorte, jeweils aus Sicht des Betrachtungszeitpunkts t=0, ermittelt. In einem zweiten Schritt gilt es dann, den Kundenstammwert zu bestimmen, indem die Summe der Werte der einzelnen Kohorten ermittelt wird. Die folgende Tabelle zeigt die geplanten Ein- und Auszahlungen der Kunden einer Kohorte sowie deren Barwert auf:

[1319] Vgl. hierzu Kapitel 4.2.4.5.

Kohorte	0	1	2	3	4	5	6	10	57	58	59	60
CLV_K [in GE]	**58.085**	**22.495**	**30.888**	**43.418**	**57.761**	**57.812**	**62.203**	**123.610**	**37.092**	**35.325**	**33.643**	**32.041**
t=0	12.060	-7.194										
1	10.034	6.235	-8.986									
2	8.348	5.237	8.366	-11.183								
3	6.946	4.399	7.095	10.984	-13.855							
4	5.779	3.695	6.016	9.490	14.368	-17.071						
5	4.808	3.104	5.102	8.199	12.529	19.040	-20.892					
6	4.000	2.607	4.326	7.084	10.925	15.842	25.070					
7	3.328	2.190	3.669	6.121	9.527	13.180	20.056					
8	2.769	1.840	3.111	5.288	8.307	10.966	16.045					
9	2.304	1.545	2.638	4.569	7.244	9.124	12.836	-50.463				
10	1.917	1.298	2.237	3.948	6.317	7.591	10.269	60.555				
11	1.595	1.090	1.897	3.411	5.508	6.316	8.215	48.444				
12	1.327	916	1.609	2.947	4.803	5.255	6.572	38.756				
13	1.104	769	1.364	2.546	4.188	4.372	5.258	31.004				
14	918	646	1.157	2.200	3.652	3.637	4.206	24.804				
15	764	543	981	1.901	3.185	3.026	3.365	19.843				
16	636	456	832	1.642	2.777	2.518	2.692	15.874				
17	529	383	705	1.419	2.422	2.095	2.153	12.699				
18	440	322	598	1.226	2.112	1.743	1.723	10.160				
19	366	270	507	1.059	1.841	1.450	1.378	8.128				
20	305	227	430	915	1.606	1.206	1.103	6.502				
21	253	191	365	791	1.400	1.004	882	5.202				
22	211	160	309	683	1.221	835	706	4.161				
23	175	135	262	590	1.065	695	565	3.329				
24	146	113	222	510	928	578	452	2.663				
25	121	95	189	441	810	481	361	2.131				
26	101	80	160	381	706	400	289	1.704				
27	84	67	136	329	616	333	231	1.364				
28	70	56	115	284	537	277	185	1.091				
29	58	47	98	246	468	230	148	873				
30	48	40	83	212	408	192	118	698				
51	1	1	3	10	23	4	1	6				
52	1	1	2	9	20	3	1	5				
53	1	1	2	7	17	3	1	4				
54	1	1	2	6	15	2	1	3				
55	0	1	1	5	13	2	0	3				
56	0	0	1	5	12	2	0	2	-150.001			
57	0	0	1	4	10	1	0	2	180.001	-150.000		
58	0	0	1	4	9	1	0	1	144.001	180.000	-150.000	
59	0	0	1	3	8	1	0	1	115.200	144.000	180.000	-150.000
60	0	0	1	3	7	1	0	1	92.160	115.200	144.000	180.000
71	0	0	0	1	1	0	0	0	7.917	9.896	12.370	15.462
72	0	0	0	0	1	0	0	0	6.333	7.917	9.896	12.370
73	0	0	0	0	1	0	0	0	5.067	6.333	7.917	9.896
74	0	0	0	0	1	0	0	0	4.053	5.067	6.333	7.916
75	0	0	0	0	1	0	0	0	3.243	4.053	5.067	6.333
76	0	0	0	0	1	0	0	0	2.594	3.243	4.053	5.067
77	0	0	0	0	1	0	0	0	2.075	2.594	3.243	4.053
78	0	0	0	0	1	0	0	0	1.660	2.075	2.594	3.243
79	0	0	0	0	0	0	0	0	1.328	1.660	2.075	2.594
80	0	0	0	0	0	0	0	0	1.063	1.328	1.660	2.075

Tab. 4-12: Bestimmung der Barwerte der jeweiligen Kohorten

Tabelle 4-12 verdeutlicht, dass ab Periode t=58 die Ein- und Auszahlungen der Kunden einer Kohorte identisch sind,[1320] so dass bei der Berechnung des Kundenstammwerts, der in Anlehnung an *Wiesel/Skiera* als Customer Equity 1 bezeichnet werden soll, gemäß Gleichung [4.18] vereinfachend für die Perioden ab t=59 ein Restwert für den Customer Equity 1 herangezogen werden kann:[1321]

$$CE1 = 58.085 + 22.945 + \frac{32.432}{1,05} + ... + \frac{570.001}{1,05^{57}} + \frac{570.001}{0,05 \cdot 1,05^{58}} = 7.206.310$$

Als Ergebnis resultiert daraus ein Customer Equity 1 i.H.v. 7.206.310 GE.
Zusammenfassend kann festgestellt werden, dass das vorgestellte Modell auf hervorragende Weise zur Bewertung des Kundenstamms geeignet ist, wenn die zahlreichen Vereinfachungen im ursprünglichen Modell von *Gupta et al.* durch komplexere Ausführungen modifiziert werden.

4.2.3.4 Kundenprognose und Bewertung des Kundenstamms anhand eines Binomialmodells

Krafft et al. stellen ein Modell zur Bewertung des Kundenstamms vor, das auf einem Binomialmodell aufbaut und insbesondere für die Bewertung von Wachstumsunternehmen geeignet erscheint, bei denen die Anwendung herkömmlicher Bewertungsmodelle problematisch ist.[1322] Da bei jungen, schnell wachsenden Unternehmen vor allem die Entwicklung des zukünftigen Kundenstamms einer hohen Unsicherheit unterliegt, gilt dies um ein Vielfaches für die zukünftigen Cashflows.[1323]

Ausgangspunkt der Überlegungen ist ein als „momentum process“[1324] bezeichneter, stochastischer Prozess, der es erlaubt, die vom aktuellen Kundenstamm ausgehenden positiven und negativen externen (Netzwerk-)Effekte zu modellieren. Hierzu wird die Annahme gesetzt, dass die zukünftigen Cashflows vollständig mit der Anzahl der Kunden korrelieren. Begründet wird dies anhand der Arbeit von *Shapiro/Varian*, die

---

1320 Die folgende Vorgehensweise führt somit zum exakten Ergebnis. Bei Inkaufnahme leichter Abweichungen lässt sich die Heranziehung eines Restwerts auch zu einem früheren Zeitpunkt rechtfertigen.

1321 Bei den in Tabelle 4-18 ausgewiesenen Werten der jeweiligen Kohorten handelt es sich bereits um die auf t=0 diskontierten Barwerte. In der folgenden Gleichung werden jedoch die Barwerte der auf den Zeitpunkt der Neukundenakquisition diskontierten Ein- und Auszahlungen herangezogen, die darüber hinaus noch auf den Betrachtungszeitpunkt t=0 diskontiert werden müssen.

1322 Vgl. Krafft, M./Rudolf, M./Rudolf-Sipötz, E. (2005), S. 103. Ein wesentlicher Grund hierfür ist die äußerst schwierige Prognose des Absatz- und Umsatzpotentials und somit die Prognose der zukünftigen Cashflows. Vgl. Schwetzler, B. (2001), S. 62.

1323 Vgl. Rudolf, M./Witt, P. (2002), S. 231.

1324 Krafft, M./Rudolf, M./Rudolf-Sipötz, E. (2005), S. 106.

feststellten, dass erfolgreiche Internet-Unternehmen in der Lage sind, den wachsenden Kundenstamm auch in steigende Cashflows umzuwandeln, während erfolglose Internet-Unternehmen sinkende Kundenzahlen und daraus resultierende sinkende Cashflows hinnehmen müssen.[1325] Als Kriterium zur Einschätzung der Unternehmens-Performance werden jedoch nicht finanzielle oder technische Kennzahlen herangezogen, sondern ein sog. „critical level for the number of customers"[1326]. Dieses Kriterium soll ausschlaggebend für die zukünftige (positive oder negative) Wachstumsrate der Kundenanzahl sein, wobei die Entwicklung der Wachstumsrate ψ eine stochastische Variable darstellt.[1327]

Aufbauend auf diesen Überlegungen wird die Veränderung der Kundenanzahl als Momentum-Prozess definiert, indem sich die Kundenanzahl ausgehend von einem Basiswert n_0 in Abhängigkeit vom kritischen Level $\bar{n}$ in beide Richtungen entwickeln kann. Liegt der Basiswert unter dem kritischen Level, ist von sinkenden Kundenzahlen auszugehen, andernfalls von steigenden Kundenzahlen. Innerhalb des Binomialmodells entwickeln sich die Kundenzahlen n_l für einen Zustand l wie folgt:[1328]

$$n_l = n_0 + \tilde{n} \cdot l = \begin{cases} n_{l-1} + \tilde{n} \\ n_{l+1} - \tilde{n} \end{cases} \qquad [4.32]$$

$\tilde{n}$ bezeichnet die Sprungweite der Kundenanzahl („jump width").[1329] Des Weiteren zeigen *Krafft et al.* auf, auf welche Weise die Eintrittswahrscheinlichkeiten in Abhängigkeit vom Zustand l modelliert werden könnten.[1330]

[1325] Vgl. Shapiro, C./Varian, H.R. (1999), S. 175ff.

[1326] Krafft, M./Rudolf, M./Rudolf-Sipötz, E. (2005), S. 107.

[1327] Als Beispiel für das von *Krafft et al.* beschriebene Phänomen wird die Entwicklung der Marktanteile zwischen den einst gängigsten Internet-Browsern Netscape Communicator sowie Microsoft Explorer aufgeführt. Diese wiesen zu Beginn des Jahres 1999 beide einen Marktanteil von 50% auf. Von diesem Zeitpunkt an stieg jedoch der Marktanteil des Microsoft Explorer kontinuierlich auf weit über 90% im Jahr 2002 an, während der Netscape Communicator stetig auf unbedeutende 7,7% im Jahr 2002 fiel. Vgl. Krafft, M./Rudolf, M./Rudolf-Sipötz, E. (2005), S. 107.

[1328] Vgl. Krafft, M./Rudolf, M./Rudolf-Sipötz, E. (2005), S. 110.

[1329] Diese ist wiederum abhängig von der Volatilität der Kundenanzahl. Vgl. Krafft, M./Rudolf, M./Rudolf-Sipötz, E. (2005), S. 110.

[1330] Hierzu müssten zunächst ein maximal möglicher Zustand *L* sowie ein minimal nötiger Zustand *–L* definiert werden. Vgl. Hull, J.C. (2003), S. 553. *Krafft et al.* gehen vereinfachend von der Annahme aus, dass die Eintrittswahrscheinlichkeit für den günstigeren Fall π_l stets 0,5 beträgt, sobald die folgende Bedingung erfüllt ist: $L = -1/\psi$. In allen anderen Fällen gilt: $\pi_l = \frac{\psi \cdot (\bar{n} - n_l) + \tilde{n}}{2 \cdot \tilde{n}}$. Vgl. Krafft, M./Rudolf, M./Rudolf-Sipötz, E. (2005), S. 111f.

Die bisherigen Ausführungen werden im Folgenden anhand eines Beispiels verdeutlicht. Hierzu wird von einem Basiswert n_0 i.H.v. 300 ausgegangen, der exakt der kritischen Kundenanzahl $\bar{n}$ entspricht.[1331] Für $\tilde{n}$ wird ein Wert von 240, für ψ ein Wert von -0,2 festgelegt. Die folgende Abbildung stellt die beispielhafte Entwicklung des Kundenstamms dar:

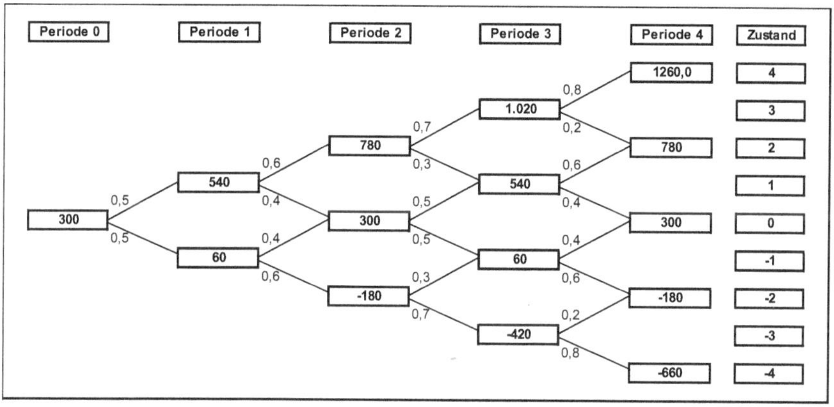

Abb. 4-13: Binomialmodell zur Darstellung der Entwicklung der Kundenanzahl

Krafft et al. ziehen die Anzahl der zukünftigen Kunden als Maßstab für den indirekten Wertbeitrag eines einzelnen Kunden aus heutiger Sicht heran. Dieser ergibt sich aus dem Weiterempfehlungsverhalten oder Referenzpotential eines Kunden, dessen (unsicheres) Ergebnis schließlich spätestens am Ende des Betrachtungszeitraums, in diesem Fall am Ende der vierten Periode, erkennbar ist. Der direkte ökonomische Wert des Kunden resultiert aus den zukünftigen Cashflows. Hierzu wird angenommen, dass die zukünftigen Cashflows pro Kunde im günstigen Fall um 5% gesteigert werden können, im ungünstigen Fall jedoch verliert das Unternehmen Kunden, so dass nach *Krafft et al.* zusätzliche Akquisitionskosten dazu führen, dass die Cashflows um $g = 5\%$ sinken.[1332] Es wird zunächst in Periode 0 von einem Cashflow i.H.v. 10 GE pro Kunde ausgegangen. Die folgende Abbildung zeigt die Entwicklung der zukünftigen Cashflows [jeweils in GE]:

1331 Diese Prämisse setzen auch *Krafft et al.* Vgl. Krafft, M./Rudolf, M./Rudolf-Sipötz, E. (2005), S. 112.

1332 Vgl. Krafft, M./Rudolf, M./Rudolf-Sipötz, E. (2005), S. 113.

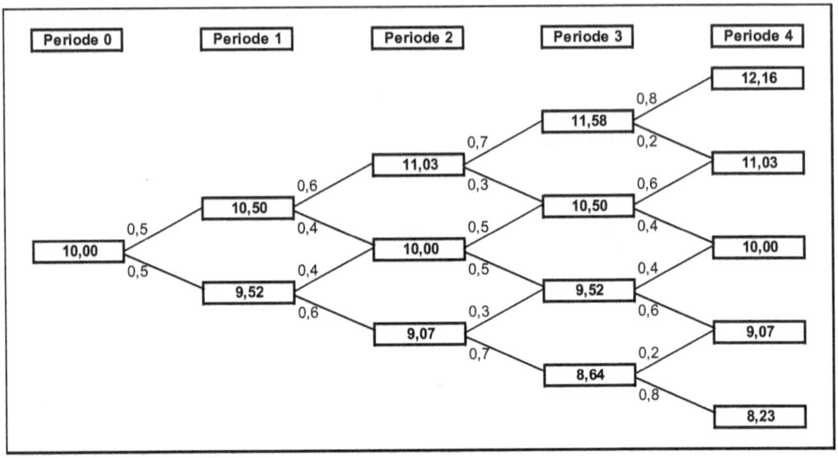

Abb. 4-14: Entwicklung der zukünftigen Cashflows

Des Weiteren gehen *Krafft et al.* von der Prämisse aus, dass unter einer kritischen Kundenanzahl von $X = 10$ Kunden in einem Zustand eine Insolvenz des Unternehmens unausweichlich ist.[1333] Diese Prämisse soll im Folgenden übernommen werden, so dass sich Abbildung 4-13 wie folgt verändert:

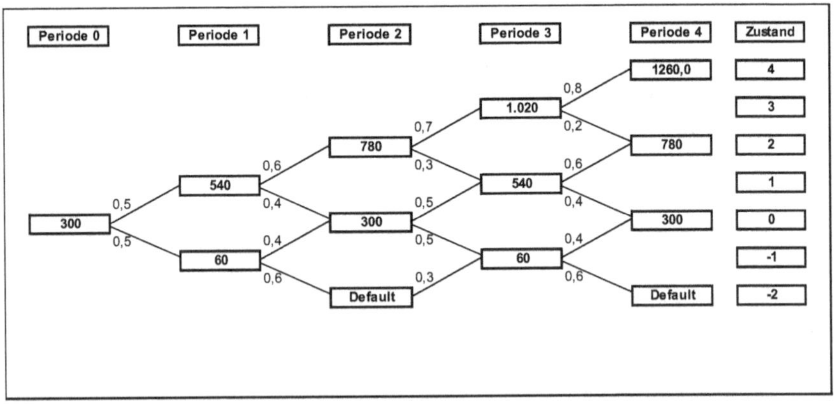

Abb. 4-15: Entwicklung der Kundenanzahl unter Berücksichtigung einer Insolvenzprämisse

Im nächsten Schritt lassen sich die Cashflows des gesamten Kundenstamms berechnen [jeweils in GE]:

[1333] Vgl. Krafft, M./Rudolf, M./Rudolf-Sipötz, E. (2005), S. 114.

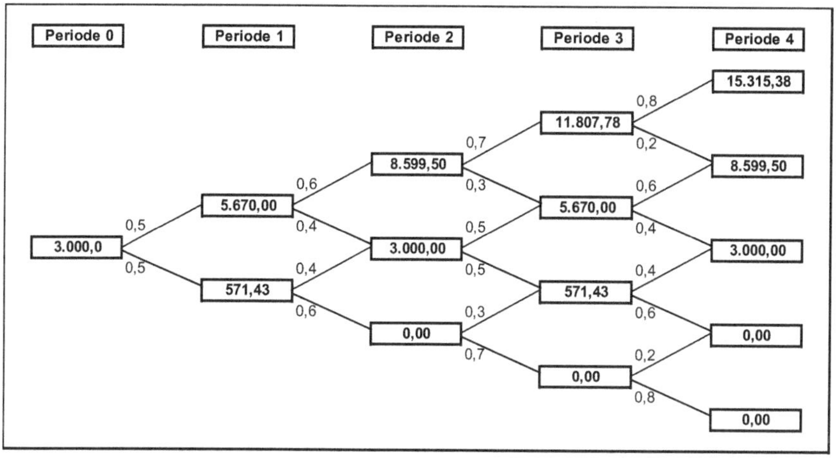

Abb. 4-16: Entwicklung der Cashflows des gesamten Kundenstamms

Zuletzt erfolgt die Berechnung des erwarteten Kundenstammwerts $KSW_l(t)$ für einen Zustand l in Periode t, die rekursiv anhand der folgenden Formel erfolgt:[1334]

$$KSW_l(t) = \frac{\pi_l \cdot V_{l+1}(t+1) + (1-\pi_l) \cdot V_{l-1}(t+1)}{(1+r)} + CF_l \cdot n_l \qquad [4.33]$$

CF_l bezeichnet den Cashflow im jeweiligen Zustand l, bei r handelt es sich um einen risikoadjustierten Zinssatz i.H.v. 10%. Auf diese Weise ergeben sich die folgenden Barwerte [jeweils in GE]:

1334 Vgl. Krafft, M./Rudolf, M./Rudolf-Sipötz, E. (2005), S. 115.

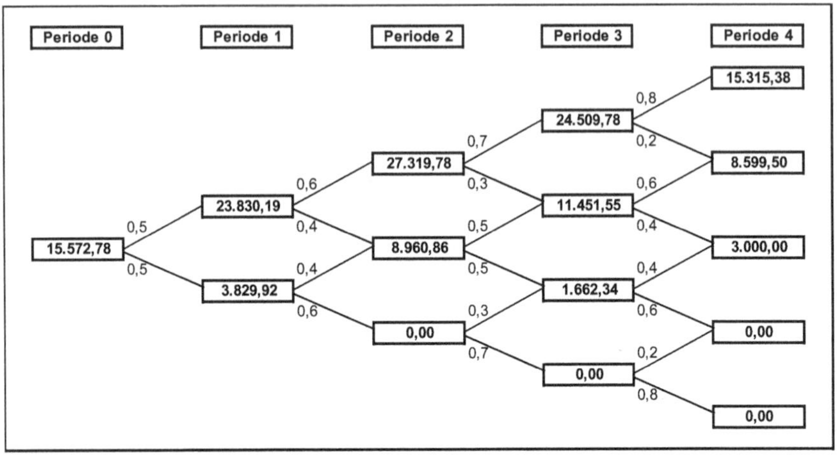

Abb. 4-17: Bewertung des Kundenstamms

Wie Abbildung 4-17 zeigt, weist der Kundenstamm somit einen Wert i.H.v. 15.572,78 GE auf. Dieser sollte im Vergleich zu Kundenstammwerten, die mit traditionellen Verfahren der Unternehmensbewertung ermittelt werden, tendenziell höher ausfallen, da bei Anwendung des Binomialmodells von einer asymmetrischen Risikostruktur ausgegangen wurde. Dies hat eine stärkere Gewichtung der Erfolgschancen gegenüber dem Verlustrisiko zur Folge, weil ein Verlust von Kunden nach unten hin begrenzt, ein Wachstum der Kunden aber nach oben hin offen ist.[1335] Somit ergibt sich der für Realoptionen typische Effekt, dass mit steigendem Risiko der Wert des betrachteten Objekts, in diesem Fall des Kundenstamms, immer weiter zunimmt.[1336]

Zusammenfassend kann dem Modell von *Krafft et al.* attestiert werden, dass dieses eine einfache, aber praktikable Alternative zur Bewertung des Kundenstamms darstellt, insbesondere wenn nicht ausreichend Informationen für eine Bewertung des Kundenstamms anhand komplexerer Methoden zur Verfügung stehen. Als Schwächen des Modells können die Heranziehung eines für alle Kunden gleich hohen durchschnittlichen Cashflows sowie einer pauschalen Wachstumsrate i.H.v. 5% angesehen werden. Eine entscheidende Bedeutung im Rahmen der Prognose der Kundenanzahl kommt dem stochastischen Prozess zu. Daher sollte dieser stets hinsichtlich seiner Signifikanz überprüft werden. Die Ergebnisse des Beispiels zeigen auf, dass eine sehr hohe Bandbreite möglicher Kundenstammwerte existiert. Um die

1335 Vgl. Rudolf, M./Witt, P. (2002), S. 247.

1336 Vgl. Krafft, M./Rudolf, M./Rudolf-Sipötz, E. (2005), S. 118. Vgl. hierzu auch bereits Schwartz, E.S./Moon, M. (2000), S. 70.

damit verbundenen Chancen und Risiken transparent abbilden zu können, reicht es nicht aus, das Risiko allein implizit im risikoadjustierten Zinssatz zu berücksichtigen, vielmehr sollte eine explizite Offenlegung der Risiken mit einer anschließenden Bewertung erfolgen.[1337]

4.2.3.5 Die Prognose der Anzahl der Kunden im Modell von *Wiesel/Skiera*

Im Gegensatz zu den bisherigen Konzepten, die auf stochastischen Modellen zur Kundenprognose basieren, schlagen *Wiesel/Skiera* im Rahmen der Bewertung von zwei Internet Service Providern (T-Online und Freenet) vor, zunächst über eine Schätzung der zukünftigen Grundgesamtheit (Bevölkerung über 14 Jahre) und der zukünftigen Internetnutzung die Gesamtzahl der Internetnutzer zu prognostizieren.[1338] Anschließend ergibt sich aus einer Multiplikation des auf diese Weise ermittelten gesamten Marktpotentials eines Jahres mit den geplanten Marktanteilen der beiden Unternehmen die Anzahl der zukünftigen Kunden. Die Anzahl der Neukunden resultiert jeweils aus der Kundenanzahl der aktuellen Periode abzüglich der Kundenanzahl der Vorperiode zuzüglich der Anzahl der verlorenen Kunden. Die Anzahl der verlorenen Kunden basiert wiederum auf der Kundenbindungsrate, die im Fall von T-Online dem Emissionsprospekt entnommen wurde und im Fall von Freenet einen knapp überdurchschnittlichen Branchenwert darstellt.[1339]

4.2.3.6 Beurteilung

Wesentlicher Bestandteil der vorgestellten Modelle zur Prognose der zukünftigen Kundenzahlen ist die Berücksichtigung des Kundenbestandsrisikos mittels Kundenbindungsraten. Das Erfolgsrisiko wird lediglich durch einen pauschalen Risikozuschlag auf den risikofreien Zinssatz ermittelt. Daher sollen darauf aufbauend diese Modelle dahingehend erweitert werden, dass im Rahmen der Verwendung der Sicherheitsäquivalent-Methode das Erfolgsrisiko durch einen Risikoabschlag auf den Erwartungswert der zukünftigen Erfolge berücksichtigt wird.

1337 Vgl. hierzu noch Kapitel 4.2.4.6.

1338 Vgl. Wiesel, T./Skiera, B. (2007), S. 717. Ähnlich gehen zunächst auch *Kim et al.* vor, indem sie bspw. als Marktpotential für den Absatz in der Mobilfunkbranche zunächst mit 37,5 Mio. Kunden einen Wert i.H.v. 15% der US-Bevölkerung annehmen. Darüber hinaus verwenden sie jedoch wie bereits erwähnt mit dem technologischen Substitutionsmodell ein Diffusionsmodell. Vgl. Kim, N./Mahajan, V./Srivastava, R.K. (1995), S. 264f.

1339 Vgl. Wiesel, T./Skiera, B. (2007), S. 718.

4.2.4 Ertragswertorientierte Verfahren zur Bestimmung des Kundenstammwertes

4.2.4.1 Überblick

Die Bestimmung des Kundenstammwerts kann wie bereits angedeutet auch mit Hilfe der Ertragswertmethode auf Basis von Sicherheitsäquivalenten erfolgen. Im Folgenden werden daher die bislang vorgestellten und als prinzipiell geeignet erscheinenden Modelle zur Bestimmung des als Customer Equity 1 bezeichneten Kundenstammwertes weiterentwickelt.

Mit Ausnahme des Modells von *Krafft et al.* gehen die vorgestellten Modelle von einwertigen Daten hinsichtlich der zukünftigen Kundenzahlen und der daraus resultierenden Cashflows aus. Dies ist insofern unbefriedigend, als dass diese somit einerseits eine Quasi-Sicherheit vortäuschen, da möglicherweise auftretende Risiken vermeintlich bereits durch Vornahme eines kapitalmarktorientierten Risikozuschlags berücksichtigt wurden, und andererseits eben durch die Heranziehung einwertiger Kunden- und Erfolgsprognosen in Verbindung mit einem im Zusammenhang mit den unterschiedlichen Risikoquellen als pauschal zu charakterisierenden Risikozuschlag jeglicher Anhaltspunkt fehlt, um im konkreten Einzelfall eine Risikoadjustierung bei den Erfolgsprognosen und/oder beim Kalkulationszinsfuß vornehmen zu können.[1340] Daher wäre es wünschenswert, wenn stattdessen zunächst die Risikostruktur der zukünftigen Cashflows transparent gemacht werden könnte. Dies ist jedoch mit der Risikozuschlagsmethode als „Korrekturverfahren" nicht möglich. Daher werden die vorgestellten Methoden zur Prognose der Kundenzahlen jeweils um Methoden zur Offenlegung der Risikostruktur erweitert. Eine anschließende Bewertung des Risikos erfolgt darauf aufbauend anhand der Sicherheitsäquivalent-Methode. Hierzu ist eine Anpassung der Gleichungen in Kapitel 4.2.2.4 notwendig.

Ausgangspunkt der Überlegungen sind die Gleichungen [4.6] und [4.7] zur Bestimmung des Customer Lifetime Value von vertraglich geregelten respektive nicht geregelten Kundenbeziehungen.[1341]

Soll der Customer Equity 1 anhand der Barwerte der Kundenkohorten ermittelt werden, so ist Gleichung [4.18] wie folgt zu modifizieren:

[1340] Ähnlich auch bereits Bretzke, W.-R. (1976), S. 161, allerdings im Kontext der Berücksichtigung des Risikos bei der Unternehmensbewertung.

[1341] Vgl. Kapitel 4.1.5.2.

$$\begin{aligned} CE1 &= CE1_{gegenwärtig} + CE1_{zukünftig} \\ &= CE1_{gegenwärtig} + \sum_{\kappa=0}^{\mathrm{K}} \frac{SÄ[CLV_\kappa]}{(1+i)^\kappa} + \frac{RW_{\mathrm{K},CE1}}{(1+i)^{\mathrm{K}}} \\ mit&: \\ RW_{\mathrm{K},CE1} &= \frac{SÄ[CLV_{\mathrm{K}}]}{i} \end{aligned} \quad [4.34]$$

Es sind somit sowohl für die Barwerte der einzelnen Kohorten CLV_κ als auch für den Restwert $RW_{\mathrm{K},CE1}$ Sicherheitsäquivalente zu berechnen und mit dem risikolosen Zinssatz i zu diskontieren.

Entsprechend lässt sich der Customer Equity 1 auch über die Sicherheitsäquivalente der Customer Lifetime Value aller Kunden in den einzelnen Kohorten bestimmen, indem Gleichung [4.19] modifiziert wird zu:

$$CE1 = \sum_{c=1}^{C_{gegenwärtig}} SÄ[CLV_{c,gegenwärtig}] + \sum_{\kappa=0}^{\mathrm{K}} \frac{\sum_{c=1}^{C_\kappa} SÄ[CLV_{c,\kappa}]}{(1+i)^\kappa} + \frac{RW_{\mathrm{K},CE1}}{(1+i)^{\mathrm{K}}} \quad [4.35]$$

Es bietet sich darüber hinaus noch eine weitere alternative Vorgehensweise an: Wurden bereits, wie in Tabelle 4-12 anschaulich verdeutlicht, die zukünftigen kohortenspezifischen Cashflows detailliert geplant, können anschließend die periodenspezifischen Cashflows des Kundenstamms als Summe aller kohortenspezifischen Cashflows einer Periode t ermittelt und darauf aufbauend deren Sicherheitsäquivalente bestimmt werden, wobei auch hier zwischen einer Detailprognosephase bis zum Zeitpunkt $t = T_{\mathrm{K}}$ und einer Restwertphase unterschieden wird. In diesem Fall wird der Customer Equity 1 wie folgt berechnet:

$$CE1 = \sum_{t=0}^{T_{\mathrm{K}}} \frac{\sum_{\kappa=0}^{\mathrm{K}} SÄ[KCF_{\kappa,t}]}{(1+i)^t} + \frac{RW_{T_{\mathrm{K}}+1,CE1}}{(1+i)^{T_{\mathrm{K}}}} \quad [4.36]$$

Vom ermittelten $CE1$ wird anschließend wiederum der Barwert der nicht direkt den Kunden zurechenbaren Auszahlungen ndA_t abgezogen. Gleichung [4.20] soll jedoch dahingehend erweitert werden, dass auch nicht direkt den Kunden zurechenbare

Einzahlungen ndE_t berücksichtigt werden.[1342] Für beide Zahlungsarten wird vereinfachend ab einer bestimmten Periode, die nicht zwingend $t = T_K$ entsprechen muss, eine Restwertphase angenommen:[1343]

$$CE2 = CE1 + \sum_{t=0}^{T_K} \frac{SÄ[ndE_t]}{(1+i)^t} + \frac{RW_{T_K+1,ndE}}{(1+i)^{T_K}} - \sum_{t=0}^{T_K} \frac{SÄ[ndA_t]}{(1+i)^t} - \frac{RW_{T_K+1,ndA}}{(1+i)^{T_K}} \quad [4.37]$$

Zur Bestimmung des Eigenkapitalwertes gilt es darüber hinaus, den Wert des nichtbetriebsnotwendigen Vermögens zu erfassen. Des Weiteren wurde bislang von Einflüssen der Finanzierung und Besteuerung abstrahiert. Diese sind jedoch bei der Bestimmung des Eigenkapitalwertes zu berücksichtigen. Es muss jedoch beachtet werden, dass weder bei der Berechnung der Cashflows $KCF_{t,c}$ auf Einzelkundenebene, noch bei der Ermittlung der Cashflows $KCF_{\kappa,t}$ auf Ebene der Kohorten Steuern oder Fremdkapitalzinsen berücksichtigt wurden, da dies auf Ebene der Einzelkunden aus den dort genannten Gründen abgelehnt worden ist und sich diese Gründe auch auf die Ebene der Kohorten übertragen lassen. Auf der Ebene des Gesamtunternehmens sind die Einflüsse der Finanzierung und Besteuerung zwar abbildbar, die Steuerzahlungen können jedoch nicht direkt an den kundenbezogenen Cashflows ansetzen, sondern beziehen sich auf den Gewinn der Periode, der sich als Saldo aus dem Cashflow des Kundenstamms einer Periode, den nicht direkt den Kunden zurechenbaren Ein- und Auszahlungen, den Fremdkapitalzinsen sowie den nicht erfassten, aber steuerrechtlich zu berücksichtigenden Erträgen und Aufwendungen, wie etwa Abschreibungen, ergibt. Des Weiteren sind die Steuereinflüsse im Kalkulationszinssatz zu berücksichtigen. Auch die zu berücksichtigenden Zinszahlungen auf das Fremdkapital des Unternehmens sowie eventuelle Fremdkapitaltilgungen respektive –aufnahmen beziehen sich i.d.R. nicht direkt auf die kundenbezogenen Cashflows, so dass sich auch hierfür eine getrennte Erfassung anbietet.

Diese Überlegungen sind jedoch nicht entscheidend für die Kundenstammbewertung, sondern für eine darauf aufbauende Unternehmensbewertung und sollen daher hier nicht weiter vertieft werden. Stattdessen soll im nächsten Abschnitt auf das für die Bestimmung des Customer Equity 1 relevante Problem der Erfassung von Erfolgs- und Risikoverbundeffekten eingegangen werden.

[1342] Als Beispiel für nicht direkt den Kunden zurechenbare Einzahlungen sind bspw. sonstige Erträge aus Finanzanlagen vorstellbar.

[1343] In Anlehnung an Wiesel, T./Skiera, B. (2007), S. 713.

4.2.4.2 Berücksichtigung von Erfolgs- und Risikoverbundeffekten

Da bei der Bestimmung des Customer Lifetime Value von Einzelkunden eine isolierte Berücksichtigung der Erfolge und des Risikos erfolgt, kommt im Rahmen der Bestimmung des Kundenstammwertes u.a. auch den Erfolgs- und Risikoverbundeffekten zwischen den einzelnen Kunden eine entscheidende Bedeutung zu.[1344] Dies soll im Folgenden verdeutlicht werden.

Erfolgsverbundeffekte können sich etwa durch Investitionen in die Verbesserung der Produkt- und Servicequalität ergeben, die nicht nur Auswirkungen auf eine einzelne Kundenbeziehung haben, sondern sich auch auf andere Kundenbeziehungen auswirken. Grundsätzlich sind die folgenden Konstellationen denkbar:[1345]

		Auswirkungen auf den Erfolg anderer Kundenbeziehungen	
		Positiv	**Negativ**
Auswirkung auf den Erfolg von Kundenbeziehung *c*	**positiv**	**(1)**	**(2)**
	negativ	**(3)**	**(4)**

Abb. 4-18: Darstellung möglicher Erfolgsverbundeffekte innerhalb des Kundenstamms

Problematisch sind insbesondere solche Entscheidungen, bei denen Maßnahmen auf die betrachtete Kundenbeziehung zwar einen positiven Effekt haben, aber den Erfolg anderer Kundenbeziehungen negativ beeinflussen. Andererseits sind auch Konstellationen denkbar, in denen eine kundenbezogene Entscheidung zwar eine negative Auswirkung auf die betrachtete Kundenbeziehung hat, die positive Auswirkung auf den Erfolg anderer Kunden aber als wesentlich höher einzuschätzen ist.

Eine noch größere Bedeutung kommt allerdings den Risikoverbundeffekten zu. Diese entstehen innerhalb des Kundenstamms, wenn die kundenbezogenen Cashflows eines Kunden mit den Cashflows anderer Kunden negativ korrelieren.[1346]

Dies soll anhand einer einfachen Beispielsrechnung kurz verdeutlicht werden. Angenommen, der Kundenstamm eines Unternehmens setzt sich vereinfacht aus vier

[1344] Vgl. Dirrigl, H. (1998b), S. 555; Dinstuhl, V. (2003), S. 289ff.
[1345] Quelle: Dinstuhl, V. (2003), S. 289.
[1346] Die folgenden Ausführungen basieren weitestgehend auf Dinstuhl, V. (2003), S. 290-296. Vgl. zur Bestimmung des Portfoliorisikos auch Brealey, R.A./Myers, S.C./Allen, F. (2008), S. 189-193.

aktuellen Großkunden zusammen und mögliche zukünftige Großkunden bleiben unberücksichtigt. Die Kunden weisen die folgenden zukünftigen, kundenbezogenen Cashflows, auf:[1347]

Periode [in GE]		1	2	3	4ff.
Kunde 1	Worst Case (30%)	-22,80	-42,80	-19,60	64,52
	Base Case (50%)	10,42	79,50	43,32	95,90
	Best Case (20%)	53,00	116,54	111,90	160,56
	μ	8,97	50,22	38,16	99,42
	σ²	691,58	3.904,14	2.101,70	1.119,22
	σ	26,30	62,48	45,84	33,45
	SÄ	-4,18	18,98	15,24	82,69
Kunde 2	Worst Case (30%)	-10,00	-14,20	30,42	18,50
	Base Case (50%)	7,12	22,14	51,25	54,45
	Best Case (20%)	51,65	62,78	91,34	94,00
	μ	10,89	19,37	53,02	51,58
	σ²	470,30	718,81	448,48	692,30
	σ	21,69	26,81	21,18	26,31
	SÄ	0,05	5,96	42,43	38,42
Kunde 3	Worst Case (30%)	-22,79	-30,12	-34,62	-22,42
	Base Case (50%)	-18,65	-20,22	-19,60	-9,68
	Best Case (20%)	-3,20	-13,36	-12,98	-6,24
	μ	-16,80	-21,82	-22,78	-12,81
	σ²	49,47	36,26	66,32	41,24
	σ	7,03	6,02	8,14	6,42
	SÄ	-20,32	-24,83	-26,85	-16,02
Kunde 4	Worst Case (30%)	42,12	29,30	14,82	8,00
	Base Case (50%)	45,68	34,68	18,24	14,34
	Best Case (20%)	50,32	44,80	20,87	15,00
	μ	45,54	35,09	17,74	12,57
	σ²	8,09	29,00	4,64	9,01
	σ	2,84	5,38	2,15	3,00
	SÄ	44,12	32,40	16,66	11,07
Summe Kundenstamm	Worst Case (30%)	-13,47	-57,82	-8,98	68,60
	Base Case (50%)	44,57	116,10	93,21	155,01
	Best Case (20%)	151,77	210,76	211,13	263,32
	μ	48,60	82,86	86,14	150,75
	σ²				
	SÄ	19,67	32,51	47,48	116,15

Tab. 4-13: Bestimmung der Sicherheitsäquivalente der Einzelkunden

Die kundenbezogenen Cashflows wurden im Rahmen einer mehrwertigen Planung ermittelt, dessen Erwartungswert $\mu(KCF)$ unter Heranziehung der Eintrittswahrscheinlichkeiten der zugrunde liegenden Szenarien bestimmt werden kann. Des Weiteren lassen sich für die Cashflows jedes Kunden in jeder Periode die Varianz σ^2 sowie die Standardabweichung σ berechnen. Das jeweilige Sicherheitsäquivalent

1347 Quelle: In Anlehnung an Dinstuhl, V. (2003), S. 292f.

eines Kunden *c* in einer Periode t ergibt sich gemäß des (μ,σ)-Prinzips und unter Heranziehung eines von der Unternehmensleitung vorgegebenen Risikoaversionskoeffizienten i.H.v. 0,5 wie folgt:

$$S\ddot{A}(KCF[c]_t) = \mu(KCF[c]_t) - rak \cdot \sigma(KCF[c]_t) \quad [4.38]$$

Zunächst werden die Sicherheitsäquivalente für den Kundenstamm durch Addition der Sicherheitsäquivalente der einzelnen Kunden bestimmt, so dass ein Risikoverbund zwischen den Kunden unberücksichtigt bleibt.

Eine Berücksichtigung des Risikoverbunds kann anschließend durch die Berechnung des Erwartungswerts für den Gesamt-Cashflow des Kundenstamms $\mu(KCF[KS]_t)$ erfolgen. Dieser ergibt sich aus der Addition der Erwartungswerte für die Cashflows der Einzelkunden:[1348]

$$\mu(KCF[KS]_t) = \mu(KCF[c_1]_t) + \mu(KCF[c_2]_t) + \ldots + \mu(KCF[c_4]_t) \quad [4.39]$$

Anschließend werden für jede Periode die Standardabweichung sowie das Sicherheitsäquivalent für den Gesamt-Cashflow des Kundenstamms ermittelt. Die folgende Tabelle zeigt die Ergebnisse:[1349]

Periode [in GE]		1	2	3	4ff.
Summe Kundenstamm	Worst Case (30%)	-13,47	-57,82	-8,98	68,60
	Base Case (50%)	44,57	116,10	93,21	155,01
	Best Case (20%)	151,77	210,76	211,13	263,32
	μ	48,60	82,86	86,14	150,75
	σ^2	3.292,74	9.761,39	5.863,84	4.568,06
	σ	57,38	98,80	76,58	67,59
	SÄ	19,91	33,46	47,85	116,96

Tab. 4-14: Bestimmung der Sicherheitsäquivalente des Kundenstamms

Es zeigt sich, dass die Sicherheitsäquivalente für den Gesamt-Cashflow des Kundenstamms bei Berücksichtigung der Risikoverbundeffekte in jeder Periode höher ausfallen. Dies kann auch durch Berechnung der Varianz der Gesamt-Cashflows des Kundenstamms unter Berücksichtigung der Kovarianzen zwischen den Einzelkunden

1348 Vgl. Dinstuhl, V. (2003), S. 291, allerdings im Rahmen der Erfassung von Risikoverbundeffekten zwischen einzelnen Unternehmenssegmenten.

1349 Quelle: In Anlehnung an Dinstuhl, V. (2003), S. 294.

verdeutlicht werden. Bei einem Kundenstamm von vier Kunden ergibt sich die Varianz als:[1350]

$$\begin{aligned}\sigma^2(KCF[KS]) &= \sum_{c=1}^{4}\sigma^2(KCF_c)+\sum_{c=1}^{4}\sum_{\substack{f=1\\ f\neq c}}^{4}\operatorname{cov}(KCF_f,KCF_c)\\ &=\sigma^2(KCF[c_1])+\sigma^2(KCF[c_2])+\sigma^2(KCF[c_3])+\sigma^2(KCF[c_4])\\ &+2\cdot\operatorname{cov}(KCF[c_1],KCF[c_2])+2\cdot\operatorname{cov}(KCF[c_1],KCF[c_3])\\ &+2\cdot\operatorname{cov}(KCF[c_1],KCF[c_4])+2\cdot\operatorname{cov}(KCF[c_2],KCF[c_3])\\ &+2\cdot\operatorname{cov}(KCF[c_2],KCF[c_4])+2\cdot\operatorname{cov}(KCF[c_3],KCF[c_4])\end{aligned} \quad [4.40]$$

Aus Gründen der Übersichtlichkeit sollen im Folgenden jedoch nur die Zusammenhänge zwischen zwei Kunden dargestellt werden. So ergibt sich die Kovarianz zwischen den Cashflows des Kunden 1 und des Kunden 2 für ϑ Szenarien, die mit den Wahrscheinlichkeiten π_ϑ erwartet werden, wie folgt:[1351]

$$\begin{aligned}&\operatorname{cov}(KCF[c_1],KCF[c_2])=\\ &\sum_{\vartheta=1}^{\Upsilon}\left[\pi_\vartheta\cdot(KCF_\vartheta[c_1]-\mu(KCF[c_1]))\cdot(KCF_\vartheta[c_2]-\mu(KCF[c_2]))\right]\end{aligned} \quad [4.41]$$

Anschließend kann ein Korrelationskoeffizient ρ berechnet werden. Dieser drückt die Korrelation zwischen den Kundenerfolgen aus:[1352]

$$\rho=\frac{\operatorname{cov}(KCF[c_1],KCF[c_2])}{\sigma[c_1]\cdot\sigma[c_2]} \quad [4.42]$$

Das Sicherheitsäquivalent für den Gesamt-Cashflow des Kundenstamms entspricht nur dann der Summe der Sicherheitsäquivalente der kundenbezogenen Cashflows der Einzelkunden, wenn die Erfolgserwartungen der Kunden perfekt miteinander korreliert sind. Dies ist der Fall, wenn der Korrelationskoeffizient $\rho=1$ beträgt. Sind die kundenbezogenen Cashflows der Einzelkunden dagegen perfekt negativ korreliert, was bei $\rho=-1$ der Fall ist, entspricht das Sicherheitsäquivalent des Gesamt-Cashflows des Kundenstamms seinem Erwartungswert.[1353]

1350 Vgl. Franke, G./Hax, H. (2004), S. 320.
1351 Vgl. Dinstuhl, V. (2003), S. 295.
1352 Vgl. Dinstuhl, V. (2003), S. 295.
1353 Vgl. Dinstuhl, V. (2003), S. 295f.

Somit gilt es im Rahmen des Kunden-Controlling, Entscheidungen hinsichtlich einer Neukundenakquisition, einer Intensivierung oder Abbruchs einer Kundenbeziehung auch vor dem Hintergrund der Profitabilität sowie des Risikos des Kunden-Portfolios zu fällen.[1354] Der Wert eines Einzelkunden wird insofern nicht nur durch den Kundenkapitalwert determiniert, sondern auch durch seinen Beitrag zum Gesamtrisiko des kompletten Kundenstamms. Dieser Beitrag wird durch den Korrelationskoeffizienten ausgedrückt, der die Korrelation des Kunden mit dem Kunden-Portfolio beschreibt. In diesem Zusammenhang kommt somit den Methoden zur Bestimmung des Kundenstammwertes auch für die Steuerung der einzelnen Kundenbeziehungen eine gewisse Bedeutung zu. Zusammenfassend kann festgestellt werden, dass geeignete Methoden zur Kundenstammbewertung imstande sein müssen, die aufgezeigten Erfolgs- und Risikoverbundeffekte hinreichend zu berücksichtigen.

4.2.4.3 Erweiterung des Customer Migration Model

Das Customer Migration Model von *Dwyer* soll im Folgenden dahingehend erweitert werden, dass eine transparente Offenlegung der Risiken erfolgt und dadurch eine Heranziehung einer pauschalen, nicht näher begründeten „relatively high discount rate"[1355] vermieden wird. Ausgangspunkt des Modells war in Abbildung 4-7 der erwartete Verlauf des Kundenbestands. Der Erwartungswert von 3.000 Kunden in Periode 1 resultierte aus einer Multiplikation der Eintrittswahrscheinlichkeit von 30% mit dem Kundenbestand in Periode 0 i.H.v. 10.000 Kunden. Der erwartete Kundenbestand von 3.000 Kunden kann jedoch auch als Erwartungswert zweier möglicher Szenarien interpretiert werden: Mit einer Wahrscheinlichkeit von 30% weist der Kundenbestand in der 1. Periode 10.000 Kunden auf; mit einer Wahrscheinlichkeit von 70% beträgt dieser jedoch 0. Die folgende Abbildung verdeutlicht dies für die ersten vier Perioden:

[1354] Vgl. Dhar, R./Glazer, R. (2003), S. 88.
[1355] Dwyer, F.R. (1997), S. 9.

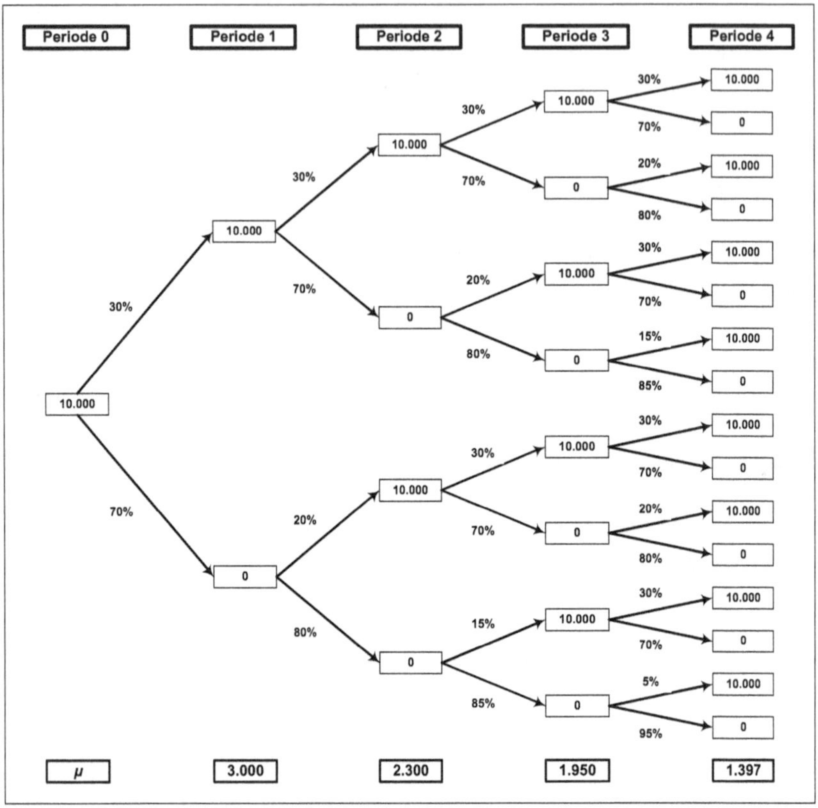

Abb. 4-19: ***Erweiterte Darstellung der Entwicklung des Kundenbestands im Customer Migration Model***

Auf diese Weise lassen sich ebenfalls die Erwartungswerte für den Kundenbestand der einzelnen Perioden bestimmen. Der Erwartungswert in Periode 2 i.H.v. 2.300 Kunden ergibt sich beispielsweise wie folgt:

$$30\% \cdot (30\% \cdot 10.000 + 70\% \cdot 0) + 70\% \cdot (20\% \cdot 10.000 + 80\% \cdot 10.000) = 2.300$$

Darauf aufbauend kann nun eine Offenlegung des Erfolgsrisikos erfolgen, indem zunächst die Kunden-Cashflows in den zukünftigen Periode ausgewiesen werden. Die folgende Abbildung verdeutlicht dies wiederum für die ersten vier Perioden:

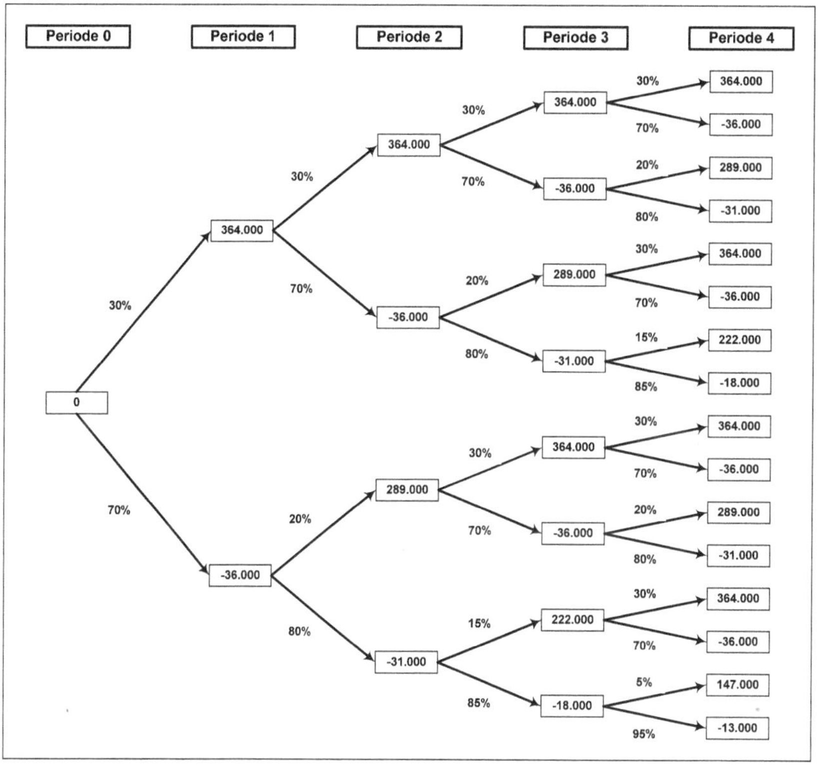

Abb. 4-20: Prognose der Kunden-Cashflows im Customer Migration Model

Die Bewertung des Kundenstamms erfolgt retrograd sukzessiv, indem in der letzten Periode des Betrachtungszeitraums zunächst unter Heranziehung der zustandsabhängigen *KCF* und der zugehörigen Eintrittswahrscheinlichkeiten der jeweilige Erwartungswert, die Standardabweichung sowie das Sicherheitsäquivalent berechnet werden. Der zustandsabhängige Wert in der vorherigen Periode ergibt sich darauf aufbauend durch das mit dem risikofreien Zinssatz diskontierte Sicherheitsäquivalent zuzüglich des *KCF* in der betrachteten Periode. Angenommen wird ein risikofreier Zinssatz i.H.v. 5% sowie ein Risikoaversionskoeffizient i.H.v. 0,08. Die Bewertung des Kundenstamms erfolgt aus Darstellungsgründen exemplarisch für die ersten vier Perioden:

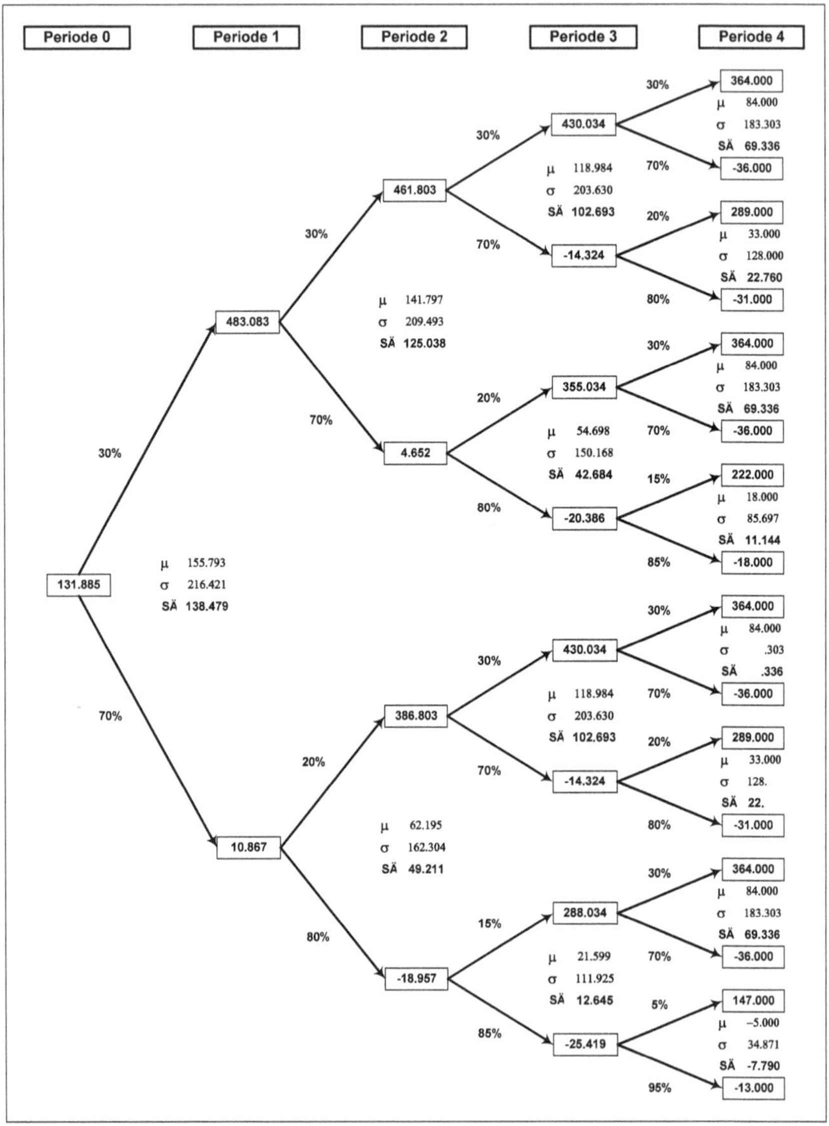

Abb. 4-21: Bewertung des Kundenstamms im erweiterten Customer Migration Model

Als Ergebnis resultiert daraus ein Wert für den Kundenstamm i.H.v. 131.885 GE.

4.2.4.4 Berücksichtigung des Erfolgsrisikos im Rahmen des Markov-Modells

Das bereits vorgestellte Markov-Modell kann dahingehend erweitert werden, dass die Annahme sicherer Erwartungen hinsichtlich der zukünftigen kundenbezogenen Cashflows aufgegeben wird. Daher wird die Prognose der ursprünglich als sicher angenommenen Cashflows als Trendszenario interpretiert und um zwei weitere Extremszenarien ergänzt. Für die Kundensegmente A und B wird im Worst Case angenommen, dass die kundenbezogenen Cashflows nicht um 2% p.a. steigen, sondern stattdessen um 4% p.a. sinken. Im Best Case wird dagegen von einer Wachstumsrate i.H.v. 5% p.a. ausgegangen. Für Kundensegment C wird im Worst Case eine negative Wachstumsrate i.H.v. 2% und im Best Case eine positive Wachstumsrate i.H.v. 3% angenommen. Für Kundensegment D wird anstelle der im Base Case geplanten Wachstumsrate i.H.v. 2% im Worst Case eine Wachstumsrate i.H.v. 10% und im Best Case i.H.v. 1% angenommen. Es wird in allen Segmenten ab der achten Periode ein konstanter Kunden-Cashflow unterstellt. Dem Trendszenario wird eine Eintrittswahrscheinlichkeit i.H.v. 50%, dem Worst Case i.H.v. 30% und dem Best Case i.H.v. 20% zugewiesen. Somit ergibt sich die folgende Entwicklung der zukünftigen Kunden-Cashflows:

Segment	Periode	w	0	1	2	3	4	5	6	7	8ff.
A	EZÜ je Kunde	30%		168,00	161,28	154,83	148,64	142,69	136,98	131,50	131,50
		50%	175,00	178,50	182,07	185,71	189,43	193,21	197,08	201,02	201,02
		20%		183,75	192,94	202,58	212,71	223,35	234,52	246,24	246,24
B	EZÜ je Kunde	30%		153,60	147,46	141,56	135,90	130,46	125,24	120,23	120,23
		50%	160,00	163,20	166,46	169,79	173,19	176,65	180,19	183,79	183,79
		20%		168,00	176,40	185,22	194,48	204,21	214,42	225,14	225,14
C	EZÜ je Kunde	30%		58,80	57,62	56,47	55,34	54,24	53,15	52,09	52,09
		50%	60,00	61,20	62,42	63,67	64,95	66,24	67,57	68,92	68,92
		20%		61,80	63,65	65,56	67,53	69,56	71,64	73,79	73,79
D	EZÜ je Kunde	30%		-11,00	-12,10	-13,31	-14,64	-16,11	-17,72	-19,49	-19,49
		50%	-10,00	-10,20	-10,40	-10,61	-10,82	-11,04	-11,26	-11,49	-11,49
		20%		-10,10	-10,20	-10,30	-10,41	-10,51	-10,62	-10,72	-10,72

Abb. 4-22: Entwicklung der zukünftigen Kunden-Cashflows im Markov-Modell

Die Prognose der zukünftigen Kundenbestände erfolgt weiterhin durch Heranziehung einer Übergangsmatrix, so dass sich die in Abbildung 4-9 dargestellte Entwicklung der Kundenanzahl ergibt. Aus den zukünftigen Kundenbeständen und den Kunden-Cashflows ergeben sich durch Multiplikation die Cashflows des jeweiligen Kundensegments und als Summe die Cashflows des Kundenstamms:

KCF [in GE]	Periode							
Segment	1	2	3	4	5	6	7	8ff.
A	131.880,00	113.662,08	100.354,22	91.115,42	84.421,37	79.271,93	75.071,56	74.448,88
	140.122,50	128.313,83	120.371,17	116.120,16	114.313,39	114.049,41	114.756,69	113.804,84
	144.243,75	135.972,70	131.307,59	130.395,96	132.142,57	135.714,99	140.573,00	139.407,01
B	105.984,00	93.118,46	85.476,11	79.900,92	75.466,14	71.729,86	68.444,24	68.192,46
	112.608,00	105.122,02	102.525,43	101.828,07	102.187,28	103.198,55	104.625,97	104.241,08
	115.920,00	111.396,60	111.840,47	114.346,81	118.125,18	122.802,83	128.163,21	127.691,74
C	27.930,00	30.785,62	32.289,71	32.913,91	33.010,96	32.799,11	32.409,09	32.570,01
	29.070,00	33.350,02	36.407,13	38.625,66	40.320,75	41.697,17	42.883,03	43.095,96
	29.355,00	34.007,15	37.488,46	40.162,81	42.336,40	44.210,85	45.913,97	46.141,95
D	-2.750,00	-3.986,95	-5.007,55	-5.919,26	-6.784,00	-7.643,71	-8.528,63	-8.601,51
	-2.550,00	-3.428,12	-3.992,53	-4.376,21	-4.650,75	-4.859,03	-5.027,27	-5.070,22
	-2.525,00	-3.361,23	-3.876,25	-4.207,10	-4.427,20	-4.580,12	-4.692,24	-4.732,34
Summe	263.044,00	233.579,22	213.112,49	198.010,98	186.114,47	176.157,18	167.396,25	166.609,83
	279.250,50	263.357,75	255.311,19	252.197,69	252.170,67	254.086,11	257.238,42	256.071,66
	286.993,75	278.015,22	276.760,27	280.698,48	288.176,94	298.148,55	309.957,93	308.508,36
μ	275.937,20	257.355,69	246.941,40	241.641,83	239.555,07	239.519,92	240.829,67	239.720,45
δ	8.933,58	16.521,86	23.583,43	30.526,92	37.538,82	44.699,01	52.039,47	51.803,33
SÄ	271.470,41	249.094,76	235.149,68	226.378,38	220.785,66	217.170,41	214.809,94	213.818,79

Tab. 4-15: Entwicklung der segmentbezogenen Kunden-Cashflows im Markov-Modell

Darauf aufbauend lassen sich unter Heranziehung der Szenario-Eintrittswahrscheinlichkeiten der periodenspezifische Erwartungswert und die Standardabweichung berechnen. Es ergeben sich unter der Annahme eines Risikoaversionskoeffizienten i.H.v. 0,5 die in Tabelle 4-15 aufgezeigten Sicherheitsäquivalente der jeweiligen Periode. Durch Diskontierung der Sicherheitsäquivalente mit dem risikofreien Zinssatz von 5% lässt sich ein Kundenstammwert i.H.v. 4.400.701,75 GE ermitteln.

Die dargestellte Vorgehensweise weist den Vorteil auf, dass zusätzlich zur Berücksichtigung des Kundenbestandsrisikos durch Heranziehung der Übergangsmatrix auch eine Berücksichtigung des Erfolgsrisikos in Form einer Szenario-Analyse mit einer anschließenden Bewertung mit Hilfe der Sicherheitsäquivalent-Methode erfolgt. Auf diese Weise erfolgt eine transparentere Darstellung der inhärenten Risiken. Eine Diskontierung anhand eines pauschalen, nicht näher spezifizierten risikoadjustierten Zinssatzes ist somit nicht notwendig.

4.2.4.5 Erweiterung des Modells von *Gupta et al.* um eine Risikoanalyse

Im vorgestellten Modell von *Gupta et al.* wurden bislang die zukünftigen Ein- und Auszahlungen als sicher angenommen. Um das zugrunde liegende Erfolgsrisiko zu berücksichtigen, bietet sich darauf aufbauend alternativ die Verwendung der Sicherheitsäquivalent-Methode an. Zur Offenlegung der Risikostruktur sind prinzipiell die Durchführung einer Szenario-Analyse oder einer Risikoanalyse vorstellbar. Im Fol-

genden soll aufgezeigt werden, wie das Kundenprognose- und -bewertungsmodell von *Gupta et al.* durch eine Risikoanalyse ergänzt werden kann.[1356]
Unter der Risikoanalyse versteht man grundsätzlich die Ermittlung einer Wahrscheinlichkeitsverteilung für eine Zielgröße auf analytischem Wege oder durch Simulation und dessen anschließende Auswertung.[1357] Eine mögliche Ausprägung einer Simulation stellt die Monte-Carlo-Risikosimulation dar, die im Folgenden Anwendung bei der Bestimmung des Customer Equity 1 finden soll.[1358] Im Rahmen der Monte-Carlo-Risikosimulation werden die Wahrscheinlichkeitsverteilungen einzelner unsicherer Einflussvariablen so überlagert, dass nach Anwendung der Verfahren eine einzige Verteilung für die Zielgröße entsteht.[1359] Dadurch lassen sich die mit den Kundenbeziehungen verbundenen Risiken und potentiellen Abweichungen von den ursprünglichen Prognosen, die sich beispielsweise bei Durchführung einer Szenario-Analyse im Trendszenario oder in den ursprünglich berechneten Werten in Kapitel 4.2.3.3 ausdrücken, offenlegen und unter Berücksichtigung eines Risikoaversionskoeffizienten deren Auswirkungen für den Entscheidungsträger quantifizieren.[1360] Die als unsicher eingeschätzten, stochastischen Parameter werden i.d.R. durch stetige, möglicherweise aber auch diskrete, Wahrscheinlichkeitsverteilungen beschrieben.[1361] Als kundenstammwertspezifische Risikoquellen kommen grundsätzlich alle Faktoren in Betracht, die die Höhe der zukünftigen Kundenbestände sowie der Cashflows bestimmen. Einer hohen Unsicherheit unterliegt beispielsweise die Obergrenze des möglichen Kundenbestandes sowie die zunächst in Kapitel 4.2.3.3 angenommene Kundenbindungsrate zur Prognose der Bestandskunden. Welche Wahrscheinlichkeitsverteilungen letztlich einem Parameter zugeordnet werden sollten, lässt sich anhand von Expertenbefragungen (Produktionsplaner, Marktforscher, Vertriebsleiter etc.), Beobachtungen in der Vergangenheit, die allerdings hinsichtlich ihrer zeitlichen Stabilität in der Zukunft hinterfragt werden müssen, sowie mit Hilfe von umfassenden Marktforschungsstudien und Prognoseverfahren eruieren.[1362] Grundsätzlich kommen bei einer mangelnden Datenbasis in der Praxis die Gleichverteilung[1363] sowie die Normalverteilung[1364] in Betracht.[1365] Bei letzterer muss jedoch beachtet werden, dass

---

1356 Eine derartige Verknüpfung zwischen einem Diffusionsmodell und einer Risikosimulation findet sich auch bei Böhmer, C. (2003), S. 145ff. sowie S. 186ff.
1357 Vgl. Busse von Colbe, W./Laßmann, G. (1990), S. 157.
1358 Zu den Grundlagen der Monte-Carlo-Risikosimulation vgl. bspw. Hertz, D.B. (1964), S. 95-106; Streim, H. (1971), S. 73-76.
1359 Vgl. Linnhoff, U./Pellens, B. (2007), S. 331ff.; Perridon, L./Steiner, M. (2007), S. 115.
1360 Vgl. Kriegbaum, C. (2000), S. 229; Tewes, M. (2003), S. 296.
1361 Vgl. Dirrigl, H. (2004a), S. 111.
1362 Vgl. Linnhoff, U./Pellens, B. (2007), S. 332; Perridon, L./Steiner, M. (2007), S. 116.
1363 Vgl. Degen, H./Lorscheid, P. (2002), S. 240f. Für den Fall, dass keinerlei Informationen vorliegen, wird in der Literatur vorgeschlagen, die Gleichverteilung heranzuziehen. Vgl. Frey, H.C./Nießen, G. (2001), S. 41f.
1364 Vgl. Degen, H./Lorscheid, P. (2002), S. 243ff.
1365 Vgl. Willeke, A. (1998), S. 1153; Jödicke, D. (2007), S. 168.

diese den kompletten Wertebereich von $-\infty$ bis $+\infty$ umfasst und somit nicht für Parameter eingesetzt werden kann, die keine negativen Werte annehmen können.[1366] Um negative Werte auszuschließen, kann jedoch auch auf die Lognormalverteilung zurückgegriffen werden.[1367] Eine besondere Bedeutung kommt darüber hinaus der Betaverteilung[1368] sowie der Dreiecksverteilung[1369] zu.[1370]

Aufbauend auf den bisherigen Überlegungen wird im Rahmen der Monte-Carlo-Simulation mittels (Pseudo-)Zufallszahlengenerator für jede Einflussgröße ein Wert durch Zufallsauswahl realisiert und anschließend der Ergebniswert mit den Realisationen aller Einflussgrößen errechnet.[1371] Dieser Vorgang wird mehrmals wiederholt.[1372] Nach einer ausreichend großen Anzahl von Durchläufen ergibt sich dann die Wahrscheinlichkeitsverteilung für die Zielgröße. Die Ergebnisse können schließlich verschiedenen Wertebereichsintervallen zugeordnet und graphisch in Form eines Histogramms oder durch Rückwärtskumulation der relativen Häufigkeiten in Form eines Risikoprofils ausgewertet werden.[1373]

Da aus einer durchgeführten Monte-Carlo-Risikosimulation als Ergebnis eine Wahrscheinlichkeitsverteilung für die Zielgröße resultiert, die sowohl einen Erwartungswert, als auch unterschiedliche Risikomaße wie die Standardabweichung oder die Varianz enthält, können anschließend Sicherheitsäquivalente für die einzelnen Perioden berechnet werden. In diesem Fall stellt somit jeder Cashflow die Zielgröße der

---

1366 Vgl. Vose, D. (2003), S. 125.

1367 Vgl. Jödicke, D. (2007), S. 168.

1368 Die Betaverteilung kann als äußerst flexible Verteilung charakterisiert werden, da diese mit Hilfe der Funktions-Parameter α und β sehr unterschiedlich ausgestaltet werden kann (links-/rechtsschief, symmetrisch). Als standardisierte Betaverteilung überzeugt diese durch ihre einfache Handhabbarkeit und intuitive Vorgehensweise, da lediglich der untere und der obere Wert eines Intervalls sowie ein dazwischen liegender (Modal-)Wert notwendig sind, um auf einfache Weise den Erwartungswert und die Standardabweichung einer Cashflow-Verteilung zu berechnen. Vgl. Dirrigl, H. (2004a), S. 110.

1369 Die Dreiecksverteilung weist den Vorteil auf, dass sie wie die Gleichverteilung sowie die Betaverteilung über einen eindeutig definierten Anfangswert sowie einen eindeutig definierten Endwert verfügt. Vgl. Hummeltenberg, W. (2006), S. 508. Vgl. zur Dreiecksverteilung auch Vose, D. (2003), S. 128f.

1370 Vgl. Dirrigl, H. (2004a), S. 110f.

1371 Vgl. Perridon, L./Steiner, M. (2007), S. 116. Hierzu werden gleichverteilte Zufallszahlen gezogen, die in einem einfachen Prozess in Zufallszahlen mit der geforderten Wahrscheinlichkeitsverteilung transformiert werden. Vgl. Streim, H. (1971), S. 75.

1372 Dies kann beispielsweise auf einfache Weise mit Hilfe eines Tabellenkalkulationsprogramms wie Microsoft Excel und dem Add-In Crystal Ball erfolgen. Der Vorgang sollte solange wiederholt werden, bis die Häufigkeitsverteilung der Zielgröße stabil ist. Vgl. Streim, H. (1971), S. 75; Linnhoff, U./Pellens, B. (2007), S. 333.

1373 Vgl. Willeke, A. (1998), S. 1153. Bei einer Kumulation ergibt sich die herkömmliche Verteilungsfunktion, die die Unterschreitungswahrscheinlichkeit der Zielgröße angibt. Durch Rückwärtskumulation ergibt sich hingegen das Risikoprofil, das auch als umgedrehte oder umgekehrte Verteilungsfunktion bezeichnet werden kann. Anhand des Risikoprofils können die Überschreitungswahrscheinlichkeiten für die Zielgröße abgelesen werden. Vgl. Frey, H.C./Nießen, G. (2001), S. 26f.

jeweiligen Periode dar. Des Weiteren findet sich bei *Siegel* der Vorschlag, aufbauend auf der Monte-Carlo-Risikosimulation einen Entscheidungswert zu bestimmen, indem ein Sicherheitsäquivalent für die Zielgröße, in diesem Fall für den Customer Equity 1, berechnet wird.[1374] Als Vorteil der zweiten Variante nennt *Siegel* die besondere Eignung zur Entscheidungsunterstützung von Vertriebs-Managern, die nicht selbst in die Aufbereitung der Daten involviert sind.[1375] Diese müssen auf diese Weise letztlich erst am Ende des Bewertungsprozesses eine Entscheidung fällen. Im Gegensatz zur herkömmlichen Sicherheitsäquivalent-Methode weist diese Vorgehensweise somit den Vorteil auf, dass Wahrscheinlichkeitsverteilungen nicht „stets mit ihrem Auftreten zu ihrem jeweiligen Sicherheitsäquivalent verdichtet werden“[1376], nämlich in jeder Periode, sondern erst im allerletzten Bewertungsschritt.

Für das fortgeführte Beispiel zum Modell von *Gupta et al.* kommen somit verschiedene Alternativen für eine Risikosimulation in Betracht. Die Risikosimulation kann sich einerseits sowohl auf die Werte der einzelnen Kohorten als auch direkt auf den Customer Equity 1 beziehen. Des Weiteren können sowohl für die einzelnen Kohorten als auch für den Customer Equity 1 entweder die einzelnen, zukünftigen Cashflows oder direkt die Entscheidungswerte simuliert werden. Daraus ergeben sich prinzipiell vier verschiedene Vorgehensweisen, die auf unterschiedlichen Zielgrößen basieren, wobei zusammenfassend die folgenden Alternativen in Betracht kommen:

(1) die Cashflows der einzelnen Kohorten,
(2) die Barwerte der einzelnen Kohorten,
(3) die aufsummierten, periodenspezifischen Cashflows des kompletten Kundenstamms sowie
(4) der Customer Equity 1.

Da Möglichkeit (1) aufgrund der Anzahl der zu simulierenden Größen sehr schnell an EDV-technische Grenzen stößt und aufgrund einer damit einhergehenden Komplexität kaum noch analytisch zu erfassen ist, scheidet diese Variante aus.[1377] Somit verbleiben grundsätzlich drei alternative Vorgehensweisen zur Durchführung der Risikosimulation. Bei einer Simulation der Barwerte der einzelnen Kohorten gilt es jedoch zu beachten, dass zwar die in Kapitel 4.2.4.1 angesprochenen Erfolgs- und Risikoverbundeffekte innerhalb der Kohorten berücksichtigt werden, die Verbundeffekte

[1374] Vgl. Siegel, T. (1994), S. 469.
[1375] Vgl. Siegel, T. (1994), S. 474.
[1376] Siegel, T. (1994), S. 473.
[1377] In diesem Fall müssten für die 58 Kohorten der Detailprognosephase und die Kohorte der Restwertphase jeweils mindestens die ersten 60 Perioden simuliert werden, so dass insgesamt über 3.500 Simulationen notwendig wären.

zwischen den einzelnen Kohorten aber unberücksichtigt bleiben, so dass hier letztlich die Möglichkeiten (3) und (4) als sinnvolle Ansätze einer Risikosimulation präferiert werden.

Aus den dargestellten Gründen werden daher zunächst die Cashflows aller Kohorten in einer Periode zu einem Cashflow des Kundenstamms zusammengefasst. Die folgende Tabelle zeigt einen Auszug der umfassenden Gesamtrechnung, die zur Erzielung eines ausgeglichenen Kundenbestands und unter Berücksichtigung unendlicher Zahlungsströme bei einer abnehmenden kumulierten Kundenbindungswahrscheinlichkeit etwa 80 Kohorten und 150 Perioden enthält:

KCF [in GE]	Kohorte						Kundenstamm KCF [in GE]
	0	1	2	3	4	5	
CLV_κ [in GE]	58.085	22.495	30.888	43.418	57.761	57.812	
t=0	12.060	-7.194					4.866
1	10.034	6.235	-8.986				7.282
2	8.348	5.237	8.366	-11.183			10.768
3	6.946	4.399	7.095	10.984	-13.855		15.568
4	5.779	3.695	6.016	9.490	14.368	-17.071	22.278
5	4.808	3.104	5.102	8.199	12.529	19.040	31.891
6	4.000	2.607	4.326	7.084	10.925	15.842	43.439
7	3.328	2.190	3.669	6.121	9.527	13.180	56.640
8	2.769	1.840	3.111	5.288	8.307	10.966	72.306
9	2.304	1.545	2.638	4.569	7.244	9.124	91.253
10	1.917	1.298	2.237	3.948	6.317	7.591	114.270
11	1.595	1.090	1.897	3.411	5.508	6.316	142.046
12	1.327	916	1.609	2.947	4.803	5.255	175.054
13	1.104	769	1.364	2.546	4.188	4.372	213.416
14	918	646	1.157	2.200	3.652	3.637	256.763
15	764	543	981	1.901	3.185	3.026	304.168
72	0	0	0	0	0	0	750.000
73	0	0	0	0	0	0	750.000
74	0	0	0	0	0	0	750.000
75	0	0	0	0	0	0	750.000

Tab. 4-16: Bestimmung der Cashflows des Kundenstamms

Tabelle 4-16 verdeutlicht, dass spätestens ab Periode t=75 vereinfachend ein Restwert unterstellt werden kann, da ab diesem Zeitpunkt die Cashflows konstant sind.

Im Rahmen der Risikoanalyse werden nun einerseits die Obergrenze des möglichen Kundenbestands $\overline{N}$ sowie die Kundenbindungsrate rr_t und andererseits die Entwicklung der zukünftigen Akquisitionskosten $A_{c,\kappa}^{NA}$, der zukünftigen Basis-Cashflows $KCF_{c,\kappa+1}$ im ersten Jahr der Kundenbeziehung sowie die Wachstumsraten des Basis-

Cashflows w_{κ}^{KCF} in den einzelnen Kohorten als unsicher angenommen. Alle anderen Größen werden weiterhin als sicher eingestuft.[1378]

Die unsicheren Größen werden im nächsten Schritt mit unterschiedlichen Wahrscheinlichkeitsverteilungen unterlegt. So wird beispielsweise für die Obergrenze des möglichen Kundenbestands $\overline{N}$ eine rechtsschiefe Betaverteilung mit einem unteren Wert i.H.v. 13.500 Kunden und einem oberen Wert i.H.v. 18.000 Kunden und für die Kundenbindungsrate eine Dreiecksverteilung mit möglichen Werten zwischen 75% und 85% angenommen. Des Weiteren werden die Erfolgsgrößen der einzelnen Kohorten mit den entsprechenden Wahrscheinlichkeitsverteilungen unterlegt.[1379] Es wird davon ausgegangen, dass zwischen den stochastischen Variablen keine Abhängigkeiten untereinander bestehen, so dass auf die Einbeziehung bedingter Wahrscheinlichkeitsverteilungen verzichtet wird.[1380] Des Weiteren wird angenommen, dass auch keine zeitlichen Abhängigkeiten bestehen.[1381]

Anschließend wird eine Monte-Carlo-Risikosimulation durchgeführt, indem für den Cashflow jeder Periode 10.000 mögliche Simulationsdurchläufe erfolgen. Die folgende Abbildung enthält beispielhaft für den Cashflow der ersten Periode die wichtigsten Ergebnisse sowie das aus der Monte-Carlo-Risikosimulation resultierende Histogramm:[1382]

1378 Da in der Praxis darüber hinaus der Schätzung der Parameter des Diffusionsmodells, in diesem Fall δ_1 und δ_2, eine entscheidende Bedeutung zukommt und diese als stark risikobehaftet angesehen werden müssen, sollten diese ebenfalls im Fokus der Risikoanalyse stehen. Im vorliegenden Beispiel wird diese Problematik jedoch weitgehend ausgeklammert und stattdessen auf die entsprechende Literatur verwiesen. Vgl. bspw. Kim, N./Mahajan, V./Srivastava, R.K. (1995), S. 257-279; Böhmer, C. (2003), S. 186ff.

1379 Die Verteilungsannahmen und die entsprechenden Parameter der Verteilungen sind dem Anhang zu entnehmen. Vgl. Anhang A-4.

1380 Vgl. hierzu ausführlich Streim, H. (1971), S. 104-113. Diese Vorgehensweise ist im vorliegenden Beispiel jedoch als durchaus plausibel zu erachten, da *Gupta et al.* im Grundmodell bereits auf den Kunden-Deckungsbeitrag zurückgreifen, der sich aus den Absatzmengen, den Absatzpreisen sowie den variablen Kosten zusammensetzt.

1381 *Streim* schlägt zur Berücksichtigung zeitlicher Abhängigkeiten die Verwendung von homogenen Markov-Ketten vor. Vgl. Streim, H. (1971), S. 113-117. Zur Berücksichtigung von Markov-Ketten vgl. bereits Kapitel 4.2.3.2.

1382 Die Ergebnisse aller weiteren Cashflows sind ebenfalls dem Anhang zu entnehmen. Vgl. Anhang A-4.

Prognose: CF1

Übersicht:

Gesamtbereich von 5.603 bis 9.846
Basisfall ist 7.282
Nach 10.000 Versuchen lautet der Standardfehler für den Mittelwert 6

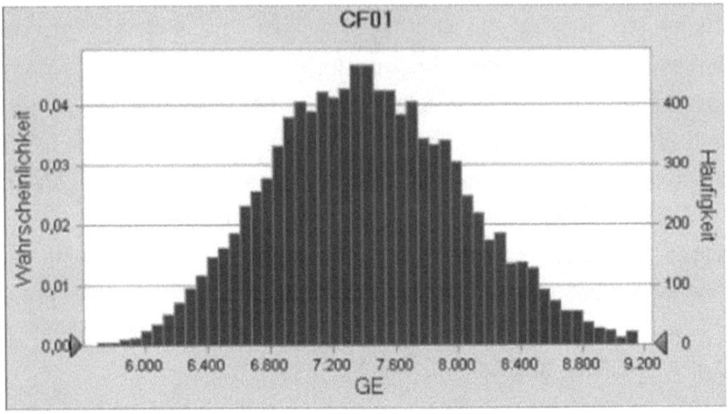

Statistik:	**Prognosewerte**
Erwartungswert	7.423
Median	7.400
Standardabweichung	618
Varianz	382.097
Schiefe	0,1960
Wölbung	2,82
Koeff. der Veränderlichkeit	0,0833
Minimum	5.603
Maximum	9.846
Bereichsbreite	4.243

Abb. 4-23: Ergebnisse der Risikosimulation [Möglichkeit (3)]

Da als Ergebnis der Monte-Carlo-Risikosimulation für jeden Cashflow sowohl die Erwartungswerte, als auch unterschiedliche Risikomaße wie die Standardabweichung oder die Varianz verfügbar sind, können nun im Anschluss für die einzelnen Perioden die Sicherheitsäquivalente berechnet werden:

Periode t [in GE]	0	1	2	3	4	5	6	7	8	9
μ	4.960	7.423	10.979	15.869	22.708	32.494	44.274	57.745	73.733	93.072
σ	431	618	862	1.218	1.713	2.425	3.280	4.507	6.031	7.853
SÄ	**4.788**	**7.175**	**10.635**	**15.381**	**22.023**	**31.524**	**42.962**	**55.942**	**71.321**	**89.931**
Periode t [in GE]	**10**	**11**	**12**	**13**	**14**	**15**	**16**	**17**	**18**	**19**
μ	116.566	144.914	178.599	217.742	261.968	310.330	361.345	413.170	463.860	511.663
σ	10.003	12.510	15.392	18.640	22.209	26.020	29.957	33.886	37.674	41.202
SÄ	**112.565**	**139.910**	**172.442**	**210.286**	**253.084**	**299.922**	**349.363**	**399.615**	**448.790**	**495.182**
Periode t [in GE]	**20**	**21**	**22**	**23**	**24**	**25**	**26**	**27**	**28**	**29**
μ	555.238	593.764	626.925	654.825	677.854	696.565	711.574	723.490	732.873	740.212
σ	44.386	47.178	49.565	51.562	53.202	54.528	55.587	56.424	57.080	57.590
SÄ	**537.484**	**574.892**	**607.099**	**634.200**	**656.573**	**674.754**	**689.339**	**700.921**	**710.041**	**717.176**
Periode t [in GE]	**30**	**31**	**32**	**33**	**34**	**35**	**36**	**37**	**38**	**39**
μ	745.922	750.346	753.762	756.392	758.411	759.958	761.142	762.045	762.733	763.256
σ	57.984	58.288	58.521	58.698	58.832	58.934	59.010	59.067	59.109	59.140
SÄ	**722.729**	**727.031**	**730.354**	**732.912**	**734.878**	**736.385**	**737.538**	**738.418**	**739.089**	**739.600**
Periode t [in GE]	**40**	**41**	**42**	**43**	**44**	**45**	**46**	**47**	**48**	**49**
μ	763.654	763.954	764.181	764.352	764.480	764.576	764.647	764.699	764.738	764.766
σ	59.163	59.179	59.191	59.198	59.204	59.207	59.209	59.209	59.210	59.209
SÄ	**739.988**	**740.283**	**740.505**	**740.673**	**740.799**	**740.893**	**740.964**	**741.016**	**741.054**	**741.082**
Periode t [in GE]	**50**	**51**	**52**	**53**	**54**	**55**	**56**	**57**	**58**	**59**
μ	764.786	764.800	764.809	764.816	764.820	764.822	764.823	764.823	764.823	764.822
σ	59.208	59.207	59.206	59.205	59.204	59.203	59.201	59.200	59.199	59.198
SÄ	**741.102**	**741.117**	**741.127**	**741.134**	**741.138**	**741.141**	**741.142**	**741.143**	**741.143**	**741.142**
Periode t [in GE]	**60**	**61**	**62**	**63**	**64**	**65**	**66**	**67**	**68**	**69**
μ	764.821	764.819	764.818	764.817	764.815	764.814	764.813	764.812	764.811	764.810
σ	59.198	59.197	59.196	59.195	59.195	59.194	59.193	59.193	59.193	59.192
SÄ	**741.142**	**741.141**	**741.140**	**741.139**	**741.138**	**741.137**	**741.136**	**741.135**	**741.134**	**741.133**
Periode t [in GE]	**70**	**71**	**72**	**73**	**74**	**75ff.**				
μ	764.809	764.808	764.807	764.807	764.806	764.806				
σ	59.192	59.191	59.191	59.191	59.191	59.190				
SÄ	**741.132**	**741.132**	**741.131**	**741.130**	**741.130**	**741.129**				
KSW_0	**7.151.210,71**									

Tab. 4-17: Bestimmung der Sicherheitsäquivalente und des Customer Equity 1

Die Bestimmung des Customer Equity 1 erfolgt im letzten Schritt durch Diskontierung der Cashflows mit dem risikofreien Zinssatz von 5%. Als Risikoaversionskoeffizient wurde ein Wert i.H.v. 0,4 angenommen.

Alternativ dazu könnte auch die oben dargestellte Möglichkeit (4) herangezogen werden und die Risikosimulation direkt für den Customer Equity 1 durchgeführt werden. Hierzu werden die oben angenommenen Wahrscheinlichkeitsverteilungen für die unsicheren Größen übernommen. Der Customer Equity 1 wird im Basisfall durch Diskontierung der zukünftigen Cashflows aus Tabelle 4-16 mit dem risikofreien Zinssatz ermittelt:

$$CE1 = 4.866 + \frac{7.282}{1{,}05} + \frac{10.768}{1{,}05^2} + ... + \frac{750.001}{1{,}05^{74}} + \frac{750.001}{0{,}05 \cdot 1{,}05^{74}} = 7.239.952$$

Im Anschluss erfolgt wiederum eine Monte-Carlo-Risikosimulation mit 10.000 möglichen Simulationsdurchläufen. Die folgende Abbildung zeigt die wichtigsten Ergebnisse sowie das aus der Monte-Carlo-Risikosimulation resultierende Histogramm für den Customer Equity 1:

Prognose: CE$_1$

Übersicht:

Gesamtbereich von 5.745.850,01 bis 9.466.629,17
Basisfall ist 7.239.952,20

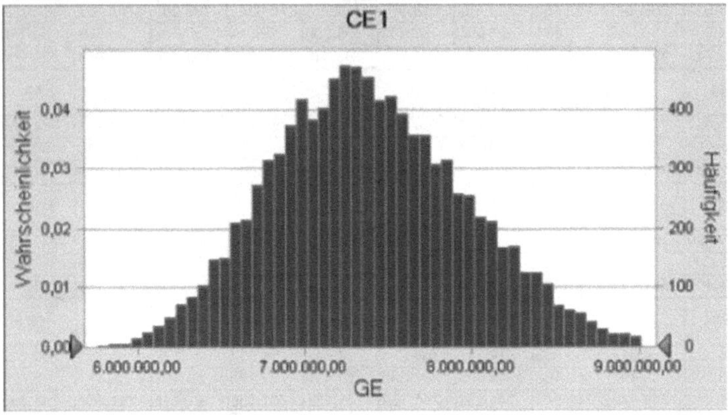

Statistik:	Prognosewerte
Erwartungswert	7.383.925,23
Median	7.351.295,50
Standardabweichung	580.155,38
Varianz	336.580.263.129,36
Schiefe	0,2316
Wölbung	2,79
Koeff. der Veränderlichkeit	0,0786
Minimum	5.745.850,01
Maximum	9.466.629,17
Bereichsbreite	3.720.779,16

Abb. 4-24: Ergebnisse der Risikosimulation [Möglichkeit (4)]

Die Monte-Carlo-Risikosimulation liefert grundsätzlich keine einwertigen Entscheidungsgrundlagen wie etwa einen Kundenstammwert, sondern zeigt eine Spannbreite möglicher Realisierungen auf. Darüber hinaus kann aber der Auswertungsstatistik entnommen werden, dass die realisierte Verteilung einen Erwartungswert i.H.v. 7.383.925,23 GE sowie eine Standardabweichung i.H.v. 580.155,38 GE aufweist.

Der aus der Monte-Carlo-Risikosimulation gewonnene Erwartungswert sowie die Standardabweichung werden nun dazu genutzt, ein Sicherheitsäquivalent für den Customer Equity 1 zu berechnen. Unter der Annahme eines vorgegebenen Risikoaversionskoeffizienten i.H.v. 0,4 ergibt sich ein Sicherheitsäquivalent i.H.v. 7.151.863,08 GE.[1383]

Des Weiteren lässt sich als Ergebnis der Monte-Carlo-Risikosimulation das Risikoprofil darstellen:

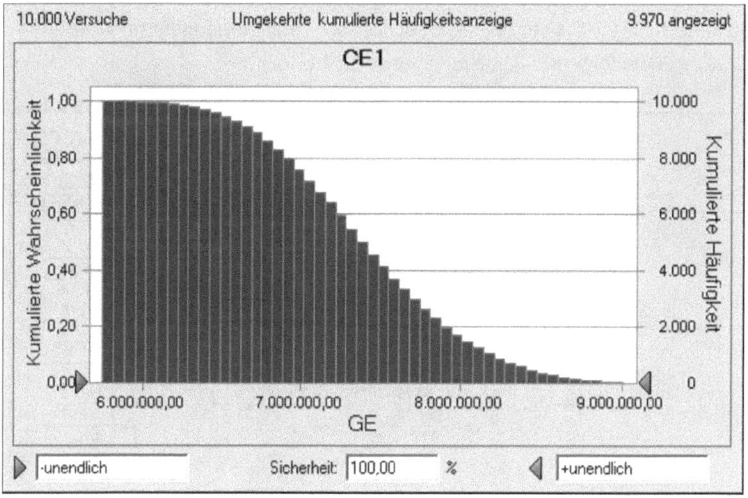

Abb. 4-25: ***Risikoprofil***

Dem Risikoprofil lässt sich entnehmen, mit welcher kumulierten Wahrscheinlichkeit ein bestimmter Wert für den Customer Equity 1 mindestens erreicht wird. So verdeutlicht Abbildung 4-25 beispielsweise, dass mit einer kumulierten Wahrscheinlichkeit von 40% ein Customer Equity 1 i.H.v. 7.503.079,43 GE erzielt wird.

4.2.4.6 Erweiterung des Modells von *Krafft et al.*

Das Modell von *Krafft et al.* soll aufgrund der entscheidenden Bedeutung der inhärenten Risikoberücksichtigung dahingehend erweitert werden, dass zunächst die Risikostruktur der möglichen zustandsabhängigen Kundenstammwerte offengelegt wird, indem zusätzlich zu den Erwartungswerten das Risiko anhand eines Risiko-

[1383] $CE1 = 7.383.925{,}23 - 0{,}4 \cdot 580.155{,}38 = 7.151.863{,}08$.

maßes ausgewiesen wird und anschließend eine Bewertung des Risikos durch Ermittlung eines Sicherheitsäquivalent gemäß des (μ,σ)-Kriteriums erfolgt. Zur Diskontierung wird stattdessen ein risikofreier Zinssatz i herangezogen, so dass sich Formel [4.33] verändert zu:

$$KSW_l(t) = \frac{SÄ[KSW_l(t+1)]}{(1+i)} + CF_l \cdot n_l \qquad [4.43]$$

Unter der Annahme eines risikofreien Zinssatzes i.H.v. 5% sowie eines Risikoaversionskoeffizienten i.H.v. 0,1 ergibt sich schließlich ein Kundenstammwert i.H.v. 15.127,45 GE, wie die folgende Abbildung verdeutlicht:

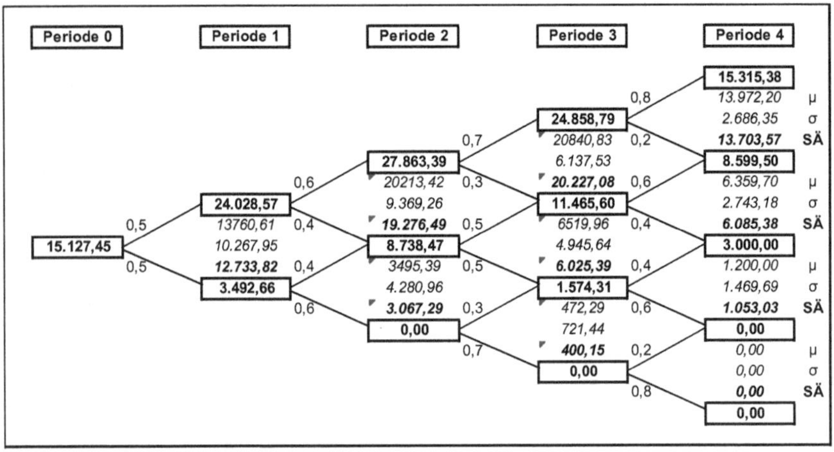

Abb. 4-26: Bewertung des Kundenstamms auf Basis von Sicherheitsäquivalenten

In Periode 3 ergibt sich beispielsweise für den oberen Zustand 3 der zustandsabhängige Kundenstammwert durch:

$$KSW_3(t=3) = \frac{(13.972{,}20 - 0{,}1 \cdot 2.686{,}35)}{1{,}05} + 11{,}57625 \cdot 1.020 \approx 24.858{,}79$$

Die Ergebnisse aus den beiden vorgestellten Modellen lassen sich theoretisch ineinander überführen, wenn entweder im letzteren Modell ein Risikoaversionskoeffizient i.H.v. 0,07785 oder im ersten Modell ein risikoadjustierter Zinssatz i.H.v. 11,558% gewählt würde.

4.2.4.7 Beurteilung

Es konnte aufgezeigt werden, dass sich die vorgestellten Ansätze zur Prognose der Kundenanzahl und anschließenden Bewertung des Kundenstamms auch dahingehend erweitern lassen, dass zunächst mehrwertige Daten bereitgestellt werden. Dadurch erfolgt eine transparentere Offenlegung der Risiken, die gegenüber einer bloßen Berechnung von Erwartungswerten und einer pauschalen Berücksichtigung des inhärenten Risikos mit Hilfe eines risikoadjustierten Zinssatzes als überlegen angesehen werden kann. Dies erscheint insbesondere bei der Bewertung des Kundenstamms ratsam, da in diesem Fall zwei wesentliche Risikoquellen berücksichtigt werden müssen: das Kundenbestandsrisiko sowie das Kundenerfolgsrisiko.

Im Customer Migration Model von *Dwyer* erfolgte eine Berücksichtigung des Kundenbestandsrisikos durch Heranziehung der Kaufwahrscheinlichkeiten. Bei der Bestimmung der zukünftigen Kundenerfolge war die Segmentierung der Kunden in Abhängigkeit vom Zeitpunkt ihres zuletzt getätigten Kaufs ein Einflussfaktor für den erwarteten Umsatz, die Werbeausgaben pro Kunde sowie den Cashflow. Das zugrunde liegende Kundenerfolgsrisiko wurde anschließend im Rahmen der Sicherheitsäquivalent-Methode durch Vornahme eines Risikoabschlags berücksichtigt. Im Zusammenhang mit einer Bestimmung des Customer Equity 1 muss jedoch angemerkt werden, dass innerhalb des Customer Migration Model über den ursprünglich herangezogenen Kundenstamm keine weiteren Kunden in das Modell integriert werden. Somit eignet sich das Modell beispielsweise nicht zur Bewertung von jungen Wachstumsunternehmen, sondern eher für Unternehmen mit einem ausgereiften Kundenbestand. Im Markov-Modell erfolgte die Prognose der zukünftigen Kundenbestände mit Hilfe der Übergangsmatrix. Darüber hinaus wurde aufgezeigt, wie die als unsicher angenommenen zukünftigen Kundeneinzahlungen und –auszahlungen zusätzlich mit Hilfe einer Szenario-Analyse geplant werden können. Die Bewertung der offengelegten Risiken erfolgte anschließend wiederum mit der Sicherheitsäquivalent-Methode. Hinsichtlich der Berücksichtigung der Kunden weist das Markov-Modell zwar den Vorteil auf, dass verlorene Kunden jederzeit als Neukunden in das Modell einfließen können, über die ursprünglich den einzelnen Segmenten zugeordneten Kunden werden jedoch auch keine weiteren Kunden mit in die Bewertung einbezogen, so dass sich auch das Markov-Modell eher für eine Bewertung von Unternehmen mit einem ausgereiften Kundenbestand eignet. Sowohl das Modell von *Gupta et al.* als auch das Modell von *Krafft et al.* weisen den Vorteil auf, dass sie explizit von einem Wachstum des Kundenbestands ausgehen und somit auch für die Bewertung von jungen Wachstumsunternehmen geeignet sind. So basiert das Modell von *Gupta et al.* beispielsweise auf einem Diffusionsmodell, das häufig im Rahmen innovativer

Produkte und Technologien eingesetzt wird.[1384] Darüber hinaus wurde in beiden Modellen das Risiko umfassend berücksichtigt. Das Modell von *Gupta et al.* wurde um eine Risikoanalyse erweitert, wobei sowohl Parameter zur Bestimmung der zukünftigen Kundenbestände als auch Parameter zur Bestimmung der zukünftigen Kundenerfolge als unsicher angenommen wurden und in die Risikoanalyse eingingen. Das Modell von *Krafft et al.* basiert auf einem Binomialmodell und verknüpft in der erweiterten Form aufgrund seiner Modellierung Eigenschaften der herkömmlichen Ertragswertmethode und des Realoptionsansatzes.

Abhängig vom Zweck und den Prämissen der Kundenstammbewertung, die vor Durchführung einer solchen Bewertung bekannt sein sollten, stehen somit vier verschiedene Bewertungsmethoden zur Bestimmung des Customer Equity 1 zur Verfügung. Darüber hinaus kann dann eine komplette kundenbezogene Unternehmensbewertung erfolgen, indem zusätzlich zu den Kunden-Cashflows, die aus dem Kundenstamm generiert werden können, auch die nicht direkt den Kunden zurechenbaren Auszahlungen und sonstigen Einzahlungen, die Nettozahlungen an die Fremdkapitalgeber (Zinszahlungen und Tilgungen einer Periode abzüglich einer möglichen Neuverschuldung) sowie die Steuerzahlungen berücksichtigt werden.

[1384] Vgl. Böhmer, C. (2003), S. 94ff.; Sander, M. (2004), S. 78.

5 Unternehmenswert-orientiertes Kunden-Controlling

Ziel dieses Kapitels ist die Konzeptionierung eines Informations-, Planungs- und Kontrollsystems zur Steuerung der Kunden eines Unternehmens. Zu diesem Zweck werden insbesondere die in Kapitel 4 bereits vorgestellten und entwickelten Instrumente zur Bestimmung des Kundenwerts, der im Rahmen dieser Arbeit als mehrperiodiger, dynamischer Barwert der zukünftigen kundenbezogenen Cashflows verstanden wird, in das Kunden-Controlling-System integriert. Dabei liegt der Fokus auf der Steuerung von Einzelkunden, da der Einsatz von kundenwertbeeinflussenden Maßnahmen bei Kundensegmenten oder dem kompletten Kundenstamm aufgrund der damit verbundenen, letztlich nicht vollständig zu umgehenden heterogenen Zusammensetzung stets mit Streuungsverlusten einhergeht. Darüber hinaus zeigte sich in den Modellen zur Bewertung des Kundenstamms, die auch zur Bewertung von Kundensegmenten eingesetzt werden können, dass letztlich zur Vereinfachung stets auf Durchschnittswerte für die Cashflows oder die Kundenbindungsraten zurückgegriffen werden muss, um die hohe Anzahl an Kunden berücksichtigen zu können. Daher kann eine Steuerung von Kundensegmenten nur als Notlösung angesehen werden.[1385] Falls es die Datenbasis im Unternehmen erlaubt, sollte die Planung, Bewertung und Kontrolle stets kundenindividuell erfolgen.[1386] Die folgenden Ausführungen zielen somit in erster Linie auf die Entwicklung eines idealtheoretischen Kunden-Controllingsystems zur Steuerung von Einzelkunden ab.

5.1 Kunden-Informationssystem

5.1.1 Überblick

Das Kunden-Informationssystem dient der Bereitstellung der relevanten Informationen, die im Rahmen der Kunden-Planung, -Bewertung und -Kontrolle benötigt werden.[1387] Somit ergibt sich der Informationsbedarf aus den Anforderungen der Methoden und Instrumente zur Bewertung und Steuerung der einzelnen Kundenbeziehungen, Kundensegmente sowie des gesamten Kundenstamms. Da im wertorientierten Kunden-Controllingsystem prospektiv ausgerichtete Methoden zur Bestimmung des Kundenwerts überwiegen, bezieht sich der Informationsbedarf in erster Linie auf quantitative Informationen zur Bestimmung des Kundenkapitalwerts, die eine Prognose der zukünftigen kundenbezogenen Cashflows unter Berücksichtigung der Kun-

1385 Vgl. hierzu Kapitel 5.4.
1386 Vgl. auch Reinecke, S./Keller, J. (2007), S. 87.
1387 Vgl. Eberling, G. (2002), S. 85.

denrisiken sowie eine Abschätzung der Kundenbeziehungsdauer erlauben.[1388] Zur Konzeptionierung eines effizienten Kunden-Informationssystems gilt es, das Informationsangebot sowie die Informationsnachfrage möglichst sinnvoll auf den Informationsbedarf abzustimmen,[1389] um einerseits Informationslücken, andererseits aber auch eine Informationsflut durch nicht notwendige Informationen zu vermeiden.[1390]

5.1.2 Beschaffung von Kundenwertinformationen

Ist der Informationsbedarf geklärt, müssen diese Informationen entweder intern im Unternehmen oder durch externe Quellen beschafft werden. Dabei kann zwischen bereits vorhandenen Informationen und eigens für ein spezielles Entscheidungsproblem neu zu erhebenden Informationen unterschieden werden. Informationen der Sekundärforschung weisen den Vorteil auf, dass sie schneller verfügbar und i.d.R. kostengünstiger zu beschaffen sind, während Informationen der Primärforschung erst durch Befragungen, empirische Erhebungen, Beobachtungen, Experimente oder Tests neu beschafft werden müssen.[1391] Als interne Quellen sind insbesondere Daten aus dem Rechnungswesen oder dem Vertrieb zu nennen.[1392] Bereits verfasste Berichte und Statistiken, wie etwa Kunden- und Außendienstberichte, Anfragen- und Angebotsstatistiken oder Auftrags-, Kunden- und Beschwerdestatistiken liefern eine kostengünstige Möglichkeit der Beschaffung von Kundeninformationen. Im Idealfall existieren auch bereits interne Datenbanken in Form eines zentralen Data Warehouse[1393] oder lokalen Vertriebssystemen, aus denen relevante Kundeninformationen gezogen werden können.[1394] Im Rahmen einer internen Primärforschung können hingegen Befragungen mit Führungskräften und Mitarbeitern aus dem Kundendienst, dem Vertrieb, der zentralen Marketingabteilung oder speziellen Gremien durchgeführt werden.[1395] Als externe Quellen kommen Berichte, Statistiken und Datenbanken von öffentlichen Ämtern, Wirtschaftsorganisationen und -verbänden, Marktforschungsinstituten oder der Schufa[1396] in Betracht. Zweckdienlich können auch Publikationen jeglicher Art sowie im Business-to-Business-Bereich Geschäftsberichte, Prospekte oder die Firmen-Homepage der Kunden sein.[1397] Eine entscheidende Be-

---

[1388] Vgl. Tewes, M. (2003), S. 239.
[1389] Vgl. Gemünden, H.G. (1993), Sp. 1725ff.; Wetzel, M. (1997), S. 43ff.
[1390] Vgl. Eberling, G. (2002), S. 87f.
[1391] Vgl. Eberling, G. (2002), S. 106.
[1392] Vgl. Böhler, H./Riedl, J. (1997), S. 66.
[1393] Vgl. Rapp, R. (2000), S. 239.
[1394] Vgl. zu den Grundlagen eines Data Warehouse bspw. Hamm, J. (1997), S. 103-114.
[1395] Vgl. Böhler, H./Riedl, J. (1997), S. 65ff.; Eberling, G. (2002), S. 107.
[1396] Die *SCHUFA Holding AG* (früher: *SCHUFA e.K. – Schutzgemeinschaft für allgemeine Kreditsicherung*) ist ein privatwirtschaftlich organisiertes Kreditbüro, dessen Aufgabe der Schutz ihrer Vertragspartner vor Kreditausfällen ist.
[1397] Vgl. Böhler, H./Riedl, J. (1997), S. 67.

deutung bei der Beschaffung von Kundeninformationen kommt insbesondere auch der Marktforschung zu, die Informationen aus der Unternehmensumwelt generieren und in den Prozess der Kundenbewertung einbringen soll.[1398]

Im Rahmen der Informationsbeschaffung können darüber hinaus aber auch ganz neue, innovative Wege beschritten werden. Damit die kundenbezogenen Daten an der Kasse nicht verloren gehen, hat ein Discounter für Bürobedarfsartikel die überaus erfolgreiche Methode entwickelt, jedem Kunden an der Kasse eine Mitgliedskarte anzubieten, die die Angabe des Namens, der beruflichen Position sowie der Adresse erfordert, ihrem Inhaber aber im Gegenzug diverse Sonderangebote und Spezialrabatte bietet.[1399] Da zukünftige Umsätze stets über die Kundennummer der Mitgliedskarte abgebucht werden, stehen dem Unternehmen auf diese Weise sämtliche Informationen über die Kaufgewohnheiten, die Kauffrequenz, die durchschnittliche Ausgabenhöhe sowie die erworbenen Artikel zur Verfügung.[1400] Auf dem gleichen Prinzip basiert auch das System des Kundenbonusprogrammanbieters Payback, das darüber hinaus unter Umständen noch den Vorteil einer günstigen Neukundenakquisition aufweist, indem Kunden innerhalb des Payback-Systems, die noch nicht Kunden des betrachteten Anbieters sind, bereits Werbeangebote zugeschickt werden.[1401] Darüber hinaus zeigen *Reichheld/Sasser* am Beispiel eines Fischrestaurants in Maryland auf, wie selbst Restaurants Kundeninformationen sammeln können, indem sie die Angaben aus dem Reservierungsbuch in einer Kundendatenbank speichern.[1402] Auf diese Weise kann der verantwortliche Manager nicht nur verfolgen, wie häufig ein Kunde wiederkehrt und wie hoch sein Verzehr ist, sondern diesen gegebenenfalls bei sinkendem Interesse auch durch Werbemaßnahmen bearbeiten. Eine mögliche Erfassung von Kundeninformationen bezieht sich aber nicht nur auf die Erlösseite. Auch die Erfassung von kundenbezogenen Kosten erscheint vielfach durch neue Ansätze möglich. Der Einsatz moderner Verkaufs- und Beratungs-Software bei Kundengesprächen in Filialen, Call Centern und im Außendienst ermöglicht eine automatische Erfassung der Beratungszeiten, die als wesentliche Kostentreiber im Vertrieb angesehen werden können. Durch die zentrale Steuerung von Direkt-Marketing-Kampagnen können die kundenspezifischen Marketingkosten automatisch erfasst werden.

1398 Vgl. Tewes, M. (2003), S. 246.
1399 Vgl. Reichheld, F.F./Sasser, W.E. (1991), S. 112.
1400 Zu den Vorteilen von Kundenkartensystemen hinsichtlich der Erfassung von Kundeninformationen vgl. auch Dallmer, H./Wonnemann, T. (1997), S. 278f.
1401 Vgl. Glusac, N. (2006), S. 515ff.
1402 Vgl. Reichheld, F.F./Sasser, W.E. (1991), S. 112.

Somit lässt sich durch eine EDV-basierte Vernetzung der Vertriebskanäle die Informationsbeschaffung zahlreicher individueller Kundendaten erheblich verbessern. Diese können anschließend in entsprechenden Kunden-Datenbanken gespeichert werden, so dass diese auch in Zukunft abrufbar sind und für Kundenanalysen eingesetzt werden können. Durch die automatische Erfassung und Speicherung ist auf diese Weise eine kostengünstige Beschaffung und Sammlung etlicher Kundendaten möglich.[1403]

Aus den bisherigen Ausführungen wurde bereits ersichtlich, dass die Möglichkeit der Beschaffung kundenbezogener Daten größtenteils durch die jeweilige Branche determiniert wird. Aus diesem Grunde gehen die grundlegenden Überlegungen zu Kundenwertanalysen auch auf den Investitionsgüterbereich zurück, in dem die Anzahl der Kunden sowie der gekauften Produkte überschaubar ist und einzelkundenbezogene Daten verfügbar sind.[1404] Kundenwertanalysen werden mittlerweile aber auch in vielen Unternehmen der Dienstleistungsbranche oder der Konsumgüterindustrie durchgeführt. Einzelkundenbezogene Daten sind beispielsweise bei Banken und Versicherungen, in der Tourismusbranche, in der Energiebranche sowie bei Telekommunikationsdienstleistern (Internet Service Provider, Mobilfunkunternehmen) verfügbar, wo viele Informationen bereits aufgrund von abgeschlossenen Verträgen abrufbar sind.[1405] Einzelkundenbezogene Daten lassen sich aber auch bei Automobil- oder Luxusgüterherstellern leicht beschaffen. Eher langlebige Güter zu entsprechend hohen Einstandspreisen garantieren in diesen Branchen einen hohen Nutzen der Kundenwertanalysen.

Problematisch ist wie bereits angedeutet die Informationsbeschaffung immer dann, wenn es sich bei den Kunden eines Unternehmens überwiegend um anonyme Kunden handelt.[1406] Aus diesem Grund gestaltet sich eine Informationsbeschaffung im Versandhandel als wesentlich einfacher als im Einzelhandel. Hier gilt es entsprechende Mittel und Wege zu finden, um die anonymen Kunden zu erreichen und Datenbanken mit den Daten der Kunden aufzubauen. Bei der Informationsbeschaffung zur Durchführung von Kundenwertanalysen gilt es jedoch darüber hinaus die Wirtschaftlichkeit im Sinne von Kosten-/Nutzen-Relationen zu beachten.[1407] Ist eine entsprechende Datenverfügbarkeit nicht gegeben oder nur unter sehr hohem Aufwand durchführbar und somit unwirtschaftlich, könnten auch Kundenanalysen auf höheren Aggregationsebenen durchgeführt werden, sofern die Informationsverluste

---

[1403] Vgl. Eberling, G. (2002), S. 108.
[1404] Vgl. Cornelsen, J. (2000), S. 76.
[1405] Vgl. Wiesel, T. (2006), S. 1.
[1406] Vgl. Krafft, M. (2001), S. 846.
[1407] Vgl. Schmöller, P. (2001), S. 106.

in Kauf genommen werden können. Um die Erkenntnisse aus Teilerhebungen auf andere Kunden übertragen zu können, ist die Bildung von Kundensegmenten notwendig.[1408] Dies fällt jedoch bereits in die Aufbereitung von Kundeninformationen und soll im nächsten Kapitel vertieft werden.

5.1.3 Aufbereitung von Kundenwertinformationen

Kernaufgabe des Kunden-Controlling ist im Rahmen des Informationssystems die Aufbereitung von Kundenwertinformationen zur Beurteilung von Kundenbeziehungen. Da die zunächst beschafften Kundendaten eher als Rohdaten betrachtet werden können, sind diese nun für die weitere Verwendung aufzubereiten und zu verarbeiten.[1409] In diesem Zusammenhang kommt insbesondere Methoden der Datenauswertung und Kundensegmentierung, die jedoch eine Kernaufgabe des Marketing darstellt und hier nicht vertieft werden soll,[1410] sowie Prognosemethoden eine besondere Bedeutung zu.

5.1.3.1 Methoden der Datenauswertung

Im Rahmen der Datenauswertung besteht zunächst die Möglichkeit der Datenreduktion. Indem die Daten komprimiert werden, wird die Aussagefähigkeit der Informationen gesteigert, häufig allerdings auch ein Informationsverlust in Kauf genommen.[1411] Daher hat die Datenreduktion bereits zweckbezogen zu erfolgen. Ist dies gewährleistet, so können in einem ersten Schritt alle unwichtigen, fehlerhaften oder redundanten Daten herausgefiltert werden. Neben einfachen Tabellierungen, elementaren Berechnungen wie etwa der Summe der Kundenumsätze und Verhältniszahlen können insbesondere zur Vereinfachung großer und komplexer Datenbestände mathematisch-statistische Verfahren herangezogen werden. Diese reichen von einfachen univariaten Maßzahlen wie dem arithmetischen Mittel oder der Varianz bis zu multivariaten Verfahren, die sich wiederum in Interdependenz- und Dependenzanalysen unterteilen lassen.[1412] Zu den Interdependenzanalysen, die von wechselseitigen Beziehungen zwischen den Variablen ohne Richtungszusammenhang ausgehen, zählen beispielsweise die Clusteranalyse, das Conjoint Measurement[1413] oder die Korrelationsanalyse. Dependenzanalysen beinhalten beispielsweise die Diskriminanz-, die

[1408] Vgl. Eberling, G. (2002), S. 109.
[1409] Vgl. Eberling, G. (2002), S. 111; Crie, D./Micheaux, A. (2006), S. 282-299.
[1410] Zu den Aufgaben, Kriterien und Methoden einer Kundensegmentierung vgl. bspw. Engelhardt, W.H./Klöter, R./Schnittka, M. (2002), S. 495ff.; Eberling, G. (2002), S. 118-122; Sander, M. (2004), S. 237-240; Schneider, N.C. (2007), S. 84-86.
[1411] Vgl. Eberling, G. (2002), S. 113.
[1412] Vgl. Eberling, G. (2002), S. 114.
[1413] Vgl. Sander, M. (2004), S. 282f.

Regressions- oder die Varianzanalyse und unterstellen, dass eine oder mehrere abhängige Variablen von anderen unabhängigen Variablen beeinflusst werden. Ziel der Dependenzanalysen ist es, diesen Einfluss analysieren und beschreiben zu können. Des Weiteren werden neuerdings zur Datenauswertung auch innovative Verfahren wie Künstliche Neuronale Netze, Genetische Algorithmen oder die Methode der Fuzzy Logic genannt, die sich jedoch bislang nicht wirklich durchsetzen konnten.[1414]

Angesichts der immer stärker anwachsenden Datenmengen in den Kunden-Datenbanken wächst die Bedeutung von automatisierten Datenanalysen, die unter dem Begriff des Data Mining zusammengefasst werden können.[1415] Diese ermöglichen die Analyse großer Datenbestände auf komplexe Zusammenhänge hin, dessen Ergebnisse anschließend in geeigneten Repräsentationsformen dokumentiert werden können. Die Vorteile des Data Mining kommen besonders zur Geltung, wenn ein Unternehmen über eine hohe Kundenzahl und umfangreiche kundenwertrelevante Daten verfügt.[1416] Allerdings muss beachtet werden, dass es sich bei Data Mining nur um eine technologische Plattform handelt, die auf den zuvor dargestellten mathematisch-statistischen Verfahren aufbaut.

5.1.3.2 Instrumente zur Prognose von einzelnen Kundenwerttreibern

Innerhalb der Bestimmung des Kundenwerts kommt insbesondere der Prognose der kundenbezogenen Cashflows eine erhebliche Bedeutung zu, da sich diese entscheidend auf die Höhe des Kundenwertes auswirken. Des Weiteren muss berücksichtigt werden, dass die Planungssicherheit auch direkt einen Einfluss auf die Effizienz des Ressourceneinsatzes hat, weswegen Prognosen nicht nur als Mittel zum Zweck angesehen werden dürfen, sondern einen Beitrag zur Steigerung des Unternehmenserfolgs leisten können.[1417] Im Folgenden sollen ausgewählte Instrumente zur Prognose der zukünftigen Ein- und Auszahlungen eines Unternehmens vorgestellt werden.

5.1.3.2.1 Überblick über mögliche Prognosemethoden

Prognosemethoden lassen sich grundsätzlich in quantitative und qualitative Modelle unterteilen.[1418] Quantitative Modelle basieren auf der Verwendung formaler Prognoseprozesse anhand mathematischer Operationen, die selbst auf Hypothesen oder Theorien aufbauen und sich weitestgehend an historischen Daten und Erfahrungen

1414 Vgl. Eberling, G. (2002), S. 115.
1415 Vgl. Wietzorek, H./Henkel, G. (1997), S. 245; Eberling, G. (2002), S. 116.
1416 Eberling, G. (2002), S. 117.
1417 Vgl. Ryals, L. (2003), S. 167.
1418 Vgl. Tscheulin, D.K. (2001), S. 605.

bezüglich der für die Prognose relevanten Variablen orientieren.[1419] Beispiele für quantitative Verfahren sind das Verfahren der gleitenden Durchschnitte, die exponentielle Glättung, die Trendextrapolation, das Pareto-NBD-Modell, das Markov-Ketten-Modell, Indikatorprognosen, Strukturmodelle sowie Wachstumsfunktionen.[1420] Beispiele für qualitative Verfahren sind Experten- und Konsumentenbefragungen, die Kohortenanalyse oder die Szenario-Technik.[1421] Einige dieser Verfahren fanden im Verlauf dieser Arbeit bereits Anwendung, wie beispielsweise die Szenario-Analyse oder das Markov-Ketten-Modell.

Grundsätzlich stehen somit zwei unterschiedliche Vorgehensweisen zur Prognose der zukünftigen Ein- und Auszahlungen zur Verfügung:[1422]

(1) Extrapolation von vergangenheitsbezogenen Daten in die Zukunft
(2) Prognose der zukünftigen Entwicklung auf Basis von Indikatoren

Da quantitative Prognoseverfahren kaum in der Lage sind, Diskontinuitäten hinreichend zu verarbeiten, liegt der Anwendungsbereich solcher Verfahren eher in kurz- und mittelfristigen Prognosen, während der Anwendungsbereich qualitativer Prognoseverfahren aufgrund ihrer Stärke bei zeitinstabilen Situationen eher im langfristigen Bereich liegt.[1423]

Die Eignung solcher Prognoseverfahren ist vom jeweiligen Zweck und der vorhandenen Informationslage abhängig. Da an dieser Stelle nicht auf alle möglichen Prognoseverfahren im Detail eingegangen werden kann, sollen im Folgenden exemplarisch die Wachstumsfunktionen hinsichtlich ihrer Eignung im Rahmen der Prognose untersucht werden.

5.1.3.2.2 Wachstumsfunktionen als Instrument der Prognose

Wachstumsfunktionen respektive Wachstumsmodelle, die die Entwicklung einer ökonomischen Größe in Abhängigkeit von der Zeit t darstellen und auf einen nicht-linearen Funktionsverlauf abstellen, eignen sich zur Darstellung mittel- bis langfristiger Entwicklungsprognosen.[1424] Die hier betrachteten Wachstumsfunktionen bauen auf

---

1419 Vgl. Eberling, G. (2002), S. 124f.
1420 Vgl. Tewes, M. (2003), S. 271; Sander, M. (2004), S. 247-267; Schneider, N.C. (2007), S. 71.
1421 Vgl. Sander, M. (2004), S. 267-283.
1422 Vgl. Tscheulin, D.K. (2001), S. 605-607; Weiber, R./Weber, M.R. (2002), S. 629; Tewes, M. (2003), S. 270.
1423 Vgl. Eberling, G. (2002), S. 126.
1424 Vgl. Tscheulin, D.K. (2001), S. 606f.; Sander, M. (2004), S. 259.

sog. Diffusionsmodellen auf, die wiederum auf Analysen bezüglich der Ausbreitung von Innovationen in einem sozialen System aufbauen und mit deren Hilfe das Konsumentenverhalten von Kunden modellhaft beschrieben werden kann.[1425] Dabei werden drei Gruppen von Diffusionsmodellen unterschieden. Die erste Gruppe beinhaltet solche Modelle, die sich nur auf innovatorisches Kaufverhalten beziehen, die zweite Gruppe enthält Modelle, die sich ausschließlich auf imitatorisches Kaufverhalten beziehen, und die dritte Gruppe umfasst die integrativen Diffusionsmodelle, die sowohl innovatorische als auch imitatorische Aspekte berücksichtigen.[1426]

Zu den bekanntesten integrativen Diffusionsmodellen gehört das von *Bass* entwickelte Modell, das auf der Idee aufbaut, dass sich die Neukunden eines neu entwickelten Produktes in Innovatoren und Imitatoren einteilen lassen.[1427] Die Innovatoren zeichnen sich dadurch aus, dass sie ihre Kaufentscheidung völlig unabhängig von anderen Individuen fällen, während die Imitatoren ihre Kaufentscheidung vom Kaufverhalten bereits existierender Kunden abhängig machen. Für das Marketing eines Unternehmens bedeutet dies, dass die Innovatoren ausschließlich durch externe Kommunikationsquellen wie der Massenkommunikation, die Imitatoren jedoch überwiegend durch persönliche Kommunikation mit bisherigen Kunden, insbesondere mit zufriedenen Kunden mit hohem Referenzpotential,[1428] zum Kauf motiviert werden können.[1429] Bezeichnet man α_{DM} als Koeffizient der Innovatorennachfrage und β_{DM} als Koeffizient der Imitatorennachfrage, so lässt sich das Modell von *Bass* zusammenfassend mit Hilfe der folgenden Funktion darstellen:[1430]

$$q_t = \left(\alpha_{DM} + \beta_{DM} \cdot \frac{Q_{t-1}}{\overline{Q}} \right) \cdot \left(\overline{Q} - Q_{t-1} \right) \qquad [5.1]$$

Für alle Diffusionsmodelle ist charakteristisch, dass die Funktion gegen einen existierenden oberen Grenzwert konvergiert, den sog. Sättigungswert.[1431] Im Zusammenhang mit dem Gesamtabsatzmarkt soll $\overline{Q}$ das Marktpotential, verstanden als maximales Marktvolumen, und somit den Sättigungswert für ein bestimmtes neuartiges Produkt darstellen.[1432] Q_t bezeichnet das Marktvolumen respektive den kumulierten

1425 Vgl. Fantapié Altobelli, C. (1991), S. 35; Sander, M. (2004), S. 259.
1426 Vgl. Homburg, C. (2000), S. 227.
1427 Vgl. Bass, F.M. (1969), S. 216.
1428 Vgl. hierzu Kapitel 4.1.2.3.
1429 Vgl. Berndt, R. (1996), S. 258.
1430 Vgl. Homburg, C. (2000), S. 230. Zur Herleitung der Funktion vgl. Bass, F.M. (1969), S. 215-227.
1431 Vgl. Sander, M. (2004), S. 259.
1432 Vgl. Homburg, C. (2000), S. 227; Sander, M. (2004), S. 259.

Absatz in einer betrachteten Periode t und q_t den Bestandszuwachs oder Absatz in der Periode t.[1433] Die Innovationsrate α_{DM} bezieht sich auf die Differenz $\left(\overline{Q}-Q_{t-1}\right)$ und stellt das aus dem Blickwinkel der betrachteten Periode noch unausgeschöpfte Marktpotential dar.[1434] Die Imitationsrate β_{DM} bezieht sich auf selbige Differenz multipliziert mit dem Quotienten $\frac{Q_{t-1}}{\overline{Q}}$, der sich als „sozialer Druck"[1435] interpretieren lässt und die Anzahl der Kommunikationsmöglichkeiten zwischen bereits vorhandenen Kunden und potentiellen Neukunden beschreibt.[1436]

Gleichung [5.1] lässt sich auch umformen in die Form

$$\begin{aligned}
&q_t = a_{0,DM} + a_{1,DM} \cdot Q_{t-1} + a_{2,DM} \cdot Q_{t-1}^2 \\
&mit: \\
&a_{0,DM} = \alpha_{DM} \cdot \overline{Q}, a_{1,DM} = \beta_{DM} - \alpha_{DM}, a_{2,DM} = -\frac{\beta_{DM}}{\overline{Q}}
\end{aligned} \qquad [5.2]$$

Mittels dieser Gleichung kann beim Vorliegen der Zahlen für q_t und Q_{t-1} über mindestens drei Perioden durch lineare Regression eine Parameterschätzung für $a_{0,DM}$, $a_{1,DM}$ und $a_{2,DM}$ durchgeführt werden.[1437]

Aufbauend auf den Erkenntnissen von *Bass* sollen vier häufig herangezogene Wachstumsmodelle vorgestellt werden: das exponentielle Modell, das logistische Modell, das Gompertz-Modell sowie das verallgemeinerte Modell.[1438] Die Verbindung zum Bass-Modell wird deutlich, wenn Gleichung [5.1] bei stetiger Zeitbetrachtung allgemeiner formuliert wird als:[1439]

$$\frac{dN(t)}{dt} = g(t) \cdot \left[\overline{N} - N(t)\right] \qquad [5.3]$$

1433 Vgl. Homburg, C. (2000), S. 227.
1434 Vgl. Fantapié Altobelli, C. (1991), S. 36.
1435 Ossadnik, W. (2006), S. 204.
1436 Vgl. Homburg, C. (2000), S. 230.
1437 Vgl. Homburg, C. (2000), S. 230f.
1438 Vgl. Sander, M. (2004), S. 259ff.
1439 Vgl. Fantapié Altobelli, C. (1991), S. 36. Rein mathematisch handelt es sich hierbei um die erste Ableitung der Bestandsentwicklung nach der Zeit.

$\overline{N}$ bezeichnet das Marktpotential, $N(t)$ kann als kumulierte Nachfrage interpretiert werden. Die Funktion $g(t)$ tritt nun an die Stelle von Innovationsrate und Imitationsrate. Diese wird auch als Diffusionsrate oder Diffusionsgeschwindigkeit bezeichnet und beschreibt, welcher Teil des noch nicht abgeschöpften Marktpotentials in Periode t abgeschöpft wird.[1440] Sie verdeutlicht darüber hinaus, dass sich Diffusions- und Wachstumsmodelle auch nur auf einen innovatorischen Aspekt oder einen imitatorischen Aspekt beziehen können.

So baut das exponentielle Wachstumsmodell auf der Annahme einer ausschließlichen Innovatorennachfrage auf. Da die Imitatorennachfrage β_{DM} somit gleich Null gesetzt wird, tritt an die Stelle von Gleichung [5.3] die folgende Gleichung:[1441]

$$\frac{dN(t)}{dt} = \alpha_{DM} \cdot \left(\overline{N} - N(t)\right) \qquad [5.4]$$

Der jeweilige Bestand lässt sich dann folgendermaßen bestimmen:[1442]

$$N(t) = \overline{N} \cdot \left(1 - e^{-\alpha_{DM} \cdot t}\right) \qquad [5.5]$$

Das exponentielle Modell weist einen konkaven Funktionsverlauf auf, so dass das Grenzwachstum im Zeitablauf abnimmt.

Im Gegensatz zum exponentiellen Modell basiert das logistische Modell auf der Annahme einer ausschließlichen Imitatorennachfrage:[1443]

$$N(t) = \frac{\overline{N}}{1 + \left[\frac{\overline{N} - N_0}{N_0} \cdot e^{-\beta_{DM} \overline{N} \cdot (t - t_0)}\right]} \qquad [5.6]$$

N_0 bezeichnet dabei die Nachfrage im Ausgangszeitpunkt t_0. Der Bestandszuwachs ergibt sich durch:

$$\frac{dN(t)}{dt} = \beta_{DM} \cdot N(t) \cdot \left[\overline{N} - N(t)\right] \qquad [5.7]$$

1440 Vgl. Berndt, R. (1996), S. 258.
1441 Vgl. Fantapié Altobelli, C. (1991), S. 38.
1442 Vgl. Sander, M. (2004), S. 261.
1443 Vgl. Berndt, R. (1996), S. 259.

Auch das Gompertz-Modell basiert auf der Annahme einer ausschließlichen Imitatorennachfrage. Die Bestandsfunktion sieht wie folgt aus:[1444]

$$N(t) = \overline{N} \cdot e^{\left[-\left(\ln\frac{\overline{N}}{N_0}\right) \cdot e^{-\beta_{DM} \cdot t}\right]} \qquad [5.8]$$

Der Bestandszuwachs ermittelt sich hier wie folgt:

$$\frac{dN(t)}{dt} = \beta_{DM} \cdot N(t) \cdot \left[\ln \overline{N} - \ln N(t)\right] \qquad [5.9]$$

Sowohl das logistische Modell als auch das Gompertz-Modell weisen einen S-förmigen Funktionsverlauf auf. Während allerdings der Funktionsverlauf im logistischen Modell symmetrisch zum Wendepunkt ist, weist das Gompertz-Modell einen nichtsymmetrischen Funktionsverlauf auf.[1445]

Das verallgemeinerte Modell setzt sich additiv aus dem exponentiellen und dem logistischen Modell zusammen, beinhaltet daher also sowohl die Innovationsrate α_{DM} als auch die Imitationsrate β_{DM} als zu schätzende Parameter:[1446]

$$N(t) = \frac{\overline{N} - \frac{\alpha_{DM} \cdot (N - N_0)}{(\alpha_{DM} + \beta_{DM} \cdot N_0)} \cdot e^{-(\alpha_{DM} + \beta_{DM} \cdot \overline{N})(t - t_0)}}{1 + \frac{\beta_{DM} \cdot (\overline{N} - N_0)}{(\alpha_{DM} + \beta_{DM} \cdot N_0)} \cdot e^{-(\alpha_{DM} + \beta_{DM} \cdot \overline{N})(t - t_0)}} \qquad [5.10]$$

Der Bestandszuwachs ergibt sich aus:

$$\frac{dN(t)}{dt} = \alpha_{DM} \cdot \left[\overline{N} - N(t)\right] + \beta_{DM} \cdot N(t) \cdot \left[\overline{N} - N(t)\right] \qquad [5.11]$$

Aufgrund der additiven Zusammensetzung ergibt sich auch im verallgemeinerten Modell ein S-förmiger Funktionsverlauf.

Zur Bestimmung der Innovationsrate α_{DM} und der Imitationsrate β_{DM} kann entweder auf Daten aus der Vergangenheit oder auf Expertenschätzungen zurückgegriffen

1444 Vgl. Fantapié Altobelli, C. (1991), S. 41.
1445 Vgl. Sander, M. (2004), S. 259.
1446 Vgl. Berndt, R. (1996), S. 259.

werden.[1447] Denkbar wäre beispielsweise, dass das Management eines Unternehmens bereits Erfahrungen hinsichtlich des Wachstums bei ähnlichen Produkten gemacht hat, die nun in die Koeffizientenschätzung mit einfließen könnten. Da Diffusionsmodelle jedoch annahmegemäß zur Absatzprognose für neue, innovative Produkte entwickelt wurden, ergibt sich das Problem, dass nicht immer vergleichbare Daten aus der Vergangenheit verfügbar sind. Allerdings eignen sich die vorgestellten Modelle nicht nur für die Prognose der Absatzmengen neuer Produkte, sondern können auch zur Prognose älterer Produkte herangezogen werden. Die dargestellten Wachstumsmodelle können noch dadurch erweitert werden, dass die Annahme eines statischen Marktpotentials $\overline{N}$ aufgegeben wird und stattdessen durch die Annahme eines dynamischen Marktpotentials $\overline{N}(t)$, das im Zeitablauf steigen oder auch fallen kann, ersetzt wird.[1448]

Als Anwendungsbereiche für die vorgestellten Wachstumsmodelle kommt die Prognose der Absatzmengen, des gesamten Marktpotentials oder der Umsatzerlöse in Betracht.

5.1.3.2.3 Instrumente zur Ermittlung der kundenbezogenen Kosten

Für die Prognose der zukünftigen Kosten einer Kundenbeziehung sind die Entwicklung der Faktorpreise sowie des zukünftigen Ressourcenverbrauchs entscheidend.[1449] Besondere Bedeutung kommt der Prognose der zukünftigen Entwicklung der Lohn-, Energie- und Rohstoffpreise zu. Dies gestaltet sich jedoch insbesondere langfristig als äußerst schwierig, kurz- und mittelfristig kann i.d.R. vereinfachend von nahezu konstanten Faktorpreisen ausgegangen werden. Der zukünftige Ressourcenverbrauch resultiert aus dem weiteren Verlauf der Kundenbeziehung. Aufbauend auf der relativen Einzel- und Prozesskostenrechnung muss hierzu analysiert werden, welche Ressourcen der Kunde bislang in Anspruch genommen hat und welche Ressourcen er in Zukunft voraussichtlich in Anspruch nehmen wird. Maßgeblich wird der Ressourcenverbrauch durch das persönliche Kauf-, Verhandlungs- und Beschwerdeverhalten des Kunden sowie durch kundenbezogene Maßnahmen seitens des Unternehmens bestimmt, weswegen sich allgemeingültige Aussagen zur Kostenentwicklung als schwierig gestalten.[1450] Ein wesentlicher Bestandteil des Ressourcenverbrauchs wird jedoch durch die voraussichtliche Absatzmenge determiniert. So ist davon auszugehen, dass insbesondere die Produktions- oder Auftragsbearbeitungskos-

[1447] Vgl. Sander, M. (2004), S. 260.
[1448] Vgl. Fantapié Altobelli, C. (1991), S. 78ff.
[1449] Vgl. Eberling, G. (2002), S. 147.
[1450] Vgl. Eberling, G. (2002), S. 148.

ten mit steigenden Absatzmengen aufgrund höherer Losgrößen durch Economies of Scale abnehmen. Darüber hinaus ist damit zu rechnen, dass aufgrund von Synergieeffekten in Vertrieb und Distribution Economies of Scope realisiert werden können. Zur Abbildung solcher Kostenentwicklungen kann auf klassische Konzepte zurückgegriffen werden. Im Folgenden soll daher exemplarisch die Erfahrungskurve vorgestellt werden.

In der betriebswirtschaftlichen Praxis konnte in zahlreichen Unternehmen beobachtet und in empirischen Studien[1451] auch bestätigt werden, dass die realen Stückkosten aufgrund von Skaleneffekten nicht auf einem konstanten Niveau verharren, sondern durch die fortlaufende Produktion bestimmter Erzeugnisse und den daraus resultierenden Lern- und Erfahrungseffekten mit zunehmender kumulierter Produktionsmenge tendenziell abnehmen.[1452] Dies wurde anfangs mittels Lernkurven nur auf den Fertigungsbereich bezogen, später dann auf etliche Bereiche eines Unternehmens erweitert.[1453] Die *Boston Consulting Group (BCG)* prägte hierfür den Begriff der Erfahrungskurve und stellte die These auf, dass die auf die Wertschöpfung bezogenen, realen Stückkosten bei jeder Verdoppelung der im Zeitablauf kumulierten Produktionsmenge potentiell um 20-30% sinken.[1454] *Simon* zeigt dagegen auf, dass die tatsächlich realisierte Kostensenkung für viele Produktgruppen von den angegebenen 20-30% abweicht und diesen Wert sowohl unter- als auch überschreitet.[1455] Daher ist bei Anwendung der Erfahrungskurve eine kritische Auseinandersetzung mit der von der *BCG* aufgestellten These geboten.

Innerhalb der Ermittlung der Stückkosten werden mit den Kapital-, Entwicklungs-, Fertigungs-, Distributions-, Vertriebs-, Marketing-, Verwaltungs- und sonstigen Gemeinkosten alle Kostenkomponenten berücksichtigt, die sich direkt einem Produkt zurechnen lassen.[1456] Als Ursache für die Kostenreduktion werden dynamische und statische Skaleneffekte genannt.[1457] Zu den dynamischen Skaleneffekten zählen der als eigentlicher Lerneffekt anzusehende Übungsgewinn durch wiederholte Arbeits-

---

1451 Vgl. beispielsweise Henderson, B.D. (1984), S. 107ff.

1452 Vgl. Baum, H.-G./Coenenberg, A.G./Günther, T. (2007), S. 91f. Beobachtet wurde dieses als Lernkurveneffekt beschriebene Phänomen erstmals 1925 auf der *Wright-Patterson Air Force Base* in Dayton/Ohio während der Fertigung von Flugzeugen, bei der festgestellt wurde, dass der Montageaufwand pro Flugzeug bei steigendem Fertigungsvolumen abnahm. Vgl. Coenenberg, A.G. (2007), S. 398.

1453 Vgl. Homburg, C. (2000), S. 72.

1454 Vgl. Henderson, B.D. (1984), S. 19; Bauer, H.H. (1986), S. 1.

1455 Vgl. Simon, H. (1992), S. 284.

1456 Vgl. Homburg, C. (2000), S. 73; Henderson, B.D. (1984), S. 100.

1457 Während sich die dynamischen Skaleneffekte durch den Bezug auf die im Zeitablauf kumulierte Produktionsmenge erklären lassen, werden die statischen Skaleneffekte durch den Bezug auf die Produktionsmenge pro Jahr erklärt. Vgl. Bauer, H.H. (1986), S. 3f.; Coenenberg, A.G. (2007), S. 398ff.

verrichtung[1458], der sich über den Fertigungsbereich hinaus auch auf Tätigkeiten in Einkauf und Vertrieb beziehen kann,[1459] ein allgemeiner technischer Fortschritt sowie Effizienzsteigerungen durch Rationalisierung respektive Automatisierung.[1460] Zu den statischen Skaleneffekten zählen die Fixkostendegression und die auch als „Economies of Scale" bekannten Betriebsgrößeneffekte.[1461]

Im Konzept der Erfahrungskurve lassen sich die Grenzkosten k_X, also die Stückkosten der zuletzt produzierten Einheit, folgendermaßen bestimmen:[1462]

$$k_x = k_a \cdot X^{-\delta_F} \qquad [5.12]$$

Dabei steht k_a für die Stückkosten der allerersten produzierten Einheit, X für die kumulierte Produktionsmenge und δ_F für den Degressionsfaktor, der durch die Lernrate *LR* bestimmt wird:[1463]

$$\delta_F = -\frac{\ln(1-LR)}{\ln 2} \qquad [5.13]$$

Die kumulierten variablen Kosten K_X aller bis zum Zeitpunkt T produzierten Einheiten lassen sich mit Hilfe der folgenden Gleichung berechnen:[1464]

$$K_X = \frac{k_a \cdot X_T^{1-\delta_F}}{1-\delta_F} - \frac{k_a}{1-\delta_F} \qquad [5.14]$$

Die gesamten variablen Kosten einer Bezugsperiode t ergeben sich dann als Differenz der kumulierten variablen Kosten am Ende der Periode und den kumulierten variablen Kosten zu Beginn der Periode.

Die Durchschnittskosten aller bislang produzierten Einheiten werden wie folgt ermittelt:[1465]

1458 Vgl. Bauer, H.H. (1986), S. 3; Schneider, D. (1965), S. 501.
1459 Vgl. Homburg, C. (2000), S. 76.
1460 Vgl. Coenenberg, A.G. (2007), S. 399; Lange, B. (1984), S. 230ff.
1461 Vgl. Baum, H.-G./Coenenberg, A.G./Günther, T. (2007), S. 93; Henderson, B.D. (1984), S. 26f.
1462 Zur Herleitung der Gleichung [5.12] wird auf Coenenberg, A.G. (2007), S. 401ff. sowie Baum, H.-G./Coenenberg, A.G./Günther, T. (2007), S. 95ff. verwiesen.
1463 Vgl. Bauer, H.H. (1986), S. 2; Coenenberg, A.G. (2007), S. 403.
1464 Zur Herleitung der Gleichung [5.14] wird auf Coenenberg, A.G. (2007), S. 405 verwiesen.
1465 Vgl. Baum, H.-G./Coenenberg, A.G./Günther, T. (2007), S. 97.

$$\frac{K_X}{X} = \frac{k_a \cdot X_T^{-\delta_F}}{1-\delta_F} \qquad [5.15]$$

Die Durchschnittskosten einer Bezugsperiode t lassen sich mit Hilfe der Differenz der kumulierten variablen Kosten von zwei kumulierten Produktionsmengen X_{t_α} und X_{t_β} bestimmen:[1466]

$$\frac{K_{t_\beta} - K_{t_\alpha}}{X_{t_\beta} - X_{t_\alpha}} = \frac{\frac{k_a}{1-\delta_F} \cdot \left(X_{t_\beta}^{1-\delta_F} - X_{t_\alpha}^{1-\delta_F}\right)}{X_{t_\beta} - X_{t_\alpha}} \qquad [5.16]$$

Die Erfahrungskurve soll als Informationsgrundlage für die Ableitung periodenbezogener Sollkostenvorgaben und somit als Instrument zur langfristigen Kostenplanung dienen.[1467] Darüber hinaus soll die Erfahrungskurve strategische Handlungsempfehlungen hinsichtlich Preispolitik und Kostenmanagement geben, indem sie Ansätze der Produktions- und Kostentheorie mit unternehmensstrategischen und absatzpolitischen Überlegungen verknüpft.[1468]

Das Konzept der Erfahrungskurve und dessen Anwendung im Rahmen der Unternehmensplanung ist jedoch auch mit Problemen verbunden.[1469] Diese entstehen bereits bei der Operationalisierung des Konzepts, da die Identität eines exakt abgegrenzten Produkts mit konstanten Produktqualitäten über einen längeren Betrachtungszeitraum benötigt wird.[1470] Da sich aber viele Produkte wie etwa Modeartikel im Zeitablauf stark verändern, muss zuweilen bei Produktveränderungen bereits auf Ersatzkriterien zurückgegriffen werden, die auf einen speziellen Verwendungszweck respektive eine zu deckende Bedarfsart abstellen.[1471] So kann etwa der Sitzplatzkilometer als Bezugsgröße sowohl frühere Propellerflugzeuge wie auch modernere Düsenflugzeuge unter eine gemeinsame Produktdefinition bringen und dadurch Mög-

1466 Vgl. Baum, H.-G./Coenenberg, A.G./Günther, T. (2007), S. 98.
1467 Vgl. Lange, B. (1984), S. 232.
1468 Vgl. Bauer, H.H. (1986), S. 2.
1469 Vgl. hierzu insbesondere Lange, B. (1984), S. 229ff. und - allerdings noch auf den Vorgänger der Erfahrungskurve, die Lernkurve, bezogen - Schneider, D. (1965), S. 501ff.
1470 Vgl. Lange, B. (1984), S. 234. Somit muss es bereits als problematisch angesehen werden, den VW Golf als ein Produkt anzusehen, da die Produktqualität stetig gestiegen ist, der Golf V somit kaum noch mit dem ursprünglichen Golf I vergleichbar ist.
1471 Vgl. Lange, B. (1984), S. 235.

lichkeiten zur langfristigeren Analyse im Rahmen des Erfahrungskurvenkonzepts eröffnen.[1472]
Eng verbunden mit der Produktdefinition ist die Frage nach dem Erfahrungstransfer zwischen einzelnen Produkten, die teilweise die gleichen Ressourcen in Anspruch nehmen.[1473] Ein solcher Erfahrungstransfer ist im Konzept der Erfahrungskurve nicht vorgesehen, wird in der Praxis jedoch häufig vorzufinden sein. Eine Möglichkeit, das Problem der Nichtberücksichtigung von Erfahrungstransfers zu umgehen, stellt die Erweiterung der Produktdefinition dar. Diese erschwert jedoch wiederum das Erkennen spezifischer Erfahrungskurvenvorteile.[1474] Diesbezüglich verbleibt des Weiteren stets das Problem, dass Erfahrungstransfers zwischen ähnlichen Produkten, die ja gerade das Ziel von Bemühungen zur Ausnutzung von Synergieeffekten sind, auch bei einer weiten Produktdefinition nicht als ein Produkt angesehen werden können und daher nicht erfasst werden.[1475] Ein weiteres Problem im Konzept der Erfahrungskurve stellt die sachlich und zeitlich verursachungsgemäße Kostenzuteilung dar, wenn in einem Unternehmen mehrere Produkte gefertigt werden.[1476]

Hinsichtlich der empirischen Belastbarkeit des Konzepts wird vielfach darauf hingewiesen, dass dieses nicht falsifizierbar sei, da es nur ein Kostensenkungspotential spezifiziert und eventuell nicht eintretende Kostensenkungen etwa auch auf ein ineffizientes Kostenmanagement zurückgeführt werden können.[1477]

Trotz der beschriebenen Probleme und Kritikpunkte kann das Konzept der Erfahrungskurve in Abhängigkeit vom jeweiligen Produkt und der jeweiligen Branche durchaus ein wertvolles Instrument für die Kostenplanung darstellen, da es bei entsprechender Anwendbarkeit erste Hinweise auf die Kostenentwicklung bei sich verändernden Produktionsmengen geben kann und daher als Grundlage für ein Kostenmanagement und die Ausarbeitung möglicher Unternehmensstrategien dienen kann. Allerdings sollte es durchaus kritisch angewendet und keinesfalls als Dogma akzeptiert werden.

1472 Vgl. Henderson, B.D. (1984), S. 101. Ein weiteres Beispiel ist das „pound of airframe weight“ als alternative Bezugsgröße für Untersuchungen der Erfahrungskurven in der Flugzeugindustrie. Vgl. Schneider, D. (1965), S. 507.
1473 Vgl. Homburg, C. (2000), S. 81.
1474 Vgl. Lange, B. (1984), S. 235.
1475 Vgl. Lange, B. (1984), S. 236f.
1476 Vgl. Homburg, C. (2000), S. 80.
1477 Vgl. Lange, B. (1984), S. 238; Homburg, C. (2000), S. 81.

5.1.4 Speicherung und Übermittlung von Kundenwertinformationen

Da i.d.R. Informationsverfügbarkeit und Informationsverwendung zeitlich auseinander fallen, ist eine Speicherung der Kundenwertinformationen in künstlichen Speichern notwendig, damit diese jederzeit wieder abgerufen werden können.[1478] Hierzu bietet sich der Aufbau elektronischer Kundendatenbanken an. In diesem Zusammenhang hat sich mittlerweile das Data Warehouse als zentraler Datenspeicher in der Praxis etabliert. „Unter einem Data Warehouse versteht man eine integrierte, nach Sachzusammenhängen geordnete, mehrere Jahre umfassende Sammlung ganz unterschiedlicher Datenbestände. Die zentrale Datenbank erhält wichtige Informationen für fundierte Analysen der operativen Systeme einerseits sowie der unternehmensexternen Informationsquellen andererseits. Die aus mehreren Quellen generierten Daten werden im Data Warehouse miteinander verknüpft, ausgewertet und den spezifischen Anforderungen des Managements nutzbar gemacht."[1479] Das Data Warehouse weist in diesem Zusammenhang den Vorteil auf, dass es die Nutzung verstreuter, unübersichtlicher kundenbezogener Datenbestände aus den überwiegend lokal angelegten operativen Systemen der unterschiedlichen Vertriebskanäle, des Rechnungswesens sowie des Marketing unterstützt.[1480] Darüber hinaus sammelt es die verschiedensten kundenbezogenen Daten und liefert eine einheitliche und konsistente Datenbasis für den Abruf und die Auswertung kundenbezogener Informationen.[1481]
Da Data Warehouses aufgrund der Vielzahl erfassbarer Informationen und einer notwendigen historischen Datenhaltung immense Ausmaße annehmen können, ist es möglich, auf kleinere Data Markets zurückzugreifen, die als kleine Warehouses speziell für bestimmte Abteilungen zugeschnitten sind.[1482] Diese ermöglichen es, kundenwertbezogene Daten in einem speziellen Data Kundenwertmanagement-System aufzubewahren.[1483] Auf diese Weise entstehen hervorragende Möglichkeiten zur informationsbezogenen Unterstützung der Bewertung von Einzelkunden.

Die Übermittlung von Kundenwertinformationen erfolgt i.d.R. durch das betriebliche Berichtswesen, wobei neben regelmäßigen Berichten insbesondere Abfragen und Rechercheaufträgen, die sich aufgrund benötigter Informationen für die Kunden-Bewertung, -Planung und -Kontrolle ergeben, eine große Bedeutung zukommt.[1484] Beispiele für ein EDV-gestütztes Berichtswesen, das erhebliche Potentiale zur

[1478] Vgl. Eberling, G. (2002), S. 231.
[1479] Hamm, J. (1997), S. 104f.
[1480] Vgl. Eberling, G. (2002), S. 232.
[1481] Vgl. Eberling, G. (2002), S. 233.
[1482] Vgl. Wietzorek, H./Henkel, G. (1997), S. 237.
[1483] Vgl. Eberling, G. (2002), S. 234.
[1484] Vgl. Eberling, G. (2002), S. 236f.

Nutzensteigerung und Kostensenkung liefert, stellen automatisierte Standardabfragen, mit der selbständigen Anforderung und automatischen Erstellung von Bedarfsberichten verknüpfte ad hoc-Abfragen oder mit einem mehrstufigen Abfrageprozess verknüpfte Dialogsysteme dar.[1485] In diesem Zusammenhang kommt auch mehrdimensionalen OLAP (Online Analytical Processing)-Programmen eine erhebliche Bedeutung zu.[1486] Dies soll jedoch nicht weiter vertieft werden, stattdessen wird auf die entsprechende Literatur verwiesen.[1487]

5.2 Kunden-Planungssystem

5.2.1 Aufgaben des Planungssystems

Eine wesentliche Bedeutung im System eines wertorientierten Kunden-Controlling kommt dem Planungssystem zu. Der Zweck der Planung liegt in der Eingrenzung und Strukturierung zukünftiger Entscheidungs- und Handlungsspielräume, um gleichzeitig zur Sicherung der Effizienz und Effektivität zukünftiger Handlungen beitragen zu können.[1488] Aufbauend auf der Planung und den der Planung zugrunde liegenden Informationen sollte letztlich das Treffen einer Entscheidung, d.h. die Auswahl einer unter mehreren Handlungsalternativen, erleichtert werden.[1489] Besondere Anforderungen an die Planung ergeben sich daraus, dass diese stets unter Unsicherheit und bei unvollkommenen Informationen durchgeführt wird, weswegen sie auf Prognosen über den zukünftigen Eintritt von Ereignissen beruht.[1490] Dies bedeutet gleichzeitig, dass innerhalb der Planung stets das Risiko solcher Zukunftsprognosen durch geeignete Instrumente mitberücksichtigt werden sollte.

Grundsätzlich kann auch im wertorientierten Kunden-Controlling zwischen strategischer und operativer Planung unterschieden werden.[1491] Die Konzeption dieser Teilsysteme sollte dabei streng an den Elementen des Unternehmenszielsystems ausgerichtet werden.[1492] Im Rahmen der strategischen Planung gilt es, durch Ausarbeitung geeigneter kundenorientierter Strategien neue Kunden-Erfolgspotentiale zu schaffen und bestehende Kunden-Erfolgspotentiale auszubauen, um auf diese Weise langfristig die Steigerung des Unternehmenswertes und die nachhaltige Existenz des Unter-

---

1485 Vgl. Eberling, G. (2002), S. 238f.
1486 Vgl. Baaken, T./Bobiatynski, E. (2002), S. 22.
1487 Vgl. Dallmer, H./Wonnemann, T. (1997), S. 277; Hamm, J. (1997), S. 106; McDonald, C./Gentry, J. (1997), S. 77-101; Wietzorek, H./Henkel, G. (1997), S. 235-250.
1488 Vgl. Tewes, M. (2003), S. 186.
1489 Vgl. Schmöller, P. (2001), S. 190.
1490 Vgl. Staehle, W.H. (1999), S. 539.
1491 Vgl. Tewes, M. (2003), S. 186f.
1492 Vgl. Schmöller, P. (2001), S. 190.

nehmens zu sichern.[1493] Auf einen einzelnen Kunden bezogen bedeutet dies, dass der zukünftige Wert eines Kunden abhängig von seinem Kunden-Erfolgspotential ist. Es sollte ein erklärtes Ziel der strategischen Planung sein, diejenigen Kunden ausfindig zu machen, die bereits das höchste Kunden-Erfolgspotential aufweisen respektive bei denen durch entsprechende kundenbezogene Strategien das Kunden-Erfolgspotential als Teil des Kundenpotentials entsprechend aufgebaut werden kann.[1494] Dabei sind nicht nur die aktuellen Kunden eines Unternehmens zu berücksichtigen, sondern auch potentielle Neukunden sowie verlorene Kunden, die unter Umständen zurückgewonnen werden können. Aus dem Oberziel der Maximierung des Unternehmenswertes resultiert das Ziel der Maximierung des Customer Equity.[1495] Für die einzelne Kundenbeziehung resultiert daraus wiederum die Maximierung des Customer Lifetime Value als oberstes Ziel des Kunden-Controlling.

Ziel der operativen Kunden-Planung ist dagegen die möglichst effiziente Nutzung der bereits geschaffenen Kunden-Erfolgspotentiale. Hierzu ist eine Transformation in konkrete Maßnahmen notwendig, indem die strategischen Pläne für die einzelnen Funktionsbereiche auf die Kundenwerttreiber heruntergebrochen werden.

5.2.2 Strategische Planung im Rahmen des Kunden-Controlling

5.2.2.1 Kundenwertorientierte Analyse im Rahmen der strategischen Planung

5.2.2.1.1 Analyse der strategischen Ausgangssituation

Im Zentrum der strategischen Planung innerhalb des Kunden-Controlling steht der Kundenwert, der letztlich zu einer wertorientierten Steuerung der jeweiligen Kundenbeziehung beitragen soll. Ausgangspunkt der strategischen Planung ist daher eine kundenorientierte Analyse der strategischen Ausgangssituation, indem eine Bewertung der Kundenbeziehung mit Hilfe der in Kapitel 4 vorgestellten Methoden durchgeführt wird. Der Kundenwert entspricht in diesem Fall dem aktuellen Wert eines Kunden,[1496] wobei der Kundenbewertung die ursprünglichen, zum Bewertungszeitpunkt

---

[1493] Vgl. Wilde, K.D./Hickethier, E. (1997), S. 483; Schmöller, P. (2001), S. 108; Fischer, T.M./Schmöller, P./Vielmeyer, U. (2002), S. 1f.

[1494] Vgl. auch Reinecke, S./Keller, J. (2007), S. 84f.

[1495] Vgl. Hogan, J.E./Lehmann, D.R./Merino, M./Srivastava, R.K./Thomas, J.S./Verhoef, P.C. (2002), S. 30.

[1496] Alternativ könnte man auch vom Kunden, „wie er steht und liegt" sprechen. Diesen Begriff wählt Günther, T. (1997), S. 340, allerdings in Bezug auf das gesamte Unternehmen. Dies soll verdeutlichen, dass im Anschluss an diese erste Planungsrunde gegebenenfalls im Rahmen des strategischen Kunden-Controlling Strategien zur Restrukturierung und weiteren Ausschöpfung des Kundenwertpotentials eingeleitet werden können.

festgelegten Pläne und eingeschlagenen Strategien zugrunde liegen. Anhand des aktuellen Kundenwerts kann zunächst eine Selektion der Kunden erfolgen, außerdem dient dieser dem strategischen Kunden-Controlling als Werthürde. Strategien zur wertorientierten Steuerung einzelner Kundenbeziehungen sind darauf aufbauend nur dann vorteilhaft, wenn sie den Kundenwert über diese Werthürde hinaus zu steigern imstande sind.[1497]

Aus Gründen der Wirtschaftlichkeit sollte im Rahmen des Kunden-Controlling eine Fokussierung auf die wertvollen Kunden erfolgen, da es sich vor dem Hintergrund begrenzter Marketing- und Vertriebsbudgets kein Unternehmen leisten kann, sein Geld nach dem „Gießkannenprinzip" auszuschütten,[1498] sondern die Ressourcenallokation anhand des Kundenerfolgspotentials erfolgen sollte.[1499]

Dazu erscheint es ratsam, anhand der absoluten Kundenwerte eine Klassifizierung der Kunden durch den Aufbau von Kundenrankings durchzuführen.[1500] Dies kann durch eine tabellarische Anordnung oder durch eine ABC-Analyse auf Basis des Customer Lifetime Value geschehen.[1501] Dabei wird wie bei der ABC-Analyse auf Basis der Umsätze auf der x-Achse der kumulierte Anteil am Kundenbestand abgetragen, auf der y-Achse anstelle der kumulierten Umsätze jedoch der kumulierte Kundenwert.[1502] Als Besonderheit kommt bei der kundenwertbasierten ABC-Analyse hinzu, dass auch Kunden mit einem negativen Kundenwert berücksichtigt werden, so dass der kumulierte Kundenwert nach Erreichen des Maximums von 100% durch die negativen Kundenwerte wieder absinkt. Dieser für die kundenwertbasierte ABC-Analyse charakteristische Verlauf wird auch als „whale curve"[1503] oder Wal-Kurve bezeichnet. Die folgende Abbildung verdeutlicht dies:[1504]

1497 Vgl. Tewes, M. (2003), S. 208.

1498 Vgl. Schirmeister, R./Reimsbach, D. (2006), S. 98; Bauer, H.H./Stokburger, G./Hammerschmidt, M. (2006), S. 47f.; Cornelsen, J. (2006), S. 186; Homburg, C./Beutin, N. (2006), S. 228.

1499 Vgl. Reinecke, S./Keller, J. (2007), S. 85 sowie ausführlich Venkatesan, R./Kumar, V. (2004), S. 106-125.

1500 Vgl. Tewes, M. (2003), S. 189. Ähnlich auch Möller, K. (2004), S. 487.

1501 Vgl. Kaplan, R.S./Narayanan, V.G. (2001), S. 5-15.

1502 Vgl. Meyer, M./Shaffu, N. (2007a), S. 59. Der kumulierte Kundenwert wird ermittelt, indem beginnend mit dem Kunden, der den höchsten Kundenwert aufweist, alle Kunden entsprechend der Höhe ihres Kundenwertes nacheinander in den kumulierten Kundenwert einfließen.

1503 Kaplan, R.S./Narayanan, V.G. (2001), S. 7.

1504 Quelle: In Anlehnung an Meyer, M./Shaffu, N. (2007a), S. 60.

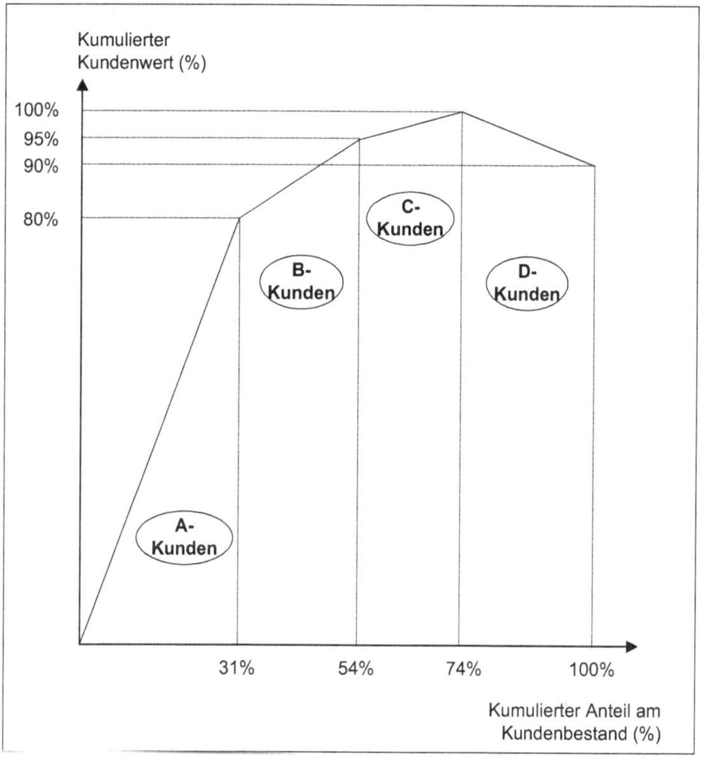

Abb. 5-1: Beispiel einer kundenwertbasierten ABC-Analyse

Die Unterteilung in A-, B- und C-Kunden erfolgt, indem an der x-Achse abgetragen wird, mit welchem Anteil am Kundenbestand 80%, 90%, 95% respektive 100% des maximalen Kunden(stamm)wertes erreicht werden.[1505] Im Beispiel wären folglich 31% der Kunden für 80% des kumulierten Kundenwertes respektive des Kundenstammwertes verantwortlich. Aufgrund ihrer großen Bedeutung für das Unternehmen werden diese als A-Kunden bezeichnet. Während sich die B- und C-Kunden durch einen niedrigeren relativen Wert im Verhältnis zu den A-Kunden auszeichnen, aber immerhin noch einen positiven absoluten Kundenwert aufweisen, weist die Kundengruppe mit den schwächsten Kunden, die hier als D-Kunden bezeichnet werden sollen, durchweg negative Kundenwerte auf. Aus Sicht des Unternehmens stellt sich hier die berechtigte Frage, ob diese als wertvernichtend einzustufenden Kunden weiterhin gehalten werden sollten oder ob ein Abbruch der Kundenbeziehung erfolgen

[1505] Vgl. Homburg, C./Krohmer, H. (2006), S. 1215ff.; Meyer, M./Shaffu, N. (2007a), S. 59.

sollte. Während jedoch im Rahmen des Investitions-Controlling generell bei negativen Kapitalwerten von einer Durchführung des Investitionsprojektes mangels Vorteilhaftigkeit strikt abgeraten wird, finden sich im Rahmen des Kundenwertmanagements Vorschläge hinsichtlich einer moderateren Vorgehensweise. Dies wird damit begründet, dass unter Umständen „noch bestehende Wertsteigerungspotentiale durch strategische und operative Veränderungen der Kundenbearbeitung ausgeschöpft werden können."[1506] Des Weiteren wird auf Verbundeffekte zwischen den Kunden verwiesen, die dazu führen könnten, dass bei Wegfall einer Kundenbeziehung auch auf andere Kunden verzichtet werden muss.[1507] Dem muss jedoch entgegengehalten werden, dass nur in den seltensten Fällen ausreichend finanzielle und personelle Ressourcen zur Verfügung stehen werden, um in alle aktuellen und potenziellen Kundenbeziehungen investieren zu können.[1508]

Bedeutender ist daher die Frage, „für welche Kunden ein Geschäftsbeziehungsmanagement als fokussiertes, kundenspezifisches Marketingprogramm angezeigt ist."[1509] Es geht also in erster Linie um die Verteilung von knappen Ressourcen für Investitionen des Kundenbindungsmanagements, um letztlich den Kundenstammwert zu maximieren.[1510] Es reicht in diesem Zusammenhang nicht aus, als Entscheidungskriterium den absoluten Kundenwert heranzuziehen, vielmehr muss eine Bewertung des Kunden im Vergleich zu anderen Kunden erfolgen. Mit Hilfe der kundenwertbasierten ABC-Analyse wird der relative Wert eines Kunden im Verhältnis zu anderen Kunden ermittelt. Allerdings zeigt ein solcher relativer Kundenwert noch nicht auf, wie ressourcenintensiv die Akquisitions-, Bindungs- oder Rückgewinnungsmaßnahme bei einem Kunden ist. In Bezug auf die oben angesprochenen D-Kunden stellt sich beispielsweise die Frage, ob dieser durch eine kostengünstige Beratung oder nur durch Gewährung subventionierter Anfangsinvestitionen zum Kauf weiterer Produkte angeregt werden kann.

Daher besteht eine weitere Möglichkeit zur Selektion der Kunden in der Bestimmung der Kapitalwertrate unter Berücksichtigung des jeweils erforderlichen Kapitaleinsatzes.[1511] Die Kunden-Kapitalwertrate ergibt sich als:[1512]

[1506] Tewes, M. (2003), S. 190.
[1507] Vgl. Fischer, T.M./Schmöller, P. (2006), S. 493.
[1508] Vgl. Eberling, G. (2002), S. 286; Tewes, M. (2003), S. 197; Wirtz, B.W./Schilke, O. (2004), S. 36f.
[1509] Plinke, W. (1997), S. 119.
[1510] Vgl. Krafft, M. (2001), S. 845; Günter, B. (2006), S. 245.
[1511] Eine ähnliche Vorgehensweise wählen *Schirmeister/Reimsbach*, die eine Kundenrentabilität i.e.S. bestimmen, indem sie aufbauend auf einem investitionsrechnerischen Kundenwert als Vermögensendwert und unter Berücksichtigung des Kapitaleinsatzes einen internen Zinsfuß ermitteln. Vgl. Schirmeister, R./Reimsbach, D. (2006), S. 105ff.
[1512] In Anlehnung an Dirrigl, H. (2003), S. 163.

$$KKWR_0 = \frac{KKW_0}{AKK_0} \qquad [5.17]$$

Die Kunden-Kapitalwertrate berücksichtigt nicht nur die Vorteilhaftigkeit eines Kunden, sondern darüber hinaus auch den zur Erzielung des Kundenkapitalwerts KKW_0 nötigen Ressourceneinsatz in Form des in die Kundenbeziehung eingesetzten Kapitals AKK_0. Mit Hilfe der Kunden-Kapitalwertrate kann eine Klassifizierung der Kunden erfolgen, um somit eine unterschiedliche Behandlung seitens des Marketing zu rechtfertigen oder eben zu unterbinden. So eignet sich die Kunden-Kapitalwertrate gerade bei Ressourcenknappheit als Entscheidungsgröße. Des Weiteren wäre anhand der kundenwertbasierten ABC-Analyse und der Kunden-Kapitalwertrate eine genauere Analyse des Kundenstamms denkbar. So deutet insbesondere ein zu hoher Anteil an C- und D-Kunden auf Schwachstellen im Kundenstamm hin.

Im Anschluss an die kundenstammbezogene Schwachstellenanalyse sollte dann jedoch die einzelkundenbezogene Schwachstellenanalyse erfolgen, indem die wichtigsten Kunden eingehender analysiert werden. Hierzu gehört auch eine detaillierte Analyse der Entstehungszusammenhänge und Werttreiber des jeweiligen Kundenwerts. Ziel ist es, hierdurch bereits erste Wertsteigerungspotentiale zu identifizieren.

5.2.2.1.2 Kundenbezogene Schwachstellenanalyse

Im Anschluss an die Analyse der strategischen Ausgangssituation erfolgt die einzelkundenbezogene Schwachstellenanalyse, die erste Ansatzpunkte für die Ausarbeitung der kundenorientierten Strategien aufzeigen soll. Eine zielführende Vorgehensweise stellt die Operationalisierung des Customer Lifetime Value anhand eines Kundenwerttreibermodells dar, das in Anlehnung an das Werttreibermodell von *Rappaport* entwickelt wird.[1513]

Das Kundenwerttreibermodell soll derart ausgestaltet werden, dass die Bestimmung der kundenbezogenen Cashflows KCF_t und des darauf aufbauenden Customer Lifetime Value CLV_0 anhand weniger, den Kundenwert maßgeblich beeinflussender Kundenwerttreiber erfolgt.[1514] Auf diese Weise sollen Schwachstellen beim betrachteten Kunden schneller aufgedeckt und die Ursachen für einen gegebenenfalls zu niedrigen Customer Lifetime Value aufgezeigt werden, so dass anschließend Gegensteue-

---

[1513] Vgl. zum Werttreibermodell von *Rappaport* bereits Kapitel 3.1.3.1.

[1514] Die Anzahl der Kundenwerttreiber sollte groß genug sein, um alle maßgeblichen Einflussfaktoren berücksichtigen zu können. Dennoch muss das Modell anwendbar und übersichtlich genug bleiben, so dass die Anzahl der Werttreiber nach oben hin begrenzt ist.

rungs- oder Verbesserungsmaßnahmen in Form von kundenorientierten Strategien wirksam geplant werden können.[1515]

Gegenüber der Bestimmung des Free Cashflow gemäß Gleichung [3.20] werden im Kundenwerttreibermodell einige Veränderungen vorgenommen. Die zukünftigen Umsätze werden im Rahmen der Wertsteigerungsanalyse durch Multiplikation des aggregierten Basisumsatzes in t=0 mit der Umsatzwachstumsrate bestimmt. Im Kundenwerttreibermodell werden stattdessen die Umsätze disaggregiert, indem die Umsatzerlöse für die einzelnen Produkte detailliert ausgewiesen werden. Anstelle einer Umsatzüberschussrate sollen die Umsatzerlöse und Kosten detailliert aufgeführt werden. Da die tatsächlichen Einzahlungen aus der Kundenbeziehung berechnet werden sollen, müssen jedoch die Netto-Umsatzerlöse nach Abzug etwaiger Erlösschmälerungen herangezogen werden. Um eine unnötige Komplexität zu vermeiden, wird zur Berechnung der Netto-Umsatzerlöse der jeweilige Netto-Absatzpreis nach Abzug produktbezogener Erlösschmälerungen berücksichtigt und mit der Absatzmenge eines Produktes multipliziert.[1516] Sowohl die Absatzmengen als auch die Netto-Absatzpreise können im Zeitablauf steigen oder fallen. Dies wird mit entsprechenden Wachstumsraten (WR) abgebildet. Die Kosten werden unterteilt in absatzmengenabhängige Produktkosten und absatzmengenunabhängige Vertriebs- und Servicekosten, deren zukünftige Entwicklung ebenfalls durch entsprechende Wachstumsraten abgebildet wird.[1517] An die Stelle der Investitionsauszahlungen für Anlage- und Nettoumlaufvermögen treten die Investitionsauszahlungen in die Neukundenakquisition bzw. bei fortgeschrittener Geschäftsbeziehung in die Kundenbindung. Die kundenbezogenen Cashflows KCF_t werden gemäß der folgenden Gleichung ermittelt:

[1515] Vgl. Eberling, G. (2002), S. 264; Tewes, M. (2003), S. 190.

[1516] Erlösschmälerungen hingegen, die auf der Ebene des Auftrags (z.B. Preisrabatt pro Auftrag) oder des Kunden (z.B. Perioden-Umsatzrabatt) entstehen, werden innerhalb der absatzmengenunabhängigen Servicekosten berücksichtigt.

[1517] Darüber hinaus ließe sich das Kundenwerttreibermodell noch dahingehend erweitern, dass auch die kundenspezifischen Einzelkosten des Auftrags mit einbezogen werden. Vgl. Eberling, G. (2002), S. 182. Um nicht zu viele Parameter schätzen und berücksichtigen zu müssen und das Modell handhabbar halten zu können, werden hier jedoch die Auftragskosten vereinfachend den absatzmengenunabhängigen Servicekosten zugerechnet. Dies lässt sich insofern rechtfertigen, als dass es sich bei dem hier vorgestellten Kundenwerttreibermodell um ein strategisches Modell handelt, so dass in erster Linie die Auswirkungen kundenorientierter Strategien auf den Kundenwert analysiert werden sollen und weniger die einzelnen Kostentreiber. Werden die Auftragskosten als entscheidende Kostenverursachungsquelle identifiziert oder kommt diesen branchenbedingt eine größere Bedeutung zu, ist das vorgestellte Kundenwerttreibermodell entsprechend zu modifizieren.

$$KCF_t = \sum_{P=1}^{Z} \left[x_{P;t-1} \cdot \left(1 + w_{P;t}^{x}\right) \cdot \left[p_{P;t-1} \cdot \left(1 + w_{P;t}^{p}\right) - sk_{P;t-1} \cdot \left(1 + w_{P;t}^{sk}\right) \right] \right] - VSK_{t-1} \cdot \left(1 + w_t^{VSK}\right) - I_t^{NA} - I_t^{KB} \qquad [5.18]$$

mit:

$x_{P;t-1}$: Absatzmenge von Produkt(gruppe) P in Periode t-1

Z : Anzahl der verkauften Produktgruppen

$w_{P;t}^{x}$: Wachstumsrate der Absatzmenge von Produkt(gruppe) P in Periode t

$p_{P;t-1}$: Preis von Produkt(gruppe) P in Periode t-1

$w_{P;t}^{p}$: Wachstumsrate des Preises von Produkt(gruppe) P in Periode t

$sk_{P;t-1}$: Stückkosten von Produkt(gruppe) P in Periode t-1

$w_{P;t}^{sk}$: Wachstumsrate der Stückkosten von Produkt(gruppe) P in Periode t

VSK_{t-1} : (mengenunabhängige) Vertriebs- und Servicekosten des Kunden in Periode t-1

w_t^{VSK} : Wachstumsrate der Vertriebs- und Servicekosten des Kunden in Periode t

I_t^{NA} : Investitionsauszahlungen in die Neukundenakquisition in Periode t

I_t^{KB} : Investitionsauszahlungen in die Kundenbindung in Periode t

Der Customer Lifetime Value des Einzelkunden wird anschließend unter Einbeziehung der Eintrittswahrscheinlichkeit zukünftiger Kunden-Cashflows wie folgt bestimmt:

$$CLV_0 = \sum_{t=1}^{n} \frac{KCF_t}{(1+i)^t} \cdot \prod_{j=1}^{t} rr_j \qquad [5.19]$$

Dies soll an einem einfachen Beispiel verdeutlicht werden: Der Kunde B bezieht lediglich 50 Einheiten von einem Produkt, das in t=0 einen Produktpreis i.H.v. 5 GE bei Stückkosten i.H.v. 2 GE aufweist. Die Vertriebs- und Servicekosten (V&S-Kosten) für Kunde B betragen 30 GE. Für die Zukunft ist ein Ausbau der Geschäftsbeziehung vorgesehen. Hierzu sind in den Perioden t=0 sowie t=5 Investitionen in die Kundenbindung i.H.v. 100 GE respektive 30 GE geplant. Es wird von der folgenden zukünftigen Entwicklung der Werttreiber ausgegangen:

Periode t	Basisgröße in t=0	1	2	3	4	5	6	7	8	9	10
WR Absatzmenge	50	10,00%	12,00%	14,00%	16,00%	20,00%	12,50%	6,00%	3,00%	2,00%	0,00%
WR Produktpreis	5,00	2,00%	2,00%	2,00%	2,00%	2,00%	2,00%	2,00%	2,00%	2,00%	2,00%
WR Stückkosten	2,00	2,00%	2,00%	2,00%	2,00%	2,00%	2,00%	2,00%	2,00%	2,00%	2,00%
WR V&S-Kosten	30,00	5,00%	10,00%	12,50%	15,00%	12,00%	10,00%	8,00%	4,00%	2,00%	0,00%

Abb. 5-2: Planung der Werttreiber des Kunden B

Die Kundenbeziehung kann annahmegemäß bei einer konstanten Kundenbindungsrate i.H.v. 80% eine mögliche Dauer von maximal 10 Perioden annehmen.[1518] Des Weiteren wird angenommen, dass bei Erhalt der Kundenbeziehung die Absatzmengen kontinuierlich erhöht werden können, wobei die Wachstumsrate zunächst ansteigt, um anschließend wieder zu fallen. Dies wird mit einem schnellen Ausbau der Kundenbeziehung in den ersten Perioden derselben begründet, der nicht über den kompletten Zeitraum beibehalten werden kann. Bei der Planung des Produktpreises und der Stückkosten wird davon ausgegangen, dass diese pro Periode um 2% wachsen, so dass beispielsweise keine Kostenersparungen durch einen Erfahrungskurveneffekt realisiert werden können.[1519] Es wird angenommen, dass der risikofreie Zinssatz 5% beträgt. Auf eine ausführliche Szenario-Analyse wird aus Gründen einer vereinfachenden Darstellung an dieser Stelle noch verzichtet, indem angenommen wird, dass nur die Kundenbindungsdauer der Unsicherheit unterliegt, die zukünftigen Ein- und Auszahlungen jedoch bei Fortführung der Kundenbeziehung als sicher gelten. Diese kann jedoch ohne Weiteres in das Modell integriert werden, wie im folgenden Abschnitt 5.2.2.2.2 auch umfassend verdeutlicht wird. Von Risiken, die aus einer Verhaltensänderung seitens des Kunden hinsichtlich seiner Zahlungsbereitschaft resultieren, wird abstrahiert und stattdessen angenommen, dass die Kundenbeziehung im schlimmsten Fall vollständig abgebrochen wird.[1520] Die Planung ergibt darauf aufbauend die folgenden kundenbezogenen Cashflows:

Periode t [in GE]	**0**	**1**	**2**	**3**	**4**	**5**	**6**	**7**	**8**	**9**	**10**
Absatzmenge		55	62	70	81	98	110	117	120	122	122
Produktpreis		5,10	5,20	5,31	5,41	5,52	5,63	5,74	5,86	5,98	6,09
Umsatzeinzahlungen		280,50	320,44	372,61	440,87	539,63	619,22	669,51	703,38	731,80	746,44
Produktstückkosten		2,04	2,08	2,12	2,16	2,21	2,25	2,30	2,34	2,39	2,44
V&S-Kosten		31,50	34,65	38,98	44,83	50,21	55,23	59,65	62,03	63,27	63,27
Auszahlungen		143,70	162,83	188,03	221,18	266,06	302,92	327,45	343,39	355,99	361,85
Operativer Cashflow		136,80	157,62	184,59	219,70	273,57	316,31	342,06	360,00	375,81	384,59
Inv. Kundenbindung	-100,00					-30,00					
KCF_t	-100,00	136,80	157,62	184,59	219,70	243,57	316,31	342,06	360,00	375,81	384,59
Kundenbindungsrate	80,0%	80,0%	64,0%	51,2%	41,0%	32,8%	26,2%	21,0%	16,8%	13,4%	10,7%
$EKCF_t$		109,44	100,87	94,51	89,99	79,81	82,92	71,73	60,40	50,44	41,29
CLV_0	**525,53**										

Tab. 5-1: Bestimmung der kundenbezogenen Cashflows von Kunde B

[1518] Die maximal mögliche Kundenbeziehungsdauer wird hier aus Darstellungsgründen gewählt, könnte jedoch ohne Weiteres durch eine unendliche Betrachtung, wie sie in Kapitel 4.1.5 erfolgte, erweitert werden.

[1519] An dieser Stelle könnte jedoch das in Kapitel 5.1.3.2.3 vorgestellte Konzept der Erfahrungskurve in das Modell integriert werden, wobei beachtet werden muss, dass die gesamte Produktionsmenge des Unternehmens ausschlaggebend für mögliche Kosteneinsparungen ist und nicht nur die Produktionsmenge für den Kunden B.

[1520] Hierzu sei bereits auf die Monte-Carlo-Risikosimulation verwiesen, die die Gefahren eines frühen Abbruchs einer Geschäftsbeziehung aufzeigt. Vgl. Kapitel 5.2.2.2.4.

Der Kunde liefert somit einen positiven CLV_0 i.H.v. 525,53 GE. Dies bedeutet einerseits, dass die Investitionen in die Kundenbindung vorteilhaft sind, und andererseits, dass der Kunde zur Unternehmenswertsteigerung beiträgt.

Um Schwachstellen bei einem Kunden aufdecken zu können, bedarf es eines Vergleichs der Kundenwerttreiber des betrachteten Kunden mit denen anderer Kunden oder mit Erfahrungswerten aus der Vergangenheit.[1521] Möglich sind auch Soll-Ist-Vergleiche im Zusammenhang mit operativen Abweichungsanalysen oder Soll-Wird-Vergleiche im Zusammenhang mit strategischen Abweichungsanalysen, die im Rahmen des Kunden-Kontrollsystems vorgestellt werden sollen.[1522] Denn entscheidend ist in jedem Fall, dass nicht nur die Schwachstellen identifiziert werden, sondern darüber hinaus auch deren Ursachen.[1523] Sinnvoll ist darüber hinaus die Diagnose der Wertbeiträge der einzelnen Kunden hinsichtlich ihrer bisherigen Potentialausschöpfung. Hierzu wird der Customer Lifetime Value, der auch als Kunden-Erfolgspotential interpretiert werden kann, wie in Abbildung 2-4 verdeutlicht mit dem Kundenpotential verglichen.[1524] Diese Vorgehensweise entspricht der Wertsteigerungsanalyse, mit dem Unterschied, dass die dem Customer Lifetime Value zugrunde liegenden Kundenwerttreiber analysiert werden, um hierdurch Kundenwertlücken zu identifizieren. Als Kundenwertlücke wird somit die Differenz zwischen dem aktuellen Customer Lifetime Value und dessen Kundenwertpotential, als monetäres Äquivalent des Kundenpotentials, interpretiert. Die Bestimmung des Kundenwertpotentials könnte in diesem Zusammenhang durch Festlegung der maximal möglichen Werttreiber ermittelt werden.[1525]

Für den obigen Kunden B soll nun zunächst beispielhaft eine Schwachstellenanalyse durch einen Vergleich mit Kunde A erfolgen, mit dem das Unternehmen in den letzten Jahren die gleichen Absatzmengen realisieren konnte. Allerdings werden für die Kundenbindung des Kunden A höhere Investitionen getätigt, die dazu führen, dass in Zukunft von einer höheren Kundenbindungsrate von 90% ausgegangen werden kann.[1526] Die Investitionen in die Kundenbindung beinhalten aber auch Direkt-Marke-

[1521] Vgl. Tewes, M. (2003), S. 191.
[1522] Vgl. Kapitel 5.3.
[1523] Vgl. Eberling, G. (2002), S. 264f.
[1524] Vgl. Eberling, G. (2002), S. 266f.
[1525] Das Kundenwertpotential stellt den Barwert der maximal möglichen zukünftigen Cashflows eines Kunden dar. Natürliche Restriktionen resultieren bspw. aus dem Budget, das einem Kunden für eine bestimmte Leistung in einer Periode zur Verfügung steht sowie der Lebenserwartung des Kunden. Vgl. Tewes, M. (2003), S. 202. Daraus ergeben sich direkt die maximal möglichen Absatzmengen und Absatzpreise, die somit offensichtlich nach oben hin begrenzt sind. Die Kosten sind hingegen nach unten hin begrenzt. Diese könnten im Kundenwertpotential bspw. aus der vom Kunden geforderten Produktqualität und dem mindestens geforderten Service resultieren.
[1526] Die maximale Kundenbindungsdauer soll aber auch beim Kunden A vereinfachungsgemäß 10 Jahre betragen.

tingmaßnahmen, die den Kunden zum Kauf des Produkts 2 überzeugen sollen. Dieses zeichnet sich durch eine höhere Gewinnmarge für den Anbieter aus. Des Weiteren fallen die Vertriebs- und Servicekosten beim Kunden A höher aus. Im Einzelnen wird für Kunde A mit den folgenden Werttreibern geplant:

Periode t	Basisgröße in t=0	1	2	3	4	5	6	7	8	9	10
WR Absatzmenge P1	30	10,00%	12,00%	14,00%	16,00%	20,00%	12,50%	11,00%	10,00%	9,50%	9,00%
WR Produktpreis P1	5,00	2,00%	2,00%	2,00%	2,00%	2,00%	2,00%	2,00%	2,00%	2,00%	2,00%
WR Stückkosten P1	2,00	2,00%	2,00%	2,00%	2,00%	2,00%	2,00%	2,00%	2,00%	2,00%	2,00%
WR Absatzmenge P2	20	12,00%	14,00%	18,00%	20,00%	22,00%	18,00%	15,00%	12,00%	10,00%	8,00%
WR Produktpreis P2	6,00	2,00%	2,00%	2,00%	2,00%	2,00%	2,00%	2,00%	2,00%	2,00%	2,00%
WR Stückkosten P2	2,50	3,00%	3,00%	3,00%	3,00%	3,00%	3,00%	3,00%	3,00%	3,00%	3,00%
WR V&S-Kosten	32,00	6,00%	12,00%	14,00%	16,00%	14,00%	12,00%	10,00%	8,00%	4,00%	0,00%

Abb. 5-3: Planung der Werttreiber des Kunden A

In Periode t=0 sind Investitionen in die Kundenbindung i.H.v. 250 GE und in t=5 i.H.v. 60 GE vorgesehen. Es ergeben sich für die Planung die folgenden kundenbezogenen Cashflows:

Periode t [in GE]	0	1	2	3	4	5	6	7	8	9	10
Absatzmenge Produkt 1		33	37	42	49	59	66	73	81	88	96
Produktpreis Produkt 1		5,10	5,20	5,31	5,41	5,52	5,63	5,74	5,86	5,98	6,09
Absatzmenge Produkt 2		22	26	30	36	44	52	60	67	74	80
Produktpreis Produkt 2		6,12	6,24	6,37	6,49	6,62	6,76	6,89	7,03	7,17	7,31
Umsatzeinzahlungen		305,39	351,67	415,43	499,36	616,01	723,27	833,23	943,30	1.055,98	1.168,64
Stückkosten Produkt 1		2,04	2,08	2,12	2,16	2,21	2,25	2,30	2,34	2,39	2,44
Stückkosten Produkt 2		2,58	2,65	2,73	2,81	2,90	2,99	3,07	3,17	3,26	3,36
V&S-Kosten		33,92	37,99	43,31	50,24	57,27	64,14	70,56	76,20	79,25	79,25
Auszahlungen		158,92	182,62	215,05	257,79	314,63	368,15	422,88	477,32	530,68	581,29
Operativer Cashflow		146,47	169,05	200,38	241,57	301,38	355,12	410,35	465,98	525,30	587,35
Inv. Kundenbindung	-250,00					-60,00					
KCF_t	-250,00	146,47	169,05	200,38	241,57	241,38	355,12	410,35	465,98	525,30	587,35
Kundenbindungsrate	90,0%	90,0%	81,0%	72,9%	65,6%	59,0%	53,1%	47,8%	43,0%	38,7%	34,9%
$EKCF_t$		131,82	136,93	146,07	158,49	142,53	188,72	196,27	200,59	203,51	204,80
CLV_0	**1.040,99**										

Tab. 5-2: Bestimmung der kundenbezogenen Cashflows von Kunde A

Das Ergebnis verdeutlicht die Schwachstellen in der Kundenbeziehung mit dem Kunden B. Da dieser nur das margenschwächere Produkt 1 bezieht und die Kundenbindung bei einer Retention Rate i.H.v. 80% deutlich niedriger eingeschätzt werden muss, fällt der Customer Lifetime Value trotz oder gerade wegen der niedrigeren Investitionen in die Kundenbindung und geringeren Vertriebs- und Servicekosten mit einem Betrag von 525,53 GE deutlich geringer aus als beim Kunden A, der einen CLV i.H.v. 1.040,99 GE aufweist.

Im Folgenden wird grundlegend aufgezeigt, welche Möglichkeiten sich bei der Ausarbeitung kundenorientierter Strategien ergeben.

5.2.2.2 Kundenorientierte Strategien zur Steigerung des Kundenwertes

Die in Kapitel 4 dargestellten Methoden zur Bestimmung des Kundenwertes und die darauf aufbauende Analyse der strategischen Ausgangssituation sowie die Schwachstellenanalyse basieren auf dem aktuellen Kundenwert, der sich aus den erwarteten zukünftigen kundenbezogenen Cashflows ergibt. Im Folgenden soll nun untersucht werden, welche kundenorientierten Strategien zu einer Ausschöpfung des Kundenwertpotentials und somit zu einer Verringerung der Wertlücke zwischen dem Kundenwertpotential und dem aktuellen Kundenwert beitragen können. Im Vordergrund stehen demnach gestaltungsorientierte Aktivitäten zur Steigerung des Kundenwertes, die sich grob in Aufgaben der wertorientierten Gestaltung von Kundenbeziehungen und den Aufbau der notwendigen Ressourcen, Kompetenzen und Prozesse im Unternehmen unterteilen lassen.[1527] Bei der Entwicklung von kundenorientierten Strategien bietet es sich dabei an, diese auf der Ebene des Einzelkunden zu entwickeln und nicht auf der aggregierten Ebene des Kundensegments oder des ganzen Kundenstamms.[1528] Anknüpfungspunkte für die Ausarbeitung kundenorientierter Strategien auf der Ebene des Einzelkunden stellen die Werttreiber dar.

Allgemein betrachtet ist der Kundenwert eines Einzelkunden letztlich abhängig von[1529]

- der Höhe der zukünftigen Cashflows,
- dem Zeitpunkt, zu dem die zukünftigen Cashflows anfallen, sowie
- den Risiken, die die zukünftigen Cashflows respektive die zugrunde liegenden Investitionen aufweisen.[1530]

Diese trivialen Zusammenhänge verdeutlichen, dass als Anknüpfungspunkte kundenorientierter Strategien somit eine Steigerung der zukünftigen Cashflows, eine

1527 Vgl. Eberling, G. (2002), S. 279.

1528 Vgl. Hogan, J.E./Lehmann, D.R./Merino, M./Srivastava, R.K./Thomas, J.S./ Verhoef, P.C. (2002), S. 30f.

1529 Vgl. Srivastava, R.K./Shervani, T.A./Fahey, L. (1998), S. 9; Schmöller, P. (2001), S. 164; Stahl, H.K./Matzler, K./Hinterhuber, H.H. (2006), S. 431.

1530 *Srivastava et al.* nennen als weiteren Punkt noch einen eventuellen Residualwert, sofern auch nach der Betrachtungsperiode noch Cashflows aus der Kundenbeziehung zu erwarten sind. Vgl. Srivastava, R.K./Shervani, T.A./Fahey, L. (1999), S. 173. Auf die Berücksichtigung eines Kunden-Residualwerts wird jedoch grundlegend verzichtet, da dieser implizit die going concern-Prämisse beinhalten würde, die im Zusammenhang mit der Bewertung von Einzelkunden als unrealistisch eingeschätzt und daher abgelehnt werden muss.

Vorverlagerung der zukünftigen Einzahlungen (respektive eine Aufschiebung zukünftiger Auszahlungen) sowie eine Reduzierung der Kundenrisiken dienen. Hinsichtlich der Höhe der zukünftigen Cashflows kommt dabei nicht nur dem zukünftigen Auftragsvolumen und dem erzielbaren Preis eine besondere Bedeutung zu, sondern insbesondere auch den mit der Akquisition des Kunden und der Aufrechterhaltung der Kundenbeziehung verbundenen Auszahlungen.[1531]

Die aufgezeigten groben Wirkungszusammenhänge zwischen den einzelnen Werttreibern und dem daraus resultierenden Kundenwert bieten gleichzeitig Anknüpfungspunkte für kundenorientierte Strategien und deren Umsetzung.

5.2.2.2.1 Abgrenzung kundenorientierter Strategien

Aus Sicht des Anbieters bestehen bei gegebenem Kundenwertpotential Ansätze zur Steigerung des Kundenwertes in einer höheren Kundendurchdringung hinsichtlich der bislang bezogenen Produkte und Leistungen, in einer Ausweitung des Verkaufs von Cross Selling-Produkten oder in einer Ausweitung der Kundenbeziehungsdauer.[1532] Der Kundenwert lässt sich darüber hinaus auch dadurch steigern, dass durch effektivere und effizientere Marketing- und Vertriebsmöglichkeiten die Kosten gesenkt werden oder der erforderliche Kapitaleinsatz, insbesondere für Maßnahmen der Neuakquisition und Kundenbindung, aber auch in Bezug auf das laufende Working Capital, reduziert wird.
Da manche Kunden bereits im Vorfeld einer möglichen Geschäftsbeziehung einem Unternehmen als Ganzem oder dessen Produkten und Dienstleistungen positiver eingestellt sind als andere, führen bei ihnen beispielsweise Bemühungen hinsichtlich Werbung und Sales Promotion leichter und schneller zur erfolgreichen Kundenakquisition.[1533] Folglich sind die Akquisitionskosten bei solchen Kunden niedriger. Dies kann zu einem vergleichsweise höheren Kundenkapitalwert führen, auch wenn einem potentiellen Kunden aufgrund der mit ihm verbundenen eher niedrigen Umsatzprognosen bislang wenig Beachtung geschenkt wurde. Generell sind die Kosten einer Kundenakquisition umso höher, desto stärker die Flexibilität eines potentiellen Kunden durch Wechselbarrieren eingeschränkt ist.[1534]
Solche Wechselbarrieren können materieller, wissensmäßiger, emotionaler, sozialer oder rechtlicher Art sein.[1535] Sie führen zu psychologischen oder faktischen Bindun-

---

[1531] Vgl. Stahl, H.K./Matzler, K./Hinterhuber, H.H. (2006), S. 432.
[1532] Vgl. Srivastava, R.K./Shervani, T.A./Fahey, L. (1998), S. 10; Tewes, M. (2003), S. 201ff.
[1533] Vgl. Srivastava, R.K./Shervani, T.A./Fahey, L. (1998), S. 10.
[1534] Vgl. Stahl, H.K. (2006), S. 94ff.
[1535] Vgl. Heesch, C. (2000), S. 462ff.; Stahl, H.K./Matzler, K./Hinterhuber, H.H. (2006), S. 432; Wolf, E. (2006), S. 209.

gen.[1536] Materielle Wechselbarrieren beruhen auf spezifischen Investitionen, die ein Kunde in die Entstehung der Kundenbeziehung investiert hat. Dabei kann es sich um spezielle Anlagen oder auch um spezielles Personal handeln, das notwendig ist, um die Durchführung der aus der Kundenbeziehung resultierenden Leistungen zu gewährleisten. Materieller Natur sind aber auch ökonomische Vorteile aus der Kundenbeziehung, die aus Rabatt- und Bonussystemen resultieren.[1537] Diese müsste ein Wettbewerber kopieren oder auf andere Art und Weise den Kundennutzen erhöhen, um den potentiellen Kunden von einem Wechsel des Anbieters zu überzeugen. Wissensmäßige Wechselbarrieren basieren auf einmaligen, schwer imitierbaren und nicht substituierbaren Kompetenzen seitens des Lieferanten.[1538] Emotionale Wechselbarrieren resultieren aus Faktoren wie Sympathie, Anerkennung oder Dankbarkeit gegenüber dem Lieferanten, die sich bei gegebener Kundenzufriedenheit mit steigender Dauer der Kundenbeziehung kumulieren. Rechtliche Wechselbarrieren beruhen auf eingegangenen Verträgen und führen bei einer vorzeitigen Kündigung, beispielsweise aufgrund von Vertragsstrafen, zu höheren Kosten.[1539]

Um eine erfolgreiche Neukundenakquisition herbeizuführen, muss ein Anbieter somit erkennen, welche Wechselbarrieren bei Kunden eines Konkurrenten vorliegen, um daraus entsprechende Strategien zur Akquisition der Kunden entwickeln zu können. Der erforderliche Kapitaleinsatz für Maßnahmen der Kundenbindung wird dagegen umso niedriger ausfallen, desto stärker die Wechselbarrieren eines Bestandskunden ausgeprägt sind. Somit ist die Höhe der Bindungskosten prinzipiell kundenindividuell. Allerdings kann beobachtet werden, dass die Kundenbindungskosten in manchen Fällen mit einer steigenden Dauer der Kundenbeziehung zusammenhängen, wenn dauerhafte Kundenbeziehungen durch besondere Bindungsaktivitäten, die hohe Kosten verursachen, quasi erkauft werden.[1540] Steigen die Kundenbindungskosten in dem Maße an, dass sie die Erhöhung der Umsätze bei weitem übersteigen, steht dies im Widerspruch zu der in der Literatur häufig vorzufindenden These, dass generell die Profitabilität einer Kundenbeziehung mit steigender Dauer zunimmt.[1541]

1536 Vgl. Tomczak, T./Reinecke, S./Dittrich, S. (2006), S. 113.

1537 In diesem Zusammenhang sind auch die stark an Popularität zunehmenden Bonusprogramme wie das Lufthansa-Bonusprogramm Miles & More oder das branchenübergreifende Programm Payback zu nennen. Vgl. Glusac, N. (2006), S. 515ff.

1538 Vgl. Stahl, H.K./Matzler, K./Hinterhuber, H.H. (2006), S. 432.

1539 Vgl. Smidt, W./Marzian, S.H. (2001), S. 34; Tomczak, T./Reinecke, S./Dittrich, S. (2006), S. 111. Als vertragliche Bindungen sind jedoch nicht nur Rahmen- oder Exklusivverträge vorstellbar, sondern auch Bindungen aus gemeinsamen F&E-Projekten, Lizenzen, Just-in-time- oder Rabattsystemen. Vgl. Plinke, W. (1989), S. 318.

1540 Vgl. Stahl, H.K./Matzler, K./Hinterhuber, H.H. (2006), S. 432f. Ähnlich auch Reinartz, W.J./Krafft, M. (2001), S. 1277 sowie Blattberg, R.C./Deighton, J. (1996), S. 140.

1541 Vgl. hierzu Reichheld, F.F./Sasser, W.E. (1990), S. 105-117.

Letztlich können diesbezüglich aber keine allgemeingültigen Aussagen getroffen werden.

Unerschlossene Potentiale zur Steigerung des Kundenwerts könnten auch in einer Senkung der zukünftigen Beziehungskosten liegen. Hohe Beziehungskosten werden in erster Linie die Kunden verursachen, die häufige Transaktionen mit niedrigem Volumen bei hoher Spezifität erfordern.[1542] Mit steigendem Volumen ist dagegen mit Skalen- und Erfahrungskurveneffekten zu rechnen, so dass die Grenzkosten abnehmen.[1543] Werden die Cashflows durch eine raschere Produktentwicklung, ein integriertes Supply Chain Management oder durch Forcierung einer schnelleren Marktpenetration vorverlagert, so erhöht sich der Kundenwert durch die entsprechenden Zinseffekte.[1544]

Eine weitere Möglichkeit zur Steigerung des Kundenwerts besteht in der Reduzierung der mit dem Kunden verbundenen Risiken. Als Maßnahme zur Reduzierung dieser Risiken ist der Aufbau der unterschiedlichen Wechselbarrieren vorstellbar, die den Kunden beispielsweise technisch, rechtlich oder emotional stärker an das Unternehmen binden.

Beginnend mit den als besonders wertvoll klassifizierten Kunden können Strategien zur Ausschöpfung des Kundenwertpotentials entwickelt werden, die grundsätzlich auf einer Erhöhung des Share-of-Wallet, der Gesamtausgaben des Kunden oder der Kundenbeziehungsdauer aufbauen können. Eine als sachliche Kundenloyalität bezeichnete Erhöhung der Kundendurchdringung führt dazu, dass ein Kunde aufgrund seiner Marken-, Geschäftsstätten- oder Anbietertreue verstärkt beim betrachteten Anbieter kauft.[1545] Dies kann im Extremfall dazu führen, dass einzelne konkurrierende Anbieter vollständig vom Markt verdrängt werden. Eine als zeitliche Kundenloyalität bezeichnete Ausdehnung der Beziehungsdauer mit einem Kunden führt ebenfalls zu einem höheren Kundenwert. Prinzipiell sind der Erhöhung der sachlichen Kundenloyalität durch das Kundenwertpotential Grenzen gesetzt, die sich beispielsweise in dem verfügbaren Einkommen oder dem für eine bestimmte Leistung zur Verfügung stehenden Budget einer Periode ausdrücken. Vorstellbar ist jedoch, dass ein Kunde davon überzeugt wird, Teile seines Einkommens aus dem für andere Leistungen zur Verfügung stehenden Budget abzuziehen und dem relevanten Budget zukommen zu

---

1542 Vgl. Stahl, H.K./Matzler, K./Hinterhuber, H.H. (2006), S. 432.
1543 Vgl. Eberlein, G. (2002), S. 148.
1544 Vgl. Günther, T. (1997), S. 203ff.; Srivastava, R.K./Shervani, T.A./Fahey, L. (1998), S. 9; Srivastava, R.K./Shervani, T.A./Fahey, L. (1999), S. 173; Stahl, H.K./Matzler, K./Hinterhuber, H.H. (2006), S. 433.
1545 Vgl. Tewes, M. (2003), S. 201.

lassen, so dass es zu einer Erhöhung der Gesamtausgaben des Kunden im relevanten Leistungsbereich kommt. Zweifelsohne erfordert dies jedoch eine stärkere Überzeugungsarbeit und höhere Investitionen als eine Erhöhung der sachlichen Kundenloyalität. Bei der zeitlichen Kundenloyalität muss beachtet werden, dass der Ausdehnung der Kundenbeziehungsdauer durch den Wegzug eines Kunden aus einem Absatzgebiet eine enge und durch das natürliche Ende des Kunden eine definitive Grenze gesetzt ist.[1546] Die aufgezeigten Möglichkeiten münden folglich in loyalitätssteigernden Strategien, die durch hohe Investitionen in die Kundenbindung, oder in diesem Fall in die Kundenloyalität, forciert werden. Diese könnten auch dazu beitragen, die Kunden in Zukunft vom verstärkten Kauf von Cross Selling-Leistungen zu überzeugen.[1547]

Aufgrund der natürlichen Fluktuation des Kundenstamms eines Unternehmens darf eine wertorientierte Neukundenakquisition nicht vernachlässigt werden.[1548] Generell stehen zwei Grundstrategien zur Neukundengewinnung zur Verfügung. Einerseits lassen sich unter Umständen bisherige Nicht-Verwender von den Leistungen des eigenen Unternehmens überzeugen, andererseits kann das Unternehmen den Versuch starten, Kunden mit einem potenziell hohen Kundenwert von der Konkurrenz abzuwerben.[1549] Im Rahmen der Strategie der Akquisition von Nicht-Verwendern, die insbesondere in fragmentierten Wachstumsmärkten Erfolg versprechend zu sein scheint, gilt es, diese vom spezifischen Nutzen des Produkts oder der Dienstleistung zu überzeugen, positive Erwartungen aufzubauen und das wahrgenommene Risiko für den Kunden abzubauen. Dagegen müssen im Rahmen der Strategie der Abwerbung von Kunden der Konkurrenz zunächst die aufgezeigten Wechselbarrieren abgebaut werden, um den Kunden von der Vorteilhaftigkeit der Leistungen des Anbieters gegenüber den Konkurrenzangeboten überzeugen zu können.[1550] Tendenziell erscheint letztere Strategie weniger Erfolg versprechend zu sein, weswegen sie eher in konzentrierten, bereits rückläufigen Märkten als Alternative zur Anwendung kommen dürfte. Dabei sollte beachtet werden, dass im Rahmen eines wertorientierten Kunden-Controlling die bei der Neukundenakquisition anfallenden Auszahlungen den Barwert der aus der Kundenbeziehung erwarteten Einzahlungen nicht überschreiten sollten.[1551] Dies wurde im Rahmen der New Economy-Blase, in der eine Neukundenakquisition um jeden Preis erfolgte, gerade nicht beachtet. Die Bewertung der Neukunden erfolgte anhand von, häufig auch eher nicht-monetären, Multipli-

[1546] Vgl. Tewes, M. (2003), S. 202.
[1547] Vgl. Homburg, C./Schäfer, H. (2006), S. 159ff.
[1548] Vgl. Tomczak, T./Reinecke, S./Dittrich, S. (2006), S. 108.
[1549] Vgl. im Folgenden grundlegend Wirtz, B.W./Schilke, O. (2004), S. 37.
[1550] Vgl. Bruhn, M. (2006), S. 43.
[1551] Vgl. Tewes, M. (2003), S. 203.

katoren und weniger anhand einer fundierten Bewertung der Neukunden.[1552] Problematisch ist in diesem Zusammenhang jedoch zweifelsohne die im Vergleich zu den Bestandskunden wesentlich schlechtere Informationslage, da zum Zeitpunkt einer Neukundenakquisition nur selten bereits umfangreiche Daten vorliegen. Daher ist eine wertorientierte Neukundenakquisition mit einem wesentlich höheren Ausmaß an Unsicherheit verbunden und sollte bei der Bewertung der Neukunden entsprechend berücksichtigt werden.[1553]

Droht einem Anbieter, aufgrund von Fehlern in der Kundenbearbeitung, insbesondere bei wiederholten Transaktionsfehlern, Qualitätsmängeln bei Produkten oder Dienstleistungen oder auch aufgrund eines attraktiven Konkurrenzangebotes, besonders wertvolle Kunden zu verlieren oder hat es diese bereits verloren, so bieten sich Strategien der Kundenrückgewinnung an, um diese wieder an das Unternehmen zu binden.[1554] Ein erhebliches ökonomisches Problem stellen beispielsweise Kunden dar, die trotz hoher Akquisitionskosten schon frühzeitig zur Konkurrenz wechseln.[1555] In diesem Zusammenhang kommt insbesondere dem Beschwerdemanagement eine entscheidende Bedeutung zu, da dieses quasi als Frühwarnsystem fungiert und Kunden durch einen zufrieden stellenden Beschwerdeprozess wieder stärker an das Unternehmen binden kann.[1556] Auch im Rahmen der Kundenrückgewinnung sollten jedoch nur solche Kunden zurückgewonnen werden, die für die Zukunft einen positiven Kundenkapitalwert aufweisen.[1557]

Ein wertorientiertes Kunden-Controlling sollte darauf bedacht sein, dass eine effiziente Allokation der dem Anbieter zur Verfügung stehenden Ressourcen auf Maßnahmen zur Kundenakquisition und Kundenbindung erfolgt.[1558] Dies impliziert aber auch, dass sich ein Anbieter von wertvernichtenden Kunden trennt. Ein konsequenter Abbau dieser wertvernichtenden Kunden birgt jedoch eine ganze Reihe von Problemen und Gefahren. So könnten sich bei einer aktiven Kündigung von einzelnen Kunden möglicherweise Imageschäden für den Anbieter ergeben, die im Zusammenhang mit negativen Referenzen einen stärkeren Einfluss auf den Unternehmenswert haben könnten und dadurch den positiven Effekt aufgrund der eingesparten Ressourcen zunichte machen.[1559] Darüber hinaus kann es unter Umständen sogar der Unterneh-

---

[1552] Vgl. Gupta, S./Lehmann, D.R./Stuart, J.A. (2004), S. 7f.
[1553] Vgl. Tewes, M. (2003), S. 204.
[1554] Vgl. Bruhn, M. (2006), S. 43 sowie ausführlich Stauss, B./Friege, C. (2006), S. 509ff.
[1555] Vgl. Stauss, B./Friege, C. (2006), S. 511.
[1556] Vgl. Stauss, B. (2008), S. 371ff.
[1557] Vgl. Stauss, B./Friege, C. (2006), S. 511.
[1558] Vgl. Wirtz, B.W./Schilke, O. (2004), S. 37.
[1559] Vgl. Eberling, G. (2002), S. 285.

mensphilosophie widersprechen, Kundenbeziehungen zu kündigen.[1560] Die größte Gefahr eines Abbaus von wertvernichtenden Kunden resultiert jedoch aus möglichen Synergien zu anderen Kunden. Dies kann sämtliche Bestandteile des Ressourcenpotentials eines Kunden betreffen und sowohl die Einzahlungsseite als auch die Auszahlungsseite eines Anbieters beeinflussen. Des Weiteren kann der Abbruch einzelner Kundenbeziehungen auch einen Einfluss auf das Gesamtrisiko des Kundenstamms haben.[1561] Daher sollten die möglichen Synergien explizit bei der Bewertung der wertvernichtenden Kunden mitberücksichtigt werden, bevor die entsprechende Kundenbeziehung beendet wird.[1562]
Aufgrund der aufgezeigten Gefahren sollte der Abbruch einer Kundenbeziehung folglich immer nur als äußerster letzter Schritt angesehen werden.[1563] Ob allerdings Sofortmaßnahmen bei jedem Kunden dazu beitragen können, aus einem wertvernichtenden Kunden einen wertschaffenden Kunden zu formen,[1564] darf bezweifelt werden. Vielmehr sollte bei einigen Kunden alternativ ein selektiver Rückzug des Anbieters erfolgen, indem zumindest unprofitable Aufträge abgelehnt werden und der Einsatz absatzpolitischer Maßnahmen weitestgehend eingestellt wird, um somit durch Kosteneinsparungen den Schaden möglichst gering zu halten.[1565]

Ob eine Einleitung der kundenorientierten Strategien auch zur Erreichung der Unternehmensziele geeignet sein kann, lässt sich abschließend nur durch eine Bestimmung des Wertbeitrags der unterschiedlichen Alternativen klären.

5.2.2.2.2 Bestimmung des Wertbeitrags kundenorientierter Strategien unter Verwendung einer Szenario-Analyse

Wurden im Rahmen des Strategiefindungsprozesses mögliche Strategien ausfindig gemacht, die zu einer Steigerung des Kundenwertes beitragen könnten, so sind diese nun im Rahmen der Strategiebewertung dahingehend zu überprüfen, ob sie auch einen über die ursprüngliche Planung hinaus gehenden Wertbeitrag zum Kundenwert leisten können.[1566] Ausschlaggebend sind folglich der ursprünglich, anhand der in Kapitel 4 vorgestellten Methoden bewertete, Kundenwert, das Kundenwertpotential sowie der Kundenwert bei Ausübung der jeweiligen Strategie, die zur Ausschöpfung des Kundenwertpotentials beitragen soll. Es sollte, sofern die benötigten

---

1560 Vgl. Wirtz, B.W./Schilke, O. (2004), S. 37.
1561 Vgl. Dhar, R./Glazer, R. (2003), S. 86-92; Ryals, L. (2003), S. 170.
1562 Vgl. Wirtz, B.W./Schilke, O. (2004), S. 37.
1563 Vgl. Fischer, T.M./Decken, T.v.d. (2001), S. 304.
1564 Vgl. hierzu Fischer, T.M./Decken, T.v.d. (2001), S. 303; Tewes, M. (2003), S. 197.
1565 Vgl. Wirtz, B.W./Schilke, O. (2004), S. 37.
1566 Vgl. Tewes, M. (2003), S. 207. Zur Bewertung von Strategien auf Ebene der Geschäftsfelder vgl. Herter, R.N. (1994), S. 140; Günther, T. (1997), S. 387-394.

Ressourcen auch verfügbar sind, jeweils die Strategie ausgewählt werden, die die höchste strategieinduzierte Wertschaffung verspricht.[1567] Von entscheidender Bedeutung bei der Bestimmung des Wertbeitrags kundenorientierter Strategien ist die Berücksichtigung der Kundenrisiken. Eine Offenlegung der Kundenrisiken erfolgt zunächst im Rahmen einer Szenario-Analyse, die anschließende Bewertung mit Hilfe der Sicherheitsäquivalent-Methode auf Basis des (μ,σ)-Prinzips. Darüber hinaus wird in den folgenden beiden Abschnitten aufgezeigt, wie die Offenlegung der Kundenrisiken alternativ auch mit Hilfe einer Sensitivitäts-Analyse sowie einer Monte-Carlo-Risikosimulation erfolgen kann.

Kundenorientierte Strategien können zahlreiche Maßnahmen beinhalten und sich auf den kompletten Kundenstamm, einzelne Kundensegmente, Kundengruppen oder Einzelkunden beziehen. Letztlich ist jedoch das Ziel stets dasselbe, denn ohne den Nachweis einer Wertsteigerung erweist sich auch die umfassendste Strategie als ungeeignet. Das folgende Beispiel stellt daher das Ziel der Wertsteigerung in den Vordergrund und beschränkt sich hinsichtlich der Darstellung der Ausgestaltung der kundenorientierten Strategien auf einen Einzelkunden. Im weiteren Verlauf wird darüber hinaus angedeutet, welche Auswirkungen bereits die Berücksichtigung von zwei Einzelkunden auf das Risiko des Unternehmens haben kann.

Beispielhaft wird zunächst der in Kapitel 5.2.2.1.2 bereits vorgestellte Kunde B herangezogen. Da die kundenbezogene Schwachstellenanalyse die Erkenntnis hervorgebracht hat, dass einer möglichen Abwanderung des Kunden eine zu hohe Wahrscheinlichkeit beigemessen werden muss und sich nachteilig auswirkte, dass dieser nur das margenschwache Produkt 1 bezieht, bieten sich zahlreiche alternative Strategien zur Steigerung des Kundenwertes an. Als weitere Vereinfachung wird an dieser Stelle jedoch angenommen, dass lediglich zwei mögliche Strategien in Frage kommen:
Strategie I (SI) beinhaltet als Kundenbindungsstrategie eine Qualitätsoffensive, die durch Sicherstellung einer hohen Leistungsqualität und der Bereitstellung von Zusatzleistungen, kombiniert mit der Einrichtung eines Beschwerdemanagements[1568], dazu beitragen soll, dass sich der Share-of-Wallet des Anbieters an den Gesamtausgaben des Kunden B sowie seine Kundenbindungswahrscheinlichkeit in Zukunft erhöhen. Bislang hat der Kunde sein gesamtes Kaufvolumen für das Produkt 1 gleichmäßig auf fünf verschiedene Anbieter aufgeteilt, so dass der Share-of-Wallet durch Verdrängung der Anteile anderer Anbieter ausgeweitet werden kann. Die geplante

[1567] Vgl. Tewes, M. (2003), S. 208.
[1568] Vgl. Stauss, B. (2008), S. 369-396; Stauss, B. (2006), S. 315-334.

Strategie erfordert zusätzliche Investitionen i.H.v. 200 GE in t=0 und i.H.v. 20 GE in t=5.[1569] Des Weiteren erhöhen sich die laufenden Auszahlungen in Vertrieb und Service. Da die Strategie insbesondere hinsichtlich der zukünftigen Absatzmengen und Kundenbindungsraten einer hohen Unsicherheit unterworfen ist, wird zunächst eine Szenario-Analyse durchgeführt, auf deren Basis die folgenden Werttreiber für die unterschiedlichen Szenarien geplant werden:

Periode t	Basisgröße in t=0	1	2	3	4	5	6	7	8	9	10
WR Absatzmenge	50	10,00% 12,00% 14,00%	12,00% 15,00% 18,00%	14,00% 20,00% 24,00%	16,00% 25,00% 30,00%	20,00% 30,00% 36,00%	12,50% 20,00% 24,00%	6,00% 12,00% 18,00%	3,00% 10,00% 16,00%	2,00% 8,00% 13,00%	0,00% 5,00% 8,00%
WR Produktpreis	5,00	1,80% 2,00% 2,20%	1,80% 2,00% 2,20%	1,80% 2,00% 2,20%	1,80% 2,00% 2,20%	1,80% 2,00% 2,20%	1,80% 2,00% 2,20%	1,80% 2,00% 2,20%	1,80% 2,00% 2,20%	1,80% 2,00% 2,20%	1,80% 2,00% 2,20%
WR Stückkosten	2,00	2,10% 2,00% 1,90%	2,10% 2,00% 1,90%	2,10% 2,00% 1,90%	2,10% 2,00% 1,90%	2,10% 2,00% 1,90%	2,10% 2,00% 1,90%	2,10% 2,00% 1,90%	2,10% 2,00% 1,90%	2,10% 2,00% 1,90%	2,10% 2,00% 1,90%
WR V&S-Kosten	30,00	50,00% 40,00% 32,00%	50,00% 40,00% 32,00%	30,00% 20,00% 12,00%	25,00% 15,00% 6,00%	22,00% 12,00% 4,00%	20,00% 10,00% 2,00%	15,00% 8,00% 1,00%	8,00% 4,00% 0,00%	5,00% 2,00% 0,00%	4,00% 0,00% -2,00%
Kundenbindungsrate		80,00% 85,00% 90,00%	80,00% 85,00% 90,00%	80,00% 85,00% 90,00%	80,00% 85,00% 90,00%	80,00% 85,00% 90,00%	80,00% 85,00% 90,00%	80,00% 85,00% 90,00%	80,00% 85,00% 90,00%	80,00% 85,00% 90,00%	80,00% 85,00% 90,00%

Abb. 5-4: Planung der Werttreiber des Kunden B (Strategie I)

Es wird davon ausgegangen, dass das Worst Case-Szenario mit einer Wahrscheinlichkeit von 20% eintritt. Für das Trendszenario wird eine Eintrittswahrscheinlichkeit von 50%, für das Best Case-Szenario eine Eintrittswahrscheinlichkeit von 30% angenommen. Für den Risikoaversionskoeffizienten wird ein Wert von 0,4 festgelegt. Unter Berücksichtigung der Kundenbindungswahrscheinlichkeit (KBW) ergeben sich die folgenden $EKCF_t$:

[1569] Insbesondere für zukünftige Investitionsentscheidungen bietet sich alternativ auch die Anwendung von Realoptionsverfahren an. Vgl. Schwetzler, B. (2001), S. 86. Auf diese Weise könnte etwa eine Bewertung der zukünftigen Investition in t=5 erfolgen, die dann als Call-Option interpretiert und in der Zukunft nur bei positiver Umweltentwicklung durchgeführt wird. Vgl. hierzu Fischer, T.M./Schmöller, P./Vielmeyer, U. (2002), S. 10ff. Eine Berücksichtigung der Umweltentwicklung erfolgt jedoch auch im Rahmen der Erfolgspotentialrechnung. Vgl. 5.3.3.2.

Periode t [in GE]	0	1	2	3	4	5	6	7	8	9	10
Absatzmenge		55	62	70	81	98	110	117	120	122	122
		56	64	77	97	126	151	169	186	201	211
		57	67	83	108	147	183	216	250	283	305
Produktpreis		5,10	5,20	5,31	5,41	5,52	5,63	5,74	5,86	5,98	6,09
Umsatz-einzahlungen		280,50	320,44	372,61	440,87	539,63	619,22	669,51	703,38	731,80	746,44
		285,60	335,01	410,05	522,81	693,25	848,54	969,37	1.087,64	1.198,14	1.283,21
		290,70	349,89	442,54	586,80	814,01	1.029,56	1.239,18	1.466,20	1.689,94	1.861,64
Produktstückkosten		2,04	2,08	2,12	2,16	2,21	2,25	2,30	2,34	2,39	2,44
V&S-Kosten		42,00	58,80	70,56	81,14	90,88	99,97	107,97	112,29	114,53	114,53
Auszahlungen		154,20	186,98	219,60	257,49	306,73	347,66	375,77	393,64	407,25	413,11
		156,24	192,80	234,58	290,27	368,18	439,39	495,72	547,34	593,79	627,81
		158,28	198,75	247,57	315,87	416,49	511,80	603,64	698,77	790,51	859,19
Operativer Cashflow		126,30	133,47	153,01	183,38	232,90	271,57	293,74	309,74	324,55	333,33
		129,36	142,21	175,47	232,54	325,07	409,16	473,66	540,30	604,35	655,39
		132,42	151,13	194,96	270,94	397,53	517,77	635,54	767,44	899,44	1002,45
Investitionen KB	-300,00					-50,00					
KCF_t	-300	126,30	133,47	153,01	183,38	182,90	271,57	293,74	309,74	324,55	333,33
	-300	129,36	142,21	175,47	232,54	275,07	409,16	473,66	540,30	604,35	655,39
	-300	132,42	151,13	194,96	270,94	347,53	517,77	635,54	767,44	899,44	1002,45
Kundenbindungs-wahrscheinlichkeit in t	80,0%	80,0%	64,0%	51,2%	41,0%	32,8%	26,2%	21,0%	16,8%	13,4%	10,7%
	85,0%	85,0%	72,3%	61,4%	52,2%	44,4%	37,7%	32,1%	27,2%	23,2%	19,7%
	90,0%	90,0%	81,0%	72,9%	65,6%	59,0%	53,1%	47,8%	43,0%	38,7%	34,9%
$EKCF_t$	20,0%	101,04	85,42	78,34	75,11	59,93	71,19	61,60	51,97	43,56	35,79
	50,0%	109,96	102,74	107,76	121,39	122,05	154,31	151,84	147,23	139,98	129,03
	30,0%	119,18	122,42	142,13	177,76	205,21	275,16	303,98	330,36	348,46	349,53
μ $EKCF_t$		110,94	105,18	112,19	129,05	134,57	173,94	179,44	183,11	183,24	176,53
σ $EKCF_t$		6,36	13,05	22,54	36,37	51,86	73,34	88,38	102,90	114,14	118,61
SÄ $EKCF_t$	-300,00	108,40	99,96	103,17	114,50	113,83	144,61	144,08	141,95	137,58	129,09
CLV_0	**640,74**										

Tab. 5-3: Bestimmung der kundenbezogenen Cashflows von Kunde B (Strategie I)

Es zeigt sich, dass die geplante Kundenbindungsstrategie zu einem positiven Customer Lifetime Value CLV_{0B}^{SI} i.H.v. 640,74 GE führt. Des Weiteren fällt dieser höher aus als der zuvor geplante CLV_{0B}. Es muss darüber hinaus beachtet werden, dass letzterer sogar ohne die Berücksichtigung des Risikos erfolgte.[1570] Die strategieinduzierte Wertschaffung beträgt somit:

$$\Delta WB_{0B}^{SI} = CLV_{0B}^{SI} - CLV_{0B} = 640{,}74 - 525{,}53 = 115{,}21$$

Als alternative Strategie II kommt ein Rückzug aus der Geschäftsbeziehung mit dem Kunden B in Betracht, indem sämtliche Investitionen in die Kundenbindung zurückgezogen werden und auch bei den laufenden Auszahlungen rationalisiert wird. Kombiniert wird der selektive Rückzug jedoch mit einer Kundenakquisitionsstrategie, die in der Neukundenakquisition des Kunden C resultieren soll. Zunächst zeigt die folgende

[1570] Um die beiden Customer Lifetime Value vergleichen zu können, müsste eigentlich auch im Ausgangsfall eine Berücksichtigung des Risikos erfolgen. Dies führt zu einer höheren strategieinduzierten Wertschaffung. Da daraus jedoch keine neuen Erkenntnisse gewonnen werden können, soll hier vereinfachend unterstellt werden, dass im Ausgangsfall, bspw. aufgrund einer besseren Informationslage, vom Zustand der Sicherheit ausgegangen werden kann.

Abbildung auf, wie sich der selektive Rückzug auf die Werttreiber des Kunden B auswirkt:

Periode t	Basisgröße in t=0	1	2	3	4	5	6	7	8	9	10
WR Absatzmenge	50	-30,00%	-30,00%	-40,00%	-40,00%	-40,00%	-40,00%	-40,00%	-40,00%	-50,00%	-60,00%
		-20,00%	-20,00%	-25,00%	-25,00%	-25,00%	-25,00%	-25,00%	-25,00%	-30,00%	-50,00%
		-10,00%	-10,00%	-15,00%	-15,00%	-15,00%	-15,00%	-15,00%	-15,00%	-20,00%	-25,00%
WR Produktpreis	5,00	1,80%	1,80%	1,80%	1,80%	1,80%	1,80%	1,80%	1,80%	1,80%	1,80%
		2,00%	2,00%	2,00%	2,00%	2,00%	2,00%	2,00%	2,00%	2,00%	2,00%
		2,20%	2,20%	2,20%	2,20%	2,20%	2,20%	2,20%	2,20%	2,20%	2,20%
WR Stückkosten	2,00	2,10%	2,10%	2,10%	2,10%	2,10%	2,10%	2,10%	2,10%	2,10%	2,10%
		2,00%	2,00%	2,00%	2,00%	2,00%	2,00%	2,00%	2,00%	2,00%	2,00%
		1,90%	1,90%	1,90%	1,90%	1,90%	1,90%	1,90%	1,90%	1,90%	1,90%
WR V&S-Kosten	30,00	6,00%	11,00%	14,00%	14,50%	13,00%	8,00%	6,00%	3,00%	2,00%	0,00%
		5,00%	10,00%	12,50%	12,00%	11,00%	6,00%	4,00%	2,00%	1,00%	0,00%
		4,00%	9,00%	11,00%	9,50%	9,00%	4,00%	2,00%	1,00%	0,00%	0,00%
Kundenbindungs-rate		40,00%	40,00%	35,00%	35,00%	30,00%	30,00%	20,00%	20,00%	15,00%	15,00%
		60,00%	60,00%	55,00%	55,00%	50,00%	50,00%	45,00%	45,00%	40,00%	40,00%
		80,00%	80,00%	75,00%	75,00%	70,00%	70,00%	65,00%	65,00%	60,00%	60,00%

Abb. 5-5: Planung der Werttreiber des Kunden B (Strategie II)

Dies hat die folgenden Auswirkungen auf die kundenbezogenen Cashflows und den Customer Lifetime Value des Kunden B:

Periode t [in GE]	0	1	2	3	4	5	6	7	8	9	10
Absatzmenge		35	25	15	9	5	3	2	1	1	0
		40	32	24	18	14	10	8	6	4	2
		45	41	34	29	25	21	18	15	12	9
Produktpreis		5,10	5,20	5,31	5,41	5,52	5,63	5,74	5,86	5,98	6,09
Umsatz-einzahlungen		178,50	127,45	78,00	47,74	29,21	17,88	10,94	6,70	3,42	1,39
		204,00	166,46	127,34	97,42	74,53	57,01	43,61	33,36	23,82	12,15
		229,50	210,68	182,66	158,37	137,30	119,04	103,21	89,48	73,02	55,86
Produktstückkosten		2,04	2,08	2,12	2,16	2,21	2,25	2,30	2,34	2,39	2,44
V&S-Kosten		31,50	34,65	38,98	43,66	48,46	51,37	53,42	54,49	55,04	55,04
Auszahlungen		102,90	85,63	70,18	62,75	60,15	58,52	57,80	57,17	56,40	55,59
		113,10	101,24	89,92	82,63	78,27	74,17	70,87	67,84	64,57	59,90
		123,30	118,92	112,05	107,01	103,38	98,99	94,71	90,29	84,24	77,38
Operativer Cashflow		75,60	41,82	7,82	-15,02	-30,93	-40,64	-46,86	-50,47	-52,99	-54,20
		90,90	65,23	37,43	14,79	-3,75	-17,16	-27,26	-34,47	-40,74	-47,75
		106,20	91,76	70,62	51,36	33,92	20,06	8,50	-0,80	-11,23	-21,52
Investitionen KB	0,00					0,00					
KCF_t	0,00	75,60	41,82	7,82	-15,02	-30,93	-40,64	-46,86	-50,47	-52,99	-54,20
	0,00	90,90	65,23	37,43	14,79	-3,75	-17,16	-27,26	-34,47	-40,74	-47,75
	0,00	106,20	91,76	70,62	51,36	33,92	20,06	8,50	-0,80	-11,23	-21,52
Kundenbindungs-wahrscheinlichkeit in t	40,0%	40,0%	16,0%	5,6%	2,0%	0,6%	0,2%	0,0%	0,0%	0,0%	0,0%
	60,0%	60,0%	36,0%	19,8%	10,9%	5,4%	2,7%	1,2%	0,6%	0,2%	0,1%
	80,0%	80,0%	64,0%	48,0%	36,0%	25,2%	17,6%	11,5%	7,5%	4,5%	2,7%
$EKCF_t$	20,0%	30,24	6,69	0,44	-0,29	-0,18	-0,07	-0,02	0,00	0,00	0,00
	50,0%	54,54	23,48	7,41	1,61	-0,20	-0,47	-0,33	-0,19	-0,09	-0,04
	30,0%	84,96	58,73	33,90	18,49	8,55	3,54	0,97	-0,06	-0,50	-0,58
μ $EKCF_t$		58,81	30,70	13,96	6,29	2,43	0,81	0,12	-0,11	-0,20	-0,19
σ $EKCF_t$		19,43	19,42	13,31	8,02	4,01	1,79	0,57	0,08	0,20	0,25
SÄ $EKCF_t$	0,00	51,03	22,93	8,64	3,09	0,82	0,10	-0,11	-0,15	-0,28	-0,29
CLV_0	**79,59**										

Tab. 5-4: Bestimmung der kundenbezogenen Cashflows des Kunden B (Strategie II)

Die ursprünglich für den Kunden B eingeplanten Investitionen werden alternativ in die Neukundenakquisition des Kunden C investiert. Die Planungen ergeben für Kunde C die folgenden Werttreiber:

Periode t	Basisgröße in t=0	1	2	3	4	5	6	7	8	9	10
WR Absatzmenge	60	10,00% 15,00% 20,00%	15,00% 20,00% 25,00%	20,00% 25,00% 30,00%	25,00% 30,00% 35,00%	22,00% 32,00% 42,00%	14,00% 24,00% 34,00%	10,00% 20,00% 30,00%	2,00% 12,00% 22,00%	-4,00% 6,00% 16,00%	-8,00% 2,00% 12,00%
WR Produktpreis	6,00	2,70% 3,00% 3,30%	2,70% 3,00% 3,30%	2,70% 3,00% 3,30%	2,70% 3,00% 3,30%	2,70% 3,00% 3,30%	2,70% 3,00% 3,30%	2,70% 3,00% 3,30%	2,70% 3,00% 3,30%	2,70% 3,00% 3,30%	2,70% 3,00% 3,30%
WR Stückkosten	2,50	3,30% 3,00% 2,70%	3,30% 3,00% 2,70%	3,30% 3,00% 2,70%	3,30% 3,00% 2,70%	3,30% 3,00% 2,70%	3,30% 3,00% 2,70%	3,30% 3,00% 2,70%	3,30% 3,00% 2,70%	3,30% 3,00% 2,70%	3,30% 3,00% 2,70%
WR V&S-Kosten	35,00	6,50% 6,00% 5,50%	13,00% 12,00% 11,00%	14,75% 14,00% 13,25%	16,50% 16,00% 15,50%	16,00% 14,00% 12,00%	14,00% 12,00% 10,00%	12,00% 10,00% 8,00%	10,00% 8,00% 6,00%	6,00% 4,00% 2,00%	0,50% 0,00% -0,50%
Kundenbindungs-rate		75,00% 80,00% 90,00%	75,00% 80,00% 90,00%	75,00% 80,00% 90,00%	75,00% 80,00% 90,00%	75,00% 80,00% 90,00%	75,00% 80,00% 90,00%	75,00% 80,00% 90,00%	75,00% 80,00% 90,00%	75,00% 80,00% 90,00%	75,00% 80,00% 90,00%

Abb. 5-6: Planung der Werttreiber des Kunden C (Strategie II)

Daraus ergeben sich entsprechend die folgenden kundenbezogenen Cashflows sowie der Customer Lifetime Value des Kunden C:

Periode t [in GE]	0	1	2	3	4	5	6	7	8	9	10
Absatzmenge		66 69 72	76 83 90	91 104 117	114 135 158	139 178 224	158 220 301	174 264 391	178 296 477	171 314 553	157 320 619
Produktpreis		6,16 6,18 6,20	6,33 6,37 6,40	6,50 6,56 6,61	6,67 6,75 6,83	6,85 6,96 7,06	7,04 7,16 7,29	7,23 7,38 7,53	7,43 7,60 7,78	7,63 7,83 8,04	7,83 8,06 8,30
Umsatz-einzahlungen		406,69 426,42 446,26	480,32 527,06 576,23	591,95 678,58 773,82	759,92 908,62 1.079,13	952,13 1.235,36 1.582,93	1.114,73 1.577,81 2.191,12	1.259,32 1.950,17 2.942,45	1.319,18 2.249,72 3.708,26	1.300,61 2.456,24 4.443,53	1.228,87 2.580,53 5.140,99
Produktstückkosten		2,58 2,58 2,57	2,67 2,65 2,64	2,76 2,73 2,71	2,85 2,81 2,78	2,94 2,90 2,86	3,04 2,99 2,93	3,14 3,07 3,01	3,24 3,17 3,09	3,35 3,26 3,18	3,46 3,36 3,26
V&S-Kosten		37,28 37,10 36,93	42,12 41,55 40,99	48,33 47,37 46,42	56,31 54,95 53,61	65,32 62,64 60,05	74,46 70,16 66,05	83,40 77,17 71,33	91,74 83,35 75,61	97,24 86,68 77,13	97,73 86,68 76,74
Auszahlungen		207,72 214,78 221,79	244,60 261,16 278,30	299,33 330,11 363,26	380,41 433,54 492,89	473,76 577,38 700,67	555,46 727,58 947,66	629,95 889,74 1.248,37	667,62 1.020,73 1.550,37	668,33 1.110,11 1.834,03	640,47 1.161,90 2.097,60
Operativer Cashflow		198,97 211,65 224,47	235,72 265,90 297,93	292,62 348,47 410,56	379,51 475,08 586,23	478,37 657,99 882,26	559,28 850,23 1.243,46	629,36 1.060,43 1.694,08	651,56 1.228,99 2.157,89	632,28 1.346,12 2.609,50	588,40 1.418,62 3.043,38
Investitionen NA	-300,00					-50,00					
KCF_t	-300,00 -300,00 -300,00	198,97 211,65 224,47	235,72 265,90 297,93	292,62 348,47 410,56	379,51 475,08 586,23	428,37 607,99 832,26	559,28 850,23 1.243,46	629,36 1.060,43 1.694,08	651,56 1.228,99 2.157,89	632,28 1.346,12 2.609,50	588,40 1.418,62 3.043,38
Kundenbindungs-wahrscheinlichkeit in t	75,0% 80,0% 90,0%	75,0% 80,0% 90,0%	56,3% 64,0% 81,0%	42,2% 51,2% 72,9%	31,6% 41,0% 65,6%	23,7% 32,8% 59,0%	17,8% 26,2% 53,1%	13,3% 21,0% 47,8%	10,0% 16,8% 43,0%	7,5% 13,4% 38,7%	5,6% 10,7% 34,9%
$EKCF_t$	40,0% 50,0% 10,0%	149,23 169,32 202,02	132,59 170,17 241,32	123,45 178,42 299,30	120,08 194,59 384,63	101,65 199,23 491,44	99,54 222,88 660,83	84,01 222,39 810,28	65,23 206,19 928,90	47,47 180,67 1.010,97	33,13 152,32 1.061,16
μ $EKCF_t$		164,55	162,26	168,52	183,79	189,42	217,34	225,83	222,08	210,42	195,53
σ $EKCF_t$		15,67	31,76	50,71	75,60	110,68	158,85	205,45	244,80	274,14	293,96
SÄ $EKCF_t$	-300,00	158,28	149,55	148,23	153,55	145,14	153,80	143,65	124,16	100,77	77,95
CLV_0	**768,19**										

Tab. 5-5: ***Bestimmung der kundenbezogenen Cashflows des Kunden C (Strategie II)***

Der Wertbeitrag der Strategie II (SII) setzt sich aus der negativen Wertbeitragsveränderung beim Kunden B und der Wertschaffung beim Kunden C zusammen:

$$\Delta WB_0^{SII} = \Delta WB_{0B}^{SII} + WB_{0C}^{SII} = \left(CLV_{0B}^{SII} - CLV_{0B}\right) + CLV_{0C}^{SII}$$
$$= (79{,}59 - 525{,}53) + 768{,}19 = 322{,}25$$

Obwohl der selektive Rückzug beim Kunden B zu einer Wertvernichtung i.H.v. 445,95 GE führt, beträgt die strategieinduzierte Wertschaffung 322,25 GE, da die Neukundenakquisition zu einer Wertschaffung von 768,19 GE beiträgt und somit die Wertvernichtung beim Kunden B bei weitem übersteigt. Darüber hinaus ist der Wertbeitrag durch Strategie II sogar noch höher als die bislang ausgewiesenen 847,78 GE,[1571] da darüber hinaus berücksichtigt werden muss, dass das Unternehmen nun gleichzeitig Kundenbeziehungen mit Kunde B und Kunde C unterhält und daraus ein

1571 $WB_0^{SII} = CLV_{0B}^{SII} + CLV_{0C}^{SII} = 79{,}59 + 768{,}19 = 847{,}78$.

Risikodiversifikationseffekt entsteht, wie sich leicht aufzeigen lässt, indem zunächst neue Sicherheitsäquivalente für die Summe aus Kunden-Cashflow des Kunden B und Kunden-Cashflow des Kunden C bestimmt und mit dem risikofreien Zinssatz diskontiert werden:[1572]

Periode t [in GE]	0	1	2	3	4	5	6	7	8	9	10
$EKCF_t$	30%	179,47	139,29	123,89	119,79	101,47	99,47	83,99	65,23	47,47	33,13
(Kunde B+	50%	223,86	193,66	185,83	196,20	199,02	222,42	222,05	206,00	180,58	152,28
Kunde C)	20%	286,98	300,05	333,19	403,12	499,99	664,36	811,25	928,84	1.010,47	1.060,59
μ $EKCF_t$		223,17	198,62	196,72	214,66	229,95	273,92	298,47	308,34	306,63	298,20
σ $EKCF_t$		37,25	55,91	73,32	99,87	141,47	202,35	263,27	316,18	356,61	384,67
SÄ $EKCF_t$		208,27	176,26	167,39	174,71	173,36	192,98	193,17	181,86	163,98	144,33
CLV_0	**1.081,08**										

Tab. 5-6: ***Wertbeitrag der Strategie II unter Berücksichtigung von Risikoverbundeffekten***

Es ergibt sich ein erhöhter Wertbeitrag von 1.081,08 GE und eine strategieinduzierte Wertschaffung i.H.v. 555,55 GE. Da letztere somit bei Strategie II wesentlich höher ausfällt, sollte sich das Unternehmen unter der Annahme, dass lediglich zwei alternative Strategien zur Auswahl stehen, somit für Strategie II entscheiden.

Mit Hilfe des Kundenwerttreibermodells lässt sich somit auf nachvollziehbare Weise eine quantitative Bewertung kundenorientierter Strategien durchführen. Die impliziten Risiken wurden anhand einer Szenario-Analyse offengelegt und schließlich anhand der Sicherheitsäquivalent-Methode gemäß (μ,σ)-Prinzip anhand einer eindimensionalen Größe bewertet. In den folgenden beiden Abschnitten sollen mit der Sensitivitätsanalyse sowie der Risikoanalyse weitere Ansätze zur Berücksichtigung des Kundenrisikos aufgezeigt werden.

5.2.2.2.3 Berücksichtigung der Kundenrisiken mittels Sensitivitätsanalyse

Anhand der Sensitivitätsanalyse soll die Variabilität des Kundenwertes bei Änderungen der als unsicher eingestuften Einflussfaktoren überprüft werden.[1573] Auf diese Weise können diejenigen Einflussfaktoren ausfindig gemacht werden, die den größten Einfluss auf den Kundenwert haben, indem analysiert wird, in welchem Intervall sich diese Einflussfaktoren jeweils bewegen dürfen, um einen positiven Kundenwert

[1572] Die Eintrittswahrscheinlichkeiten der einzelnen Szenarien stellen Durchschnittswerte aus den Eintrittswahrscheinlichkeiten der Szenarien bei den beiden Einzelkunden dar. Es wird vereinfachend davon ausgegangen wird, dass keine weiteren Kundenbeziehungen bestehen respektive diese keinen Einfluss auf die Cashflows der betrachteten Kunden haben.

[1573] Vgl. Günther, T. (1997), S. 325.

zu erzielen.[1574] Dazu ist jeweils die zu analysierende Inputgröße zu variieren, während alle anderen Größen fest vorgegeben werden.[1575]

Des Weiteren ist es durch die Sensitivitätsanalyse möglich, Veränderungen des Kundenwerts abzubilden, indem die einzelnen Inputgrößen innerhalb zuvor festgelegter Bandbreiten variiert werden.[1576] Beispielsweise könnte innerhalb der im vorherigen Kapitel dargestellten Strategie II für den Kundenkapitalwert des Kunden C eine Sensitivitätsanalyse für die Wachstumsraten der Absatzmenge, des Absatzpreises, der Stückkosten sowie der Servicekosten durchgeführt werden. Als besonders unsicher ist die Kundenbindungsrate einzuschätzen und daher deren Auswirkung auf den Kundenkapitalwert zu analysieren. Dabei muss beachtet werden, dass die Sensitivitätsanalyse nicht mit der durchgeführten Szenario-Analyse kombiniert werden darf, da dies andernfalls teilweise eine redundante Berücksichtigung der Risiken zur Folge hätte. Stattdessen ist lediglich vom Trendszenario auszugehen. Die sich ergebenden kundenbezogenen Cashflows werden mit dem risikofreien Zinssatz diskontiert.

Die Sensitivitätsanalyse stellt eine einfache Methode dar, um die mit der Bestimmung des Kundenwerts einhergehende Unsicherheit transparenter darzustellen, so dass ein erster Einblick in das Risiko einer Kundenbeziehung gewonnen werden kann. Ein Nachteil der Sensitivitätsanalyse resultiert allerdings daraus, dass die einzelnen Inputgrößen zwangsläufig isoliert betrachtet werden müssen. Diese Annahme muss in Bezug auf die Realität als stark vereinfachend angesehen werden.[1577] Eine Berücksichtigung mehrerer mit Unsicherheit behafteter Inputgrößen ist jedoch im Rahmen einer Monte-Carlo-Risikosimulation möglich, auf die im Folgenden eingegangen wird.

5.2.2.2.4 Berücksichtigung der Kundenrisiken mittels Monte-Carlo-Risikosimulation

Im Rahmen der Bewertung kundenorientierter Strategien erfolgte die Berücksichtigung des Risikos bislang anhand von Szenario-Analysen, deren mehrwertige Ergebnisse zunächst durch Multiplikation mit den Eintrittswahrscheinlichkeiten zum Erwartungswert verdichtet wurden und nach Abzug des Risikoabschlags die Sicherheitsäquivalente als einwertige Ergebnisgröße einer Periode lieferten. Als Alternative zur Berücksichtigung der bei der Bewertung der kundenorientierten Strategien auftreten-

---

[1574] Vgl. Tewes, M. (2003), S. 295; Perridon, L./Steiner, M. (2007), S. 112.
[1575] Vgl. Perridon, L./Steiner, M. (2007), S. 113.
[1576] Vgl. Günther, T. (1997), S. 325f.
[1577] Vgl. Tewes, M. (2003), S. 295.

den Risiken soll im Folgenden die Monte-Carlo-Risikosimulation herangezogen werden, da sich diese in der Literatur bereits im Zusammenhang mit der Bewertung von Projekten und Unternehmen sowie in dieser Arbeit bei der Bewertung des Kundenstamms als probates Instrument zur Quantifizierung der zugrunde liegenden Unsicherheit herauskristallisiert hat.[1578] In Bezug auf den Customer Lifetime Value als Entscheidungskriterium sollen nun innerhalb einer Monte-Carlo-Risikosimulation die entsprechenden Kunden-Werttreiber als Inputdaten in das Modell einfließen. Somit wird dem Vorschlag von *Siegel* gefolgt, aufbauend auf der Monte-Carlo-Risikosimulation einen Entscheidungswert zu bestimmen, indem direkt ein Sicherheitsäquivalent für die Zielgröße, in diesem Fall für den Customer Lifetime Value, berechnet wird.[1579]

Zur Verdeutlichung wird die oben durchgeführte Bewertung des Kunden C herangezogen. Als kundenspezifische Risikoquellen kommen grundsätzlich alle Faktoren in Betracht, die die Höhe der zukünftigen kundenbezogenen Cashflows bestimmen. Als unsicher wird somit beispielhaft die zukünftige Entwicklung der Absatzmenge, des Absatzpreises, der Stückkosten sowie der Vertriebs- und Servicekosten eingeschätzt. Daher werden die entsprechenden Wachstumsraten mit unterschiedlichen Wahrscheinlichkeitsverteilungen unterlegt. Einer hohen Unsicherheit unterliegt darüber hinaus die Kundenbindungsrate, die die Bestandswahrscheinlichkeit der Kundenbeziehung beschreibt. Für die Wachstumsraten der Absatzmengen sowie der Absatzpreise wird eine Dreiecksverteilung angenommen. Es wird unterstellt, dass diese beiden Parameter eine negative Korrelation aufweisen. Der Wachstumsrate der Stückkosten[1580] wird eine Gleichverteilung und der Wachstumsrate der Vertriebs- und Servicekosten eine symmetrische Betaverteilung zugeordnet. Als unsicher gelten auch die Kundenbindungsrate, für die eine rechtsschiefe Betaverteilung[1581] angenommen wird, sowie die Höhe der kundenbezogenen Investitionen in der Periode

[1578] Vgl. Coenenberg, A.G. (1992), S. 111-120; Siegel, T. (1994), S. 468ff.; Damodaran, A. (1997), S. 274f.; Dirrigl, H. (2002), Sp. 422f.; Dolny, O. (2003), S. 202ff.; Dirrigl, H. (2004a), S. 109ff.; Weizsäcker, R.K.v./Krempel, K. (2004), S. 808-814; Obermaier, R./Schüler, A. (2006), S. 28-31. Zum Einsatz der Risikoanalyse bei der Kundenstammbewertung vgl. Kapitel 4.2.4.5.

[1579] Vgl. Siegel, T. (1994), S. 469.

[1580] Es wäre an dieser Stelle auch denkbar, eine Abhängigkeit zwischen Stückkosten und Absatzmengen in das Modell einzubauen, da davon ausgegangen werden kann, dass die variablen Stückkosten mit steigender Absatz- und Produktionsmenge sinken. Da für solche Erfahrungskurveneffekte jedoch nicht die Absatz- und Produktionsmenge des Einzelkunden entscheidend ist, sondern die Produktionsmenge des Unternehmens, wird dieser Ansatz hier nicht weiter verfolgt.

[1581] In diesem Fall gelten für die beiden Funktions-Parameter $\alpha = 2$ und $\beta = 3$. Auf diese Weise kann abgebildet werden, dass zwar Ausprägungen i.H.v. 75% bis 90% als möglich erachtet werden, die Werte im höheren Bereich jedoch niedrigere Eintrittswahrscheinlichkeiten aufweisen.

t=5, denen eine Normalverteilung mit einem Mittelwert i.H.v. -50 GE und einer Standardabweichung von 5 GE zugeordnet wird.[1582]

Des Weiteren wird die Vorgehensweise von *Charnes* übernommen: Im Rahmen seines Risikosimulations-Modells zur Bestimmung des CLV zweier Einzelkunden wird aufbauend auf der Kundenbindungsrate der jeweiligen Periode durch Integration der in Crystal Ball verfügbaren Ja-Nein-Verteilung simuliert, ob der Kunde in der nächsten Periode dem Unternehmen treu bleibt oder abwandert.[1583] Dies hat zur Folge, dass zukünftige Cashflows im Fall einer Abwanderung nicht mehr in die Bewertung eingehen.[1584] Andererseits werden jedoch nicht die Cashflows nach Multiplikation mit der Kundenbindungswahrscheinlichkeit in die Bewertung einbezogen, sondern stattdessen die höheren Cashflows zur Bestimmung des CLV herangezogen. Somit weicht *Charnes* von der in den herkömmlichen Modellen wie etwa von *Dwyer*, *Berger/Nasr* oder *Gupta et al.* gewählten Vorgehensweise ab. Dies ist allerdings darin begründet, dass ohne die Heranziehung von Simulationsverfahren eine Abwanderung nicht entsprechend berücksichtigt werden kann.

Vor Durchführung der Monte-Carlo-Simulation wird zunächst das Basismodell erstellt, indem die einzelnen Parameter miteinander verknüpft werden.[1585] Die folgende Abbildung zeigt die Erwartungswerte der einzelnen Werttreiber:

Periode t	Basisgröße in t=0	1	2	3	4	5	6	7	8	9	10
WR Produktpreis	6,00	3,0%	3,0%	3,0%	3,0%	3,0%	3,0%	3,0%	3,0%	3,0%	3,0%
WR Absatzmenge	60	15,0%	20,0%	25,0%	30,0%	32,0%	24,0%	20,0%	12,0%	6,0%	2,0%
WR Stückkosten	2,50	3,0%	3,0%	3,0%	3,0%	3,0%	3,0%	3,0%	3,0%	3,0%	3,0%
WR V&S-Kosten	35,00	6,0%	12,0%	14,0%	16,0%	14,0%	12,0%	10,0%	8,0%	4,0%	0,0%
Kundenbindungsrate	80,0%	80,0%	80,0%	80,0%	80,0%	80,0%	80,0%	80,0%	80,0%	80,0%	80,0%

Abb. 5-7: Ausgangsgrößen im Basismodell der Risikosimulation

Für das Basismodell wird zunächst implizit unterstellt, dass für jede Inputgröße der wahrscheinlichste Wert realisiert wird. Diese Werte sind der folgenden Tabelle zu entnehmen:

1582 Die Verteilungsannahmen und die entsprechenden Parameter der Verteilungen sind dem Anhang zu entnehmen. Vgl. Anhang A-5.

1583 Vgl. Charnes, J. (2007), S. 121-124.

1584 Dies kann durch Anwendung von verschachtelten „Wenn-Dann“ Funktionen mit Hilfe von MS Excel erfolgen.

1585 Modellbildung und Simulation sind somit nicht identisch. Vgl. Streim, H. (1971), S. 64.

Periode t [in GE]	0	1	2	3	4	5	6	7	8	9	10
Absatzmenge		69	83	104	135	178	220	264	296	314	320
Produktpreis		6,18	6,37	6,56	6,75	6,96	7,16	7,38	7,60	7,83	8,06
Umsatzeinzahlungen		426,42	527,06	678,58	908,62	1.235,36	1.577,81	1.950,17	2.249,72	2.456,24	2.580,53
Produktstückkosten		2,575	2,65	2,73	2,81	2,90	2,99	3,07	3,17	3,26	3,36
V&S-Kosten		37,10	41,55	47,37	54,95	62,64	70,16	77,17	83,35	86,68	86,68
Auszahlungen		214,78	261,16	330,11	433,54	577,38	727,58	889,74	1.020,73	1.110,11	1.161,90
Operativer Cashflow		211,65	265,90	348,47	475,08	657,99	850,23	1.060,43	1.228,99	1.346,12	1.418,62
Investitionen NA	-300,00					-50,00					
KCF_t	-300,00	211,65	265,90	348,47	475,08	607,99	850,23	1.060,43	1.228,99	1.346,12	1.418,62
Kundenbindungsrate	80,0%	80,0%	80,0%	80,0%	80,0%	80,0%	80,0%	80,0%	80,0%	80,0%	80,0%
Abwanderung		0	0	0	0	0	0	0	0	0	0
Fortführung der Kundenbeziehung		1	1	1	1	1	1	1	1	1	1
Barwert KCF_t		201,57	241,18	301,02	390,85	476,37	634,45	753,62	831,83	867,72	870,91
CLV_0 Basisfall	5.269,53										
Ergebnisse der Risikosimulation:											
μ	1.289,36										
σ	1.889,60										
SÄ	533,52										

Tab. 5-7: Bestimmung des CLV des Kunden C im Basisfall und anhand einer Monte-Carlo-Risikosimulation

Anhand der vorgegebenen Ausgangsgrößen kann nun für den Customer Lifetime Value ein nicht sehr aussagekräftiger Basiswert i.H.v. 5.269,53 GE ermittelt werden. Anschließend wird eine Monte-Carlo-Risikosimulation durchgeführt, indem 10.000 mögliche Simulationsdurchläufe erfolgen. Entscheidend ist, dass für die Diskontierung der kundenbezogenen Cashflows im Rahmen der Monte-Carlo-Risikosimulation ein risikofreier Zinssatz herangezogen wird, um eine doppelte Erfassung der Risiken zu vermeiden.[1586] Die folgende Abbildung enthält die wichtigsten Ergebnisse sowie das aus der Monte-Carlo-Risikosimulation resultierende Histogramm:

[1586] Vgl. auch Jödicke, D. (2007), S. 168.

Prognose: CLV_0

Übersicht:

Sicherheitsgrad 66,69 %
Sicherheitsbereich von 0,00 bis +unendlich
Gesamtbereich von -300,00 bis 6.264,66
Basisfall ist 5.269,53
Nach 10.000 Versuchen lautet der Standardfehler für den Mittelwert 18,90

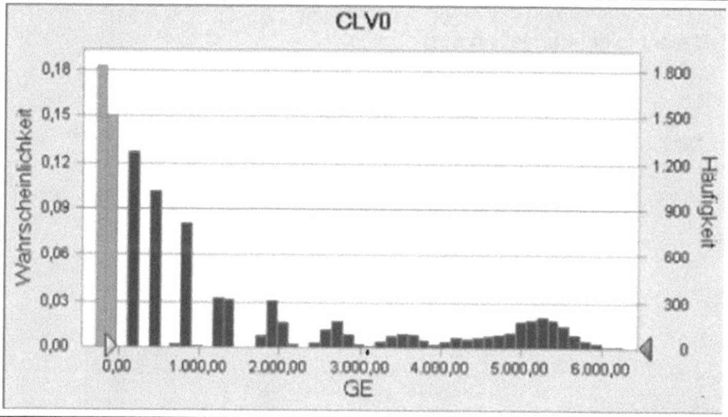

Statistik:	Prognosewerte
Mittelwert	1.289,36
Mittlerer Wert	439,20
Modus	-300,00
Standardabweichung	1.889,60
Varianz	3.570.586,94
Schiefe	1,19
Wölbung	2,98
Koeff. der Veränderlichkeit	1,47
Minimum	-300,00
Maximum	6.264,66
Bereichsbreite	6.564,66

Abb. 5-8: Ergebnisse der Risikosimulation

Die Monte-Carlo-Risikosimulation liefert grundsätzlich keine einwertigen Entscheidungsgrundlagen wie etwa einen Kundenkapitalwert, sondern zeigt eine Spannbreite möglicher Realisierungen der Zielgröße auf. Darüber hinaus kann aber der Auswertungsstatistik entnommen werden, dass die realisierte Verteilung einen Erwartungswert i.H.v. 1.289,36 GE sowie eine Standardabweichung i.H.v. 1.889,60 GE aufweist. Der aus der Monte-Carlo-Risikosimulation gewonnene Erwartungswert sowie die Standardabweichung können nun dazu genutzt werden, ein Sicherheitsäquivalent für den Customer Lifetime Value zu berechnen. Unter der Annahme des vorgegebenen Risikoaversionskoeffizienten i.H.v. 0,4 ergibt sich ein Sicherheitsäquivalent i.H.v.

533,52 GE.[1587] Abbildung 5-8 verdeutlicht allerdings darüber hinaus, dass trotz des deutlich positiven Erwartungswertes i.H.v. 1.289,36 GE die Investition in die Neukundenakquisition in 33,31% der durchgeführten Simulationsdurchläufe zu einem negativen Ergebniswert führt. In 50% der durchgeführten Simulationsdurchläufe betrug der Customer Lifetime Value des Kunden C 439,20 GE oder weniger.

Das Risikoprofil sieht folgendermaßen aus:

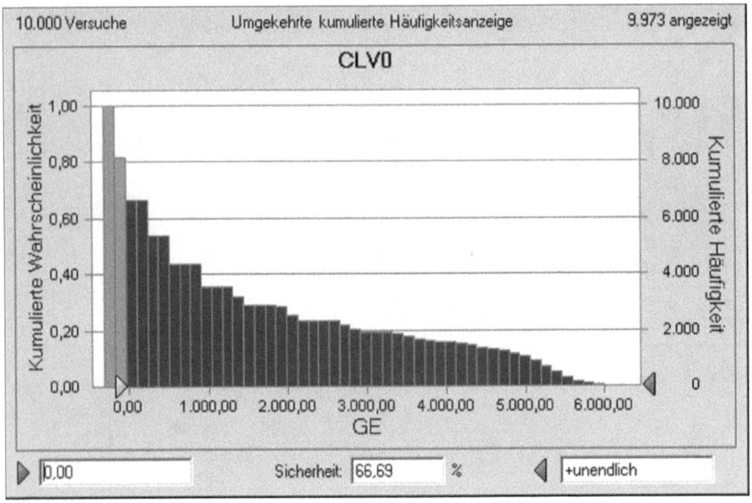

Abb. 5-9: ***Risikoprofil***

Die Risikoanalyse auf Basis der Monte-Carlo-Risikosimulation kann als eine hervorragende Möglichkeit beurteilt werden, die Risiken (und Chancen) einer Kundenbeziehung offenzulegen und transparent darzustellen. Darüber hinaus bietet sich noch die Möglichkeit, durch Bestimmung eines Sicherheitsäquivalent einen theoretisch fundierten Kundenwert zu ermitteln. Soweit die entsprechenden Daten bzw. Wahrscheinlichkeitsverteilungen verfügbar sind, ist die Monte-Carlo-Risikosimulation darüber hinaus durchaus imstande, die komplexe Realität zu verarbeiten.[1588] Somit stellt die Risikoanalyse eine gute, allerdings auch komplexere Alternative zur Szenario-Analyse dar.

1587 $SÄ(CLV_0) = \mu(CLV_0) - rak \cdot \sigma(CLV_0) = 285{,}30 - 0{,}3 \cdot 88{,}89 = 258{,}63.$
Siehe auch Tabelle 5-7.

5.2.3 Operative Planung

5.2.3.1 Operationalisierung der strategischen Ziele

Der Übergang von der strategischen Planung zur operativen Planung ist eher fließend, da die Unterlegung des Kundenwertes mit den Kundenwerttreibern bereits erste Ansätze zur Umsetzung der strategischen Planung liefert. Um im Folgenden aber die strategischen Ziele innerhalb des Unternehmens umsetzen zu können, bedarf es der Präzisierung der strategischen Ziele hinsichtlich des Zielinhalts, des Zielausmaßes und des Zeitraums, innerhalb dessen die Ziele umgesetzt werden sollen, damit diese auch als Orientierungs- und Richtgrößen für ein konkretes Handeln in den operativen Bereichen des Unternehmens geeignet sind.[1589] Vorgaben wie „Steigern Sie den Customer Lifetime Value des Kunden A" sind zu vage, als dass sie auch nur annähernd praktikabel umgesetzt werden könnten. Geeigneter sind daher Zielvorgaben, dessen Inhalt an den einzelnen Kundenwerttreibern oder einer Kombination aus mehreren Kundenwerttreibern anknüpft. Aus Sicht des Kunden-Controlling erscheinen in diesem Zusammenhang definitionslogische Beziehungen, die auf mathematischen Verknüpfungen beruhen, zweckdienlicher als sachlogische Zweck-Mittel-Beziehungen, die sich auf vermuteten oder empirisch ermittelten Zweck-Mittel-Relationen stützen.[1590] In diesem Zusammenhang könnte der Customer Lifetime Value als Spitzenkennzahl eingesetzt werden und bis auf die operative Ebene heruntergebrochen werden, so dass als Ziele eine Senkung der Vertriebskosten oder eine Erhöhung der Cross Selling-Umsätze denkbar wären. Diese sind sowohl zielführend, als auch für Mitarbeiter auf der operativen Ebene leicht nachvollziehbar und umsetzbar.

Hinsichtlich des Zielausmaßes kann zwischen einer Extremierung (z.B. Maximierung des Kundenumsatzes), einer Fixierung (z.B. Steigerung des Kundenumsatzes um 5%) und einer Satisfizierung (z.B. der Kundenumsatz soll mindestens 50.000 € betragen) unterschieden werden.[1591]

Vorgaben hinsichtlich des Zeitbezugs können sich entweder auf zukünftige Zeitpunkte oder auf zukünftige Zeiträume beziehen. Langfristige, strategische Ziele sind in kurzfristige, operative Ziele zu transformieren. In diesem Zusammenhang stellt sich

---

1588 Vgl. Siegel, T. (1994), S. 473.
1589 Vgl. Eberling, G. (2002), S. 247.
1590 Vgl. Eberling, G. (2002), S. 252f.
1591 Vgl. Eberling, G. (2002), S. 260.

etwa die Frage, wie die langfristigen Ziele heruntergebrochen werden können, da nur selten von linearen Zuwachsraten ausgegangen werden kann.
Im Folgenden sollen operative Instrumente zur Umsetzung kundenorientierter Strategien vorgestellt werden.

5.2.3.2 Operative Instrumente zur Umsetzung der kundenorientierten Strategien

Für die Umsetzung der vorgestellten kundenorientierten Strategien bedarf es geeigneter Instrumente, die sich in den einzelnen Marketinginstrumenten finden. Vorgeschlagen wird in diesem Zusammenhang die Anwendung klassischer Marketinginstrumente wie dem Konzept der 4 P's (Price, Product, Promotion, Place).[1592] Diese stehen für die Preispolitik, die Ausgestaltung des Produktes innerhalb der Leistungspolitik, die Ausgestaltung der Werbetätigkeiten innerhalb der Kommunikationspolitik sowie für die Distributionspolitik.[1593] Entscheidend ist jedoch, dass derartige, ursprünglich auf die Initiierung von Einzeltransaktionen abzielende Marketinginstrumente dahingehend modifiziert werden, dass sie auch die Schaffung einer langfristigen Kundenbeziehung unterstützen.[1594] Die folgende Abbildung liefert einen Überblick über mögliche Instrumente, die zur Kundenakquisition, -bindung und -rückgewinnung eingesetzt werden können:[1595]

1592 Vgl. Wirtz, B.W./Schilke, O. (2004), S. 38; Bruhn, M. (2006), S. 47.
1593 Vgl. Wirtz, B.W./Schilke, O. (2004), S. 38.
1594 Vgl. Bruhn, M. (2006), S. 36f.
1595 Quelle: In Anlehnung an Wirtz, B.W./Schilke, O. (2004), S. 38; Bruhn, M. (2006), S. 51.

Markting-Mix-Bereich / Ziel	Kundenakquisition	Kundenbindung	Kundenrückgewinnung
Price	▪ Werbeprämien ▪ Subventionierte Anfangsinvestitionen ▪ Niedrigpreisangebote	▪ Mengenabhängiges Pricing ▪ Treueabhängiges Pricing ▪ Preisbündelung ▪ Mehrpersonen-Pricing ▪ Preisgarantien	▪ Qualitätsmessung ▪ Individuellere Leistungsgestaltung ▪ Organisation der Wechselformalitäten ▪ Einmalige Geschenke (z.B. Konzertkarten)
Product	▪ Leistungsinnovationen ▪ Warenproben ▪ Spezifischer Nutzen durch Individualisierung	▪ Sicherstellung einer hohen Leistungsqualität ▪ Individualisierung ▪ Just-in-Time ▪ Zusatzleistungen (Value Added Services)	▪ Kundenspezifische Rabatte oder Sonderkonditionen ▪ Preispolitische Anreize (einmalige Zahlungen, Erstattung von Gebühren)
Promotion	▪ Verkaufsaußendienst ▪ Direct Mailing ▪ Klassische Werbung	▪ Beschwerdemanagement ▪ Call-Center ▪ Kundenforen, -clubs, ▪ -karten ▪ Kundenzeitschriften ▪ Personalisierung	▪ Proaktive, persönliche Kommunikation ▪ Beschwerdemanagement
Place	▪ Ubiquität des Vertriebes ▪ Nutzung neuer Informationstechnologien (bspw. Online-Vertrieb)	▪ Kundennahe Standorte ▪ Efficient Replenishment ▪ Langfristige Lieferverträge ▪ Abonnements	▪ Sicherstellung von Ubiquität ▪ Abschluss von Exklusivverträgen

Abb. 5-10: Exemplarische Instrumente zur Umsetzung kundenorientierter Strategien

Im Rahmen der Kundenakquisition sollen dem Kunden Anreize gesetzt werden, damit dieser eine Geschäftsbeziehung mit dem Anbieter eingeht. Im Mittelpunkt steht dabei die Gestaltung und Visualisierung eines für den Kunden attraktiven Leistungsangebots.[1596] Dieses sollte sowohl an die Bedürfnisse als auch an die Zahlungsbereitschaft des Kunden angepasst werden und sich nach Möglichkeit vom Angebot der Konkurrenz positiv abheben.[1597] Durch Leistungsinnovationen oder Warenproben kann im Rahmen der Leistungspolitik das Interesse des Kunden geweckt werden. Dies erfordert zunächst die Finanzierung höherer Investitionsauszahlungen. Weiterführend sind das Angebot eines spezifischen Nutzens durch Individualisierung der Leistungen denkbar. Ein Beispiel stellt die individualisierte Massenfertigung in Form von Mass Customization[1598] und der Ausgestaltung von Produktbaukästen dar, die eine Steigerung des Kundennutzens durch Individualisierung des Leistungsangebots bei gleichzeitig geringen variablen Kosten bedeutet. Dadurch eignen sich solche Instrumente insbesondere zum Aufbau von Kunden-Erfolgspotentialen bei potentiellen

[1596] Vgl. Bruhn, M. (2006), S. 48.
[1597] Vgl. Eberling, G. (2002), S. 292.
[1598] Der Begriff Mass Customization bezeichnet eine Produkt-Individualisierung in Massenmärkten Vgl. Link, V./Hildebrand, V.G. (1997), S. 16; Reiß, M. (2000), S. 8-12; Piller, F.T./Meier, R. (2001), S. 1-14.

Neukunden, aber auch bei Bestandskunden, deren Kundenpotential bislang noch nicht hinreichend ausgeschöpft worden ist.[1599]

Preispolitische Maßnahmen können dazu eingesetzt werden, dem Kunden hinreichend monetäre Anreize zu bieten, damit dieser zur erstmaligen Inanspruchnahme einer Leistung oder zu einem Wechsel zum Anbieter überzeugt wird.[1600] Dies kann durch Niedrigpreisangebote, Werbeprämien oder subventionierte Anfangsinvestitionen geschehen, die als indirekte Preisnachlässe aufgefasst werden können.[1601] Ein typisches Beispiel für eine subventionierte Anfangsinvestition sind subventionierte Endgeräte im Mobilfunkmarkt.

Direct-Marketing und eine Nutzenvisualisierung durch klassische Werbemaßnahmen sind mögliche Instrumente der Kommunikationspolitik.[1602] Diese dient der „Übermittlung von Informationen und Bedeutungsinhalten zum Zweck der Steuerung von Meinungen, Einstellungen, Erwartungen und Verhaltensweisen gemäß spezifischer Zielsetzungen."[1603] Dabei kann hinsichtlich der Zielsetzungen zwischen ökonomischen (z.B. einer Steigerung der Umsatzerlöse) und vorökonomischen (z.B. einer Steigerung des Unternehmens- oder Produktimage) Zielen unterschieden werden. Das Erreichen ökonomischer Ziele durch Instrumente des Direct-Marketing ist wesentlich höher einzuschätzen als bei klassischen Werbemaßnahmen, da die differenzierte, wertorientierte Ansprache von Kunden eher die gezielte Aktivierung attraktiver Kunden fördert. Mit einer steigenden Individualisierung einhergehende höhere Kosten können durch den Einsatz neuer Kommunikationskanäle wie Internet, Call Center oder Direct Mail, die über EDV-gestützte Kampagnen-Steuerungssysteme mit einem Data Warehouse-System verknüpft werden können, erheblich gesenkt werden.[1604]

Als Instrumente der Distributionspolitik, die die Gestaltung der Logistik- und Vertriebssysteme umfasst, können eine hohe Ubiquität des Vertriebs oder die Nutzung neuer Informationstechnologien genannt werden.[1605] So soll durch eine Konfrontation mit dem Produkt an möglichst vielen Orten und durch möglichst viele Medien die Aufmerksamkeit der Kunden bezüglich der Produkte und Dienstleistungen und die darauf aufbauende Kaufwahrscheinlichkeit gesteigert werden.[1606] Durch den Ausbau von kostengünstigen Vertriebskanälen (z.B. E-Commerce, Call-Center, Katalogbe-

---

1599 Vgl. Eberling, G. (2002), S. 293.
1600 Vgl. Wirtz, B.W./Schilke, O. (2004), S. 39.
1601 Vgl. Wirtz, B.W./Schilke, O. (2004), S. 39; Bruhn, M. (2006), S. 48.
1602 Vgl. Wirtz, B.W./Schilke, O. (2004), S. 41.
1603 Meffert, H. (1986), S. 443.
1604 Vgl. Eberling, G. (2002), S. 296.
1605 Vgl. Eberling, G. (2002), S. 295; Wirtz, B.W./Schilke, O. (2004), S. 43; Bruhn, M. (2006), S. 49.
1606 Vgl. Wirtz, B.W./Schilke, O. (2004), S. 42.

stellungen) können einerseits die kundenbezogenen Kosten in erheblichem Umfang gesenkt werden, andererseits kann eine damit verbundene 24h-Erreichbarkeit und eine erhöhte Bequemlichkeit durch die Möglichkeiten des Home Shoppings zu einer Steigerung der Kundenzufriedenheit und höheren Erlösen führen.[1607]

Im Rahmen der Kundenbindung liegt der Schwerpunkt darin, die bereits akquirierten Kunden durch Marketingmaßnahmen stärker an den Anbieter zu binden und ihn zu Folge- sowie Erweiterungskäufen zu stimulieren.[1608] Typische Beispiele im Bereich der Preispolitik wären etwa das mengenabhängige Pricing, bei dem der Kunde durch Rabatte dazu motiviert werden soll, hohe Umsätze zu tätigen oder große Absatzmengen zu kaufen, oder das treueabhängige Pricing, bei dem eine längere, bisherige Kundenbeziehung durch Treuerabatte oder Prämien aus Bonus- und Loyalitätsprogrammen belohnt wird.[1609] Diese dienen auch dazu, Wechselbarrieren zu schaffen.[1610] Zur Erhaltung von Kundenbeziehungen könnten darüber hinaus auch Preisgarantien vergeben werden.[1611]

Leistungspolitische Maßnahmen der Kundenbindung wären beispielsweise die Sicherstellung einer hohen Leistungsqualität oder das Anbieten von Value Added Services.[1612] Eine Individualisierung der Servicepolitik durch die Vergabe von exklusiven Leistungsgarantien und den Ausbau von Premium Services führt zu einer Steigerung der Kundenzufriedenheit und fördert ebenfalls den Aufbau von Wechselbarrieren. Durch System-, Paket-, Kombi- oder Komplettlösungen können Up- und Cross-Selling-Potentiale genutzt und die Erlöse gesteigert werden.[1613]

Kommunikationspolitische Instrumente wie die Schaffung von Kundenforen, Kundenclubs[1614] oder Kundenzeitschriften sowie die Einrichtung eines Beschwerdemanagements[1615] können dazu beitragen, eine psychologische Kundenbindung herzustellen, wohingegen distributionspolitische Instrumente wie das Efficient Replenishment[1616],

---

1607 Vgl. Eberling, G. (2002), S. 295.
1608 Vgl. Bruhn, M. (2006), S. 49.
1609 Vgl. Wirtz, B.W./Schilke, O. (2004), S. 39.
1610 Vgl. Kapitel 5.2.2.2.1.
1611 Vgl. Eberling, G. (2002), S. 294.
1612 Vgl. Bruhn, M. (2006), S. 49.
1613 Vgl. Eberling, G. (2002), S. 293.
1614 Vgl. hierzu ausführlich Butscher, S.A./Müller, L.R. (2006), S. 383-397.
1615 Vgl. Stauss, B. (2008), S. 369-396; Stauss, B. (2006), S. 315-334.
1616 Insbesondere im Handel kommt einem effizienten Warenfluss zwischen Hersteller und Absatzmittler eine besondere Bedeutung zu. Dieses wird als Efficient Customer Response bezeichnet. Innerhalb dessen ist das Efficient Replenishment speziell auf eine Zeit- und Kostenoptimierung im Bestellwesen ausgerichtet. Vgl. Wirtz, B.W./Schilke, O. (2004), S. 43.

langfristige Lieferverträge oder Abonnements dazu geeignet sind, eine technisch-funktionale oder vertragliche Bindung herbeizuführen.[1617]
Die Kundenrückgewinnung zielt in diesem Zusammenhang auf den Einsatz marketingpolitischer Instrumente zur Rückgewinnung bereits verlorener Kunden oder auf die Stärkung der Kundenbindung von gefährdeten Kunden ab.[1618] Preispolitische Maßnahmen sind kundenspezifische Rabatte und Sonderkonditionen oder preispolitische Anreize wie die Erstattung von Gebühren. Leistungspolitische Instrumente wären der Einsatz von Qualitätsmessungen zwecks Gestaltung individuellerer Leistungspakete oder auch die Übernahme der Organisation der Wechselformalitäten als Anreiz zur Wiederaufnahme der Kundenbeziehung. Als kommunikationspolitische Maßnahmen bieten sich insbesondere eine proaktive, persönliche Kommunikation mit den verlorenen Kunden an, um einerseits unter Umständen eine direkte Wiedergewinnung herbeizuführen und andererseits Gründe für den Abbruch der Kundenbeziehung in Erfahrung zu bringen und so aus Fehlern in der Vergangenheit zu lernen. Schließlich können distributionspolitische Instrumente wie der Abschluss von Exklusivverträgen möglicherweise dazu beitragen, nach der erfolgreichen Kundenrückgewinnung Wechselbarrieren zu schaffen, um eine endgültige Abwanderung des Kunden zu erschweren.[1619]

Ob der Einsatz der aufgeführten Instrumente auch zur Erreichung der Unternehmensziele geeignet sein kann, lässt sich abschließend nur durch eine Bestimmung des Wertbeitrags der unterschiedlichen Alternativen klären. Die Beurteilung der Maßnahmenalternativen setzt insofern bereits die Prognose ihrer jeweiligen Wirkungen voraus. Dass dies äußerst problematisch sein kann, wurde bereits mehrfach angesprochen. Des Weiteren ist die Verfügbarkeit der zur Umsetzung der Maßnahmen erforderlichen finanziellen und personellen Ressourcen zu prüfen.[1620] Hat sich das Management eines Unternehmens letztlich für eine kundenorientierte Strategie und deren Umsetzung anhand geeigneter Maßnahmen entschieden, ist es notwendig, den Grad der Zielerreichung und die erzielten Ergebnisse zu kontrollieren und zu analysieren, um einerseits Gegenmaßnahmen einleiten und andererseits aus den Fehlern der Vergangenheit lernen zu können. Dies ist Gegenstand der Kunden-Kontrolle und soll im Folgenden ausführlich behandelt werden.

1617 Vgl. Bruhn, M. (2006), S. 49.
1618 Der folgende Abschnitt bezieht sich auf Bruhn, M. (2006), S. 50.
1619 Vgl. Bruhn, M. (2006), S. 50.
1620 Vgl. Eberling, G. (2002), S. 283.

5.3 Kunden-Kontrollsystem

5.3.1 Überblick

Aufgrund der hohen Unsicherheit, der ein Planungssystem unweigerlich ausgesetzt ist, bedarf es eines umfassenden Kontroll-Systems. Dieses soll einerseits der Wissensgenerierung dienen und andererseits eine Anreizfunktion erfüllen.[1621]

Die Wissensgenerierung wird auch als Informationsfunktion[1622] bezeichnet und bezieht sich einerseits auf eine „Periodisierung von Performance"[1623] und andererseits auf den Wunsch, Fehlentwicklungen innerhalb einer Kundenbeziehung rechtzeitig erkennen zu können, um gegebenenfalls Gegenmaßnahmen einleiten und auf diese Weise zur Zielerreichung beitragen zu können. Eng verbunden mit einer Periodisierung der Gesamt-Performance ist die Anreizfunktion. Ein Performancemaß kann nur dann Entscheidungsträgern entsprechende Anreize setzen, Entscheidungen im Sinne des Ziels der Unternehmenswertsteigerung zu treffen, wenn dieses gemäß den Grundprinzipien einer unternehmenswert-orientierten Performancemessung bestimmt wird.[1624]

In der Literatur zum Kunden-Controlling finden sich überwiegend Vorschläge, die Kontrolle von Kundenbeziehungen an einer Periodisierung der Performance auszurichten,[1625] denn diese Vorgehensweise kann im Rahmen eines unternehmenswert-orientierten Controlling „als zielkongruent betrachtet werden, da sich, zumindest unter bestimmten Voraussetzungen, Periodenerfolge in Zahlungsüberschüsse überführen lassen."[1626] Ob im Rahmen der Kunden-Kontrolle der Verweis auf das Lücke-Theorem ausreicht, um darauf aufbauend ein zweckbezogenes und zielführendes wertorientiertes Kunden-Kontrollsystem aufzubauen, soll im folgenden Kapitel eingehend untersucht werden. Dabei steht weiterhin die Kontrolle von Einzelkunden im Mittelpunkt der Untersuchung.

1621 Vgl. Tewes, M. (2003), S. 215.
1622 Vgl. Ewert, R./Wagenhofer, A. (2000), S. 4.
1623 Dirrigl, H. (2003), S. 160f.
1624 Vgl. hierzu bereits Kapitel 3.2.
1625 Vgl. bspw. Fischer, T.M./Schmöller, P. (2006), S. 489; Franz, K.-P. (2006), S. 452ff.
1626 Fischer, T.M./Schmöller, P. (2006), S. 489.

5.3.2 Kunden-Kontrolle anhand wertorientierter Performancemaße

5.3.2.1 Custonomics-Konzept

Eine einperiodige Größe zur Kontrolle der Kunden stammt von *Strack et al.*, die im Rahmen des Custonomics-Konzepts den Cash Value Added um kundenbezogene Größen erweitern.[1627] Hierzu wird die herkömmliche Formel [3.76] zur Berechnung des Cash Value Added angepasst. An die Stelle des *CFROI* tritt die Größe Value Added per Customer (*VAC*), an die Stelle der Kapitalkosten treten die durchschnittlichen Vertriebs- und Marketingkosten pro Kunde, die als Average Cost per Customer (*ACC*) bezeichnet werden, und an die Stelle des investierten Kapitals tritt die Anzahl an Kunden C.[1628] Auf diese Weise ergibt sich der Cash Value Added einer Periode CVA_t als:[1629]

$$CVA_t = (VAC_t - ACC_t) \cdot C_t \qquad [5.21]$$

Der Value Added per Customer resultiert aus dem Value Added des Unternehmens oder Unternehmensbereichs dividiert durch die Anzahl der Kunden. Der Value Added des Unternehmens ergibt sich wiederum aus der Differenz zwischen dem Umsatz U einer Periode und den Kosten vor Abzug der Vertriebs- und Marketingkosten, worunter die Materialkosten MC, die Personalkosten PC, die ökonomischen Abschreibungen $ÖA$ sowie die Kapitalkosten, die sich durch Multiplikation des Kapitalkostensatzes k mit dem investierten Kapital IK ergeben, zu verstehen sind:[1630]

$$VA_t = U_t - MC_t - PC_t - ÖA_t - k_t \cdot IK_t \qquad [5.22]$$

Die durchschnittlichen Vertriebs- und Marketingkosten werden anhand der Division der gesamten Vertriebs- und Marketingaufwendungen durch die Gesamtzahl der Kunden ermittelt.[1631]

Die drei entscheidenden Größen können mit Hilfe eines Werttreiberbaums weiter aufgespalten werden. So lässt sich nach *Strack et al.* der Value Added per Customer auch berechnen, indem der Gesamtumsatz durch die Anzahl der Kunden dividiert

---

[1627] Vgl. Strack, R./Hansen, J./Dörr, T. (2001), S. 68ff.
[1628] Vgl. Strack, R./Hansen, J./Dörr, T. (2001), S. 70.
[1629] Vgl. Strack, R./Hansen, J./Dörr, T. (2001), S. 69; Strack, R./Villis, U. (2001), S. 77.
[1630] Vgl. Strack, R./Villis, U. (2001), S. 77; Franz, K.-P. (2006), S. 457.
[1631] Vgl. Strack, R./Villis, U. (2001), S. 77.

und mit der (durchschnittlichen) Marge multipliziert wird.[1632] Die durchschnittlichen Vertriebs- und Marketingkosten pro Kunde setzen sich aus den Akquisitions- und Bindungskosten eines Kunden zusammen. Die Anzahl der Kunden kann auf einige entscheidende Größen zurückgeführt werden, wobei insbesondere die Kundenlebensdauer der Alt- und Neukunden genannt wird.[1633] Profitabel ist eine Kundenbeziehung, wenn der Value Added per Customer die Average Cost per Customer übersteigt. Dementsprechend ergeben sich als Anknüpfungspunkte für eine Steigerung des *CVA* eine Erhöhung des *VAC*, eine Senkung der *ACC* oder eine Erhöhung der Kundenanzahl *C*, sofern von profitablen Kundenbeziehungen ausgegangen werden kann.[1634] Der *CVA* stellt theoretisch die Erhöhung des Customer Capital[1635] einer Periode dar.

Ein Nachteil des Custonomics-Konzepts ist in diesem Zusammenhang jedoch, dass der *CVA* für den Kundenstamm und nicht für einzelne Kunden bestimmt wird. Die Berechnung eines Einzelkunden-*CVA* ist mit Hilfe des vorgestellten Konzepts letztlich nicht möglich, da stets Gesamtgrößen auf die einzelnen Kunden mittels Bildung von Durchschnittswerten heruntergebrochen werden. Dadurch lassen sich aber keine fundierten Aussagen über die Performance eines einzelnen Kunden fällen. Theoretisch wäre es zwar möglich, den Umsatz eines Kunden sowie den Vertriebs- und Marketingaufwand, der diesem zugerechnet werden kann, zu erfassen, eine Bestimmung eines Einzelkunden-*CVA* scheitert dennoch an der Berücksichtigung der ökonomischen Abschreibungen sowie der kalkulatorischen Zinsen auf das investierte Kapital, dessen Berechnung auf Einzelkundenebene im Custonomics-Konzept nicht vorgesehen ist. Daher wird das vorgestellte Konzept für weitere Überlegungen zur Kontrolle von Einzelkunden verworfen.

5.3.2.2 Kunden-Residualgewinn bei linearer Abschreibung und Kunden-Earned Economic Income

Eine residualgewinnbasierte Kontrolle der Kunden könnte darüber hinaus auch aufbauend auf der mehrperiodigen Bestimmung des Customer Lifetime Value anhand der Kunden-Deckungsbeiträge erfolgen, indem die ursprünglich in Kapitel 4.1.4.1 vorgenommene Performance-Planung[1636] als Grundlage für eine Performance-Kontrolle der Einzelkunden herangezogen wird. Die in Tabelle 4-4 durchgeführte Performanceplanung fand jedoch zunächst unter Sicherheit statt.

1632 Vgl. Strack, R./Hansen, J./Dörr, T. (2001), S. 70.
1633 Vgl. Strack, R./Hansen, J./Dörr, T. (2001), S. 70; Franz, K.-P. (2006), S. 458.
1634 Vgl. Strack, R./Hansen, J./Dörr, T. (2001), S. 70.
1635 Vgl. Siegert, T. (1999), S. 18. Vgl. auch Kapitel 4.2.2.3.
1636 Vgl. zum Begriff der Performance-Planung bspw. Riedl, J.B. (2000), S. 33f.

Eine Berücksichtigung der Unsicherheit findet in Residualgewinnkonzepten regelmäßig innerhalb der Bestimmung eines risikoadjustierten Zinssatzes statt, der im Rahmen des CAPM kapitalmarkt-orientiert ermittelt wird. An anderer Stelle wurde bereits darauf hingewiesen, mit welchen Schwierigkeiten eine solche Bestimmung risikoadjustierter Zinssätze auf Einzelkundenebene verbunden ist.[1637] Daher sollte deren Anwendung sehr kritisch betrachtet werden. Alternativ könnte der risikoadjustierte Zinssatz auch als impliziter Zinssatz durch Umformung eines zuvor berechneten Sicherheitsäquivalent bestimmt werden. Im Folgenden wird von der Annahme ausgegangen, dass für einen betrachteten Kunden die Ermittlung eines risikoadjustierten Zinssatzes i.H.v. 12% möglich ist. Auf diese Weise kann die generelle Vorgehensweise bei der Bestimmung von Residualgewinnen für Einzelkunden aufgezeigt werden.

Um die Vorgehensweise zur Bestimmung eines Kunden-Residualgewinns zu verdeutlichen, wird das folgende Beispiel konstruiert: Es wird vereinfachend davon ausgegangen, dass sich die Geschäftsbeziehung mit einem Kunden A bei einer geplanten Investitionsauszahlung in die Kundenbindung in Höhe von 400.000 GE 5 Jahre aufrechterhalten lässt und danach annahmegemäß von beiden Seiten aufgelöst wird. Da die Geschäftsbeziehung jedoch nicht vertraglich abgesichert wird, gelten die zukünftigen Kosten und Erlöse als unsicher. Um daher die Risikostruktur des Kunden hinreichend transparent machen zu können, wird eine Szenario-Analyse für die geplante Kundenbeziehungsdauer durchgeführt. Die kundenspezifische Investition soll zunächst linear abgeschrieben werden. Die Kunden-Performance-Planung gestaltet sich somit folgendermaßen:

[1637] Vgl. Kapitel 4.1.5.4.

Periode [in GE]	0	1	2	3	4	5
Brutto-Erlöse		570.000	675.250	755.750	775.000	800.321
		592.421	683.254	793.073	810.370	838.518
		625.500	697.500	835.400	880.125	950.000
Erlösschmälerungen		-32.500	-41.250	-48.750	-52.350	-55.238
		-37.187	-44.293	-52.491	-56.126	-59.400
		-41.500	-47.800	-54.600	-60.240	-62.300
Netto-Erlöse		537.500	634.000	707.000	722.650	745.083
		555.234	638.961	740.582	754.245	779.118
		584.000	649.700	780.800	819.885	887.700
Produkteinzelkosten		-240.500	-272.450	-305.000	-285.000	-282.000
		-248.675	-276.615	-313.147	-306.012	-308.306
		-250.000	-280.000	-321.750	-315.875	-312.924
Auftragseinzelkosten		-34.000	-36.750	-42.000	-35.600	-34.125
		-32.500	-35.500	-40.000	-34.000	-32.500
		-30.560	-34.800	-38.900	-32.450	-30.650
Kundeneinzelkosten		-6.000	-6.500	-6.250	-6.750	-7.500
		-8.000	-8.250	-8.513	-8.788	-9.078
		-9.500	-9.350	-9.150	-9.000	-8.450
Kunden-DB I		257.000	318.300	353.750	395.300	421.458
		266.059	318.596	378.922	405.445	429.234
		293.940	325.550	411.000	462.560	535.676
Produktprozesskosten		-40.000	-45.116	-50.825	-47.234	-47.000
		-41.250	-45.500	-51.000	-47.750	-47.000
		-42.200	-46.125	-51.600	-48.257	-47.000
Auftragsprozesskosten		-500	-500	-500	-500	-500
		-500	-500	-500	-500	-500
		-500	-500	-500	-500	-500
Kundenprozesskosten		-103.450	-100.250	-104.500	-105.460	-108.540
		-101.050	-99.940	-103.902	-102.962	-102.117
		-99.000	-98.500	-102.430	-101.340	-100.250
Kunden-DB II		113.050	172.434	197.925	242.106	265.418
		123.259	172.656	223.521	254.233	279.617
		152.240	180.425	256.470	312.463	387.926
eingesetztes Kapital		454.375	366.800	258.980	137.812	0
	400.000	431.047	335.844	234.058	117.712	0
		407.600	317.964	222.464	104.597	0
Abschreibungen		80.000	80.000	80.000	80.000	80.000
kalkulatorische Zinsen		48.000	54.525	44.016	31.078	16.537
		48.000	51.726	40.301	28.087	14.125
		48.000	48.912	38.156	26.696	12.552
Kunden-Residualgewinn (KRG)	30%	-14.950	37.909	73.909	131.028	168.881
	50%	-4.741	40.930	103.219	146.146	185.492
	20%	24.240	51.513	138.314	205.767	295.374
μ[KRG]		-2.008	42.140	101.445	153.535	202.485
$CLV_{KRG\,(wacc)}$	316.478					

Tab. 5-8: Performance-Planung des Kunden A (I)

Der Erwartungswert des Kunden-Residualgewinns resultiert aus den möglichen Kunden-Residualgewinnen in den drei Szenarien, wobei dem Worst Case eine Eintrittswahrscheinlichkeit i.H.v. 30%, dem Trendszenario i.H.v. 50% und dem Best Case i.H.v. 20% zugeordnet wird. Das gebundene Kapital ergibt sich jeweils aus dem Forderungsbestand sowie dem Restbuchwert der kundenspezifischen Investition.[1638]

[1638] Vgl. Tabelle A-6 im Anhang.

Der Customer Lifetime Value wird durch Diskontierung der Erwartungswerte mit dem risikoadjustierten Zinssatz von 12% bestimmt.

Die Performance-Planung weist zunächst einen negativen Residualgewinn i.H.v. 2.008 GE aus. Steigende Residualgewinne in den folgenden Perioden führen jedoch dazu, dass ein positiver Customer Lifetime Value i.H.v. 316.478 GE erzielt wird. Aufgrund dessen kann eine Entscheidung zugunsten der Investition in die Kundenbindung erfolgen.

Nach Ablauf der ersten Periode kann eine Performance-Kontrolle durchgeführt werden, indem die tatsächlich realisierten Erlöse und Kosten zur Berechnung des Kunden-Residualgewinns herangezogen werden:

Periode [in GE]	0	1	2	3	4	5
Brutto-Erlöse			675.250	755.750	775.000	800.321
		575.800	683.254	793.073	810.370	838.518
			697.500	835.400	880.125	950.000
Erlösschmälerungen			-41.250	-48.750	-52.350	-55.238
		-34.150	-44.293	-52.491	-56.126	-59.400
			-47.800	-54.600	-60.240	-62.300
Netto-Erlöse			634.000	707.000	722.650	745.083
		541.650	638.961	740.582	754.245	779.118
			649.700	780.800	819.885	887.700
Produkteinzelkosten			-272.450	-305.000	-285.000	-282.000
		-244.250	-276.615	-313.147	-306.012	-308.306
			-280.000	-321.750	-315.875	-312.924
Auftragseinzelkosten			-36.750	-42.000	-35.600	-34.125
		-33.200	-35.500	-40.000	-34.000	-32.500
			-34.800	-38.900	-32.450	-30.650
Kundeneinzelkosten			-6.500	-6.250	-6.750	-7.500
		-7.200	-8.250	-8.513	-8.788	-9.078
			-9.350	-9.150	-9.000	-8.450
Kunden-DB I			318.300	353.750	395.300	421.458
		257.000	318.596	378.922	405.445	429.234
			325.550	411.000	462.560	535.676
Produktprozesskosten			-45.116	-50.825	-47.234	-47.000
		-40.250	-45.500	-51.000	-47.750	-47.000
			-46.125	-51.600	-48.257	-47.000
Auftragsprozesskosten			-500	-500	-500	-500
		-500	-500	-500	-500	-500
			-500	-500	-500	-500
Kundenprozesskosten			-100.250	-104.500	-105.460	-108.540
		-102.800	-99.940	-103.902	-102.962	-102.117
			-98.500	-102.430	-101.340	-100.250
Kunden-DB II			172.434	197.925	242.106	265.418
		113.450	172.656	223.521	254.233	279.617
			180.425	256.470	312.463	387.926
eingesetztes Kapital			366.800	258.980	137.812	0
	400.000	428.330	335.844	234.058	117.712	0
			317.964	222.464	104.597	0
Abschreibungen		80.000	80.000	80.000	80.000	80.000
kalkulatorische Zinsen			51.400	44.016	31.078	16.537
		48.000	51.400	40.301	28.087	14.125
			51.400	38.156	26.696	12.552
Kunden-Residualgewinn (KRG)	30%		41.034	73.909	131.028	168.881
	50%	-14.550	41.256	103.219	146.146	185.492
	20%		49.025	138.314	205.767	295.374
μ[KRG]		-14.550	42.744	101.445	153.535	202.485
$CLV_{KRG (wacc)}$	305.760					

Tab. 5-9: Performance-Kontrolle des Kunden A (I)

Die Berechnung des eingesetzten Kapitals verändert sich dementsprechend.[1639] Die Kunden-Kontrolle ergibt einen negativen Residualgewinn i.H.v. 14.550 GE, der gegenüber der ursprünglichen Performance-Planung um 12.542 GE schlechter ausfällt. Dementsprechend sinkt auch der Customer Lifetime Value um 10.718 GE auf 305.760 GE, dieser weist jedoch weiterhin einen positiven Wert auf, so dass die be-

[1639] Vgl. Tabelle A-7 im Anhang.

trachtete Kundenbeziehung vorteilhaft ist und somit zu einer Unternehmenswertsteigerung beiträgt.

Der isoliert betrachtete Kunden-Residualgewinn bei linearer Abschreibung ist offensichtlich nicht als Entscheidungsgröße geeignet. Als Entscheidungsgröße kommt in diesem Zusammenhang nur der Barwert der zukünftigen Kunden-Residualgewinne in Betracht.[1640] Auch für andere Zwecke, die in der Literatur genannt werden, wie beispielsweise die Informations- und Anreizfunktion, muss dem Kunden-Residualgewinn bei linearer Abschreibung die Eignung abgesprochen werden. Weder ist durch den Kunden-Residualgewinn bei linearer Abschreibung eine sinnvolle Periodisierung der Performance möglich, noch taugt dieser als Bemessungsgrundlage für ein Anreiz- und Entlohnungssystem, da kein Vertriebsmitarbeiter freiwillig in der ersten Periode eine negative Entlohnung in Kauf nehmen wird, unabhängig davon, wie lange er noch im Unternehmen zu verbleiben gedenkt und wie hoch sein persönlicher Kalkulationszinssatz ist.

Zur Entscheidungsunterstützung oder zur Erfüllung der Informations- und Anreizfunktion kann jedoch ein Kunden-Earned Economic Income (KEEI) herangezogen werden. Hierzu können die bereits berechneten Kunden-DB II aus Tabelle 5-7 übernommen werden. Um den Skalierungsfaktor berechnen zu können, wird zunächst für jedes Szenario ein Ertragswert bestimmt, indem die Kunden-DB II eines Szenarios mit dem risikoadjustierten Zinssatz diskontiert werden. Auf diese Weise ergibt sich beispielsweise für den Worst Case ein Ertragswert von 683.748 GE und darauf aufbauend ein Skalierungsfaktor von 58,5%:

$$skf_0^{WC} = \frac{AK_0^{WC}}{EW_0^{WC}} = \frac{400.000}{683.748} \approx 58{,}5\%$$

Mit Hilfe des Skalierungsfaktors können anschließend die Soll-Cashflows bestimmt und in Abschreibungen sowie kalkulatorische Zinsen auf den Restbuchwert der kundenspezifischen Investition unterteilt werden. Berücksichtigt werden müssen darüber hinaus noch kalkulatorische Zinsen auf das restliche eingesetzte Kapital, das im vorliegenden Beispiel dem Forderungsbestand der jeweiligen Periode entspricht.[1641] Nach Abzug der kalkulatorischen Zinsen und Abschreibungen ergeben sich die KEEI's eines Szenarios, die unter Berücksichtigung der Eintrittswahrscheinlichkeiten

[1640] Vgl. allerdings zu den Nachteilen des Market Value Added Schüler, A./Krotter, S. (2004), S. 430-437.

[1641] Vgl. hierzu Tabelle A-8 im Anhang.

in jeder Periode zum Erwartungswert verdichtet werden können. Die folgende Tabelle fasst die Ergebnisse zusammen:

Periode [in GE]	0	1	2	3	4	5
Kunden-DB II	683.748	113.050	172.434	197.925	242.106	265.418
	727.022	123.259	172.656	223.521	254.233	279.617
	881.008	152.240	180.425	256.470	312.463	387.926
eingesetztes Kapital		381.865	326.812	250.242	138.636	0
	400.000,00	380.184	330.813	247.532	137.359	0
		378.879	342.427	267.075	157.257	0
Soll-Cashflows	58,50%	66.135	100.876	115.788	141.635	155.272
	55,02%	67.816	94.993	122.979	139.876	153.842
	45,40%	69.121	81.918	116.444	141.866	176.128
struktur-äquivalente Abschreibung		18.135	55.052	76.571	111.606	138.636
		19.816	49.371	83.281	110.172	137.359
		21.121	36.452	75.353	109.817	157.257
kalkulatorische Zinsen 1		48.000	45.824	39.217	30.029	16.636
		48.000	45.622	39.698	29.704	16.483
		48.000	45.466	41.091	32.049	18.871
kalkulatorische Zinsen 2		0	16.125	15.216	11.878	6.937
		0	13.326	11.501	8.887	4.525
		0	10.512	9.356	7.496	2.952
Kunden-Residualgewinn (KRG)	30%	46.915	55.433	66.921	88.594	103.208
	50%	55.443	64.337	89.041	105.470	121.249
	20%	83.119	87.995	130.670	163.101	208.846
μ[KRG]		58.420	66.397	90.731	111.933	133.356
CLV_{KRG}	316.478					

Tab. 5-10: Performance-Planung des Kunden A (II)

Wie Tabelle 5-9 verdeutlicht, wird nun für jede Periode ein positiver KEEI ausgewiesen. Der Customer Lifetime Value beträgt wiederum 316.478 GE.

Aufbauend auf der Performance-Planung soll auch für den KEEI eine Performance-Kontrolle unter Verwendung der in Periode 1 tatsächlich realisierten Erlöse und Kosten durchgeführt werden. Dabei gilt es jedoch zu beachten, dass trotz realisiertem Kunden-DB II die Szenario-Struktur in Periode 1 beibehalten werden muss, da für die einzelnen Szenarien weiterhin unterschiedliche Skalierungsfaktoren bestimmt und auch in Periode 1 verwendet werden müssen, damit der Barwert der Soll-Cashflows eines Szenarios auch der Anschaffungsauszahlung i.H.v. 400.000 GE entspricht. Durch den realisierten Kunden-DB II kommt es zu Veränderungen bei den Skalierungsfaktoren, den Soll-Cashflows sowie beim eingesetzten Kapital:[1642]

[1642] Vgl. zur Bestimmung des eingesetzten Kapitals Tabelle A-9 im Anhang.

Periode [in GE]	0	1	2	3	4	5
Kunden-DB II	684.105 718.264 846.374	113.450	172.434 172.656 180.425	197.925 223.521 256.470	242.106 254.233 312.463	265.418 279.617 387.926
eingesetztes Kapital	400.000,00	381.665 384.820 394.383	326.642 334.847 356.439	250.111 250.550 278.003	138.564 139.034 163.692	0 0 0
Soll-Cashflows	58,47% 55,69% 47,26%	66.335 63.180 53.617	100.823 96.152 85.270	115.728 124.478 121.209	141.561 141.582 147.671	155.191 155.718 183.335
struktur-äquivalente Abschreibung		18.335 15.180 5.617	55.023 49.973 37.944	76.531 84.297 78.436	111.547 111.516 114.311	138.564 139.034 163.692
kalkulatorische Zinsen 1		48.000 48.000 48.000	45.800 46.178 47.326	39.197 40.182 42.773	30.013 30.066 33.360	16.628 16.684 19.643
kalkulatorische Zinsen 2		0 0 0	13.000 13.000 13.000	15.216 11.501 9.356	11.878 8.887 7.496	6.937 4.525 2.952
Kunden-Residual-gewinn (KRG)	30% 50% 20%	47.115 50.270 59.833	58.611 63.505 82.156	66.981 87.541 125.906	88.668 103.764 157.296	103.289 119.373 201.639
μ[KRG]		51.236	65.767	89.046	109.942	131.001
CLV_{KRG}	305.760					

Tab. 5-11: Performance-Kontrolle des Kunden A (II)

Im Rahmen der Performance-Kontrolle kommt die Stärke des KEEI's zur Geltung, da nun der positive Wert i.H.v. 51.236 GE in Periode 1 als Wertbeitrag des Kunden in dieser Periode interpretiert werden kann. Dass es sich trotz der Verschlechterung des KEEI's um 7.184 GE beim Kunden A um einen wertschaffenden Kunden handelt, zeigt schließlich der Customer Lifetime Value i.H.v. 305.760 GE. Aus diesem Grund ist der KEEI einerseits zur Entscheidungsunterstützung geeignet und unterstützt eine „unternehmenswert-orientierte Performance-Periodisierung"[1643], andererseits könnte dieser auch im Vertrieb als Bemessungsgrundlage für Anreiz- und Entlohnungssysteme der Vertriebsmitarbeiter eingesetzt werden.

Zusammenfassend kann festgestellt werden, dass der eingangs erwähnte Vorschlag, die Kontrolle von Kundenbeziehungen an einer Periodisierung der Performance auszurichten, da diese mit Verweis auf das Lücke-Theorem als zielkongruent angesehen werden könnte, sehr kritisch zu beurteilen ist. Eine Kontrolle anhand einer periodisierten Größe wie dem Kunden-Residualgewinn ist lediglich sinnvoll, wenn die Abschreibung der kundenbezogenen Investitionen nach dem Tragfähigkeitsprinzip erfolgt. In allen anderen Fällen muss auf eine prospektive Barwertgröße zurückgegriffen werden, um eine aussagekräftige Kontrolle durchführen und zielführende Entscheidungen treffen zu können. Spätestens hier stellt sich jedoch die Frage, warum

[1643] Dirrigl, H. (2003), S. 161.

eine wertorientierte Kunden-Kontrolle stattdessen nicht gleich auf „strategisch-prospektiven Performancegrößen“[1644] aufbauen sollte.

5.3.2.3 Ökonomischer Gewinn und ökonomischer Residualgewinn des Kunden

Da der Kundenwert i.e.S. in dieser Arbeit als mehrperiodiger Kundenkapitalwert definiert worden ist, soll im Folgenden der Schwerpunkt auf der Verwendung kundenbezogener Cashflows liegen und die Kontrolle auf eine mehrperiodige Betrachtung der Ein- und Auszahlungen hin zu einer strategischen Kontrolle modifiziert werden.

Ausgangspunkt für eine unternehmenswertorientierte Performancemessung und Kontrolle stellt die Bestimmung des ökonomischen Gewinns für einen Einzelkunden dar. Hierzu werden die kundenbezogenen Cashflows aus den obigen Kunden-Deckungsbeiträgen hergeleitet.[1645] Es ergeben sich für die einzelnen Szenarien im Rahmen der Performance-Planung die folgenden kundenbezogenen Cashflows sowie die Erwartungswerte der einzelnen Perioden:[1646]

Periode [in GE]	0	1	2	3	4	5
	30%	-21.325	180.009	225.745	283.274	323.230
KCF_t	50%	12.212	187.858	245.307	290.579	317.329
	20%	64.640	190.061	271.970	350.330	412.523
$\mu[KCF_t]$		12.637	185.944	244.771	300.338	338.138
$BKKW_t$	716.478					

Tab. 5-12: Bestimmung der kundenbezogenen Cashflows und Bruttokundenkapitalwerte ex ante

Unter Verwendung des risikoadjustierten Zinssatzes von 12% kann im nächsten Schritt der Bruttokundenkapitalwert (BKKW) berechnet werden, der dem Customer Lifetime Value respektive Kundenkapitalwert vor Abzug etwaiger kundenbezogener Investitionsauszahlungen entspricht. Als Ergebnis wird somit zunächst ein $BKKW_0$ i.H.v. 716.478 GE ausgewiesen.

Unter Heranziehung der Performance-Kontrolle ergeben sich ex post die folgenden kundenbezogenen Cashflows sowie Bruttokundenkapitalwerte:[1647]

1644 Dirrigl, H. (2003), S. 159.
1645 Vgl. Abbildung 4-4 sowie Tabelle 4-5.
1646 Zur ausführlichen Herleitung der kundenbezogenen Cashflows vgl. Tabelle A-10 im Anhang.
1647 Zur Herleitung der kundenbezogenen Cashflows vgl. Tabelle A-11 im Anhang.

Periode [in GE]	0	1	2	3	4	5
KCF_t			153.964	225.745	283.274	323.230
		5.120	185.142	245.307	290.579	317.329
			210.791	271.970	350.330	412.523
$\mu[KCF_t]$		5.120	180.918	244.771	300.338	338.138
$BKKW_t$		785.331	698.653	537.720	301.909	0

Tab. 5-13: Bestimmung der kundenbezogenen Cashflows und Bruttokundenkapitalwerte ex post

Der Bruttokundenkapitalwert in t=1 beträgt 785.331 GE. Der kundenbezogene ökonomische Gewinn (KÖG) ergibt sich aus dem kundenbezogenen Cashflow einer Periode t sowie der Veränderung des Bruttokundenkapitalwerts in Periode t im Vergleich zur Vorperiode t-1:

$$KÖG_t = KCF_t + BKKW_t - BKKW_{t-1} \qquad [5.23]$$

Unter Verwendung der für den Kunden A ermittelten Zahlen kann nun der kundenbezogene ökonomische Gewinn (KÖG) in t=1 ermittelt werden:

$$KÖG_1 = KCF_1 + BKKW_1 - BKKW_0 = 5.120 + 785.331 - 716.748 = 73.973$$

Der KÖG signalisiert für Kunde A eine Wertschaffung i.H.v. 73.973 GE in Periode t=1, berücksichtigt allerdings nicht den Kapitaleinsatz aus firmenbezogener Perspektive.[1648] Dies geschieht im Konzept des ökonomischen Residualgewinns, das zum kundenbezogenen ökonomischen Residualgewinn (KÖRG) erweitert werden soll:

$$KÖRG_t = KCF_t + BKKW_t - BKKW_{t-1} - k \cdot BKKW_{t-1} \qquad [5.24]$$

Beim kundenbezogenen ökonomischen Residualgewinn werden vom KÖG die kalkulatorischen Zinsen auf den Bruttokundenkapitalwert der Vorperiode abgezogen. Dies entspricht dem output-orientierten Ansatz, der die Opportunitätsperspektive in den Vordergrund rückt.[1649] In t=1 ergibt sich ein KÖRG i.H.v. -12.004 GE:

$$\begin{aligned} KÖRG_1 &= KCF_1 + BKKW_1 - BKKW_0 - k \cdot BKKW_0 \\ &= 5.120 + 785.331 - 716.748 - 0{,}12 \cdot 716.748 \\ &= -12.004 \end{aligned}$$

[1648] Vgl. Dirrigl, H. (2003), S. 161.
[1649] Vgl. Kapitel 3.2.6.

Nun zeigt sich, dass aufgrund der nicht erfüllten Erwartungen in der ersten Periode für Kunde A ein negativer KÖRG ausgewiesen wird.

Zusammenfassend kann attestiert werden, dass der kundenbezogene ökonomische Gewinn zur Messung des Kundenbeitrags zur Wertschaffung einer Periode geeignet ist. Durch die Berücksichtigung der Veränderung des Bruttokundenkapitalwertes zuzüglich des kundenbezogenen Cashflows weist er die Unternehmenswertsteigerung einer Periode aus.[1650] Im Konzept des kundenbezogenen ökonomischen Residualgewinns wird darüber hinaus auch das eingesetzte Kapital mitberücksichtigt. Beide Konzepte können somit in Abhängigkeit vom Bewertungszweck für kundenbezogene Entscheidungen herangezogen werden.

5.3.2.4 Periodischer Nettokundenkapitalwert

Des Weiteren soll der bereits in Kapitel 3.2.6.2 vorgestellte periodische Nettokapitalwert als Performancemaß zur Kontrolle und Performancemessung des Kunden herangezogen werden.

Aufbauend auf der Beispielsrechnung im vorherigen Kapitel ergeben sich in der ex ante-Situation zunächst die folgenden Ergebnisse:

Periode [in GE]	0	1	2	3	4	5
$BKKW_t$	716.478	789.819	698.653	537.720	301.909	0
IKK_t	400.000	435.363	301.663	93.092	-196.075	-557.742
$NKKW_t$	316.478	354.455	396.990	444.629	497.984	557.742
Δ $NKKW_t$		37.977	42.535	47.639	53.355	59.758
NKKW-Änderung nach Zeiteffekt		0	0	0	0	0

Tab. 5-14: Nettokundenkapitalwerte ex ante

Es zeigt sich, dass der Nettokundenkapitalwert, der sich aus der Differenz zwischen dem Bruttokundenkapitalwert und dem investierten Kundenkapital in t=0 in Höhe der Investition in die Kundenbindung ergibt, dem ursprünglichen Customer Lifetime Value entspricht. In den folgenden Perioden wird jeweils ein periodischer Nettokundenkapitalwert berechnet, der auch als periodischer Customer Lifetime Value bezeichnet werden kann.[1651] Von Interesse ist darüber hinaus auch die Veränderung des Nettokundenkapitalwerts zur Vorperiode, die als Net Economic Income bezeich-

[1650] Vgl. zu den Vorteilen des ökonomischen Gewinns bspw. auch Bronner, T. (1995), S. 35ff.
[1651] Hierzu wird in jeder Periode das investierte Kundenkapital benötigt. Dieses wird wie folgt ermittelt: $IKK_t = IKK_{t-1} \cdot (1+k) - KCF_t$.

net wird. Wie Tabelle 5-14 zu entnehmen ist, weist Kunde A in jeder Periode sowohl einen positiven periodischen CLV als auch ein positives Net Economic Income aus.

In Periode t=1 wird zusätzlich angenommen, dass der Erwartungswert der kundenbezogenen Cashflows in t=4 wider Erwarten nur 260.000 GE und in t=5 lediglich 300.000 GE beträgt. Die Erwartungsrevision führt in der ex post-Situation zu den folgenden veränderten Ergebnisgrößen:[1652]

Periode [in GE]	0	1	2	3	4	5
$BKKW_t$	716.478	732.382	639.350	471.301	267.857	0
IKK_t	400.000	**442.880**	315.107	108.149	**-138.873**	**-455.537**
$NKKW_t$	316.478	**289.502**	324.243	363.152	406.730	455.537
Δ $NKKW_t$		**-26.976**	34.740	38.909	43.578	48.808
NKKW-Änderung nach Zeiteffekt		**-64.953**	0	0	0	0

Tab. 5-15: Nettokundenkapitalwerte ex post

Tabelle 5-15 zeigt auf, welche Auswirkungen die Erwartungsrevisionen auf die Performancemaße des Kunden A haben.

Das Konzept des periodischen Nettokundenkapitalwerts kann auf diese Weise zur strategischen Kontrolle einer Kundenbeziehung herangezogen werden. Erwartungsrevisionen hinsichtlich zukünftiger Cashflows führen bereits bei bekannt werden zu einer Verschlechterung des Bruttokundenkapitalwerts, so dass frühzeitig Gegenmaßnahmen eingeleitet werden können. Dies ist am obigen Beispiel erkennbar, in dem der Bruttokundenkapitalwert in Periode t=1 auf 732.382 GE sinkt.
Im investierten Kundenkapital drückt sich die Erwartungsrevision hingegen erst zum Zeitpunkt aus, in dem der veränderte kundenbezogene Cashflow tatsächlich eintritt. Daher führt der realisierte niedrigere Cashflow in t=1 dazu, dass das investierte Kundenkapital in t=1 gegenüber der ex ante-Situation nicht wie erhofft sinkt, sondern einen höheren Wert von 442.880 GE[1653] aufweist, die Erwartungsrevisionen bezüglich der Perioden t=4 und t=5 sich hingegen auch erst in diesen Perioden auswirken. Das investierte Kundenkapital stellt eine sichere Performancegröße dar, die als Ergänzung zum Bruttokundenkapitalwert den tatsächlich realisierten Verlauf der Kundenbeziehung widerspiegelt.

Ob die Kundenbeziehung bei negativen Erwartungsrevisionen noch zu einer Wertschaffung beitragen kann, wird anhand des periodischen Customer Lifetime Value

[1652] Bei den Größen in t=0 handelt es sich um Werte aus der ex ante-Situation, die in der ex post-Situation übernommen werden müssen.

[1653] $IKK_1 = IKK_0 \cdot (1+k) - KCF_1 = 400.000 \cdot (1+0{,}12) - 5.120 = 442.880$.

signalisiert. Dieser weist in t=1 einen Betrag von 289.502 GE auf. Solange dieser allerdings noch einen positiven Wert aufweist, trägt der betrachtete Kunde auch zu einer Unternehmenswertsteigerung bei. Der periodische Customer Lifetime Value ist allerdings als Nettokundenkapitalwert so konzipiert, dass der Ausweis des gesamten Beitrags zur Unternehmenswertsteigerung im jeweiligen Betrachtungszeitpunkt erfolgt, obwohl eine Vereinnahmung des Beitrags erst in den zukünftigen Perioden realisiert wird.

Um den Wertbeitrag in einer Periode auszuweisen, kann das Net Economic Income des Kunden herangezogen werden. Dieses ist in t=1 negativ i.H.v. 26.976 GE, so dass die Geschäftsbeziehung mit dem Kunden A in dieser Periode sogar zu einer Wertvernichtung beiträgt.[1654]

Schließlich kann hiervon noch der Zeiteffekt, als Verzinsung auf den Nettokundenkapitalwert der Vorperiode, abgezogen werden. Ein solches Net Economic Income nach Abzug des Zeiteffekts weist stets die Erwartungsrevision aus, beträgt im Beispiel folglich -64.953 GE:

$$\Delta NKKW_1 - k \cdot NKKW_0 = -26.976 - 0{,}12 \cdot 316.478 = -64.953$$

Das Konzept des periodischen Customer Lifetime Value stellt auf diese Weise somit ein ganzes „Arsenal“ unternehmenswert-orientierter Performancegrößen bereit und kann daher als ideales Instrument im Rahmen der wertorientierten Kunden-Kontrolle charakterisiert werden. Ist im Rahmen einer solchen strategischen Kontrolle ein Bedarf an Gegenmaßnahmen erkannt worden, sollten in einem nächsten Schritt die Ursachen einer Fehlentwicklung analysiert werden. Dies kann anhand strategischer Abweichungsanalysen erfolgen.

5.3.3 Strategische Abweichungsanalysen

Ein wesentlicher Bestandteil des Controlling sind schon seit jeher Kontrollrechnungen, die auf Soll-Ist-Vergleichen und anschließenden umfangreichen Abweichungsanalysen zur Bestimmung der Abweichungsursachen aufbauen. Gegenstand dieser Kontrollen sind insbesondere periodisierte Größen wie Erlöse, Kosten oder Erfolge. Für eine strategische Kontrolle sind die aus dem operativen Controlling gängigen

---

[1654] Nachdem die Geschäftsbeziehung bereits in Periode t=0 zu einer Unternehmenswertsteigerung in Höhe des Nettokundenkapitalwerts von 316.478 GE beigetragen hat.

Soll/Ist-Vergleiche und Abweichungsanalysen nur bedingt geeignet.[1655] So sind traditionelle Kontrollsysteme meist nicht imstande, rechtzeitig Gegensteuerungsmaßnahmen bei strategischen Fehlentwicklungen einzuleiten. Der Grund hierfür ist insbesondere darin zu sehen, dass die traditionellen Kontrollsysteme eher auf eine Feedback-Kontrolle ausgerichtet sind, es für entsprechende Gegensteuerungsmaßnahmen aber einer Feedforward-Kontrolle bedarf, da eine Feedback-Kontrolle sowohl in zeitlicher als auch in sachlicher Hinsicht nicht die Komplexität einer sich schnell verändernden Umwelt erfassen kann.[1656] Dies liegt zum einen daran, dass die Feedback-Kontrolle als ex post-Kontrolle erst nach Ausführung sämtlicher Pläne erfolgt, zum anderen aber auch daran, dass sie die mit der Planung verbundenen Prämissen als gegeben und nicht hinterfragbar ansieht.[1657] Da im Rahmen der Feedback-Kontrolle zwangsläufig länger auf die Ergebnisse aus den eingeleiteten Maßnahmen zur Umsetzung der Strategien gewartet werden muss und die Zeit dazwischen dementsprechend nicht dazu genutzt werden kann, das Wissen um die Prämissen zu nutzen, geht einige Zeit für die Einleitung von Gegensteuerungsmaßnahmen verloren.[1658] Eine als sinnvoll zu erachtende strategische Kontrolle muss demnach auf den Elementen einer Feedforward-Kontrolle basieren.[1659] Dies soll im Folgenden umgesetzt werden.

5.3.3.1 Kundenwertorientierte Abweichungsanalysen

Eine strategische Abweichungsanalyse setzt an den Einflussfaktoren des Kundenwerts an. Hierzu bietet es sich somit an, die Bestimmung des Kundenwerts mit Hilfe des Kunden-Werttreibermodells vorzunehmen. Dies soll direkt beispielhaft anhand eines Kunden D erfolgen, der als langjähriger Kunde durch eine Reihe von Bearbeitungsfehlern in den letzten Jahren die Geschäftsbeziehung mit dem betrachteten Unternehmen beendet hat. Da dieser Kunde jedoch in der Vergangenheit stets zu den wertvollsten Kunden zählte, wird in t=0 im Rahmen einer groß angelegten Kundenwiedergewinnungs-Strategie erwogen, auch diesen Kunden durch Investitionen in entsprechende Wiedergewinnungsmaßnahmen zur Wiederaufnahme der Geschäftsbeziehung zu bewegen.

1655 *Gälweiler* beschreibt dies folgendermaßen: „Eine Kontrolle der strategischen Planung im Sinne des üblichen Soll/Ist-Vergleiches anhand einer Überwachung der späteren Zielerreichung nützt normalerweise nicht mehr viel. Sie bringt nur späte Erkenntnisse, wie man vorher hätte entscheiden und handeln müssen." Gälweiler, A. (1981), S. 384f.

1656 Vgl. Schreyögg, G./Steinmann, H. (1985), S. 392f.; Hahn, D. (1999), S. 893.

1657 Vgl. Hasselberg, F. (1989), S. 43.

1658 Vgl. Steinmann, H./Schreyögg, G. (2005), S. 274f.

1659 Vgl. Bea, F.X./Haas, J. (2005), S. 231.

Zunächst führt dies zu einer Investitionsauszahlung I_0^{WG} i.H.v. 400 GE. Um ähnliche Fehler in der Zukunft zu vermeiden, wird darüber hinaus in t=3 eine weitere Investition i.H.v. 150 GE geplant. Das Risiko der Kundenbeziehungsdauer wird mit Hilfe der Kundenbindungsrate erfasst, es wird jedoch vereinfachend davon ausgegangen, dass die Kundenbeziehung auf jeden Fall nach dem fünften Jahr abbricht. Die Prognoserisiken werden mit Hilfe einer Szenario-Analyse zunächst offengelegt und später durch die Bestimmung von periodenspezifischen Sicherheitsäquivalenten bewertet. Es wird innerhalb der Beispielsrechnung von einem vorgegebenen Risikoaversionskoeffizienten i.H.v. 0,3 ausgegangen. In t=0 werden die folgenden Kunden-Werttreiber geplant:

Periode t	Basisgröße in t=0	PLAN				
		1	2	3	4	5
WR Absatzmenge	30	10,00% 15,00% 18,00%	12,00% 16,00% 20,00%	14,00% 18,00% 22,00%	16,00% 20,00% 24,00%	18,00% 22,00% 26,00%
WR Produktpreis	8,00	2,50% 3,00% 3,50%	2,50% 3,00% 3,50%	2,50% 3,00% 3,50%	2,50% 3,00% 3,50%	2,50% 3,00% 3,50%
WR Stückkosten	3,00	3,10% 3,00% 2,90%	3,10% 3,00% 2,90%	3,10% 3,00% 2,90%	3,20% 3,00% 2,80%	3,20% 3,00% 2,80%
WR V&S-Kosten	18,00	6,00% 5,50%	12,00% 11,25%	14,00% 13,20%	16,00% 15,00%	14,00% 12,35%
Kundenbindungsrate		100,00% 100,00% 100,00%	70,00% 80,00% 85,00%	70,00% 75,00% 80,00%	70,00% 75,00% 80,00%	70,00% 75,00% 80,00%
Investitionen in die Kundenwiedergewinnung	-400,00			-150,00		

Abb. 5-11: ***Planung der Werttreiber des Kunden D***

Die Kundenwiedergewinnungs-Strategie führt bei Kunde D in der Planung bei Verwendung eines risikofreien Zinssatzes i.H.v. 5% zu einem positiven CLV_0 i.H.v. 145,96 GE, weswegen sie auch entsprechend umgesetzt werden soll. Die folgende Tabelle stellt die entsprechenden Berechnungen dar:

Periode t [in GE]	Basisgröße in t=0	PLAN				
		1	2	3	4	5
Absatzmenge		33 35 35	37 40 42	42 47 52	49 57 64	58 69 81
Produktpreis		8,20 8,24 8,28	8,41 8,49 8,57	8,62 8,74 8,87	8,83 9,00 9,18	9,05 9,27 9,50
Umsatzeinzahlungen		270,60 284,28 293,11	310,65 339,66 364,05	362,99 412,82 459,68	431,60 510,25 589,95	522,02 641,17 769,36
Produktstückkosten		3,09 3,09 3,09	3,19 3,18 3,18	3,29 3,28 3,27	3,39 3,38 3,36	3,50 3,48 3,45
Vertriebs- und Servicekosten		19,17 19,08 18,99	21,57 21,37 21,13	24,76 24,36 23,92	28,97 28,26 27,50	33,37 32,22 30,90
Auszahlungen		121,24 125,69 128,27	139,43 148,74 156,07	163,28 179,17 193,31	194,80 219,60 243,44	235,32 272,66 310,60
Operativer Cashflow		149,36 158,60 164,84	171,22 190,92 207,98	199,71 233,65 266,37	236,80 290,64 346,51	286,70 368,52 458,76
Investitionen WG	-400,00			-150,00		
KCF_t	-400,00 -400,00 -400,00	149,36 158,60 164,84	171,22 190,92 207,98	49,71 83,65 116,37	236,80 290,64 346,51	286,70 368,52 458,76
Kundenbindungswahrscheinlichkeit in t	100,0% 100,0% 100,0%	100,0% 100,0% 100,0%	70,0% 80,0% 85,0%	49,0% 60,0% 68,0%	34,3% 45,0% 54,4%	24,0% 33,8% 43,5%
$EKCF_t$	20,0% 50,0% 30,0%	149,36 158,60 164,84	119,86 152,73 176,78	24,36 50,19 79,13	81,22 130,79 188,50	68,84 124,38 199,65
μ [$EKCF_t$]		158,62	153,37	53,71	138,19	135,85
σ [$EKCF_t$]		5,36	19,73	19,30	37,89	46,75
SÄ [$EKCF_t$]	-400,00	158,09	151,40	51,78	134,40	131,18
Kundenkapitalwert	**145,96**					

Tab. 5-16: Bestimmung der kundenbezogenen Cashflows von Kunde D (Plan)

Im Rahmen der Kunden-Kontrolle könnte anschließend am Ende jeder Periode oder am Ende der Kundenbeziehungsdauer eine Kontrolle in Form eines Soll-Ist-Vergleichs durchgeführt werden.

Darüber hinaus kann aber auch bereits der verbesserte Informationsstand am Ende der ersten Periode dazu genutzt werden, eine rollierende Planung vorzunehmen und ursprüngliche Planzahlen durch korrigierte Planzahlen zu ersetzen.[1660] Darauf aufbauend kann eine strategische Abweichungsanalyse durchgeführt werden, die die wesentlichen Ursachen der Soll-Wird-Abweichung aufdeckt. Der Soll-Wird-Vergleich zeigt auf, welcher Plan-CLV ohne Anpassungsmaßnahmen bei Fortführung der Stra-

[1660] Vgl. Günther, T. (1997), S. 298.

tegie erreicht wird.[1661] Auf diese Weise entsteht die Möglichkeit, bei Fehlentwicklungen bereits möglichst frühzeitig gegensteuern zu können.[1662]

Dies soll im Folgenden erneut anhand der Beispielsrechnung verdeutlicht werden. Dazu wird angenommen, dass nach Ablauf der ersten Periode die folgenden Ist-Werte realisiert und die folgenden korrigierten Plan-Werte prognostiziert werden konnten:

Periode t	Basisgröße in t=0	IST	KORRIGIERTER PLAN			
		1	2	3	4	5
WR Absatzmenge	30	12,0%	10,0% 14,0% 18,0%	12,0% 17,0% 21,0%	14,0% 19,0% 24,0%	16,0% 21,0% 26,0%
WR Produktpreis	8,00	3,0%	3,00% 3,30% 3,60%	3,00% 3,30% 3,60%	3,00% 3,50% 4,00%	3,00% 3,50% 4,00%
WR Stückkosten	3,00	3,1%	3,30% 3,10% 3,00%	3,30% 3,10% 3,00%	3,20% 3,00% 2,90%	3,20% 3,00% 2,90%
WR V&S-Kosten	18,00	6,5%	14,00% 12,50% 12,00%	16,00% 14,50% 13,50%	18,00% 16,50% 15,50%	15,20% 14,00% 12,35%
Kundenbindungsrate		100,0%	75,0% 80,0%	75,0% 80,0%	70,0% 75,0%	70,0% 75,0%
Investitionen in die Kundenwiedergewinnung	-400,00			-150,00		

Abb. 5-12: Korrigierte Planung der Werttreiber des Kunden D

Anhand der tatsächlich beobachteten Werttreiber und der korrigierten Planung kann anschließend ebenfalls ein Customer Lifetime Value in t=0 berechnet werden:

1661 Vgl. Dierkes, S./Gerum, E./Ayaz, M./Stieglitz, N. (2004), S. 45.

1662 Vgl. Günther, T. (1997), S. 295. Dabei wird zunächst unterstellt, dass das Unternehmen untätig bleibt.

Periode t [in GE]	Basisgröße in t=0	IST	KORRIGIERTER PLAN			
		1	2	3	4	5
			37	41	47	55
Absatzmenge		34	38	45	53	65
			40	48	59	75
			8,49	8,74	9,00	9,27
Produktpreis		8,24	8,51	8,79	9,10	9,42
			8,54	8,84	9,20	9,57
			313,69	361,87	424,91	507,68
Umsatzeinzahlungen		276,86	326,04	394,06	485,34	607,81
			338,46	424,28	547,15	716,99
			3,20	3,30	3,41	3,52
Produktstückkosten		3,09	3,19	3,29	3,39	3,49
			3,19	3,28	3,38	3,47
			21,85	25,35	29,91	34,46
Vertriebs- und Servicekosten		19,17	21,57	24,69	28,77	32,80
			21,47	24,37	28,15	31,62
			139,94	161,98	190,65	226,88
Auszahlungen		123,09	143,71	172,04	209,37	257,87
			147,78	181,79	229,01	292,05
			173,74	199,89	234,26	280,80
Operativer Cashflow		153,77	182,33	222,02	275,97	349,94
			190,68	242,49	318,14	424,94
Investitionen WG	-400,00			-150,00		
	-400,00		173,74	49,89	234,26	280,80
KCF_t	-400,00	153,77	182,33	72,02	275,97	349,94
	-400,00		190,68	92,49	318,14	424,94
			70,0%	49,0%	31,9%	20,7%
Kundenbindungswahrscheinlichkeit in t		100,0%	75,0%	56,3%	39,4%	27,6%
			80,0%	64,0%	48,0%	36,0%
	20,0%		121,62	24,45	74,61	58,13
$EKCF_t$	50,0%	153,77	136,75	40,51	108,66	96,45
	30,0%		152,54	59,19	152,71	152,98
μ [$EKCF_t$]		153,77	138,46	42,90	115,07	105,75
σ [$EKCF_t$]		0,00	10,85	12,27	27,80	34,15
SÄ [$EKCF_t$]	-400,00	153,77	137,38	41,68	112,29	102,33
Kundenkapitalwert	**79,61**					

Tab. 5-17: Bestimmung der kundenbezogenen Cashflows von Kunde D (Ist)

Aus der korrigierten Planung resultiert ein Customer Lifetime Value i.H.v. 79,61 GE. Dieser ist zwar immer noch positiv, dennoch zeigt die negative Abweichung i.H.v. 66,35 GE einen enormen Handlungsbedarf auf.

Die folgende strategische Abweichungsanalyse wird auf Basis einer aus der Abweichungsverrechnung von Kosten und Erlösen hinreichend bekannten kumulativen

Abweichungsanalyse auf Ist-Bezugsbasis durchgeführt.[1663] Zunächst wird der Ist-CLV herangezogen, für dessen Ermittlung alle Werttreiber mit den Ist- bzw. korrigierten Planwerten eingingen. Der zu analysierende Werttreiber geht nun auch mit Planwerten in die Abweichungsanalyse ein, so dass eine daraus resultierende Abweichung vollständig auf eine Veränderung des zu analysierenden Werttreibers zurückzuführen ist. Zur Analyse der Wirksamkeit der Kundenwiedergewinnungs-Strategie beim Kunden D soll zunächst der Einfluss der Wachstumsraten der Absatzmenge analysiert werden. Die folgende Abbildung zeigt die zeitliche Bezugsbasis der Werttreiber sowie deren jeweilige Ausprägungen auf:[1664]

Periode t	0	1		2		3		4		5	
Zeitliche Bezugsbasis											
WR Absatzmenge		Plan	Ist	Plan	K.Plan	Plan	K.Plan	Plan	K.Plan	Plan	K.Plan
WR Produktpreis		Ist	Ist	K.Plan	K.Plan	K.Plan	K.Plan	K.Plan	K.Plan	K.Plan	K.Plan
WR Stückkosten		Ist	Ist	K.Plan	K.Plan	K.Plan	K.Plan	K.Plan	K.Plan	K.Plan	K.Plan
WR V&S-Kosten		Ist	Ist	K.Plan	K.Plan	K.Plan	K.Plan	K.Plan	K.Plan	K.Plan	K.Plan
Kundenbindungsrate		Ist	Ist	K.Plan	K.Plan	K.Plan	K.Plan	K.Plan	K.Plan	K.Plan	K.Plan
Werttreiber absolut											
WR Absatzmenge		10,0% 15,0% 18,0%	12%	12,0% 16,0% 20,0%	10,0% 14,0% 18,0%	14,0% 18,0% 22,0%	12,0% 17,0% 21,0%	16,0% 20,0% 24,0%	14,0% 19,0% 24,0%	18,0% 22,0% 26,0%	16,0% 21,0% 26,0%
WR Produktpreis		3,0%	3,0%	3,0% 3,3% 3,6%	3,0% 3,3% 3,6%	3,0% 3,3% 3,6%	3,0% 3,3% 3,6%	3,0% 3,5% 4,0%	3,0% 3,5% 4,0%	3,0% 3,5% 4,0%	3,0% 3,5% 4,0%
WR Stückkosten		3,1%	3,1%	3,30% 3,10% 3,00%	3,30% 3,10% 3,00%	3,30% 3,10% 3,00%	3,30% 3,10% 3,00%	3,20% 3,00% 2,90%	3,20% 3,00% 2,90%	3,20% 3,00% 2,90%	3,20% 3,00% 2,90%
WR V&S-Kosten		6,5%	6,5%	14,0% 12,5% 12,0%	14,0% 12,5% 12,0%	16,0% 14,5% 13,5%	16,0% 14,5% 13,5%	18,0% 16,5% 15,5%	18,0% 16,5% 15,5%	15,2% 14,0% 12,4%	15,2% 14,0% 12,4%
Kundenbindungsrate		100%	100%	70,0% 75,0% 80,0%	70,0% 75,0% 80,0%	70,0% 75,0% 80,0%	70,0% 75,0% 80,0%	65,0% 70,0% 75,0%	65,0% 70,0% 75,0%	65,0% 70,0% 75,0%	65,0% 70,0% 75,0%

Abb. 5-13: Kumulative Abweichungsverrechnung für die Wachstumsrate der Absatzmenge

Darauf aufbauend lässt sich ebenfalls ein Customer Lifetime Value berechnen, der anschließend mit dem Ist-CLV verglichen werden kann:

1663 Vgl. Günther, T. (1997), S. 301ff. Zu den Grundlagen einer kumulativen Abweichungsanalyse vgl. bspw. Coenenberg, A.G. (2007), S. 235-243. Eine Besonderheit der kumulativen Abweichungsanalyse stellt die Verrechnung der Abweichungen höheren Grades dar. Da die zuerst abgespaltenen Abweichungen den größten Teil der Sekundärabweichungen und Abweichungen höheren Grades enthalten, kommt der Reihenfolge der Abweichungen eine entscheidende Bedeutung zu. Vgl. Günther, T. (1997), S. 302.

1664 Quelle: In Anlehnung an Günther, T. (1997), S. 303.

Periode t [in GE]	0		1		2		3		4		5	
Absatzmenge			33 35 35	34	37 40 42	37 38 40	42 47 52	41 45 48	49 57 64	47 53 59	58 69 81	55 65 75
Produktpreis			8,24	8,24	8,49 8,51 8,54	8,49 8,51 8,54	8,74 8,79 8,84	8,74 8,79 8,84	9,00 9,10 9,20	9,00 9,10 9,20	9,27 9,42 9,57	9,27 9,42 9,57
Umsatzeinzahlungen			271,92 284,28 291,70	276,86	313,687 340,647 362,636	313,687 326,041 338,461	368,331 415,228 458,343	361,869 394,056 424,281	440,082 515,714 591,08	424,907 485,339 547,153	534,876 651,191 774,551	507,679 607,814 716,989
Produktstückkosten			3,09	3,09	3,20 3,19 3,19	3,20 3,19 3,19	3,30 3,29 3,28	3,30 3,29 3,28	3,41 3,39 3,38	3,41 3,39 3,38	3,52 3,49 3,47	3,52 3,49 3,47
Vertriebs- und Servicekosten			19,17	19,17	21,85 21,57 21,47	21,85 21,57 21,47	25,35 24,69 24,37	25,35 24,69 24,37	29,91 28,77 28,15	29,91 28,77 28,15	34,46 32,80 31,62	34,46 32,80 31,62
Auszahlungen			121,24 125,88 128,66	123,09	139,94 149,19 156,80	139,94 143,71 147,78	164,42 179,95 194,43	161,98 172,04 181,79	196,39 220,67 245,13	190,65 209,37 229,01	237,19 273,94 312,96	226,88 257,87 292,05
Operativer Cashflow			150,68 158,40 163,03	153,77	173,74 191,46 205,83	173,74 182,33 190,68	203,92 235,28 263,92	199,89 222,02 242,49	243,69 295,05 345,95	234,26 275,97 318,14	297,69 377,25 461,60	280,80 349,94 424,94
Investitionen WG	-400,00	-400,00					-150,00	-150,00				
KCF_t			150,68 158,40 163,03	153,77	173,74 191,46 205,83	173,74 182,33 190,68	53,92 85,28 113,92	49,89 72,02 92,49	243,69 295,05 345,95	234,26 275,97 318,14	297,69 377,25 461,60	280,80 349,94 424,94
Kundenbindungswahrscheinlichkeit in t			100,0% 100,0% 100,0%	100,0%	70,0% 75,0% 80,0%	70,0% 75,0% 80,0%	49,0% 56,3% 64,0%	49,0% 56,3% 64,0%	31,9% 39,4% 48,0%	31,9% 39,4% 48,0%	20,7% 27,6% 36,0%	20,7% 27,6% 36,0%
$EKCF_t$	20,0% 50,0% 30,0%		150,68 158,40 163,03	153,77	121,62 143,60 164,67	121,62 136,75 152,54	26,42 47,97 72,91	24,45 40,51 59,19	77,62 116,17 166,05	74,61 108,66 152,71	61,63 103,98 166,17	58,13 96,45 152,98
μ [$EKCF_t$]			158,25	153,77	145,52	138,46	51,14	42,90	123,43	115,07	114,17	105,75
σ [$EKCF_t$]			4,28	0,00	15,04	10,85	16,41	12,27	31,48	27,80	37,62	34,15
SÄ [$EKCF_t$]	-400,00	-400,00	157,82	153,77	144,02	137,38	49,50	41,68	120,28	112,29	110,41	102,33
Kundenkapitalwert	**109,15**	**79,61**										
Abweichung	**-29,54**											

Tab. 5-18: Kumulative Abweichungsanalyse (Schritt 1)

Hätten die geplanten Wachstumsraten für die Absatzmenge realisiert werden können, so hätte sich ein CLV i.H.v. 109,15 GE ergeben. Daraus resultiert dementsprechend eine Abweichung i.H.v. -29,54 GE.

Auf diese Weise können die einzelnen Werttreiber analysiert werden, indem diese mit den Planwerten in die Abweichungsanalyse eingehen. Da es sich hier um eine kumulative Abweichungsanalyse handelt, gehen alle bereits analysierten Werttreiber mit ihren Planwerten in die Abweichungsanalyse ein. Die weiteren Analyseschritte sollen hier nicht in aller Ausführlichkeit dargestellt werden, sondern können stattdessen dem Anhang entnommen werden.[1665] Die folgende Tabelle zeigt die Zusammenfassung der strategischen Abweichungsanalyse auf:

[1665] Vgl. hierzu die Tabellen A-12 bis A-15 im Anhang.

Werttreiber	CLV_0 bei Ist-/korr. Plan-Werten	Plan-Werten	Abweichung
WR Absatzmenge	79,61	109,15	-29,54
WR Produktpreise	109,15	104,27	4,88
WR Stückkosten	104,27	105,29	-1,02
WR V&S-Kosten	105,29	106,13	-0,83
Kundenbindungsrate	106,13	145,96	-39,83
Summe der Abweichungen			-66,35
im Vergleich mit			=
Gesamtabweichung	79,61	145,96	-66,35

Tab. 5-19: Ergebnisse der kumulativen Abweichungsanalyse

Die Teilabweichungen in Tabelle 5-18 zeigen auf, dass die negative Gesamtabweichung i.H.v. 66,35 GE weitestgehend auf die negativen Veränderungen bei den Wachstumsraten der Absatzmenge (-29,54 GE) sowie den Kundenbindungsraten (-39,83 GE) zurückzuführen ist. Zwar konnten die positiven Veränderungen bei den Wachstumsraten des Produktpreises (+4,88 GE) einen positiven Beitrag leisten, dieser wurde jedoch durch einen hohen Verlust bei den Absatzmengen teuer erkauft. Die Veränderungen bei den Wachstumsraten der Stückkosten sowie der Vertriebs- und Servicekosten sind für die Gesamtabweichung eher von untergeordneter Bedeutung. Tabelle 5-18 ist des Weiteren zu entnehmen, dass die Summe der Teilabweichungen der Gesamtabweichung entspricht, wie es bei der kumulativen Abweichungsanalyse stets der Fall sein muss.

5.3.3.2 Kunden-Erfolgspotentialrechnung

Durch die strategische Abweichungsanalyse werden schon frühzeitig Fehlentwicklungen und deren Ursachen erkannt, so dass darauf aufbauend auch Gegenmaßnahmen eingeleitet werden sollten. Ob aber die eingeleiteten Gegenmaßnahmen auch zielführend sind und zu einer Erhöhung des Kundenwertes beitragen können, kann letztlich nur durch eine quantitative Bewertung beantwortet werden. Als Instrument einer strategischen Erfolgsrechnung[1666] könnte die Erfolgspotentialrechnung als geeigneter Lösungsansatz zur Bewältigung der aufgeführten Fragestellungen zweckmäßig erscheinen. Nachdem die theoretischen Grundlagen der Erfolgspotentialrechnung bereits hinreichend vorgestellt und ihre Vorzüge herausgestellt worden sind,[1667] soll deren Anwendung am Beispiel des Kunden D verdeutlicht werden.

[1666] Vgl. Dirrigl, H. (2002), Sp. 419.
[1667] Vgl. Kapitel 3.2.5.2.

Die Kunden-Erfolgspotentialrechnung schließt darüber hinaus noch eine weitere zentrale Lücke. In der Literatur wird vielfach gefordert, das strategische Kunden-Controlling am Kunden-Erfolgspotential sowie am Kundenpotential auszurichten und der quantitativen Bewertung insbesondere auch eine Kontrolle der Plangenerierung und -erreichung folgen zu lassen.[1668] In diesem Zusammenhang ist auch regelmäßig im Zeitablauf zu überprüfen, ob die Einschätzung der Kunden-Erfolgspotentiale noch realistisch oder ob diese aufgrund veränderter Umfeldentwicklungen anzupassen ist.[1669] Des Weiteren kann davon ausgegangen werden, dass mit zunehmender Dauer der Geschäftsbeziehung immer genauere Informationen über den Kunden vorhanden sind.[1670] Darauf aufbauend können einerseits bessere Prognosen über die zukünftig aus der Kundenbeziehung generierbaren Cashflows erstellt werden, andererseits entstehen daraus Anknüpfungspunkte für neue Maßnahmen seitens des Managements. In der Literatur mangelt es jedoch an geeigneten Methoden, die die neuen Informationen hinreichend verarbeiten könnten. Die Kunden-Erfolgspotentialrechnung ist imstande, diese Lücken zu schließen und eine umfassende quantitative Bewertung der für ein strategisches Kunden-Controlling bedeutenden Zielgröße zu bieten, wie im folgenden Beispiel verdeutlicht wird.

In der als ex ante-Situation bezeichneten Ausgangssituation werden zunächst für die ersten fünf Perioden die Kunden-Cashflows für jedes der drei Szenarien detailliert geplant, wobei die Kunden-Cashflows in der dritten Periode bereits zusätzliche Investitionen in die Kundenbindung beinhalten. Anschließend wird dann für eine Übergangsphase von weiteren fünf Perioden jeweils eine Wachstumsrate angenommen, die im Worst Case 5%, im Base Case 10% und im Best Case 20% (jeweils bezogen auf den Kunden-Cashflow der Vorperiode) betragen soll. Ab Periode t=11 wird schließlich für den Worst Case ein konstanter Kunden-Cashflow angenommen. Im Base Case wird hingegen ein unendliches Wachstum von 1%, im Best Case ein unendliches Wachstum von 2% angenommen. Da keine vertragliche Kundenbeziehung vorliegt, wird das inhärente Abwanderungsrisiko anhand einer Kundenbindungsrate berücksichtigt, die im Worst Case 75%, im Base Case 80% und im Best Case 82% betragen soll. In der unteren Zeile der jeweiligen Szenarien werden daher die erwarteten Kunden-Cashflows des Szenarios ausgewiesen, die sich durch Multiplikation der Kundenbindungswahrscheinlichkeit mit dem geplanten Kunden-Cashflow der Periode ergeben. Im Rahmen der Erfolgspotentialrechnung werden die Szenarien nicht als diskrete Verteilung angesehen, sondern als Ausprägungen einer standardisierten

[1668] Vgl. Schmöller, P. (2001), S. 108ff.; Eberling, G. (2002), S. 265ff.; Tewes, M. (2003), S. 59ff.; Reinecke, S./Keller, J. (2006), S. 258.

[1669] Vgl. Schmöller, P. (2001), S. 110.

[1670] Vgl. Tomczak, T./Reinecke, S./Dittrich, S. (2006), S. 107.

Betaverteilung. Es werden somit in der ex ante-Situation die folgenden Werte für die drei geplanten Szenarien ausgewiesen, wobei auszugsweise die ersten fünf Perioden sowie die Perioden t=6, t=11 sowie t=60 abgebildet werden:[1671]

Periode [in GE]		0	1	2	3	4	5	6	11	60
Szenario I	$KCF_{c,t}$		125,16	158,80	48,54	225,82	275,56	289,34	351,69	351,69
	$KCF_{c,t}$ (rr_t=75%)		**93,87**	**89,33**	**20,48**	**71,45**	**65,39**	**51,50**	**14,85**	**0,00**
Szenario II	$KCF_{c,t}$		158,60	190,92	83,65	290,64	368,52	405,37	599,44	976,09
	$KCF_{c,t}$ (rr_t=80%)		**126,88**	**122,19**	**42,83**	**119,05**	**120,76**	**106,27**	**51,49**	**0,00**
Szenario III	$KCF_{c,t}$		184,98	247,84	165,45	380,85	578,98	694,78	1.469,50	3.877,74
	$KCF_{c,t}$ (rr_t=82%)		**151,68**	**166,65**	**91,22**	**172,19**	**214,65**	**211,22**	**165,62**	**0,03**
$\mu[EKCF_t]$			125,51	124,12	47,17	119,97	127,18	114,63	64,41	0,01
$\sigma[EKCF_t]$			9,64	12,89	11,79	16,79	24,88	26,62	25,13	0,00
$SÄ[EKCF_t]$			**121,66**	**118,96**	**42,45**	**113,26**	**117,23**	**103,98**	**54,36**	**0,00**
$KEP(A)_t^{[0,0]}$		**875,61**	**797,73**							

Abb. 5-14: Kundenbezogene Cashflows in der ex ante-Situation

Der Erwartungswert ergibt für die kundenbezogenen Cashflows in Periode t=1 gemäß Gleichung [3.45]:

$$\mu[EKCF_1] = \frac{93{,}87 + 4 \cdot 126{,}88 + 151{,}68}{6} = 125{,}51$$

Die Standardabweichung wird anhand von Gleichung [3.46] berechnet:

$$\sigma[EKCF_1] = \frac{151{,}68 - 93{,}87}{6} = 9{,}64$$

Schließlich wird das Sicherheitsäquivalent der kundenbezogenen Cashflows in Periode t=1 gemäß Gleichung [3.47] durch Abzug eines Risikoabschlags vom Erwartungswert bestimmt, wobei zunächst ein Risikoaversionskoeffizient i.H.v. 0,4 angenommen wird:

$$SÄ[EKCF_1] = \mu[EKCF_1] - rak_0^{EPR} \cdot \sigma[EKCF_1] = 125{,}51 - 0{,}4 \cdot 9{,}64 = 121{,}66$$

Durch Diskontierung der zukünftigen Sicherheitsäquivalente mit dem risikofreien Zinssatz i.H.v. 5% könnte nun nach Abzug der Investitionen in die Kundenwiedergewinnungsmaßnahmen ebenfalls ein Customer Lifetime Value ermittelt werden. Aller-

1671 Quelle: In Anlehnung an Dirrigl, H. (2002), Sp. 424.

dings werden für die Erfolgspotentialrechnung die Kunden-Erfolgspotentiale (KEP) benötigt, die sich wie folgt bestimmen lassen:

$$KEP_{0,c} = CLV_{0,c} + A_{0,c} = \sum_{t=1}^{\infty} \frac{SÄ[EKCF_t]}{(1+i)} \qquad [5.25]$$

Das Kunden-Erfolgspotential in t=0 soll in Anlehnung an die Symbolisierung von *Dirrigl* als $KEP(A)_0^{[0,0]}$ bezeichnet werden.[1672]

Am Ende der ersten Periode kann der tatsächlich realisierte kundenbezogene Cashflow beobachtet werden. Außerdem dient der neue Informationsstand dazu, eine korrigierte Planung für den nun auf vier Perioden verkürzten Prognosehorizont durchzuführen. Da mögliche Gegenmaßnahmen seitens des Vertriebsmanagements noch nicht berücksichtigt werden, kann dieser Zustand auch als Beharrungszustand bezeichnet werden. In diesem Beispiel wird angenommen, dass die neuen Informationen Auswirkungen auf die Planung der Kunden-Cashflows sowie der eingeplanten Kundenbindungsraten haben. Dagegen führen die neuen Informationen annahmegemäß nicht zu einer Veränderung der langfristig geplanten Wachstumsraten der Perioden t=6 bis t=10 sowie gegebenenfalls ab t=11, so dass sich Abbildung 5-14 im Beharrungszustand wie folgt darstellt:

Periode [in GE]	0	1	2	3	4	5	6	11	60
Szenario I	$KCF_{c,t}$	154,80	154,60	42,24	220,57	272,46	286,08	347,74	347,74
	$KCF_{c,t}$ (rr_t=60%)		**92,76**	**15,21**	**47,64**	**35,31**	**22,25**	**2,10**	**0,00**
Szenario II	$KCF_{c,t}$		188,12	82,42	288,60	350,24	385,26	569,71	927,68
	$KCF_{c,t}$ (rr_t=70%)		**131,68**	**40,39**	**98,99**	**84,09**	**64,75**	**16,09**	**0,00**
Szenario III	$KCF_{c,t}$		248,58	175,24	395,26	585,42	702,50	1.485,85	3.920,87
	$KCF_{c,t}$ (rr_t=75%)		**186,44**	**98,57**	**166,75**	**185,23**	**166,71**	**83,67**	**0,00**
$\mu[EKCF_t]$		154,80	134,32	45,89	101,73	92,82	74,66	25,02	0,00
$\sigma[EKCF_t]$		0,00	15,61	13,89	19,85	24,99	24,08	13,60	0,00
$SÄ[EKCF_t]$		**154,80**	**129,64**	**41,72**	**95,77**	**85,32**	**67,44**	**20,95**	**0,00**
$KEP(B)_1^{[1,1]}$		**512,17**							

Abb. 5-15: Kundenbezogene Cashflows im Beharrungs-Zustand

Des Weiteren wird aus Darstellungsgründen angenommen, dass sich der risikofreie Zinssatz auf 5,5% erhöht und der neue Risikoaversionskoeffizient rak_1^{EPR} 0,3 beträgt. Darüber hinaus kann die Erfolgspotentialrechnung auch eine quantitative Bewertung der Gegenmaßnahmen leisten. In dieser Beispielsrechnung wird unterstellt, dass bereits in t=2 zusätzliche Investitionen i.H.v. 30 GE getätigt werden und die ursprüng-

[1672] Vgl. Dirrigl, H. (2002), Sp. 419-431.

lich in t=3 geplante Investitionsauszahlung i.H.v. 150 GE um 20 GE erhöht wird, um dadurch die Einzahlungen sowie die Kundenbindung in den folgenden Perioden zu erhöhen. Die folgende Abbildung zeigt die entsprechend veränderte Planung im ex post-Zustand:

Periode [in GE]	0	1	2	3	4	5	6	11	60
Szenario I	$KCF_{c,t}$		128,80	28,54	225,82	275,56	289,34	351,69	351,69
	$KCF_{c,t}$ (rr_t=65%)		**83,72**	**12,06**	**62,02**	**49,19**	**33,57**	**4,73**	**0,00**
Szenario II	$KCF_{c,t}$	154,80	170,28	65,78	295,64	375,18	412,70	610,27	993,74
	$KCF_{c,t}$ (rr_t=75%)		**127,71**	**37,00**	**124,72**	**118,71**	**97,94**	**34,37**	**0,00**
Szenario III	$KCF_{c,t}$		234,58	160,21	398,45	594,60	713,52	1.509,15	3.982,35
	$KCF_{c,t}$ (rr_t=84%)		**197,05**	**113,04**	**236,16**	**296,03**	**298,40**	**263,95**	**0,14**
μ		154,80	131,93	45,52	132,85	136,68	120,62	67,69	0,02
σ		0,00	18,89	16,83	29,02	41,14	44,14	43,20	0,02
SÄ		**154,80**	**126,27**	**40,47**	**124,14**	**124,33**	**107,38**	**54,73**	**0,02**
$KEP(P)_1^{[1,1]}$		**805,17**							

Abb. 5-16: Kundenbezogene Cashflows im ex post-Zustand

Die Ergebnisse der Erfolgspotentialrechnung sind der folgenden Abbildung zu entnehmen:[1673]

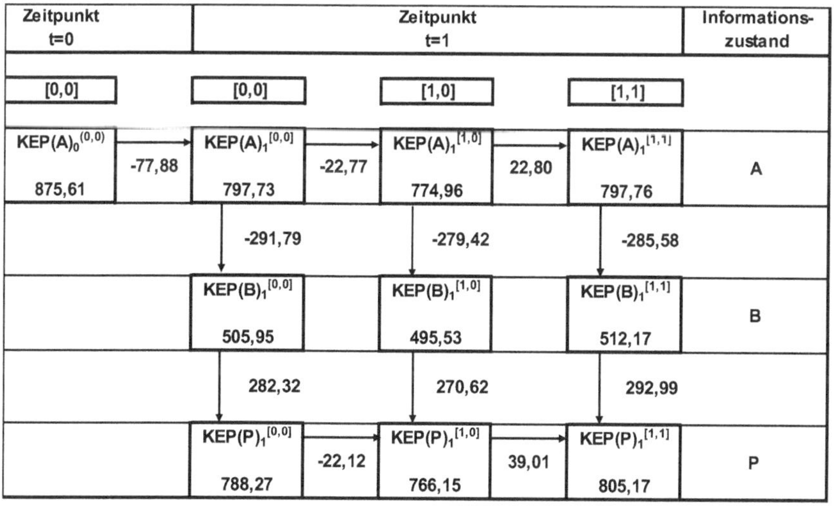

Abb. 5-17: Ergebnisse der Erfolgspotentialrechnung und Abweichungsanalyse

1673 Quelle: In Anlehnung an Dirrigl, H. (2002), Sp. 426. Die Ergebnisse sind größtenteils den Abbildungen 5.14 bis 5.16 zu entnehmen, erfordern darüber hinaus aber auch Zwischenberechnungen, die hier nicht detailliert ausgewiesen wurden.

Wie Abbildung 5-17 verdeutlicht, ist ein Vergleich zwischen dem in t=1 und dem in t=0 ermittelten Kunden-Erfolgspotential als nicht sinnvoll zu erachten. Daher dient das Kunden-Erfolgspotential in t=1 bei sonst unveränderter Informationslage $KEP(A)_1^{[0,0]}$ als Vergleichsmaßstab. Es zeigt sich, dass bei unterstellter Wirksamkeit der Gegenmaßnahmen diese zu einer Erhöhung des Kunden-Erfolgspotentials i.H.v. 7,44 GE führen. Dieser Betrag stellt gleichzeitig die relevante Gesamtabweichung dar. Maßgeblich für die Beurteilung der Gegenmaßnahmen ist jedoch die als Aktionseffekt bezeichnete Teilabweichung i.H.v. 292,99 GE.[1674] Die als Informationseffekt charakterisierte Teilabweichung, die die Veränderung der kundenbezogenen Cashflows bei unveränderter Fortführung der Strategie beschreibt, weist einen negativen Wert i.H.v. 285,88 GE auf und zeigt somit den Handlungsbedarf für Gegenmaßnahmen auf. Des Weiteren kann der Abbildung 5-17 entnommen werden, welchen Einfluss die Veränderung des risikolosen Zinssatzes (-22,77 GE) sowie des Risikoaversionskoeffizienten (+22,80) auf die Gesamtabweichung hat.

Aufbauend auf der Erfolgspotentialorientierten Abweichungsanalyse kann auch die Erfolgspotentialorientierte Performancemessung zur Bewertung eines Kunden genutzt werden. Der ökonomische Erfolg eines Kunden in der abgelaufenen Periode KPE_1 bestimmt sich gemäß Gleichung [3.59] wie folgt:

$$\begin{aligned} KPE_1 &= \underbrace{KCF_1 - SÄ(KCF_1)}_{\substack{operative\\ Abweichung}} + \underbrace{i \cdot KEP(A)_0^{[0,0]}}_{Mindestverzinsung} + \underbrace{KEP(P)_1^{[1,1]} - KEP(A)_1^{[0,0]}}_{\substack{strategische\\ Abweichung}} \\ &= 154{,}80 - 121{,}66 + 0{,}05 \cdot 875{,}61 + 805{,}17 - 797{,}73 \\ &= 84{,}36 \end{aligned}$$

Der ökonomische Kunden-Erfolg KPE_1 setzt sich somit aus einem positiven operativen Erfolg i.H.v. 33,14 GE, einem positiven strategischen Erfolg i.H.v. 7,44 GE sowie einer sicheren Mindestverzinsung auf das Kunden-Erfolgspotential der Vorperiode i.H.v. 43,78 GE zusammen.

Der ökonomische Kunden-Erfolg KPE_1 weist den Vorteil auf, dass er auch die Wechselwirkungen zwischen operativen und strategischen Komponenten berück-

[1674] Da es sich bei der Erfolgspotentialrechnung um eine kumulative Abweichungsanalyse handelt, sollte zur Beurteilung des Aktionseffekts der in Abbildung 3-6 bezeichnete Schritt 5 herangezogen werden, da dieser frei von Abweichungen höheren Grades ist. Daher wird zur Interpretation der Ergebnisse der äußere Weg in Abbildung 5-15 gewählt, auf den sich alle folgenden absoluten Ergebniswerte beziehen. Vgl. hierzu ausführlich Kapitel 3.2.5.2.

sichtigt.[1675] Insofern stellt er eine gute Ergänzung zu den strategischen Abweichungsanalysen dar.

5.3.4 Qualitativer Ansatz einer strategischen Kunden-Kontrolle

Ausgangspunkt für die strategische Kontrolle[1676] ist die Erkenntnis, dass eine strategische Planung immer nur in Ansätzen die Komplexität und die dynamischen Veränderungen der Umwelt erfassen kann und gute Prognosen unüberwindlichen Hürden ausgesetzt sind, so dass eine Kontrolle der ursprünglich durchgeführten strategischen Planungen unverzichtbar ist.[1677] Da die strategische Planung der Entscheidungsunterstützung dienen soll, muss sie die mit einer hohen Unsicherheit und Komplexität belegte Umwelt zwangsläufig stark vereinfachen, da nur so die Planungen halbwegs nachvollziehbar und hilfreich sind. Dies gilt für sämtliche Teilprozesse im Rahmen des strategischen Planungsprozesses, also sowohl für die strategische Analyse als auch für die Strategiefindung und Strategiebewertung.[1678] Indem die Realität durch das Setzen von möglichst plausiblen Annahmen und das Ausblenden von einigen zwar verfügbaren, aber als peripher einzuschätzenden Aspekten der Umwelt künstlich vereinfacht wird, wird das Planungsmodell handhabbar.[1679] Dies führt allerdings dazu, dass die strategischen Planungen zwangsläufig ein gewisses Risiko der Selektion aufweisen, da möglicherweise durch den Prozess der Vereinfachung ein nur bedingt richtiges Bild der Realität widergegeben werden kann.[1680] Ein solches Selektionsrisiko kann und muss durch die strategische Kontrolle kompensiert werden, indem im Kontrollprozess bewusst hinterfragt wird, „ob die Komplexitätsreduktion [...] in der Rückbetrachtung (feedback) als auch in der zur Erreichung der gesetzten strategischen Ziele notwendigen Vorausschau (feedforward) sinnvoll war."[1681] Ein weiteres Ziel der strategischen Kontrolle ist die Aufrechterhaltung der Flexibilität.[1682] Die strategische Kontrolle soll Informationen bereitstellen, die zum Zeitpunkt der strategischen Planung noch nicht bekannt waren, wodurch den Mitarbeitern auch aufgezeigt werden soll, ob und inwieweit die eingeschlagene Strategie noch sinnvoll ist. Dadurch entstehen Möglichkeiten einer Modifizierung der gewählten Strategien und der Integration der Mitarbeiter in den Strategiefindungsprozess. Außerdem werden letztere durch die strategische Kontrolle zusätzlich motiviert.

1675 Vgl. Dirrigl, H. (2002), Sp. 419.
1676 Vgl. hierzu insbesondere Gälweiler, A. (1981), S. 383ff.; Winterhalter, A. (1981) sowie Schreyögg, G./Steinmann, H. (1985), S. 391ff.
1677 Vgl. Schreyögg, G./Steinmann, H. (1985), S. 394ff.
1678 Vgl. Baum, H.-G./Coenenberg, A.G./Günther, T. (2007), S. 319.
1679 Vgl. Nuber, W. (1995), S. 58.
1680 Vgl. Dierkes, S./Gerum, E./Ayaz, M./Stieglitz, N. (2004), S. 41.
1681 Baum, H.-G./Coenenberg, A.G./Günther, T. (2007), S. 319.
1682 Vgl. Nuber, W. (1995), S. 58.

Das bekannteste Konzept der strategischen Kontrolle stammt von *Schreyögg/Steinmann*. Diese unterteilen die Aufgabe der strategischen Kontrolle in die Teilaufgaben der strategischen Prämissenkontrolle, strategischen Durchführungskontrolle und die strategische Überwachung.[1683] Mit Beginn des Planungsprozesses im Zeitpunkt t_0 werden in der Phase der Strategieformulierung auch bereits erste Selektionen vorgenommen, so dass schon zum Zeitpunkt t_1 die strategische Prämissenkontrolle und die strategische Überwachung beginnen.[1684] Während sich die Prämissenkontrolle mit den der jeweiligen Strategie zugrunde liegenden Annahmen hinsichtlich der zukünftigen externen Umweltzustände und der internen Unternehmensressourcen befasst, stellt die strategische Überwachung eine „ungerichtete Beobachtung“[1685] der externen und internen Bedingungen dar, die sich auf solche Ereignisse konzentriert, die bislang sowohl im Rahmen der strategischen Planung als auch im Rahmen der Prämissenkontrolle entweder absichtlich vernachlässigt oder noch nicht einmal vorhergesehen wurden. Im Zeitpunkt t_2 wird dann mit der Strategieimplementierung begonnen, so dass ab diesem Zeitpunkt die strategische Durchführungskontrolle die ersten Ergebnisse aus diesen gewählten Handlungen beurteilen soll, die anhand von sog. Meilensteinen im Vorfeld gesetzt werden. Im folgenden sollen die drei Teilbereiche der strategischen Kontrolle genauer vorgestellt und auf den Anwendungsbereich der Kunden-Kontrolle erweitert werden.

5.3.4.1 Strategische Prämissenkontrolle

Da im Rahmen der strategischen Planung bereits explizit eine große Anzahl von Prämissen hinsichtlich der zukünftigen Entwicklung der externen Umwelt- und internen Ressourcensituation gesetzt wird, die mehr oder weniger selektiv sind, kommt der strategischen Prämissenkontrolle die Aufgabe zu, diese im Zeitablauf permanent (und nicht bloß periodisch-zeitbezogen) hinsichtlich ihrer Richtigkeit und weiteren Gültigkeit zu überprüfen.[1686] So wurden beispielsweise bei der Bewertung von Einzelkunden zahlreiche Prämissen hinsichtlich der Kundenbindungsdauer, der Bindungsrate, der zukünftigen Entwicklung von Absatzpreisen und –mengen oder der Entwicklung der Kosten gesetzt. Die genannten Größen sind wiederum abhängig von der allgemeinen Absatz- und Beschaffungsmarktentwicklung, die ebenfalls auf gesetzten

[1683] Vgl. Schreyögg, G./Steinmann, H. (1985), S. 401ff.
[1684] Vgl. Hasselberg, F. (1989), S. 95.
[1685] Schreyögg, G./Steinmann, H. (1985), S. 404.
[1686] Vgl. Schreyögg, G./Steinmann, H. (1985), S. 401. *Schreyögg/Steinmann* führen als Beispiel für eine strategische Prämisse bzw. strategische Schlüsselannahme die Entwicklung der Ölpreise auf: „Die Ölpreise werden in den nächsten 10 Jahren um durchschnittlich 5% steigen.“ Diese beispielsweise für ein Unternehmen der chemischen Industrie doch sehr zentrale Prämisse gilt es fortlaufend zu überwachen, da bereits eine jährliche Preissteigerung des Ölpreises von 6% eine verheerende Wirkung haben kann.

Prämissen aufbauen. Auch im Unternehmensumfeld werden Prämissen benötigt, etwa für das Verhalten der Konkurrenz oder die Wirkung unternehmensexterner Wechselbarrieren.[1687]

Die strategische Prämissenkontrolle bezieht sich auf sämtliche Teilprozesse des strategischen Managements, um möglichst frühzeitig strategiebedrohliche Prämissenabweichungen erkennen zu können.[1688] Dadurch entsteht sowohl in zeitlicher als auch in sachlicher Hinsicht eine möglichst hohe Flexibilität bezüglich der ursprünglich vorgenommenen Strategie, die bei einer Veränderung der strategischen Prämissen notfalls angepasst oder gar vollständig revidiert werden kann.[1689] Für den Fall einer Totalrevision ist es vorteilhaft, wenn bereits Alternativstrategien zur Verfügung stehen, auf die ein Unternehmen dann sofort ohne zeitliche Verzögerungen zugreifen kann.[1690] So ist es beispielsweise denkbar, dass sich bei der Durchführung einer Kundenbindungsstrategie schon früh abzeichnet, dass der Kunde nicht wie ursprünglich geplant höhere Absatzmengen von einem Produkt bezieht oder sich nicht vom Kauf von bestimmten Cross Selling-Produkten überzeugen lässt. Stehen in diesem Fall jedoch bereits alternative kundenorientierte Strategien zur Verfügung, lassen sich diese ohne zeitliche Verzögerung einschlagen und entsprechende Maßnahmen zur Steigerung des Kundenwertes gezielt einsetzen. Insofern kommt insbesondere einer fortlaufenden Prämissenkontrolle eine entscheidende Bedeutung zu, die jederzeit die Gültigkeit der bei der Planung unterstellten Prämissen kontrolliert.[1691] Um die Prämissenkontrolle erfolgreich durchführen zu können, ist es notwendig, die der Planung zugrunde liegenden Prämissen bereits zum Zeitpunkt der Planerstellung hinreichend zu differenzieren und transparent darzustellen.[1692]

Besonderes Interesse sollte dabei den Prämissen zukommen, die[1693]

- auf schwachen Prognosen aufbauen,
- von Natur aus im Laufe der Zeit erheblichen Instabilitäten unterworfen sind,

---

[1687] Vgl. Tewes, M. (2003), S. 218. Ähnlich auch Dierkes, S./Gerum, E./Ayaz, M./Stieglitz, N. (2004), S. 43.

[1688] Vgl. Nuber, W. (1995), S. 121; Baum, H.-G./Coenenberg, A.G./Günther, T. (1999), S. 306f.

[1689] Vgl. Nuber, W. (1995), S. 121.

[1690] Vorteilhaft ist in diesem Zusammenhang, wenn im Rahmen der strategischen Planung bereits unterschiedliche Strategien auf Basis einer Szenario-Analyse entwickelt wurden, bei der jedes Szenario auf unterschiedlichen Prämissen basiert, da so ein schnelles Ausweichen auf eine geeignetere Strategie möglich ist.

[1691] Vgl. Tewes, M. (2003), S. 218f.

[1692] Vgl. Tewes, M. (2003), S. 219.

[1693] Vgl. Schreyögg, G./Steinmann, H. (1985), S. 401; Nuber, W. (1995), S. 123; Gälweiler, A. (1981), S. 393.

- vom Unternehmen nicht beeinflussbar sind, also exogen vorgegeben werden oder
- für die eingeschlagenen Strategien und somit für die Zielgrößen, wie etwa dem Customer Lifetime Value eines Kunden, von entscheidender Bedeutung sind.

Solche Prämissen können auch als kritische Prämissen bezeichnet werden und müssen einer besonderen Beobachtung unterliegen.[1694]

Bei der strategischen Prämissenkontrolle handelt es sich um eine „gerichtete Kontrolle“[1695], da die strategische Kontrolle hier gezielt an den im Rahmen der strategischen Planung explizit gesetzten Planprämissen anknüpft. Da somit auch die strategische Prämissenkontrolle selektiv vorgeht, bedarf es darüber hinaus einer strategischen Überwachung, die als ungerichtete Kontrolle die Schwächen der gerichteten Kontrollen beseitigt.

5.3.4.2 Strategische Durchführungskontrolle

Aufgabe der strategischen Durchführungskontrolle ist es, nach Festlegung einer bestimmten Strategie während der kompletten Strategieumsetzungsphase die Ergebnisse der gewählten strategischen Handlungen zu kontrollieren. Dafür werden im Vorfeld Meilensteine als strategische Zwischenziele definiert, die als Soll-Werte für zukünftige Abweichungsanalysen bereit stehen.[1696] Dies soll ermöglichen, den für die Auswirkungen strategischer Entscheidungen weit in die Zukunft hineinreichenden Planungshorizont in kürzere zeitliche Abschnitte mit den Meilensteinen als kürzerfristigen Handlungszielen zu zerlegen.[1697] Durch eine derartige Planfortschrittskontrolle[1698] wird auch bei einem Verfehlen der Meilensteine schon frühzeitig eine Gefährdung des eingeschlagenen strategischen Kurses aufgezeigt, die sonst ex post bei Vorliegen der Endergebnisse im Rahmen einer Endergebniskontrolle[1699] zu spät erkannt werden würde.[1700] Als strategische Durchführungskontrollen eignen sich die strategischen Abweichungsanalysen von *Richter* oder *Günther* sowie die Erfolgspo-

---

1694 Vgl. Tewes, M. (2003), S. 219.
1695 Vgl. Schreyögg, G./Steinmann, H. (1985), S. 401.
1696 Vgl. Nuber, W. (1995), S. 134f.
1697 Vgl. Schreyögg, G./Steinmann, H. (1985), S. 402.
1698 Vgl. Bea, F.X./Haas, J. (2005), S. 235.
1699 Vgl. Ohland, L.R. (1988), S. 251ff.
1700 Während also bei der strategischen Prämissenkontrolle die Inputs strategischer Pläne in Form von Prämissen kontrolliert werden sollen, werden bei der strategischen Durchführungskontrolle die Outputs der strategischen Teilschritte in Form von beabsichtigten und unbeabsichtigten Auswirkungen aus den vorgenommenen strategischen Auswirkungen überprüft. Vgl. Hasselberg, F. (1989), S. 163.

tentialrechnung, mit deren Hilfe Fehlentwicklungen bereits frühzeitig erkannt und diesen entgegengewirkt werden kann.[1701]

Teilweise wird in diesem Zusammenhang kritisiert, dass die strategische Durchführungskontrolle von ihrem Charakter her auch eher eine feedback-orientierte Kontrolle und somit mit der traditionellen operativen Endergebnis-Kontrolle vergleichbar ist, da die Kontrollinformationen auch bei der strategischen Durchführungskontrolle erst nach Ergreifen strategischer Handlungen, also erst bei Vorliegen der den Meilensteinen gegenüberstehenden Ist-Werten verfügbar werden.[1702] Entscheidende Unterschiede bestehen allerdings im Verwendungszweck der gewonnenen Feedback-Informationen: Während bei einer operativen Kontrolle die vorliegenden Pläne hinsichtlich der Umsteuerungsmöglichkeiten respektive Planrevisionsnotwendigkeiten innerhalb einer gegebenen Strategie durchleuchtet werden, „wird bei der strategischen Durchführungskontrolle im Lichte vergangener Ereignisse die Strategie selbst in Frage gestellt."[1703] Die strategische Durchführungskontrolle kann und soll also dazu genutzt werden, um aus den vorliegenden Informationen, die aus der Beobachtung des eingeschlagenen Prozesses der Strategieimplementierung heraus entstehen, gegebenenfalls die Notwendigkeit (oder Chance aus) einer Strategieänderung zu erkennen, um daraus den Shareholder Value steigern zu können.

Da auch die strategische Durchführungskontrolle eine gerichtete Kontrolle darstellt, schlagen *Schreyögg/Steinmann* darüber hinaus die Durchführung einer strategischen Überwachung als ungerichtete Kontrolle vor, um die Selektionsrisiken aus der gerichteten strategischen Prämissenkontrolle und der gerichteten strategischen Durchführungskontrolle zu vermeiden.

5.3.4.3 Strategische Überwachung

Da die bisher vorgestellten gerichteten Kontrollinstrumente aufgrund ihres selektiven Charakters nicht vollständig die strategische Kontrollaufgabe abdecken können, bedarf es darüber hinaus einer unspezialisierten und somit globalen Beobachtungs- und Kontrollaktivität hinsichtlich der externen und internen Umwelt in Form einer stra-

---

[1701] Vgl. Breid, V. (1994); Richter, F. (1999), S. 224-228; Günther, T. (1997), S. 295-312; Dirrigl, H. (2002), Sp. 419-431 sowie die entsprechenden Kapitel 3.2.5 sowie 5.3.3.
[1702] Vgl. Nuber, W. (1995), S. 135. Ähnlich auch Ohland, L.R. (1988), S. 250.
[1703] Nuber, W. (1995), S. 135.

tegischen Überwachung.[1704] Aus theoretischer Sicht soll die strategische Überwachung sämtliche Entwicklungen identifizieren, die für ein Unternehmen zum Risiko für den Erfolg der eingeschlagenen Strategie werden könnten, insbesondere aber derjenigen Ereignisse, die bislang wissentlich oder unwissentlich vernachlässigt wurden, und somit als Absicherung dienen.[1705] Die strategische Überwachung „fungiert quasi als ein „strategischer Radar", das die Umwelt gewissermaßen flächendeckend auf strategiegefährdende Informationen hin überwacht"[1706]. Da aber die strategische Überwachung als ungerichtete Kontrolle theoretisch alles Erdenkliche überwachen müsste und konkrete Kontrollobjekte im Vorfeld nicht bekannt sind, scheint sie praktisch kaum umsetzbar zu sein. Dies liegt nicht nur daran, dass „das Universum wegen seiner prinzipiellen Unabgeschlossenheit nicht in seiner Gänze durchforstet werden kann"[1707], sondern auch daran, dass dies unweigerlich zur Informationsüberflutung für ein Unternehmen führen würde und aufgrund von Ressourcenknappheit praktisch nur schwer umsetzbar sowie in höchstem Maße unwirtschaftlich wäre.[1708]

Schreyögg/Steinmann sehen das beschriebene Problem jedoch durchaus als lösbar an.[1709] Aufgabe der strategischen Überwachung ist es, Umweltveränderungen zu identifizieren, die als Bedrohung oder gar Krise für die eingeschlagene Unternehmensstrategie und somit im schlimmsten Fall für die Überlebensfähigkeit des Unternehmens insgesamt angesehen werden müssen. Durch die vorhergehende planerische Selektionsleistung und die daraus resultierende Verdichtung zu einer Strategie ist laut *Schreyögg/Steinmann* der Bezugspunkt gesetzt, an dem man nun jeglichen neuen Informationen gegebenenfalls einen „krisenhaften Sinn"[1710] zuschreiben kann, wobei es darum geht, potentielle Bedrohungen und Krisen möglichst frühzeitig zu erkennen, um diesen rechtzeitig entgegenwirken zu können.

[1704] Vgl. Bea, F.X./Haas, J. (2005), S. 236. *Kötzle* verdeutlicht den Unterschied zwischen einer gerichteten Prämissenkontrolle und einer ungerichteten strategischen Überwachung sehr anschaulich am Beispiel eines Automobilunternehmens: Wenn das Unternehmen als wichtigsten strategischen Erfolgsfaktor einer Differenzierungsstrategie die Bewahrung einer dominierenden technologischen Innovationsfähigkeit identifiziert hat, wird im Rahmen der Prämissenkontrolle zunächst analysiert, inwieweit ein hohes technologisches Fähigkeitsprofil aufrecht erhalten werden kann oder ob neue Produkt- und Prozesstechnologien, Entwicklungen in der nationalen Verkehrspolitik oder protektionistische Tendenzen im Welthandel die spezifische Unternehmenskompetenz gefährden. Im Rahmen der strategischen Überwachung wird dagegen analysiert, ob allgemeine Entwicklungen in der Energieversorgung oder im Welthandel erkennbar sind, die den Stellenwert des Individualverkehrs insgesamt beeinflussen oder die Wettbewerbsfähigkeit der nationalen Automobilindustrie schwerwiegend beeinträchtigen. Vgl. Kötzle, A. (1993), S. 225.

[1705] Vgl. Schreyögg, G./Steinmann, H. (1985), S. 404.

[1706] Hasselberg, F. (1989), S. 97.

[1707] Schreyögg, G./Steinmann, H. (1985), S. 404.

[1708] Vgl. Nuber, W. (1995), S. 146.

[1709] Vgl. Schreyögg, G./Steinmann, H. (1985), S. 404f.

[1710] Schreyögg, G./Steinmann, H. (1985), S. 404.

In diesem Zusammenhang hat *Ansoff* sein Konzept der „Weak Signals“[1711] entworfen, das auf der Erkenntnis aufbaut, dass traditionelle Instrumente der strategischen Planung, die auf vergangenheitsorientierten, stochastischen Modellen aufbauen, zwangsläufig an strategischen Überraschungen („strategic surprises“) scheitern müssen.[1712] Diesen strategischen Überraschungen respektive Diskontinuitäten kann nur rechtzeitig entgegen getreten werden, wenn bereits bei den ersten schwachen Signalen entsprechende Reaktions-Strategien („Response Strategies“[1713]) ergriffen werden, wobei die Möglichkeiten der strategischen Reaktionen für ein Unternehmen mit einer Verstärkung der Signale zunehmen. *Ansoff* unterteilt die Stärke der Signale in sog. Ungewissheitsgrade („States of Ignorance“) mit den folgenden Ausprägungen:[1714]

(1) Sense of Threat/Opportunity
(2) Source of Threat/Opportunity
(3) Threat/Opportunity Concrete
(4) Response Concrete
(5) Outcome Concrete

Auf der ersten Stufe existieren nur Anzeichen einer Bedrohung oder Chance, auf der zweiten Stufe ist dann die Ursache der Bedrohung oder Chance bekannt, auf der dritten Stufe wird die Bedrohung oder Chance konkret, das Unternehmen hat jedoch noch keinerlei Kenntnis über mögliche Reaktionen. Erst auf der vierten Stufe nimmt die Ungewissheit hinsichtlich der konkreten Reaktion ab. Konkrete Ergebnisse liegen dann erst auf der fünften Stufe vor.

Mögliche Reaktions-Strategien beziehen sich nun entweder auf die Beziehungen zwischen dem Unternehmen und der Umwelt oder auf die interne Dynamik und Struktur im Unternehmen.[1715] Des Weiteren lassen sich diese zwei Gruppen von Reaktions-Strategien wiederum unterteilen in:

- Strategien, die die Wahrnehmungs-Fähigkeiten hinsichtlich der Umwelt und der Geschehnisse im Unternehmen selbst erhöhen.

[1711] Ansoff, H.I. (1976), S. 129.
[1712] Vgl. Ansoff, H.I. (1976), S. 131. *Ansoff* definiert „strategic surprises“ als „sudden, urgent, unfamiliar changes in the firms's perspective which threaten either a major profit reversal or loss of a major opportunity“.
[1713] Ansoff, H.I. (1976), S. 136.
[1714] Vgl. Ansoff, H.I. (1976), S. 135.
[1715] Vgl. Ansoff, H.I. (1976), S. 136.

- Strategien zur Erhöhung der Flexibilität, um auf vage Bedrohungen und Chancen, die sowohl exogene als auch endogene Ursachen haben können, besser reagieren zu können.
- Strategien, die die direkte Handlungsfähigkeit des Unternehmens verbessern und somit entweder die externe Handlungsfähigkeit oder die unternehmensinterne Bereitschaft erhöhen.

Nun gilt es, bei Vorliegen der dargestellten Ungewissheitsgrade entsprechende Reaktions-Strategien einzusetzen. So setzt *Ansoff* beispielsweise beim bloßen Anzeichen einer Bedrohung oder Chance auf eine Verbesserung der Umwelt-Wahrnehmung sowie der internen Wahrnehmung oder auf eine Erhöhung der internen Flexibilität. Welche Reaktions-Strategien zu den jeweiligen Ungewissheitsgraden Anwendung finden könnten, wird durch die grau unterlegten Bereiche der folgenden Abbildung verdeutlicht:[1716]

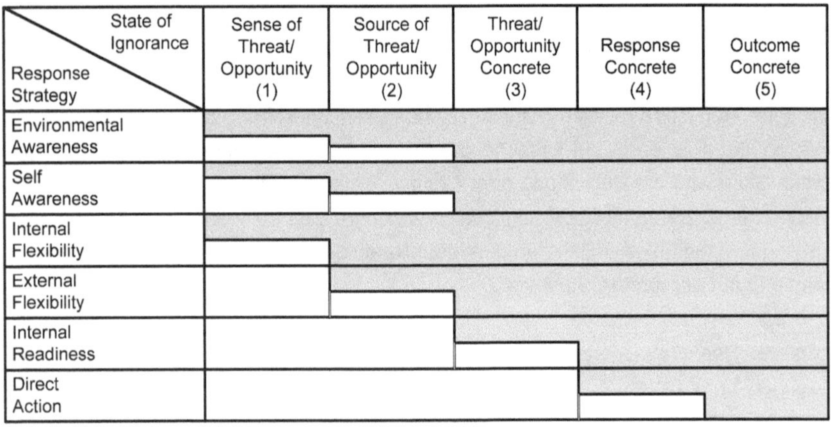

Abb. 5-18: Realisierbare Bereiche von Reaktions-Strategien

Abbildung 5-18 zeigt auf, dass bereits bei Kenntnis von konkreten Reaktionen sämtliche Reaktions-Strategien möglich sind, so dass also nicht erst auf ein Vorliegen konkreter Ergebnisse gewartet werden muss, um entsprechend auf Bedrohungen reagieren zu können. Dabei sollte jedoch nicht außer Acht gelassen werden, ob ein potentieller Vorteil aus einer Strategieänderung auch die daraus entstehenden Kosten rechtfertigen kann, zumal auch eine durchgeführte Reaktions-Strategie einem

[1716] Quelle: Ansoff, H.I. (1976), S. 141.

gewissen Risiko ausgesetzt ist.[1717] *Ansoff* stellt somit ein theoretisches Konzept bereit, um schon frühzeitig bei bloßen Anzeichen strategischer Diskontinuitäten aktiv werden und entsprechend auf diese reagieren zu können.[1718]

Das von *Ansoff* entwickelte Konzept kann beispielsweise dazu genutzt werden, schon frühzeitig einen drohenden Abbruch einer Geschäftsbeziehung seitens des Kunden zu erkennen, um rechtzeitig Gegenmaßnahmen einleiten zu können. Erste Anzeichen für eine Erhöhung des inhärenten Abwanderungsrisikos können sowohl direkt auf der Ebene des Kunden als auch auf den Ebenen des Anbieters, der Konkurrenten oder des Umfeldes auftreten.[1719] Als Beispiel für einen Frühindikator auf der Ebene der Konkurrenten kann die Entwicklung eines neuen, innovativen Produktes, das in direkter Konkurrenz mit einem Produkt des Anbieters steht, durch einen Wettbewerber genannt werden. In diesem Fall steht ein Abbruch der Kundenbeziehung mit hoher Wahrscheinlichkeit bevor. Frühindikatoren lassen sich auch innerhalb des Unternehmens finden. So deuten etwa Qualitätsmängel bei Vorleistungen, hohe Ausschussquoten in der Produktion oder eine sinkende Mitarbeiterzufriedenheit bereits auf eine Verschlechterung der Produktqualität hin, die durch eine hohe Rücklaufquote oder eine hohe Anzahl an Reparaturleistungen dann deutlich hervortreten.[1720] Steigen die Beschwerderaten seitens der Kunden an, ist die schlechtere Produktqualität schließlich bei diesen angekommen, für wirkungsvolle Gegenmaßnahmen könnte es jedoch bereits zu spät sein. Anders verhält es sich, wenn der Kunde im Vorfeld bereits Wünsche hinsichtlich neuer Produkteigenschaften oder zusätzlicher Serviceleistungen äußert. Die geäußerten Wünsche könnten als Frühindikatoren auf Kundenebene herangezogen werden, um langfristig ein Abwandern des Kunden zu verhindern. Auf Basis der Informationen aus der strategischen Früh-

---

1717 Vgl. hierzu auch Schreyögg, G./Steinmann, H. (1985), S. 405, die die Vorteile aus dem Konzept der schwachen Signale eher kritisch sehen.

1718 Das Konzept der schwachen Signale von *Ansoff*, das letztlich auch einer strategischen Überwachung dienen soll, zeichnet sich durch eine transparentere Darstellung und leichtere Anwendbarkeit gegenüber dem Konzept von *Steinmann/Schreyögg* aus, die ausdrücklich betonen, dass ihr Konzept der strategischen Überwachung über derartige Frühwarnsysteme hinaus geht. Der Unterschied zwischen den beiden Konzepten besteht darin, dass bei den Frühwarnsystemen bereits im Vorfeld Indikatoren für jeden Bereich definiert werden, durch die dann frühzeitig Bedrohungen durch Überschreitung von zuvor festgelegten Schwellenwerten identifiziert werden, demzufolge aber eine auf die Indikatoren gerichtete Kontrolle erfolgt, die strategische Überwachung nach *Steinmann/Schreyögg* jedoch vollkommen ungerichtet erfolgen soll, da nur so das Selektionsrisiko aus dem strategischen Planungsprozess sowie der strategischen Prämissenkontrolle und der strategischen Durchführungskontrolle kompensiert werden könne. Vgl. hierzu Schreyögg, G./Steinmann, H. (1985), S. 405f. Dies stellt jedoch vielmehr ein theoretisches Ideal dar, das praktisch kaum umsetzbar sein dürfte.

1719 Vgl. Fischer, T.M./Schmöller, P. (2006), S. 498.

1720 Vgl. Fischer, T.M./Schmöller, P. (2006), S. 499.

aufklärung sollten die Planungen überarbeitet und gegebenenfalls neue Strategien und daraus resultierende operative Maßnahmen abgeleitet werden.[1721]

Die Konzepte von *Steinmann/Schreyögg* sowie *Ansoff* liefern die theoretische Grundlage für eine in die Praxis umzusetzende strategische Kontrolle, die als kontinuierlicher Prozess aufzufassen und permanent durchzuführen ist.[1722]

5.4 Abschließende Bemerkungen zum Kunden-Controlling-System

Mit Abschluss der Darstellung des Kunden-Kontroll-Systems ist das Kunden-Controlling-System somit vollständig ausgearbeitet worden. Die Ausführungen zum Kunden-Informationssystem zeigen auf, dass grundsätzlich zahlreiche Möglichkeiten für ein Unternehmen bestehen, ausreichend Informationen für die Bewertung und Kontrolle von Kunden zu beschaffen.

Die Ausarbeitung des Kunden-Planungs- und -Kontroll-Systems beschränkte sich auf Instrumente zur unternehmenswert-orientierten Steuerung von Einzelkunden. Diese Vorgehensweise wurde gewählt, um aufzuzeigen, wie eine idealtypische Steuerung von Einzelkunden aussehen kann. Marketingmaßnahmen zur Steigerung des Kundenwerts lassen sich am effizientesten einsetzen, wenn sie kundenindividuell ausgestaltet werden. Dieses theoretische Ideal ist in einigen Branchen, in denen die Anzahl der Kunden überschaubar ist, auch praktisch umsetzbar. Lassen eine unüberschaubare Anzahl an Kunden, ein nicht ausreichender Informationsstand oder zu hohe Kosten im Vergleich zum daraus erzielbaren Nutzen eine solche Vorgehensweise nicht zu, so muss stattdessen eine Steuerung anhand von Kundensegmenten erfolgen.[1723] Dies erfordert eine Modifizierung der vorgestellten Instrumente, die aber problemlos ohne Weiteres erfolgen kann. Als Grundlage dienen die in Kapitel 4 vorgestellten Methoden zur Bewertung des Kundenstamms. Diese könnten auch auf einzelne Kundensegmente oder Kundengruppen bezogen werden. Der Wert eines Kundensegments oder einer Kundengruppe ergibt sich dann aus der Summe aller Customer Lifetime Value der dem Kundensegment respektive der Kundengruppe zugeordneten Kunden.[1724] Insofern bietet sich in Fällen, in denen eine Bewertung von

---

[1721] Vgl. Tewes, M. (2003), S. 269.

[1722] Vgl. Schreyögg, G./Steinmann, H. (1985), S. 407. Die Unterteilung der strategischen Kontrolle in die strategischen Kontrollarten Prämissenkontrolle und Durchführungskontrolle als gerichtete Kontrollen sowie der strategischen Überwachung als ungerichtete Kontrolle gewährleistet, dass sämtliche Selektionsrisiken, die zwangsläufig aus dem strategischen Planungsprozess resultieren, hinreichend kompensiert werden. Vgl. Steinmann, H./Schreyögg, G. (2005), S. 281f.

[1723] Vgl. hierzu bspw. Tirenni, G./Kaiser, C./Herrmann, A. (2007), S. 130-142.

[1724] Vgl. Bruhn, M./Georgi, D./Wöhle, C.B. (2005), S. 389.

Einzelkunden aus ökonomischen Gründen oder mangels einer ausreichenden Informationssituation ausscheidet, eine Bewertung von Kundensegmenten an.

Dabei müssen allerdings insbesondere die Erfolgs- und Risikoverbundeffekte mitberücksichtigt werden. Dies kann unter Umständen sogar als Vorteil gegenüber der isolierten Betrachtung von Einzelkunden gewertet werden, als Nachteil einer Steuerung von Kundengruppen oder -segmenten muss jedoch der damit einhergehende Informationsverlust genannt werden. Die Methoden zur Bewertung des Kundenstamms greifen i.d.R. auf erhebliche Vereinfachungen zurück, indem davon ausgegangen wird, dass alle Kunden einer Kohorte oder eines Segments die gleichen (durchschnittlichen) Cashflows aufweisen.[1725] Da sich ein Segment aus einer homogenen Gruppe von Kunden zusammensetzen muss, könnte darüber hinaus die Anzahl an Segmenten im schlimmsten Fall derart ansteigen, dass eine solche Vorgehensweise sich der Betrachtung von Einzelkunden stark annähert.

[1725] Ähnlich auch Reinecke, S./Keller, J. (2006), S. 256.

6 Zusammenfassung

Im Fokus der vorliegenden Arbeit stand die Entwicklung von geeigneten Modellen zur Evaluierung von Einzelkunden respektive des Kundenstamms sowie die Konzeptionierung eines wertorientierten Kunden-Controlling-Systems. Hierzu wurde zunächst dargestellt, was unter Shareholder Value-Orientierung einerseits und Kundenorientierung andererseits zu verstehen ist. Obwohl in einigen wissenschaftlichen Beiträgen der Marketing-Literatur noch immer Zielsetzungen wie eine Steigerung der Kundenzufriedenheit oder der Kundenbindung vorzufinden sind, die sich isoliert betrachtet nur schwer mit einer wertorientierten Unternehmensführung vereinbaren lassen, gelingt der Brückenschlag aus Sicht der kundenorientierten Unternehmensführung doch, wenn der Kundenwert aus Anbietersicht als maßgebliche Steuerungsgröße herangezogen wird und bestimmte Eigenschaften erfüllt. Eine auf diesen Eigenschaften aufbauende Untersuchung unterschiedlicher Methoden zur Bestimmung des Kundenwerts ergab, dass der Kundenwert aus Anbietersicht dann als Ziel- und Steuerungsgröße eines wertorientierten Kunden-Controlling geeignet ist, wenn dieser auf Methoden aufbaut, die bereits seit längerer Zeit aus der Investitionstheorie und Unternehmensbewertung bekannt sind.

Daher erfolgte im dritten Kapitel zunächst eine kurze Darstellung dieser Methoden. Des Weiteren wurde das CAPM vorgestellt, das auch in Veröffentlichungen zur Kundenbewertung häufig zur Bestimmung von risikoadjustierten Zinssätzen vorgeschlagen wird. Da darüber hinaus auch für die Konzeptionierung des eigentlichen unternehmenswert-orientierten Kunden-Controlling-Systems Instrumente benötigt wurden, die nicht grundlegend neu entwickelt werden mussten, sondern in ähnlicher Form bereits aus der Forschung zum wertorientierten Controlling bekannt sind, erfolgte im dritten Kapitel außerdem eine umfangreiche Darstellung von Instrumenten der wertorientierten Planung und Kontrolle.

Im vierten Kapitel erfolgte dann die Ausarbeitung von Kundenbewertungsmethoden. Zur Bewertung von Einzelkunden wurde der Kundenkapitalwert, der auf dem Customer Lifetime Value-Ansatz basiert, herangezogen und weiterentwickelt. Nach einer umfangreichen Darstellung der relevanten Werttreiber des Kundenkapitalwertes wurde untersucht, welche Teilsysteme des Rechnungswesens grundsätzlich zur Ermittlung der Cashflows eines Kunden in Frage kommen. In diesem Zusammenhang wurde festgestellt, dass eine kundenbezogene Finanzierungsrechnung in idealer Weise geeignet wäre, in vielen Unternehmen jedoch i.d.R. nicht vorzufinden sein wird. Daher wurde alternativ aufgezeigt, wie die Cashflows des Kunden aus der Kosten- und Leistungsrechnung gewonnen werden können. Anschließend wurde aufgezeigt, wie der Kundenkapitalwert sowohl auf Basis der kundenbezogenen Cashflows, als auch anhand von mehrperiodigen Kunden-Deckungsbeiträgen bestimmt werden kann. Besondere Bedeutung kam dann der Berücksichtigung der Kundenrisiken zu. Diese konnten im Rahmen der Bestimmung des Kundenkapitalwertes erfasst werden, indem sowohl auf die Einbindung einer Kundenbindungsrate, als auch auf die Szenario-Analyse zurückgegriffen wurde. Des Weiteren wurde die Möglichkeit der Einbeziehung von Verhaltensunsicherheit diskutiert. Eine Bewertung des Risikos erfolgte anhand der Sicherheitsäquivalent-Methode, die sich aufgrund der Schwierigkeiten bei der Anwendung des CAPM im Zusammenhang mit Einzelkunden und einer darauf aufbauenden Bestimmung des Risikozuschlags als überlegen herausstellte. Eine anschließende Reflexion der Literatur ergab, dass keine überzeugenden Methoden zur Bestimmung des monetären Werts der Bestandteile des Ressourcenpotentials eines Kunden verfügbar sind, so dass eine Berücksichtigung solcher nicht-monetärer Potentiale, die grundsätzlich zum Wert eines Kunden beitragen, im Rahmen der Bestimmung des Kundenkapitalwertes abgelehnt wurde.

Abschließend wurden im vierten Kapitel in der Literatur bereits vorgeschlagene Ansätze zur Bestimmung des Kundenstammwertes hinsichtlich deren Eignung im Rahmen eines unternehmenswert-orientierten Controlling analysiert. Im Rahmen der Bewertung des kompletten Kundenstamms konnten als entscheidende Risikoquellen das Kundenbestandsrisiko, das sich aus dem mit der Akquisition zukünftiger Kunden verbundene Risiko und dem Abwanderungsrisiko nicht vertraglich gebundener Kunden zusammensetzt, sowie das Kundenerfolgsrisiko, das sich aus den Risiken zukünftiger Cashflows zusammensetzt, identifiziert werden. Daher wurden im Folgenden Modelle zur Prognose der zukünftigen Kundenzahlen vorgestellt und die Bewertung des Kundenstamms um eine entsprechende Offenlegung, Messung und Bewertung des Kundenbestandsrisikos sowie des Kundenerfolgsrisikos erweitert. Mit diesen Bewertungsmodellen sind auch Kundenbewertungen auf höheren Aggregationsebenen möglich.

Im fünften Kapitel stand schließlich die Konzeptionierung des Kunden-Controlling-Systems im Mittelpunkt. Zunächst wurde dargestellt, wie ein Kunden-Informations-System aufgebaut werden kann. Ständige Weiterentwicklungen im Bereich der Datenspeicherung, Datenverarbeitung, Datenintegration und Datenanalyse ermöglichen immer bessere Möglichkeiten der Evaluierung und Steuerung von Kunden.
Es kann bei der Ausgestaltung von Marketingstrategien und -maßnahmen nicht das Ziel sein, alle Kunden eines Unternehmens mit den gleichen Instrumenten zu bearbeiten. Vielmehr sollte sich ein Unternehmen auf die Kunden konzentrieren, die als besonders wertvoll eingeschätzt werden, wobei sich der Wert des Kunden aus dem

Kundenerfolgspotential ergibt. Dieses lässt sich gegebenenfalls unter Einsatz von Marketingmaßnahmen steigern, ist also zugleich Ausgangs- und Zielgröße der Betrachtung. Daher wird im Rahmen der Kunden-Planung der aktuell für möglich gehaltene Kundenwert zur Klassifizierung der Kunden herangezogen. Die Kundenwerte können darauf aufbauend in Relation zu den Wertbeiträgen anderer Kunden innerhalb einer ABC-Analyse auf Basis der Kundenwerte oder in Relation zum eingesetzten Kapital in Form der Kunden-Kapitalwertrate gesetzt werden.
Insbesondere die wichtigsten Kunden können daraufhin eingehender analysiert werden. Eine Schwachstellenanalyse kann Ansätze für kundenorientierte Strategien liefern. Für diesen Zweck wurde ein Kunden-Werttreibermodell entwickelt, das die quantitative Bewertung der kundenorientierten Strategien unterstützt. Kundenorientierte Strategien sollten sich nicht nur auf die Bindung wertsteigernder Kunden konzentrieren, sondern auch auf die Akquisition von Neukunden sowie die Wiedergewinnung wertsteigernder Kunden ausgerichtet sein, wobei die Allokation der vorhandenen Ressourcen in Abhängigkeit des jeweiligen Kundenerfolgspotentials erfolgen sollte. Bei Kundenbeziehungen mit wertvernichtenden Kunden sollte entweder der Einsatz von Ressourcen reduziert oder die Geschäftsbeziehung ganz abgebrochen werden, sofern dies keine negativen Auswirkungen auf andere Kundenbeziehungen oder das Unternehmensimage zur Folge hat.
Kundenbeziehungen bergen erhebliche Risiken, daher wurden im Rahmen des Kunden-Planungs-Systems mit der Sensitivitätsanalyse und insbesondere der Monte-Carlo-Risikosimulation zwei weitere Instrumente vorgestellt und hinsichtlich eines Einsatzes im Kunden-Controlling weiterentwickelt, die ein erhebliches Potential im Rahmen einer Kundensteuerung aufweisen. Auf diese Weise werden die Risiken und ihre möglichen Auswirkungen auf den Kundenwert transparent dargestellt.

Im Rahmen der Kunden-Kontrolle ist sicherzustellen, dass die eingeleiteten Strategien und Maßnahmen auch tatsächlich zu einer Erhöhung des Kundenwertes und somit zu einer Unternehmenswertsteigerung beitragen. Als geeignete Instrumente einer unternehmenswert-orientierten Kontrolle und Performancemessung wurden der Kunden-Earned Economic Income, der kundenbezogene ökonomische Gewinn und Residualgewinn, aber vor allem der periodische Nettokundenkapitalwert herausgestellt. Insbesondere der periodische Nettokundenkapitalwert eignete sich auf hervorragende Weise für die strategische Kontrolle. Diese hat das Ziel, Veränderungen im prognostizierten Nettokundenkapitalwert respektive im Kunden-Erfolgspotential möglichst frühzeitig zu erfassen, um rechtzeitig Gegensteuerungsmaßnahmen einleiten zu können. Strategische Abweichungsanalysen können derart ausgestaltet werden, dass sie die Ursachen einer strategischen Abweichung entweder hinsichtlich der modellimmanenten Einflussgrößen oder hinsichtlich beeinflussbarer und nicht beeinflussbarer Abweichungen aufspalten. Es wurde zunächst die strategische Abweichungsanalyse von *Günther*, die allerdings eine Untätigkeit des Managements unterstellt, und anschließend die Erfolgspotentialanalyse vorgestellt, die explizit die Möglichkeit von Gegensteuerungsmaßnahmen mitberücksichtigt.

Ergänzt werden kann das quantitativ ausgerichtete strategische Kontroll-System darüber hinaus durch eine qualitative strategische Prämissenkontrolle sowie eine strategische Überwachung in Form einer strategischen Frühaufklärung, die aufbauend auf schwachen Signalen bereits frühzeitig Diskontinuitäten aufzeigen soll.

Anhang

Tab. A-1: Planung der zukünftigen Kunden-Deckungsbeiträge des Kunden 1 (Perioden 1-3)

Kunde 1		Periode 1			Periode 2			Periode 3		
Zeile	**Einzelerfolgsgröße**	**Produkt 1**	**Produkt 2**	**Produkt 3**	**Produkt 1**	**Produkt 2**	**Produkt 3**	**Produkt 1**	**Produkt 2**	**Produkt 3**
1	Listenpreis	255,00	510,00	824,00	260,10	520,20	848,72	265,30	530,60	874,18
2	Abgesetzte Menge	250	500	300	300	450	400	400	400	500
3	**Brutto-Erlöse**	**63.750,00**	**255.000,00**	**247.200,00**	**78.030,00**	**234.090,00**	**339.488,00**	**106.120,80**	**212.241,60**	**437.090,80**
4	produktspez. Erlösschmälerungen	-1.275,00	-5.100,00	-4.944,00	-1.560,60	-4.681,80	-6.789,76	-2.122,42	-4.244,83	-8.741,82
5	**Netto-Erlöse**	**62.475,00**	**249.900,00**	**242.256,00**	**76.469,40**	**229.408,20**	**332.698,24**	**103.998,38**	**207.996,77**	**428.348,98**
6	Herstelleinzelkosten pro Stück	-121,80	-253,75	-304,50	-123,63	-257,56	-309,07	-126,10	-262,71	-315,25
7	Herstelleinzelkosten	-30.450,00	-126.875,00	-91.350,00	-37.088,10	-115.900,31	-123.627,00	-50.439,82	-105.082,95	-157.624,43
7a	Herstell-PK	-6.250,00	-20.000,00	-15.000,00	-7.500,00	-18.000,00	-20.000,00	-10.000,00	-16.000,00	-25.000,00
8	**Positionen-DB**	**25.775,00**	**103.025,00**	**135.906,00**	**31.881,30**	**95.507,89**	**189.071,24**	**43.558,57**	**86.913,82**	**245.724,56**
9	Zusammensetzung der Aufträge		264.706,00			316.460,43			376.196,95	
10	Versandzuschläge		30.500,00			32.250,00			38.375,00	
11	Transporteinzelkosten		-32.500,00			-35.500,00			-40.000,00	
11a	Auftragsbearbeitungs-PK		-500,00			-500,00			-500,00	
12	**Auftrags-DB**		**262.206,00**			**312.710,43**			**374.071,95**	
13	Perioden-Umsatzrabatt		-17.553,93			-20.124,78			-23.361,57	
14	Key-Account-Manager									
15	Besuchseinzelkosten		-5.000,00			-5.250,00			-5.512,50	
18a	*Kundengruppen-Manager-PK*		*-25.000,00*			*-25.000,00*			*-30.000,00*	
19a	Ausbildungsveranstaltungs-PK		-6.000,00			-6.300,00			-6.615,00	
20a	*Beschwerdemanagement-PK*		*-33.000,00*			*-31.350,00*			*-29.782,50*	
23a	*PK Vertriebsmitarbeiter*		*-10.500,00*			*-10.710,00*			*-10.924,20*	
24a	Besuchskosten-PK		-26.250,00			-26.250,00			-26.250,00	
29a	*Bestellannahme*		*-300,00*			*-330,00*			*-330,00*	
16	diverse Kundeneinzelkosten		-3.000,00			-3.000,00			-3.000,00	
17	**Kunden-DB**		**135.602,07**			**184.395,65**			**238.296,17**	

Tab. A-2: Planung der zukünftigen Kunden-Deckungsbeiträge des Kunden 1 (Perioden 4-5)

Kunde 1		**Periode 4**			**Periode 5**		
Zeile	**Einzelerfolgsgröße**	**Produkt 1**	**Produkt 2**	**Produkt 3**	**Produkt 1**	**Produkt 2**	**Produkt 3**
1	Listenpreis	270,61	541,22	900,41	276,02	552,04	927,42
2	Abgesetzte Menge	150	350	600	100	300	650
3	**Brutto-Erlöse**	**40.591,21**	**189.425,63**	**540.244,23**	**27.602,02**	**165.612,12**	**602.822,52**
4	produktspez. Erlösschmälerungen	-811,82	-3.788,51	-10.804,88	-552,04	-3.312,24	-12.056,45
5	**Netto-Erlöse**	**39.779,38**	**185.637,12**	**529.439,34**	**27.049,98**	**162.299,88**	**590.766,07**
6	Herstelleinzelkosten pro Stück	-128,62	-267,96	-321,55	-131,19	-273,32	-327,98
7	Herstelleinzelkosten	-19.293,23	-93.786,53	-192.932,30	-13.119,40	-81.996,23	-213.190,19
7a	Herstell-PK	-3.750,00	-14.000,00	-30.000,00	-2.500,00	-12.000,00	-32.500,00
8	**Positionen-DB**	**16.736,15**	**77.850,58**	**306.507,05**	**11.430,58**	**68.303,65**	**345.075,88**
9	Zusammensetzung der Aufträge		401.093,78			424.810,12	
10	Versandzuschläge		44.500,00			47.500,00	
11	Transporteinzelkosten		-34.000,00			-32.500,00	
11a	Auftragsbearbeitungs-PK		-500,00			-500,00	
12	**Auftrags-DB**		**411.093,78**			**439.310,12**	
13	Perioden-Umsatzrabatt		-23.980,68			-24.828,48	
14	Key-Account-Manager						
15	Besuchseinzelkosten		-5.788,13			-6.077,53	
18a	*Kundengruppen-Manager-PK*		*-30.000,00*			*-30.000,00*	
19a	Ausbildungsveranstaltungs-PK		-6.945,75			-7.293,04	
20a	*Beschwerde-management-PK*		*-28.293,38*			*-26.878,71*	
23a	*PK Vertriebsmitarbeiter*		*-11.142,68*			*-11.365,54*	
24a	Besuchskosten-PK		-26.250,00			-26.250,00	
29a	*Bestellannahme*		*-330,00*			*-330,00*	
16	diverse Kundeneinzelkosten		-3.000,00			-3.000,00	
17	**Kunden-DB**		**275.363,17**			**303.286,83**	

Tab. A-3: Bestimmung der zukünftigen Kunden und Kunden-Cashflows im Customer Migration Model

Periode	**0**	**1**	**2**	**3**	**4**	**5**	**6**	**7**	**8**	**9**	**10**
Anzahl Kunden mit letztem Kauf in t-1	10.000	3.000	900	690	585	419	287	210	152	109	79
in t-2			1.400	420	322	273	196	134	98	71	51
in t-3				840	252	193	164	117	80	59	43
in t-4					238	71	55	46	33	23	17
Anzahl kumulierte Kunden	**10.000**	**3.000**	**2.300**	**1.950**	**1.397**	**957**	**701**	**508**	**364**	**262**	**189**
Anzahl Kunden mit letztem Kauf in t-2		7.000	2.100	1.610	1.365	978	670	491	356	255	183
in t-3			5.600	1.680	1.288	1.092	782	536	393	284	204
in t-4				4.760	1.428	1.095	928	665	455	334	242
in t-5					4.522	1.357	1.040	882	632	433	317
Kumulierte Nicht-Kunden in t-1						4.522	5.879	6.919	7.800	8.432	8.865
Anzahl kumulierte Nicht-Kunden		**7.000**	**7.700**	**8.050**	**8.603**	**9.043**	**9.299**	**9.492**	**9.636**	**9.738**	**9.811**
Cash Flow$_t$ [in GE]		**84.000,00**	**48.300,00**	**36.330,00**	**22.337,00**	**17.843,70**	**12.681,55**	**9.043,55**	**6.518,97**	**4.711,72**	**3.387,65**
Periode		**11**	**12**	**13**	**14**	**15**	**16**	**17**	**18**	**19**	**20**
Anzahl Kunden mit letztem Kauf in t-1		57	41	29	21	15	11	8	6	4	3
in t-2		37	26	19	14	10	7	5	4	3	2
in t-3		31	22	16	11	8	6	4	3	2	2
in t-4		12	9	6	4	3	2	2	1	1	1
Anzahl kumulierte Kunden		**136**	**98**	**71**	**51**	**37**	**26**	**19**	**14**	**10**	**7**
Anzahl Kunden mit letztem Kauf in t-2		132	95	69	49	36	26	18	13	10	7
in t-3		147	106	76	55	40	28	20	15	11	8
in t-4		173	125	90	65	47	34	24	17	13	9
in t-5		230	165	118	85	62	44	32	23	17	12
Kumulierte Nicht-Kunden in t-1		9.182	9.412	9.576	9.695	9.780	9.842	9.886	9.918	9.941	9.957
Anzahl kumulierte Nicht-Kunden		**9.864**	**9.902**	**9.929**	**9.949**	**9.963**	**9.974**	**9.981**	**9.986**	**9.990**	**9.993**
Cash Flow$_t$ [in GE]		**2.438,77**	**1.756,84**	**1.265,18**	**910,99**	**656,04**	**472,44**	**340,21**	**244,99**	**176,43**	**127,05**
Periode		**21**	**22**	**23**	**24**	**25**	**26**	**27**	**28**	**29**	**30**
Anzahl Kunden mit letztem Kauf in t-1		2	2	1	1	1	0	0	0	0	0
in t-2		1	1	1	1	0	0	0	0	0	0
in t-3		1	1	1	0	0	0	0	0	0	0
in t-4		0	0	0	0	0	0	0	0	0	0
Anzahl kumulierte Kunden		**5**	**4**	**3**	**2**	**1**	**1**	**1**	**1**	**0**	**0**
Anzahl Kunden mit letztem Kauf in t-2		5	4	3	2	1	1	1	0	0	0
in t-3		6	4	3	2	1	1	1	1	0	0
in t-4		7	5	3	2	2	1	1	1	0	0
in t-5		9	6	4	3	2	2	1	1	1	0
Kumulierte Nicht-Kunden in t-1		9.969	9.978	9.984	9.989	9.992	9.994	9.996	9.997	9.998	9.998
Anzahl kumulierte Nicht-Kunden		**9.995**	**9.996**	**9.997**	**9.998**	**9.999**	**9.999**	**9.999**	**9.999**	**10.000**	**10.000**
Cash Flow$_t$ [in GE]		91,49	65,88	47,45	34,17	24,60	17,72	12,76	9,19	6,62	4,76
KSW$_0$ [in GE]	**152.256,35**										

ANHANG A-4

Crystal Ball Report - Voll	
Simulation gestartet am 9/25/2007 an 15:27:15	
Simulation beendet am 9/25/2007 an 15:33:25	
Ausführungseinstellungen:	
Anzahl ausgeführter Versuche	10.000
Monte Carlo	
Zufälliger Anfang	
Genauigkeitssteuerung bei	
Vertrauensniveau	95,00%
Statistik ausführen:	
Gesamtausführungszeit (Sek.)	370,55
Versuche/Sekunde (Durchschnitt)	27
Zufallszahlen pro Sekunde	513
Crystal Ball-Daten:	
Annahmen	19
Korrelationen	0
Korrelierte Gruppen	0
Entscheidungsvariablen	0
Prognosen	76

Prognose: CF_0

Übersicht:

Gesamtbereich von 3.769 bis 6.563
Basisfall ist 4.866
Nach 10.000 Versuchen lautet der Standardfehler für den Mittelwert 4

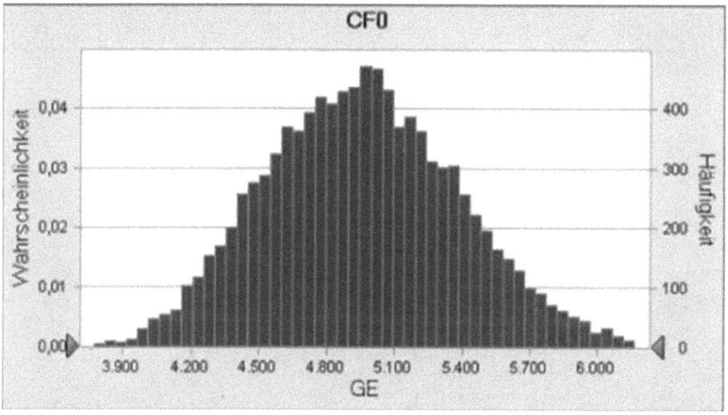

Statistik:	Prognosewerte
Erwartungswert	4.960
Median	4.949
Standardabweichung	431
Varianz	185.400
Schiefe	0,1917
Wölbung	2,79
Koeff. der Veränderlichkeit	0,0868
Minimum	3.769
Maximum	6.563
Bereichsbreite	2.794

Prozentwerte:	Prognosewerte
0%	3.769
10%	4.412
20%	4.584
30%	4.718
40%	4.837
50%	4.949
60%	5.054
70%	5.180
80%	5.329
90%	5.527
100%	6.563

Prognose: CF1	
Übersicht:	
Gesamtbereich von 5.603 bis 9.846	
Basisfall ist 7.282	
Nach 10.000 Versuchen lautet der Standardfehler für den Mittelwert 6	

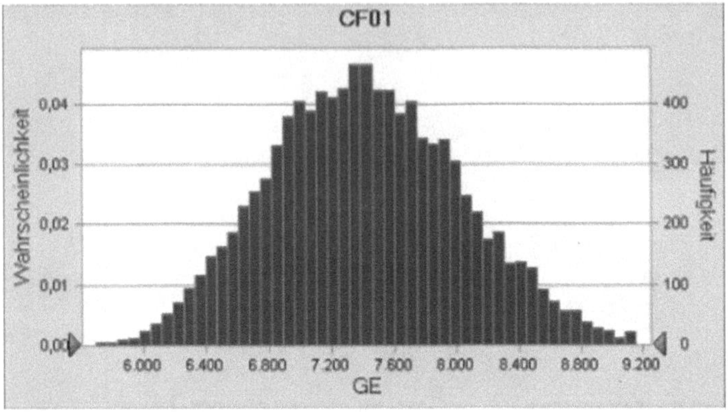

Statistik:	**Prognosewerte**
Erwartungswert	7.423
Median	7.400
Standardabweichung	618
Varianz	382.097
Schiefe	0,1960
Wölbung	2,82
Koeff. der Veränderlichkeit	0,0833
Minimum	5.603
Maximum	9.846
Bereichsbreite	4.243

Prozentwerte:	**Prognosewerte**
0%	5.603
10%	6.637
20%	6.889
30%	7.070
40%	7.243
50%	7.400
60%	7.563
70%	7.739
80%	7.946
90%	8.243
100%	9.846

Prognose: CF 2

Übersicht:

Gesamtbereich von 8.575 bis 14.079
Basisfall ist 10.768
Nach 10.000 Versuchen lautet der Standardfehler für den Mittelwert 9

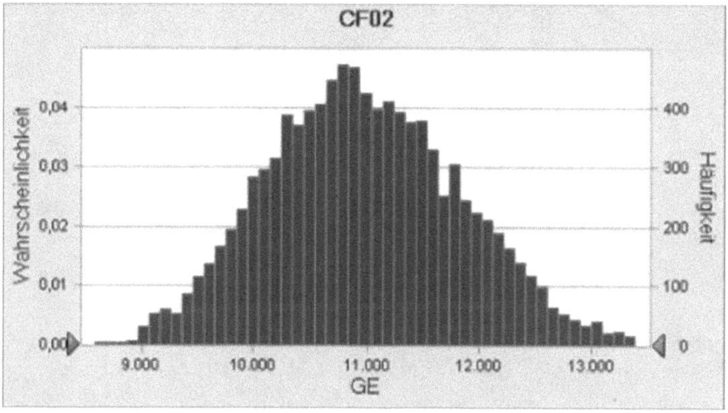

Statistik:	Prognosewerte
Erwartungswert	10.979
Median	10.934
Standardabweichung	862
Varianz	742.543
Schiefe	0,2042
Wölbung	2,78
Koeff. der Veränderlichkeit	0,0785
Minimum	8.575
Maximum	14.079
Bereichsbreite	5.503

Prozentwerte:	Prognosewerte
0%	8.575
10%	9.887
20%	10.231
30%	10.491
40%	10.724
50%	10.934
60%	11.169
70%	11.423
80%	11.728
90%	12.132
100%	14.079

Prognose: CF3	
Übersicht:	
Gesamtbereich von 12.518 bis 20.306	
Basisfall ist 15.568	
Nach 10.000 Versuchen lautet der Standardfehler für den Mittelwert 12	

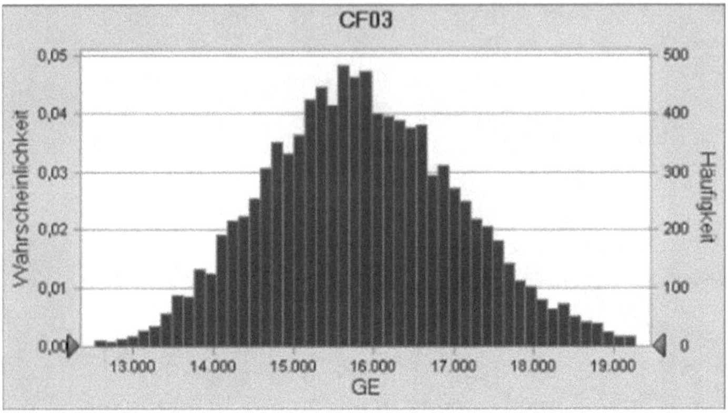

Statistik:	**Prognosewerte**
Erwartungswert	15.869
Median	15.810
Standardabweichung	1.218
Varianz	1.482.898
Schiefe	0,2153
Wölbung	2,85
Koeff. der Veränderlichkeit	0,0767
Minimum	12.518
Maximum	20.306
Bereichsbreite	7.787

Prozentwerte:	**Prognosewerte**
0%	12.518
10%	14.311
20%	14.815
30%	15.196
40%	15.515
50%	15.810
60%	16.126
70%	16.487
80%	16.898
90%	17.467
100%	20.306

Prognose: CF 4	
Übersicht:	
Gesamtbereich von 17.610 bis 29.175	
Basisfall ist 22.278	
Nach 10.000 Versuchen lautet der Standardfehler für den Mittelwert 17	

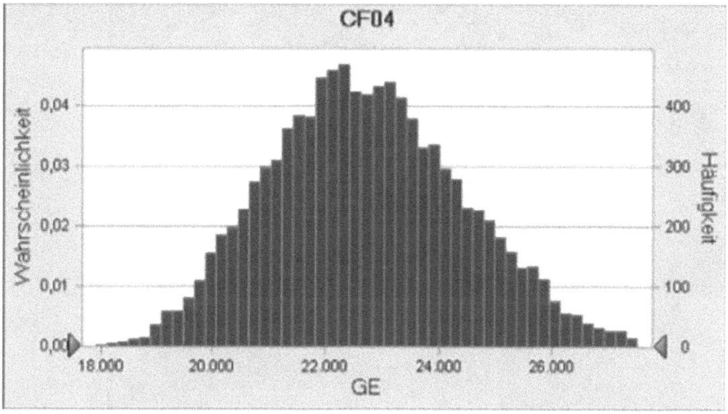

Statistik:	**Prognosewerte**
Erwartungswert	22.708
Median	22.625
Standardabweichung	1.713
Varianz	2.935.964
Schiefe	0,2113
Wölbung	2,75
Koeff. der Veränderlichkeit	0,0755
Minimum	17.610
Maximum	29.175
Bereichsbreite	11.565

Prozentwerte:	**Prognosewerte**
0%	17.610
10%	20.510
20%	21.217
30%	21.738
40%	22.188
50%	22.625
60%	23.079
70%	23.563
80%	24.175
90%	25.030
100%	29.175

Prognose: CF 5	
Übersicht:	
Gesamtbereich von 25.361 bis 41.033	
Basisfall ist 31.891	
Nach 10.000 Versuchen lautet der Standardfehler für den Mittelwert 24	

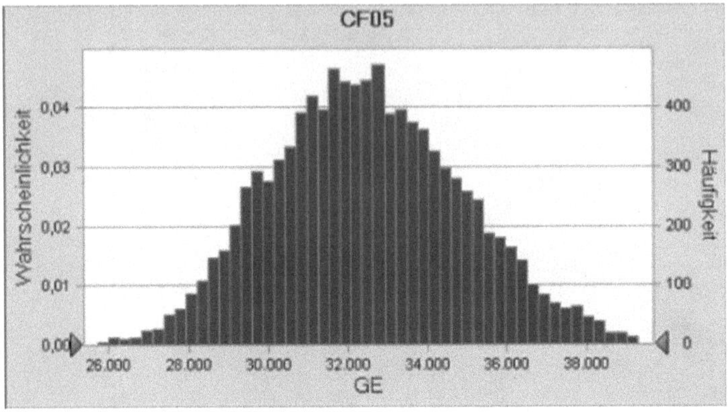

Statistik:	**Prognosewerte**
Erwartungswert	32.494
Median	32.403
Standardabweichung	2.425
Varianz	5.881.295
Schiefe	0,2101
Wölbung	2,80
Koeff. der Veränderlichkeit	0,0746
Minimum	25.361
Maximum	41.033
Bereichsbreite	15.672

Prozentwerte:	**Prognosewerte**
0%	25.361
10%	29.414
20%	30.372
30%	31.119
40%	31.769
50%	32.403
60%	33.013
70%	33.728
80%	34.572
90%	35.728
100%	41.033

Annahmen

Annahme: 6ff.

Beta Verteilung mit Parametern:

Minimum	-54,00
Maximum	-46,00
Alpha	3
Beta	3

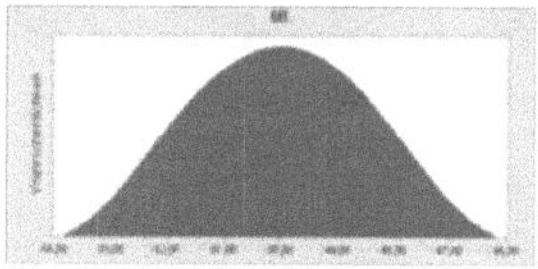

Annahme: D74

Dreieck Verteilung mit Parametern:

Minimum	75%
Wahrscheinlichster	80%
Maximum	85%

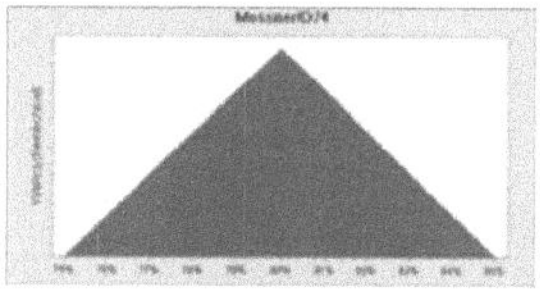

Annahme: I58

Beta Verteilung mit Parametern:

Minimum	13.500
Maximum	18.000
Alpha	2
Beta	3

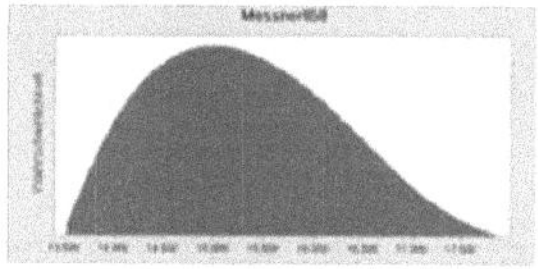

Annahme: P59

Beta Verteilung mit Parametern:

Minimum	-62,00
Maximum	-58,00
Alpha	3
Beta	3

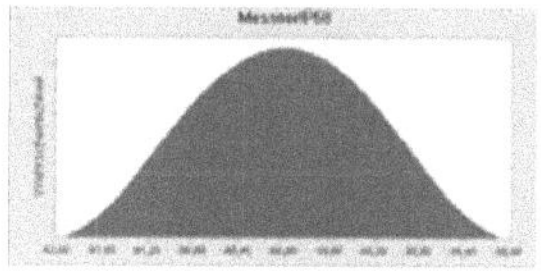

Annahme: P60

Beta Verteilung mit Parametern:

Minimum	48,00
Maximum	56,00
Alpha	3
Beta	3

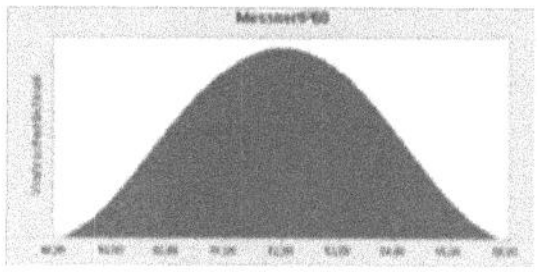

Annahme: P61

Gleich Verteilung mit Parametern:	
Minimum	4%
Maximum	6%

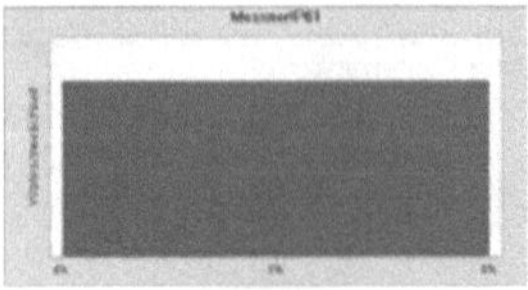

Annahme: Q59

Beta Verteilung mit Parametern:	
Minimum	-60,00
Maximum	-56,00
Alpha	3
Beta	3

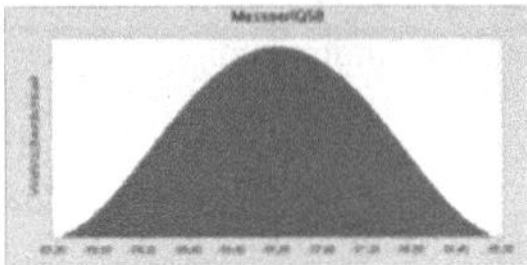

Annahme: Q60

Beta Verteilung mit Parametern:	
Minimum	50,00
Maximum	58,00
Alpha	3
Beta	3

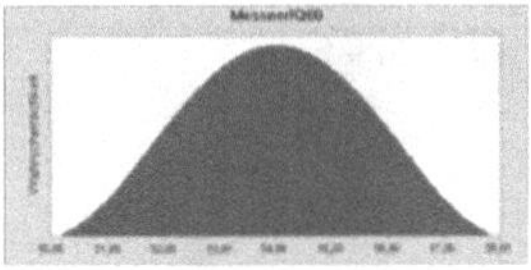

Annahme: Q61

Gleich Verteilung mit Parametern:	
Minimum	5%
Maximum	7%

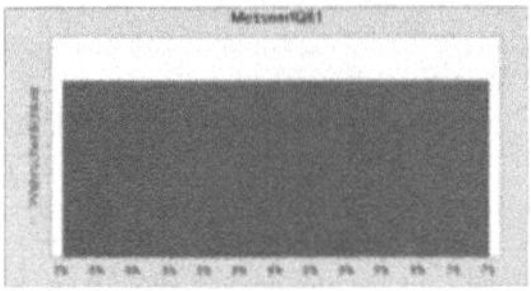

Annahme: R59

Beta Verteilung mit Parametern:	
Minimum	-58,00
Maximum	-54,00
Alpha	3
Beta	3

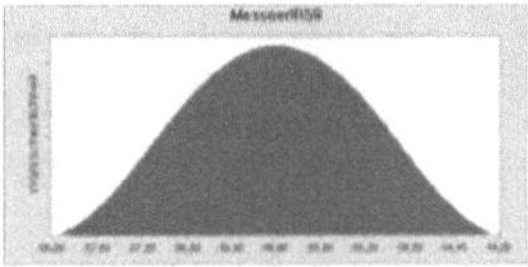

Annahme: R60

Beta Verteilung mit Parametern:	
Minimum	51,00
Maximum	59,00
Alpha	3
Beta	3

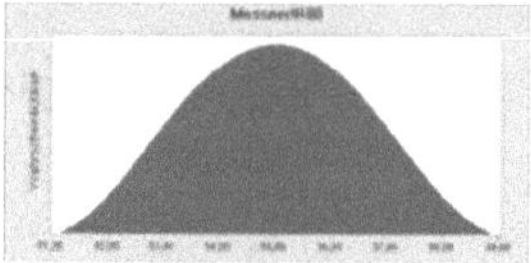

Annahme: R61

Gleich Verteilung mit Parametern:	
Minimum	7%
Maximum	9%

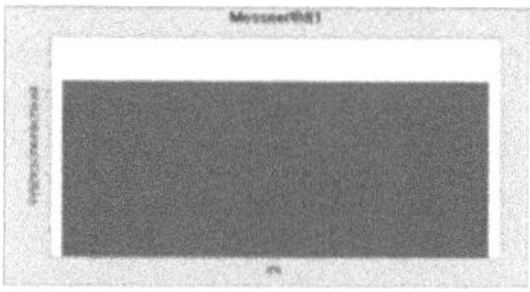

Annahme: S59

Beta Verteilung mit Parametern:	
Minimum	-57,00
Maximum	-51,00
Alpha	3
Beta	3

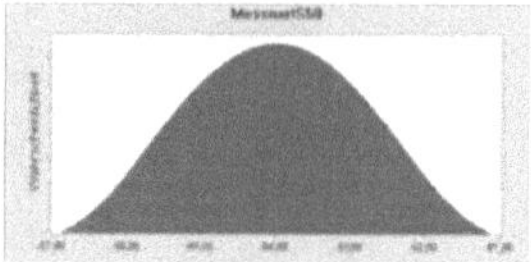

Annahme: S60

Beta Verteilung mit Parametern:	
Minimum	52,00
Maximum	60,00
Alpha	3
Beta	3

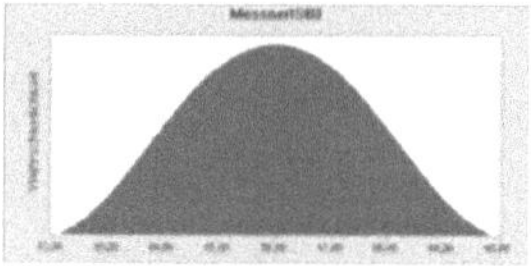

Annahme: S61

Gleich Verteilung mit Parametern:	
Minimum	8%
Maximum	10%

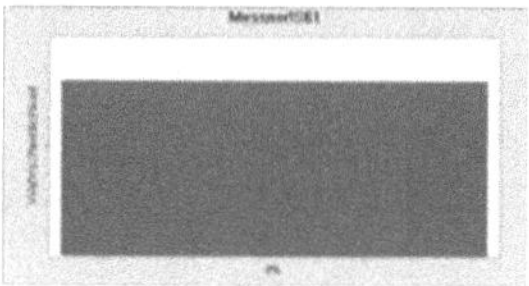

Annahme: T59

Beta Verteilung mit Parametern:

Minimum	-56,00
Maximum	-48,00
Alpha	3
Beta	3

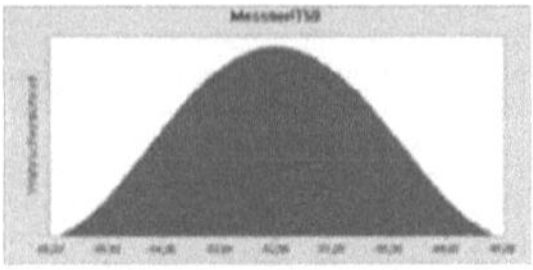

Annahme: T60

Beta Verteilung mit Parametern:

Minimum	52,00
Maximum	64,00
Alpha	3
Beta	3

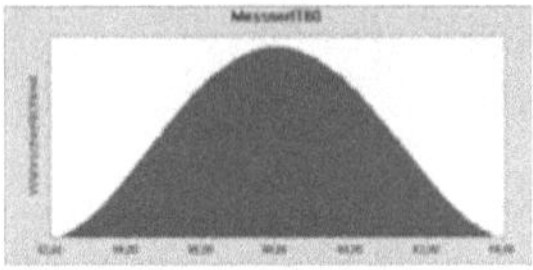

Annahme: T61

Gleich Verteilung mit Parametern:

Minimum	3%
Maximum	5%

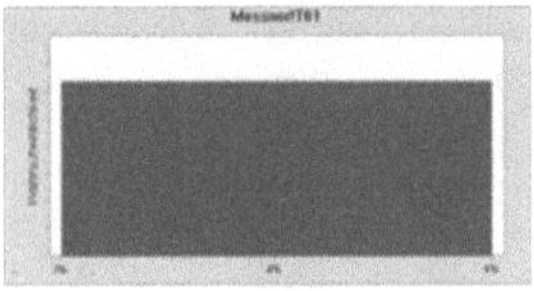

Annahme: U60

Beta Verteilung mit Parametern:

Minimum	54,00
Maximum	66,00
Alpha	3
Beta	3

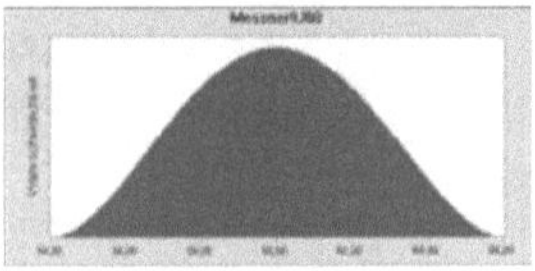

Ende der Annahmen

ANHANG A-5

Crystal Ball Report - Voll	
Simulation gestartet am 10/5/2007 an 18:06:11	
Simulation beendet am 10/5/2007 an 18:07:44	
Ausführungseinstellungen:	
Anzahl ausgeführter Versuche	10.000
Monte Carlo	
Zufälliger Anfang	
Genauigkeitssteuerung bei	
Vertrauensniveau	95,00%
Statistik ausführen:	
Gesamtausführungszeit (Sek.)	92,91
Versuche/Sekunde (Durchschnitt)	108
Zufallszahlen pro Sekunde	6.565
Crystal Ball-Daten:	
Annahmen	61
Korrelationen	10
Korrelierte Gruppen	10
Entscheidungsvariablen	0
Prognosen	1

Prognose: CLV_0

Übersicht:

Sicherheitsgrad 66,69 %
Sicherheitsbereich von 0,00 bis +unendlich
Gesamtbereich von -300,00 bis 6.264,66
Basisfall ist 5.269,53
Nach 10.000 Versuchen lautet der Standardfehler für den Mittelwert 18,90

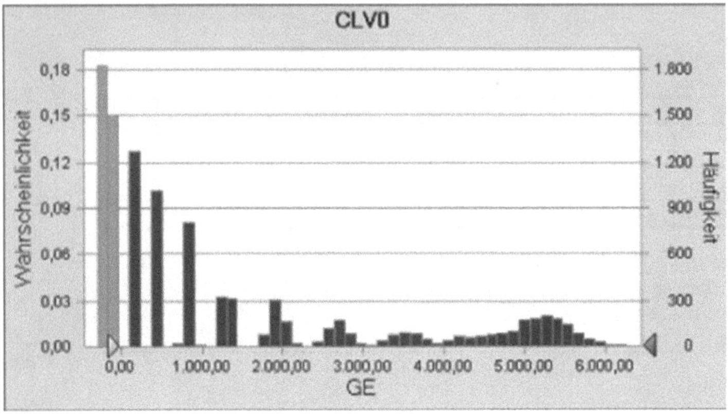

Statistik:	Prognosewerte
Mittelwert	1.289,36
Mittlerer Wert	439,20
Modus	-300,00
Standardabweichung	1.889,60
Varianz	3.570.586,94
Schiefe	1,19
Wölbung	2,98
Koeff. der Veränderlichkeit	1,47
Minimum	-300,00
Maximum	6.264,66
Bereichsbreite	6.564,66

Prozentwerte:	Prognosewerte
0%	-300,00
10%	-300,00
20%	-103,45
30%	-95,03
40%	143,14
50%	439,20
60%	830,33
70%	1.361,67
80%	2.813,00
90%	4.985,72
100%	6.264,66

Annahmen

Annahme: C26

Dreieck Verteilung mit Parametern:	
Minimum	2,7%
Wahrscheinlichster	3,0%
Maximum	3,3%
Korrelation mit:	Koeffizient
C27 (C27)	-0,50

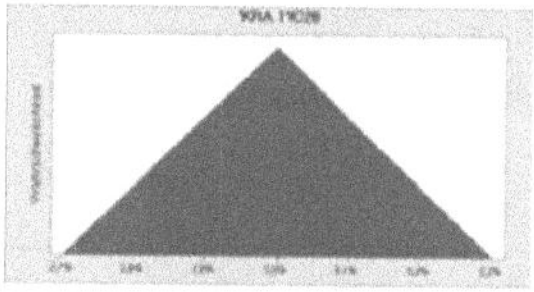

Annahme: C27

Dreieck Verteilung mit Parametern:	
Minimum	10,00%
Wahrscheinlichster	15,00%
Maximum	20,00%
Korrelation mit:	Koeffizient
C26 (C26)	-0,50

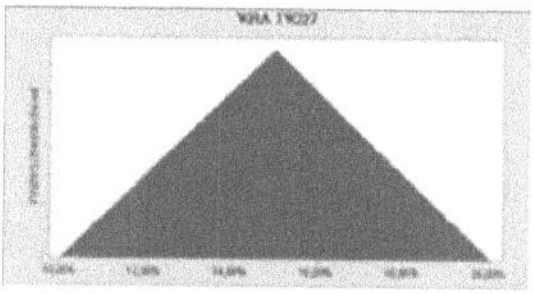

Annahme: C28

Gleich Verteilung mit Parametern:	
Minimum	2,7%
Maximum	3,3%

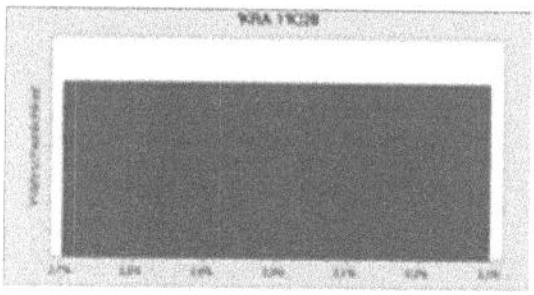

Annahme: C29

Beta Verteilung mit Parametern:	
Minimum	5,50%
Maximum	6,50%
Alpha	3
Beta	3

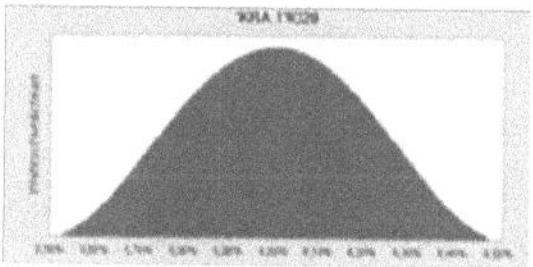

Annahme: C30

Beta Verteilung mit Parametern:	
Minimum	75,0%
Maximum	90,0%
Alpha	2
Beta	3

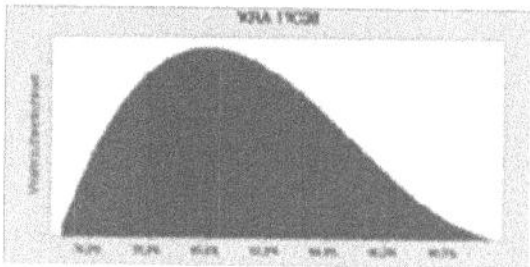

Annahme: C46

Ja-Nein Verteilung mit Parametern:		
Wahrscheinlichkeit von Ja(1)	0,2	(=C31)

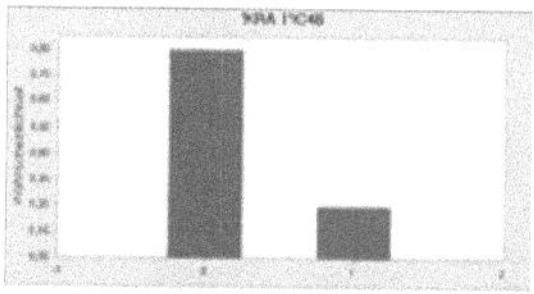

Annahme: D26	
Dreieck Verteilung mit Parametern:	
Minimum	2,7%
Wahrscheinlichster	3,0%
Maximum	3,3%
Korrelation mit:	Koeffizient
D27 (D27)	-0,50

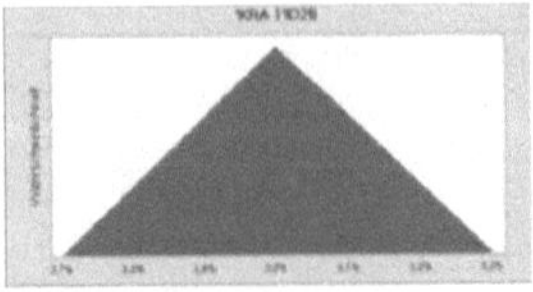

Annahme: D27	
Dreieck Verteilung mit Parametern:	
Minimum	15,00%
Wahrscheinlichster	20,00%
Maximum	25,00%
Korrelation mit:	Koeffizient
D26 (D26)	-0,50

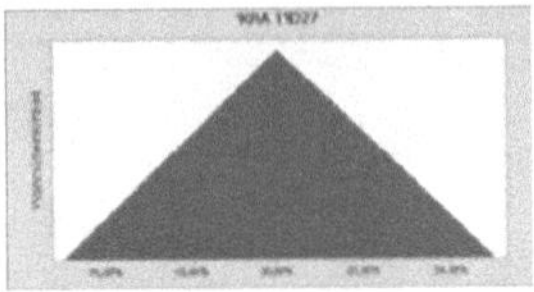

Annahme: D28	
Gleich Verteilung mit Parametern:	
Minimum	2,7%
Maximum	3,3%

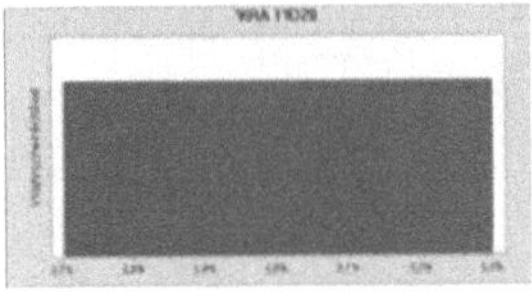

Annahme: D29	
Beta Verteilung mit Parametern:	
Minimum	11,00%
Maximum	13,00%
Alpha	3
Beta	3

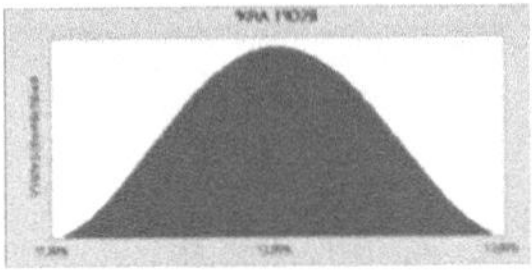

Annahme: D30	
Beta Verteilung mit Parametern:	
Minimum	75,0%
Maximum	90,0%
Alpha	2
Beta	3

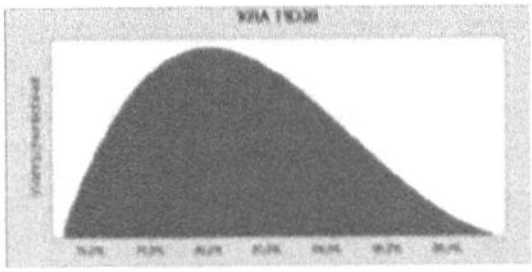

Annahme: D46		
Ja-Nein Verteilung mit Parametern:		
Wahrscheinlichkeit von Ja(1)	0,2	(=D31)

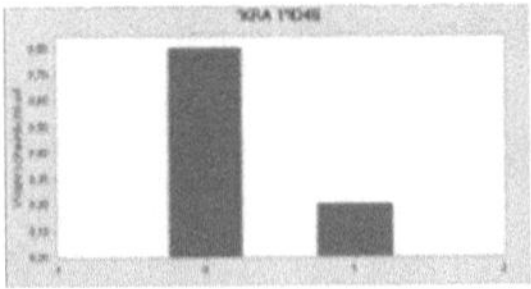

Annahme: E26

Dreieck Verteilung mit Parametern:	
Minimum	2,7%
Wahrscheinlichster	3,0%
Maximum	3,3%
Korrelation mit:	Koeffizient
E27 (E27)	-0,50

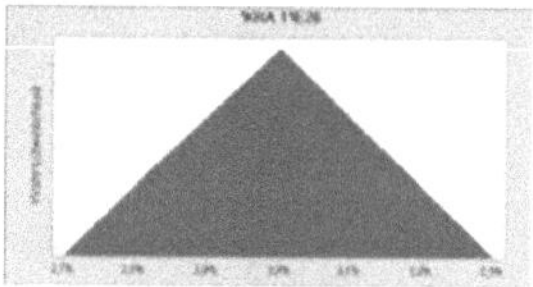

Annahme: E27

Dreieck Verteilung mit Parametern:	
Minimum	20,00%
Wahrscheinlichster	25,00%
Maximum	30,00%
Korrelation mit:	Koeffizient
E26 (E26)	-0,50

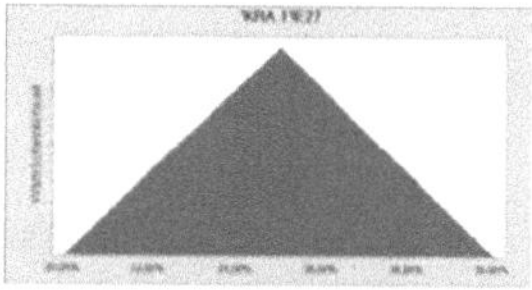

Annahme: E28

Gleich Verteilung mit Parametern:	
Minimum	2,7%
Maximum	3,3%

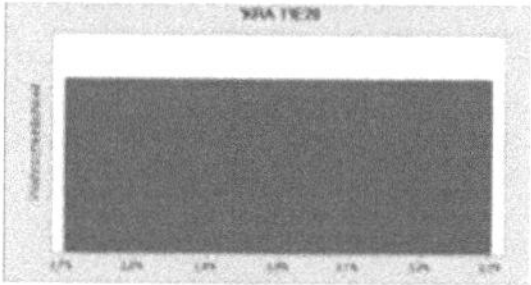

Annahme: E29

Beta Verteilung mit Parametern:	
Minimum	13,25%
Maximum	14,75%
Alpha	3
Beta	3

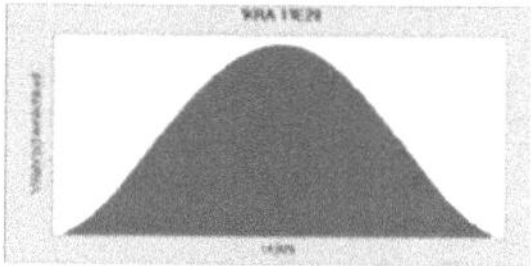

Annahme: E30

Beta Verteilung mit Parametern:	
Minimum	75,0%
Maximum	90,0%
Alpha	2
Beta	3

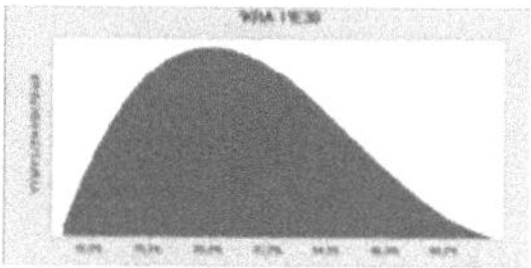

Annahme: E46

Ja-Nein Verteilung mit Parametern:		
Wahrscheinlichkeit von Ja(1)	0,2	(=E31)

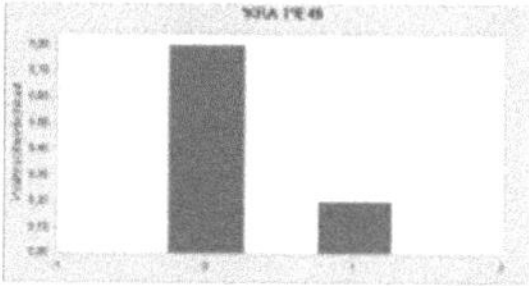

Annahme: F26

Dreieck Verteilung mit Parametern:

Minimum	2,7%
Wahrscheinlichster	3,0%
Maximum	3,3%
Korrelation mit:	Koeffizient
F27 (F27)	-0,50

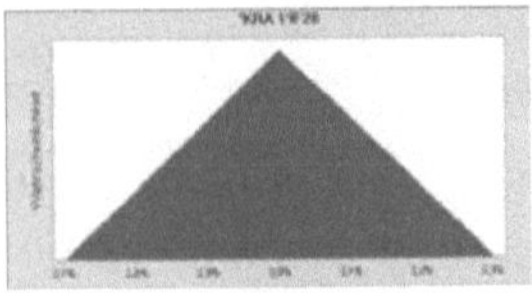

Annahme: F27

Dreieck Verteilung mit Parametern:

Minimum	25,00%
Wahrscheinlichster	30,00%
Maximum	35,00%
Korrelation mit:	Koeffizient
F26 (F26)	-0,50

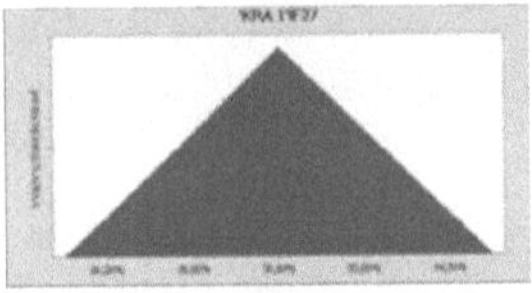

Annahme: F28

Gleich Verteilung mit Parametern:

Minimum	2,7%
Maximum	3,3%

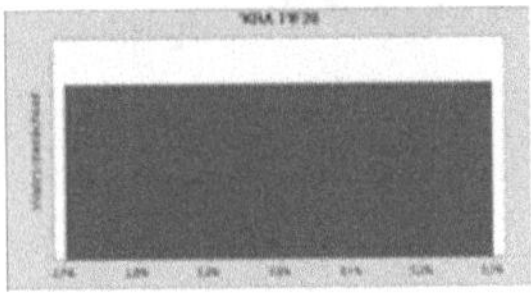

Annahme: F29

Beta Verteilung mit Parametern:

Minimum	15,50%
Maximum	16,50%
Alpha	3
Beta	3

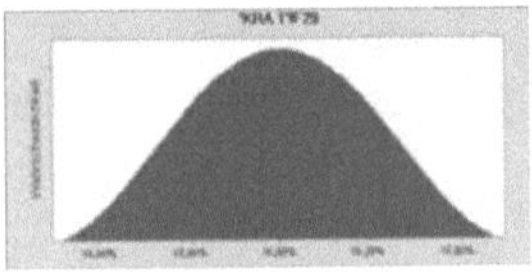

Annahme: F30

Beta Verteilung mit Parametern:

Minimum	75,0%
Maximum	90,0%
Alpha	2
Beta	3

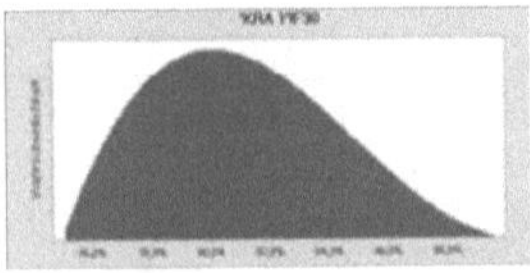

Annahme: F46

Ja-Nein Verteilung mit Parametern:

Wahrscheinlichkeit von Ja(1)	0,2	(=F31)

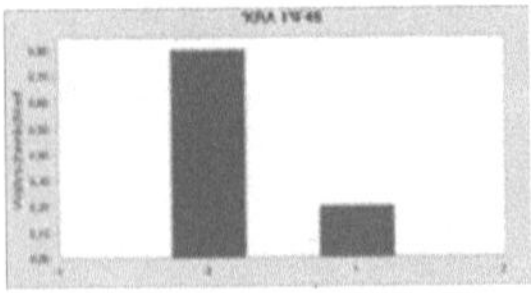

Annahme: G26

Dreieck Verteilung mit Parametern:	
Minimum	2,7%
Wahrscheinlichster	3,0%
Maximum	3,3%
Korrelation mit:	Koeffizient
G27 (G27)	-0,50

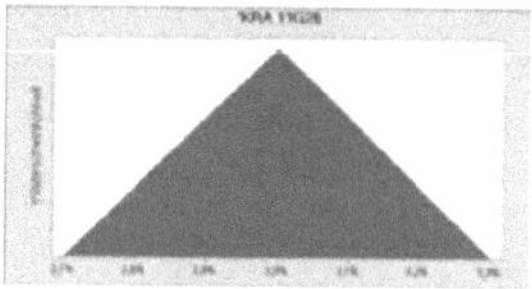

Annahme: G27

Dreieck Verteilung mit Parametern:	
Minimum	22,00%
Wahrscheinlichster	32,00%
Maximum	42,00%
Korrelation mit:	Koeffizient
G26 (G26)	-0,50

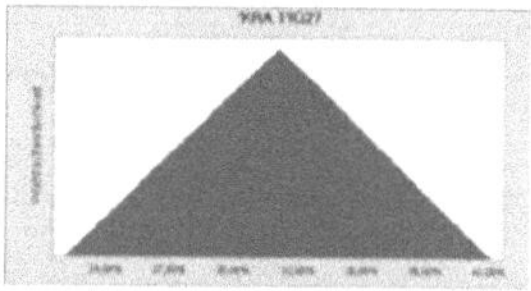

Annahme: G28

Gleich Verteilung mit Parametern:	
Minimum	2,7%
Maximum	3,3%

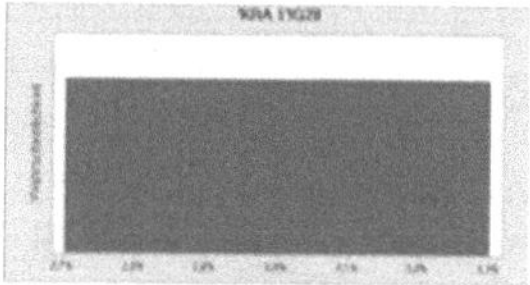

Annahme: G29

Beta Verteilung mit Parametern:	
Minimum	12,00%
Maximum	16,00%
Alpha	3
Beta	3

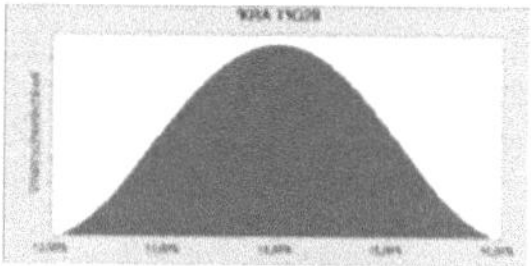

Annahme: G30

Beta Verteilung mit Parametern:	
Minimum	75,0%
Maximum	90,0%
Alpha	2
Beta	3

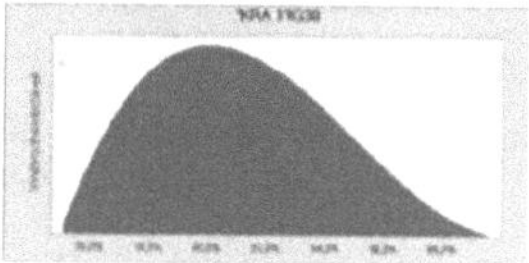

Annahme: G43

Normal Verteilung mit Parametern:	
Mittelwert	-50,00
Std.-Abw.	5,00

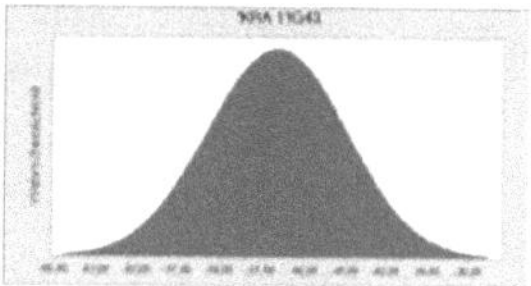

Annahme: G46

Ja-Nein Verteilung mit Parametern:

Wahrscheinlichkeit von Ja(1)	0,2	(=G31)

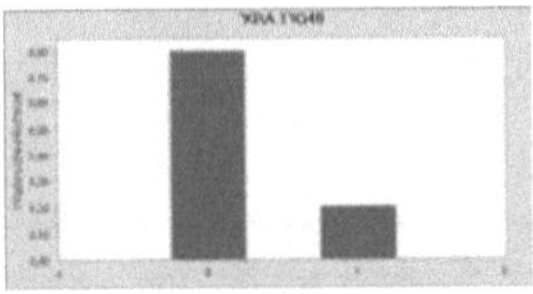

Annahme: H26

Dreieck Verteilung mit Parametern:

Minimum	2,7%
Wahrscheinlichster	3,0%
Maximum	3,3%
Korrelation mit:	Koeffizient
H27 (H27)	-0,50

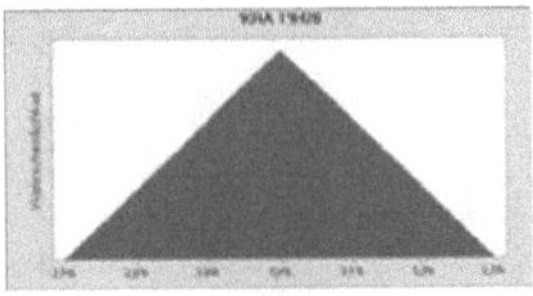

Annahme: H27

Dreieck Verteilung mit Parametern:

Minimum	14,00%
Wahrscheinlichster	24,00%
Maximum	34,00%
Korrelation mit:	Koeffizient
H26 (H26)	-0,50

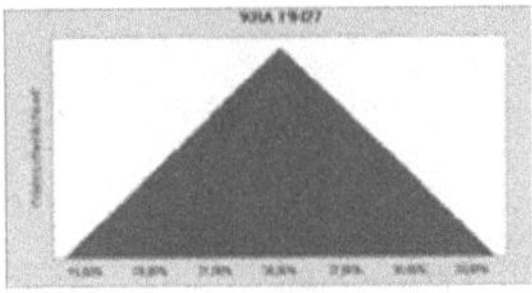

Annahme: H28

Gleich Verteilung mit Parametern:

Minimum	2,7%
Maximum	3,3%

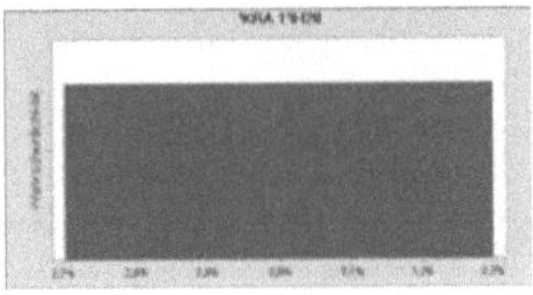

Annahme: H29

Beta Verteilung mit Parametern:

Minimum	10,00%
Maximum	14,00%
Alpha	3
Beta	3

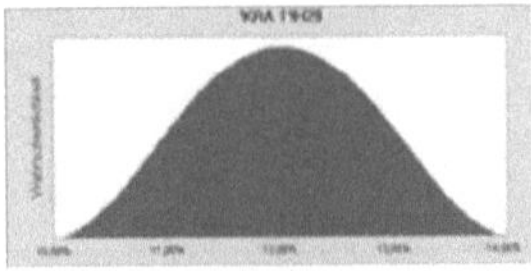

Annahme: H30

Beta Verteilung mit Parametern:

Minimum	75,0%
Maximum	90,0%
Alpha	2
Beta	3

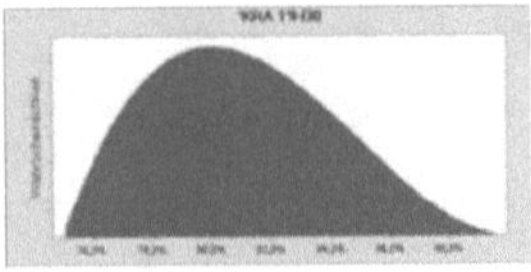

Annahme: H46

Ja-Nein Verteilung mit Parametern:		
Wahrscheinlichkeit von Ja(1)	0,2	(=H31)

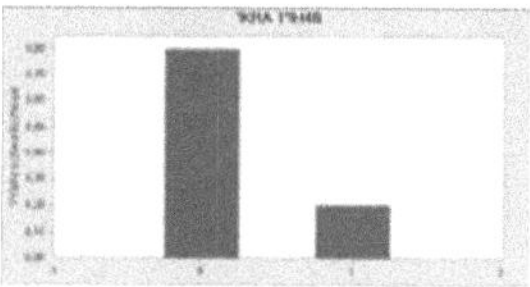

Annahme: I26

Dreieck Verteilung mit Parametern:	
Minimum	2,7%
Wahrscheinlichster	3,0%
Maximum	3,3%
Korrelation mit:	Koeffizient
I27 (I27)	-0,50

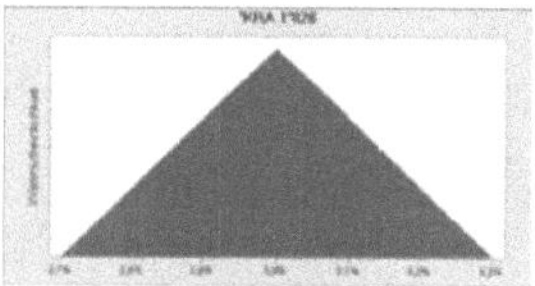

Annahme: I27

Dreieck Verteilung mit Parametern:	
Minimum	10,00%
Wahrscheinlichster	20,00%
Maximum	30,00%
Korrelation mit:	Koeffizient
I26 (I26)	-0,50

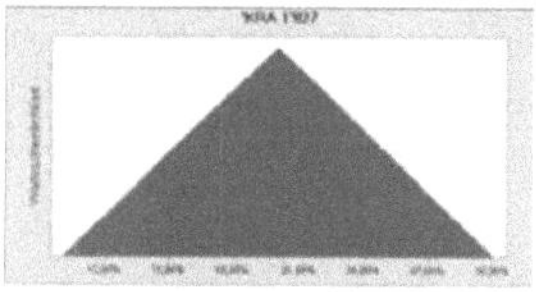

Annahme: I28

Gleich Verteilung mit Parametern:	
Minimum	2,7%
Maximum	3,3%

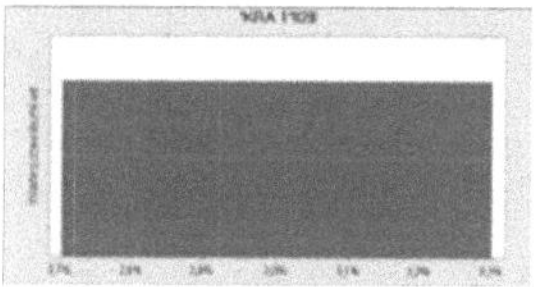

Annahme: I29

Beta Verteilung mit Parametern:	
Minimum	8,00%
Maximum	12,00%
Alpha	3
Beta	3

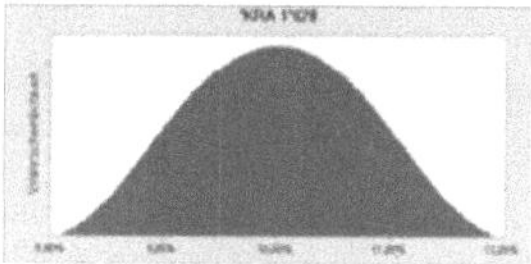

Annahme: I30

Beta Verteilung mit Parametern:	
Minimum	75,0%
Maximum	90,0%
Alpha	2
Beta	3

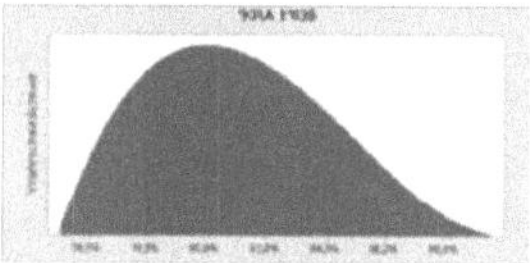

Annahme: I46

Ja-Nein Verteilung mit Parametern:		
Wahrscheinlichkeit von Ja(1)	0,2	(=I31)

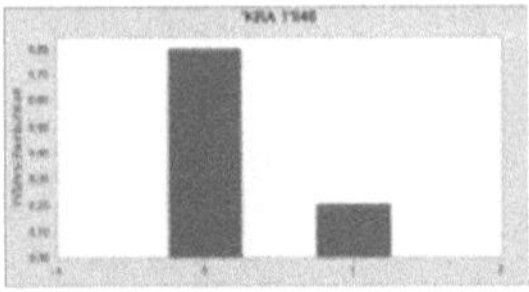

Annahme: J26

Dreieck Verteilung mit Parametern:	
Minimum	2,7%
Wahrscheinlichster	3,0%
Maximum	3,3%
Korrelation mit:	Koeffizient
J27 (J27)	-0,50

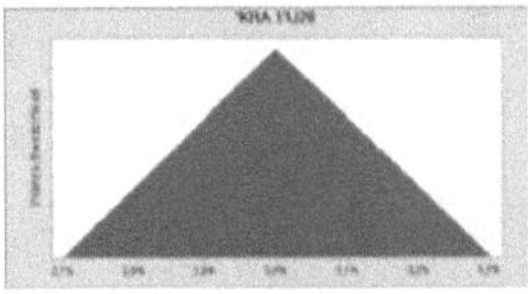

Annahme: J27

Dreieck Verteilung mit Parametern:	
Minimum	2,00%
Wahrscheinlichster	12,00%
Maximum	22,00%
Korrelation mit:	Koeffizient
J26 (J26)	-0,50

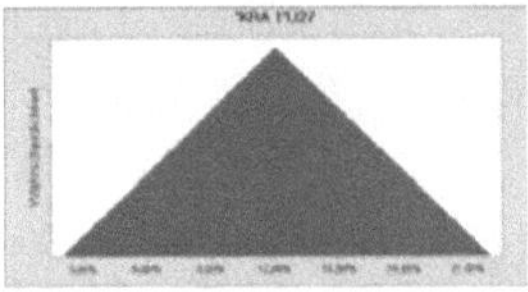

Annahme: J28

Gleich Verteilung mit Parametern:	
Minimum	2,7%
Maximum	3,3%

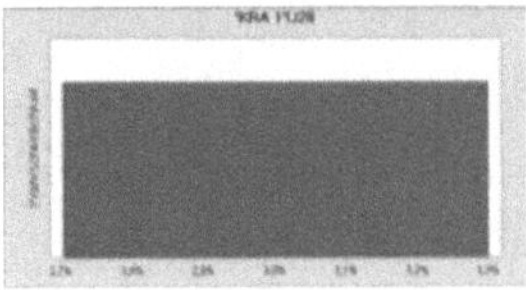

Annahme: J29

Beta Verteilung mit Parametern:	
Minimum	6,00%
Maximum	10,00%
Alpha	3
Beta	3

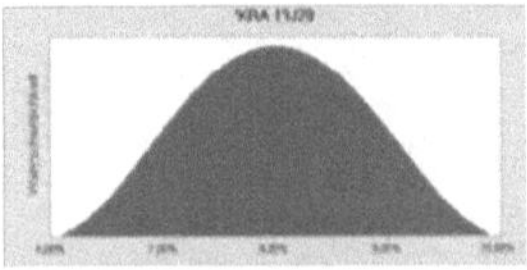

Annahme: J30

Beta Verteilung mit Parametern:	
Minimum	75,0%
Maximum	90,0%
Alpha	2
Beta	3

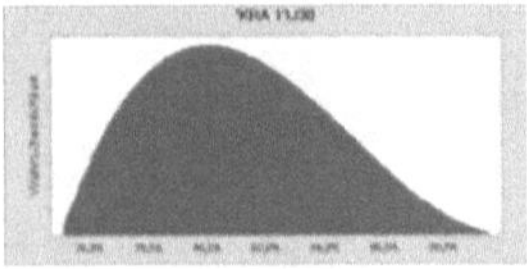

Annahme: J46

Ja-Nein Verteilung mit Parametern:

Wahrscheinlichkeit von Ja(1)	0,2	(=J31)

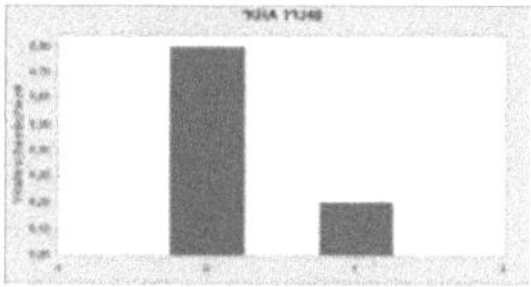

Annahme: K26

Dreieck Verteilung mit Parametern:

Minimum	2,7%
Wahrscheinlichster	3,0%
Maximum	3,3%
Korrelation mit:	Koeffizient
K27 (K27)	-0,50

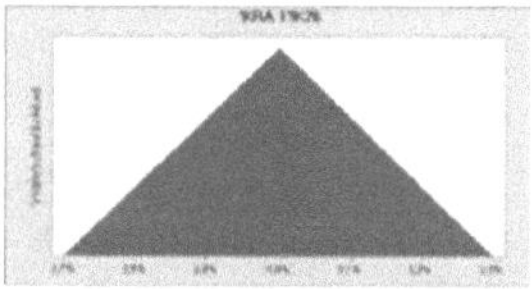

Annahme: K27

Dreieck Verteilung mit Parametern:

Minimum	-4,00%
Wahrscheinlichster	6,00%
Maximum	16,00%
Korrelation mit:	Koeffizient
K26 (K26)	-0,50

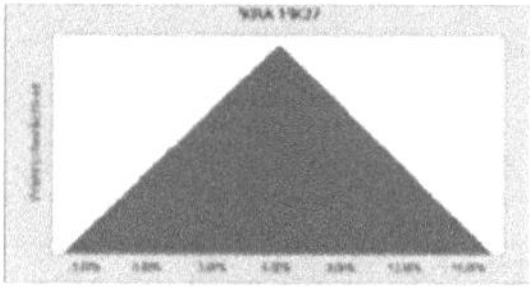

Annahme: K28

Gleich Verteilung mit Parametern:

Minimum	2,7%
Maximum	3,3%

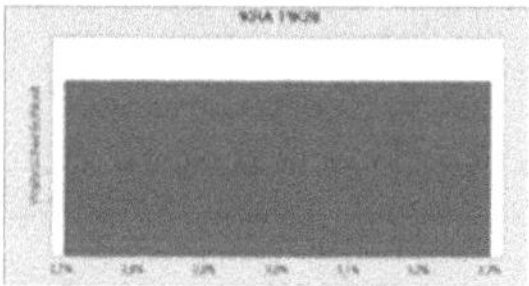

Annahme: K29

Beta Verteilung mit Parametern:

Minimum	2,00%
Maximum	6,00%
Alpha	3
Beta	3

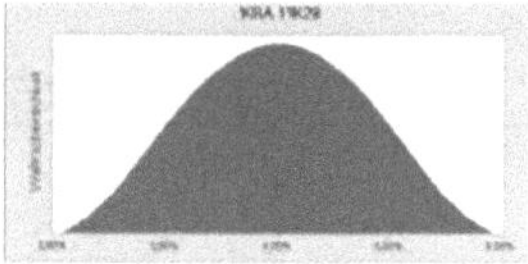

Annahme: K30

Beta Verteilung mit Parametern:

Minimum	75,0%
Maximum	90,0%
Alpha	2
Beta	3

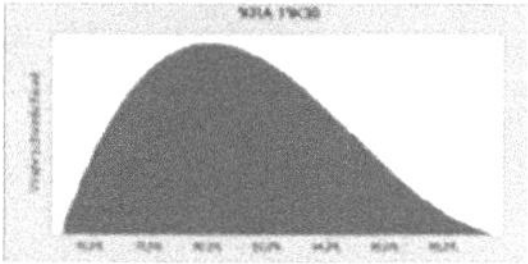

Annahme: K46

Ja-Nein Verteilung mit Parametern:

Wahrscheinlichkeit von Ja(1)	0,2	(=K31)

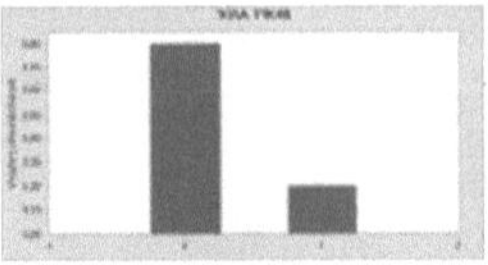

Annahme: L26

Dreieck Verteilung mit Parametern:

Minimum	2,7%
Wahrscheinlichster	3,0%
Maximum	3,3%

Korrelation mit:	Koeffizient
L27 (L27)	-0,50

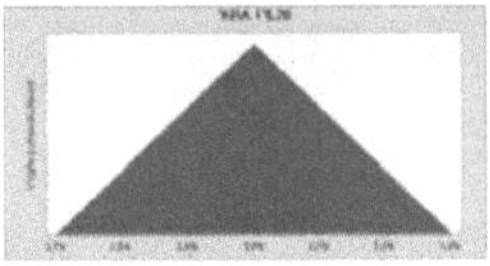

Annahme: L27

Dreieck Verteilung mit Parametern:

Minimum	-8,00%
Wahrscheinlichster	2,00%
Maximum	12,00%

Korrelation mit:	Koeffizient
L26 (L26)	-0,50

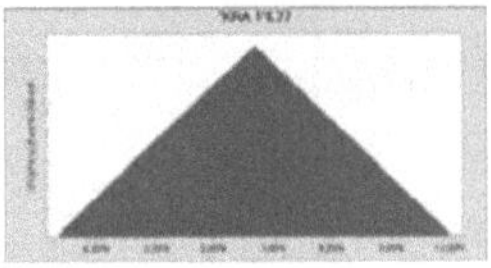

Annahme: L28

Gleich Verteilung mit Parametern:

Minimum	2,7%
Maximum	3,3%

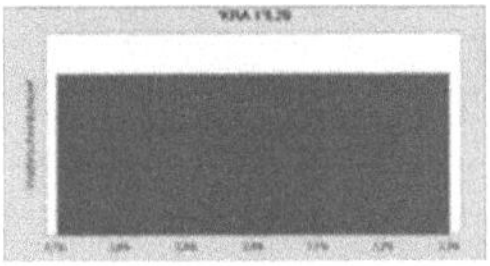

Annahme: L29

Beta Verteilung mit Parametern:

Minimum	-0,50%
Maximum	0,50%
Alpha	3
Beta	3

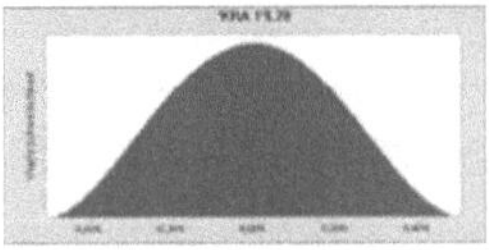

Annahme: L30

Beta Verteilung mit Parametern:

Minimum	75,0%
Maximum	90,0%
Alpha	2
Beta	3

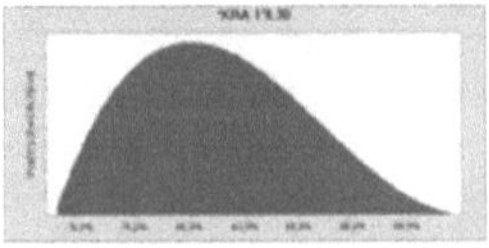

Annahme: L46

Ja-Nein Verteilung mit Parametern:

Wahrscheinlichkeit von Ja(1)	0,2	(=L31)

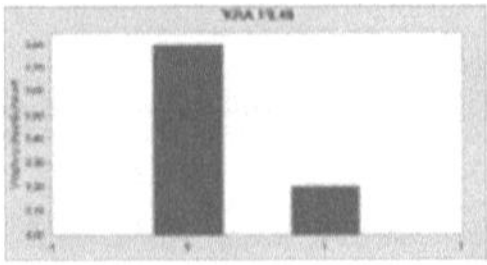

Ende der Annahmen

Periode [in GE]	0	1	2	3	4	5
RBW kunden-spezifisches Investment	400.000,00	320.000,00	240.000,00	160.000,00	80.000,00	0,00
Forderungen in % vom Umsatz		25% 20% 15%	20% 15% 12%	14% 10% 8%	8% 5% 3%	0% 0% 0%
Forderungs-bestand		134.375,00 111.046,79 87.600,00	126.800,00 95.844,18 77.964,00	98.980,00 74.058,22 62.464,00	57.812,00 37.712,24 24.596,55	0,00 0,00 0,00
Bestands-veränderung Forderungen		134.375,00 111.046,79 87.600,00	-7.575,00 -15.202,60 -9.636,00	-27.820,00 -21.785,97 -15.500,00	-41.168,00 -36.345,97 -37.867,45	-57.812,00 -37.712,24 -24.596,55
eingesetztes Kapital	400.000,00	454.375,00 431.046,79 407.600,00	366.800,00 335.844,18 317.964,00	258.980,00 234.058,22 222.464,00	137.812,00 117.712,24 104.596,55	0,00 0,00 0,00

Tab. A-6: Bestimmung des eingesetzten Kapitals in t=0 (I)

Periode [in GE]	0	1	2	3	4	5
RBW kunden-spezifisches Investment	400.000,00	320.000,00	240.000,00	160.000,00	80.000,00	0,00
Forderungen in % vom Umsatz		20%	20% 15% 12%	14% 10% 8%	8% 5% 3%	0% 0% 0%
Forderungs-bestand		108.330,00	126.800,00 95.844,18 77.964,00	98.980,00 74.058,22 62.464,00	57.812,00 37.712,24 24.596,55	0,00 0,00 0,00
Bestands-veränderung Forderungen		108.330,00	18.470,00 -12.485,82 -30.366,00	-27.820,00 -21.785,97 -15.500,00	-41.168,00 -36.345,97 -37.867,45	-57.812,00 -37.712,24 -24.596,55
eingesetztes Kapital	400.000,00	428.330,00	366.800,00 335.844,18 317.964,00	258.980,00 234.058,22 222.464,00	137.812,00 117.712,24 104.596,55	0,00 0,00 0,00

Tab. A-7: Bestimmung des eingesetzten Kapitals in t=1 (I)

Periode [in GE]	0	1	2	3	4	5
RBW kunden-spezifisches Investment	400.000	381.865 380.184 378.879	326.812 330.813 342.427	250.242 247.532 267.075	138.636 137.359 157.257	0 0 0
Forderungen in % vom Umsatz		25% 20% 15%	20% 15% 12%	14% 10% 8%	8% 5% 3%	0% 0% 0%
Forderungs-bestand		134.375 111.047 87.600	126.800 95.844 77.964	98.980 74.058 62.464	57.812 37.712 24.597	0 0 0
Bestands-veränderung Forderungen		134.375 111.047 87.600	-7.575 -15.203 -9.636	-27.820 -21.786 -15.500	-41.168 -36.346 -37.867	-57.812 -37.712 -24.597
eingesetztes Kapital	400.000,00	516.240 491.231 466.479	453.612 426.657 420.391	349.222 321.590 329.539	196.448 175.072 181.854	0 0 0

Tab. A-8: Bestimmung des eingesetzten Kapitals in t=0 (II)

Periode [in GE]	0	1	2	3	4	5
RBW kunden-spezifisches Investment	400.000	381.665 384.820 394.383	326.642 334.847 356.439	250.111 250.550 278.003	138.564 139.034 163.692	0 0 0
Forderungen in % vom Umsatz		20%	20% 15% 12%	14% 10% 8%	8% 5% 3%	0% 0% 0%
Forderungs-bestand		108.330	126.800 95.844 77.964	98.980 74.058 62.464	57.812 37.712 24.597	0 0 0
Bestands-veränderung Forderungen		108.330	18.470 -12.486 -30.366	-27.820 -21.786 -15.500	-41.168 -36.346 -37.867	-57.812 -37.712 -24.597
eingesetztes Kapital	400.000,00	489.995 493.150 502.713	453.442 430.691 434.403	349.091 324.608 340.467	196.376 176.746 188.289	0 0 0

Tab. A-9: ***Bestimmung des eingesetzten Kapitals in t=1 (II)***

Periode **Zahlungsströme [in GE]**	0	1	2	3	4	5
Zahlungswirksame, produktbezogene Netto-Umsatzerlöse		374.625 413.687 463.900	611.525 621.914 624.836	698.695 723.993 756.800	721.818 746.091 810.002	757.895 769.330 862.797
- ausgabenwirksame, produktbezogene Herstellkosten		-280.500 -289.925 -292.200	-317.566 -322.115 -326.125	-355.825 -364.147 -373.350	-332.234 -353.762 -364.132	-329.000 -355.306 -359.924
Kundenbezogener Cashflow aus Produkten		94.125 123.762 171.700	293.959 299.798 298.711	342.870 359.846 383.450	389.584 392.329 445.870	428.895 414.024 502.873
+ sonst. auftragsspezifische Einnahmen (z.B. Versandzuschläge)		28.500 30.500 32.500	30.050 32.250 34.500	36.125 38.375 39.500	42.000 44.500 47.750	45.000 47.500 49.500
- sonst. ausgabenwirksame, auftragsspezifische Kosten (z.B. Versandkosten, Transportkosten)		-34.500 -33.000 -31.060	-37.250 -36.000 -35.300	-42.500 -40.500 -39.400	-36.100 -34.500 -32.950	-34.625 -33.000 -31.150
Kundenbezogener Cashflow aus Aufträgen		88.125 121.262 173.140	286.759 296.048 297.911	336.495 357.721 383.550	395.484 402.329 460.670	439.270 428.524 521.223
- sonst. ausgabenwirksame, kundenspezifische Kosten (z.B. Periodenrabatt, Gehalt eines Key Account-Managers, Beschwerdekosten, Direct Mailing)		-109.450 -109.050 -108.500	-106.750 -108.190 -107.850	-110.750 -112.414 -111.580	-112.210 -111.750 -110.340	-116.040 -111.195 -108.700
- investitionsbedingte, kundenspezifische Auszahlungen (z.B. kundenspezifische Produktionsmaschine)	-400.000 -400.000 -400.000	0 0 0	0 0 0	0 0 0	0 0 0	0 0 0
Kundenbezogener Cashflow (KCF_t)	-400.000	-21.325 12.212 64.640	180.009 187.858 190.061	225.745 245.307 271.970	283.274 290.579 350.330	323.230 317.329 412.523
$\mu[KCF_t]$		12.637	185.944	244.771	300.338	338.138

Tab. A-10: ***Stufenweise Bestimmung der kundenbezogenen Cashflows ex ante***

Zahlungsströme [in GE] / *Periode*	0	1	2	3	4	5
Zahlungswirksame, produktbezogene Netto-Umsatzerlöse		404.820	585.480 619.197 645.566	698.695 723.993 756.800	721.818 746.091 810.002	757.895 769.330 862.797
- ausgabenwirksame, produktbezogene Herstellkosten		-284.500	-317.566 -322.115 -326.125	-355.825 -364.147 -373.350	-332.234 -353.762 -364.132	-329.000 -355.306 -359.924
Kundenbezogener Cashflow aus Produkten		120.320	267.914 297.082 319.441	342.870 359.846 383.450	389.584 392.329 445.870	428.895 414.024 502.873
+ sonst. auftragsspezifische Einnahmen (z.B. Versand-zuschläge)		28.500	30.050 32.250 34.500	36.125 38.375 39.500	42.000 44.500 47.750	45.000 47.500 49.500
- sonst. ausgabenwirksame, auftragsspezifische Kosten (z.B. Versandkosten, Transportkosten)		-33.700	-37.250 -36.000 -35.300	-42.500 -40.500 -39.400	-36.100 -34.500 -32.950	-34.625 -33.000 -31.150
Kundenbezogener Cashflow aus Aufträgen		115.120	260.714 293.332 318.641	336.495 357.721 383.550	395.484 402.329 460.670	439.270 428.524 521.223
- sonst. ausgabenwirksame, kundenspezifische Kosten (z.B. Periodenrabatt, Gehalt eines Key Account-Managers, Beschwerdekosten, Direct Mailing)		-110.000	-106.750 -108.190 -107.850	-110.750 -112.414 -111.580	-112.210 -111.750 -110.340	-116.040 -111.195 -108.700
- investitionsbedingte, kundenspezifische Auszahlungen (z.B. kundenspezifische Produktionsmaschine)	-400.000 -400.000 -400.000	0 0 0	0 0 0	0 0 0	0 0 0	0 0 0
Kundenbezogener Cashflow (KCF_t)	-400.000	5.120	153.964 185.142 210.791	225.745 245.307 271.970	283.274 290.579 350.330	323.230 317.329 412.523
$\mu[KCF_t]$		5.120	180.918	244.771	300.338	338.138

Tab. A-11: Stufenweise Bestimmung der kundenbezogenen Cashflows ex post

Wertabweichung aufgrund einer Veränderung der Wachstumsraten des Produktpreises:

Periode t	0		1		2		3		4		5	
Zeitliche Bezugsbasis												
WR Absatzmenge			Plan	Plan	Plan	Plan	Plan	Plan	Plan	Plan	Plan	Plan
WR Produktpreis			Plan	Ist	Plan	K.Plan	Plan	K.Plan	Plan	K.Plan	Plan	K.Plan
WR Stückkosten			Ist	Ist	K.Plan	K.Plan	K.Plan	K.Plan	K.Plan	K.Plan	K.Plan	K.Plan
WR V&S-Kosten			Ist	Ist	K.Plan	K.Plan	K.Plan	K.Plan	K.Plan	K.Plan	K.Plan	K.Plan
Kundenbindungsrate			Ist	Ist	K.Plan	K.Plan	K.Plan	K.Plan	K.Plan	K.Plan	K.Plan	K.Plan
Werttreiber absolut												
WR Absatzmenge			10,0% 15,0% 18,0%	10,0% 15,0% 18,0%	12,0% 16,0% 20,0%	12,0% 16,0% 20,0%	14,0% 18,0% 22,0%	14,0% 18,0% 22,0%	16,0% 20,0% 24,0%	16,0% 20,0% 24,0%	18,0% 22,0% 26,0%	18,0% 22,0% 26,0%
WR Produktpreis			2,5% 3,0% 3,5%	3,0%	2,5% 3,0% 3,5%	3,0% 3,3% 3,6%	2,5% 3,0% 3,5%	3,0% 3,3% 3,6%	2,5% 3,0% 3,5%	3,0% 3,5% 4,0%	2,5% 3,0% 3,5%	3,0% 3,5% 4,0%
WR Stückkosten			3,1%	3,1%	3,3% 3,1% 3,0%	3,3% 3,1% 3,0%	3,3% 3,1% 3,0%	3,3% 3,1% 3,0%	3,2% 3,0% 2,9%	3,2% 3,0% 2,9%	3,2% 3,0% 2,9%	3,2% 3,0% 2,9%
WR V&S-Kosten			6,5%	6,5%	14,0% 12,5% 12,0%	14,0% 12,5% 12,0%	16,0% 14,5% 13,5%	16,0% 14,5% 13,5%	18,0% 16,5% 15,5%	18,0% 16,5% 15,5%	15,2% 14,0% 12,4%	15,2% 14,0% 12,4%
Kundenbindungsrate			100%	100%	70,0% 75,0% 80,0%	70,0% 75,0% 80,0%	70,0% 75,0% 80,0%	70,0% 75,0% 80,0%	65,0% 70,0% 75,0%	65,0% 70,0% 75,0%	65,0% 70,0% 75,0%	65,0% 70,0% 75,0%
Periode t [in GE]	0		1		2		3		4		5	
Absatzmenge			33 35 35	33 35 35	37 40 42	37 40 42	42 47 52	42 47 52	49 57 64	49 57 64	58 69 81	58 69 81
Produktpreis			8,20 8,24 8,28	8,24	8,41 8,49 8,57	8,49 8,51 8,54	8,62 8,74 8,87	8,74 8,79 8,84	8,83 9,00 9,18	9,00 9,10 9,20	9,05 9,27 9,50	9,27 9,42 9,57
Umsatzeinzahlungen			270,60 284,28 293,11	271,92 284,28 291,70	310,65 339,66 364,05	313,69 340,65 362,64	362,99 412,82 459,68	368,33 415,23 458,34	431,60 510,25 589,95	440,08 515,71 591,08	522,02 641,17 769,36	534,88 651,19 774,55
Produktstückkosten			3,09	3,09	3,20 3,19 3,19	3,20 3,19 3,19	3,30 3,29 3,28	3,30 3,29 3,28	3,41 3,39 3,38	3,41 3,39 3,38	3,52 3,49 3,47	3,52 3,49 3,47
Vertriebs- und Servicekosten			19,17	19,17	21,85 21,57 21,47	21,85 21,57 21,47	25,35 24,69 24,37	25,35 24,69 24,37	29,91 28,77 28,15	29,91 28,77 28,15	34,46 32,80 31,62	34,46 32,80 31,62
Auszahlungen			121,24 125,88 128,66	121,24 125,88 128,66	139,94 149,19 156,80	139,94 149,19 156,80	164,42 179,95 194,43	164,42 179,95 194,43	196,39 220,67 245,13	196,39 220,67 245,13	237,19 273,94 312,96	237,19 273,94 312,96
Operativer Cashflow			149,36 158,40 164,45	150,68 158,40 163,03	170,71 190,47 207,24	173,74 191,46 205,83	198,58 232,87 265,25	203,92 235,28 263,92	235,21 289,58 344,82	243,69 295,05 345,95	284,83 367,24 456,40	297,69 377,25 461,60
Investitionen WG	-400,00	-400,00					-150,00	-150,00				
KCF_t			149,36 158,40 164,45	150,68 158,40 163,03	170,71 190,47 207,24	173,74 191,46 205,83	48,58 82,87 115,25	53,92 85,28 113,92	235,21 289,58 344,82	243,69 295,05 345,95	284,83 367,24 456,40	297,69 377,25 461,60
Kundenbindungswahrscheinlichkeit in t			100,0%	100,0%	70,0% 75,0% 80,0%	70,0% 75,0% 80,0%	49,0% 56,3% 64,0%	49,0% 56,3% 64,0%	31,9% 39,4% 48,0%	31,9% 39,4% 48,0%	20,7% 27,6% 36,0%	20,7% 27,6% 36,0%
$EKCF_t$	20,0% 50,0% 30,0%	20,0% 50,0% 30,0%	149,36 158,40 164,45	150,68 158,40 163,03	119,49 142,85 165,79	121,62 143,60 164,67	23,80 46,61 73,76	26,42 47,97 72,91	74,91 114,02 165,51	77,62 116,17 166,05	58,97 101,22 164,30	61,63 103,98 166,17
$\mu\ [EKCF_t]$			158,41	158,25	145,06	145,52	50,20	51,14	121,65	123,43	111,69	114,17
$\sigma\ [EKCF_t]$			5,23	4,28	16,19	15,04	17,67	16,41	32,30	31,48	37,96	37,62
SÄ $[EKCF_t]$	-400,00	-400,00	157,89	157,82	143,45	144,02	48,43	49,50	118,42	120,28	107,90	110,41
Kundenkapitalwert	**104,27**	**109,15**										
Abweichung	**4,88**											

Tab. A-12: Kumulative Abweichungsanalyse (Schritt 2)

Wertabweichung aufgrund einer Veränderung der Wachstumsraten der Stückkosten:

Periode t	0		1		2		3		4		5	
Zeitliche Bezugsbasis												
WR Absatzmenge			Plan	Plan	Plan	Plan	Plan	Plan	Plan	Plan	Plan	Plan
WR Produktpreis			Plan	Plan	Plan	Plan	Plan	Plan	Plan	Plan	Plan	Plan
WR Stückkosten			Plan	Ist	Plan	K.Plan	Plan	K.Plan	Plan	K.Plan	Plan	K.Plan
WR V&S-Kosten			Ist	Ist	K.Plan	K.Plan	K.Plan	K.Plan	K.Plan	K.Plan	K.Plan	K.Plan
Kundenbindungsrate			Ist	Ist	K.Plan	K.Plan	K.Plan	K.Plan	K.Plan	K.Plan	K.Plan	K.Plan
Werttreiber absolut												
WR Absatzmenge			10,0% 15,0% 18,0%	10,0% 15,0% 18,0%	12,0% 16,0% 20,0%	12,0% 16,0% 20,0%	14,0% 18,0% 22,0%	14,0% 18,0% 22,0%	16,0% 20,0% 24,0%	16,0% 20,0% 24,0%	18,0% 22,0% 26,0%	18,0% 22,0% 26,0%
WR Produktpreis			2,5% 3,0% 3,5%	2,5% 3,0% 3,5%	2,5% 3,0% 3,5%	2,5% 3,0% 3,5%	2,5% 3,0% 3,5%	2,5% 3,0% 3,5%	2,5% 3,0% 3,5%	2,5% 3,0% 3,5%	2,5% 3,0% 3,5%	2,5% 3,0% 3,5%
WR Stückkosten			3,1% 3,0% 2,9%	3,1%	3,1% 3,0% 2,9%	3,3% 3,1% 3,0%	3,1% 3,0% 2,9%	3,3% 3,1% 3,0%	3,2% 3,0% 2,8%	3,2% 3,0% 2,9%	3,2% 3,0% 2,8%	3,2% 3,0% 2,9%
WR V&S-Kosten			6,5%	6,5%	14,0% 12,5% 12,0%	14,0% 12,5% 12,0%	16,0% 14,5% 13,5%	16,0% 14,5% 13,5%	18,0% 16,5% 15,5%	18,0% 16,5% 15,5%	15,2% 14,0% 12,4%	15,2% 14,0% 12,4%
Kundenbindungsrate			100%	100%	70,0% 75,0% 80,0%	70,0% 75,0% 80,0%	70,0% 75,0% 80,0%	70,0% 75,0% 80,0%	65,0% 70,0% 75,0%	65,0% 70,0% 75,0%	65,0% 70,0% 75,0%	65,0% 70,0% 75,0%
Periode t [in GE]	**0**		**1**		**2**		**3**		**4**		**5**	
Absatzmenge			33 35 35	33 35 35	37 40 42	37 40 42	42 47 52	42 47 52	49 57 64	49 57 64	58 69 81	58 69 81
Produktpreis			8,20 8,24 8,28	8,20 8,24 8,28	8,41 8,49 8,57	8,41 8,49 8,57	8,62 8,74 8,87	8,62 8,74 8,87	8,83 9,00 9,18	8,83 9,00 9,18	9,05 9,27 9,50	9,05 9,27 9,50
Umsatzeinzahlungen			270,60 284,28 293,11	270,60 284,28 293,11	310,65 339,66 364,05	310,65 339,66 364,05	362,99 412,82 459,68	362,99 412,82 459,68	431,60 510,25 589,95	431,60 510,25 589,95	522,02 641,17 769,36	522,02 641,17 769,36
Produktstückkosten			3,09 3,09 3,09	3,09	3,19 3,18 3,18	3,20 3,19 3,19	3,29 3,28 3,27	3,30 3,29 3,28	3,39 3,38 3,36	3,41 3,39 3,38	3,50 3,48 3,45	3,52 3,49 3,47
Vertriebs- und Servicekosten			19,17	19,17	21,85 21,57 21,47	21,85 21,57 21,47	25,35 24,69 24,37	25,35 24,69 24,37	29,91 28,77 28,15	29,91 28,77 28,15	34,46 32,80 31,62	34,46 32,80 31,62
Auszahlungen			121,24 125,78 128,45	121,24 125,88 128,66	139,71 148,94 156,41	139,94 149,19 156,80	163,88 179,50 193,77	164,42 179,95 194,43	195,75 220,11 244,08	196,39 220,67 245,13	236,41 273,24 311,32	237,19 273,94 312,96
Operativer Cashflow			149,36 158,51 164,66	149,36 158,40 164,45	170,93 190,72 207,64	170,71 190,47 207,24	199,12 233,32 265,91	198,58 232,87 265,25	235,85 290,14 345,87	235,21 289,58 344,82	285,61 367,94 458,04	284,83 367,24 456,40
Investitionen WG	-400,00	-400,00					-150,00	-150,00				
KCF_t			149,36 158,51 164,66	149,36 158,40 164,45	170,93 190,72 207,64	170,71 190,47 207,24	49,12 83,32 115,91	48,58 82,87 115,25	235,85 290,14 345,87	235,21 289,58 344,82	285,61 367,94 458,04	284,83 367,24 456,40
Kundenbindungswahrscheinlichkeit in t			100,0%	100,0%	70,0% 75,0% 80,0%	70,0% 75,0% 80,0%	49,0% 56,3% 64,0%	49,0% 56,3% 64,0%	31,9% 39,4% 48,0%	31,9% 39,4% 48,0%	20,7% 27,6% 36,0%	20,7% 27,6% 36,0%
$EKCF_t$	20,0% 50,0% 30,0%	20,0% 50,0% 30,0%	149,36 158,51 164,66	149,36 158,40 164,45	119,65 143,04 166,11	119,49 142,85 165,79	24,07 46,87 74,18	23,80 46,61 73,76	75,12 114,24 166,02	74,91 114,02 165,51	59,13 101,41 164,89	58,97 101,22 164,30
μ [$EKCF_t$]			158,52	158,41	145,28	145,06	50,50	50,20	121,95	121,65	112,00	111,69
σ [$EKCF_t$]			5,30	5,23	16,25	16,19	17,74	17,67	32,42	32,30	38,14	37,96
SÄ [$EKCF_t$]	-400,00	-400,00	157,99	157,89	143,66	143,45	48,73	48,43	118,71	118,42	108,19	107,90
Kundenkapitalwert	**105,29**	**104,27**										
Abweichung	**-1,02**											

Tab. A-13: Kumulative Abweichungsanalyse (Schritt 3)

Wertabweichung aufgrund einer Veränderung der Wachstumsraten der Vertriebs- und Servicekosten:

Periode t	0		1		2		3		4		5	
Zeitliche Bezugsbasis												
WR Absatzmenge			Plan	Plan	Plan	Plan	Plan	Plan	Plan	Plan	Plan	Plan
WR Produktpreis			Plan	Plan	Plan	Plan	Plan	Plan	Plan	Plan	Plan	Plan
WR Stückkosten			Plan	Plan	Plan	Plan	Plan	Plan	Plan	Plan	Plan	Plan
WR V&S-Kosten			Plan	Ist	Plan	K.Plan	Plan	K.Plan	Plan	K.Plan	Plan	K.Plan
Kundenbindungsrate			Ist	Ist	K.Plan	K.Plan	K.Plan	K.Plan	K.Plan	K.Plan	K.Plan	K.Plan
Werttreiber absolut												
WR Absatzmenge			10,0% 15,0% 18,0%	10,0% 15,0% 18,0%	12,0% 16,0% 20,0%	12,0% 16,0% 20,0%	14,0% 18,0% 22,0%	14,0% 18,0% 22,0%	16,0% 20,0% 24,0%	16,0% 20,0% 24,0%	18,0% 22,0% 26,0%	18,0% 22,0% 26,0%
WR Produktpreis			2,5% 3,0% 3,5%	2,5% 3,0% 3,5%	2,5% 3,0% 3,5%	2,5% 3,0% 3,5%	2,5% 3,0% 3,5%	2,5% 3,0% 3,5%	2,5% 3,0% 3,5%	2,5% 3,0% 3,5%	2,5% 3,0% 3,5%	2,5% 3,0% 3,5%
WR Stückkosten			3,1% 3,0% 2,9%	3,1% 3,0% 2,9%	3,1% 3,0% 2,9%	3,1% 3,0% 2,9%	3,1% 3,0% 2,9%	3,1% 3,0% 2,9%	3,2% 3,0% 2,8%	3,2% 3,0% 2,8%	3,2% 3,0% 2,8%	3,2% 3,0% 2,8%
WR V&S-Kosten			6,5% 6,0% 5,5%	6,5%	12,5% 12,0% 11,3%	14,0% 12,5% 12,0%	14,8% 14,0% 13,2%	16,0% 14,5% 13,5%	17,0% 16,0% 15,0%	18,0% 16,5% 15,5%	15,2% 14,0% 12,4%	15,2% 14,0% 12,4%
Kundenbindungsrate			100%	100%	70,0% 75,0% 80,0%	70,0% 75,0% 80,0%	70,0% 75,0% 80,0%	70,0% 75,0% 80,0%	65,0% 70,0% 75,0%	65,0% 70,0% 75,0%	65,0% 70,0% 75,0%	65,0% 70,0% 75,0%
Periode t [in GE]	0		1		2		3		4		5	
Absatzmenge			33 35 35	33 35 35	37 40 42	37 40 42	42 47 52	42 47 52	49 57 64	49 57 64	58 69 81	58 69 81
Produktpreis			8,20 8,24 8,28	8,20 8,24 8,28	8,41 8,49 8,57	8,41 8,49 8,57	8,62 8,74 8,87	8,62 8,74 8,87	8,83 9,00 9,18	8,83 9,00 9,18	9,05 9,27 9,50	9,05 9,27 9,50
Umsatzeinzahlungen			270,60 284,28 293,11	270,60 284,28 293,11	310,65 339,66 364,05	310,65 339,66 364,05	362,99 412,82 459,68	362,99 412,82 459,68	431,60 510,25 589,95	431,60 510,25 589,95	522,02 641,17 769,36	522,02 641,17 769,36
Produktstückkosten			3,09 3,09 3,09	3,09 3,09 3,09	3,19 3,18 3,18	3,19 3,18 3,18	3,29 3,28 3,27	3,29 3,28 3,27	3,39 3,38 3,36	3,39 3,38 3,36	3,50 3,48 3,45	3,50 3,48 3,45
Vertriebs- und Servicekosten			19,17 19,08 18,99	19,17	21,57 21,37 21,13	21,85 21,57 21,47	24,76 24,36 23,92	25,35 24,69 24,37	28,97 28,26 27,50	29,91 28,77 28,15	33,37 32,22 30,90	34,46 32,80 31,62
Auszahlungen			121,24 125,69 128,27	121,24 125,78 128,45	139,43 148,74 156,07	139,71 148,94 156,41	163,28 179,17 193,31	163,88 179,50 193,77	194,80 219,60 243,44	195,75 220,11 244,08	235,32 272,66 310,60	236,41 273,24 311,32
Operativer Cashflow			149,36 158,60 164,84	149,36 158,51 164,66	171,22 190,92 207,98	170,93 190,72 207,64	199,71 233,65 266,37	199,12 233,32 265,91	236,80 290,64 346,51	235,85 290,14 345,87	286,70 368,52 458,76	285,61 367,94 458,04
Investitionen WG	-400,00	-400,00					-150,00	-150,00				
KCF_t			149,36 158,60 164,84	149,36 158,51 164,66	171,22 190,92 207,98	170,93 190,72 207,64	49,71 83,65 116,37	49,12 83,32 115,91	236,80 290,64 346,51	235,85 290,14 345,87	286,70 368,52 458,76	285,61 367,94 458,04
Kundenbindungswahrscheinlichkeit in t			100,0%	100,0%	70,0% 75,0% 80,0%	70,0% 75,0% 80,0%	49,0% 56,3% 64,0%	49,0% 56,3% 64,0%	31,9% 39,4% 48,0%	31,9% 39,4% 48,0%	20,7% 27,6% 36,0%	20,7% 27,6% 36,0%
$EKCF_t$	20,0% 50,0% 30,0%	20,0% 50,0% 30,0%	149,36 158,60 164,84	149,36 158,51 164,66	119,86 143,19 166,38	119,65 143,04 166,11	24,36 47,05 74,47	24,07 46,87 74,18	75,42 114,44 166,33	75,12 114,24 166,02	59,35 101,57 165,15	59,13 101,41 164,89
$\mu\ [EKCF_t]$			158,62	158,52	145,48	145,28	50,74	50,50	122,20	121,95	112,20	112,00
$\sigma\ [EKCF_t]$			5,36	5,30	16,28	16,25	17,75	17,74	32,43	32,42	38,16	38,14
SÄ $[EKCF_t]$	-400,00	-400,00	158,09	157,99	143,85	143,66	48,97	48,73	118,96	118,71	108,39	108,19
Kundenkapitalwert	**106,13**	**105,29**										
Abweichung	**-0,83**											

Tab. A-14: *Kumulative Abweichungsanalyse (Schritt 4)*

Wertabweichung aufgrund einer Veränderung der Kundenbindungsraten:

Periode t	0		1		2		3		4		5	
Zeitliche Bezugsbasis												
WR Absatzmenge			Plan	Plan	Plan	Plan	Plan	Plan	Plan	Plan	Plan	Plan
WR Produktpreis			Plan	Plan	Plan	Plan	Plan	Plan	Plan	Plan	Plan	Plan
WR Stückkosten			Plan	Plan	Plan	Plan	Plan	Plan	Plan	Plan	Plan	Plan
WR V&S-Kosten			Plan	Plan	Plan	Plan	Plan	Plan	Plan	Plan	Plan	Plan
Kundenbindungsrate			Plan	Ist	Plan	K.Plan	Plan	K.Plan	Plan	K.Plan	Plan	K.Plan
Werttreiber absolut												
WR Absatzmenge			10,0% 15,0% 18,0%	10,0% 15,0% 18,0%	12,0% 16,0% 20,0%	12,0% 16,0% 20,0%	14,0% 18,0% 22,0%	14,0% 18,0% 22,0%	16,0% 20,0% 24,0%	16,0% 20,0% 24,0%	18,0% 22,0% 26,0%	18,0% 22,0% 26,0%
WR Produktpreis			2,5% 3,0% 3,5%	2,5% 3,0% 3,5%	2,5% 3,0% 3,5%	2,5% 3,0% 3,5%	2,5% 3,0% 3,5%	2,5% 3,0% 3,5%	2,5% 3,0% 3,5%	2,5% 3,0% 3,5%	2,5% 3,0% 3,5%	2,5% 3,0% 3,5%
WR Stückkosten			3,1% 3,0% 2,9%	3,1% 3,0% 2,9%	3,1% 3,0% 2,9%	3,1% 3,0% 2,9%	3,1% 3,0% 2,9%	3,1% 3,0% 2,9%	3,2% 3,0% 2,8%	3,2% 3,0% 2,8%	3,2% 3,0% 2,8%	3,2% 3,0% 2,8%
WR V&S-Kosten			6,5% 6,0% 5,5%	6,5% 6,0% 5,5%	12,5% 12,0% 11,3%	12,5% 12,0% 11,3%	14,8% 14,0% 13,2%	14,8% 14,0% 13,2%	17,0% 16,0% 15,0%	17,0% 16,0% 15,0%	15,2% 14,0% 12,4%	15,2% 14,0% 12,4%
Kundenbindungsrate			100% 100% 100%	100%	70,0% 80,0% 85,0%	70,0% 75,0% 80,0%	70,0% 75,0% 80,0%	70,0% 75,0% 80,0%	70,0% 75,0% 80,0%	65,0% 70,0% 75,0%	70,0% 75,0% 80,0%	65,0% 70,0% 75,0%
Periode t [in GE]	0		1		2		3		4		5	
Absatzmenge			33 35 35	33 35 35	37 40 42	37 40 42	42 47 52	42 47 52	49 57 64	49 57 64	58 69 81	58 69 81
Produktpreis			8,20 8,24 8,28	8,20 8,24 8,28	8,41 8,49 8,57	8,41 8,49 8,57	8,62 8,74 8,87	8,62 8,74 8,87	8,83 9,00 9,18	8,83 9,00 9,18	9,05 9,27 9,50	9,05 9,27 9,50
Umsatzeinzahlungen			270,60 284,28 293,11	270,60 284,28 293,11	310,65 339,66 364,05	310,65 339,66 364,05	362,99 412,82 459,68	362,99 412,82 459,68	431,60 510,25 589,95	431,60 510,25 589,95	522,02 641,17 769,36	522,02 641,17 769,36
Produktstückkosten			3,09 3,09 3,09	3,09 3,09 3,09	3,19 3,18 3,18	3,19 3,18 3,18	3,29 3,28 3,27	3,29 3,28 3,27	3,39 3,38 3,36	3,39 3,38 3,36	3,50 3,48 3,45	3,50 3,48 3,45
Vertriebs- und Servicekosten			19,17 19,08 18,99	19,17 19,08 18,99	21,57 21,37 21,13	21,57 21,37 21,13	24,76 24,36 23,92	24,76 24,36 23,92	28,97 28,26 27,50	28,97 28,26 27,50	33,37 32,22 30,90	33,37 32,22 30,90
Auszahlungen			121,24 125,69 128,27	121,24 125,69 128,27	139,43 148,74 156,07	139,43 148,74 156,07	163,28 179,17 193,31	163,28 179,17 193,31	194,80 219,60 243,44	194,80 219,60 243,44	235,32 272,66 310,60	235,32 272,66 310,60
Operativer Cashflow			149,36 158,60 164,84	149,36 158,60 164,84	171,22 190,92 207,98	171,22 190,92 207,98	199,71 233,65 266,37	199,71 233,65 266,37	236,80 290,64 346,51	236,80 290,64 346,51	286,70 368,52 458,76	286,70 368,52 458,76
Investitionen WG	-400,00	-400,00					-150,00	-150,00				
KCF_t			149,36 158,60 164,84	149,36 158,60 164,84	171,22 190,92 207,98	171,22 190,92 207,98	49,71 83,65 116,37	49,71 83,65 116,37	236,80 290,64 346,51	236,80 290,64 346,51	286,70 368,52 458,76	286,70 368,52 458,76
Kundenbindungswahrscheinlichkeit in t			100,0% 100,0% 100,0%	100,0%	70,0% 80,0% 85,0%	70,0% 75,0% 80,0%	49,0% 60,0% 68,0%	49,0% 56,3% 64,0%	34,3% 45,0% 54,4%	31,9% 39,4% 48,0%	24,0% 33,8% 43,5%	20,7% 27,6% 36,0%
$EKCF_t$	20,0% 50,0% 30,0%	20,0% 50,0% 30,0%	149,36 158,60 164,84	149,36 158,60 164,84	119,86 152,73 176,78	119,86 143,19 166,38	24,36 50,19 79,13	24,36 47,05 74,47	81,22 130,79 188,50	75,42 114,44 166,33	68,84 124,38 199,65	59,35 101,57 165,15
μ [$EKCF_t$]			158,62	158,62	153,37	145,48	53,71	50,74	138,19	122,20	135,85	112,20
σ [$EKCF_t$]			5,36	5,36	19,73	16,28	19,30	17,75	37,89	32,43	46,75	38,16
SÄ [$EKCF_t$]	-400,00	-400,00	158,09	158,09	151,40	143,85	51,78	48,97	134,40	118,96	131,18	108,39
Kundenkapitalwert	**145,96**	**106,13**										
Abweichung	**-39,83**											

Tab. A-15: Kumulative Abweichungsanalyse (Schritt 5)

Literaturverzeichnis

Adam, Dietrich (2001): Investitionsrechnungen bei Unsicherheit, in: Gerke, Wolfgang/Steiner, Manfred (Hrsg.): Handwörterbuch des Bank- und Finanzwesens, 3. Aufl., Stuttgart 2001, Sp. 1140-1157.

Aders, Christian/Hebertinger, Martin/Wiedemann, Florian (2003): Value Based Management (VBM): Lösungsansätze zur Schließung von Implementierungslücken, in: FinanzBetrieb, 5. Jg. 2003, S. 356-372.

Aharoni, Yair (1993): In Search for the Unique: Can Firm-specific Advantages be Evaluated?, in: Journal of Management Studies, Vol. 30, 1993, No. 1, S. 31-49.

Albrecht, Thomas (1998): The Search for the Best Financial Performance Measure: A Comment, in: Financial Analysts Journal, Vol. 54, 1998, No. 1, S. 86-87.

Anderson, Eugene W./Fornell, Claes/Lehmann, Donald R. (1994): Customer Satisfaction, Market Share, and Profitability: Findings from Sweden, in: Journal of Marketing, Vol. 58, 1994, No. 3, S. 53-66.

Ansoff, H. Igor (1976): Managing Surprise and Discontinuity – Strategic Response to Weak Signals, in: Zeitschrift für betriebswirtschaftliche Forschung, 28. Jg. 1976, S. 129-152.

Arbeitskreis „Finanzierung" der Schmalenbach-Gesellschaft Deutsche Gesellschaft für Betriebswirtschaft e.V. (1996): Wertorientierte Unternehmenssteuerung mit differenzierten Kapitalkosten, in: Zeitschrift für betriebswirtschaftliche Forschung, 48. Jg. 1996, S. 543-578.

Arbeitskreis „Immaterielle Werte im Rechnungswesen" der Schmalenbach-Gesellschaft für Betriebswirtschaft e.V. (2001): Kategorisierung und bilanzielle Erfassung immaterieller Werte, in: Der Betrieb, 54. Jg. 2001, S. 989-995.

Arbeitskreis „Finanzierungsrechnung" der Schmalenbach-Gesellschaft für Betriebswirtschaft e.V. (2005): Wertorientierte Unternehmenssteuerung in Theorie und Praxis, in: Zeitschrift für betriebswirtschaftliche Forschung, 57. Jg. 2005, Sonderheft 53, hrsg. von Günther Gebhardt/Helmut Mansch, Düsseldorf/Frankfurt a.M. 2005.

Arrow, Kenneth J. (1964): The Role of Securities in the Optimal Allocation of Risk-Bearing, in: Review of Economic Studies, Vol. 31, 1964, S. 91-96.

Baaken, Thomas/Bobiatynski, Eduard (2002): Customer Relationship Management – Erhöhung der Kundenbindung durch Kommunikation, in: Baaken, Thomas (Hrsg.): Business-to-Business-Kommunikation: Neue Entwicklungen im B2B-Marketing, Berlin 2002, S. 11-30.

Bacidore, Jeffrey M./Boquist, John A./Milbourn, Todd T./Thakor, Anjan V. (1997): The Search for the Best Financial Performance Measure, in: Financial Analysts Journal, Vol. 53, 1997, No. 3, S. 11-20.

Backhaus, Klaus (1982): Investitionsgüter-Marketing, München 1982.

Backhaus, Klaus/Baumeister, Cordelia/Koch, Matthias/Mühlfeld, Katrin (2008): Kundenbindung im Industriegütermarketing, in: Bruhn, Manfred/Homburg, Christian (Hrsg.): Handbuch Kundenbindungsmanagement: Strategien und Instrumente für ein erfolgreiches CRM, 6. Aufl., Wiesbaden 2008, S. 215-248.

Backhaus, Klaus/Voeth, Markus (2007): Industriegütermarketing, 8. Aufl., München 2007.

Baldenius, Tim/Fuhrmann, Gregor/Reichelstein, Stefan (1999): Zurück zu EVA, in: Betriebswirtschaftliche Forschung und Praxis, 51. Jg. 1999, S. 53-69.

Ballwieser, Wolfgang (1990): Unternehmensbewertung und Komplexitätsreduktion, 3. Aufl., Wiesbaden 1990.

Ballwieser, Wolfgang (1995): Aktuelle Aspekte der Unternehmensbewertung, in: Die Wirtschaftsprüfung, 48. Jg. 1995, S. 119-129.

Ballwieser, Wolfgang (1997): Kalkulationszinsfuß und Steuern, in: Der Betrieb, 50. Jg. 1997, S. 2393-2396.

Ballwieser, Wolfgang (1998): Unternehmensbewertung mit Discounted Cash Flow-Verfahren, in: Die Wirtschaftsprüfung, 51. Jg. 1998, S. 81-92.

Ballwieser, Wolfgang (2002): Wertorientierung und Betriebswirtschaftslehre: Von Schmalenbach bis heute, in: Macharzina, Klaus/Neubürger, Hans-Joachim (Hrsg.): Wertorientierte Unternehmensführung: Strategien, Strukturen, Controlling, Stuttgart 2002, S. 69-98.

Ballwieser, Wolfgang (2007): Unternehmensbewertung: Prozeß, Methoden und Probleme, 2. Aufl., Stuttgart 2007.

Ballwieser, Wolfgang (2005): Verbindungen von Ertragswert- und Discounted Cashflow-Verfahren, in: Peemöller, Volker H. (Hrsg.): Praxishandbuch der Unternehmensbewertung, 3. Aufl., Herne/Berlin 2005, S. 363-375.

Barth, Klaus/Marzian, Sieghard H./Wille, Kai (2000): Customer Equity: Die Rechnung mit dem Kunden, in: Absatzwirtschaft, 43. Jg. 2000, Sonderausgabe Oktober, S. 170-178.

Bass, Frank M. (1969): A New Product Growth Model for Consumer Durables, in: Management Science, Vol. 15, 1969, No. 5, S. 215-227.

Bassen, Alexander/Popovic, Tobias (2004): Die Bewertung von B2C-E-Commerce-Unternehmen, in: FinanzBetrieb, 6. Jg. 2004, S. 838-850.

Bauer, Hans H. (1986): Das Erfahrungskurvenkonzept: Möglichkeiten und Problematik der Ableitung strategischer Handlungsalternativen, in: Wirtschaftswissenschaftliches Studium, 15. Jg. 1986, Heft 1, S. 1-10.

Bauer, Hans H. (1995): Marketing-Planung und -Kontrolle, in: Tietz, Bruno/Köhler, Richard/Zentes, Joachim (Hrsg.): Handwörterbuch des Marketing, 2. Aufl., Stuttgart 1995, Sp. 1653-1668.

Bauer, Hans H./Hammerschmidt, Maik/Brähler, Matthias (2002): Kundenwertbasierte Unternehmensbewertung: Das Customer Lifetime Value-Konzept und sein Beitrag zu einer marketing-orientierten Unternehmensbewertung, in: Jahrbuch der Absatz- und Verbrauchsforschung, 48. Jg. 2002, Nr. 4, S. 324-344.

Bauer, Hans H./Stokburger, Gregor/Hammerschmidt, Maik (2006): Marketing Performance: Messen – Analysieren – Optimieren, Wiesbaden 2006.

Baum, Heinz-Georg/Coenenberg, Adolf G./Günther, Thomas (2007): Strategisches Controlling, 4. Aufl., Stuttgart 2007.

Bayón, Tomás/Gutsche, Jens/Bauer, Hans H. (2001): Equity Marketing: Gegenstand, Konzept, Methoden, Working Paper 01/2001, International University Bruchsal 2001, http://www.i-u.de/uploads/media/wp01_2001.pdf (Abrufdatum: 26.06.2007).

Bea, Franz Xaver/Haas, Jürgen (2005): Strategisches Management, 4. Aufl., Stuttgart 2005.

Belz, Christian (2005): Customer Value: Kundenbewertung und Kundenvorteile, in: Controlling, 17. Jg. 2005, S. 327-333.

Berger, Paul D./Nasr, Nada I. (1998): Customer Lifetime Value: Marketing Models and Applications, in: Journal of Interactive Marketing, Vol. 12, 1998, No. 1, S. 17-30.

Berger, Paul D./Bolton, Ruth N./Bowman, Douglas/Briggs, Elten/Kumar, V./Parasuraman, A./Terry, Creed (2002): Marketing Actions and the Value of Customer Assets: A Framework for Customer Asset Management, in: Journal of Service Research, Vol. 5, 2002, No. 1, S. 39-54.

Berndt, Ralph (1996): Marketing 1: Käuferverhalten, Marktforschung und Marketing-Prognosen, 3. Aufl., Berlin u.a. 1996.

Bircher, Bruno (1976): Langfristige Unternehmensplanung: Konzepte, Erkenntnisse und Modelle auf systemtheoretischer Grundlage, Bern/Stuttgart 1976.

Bischoff, Jörg (1994): Das Shareholder Value-Konzept: Darstellung - Probleme - Handhabungsmöglichkeiten, Wiesbaden 1994, zugl. Diss., München 1994.

Bitz, Michael (1981): Entscheidungstheorie, München 1981.

Bitz, Michael (1998): Bernoulli-Prinzip und Risikoeinstellung, in: Zeitschrift für betriebswirtschaftliche Forschung, 50. Jg. 1998, S. 916-932.

Blattberg, Robert C./Deighton, John (1996): Manage Marketing by the Customer Equity Test, in: Harvard Business Review, Vol. 74, 1996, No. 4, S. 136-144.

Blattberg, Robert C./Getz, Gary/Thomas, Jacquelyn S. (2001): Customer Equity: Building and Managing Relationships as Valuable Assets, Boston/Massachusetts 2001.

Böcking, Hans-Joachim/Nowak, Karsten (1998): Der Beitrag der Discounted Cash Flow-Verfahren zur Lösung der Typisierungsproblematik bei Unternehmensbewertungen: Eine Warnung vor einer „naiven" Übertragung modelltheoretischer Erkenntnisse auf die Bewertungspraxis, in: Der Betrieb, 51. Jg. 1998, S. 685-690.

Böcking, Hans-Joachim/Nowak, Karsten (1999): Das Konzept des Economic Value Added, in: FinanzBetrieb, 1. Jg. 1999, S. 281-288.

Böhler, Heymo/Riedl, Joachim (1997): Informationsgewinnung für die Database im Investitionsgüter-Marketing, in: Link, Jörg/Brändli, Dieter/Schleuning, Christian/Kehl, Roger E. (Hrsg.): Handbuch Database Marketing, Ettlingen 1997, S. 59-74.

Böhmer, Christiane (2003): Risikoanalyse und Bewertung von Venture Capital-finanzierten Unternehmen: Simulationsbasierter Ansatz unter Berücksichtigung von Diffusionsmodellen des Marketing, Bern u.a. 2003, zugl. Diss., St. Gallen 2003.

Böing, Elke/Barzen, Dietmar (1992a): Kunden-Portfolio im Praktiker-Test (Teil 1), in: Absatzwirtschaft, 35. Jg. 1992, Nr. 2, S. 85-89.

Böing, Elke/Barzen, Dietmar (1992b): Kunden-Portfolio im Praktiker-Test (Teil 2), in: Absatzwirtschaft, 35. Jg. 1992, Nr. 3, S. 102-107.

Börsig, Clemens (2000): Wertorientierte Unternehmensführung bei RWE, in: Zeitschrift für betriebswirtschaftliche Forschung, 52. Jg. 2000, S. 167-175.

Bramsemann, Urs/Heineke, Carsten (2004): Die Verwendung von Werttreiberhierarchien im Spannungsfeld zwischen operativer und strategischer Steuerung, in: Zeitschrift für Controlling & Management, 48. Jg. 2004, S. 61-67.

Braun, Stephan (2007): Die Prozeßkostenrechnung: Ein fortschrittliches Kostenrechnungssystem?, 4. Aufl., Sternenfels/Berlin 2007, zugl. Diss., Mainz 1994.

Brealey, Richard A./Myers, Stewart C./Allen, Franklin (2008): Principles of Corporate Finance, 9th ed., New York u.a. 2008.

Breid, Volker (1994): Erfolgspotentialrechnung - Konzeption im System einer finanztheoretisch fundierten, strategischen Erfolgsrechnung, Stuttgart 1994, zugl. Diss., München 1994.

Bretzke, Wolf-Rüdiger (1975): Das Prognoseproblem bei der Unternehmensbewertung: Ansätze zu einer risikoorientierten Bewertung ganzer Unternehmungen auf der Grundlage modellgestützter Erfolgsprognosen, Düsseldorf 1975.

Bretzke, Wolf-Rüdiger (1976): Zur Berücksichtigung des Risikos bei der Unternehmungsbewertung, in: Zeitschrift für betriebswirtschaftliche Forschung, 28. Jg. 1976, S. 153-165.

Brief, Richard P. (1967): A Late Nineteenth Century Contribution to the Theory of Depreciation, in: Journal of Accounting Research, Vol. 5, 1967, S. 27-38.

Bronner, Tillmann (1995): Wertsteigerung durch strategische Entscheidungen: Analyse anhand eines strategischen Unternehmensmodells, Stuttgart 1995, zugl. Diss., München 1994.

Bruhn, Manfred (2006): Das Konzept der kundenorientierten Unternehmensführung, in: Hinterhuber, Hans H./Matzler, Kurt (Hrsg.): Kundenorientierte Unternehmensführung: Kundenorientierung, Kundenzufriedenheit, Kundenbindung, 5. Aufl., Wiesbaden 2006, S. 33-65.

Bruhn, Manfred/Georgi, Dominik (2008): Wirtschaftlichkeit des Kundenbindungsmanagements, in: Bruhn, Manfred/Homburg, Christian (Hrsg.): Handbuch Kundenbindungsmanagement: Strategien und Instrumente für ein erfolgreiches CRM, 6. Aufl., Wiesbaden 2008, S. 643-675.

Bruhn, Manfred/Georgi, Dominik/Treyer, Mathias/Leumann, Simon (2000): Wertorientiertes Relationship Marketing: Vom Kundenwert zum Customer Lifetime Value, in: Die Unternehmung, 54. Jg. 2000, Heft 3, S. 167-187.

Bruhn, Manfred/Georgi, Dominik/Wöhle, Claudia B. (2005): Der investitionstheoretische Kundenwert und Ansatzpunkte zu seiner Steuerung in Banken, in: Keuper, Frank/Roesing, Dirk/Schomann, Marc (Hrsg.): Integriertes Risiko- und Ertragsmanagement: Kunden- und Unternehmenswert zwischen Risiko und Ertrag, Wiesbaden 2005, S. 383-405.

Bruhn, Manfred/Hadwich, Karsten/Georgi, Dominik (2008): Ansatzpunkte des Customer Value Managements, in: Bruhn, Manfred/Homburg, Christian (Hrsg.): Handbuch Kundenbindungsmanagement: Strategien und Instrumente für ein erfolgreiches CRM, 6. Aufl., Wiesbaden 2008, S. 713-732.

Buch, Arne/Dorfleitner, Gregor (2007): Ein Vergleich der Sicherheitsäquivalentmethode und der Risikoanalyse als Methoden zur Bewertung risikobehafteter Zahlungsströme, in: Zeitschrift für Betriebswirtschaft, 77. Jg. 2007, Nr. 2, S. 141-170.

Bühner, Rolf/Tuschke, Anja (1997): Zur Kritik am Shareholder Value: eine ökonomische Analyse, in: Betriebswirtschaftliche Forschung und Praxis, 49. Jg. 1997, S. 499-516.

Burmann, Christoph (2003): „Customer Equity" als Steuerungsgröße für die Unternehmensführung, in: Zeitschrift für Betriebswirtschaft, 73. Jg. 2003, Nr. 2, S. 113-138.

Busse von Colbe, Walther (1997): Was ist und was bedeutet Shareholder Value aus betriebswirtschaftlicher Sicht?, in: Zeitschrift für Unternehmens- und Gesellschaftsrecht, 26. Jg. 1997, S. 271-290.

Busse von Colbe, Walther/Laßmann, Gert (1990): Betriebswirtschaftstheorie, Bd. 3: Investitionstheorie, 3. Aufl., Berlin u.a. 1990.

Butscher, Stephan A./Müller, Lars R. (2006): Kundenbindung durch Kundenclubs, in: Hinterhuber, Hans H./Matzler, Kurt (Hrsg.): Kundenorientierte Unternehmensführung: Kundenorientierung, Kundenzufriedenheit, Kundenbindung, 5. Aufl., Wiesbaden 2006, S. 383-397.

Buzzell, Robert D./Gale, Bradley T. (1989): Das PIMS-Programm: Strategien und Unternehmenserfolg, Wiesbaden 1989.

Campbell, N.C.G./Cunningham, M.T. (1983): Customer Analysis for Strategy Development in Industrial Markets, in: Strategic Management Journal, Vol. 4, 1983, No. 4, S. 369-380.

Charnes, John (2007): Financial Modeling with Crystal Ball and Excel, Hoboken/New Jersey 2007.

Chmielewicz, Klaus (1976): Finanz- und Erfolgsplanung, integrierte, in: Büschgen, Hans E. (Hrsg.): Handwörterbuch der Finanzwirtschaft, Stuttgart 1976, Sp. 616-630.

Coenenberg, Adolf G. (1992): Unternehmensbewertung mit Hilfe der Monte-Carlo-Risikosimulation, in: Busse von Colbe, Walther/Coenenberg, Adolf G. (Hrsg.): Unternehmensakquisition und Unternehmensbewertung: Grundlagen und Fallstudien, Stuttgart 1992, S. 111-120.

Coenenberg, Adolf G. (1993): Rechnungswesen und Unternehmensrechnung, in: Wittmann, Waldemar/Kern, Werner/Köhler, Richard/Küpper, Hans-Ulrich/Wysocki, Klaus von (Hrsg.): Handwörterbuch der Betriebswirtschaft, Bd. 3, 5. Aufl., Stuttgart 1993, Sp. 3677-3696.

Coenenberg, Adolf G. (2007): Kostenrechnung und Kostenanalyse, 6. Aufl., Stuttgart 2007.

Coenenberg, Adolf G./Mattner, Gerhard R./Schultze, Wolfgang (2003): Wertorientierte Steuerung: Anforderungen, Konzepte, Anwendungsprobleme, in: Rathgeber, Andreas/Tebroke, Hermann J./Wallmeier, Martin (Hrsg.): Finanzwirtschaft, Kapitalmarkt und Banken (FS Manfred Steiner), Stuttgart 2003, S. 1-24.

Coenenberg, Adolf G./Schultze, Wolfgang (2002): Unternehmensbewertung: Konzeptionen und Perspektiven, in: Die Betriebswirtschaft, 62. Jg. 2002, Nr. 6, S. 597-621.

Coenenberg, Adolf G./Schultze, Wolfgang (2003): Residualgewinn- vs. Ertragswertmethode in der Unternehmensbewertung, in: Richter, Frank/Schüler, Andreas/Schwetzler, Bernhard (Hrsg.): Kapitalgeberansprüche, Marktwertorientierung und Unternehmenswert (FS Jochen Drukarczyk), München 2003, S. 119-141.

Cooil, Bruce/Keiningham, Timothy L./Aksoy, Lerzan/Hsu, Michael (2007): A Longitudinal Analysis of Customer Satisfaction and Share of Wallet: Investigating the Moderating Effect of Customer Characteristics, in: Journal of Marketing, Vol. 71, 2007, No. 1, S. 67-83.

Copeland, Tom/Koller, Tim/Murrin, Jack (2002): Unternehmenswert: Methoden und Strategien für eine wertorientierte Unternehmensführung, 3. Aufl., Frankfurt u.a. 2002.

Cornelsen, Jens (2000): Kundenwertanalysen im Beziehungsmarketing: Theoretische Grundlegung und Ergebnisse einer empirischen Studie im Automobilbereich, Nürnberg 2000, zugl. Diss., Erlangen/Nürnberg 2000.

Cornelsen, Jens (2006): Kundenbewertung mit Referenzwerten, in: Günter, Bernd/Helm, Sabrina (Hrsg.): Kundenwert: Grundlagen – Innovative Konzepte – Praktische Umsetzungen, 3. Aufl., Wiesbaden 2006, S. 183-215.

Crasselt, Nils (2003): Wertorientierte Managemententlohnung, Unternehmensrechnung und Investitionssteuerung: Analyse unter Berücksichtigung von Realoptionen, Frankfurt a.M. u.a. 2003, zugl. Diss., Bochum 2002.

Crasselt, Nils (2004): Managementvergütung auf Basis von Residualgewinnen – Zur Gefahr von Fehlanreizen durch praktisch relevante Abschreibungsverfahren, in: FinanzBetrieb, 6. Jg. 2004, S. 121-129.

Crasselt, Nils/Pellens, Bernhard/Schremper, Ralf (2000a): Konvergenz wertorientierter Erfolgskennzahlen (Teil I), in: Das Wirtschaftsstudium, 29. Jg. 2000, S. 72-78.

Crasselt, Nils/Pellens, Bernhard/Schremper, Ralf (2000b): Konvergenz wertorientierter Erfolgskennzahlen (Teil II), in: Das Wirtschaftsstudium, 29. Jg. 2000, S. 205-208.

Creutzmann, Andreas (2005): Der Wert von immateriellen Vermögensgegenständen zur Steuerung von Unternehmen, in: Zeitschrift für Controlling & Management, 49. Jg. 2005, Sonderheft 3, S. 29-38.

Crié, Dominique/Micheaux, Andrea (2006): From customer data to value: What is lacking in the information chain?, in: Database Marketing & Customer Strategy Management, Vol. 13, 2006, No. 3, S. 282-299.

Dallmer, Heinz/Wonnemann, Thomas (1997): Database Marketing und Kommunikationspolitik, in: Link, Jörg/Brändli, Dieter/Schleuning, Christian/Kehl, Roger E. (Hrsg.): Handbuch Database Marketing, Ettlingen 1997, S. 271-281.

Damodaran, Aswath (1997): Corporate Finance: Theory and Practice, New York u.a. 1997.

Day, George S. (1994): The Capabilities of Market-Driven Organizations, in: Journal of Marketing, Vol. 58, 1994, No. 4, S. 37-52.

Day, George S./Fahey, Liam (1988): Valuing Market Strategies, in: Journal of Marketing, Vol. 52, 1988, No. 3, S. 45-57.

Day, George S./Fahey, Liam (1990): Putting Strategy into Shareholder Value Analysis, in: Harvard Business Review, Vol. 68, 1990, No. 2, S. 156-162.

Debreu, Gerard (1959): Theory of Value: An Axiomatic Analysis of Economic Equilibrium, New York u.a. 1959.

Degen, Horst/Lorscheid, Peter (2002): Statistik-Lehrbuch mit Wirtschafts- und Bevölkerungsstatistik, 2. Aufl., München 2002.

Dellmann, Klaus (1991): Einflußgrößen der Erfolgsdynamik, in: Kistner, Klaus-Peter/Schmidt, Reinhart (Hrsg.): Unternehmensdynamik (FS Horst Albach), Wiesbaden 1991, S. 419-442.

Dhar, Ravi/Glazer, Rashi (2003): Hedging Customers, in: Harvard Business Review, Vol. 81, 2003, No. 5, S. 86-92.

Dierkes, Stefan/Gerum, Elmar/Ayaz, Murat/Stieglitz, Nils (2004): Strategische Kontrolle als Element des Risikomanagements, in: Zeitschrift für Controlling & Management, 48. Jg. 2004, Sonderheft 3, S. 38-50.

Diller, Hermann (1996): Kundenbindung als Marketingziel, in: Marketing Zeitschrift für Forschung und Praxis, 18. Jg. 1996, Nr. 2, S. 81-94.

Diller, Hermann (1998): Planung und Marketing, in: Diller, Hermann (Hrsg.): Marketingplanung, 2. Aufl., München 1998, S. 3-29.

Diller, Hermann (2001): Kunde, in: Diller, Hermann (Hrsg.): Vahlens großes Marketinglexikon, 2. Aufl., München 2001, S. 845.

Dinstuhl, Volkmar (2002): Discounted-Cash-flow-Methoden im Halbeinkünfteverfahren, in: FinanzBetrieb, 4. Jg. 2002, S. 79-90.

Dinstuhl, Volkmar (2003): Konzernbezogene Unternehmensbewertung: DCF-orientierte Konzern- und Segmentbewertung unter Berücksichtigung der Besteuerung, Wiesbaden 2003, zugl. Diss., Bochum 2002.

Dirrigl, Hans (1988): Die Bewertung von Beteiligungen an Kapitalgesellschaften, Hamburg 1988.

Dirrigl, Hans (1994): Konzepte, Anwendungsbereiche und Grenzen einer strategischen Unternehmensbewertung, in: Betriebswirtschaftliche Forschung und Praxis, 46. Jg. 1994, S. 409-432.

Dirrigl, Hans (1998a): Kollektive Investitionsrechnung und Unternehmensbewertung, in: Kruschwitz, Lutz/Löffler, Andreas (Hrsg.): Ergebnisse des Berliner Workshops "Unternehmensbewertung" vom 7. Februar 1998, Berlin 1998, S. 3-24.

Dirrigl, Hans (1998b): Wertorientierung und Konvergenz in der Unternehmensrechnung, in: Betriebswirtschaftliche Forschung und Praxis, 50. Jg. 1998, Heft 5, S. 540-579.

Dirrigl, Hans (2002): Erfolgspotenzialrechnung, in: Küpper, Hans-Ulrich/ Wagenhofer, Alfred (Hrsg.): Handwörterbuch Unternehmensrechnung und Controlling, 4. Aufl., Stuttgart 2002, Sp. 419-431.

Dirrigl, Hans (2003): Unternehmensbewertung als Fundament bereichsorientierter Performancemessung, in: Richter, Frank/Schüler, Andreas/Schwetzler, Bernhard (Hrsg.): Kapitalgeberansprüche, Marktwertorientierung und Unternehmenswert (FS Jochen Drukarczyk), München 2003, S. 143-186.

Dirrigl, Hans (2004a): Entwicklungsperspektiven unternehmenswert-orientierter Steuerungssysteme, in: Zeitschrift für betriebswirtschaftliche Forschung, 56. Jg. 2004, Sonderheft 51, S. 93-135.

Dirrigl, Hans (2004b): Die Besteuerung in Kalkülen zur Unternehmensbewertung bei Wachstum und Risiko, in: Dirrigl, Hans/Wellisch, Dietmar/Wenger, Ekkehard (Hrsg.): Steuern, Rechnungslegung und Kapitalmarkt (FS Franz W. Wagner), Wiesbaden 2004, S. 1-26.

Dolny, Oliver (2003): Controlling von Beteiligungen auf Basis einer integrierten Unternehmenswertrechnung, Büren 2003.

Dowling, Grahame R./Uncles, Mark (1997): Do Customer Loyalty Programs Really Work?, in: Sloan Management Review, Vol. 38, 1997, No. 4, S. 71-82.

Drew, James H./Mani, D.R./Betz, Andrew L./Datta, Piew (2001): Targeting Customers With Statistical and Data-Mining Techniques, in: Journal of Service Research, Vol. 3, 2001, No. 3, S. 205-219.

Drukarczyk, Jochen (1973): Zur Brauchbarkeit der Konzeption des „ökonomischen Gewinns“, in: Die Wirtschaftsprüfung, 26. Jg. 1973, S. 183-188.

Drukarczyk, Jochen (1993): Theorie und Politik der Finanzierung, 2. Aufl., München 1993.

Drukarczyk, Jochen (1997): Wertorientierte Unternehmenssteuerung: Besprechung des Shareholder Value-Ansatzes von Rappaport, in: Zeitschrift für Bankrecht und Bankwirtschaft, 9. Jg. 1997, Nr. 3, S. 217-226.

Drukarczyk, Jochen (1998): Unternehmensbewertung, 2. Aufl., München 1998.

Drukarczyk, Jochen/Honold, Dirk (1999): Unternehmensbewertung, DCF-Methoden und der Wert steuerlicher Finanzierungsvorteile: Zur Leistungsfähigkeit von APV-, WACC- und Equity-Ansatz, in: Zeitschrift für Bankrecht und Bankwirtschaft, 11. Jg. 1999, Nr. 6, S. 333-349.

Drukarczyk, Jochen/Schüler, Andreas (2000): Approaches to Value-based Performance Measurement, in: Arnold, Glen/Davies, Matt (Hrsg.): Value-Based Management: Context and Application, Chichester u.a. 2000, S. 255-303.

Drukarczyk, Jochen/Schüler, Andreas (2007): Unternehmensbewertung, 5. Aufl., München 2007.

Dubinsky, Alan J./Ingram, Thomas N. (1984): A Portfolio Approach to Account Profitability, in: Industrial Marketing Management, Vol. 13, 1984, No. 1, S. 33-41.

Dwyer, Paul (2007): Measuring the Value of Electronic Word of Mouth and its Impact in Consumer Communities, in: Journal of Interactive Marketing, Vol. 21, 2007, No. 2, S. 63-79.

Dwyer, F. Robert (1989): Customer Lifetime Valuation to Support Marketing Decision Making, in: Journal of Direct Marketing, Vol. 3, 1989, No. 4, S. 8-15.

Dwyer, F. Robert (1997): Customer Lifetime Valuation to Support Marketing Decision Making, in: Journal of Direct Marketing, Vol. 11, 1997, No. 4, S. 6-13.

Dwyer, Robert F./Schurr, Paul H./Oh, Sejo (1987): Developing Buyer-Seller Relationships, in: Journal of Marketing, Vol. 51, 1987, No. 2, S. 11-27.

Dzienziol, Jochen/Kreyer, Nina/Schroeder, Nina (2004): Optimierung kundenspezifischer Investitionen: Eine integrierte Betrachtung von Neukundenakquisition und Kundenwertsteigerung, Diskussionspapier WI-147, http://www.wiwi.uni-augsburg.de/bwl/buhl/dyn/root_wissenschaft/030Publikationen/pdf/wi-147.pdf?rnd=43564 (Abrufdatum: 28.07.2006).

Dzienziol, Jochen/Schroeder, Nina/Wolf, Christoph (2001): Kundenwertorientierte Unternehmenssteuerung, in: Buhl, Hans Ulrich (Hrsg.): E-finance: Innovative Problemlösungen für Informationssysteme in der Finanzwirtschaft, Berlin u.a. 2001, S. 63-86.

Eberling, Gunter (2002): Kundenwertmanagement: Konzept zur wertorientierten Analyse und Gestaltung von Kundenbeziehungen, Wiesbaden 2002, zugl. Diss., Darmstadt 2001.

Edwards, Edgar O./Bell, Philip W. (1965): The Theory and Measurement of Business Income, Berkeley u.a. 1965.

Eggert, Andreas (2006): Die zwei Perspektiven des Kundenwerts: Darstellung und Versuch einer Integration, in: Günter, Bernd/Helm, Sabrina (Hrsg.): Kundenwert: Grundlagen – Innovative Konzepte – Praktische Umsetzungen, 3. Aufl., Wiesbaden 2006, S. 41-59.

Ehrbar, Al (1999): EVA - Economic Value Added: Der Schlüssel zur wertsteigernden Unternehmensführung, Wiesbaden 1999.

Eichmann, Karsten (1992): Marketingorientierte Unternehmensbewertung: Absatzmärkte als Grundlage der Wertfindung, Augsburg 1992, zugl. Diss., Augsburg 1992.

Engelhardt, Werner H./Günter, Bernd (1981): Investitionsgüter-Marketing: Anlagen, Einzelaggregate, Teile, Roh- und Einsatzstoffe, Energieträger, Stuttgart u.a. 1981.

Engelhardt, Werner H./Klöter, Ralf/Schnittka, Matthias (2002): Marketing, in: Busse von Colbe, Walther/Coenenberg, Adolf G./Kajüter, Peter/Linnhoff, Ulrich (Hrsg.): Betriebswirtschaft für Führungskräfte, 2. Aufl., Stuttgart 2002, S. 483-529.

Esser, Klaus (2000): Wertorientierte Unternehmensführung bei Mannesmann, in: Zeitschrift für betriebswirtschaftliche Forschung, 52. Jg. 2000, S. 176-187.

Ewert, Ralf/Wagenhofer, Alfred (2000): Rechnungslegung und Kennzahlen für das wertorientierte Management, in: Wagenhofer, Alfred/Hrebicek, Gerhard (Hrsg.): Wertorientiertes Management – Konzepte und Umsetzungen zur Unternehmenswertsteigerung, Stuttgart 2000, S. 3-64.

Ewert, Ralf/Wagenhofer, Alfred (2008): Interne Unternehmensrechnung, 7. Aufl., Berlin u.a. 2008.

Fader, Peter S./Hardie, Bruce G.S./Lee, Ka Lok (2005): RFM and CLV: Using Iso-Value Curves for Customer Base Analysis, in: Journal of Marketing Research, Vol. 42, 2005, No. 4, S. 415-430.

Fantapié Altobelli, Claudia (1991): Die Diffusion neuer Kommunikationstechniken in der Bundesrepublik Deutschland: Erklärung, Prognose und marketingpolitische Implikationen, Heidelberg 1991, zugl. Diss., Tübingen 1990.

Fechtel, Achim (2001): Wertorientiertes strategisches Management von Mehrgeschäfts-Unternehmungen, Wiesbaden 2001, zugl. Diss., Zürich 1999.

Ferschl, Franz (1970): Markovketten, Berlin u.a. 1970.

Ferstl, Jürgen (2000): Managervergütung und Shareholder Value: Konzeption einer wertorientierten Vergütung für das Top-Management, Wiesbaden 2000, zugl. Diss., Regensburg 1999.

Fickert, Reiner (1992): Shareholder Value – Ansatz zur Bewertung von Strategien, in: Weilenmann, Paul/Fickert, Reiner (Hrsg.): Strategie-Controlling in Theorie und Praxis, Bern u.a. 1992, S. 47-92.

Fickert, Reiner (2005): Customer Performance Accounting: Ansätze des kundenorientierten Rechnungswesens, in: Seicht, Gerhard (Hrsg.): Jahrbuch für Controlling und Rechnungswesen 2005, Wien 2005, S. 347-365.

Fischer, Thomas M. (1993): Kostenmanagement strategischer Erfolgsfaktoren: Instrumente zur operativen Steuerung der strategischen Schlüsselfaktoren Qualität, Flexibilität und Schnelligkeit, München 1993, zugl. Diss., Augsburg 1992.

Fischer, Thomas M. (2000): Erfolgspotentiale und Erfolgsfaktoren im strategischen Management, in: Welge, Martin K./Al-Laham, Andreas/Kajüter, Peter (Hrsg.): Praxis des strategischen Managements: Konzepte – Erfahrungen – Perspektiven, Wiesbaden 2000, S. 71-94.

Fischer, Thomas M./Decken, Tim von der (2001): Kundenprofitabilitätsrechnung in Dienstleistungsgeschäften – Konzeption und Umsetzung am Beispiel des Car Rental Business, in: Zeitschrift für betriebswirtschaftliche Forschung, 53. Jg. 2001, S. 295-323.

Fischer, Thomas M./Schmöller, Petra/Vielmeyer, Uwe (2002): Customer Options: Möglichkeiten und Grenzen der Bewertung von kundenbezogenen Erfolgspotenzialen mit Realoptionen, HHL-Arbeitspapier Nr. 51, Leipzig 2002.

Fischer, Thomas M./Schmöller, Petra (2006): Kundenwert als Entscheidungskalkül für die Beendigung von Kundenbeziehungen, in: Günter, Bernd/Helm, Sabrina (Hrsg.): Kundenwert: Grundlagen – Innovative Konzepte – Praktische Umsetzungen, 3. Aufl., Wiesbaden 2006, S. 483-507.

Fisher, Irving (1930): The Theory of Interest, New York 1930.

Frank, Björn (1998): Haben Unternehmen eine Bernoulli-Nutzenfunktion? Manager auch nicht, in: Zeitschrift für Planung, 9. Jg. 1998, S. 285-292.

Franke, Günter/Hax, Herbert (2004): Finanzwirtschaft des Unternehmens und Kapitalmarkt, 5. Aufl., Berlin u.a. 2004.

Franz, Klaus-Peter (2006): Der Kundenwert in Modellen des Wertmanagement, in: Günter, Bernd/Helm, Sabrina (Hrsg.): Kundenwert: Grundlagen – Innovative Konzepte – Praktische Umsetzungen, 3. Aufl., Wiesbaden 2006, S. 447-460.

Freiling, Jörg (2006): Kundenwert aus ressourcentheoretischer Sicht, in: Günter, Bernd/Helm, Sabrina (Hrsg.): Kundenwert: Grundlagen – Innovative Konzepte – Praktische Umsetzungen, 3. Aufl., Wiesbaden 2006, S. 83-102.

Frese, Erich (1986): Unternehmensführung, Landsberg am Lech 1986.

Frey, Herbert C./Nießen, Gero (2001): Monte-Carlo-Simulation: Quantitative Risikoanalyse für die Versicherungsindustrie, München 2001.

Gälweiler, Aloys (1974): Unternehmensplanung: Grundlagen und Praxis, Frankfurt/Main u.a. 1974.

Gälweiler, Aloys (1981): Zur Kontrolle strategischer Pläne, in: Steinmann, Horst (Hrsg.): Planung und Kontrolle, München 1981, S. 383-399.

Gälweiler, Aloys (2005): Strategische Unternehmensführung, 3. Auflage, Frankfurt/Main u.a. 2005.

Gebhardt, Günther (2003): Formulierung konsistenter periodischer Beurteilungsgrößen für die wertorientierte Unternehmensführung, in: Rathgeber, Andreas/Tebroke, Hermann-Josef/Wallmeier, Martin (Hrsg.): Finanzwirtschaft, Kapitalmarkt und Banken (FS Manfred Steiner), Stuttgart 2003, S. 67-83.

Gelbrich, Katja (2001): Kundenwert: Wertorientierte Akquisition von Kunden im Automobilbereich, Göttingen 2001, zugl. Diss., Univ., Stuttgart 2001.

Gelbrich, Katja/Wünschmann, Stefan (2006): Mehrdimensionaler Kundenwert als Entscheidungskriterium für die Akquisition von Kunden: Dargestellt am Beispiel der Automobilindustrie, in: Günter, Bernd/Helm, Sabrina (Hrsg.): Kundenwert: Grundlagen – Innovative Konzepte – Praktische Umsetzungen, 3. Aufl., Wiesbaden 2006, S. 583-606.

Gemünden, Hans Georg (1993): Information: Bedarf, Analyse und Verhalten, in: Wittmann, Waldemar/Kern, Werner/Köhler, Richard/Küpper, Hans-Ulrich/Wysocki, Klaus von (Hrsg.): Handwörterbuch der Betriebswirtschaft, Bd. 2, 5. Aufl., Stuttgart 1993, Sp. 1725-1735.

Gierl, Heribert/Kurbel, Thomas Martin (1997): Möglichkeiten zur Ermittlung des Kundenwertes, in: Link, Jörg/Brändli, Dieter/Schleuning, Christian/Kehl, Roger E. (Hrsg.): Handbuch Database Marketing, Ettlingen 1997, S. 175-189.

Glusac, Nikola (2006): Bonusprogramme – ein wirkungsvolles Kundenbindungsinstrument?, in: Hinterhuber, Hans H./Matzler, Kurt (Hrsg.): Kundenorientierte Unternehmensführung: Kundenorientierung, Kundenzufriedenheit, Kundenbindung, 5. Aufl., Wiesbaden 2006, S. 513-523.

Gomez, Peter (1990): Wertorientierte Strategieplanung, in: Der Schweizer Treuhänder, o. Jg. 1990, Heft 11/90, S. 557-562.

Gomez, Peter/Weber, Bruno (1989): Akquisitionsstrategie: Wertsteigerung durch Übernahme von Unternehmungen, Stuttgart 1989.

Gomez, Peter/Weber, Bruno (1990): Akquisitionsstrategien zur Steigerung des Unternehmungswertes, in: Siegwart, Hans/Mahari, Julian I./Caytas, Ivo G./Rumpf, Bernd-Michael (Hrsg.): Meilensteine im Management, Bd. 1: Mergers & Acquisitions, Basel u.a. 1990, S. 181-202.

Gomez, Peter (1993): Wertmanagement, Düsseldorf u.a. 1993.

Grabner-Kräuter, Sonja/Schwarz-Musch, Alexander (2006): CRM – Grundlagen und Erfolgsfaktoren, in: Hinterhuber, Hans H./Matzler, Kurt (Hrsg.): Kundenorientierte Unternehmensführung: Kundenorientierung, Kundenzufriedenheit, Kundenbindung, 5. Aufl., Wiesbaden 2006, S. 173-191.

Green, C.D./Grinyer, John R./Michaelson, R. (2002): A Possible Economic Rationale for Straight-Line Depreciation, in: Abacus, Vol. 38, 2002, No. 1, S. 91-120.

Grinyer, John R. (1985): Earned Economic Income: A Theory of Matching, in: Abacus, Vol. 21, 1985, No. 2, S. 130-148.

Grinyer, John R. (1987): A New Approach to Depreciation, in: Abacus, Vol. 23, 1987, No. 1, S. 43-54.

Grinyer, John R. (1993): The Concept and Computation of Earned Economic Income: A Reply, in: Journal of Business Finance & Accounting, Vol. 20, 1993, No. 5, S. 747-753.

Grinyer, John R. (1995): Analytical Properties of Earned Economic Income: A Response and Extension, in: British Accounting Review, Vol. 27, 1995, No. 3, S. 211-228.

Grinyer, John R. (2000): The Logic of Earned Economic Income: A Reply, in: British Accounting Review, Vol. 32, 2000, No. 1, S. 115-124.

Grinyer, John R./Elbadri, Abdussalem M. (1987): Empirically Testing a New Accounting Model, in: British Accounting Review, Vol. 19, 1987, No. 3, S. 247-265.

Grinyer, John R./Kouhy, Reza/Elbadri, Abdussalem A.M. (1992): Managers' Responses on EEI, in: Accounting and Business Research, Vol. 22, 1992, No. 87, S. 249-259.

Grinyer, John R./Lyon, Robert A. (1989): The Need for ex post EEI, in: Journal of Business Finance & Accounting, Vol. 16, 1989, No. 3, S. 303-315.

Grönroos, Christian (1994): From Marketing Mix to Relationship Marketing: Towards a Paradigm Shift in Marketing, in: Management Decision, Vol. 32, 1994, No. 2, S. 4-20.

Günter, Bernd (2006): Kundenwert – mehr als nur Erlös, in: Günter, Bernd/Helm, Sabrina (Hrsg.): Kundenwert: Grundlagen – Innovative Konzepte – Praktische Umsetzungen, 3. Aufl., Wiesbaden 2006, S. 241-265.

Günther, Thomas (1991): Erfolg durch strategisches Controlling? – Eine empirische Studie zum Stand des strategischen Controlling in deutschen Unternehmen und dessen Beitrag zu Unternehmenserfolg und -risiko, München 1991, zugl. Diss., Augsburg 1990.

Günther, Thomas (1997): Unternehmenswertorientiertes Controlling, München 1997.

Günther, Thomas (2000): Vom strategischen zum operativen Wertsteigerungsmanagement, in: Wagenhofer, Alfred/Hrebicek, Gerhard (Hrsg.): Wertorientiertes Management – Konzepte und Umsetzungen zur Unternehmenswertsteigerung, Stuttgart 2000, S. 65-93.

Günther, Thomas (2001): Steuerung von immateriellen Werten im Rahmen des wertorientierten Controlling, in: Kostenrechnungspraxis, 45. Jg. 2001, Sonderheft 1/2001, S. 53-62.

Günther, Thomas (2002): Wertorientierte Kennzahlen zur Steuerung mittelständischer Unternehmen, in: Kostenrechnungspraxis, 46. Jg. 2002, Sonderheft 1/2002, S. 89-97.

Gulati, Ranjay/Oldroyd, James B. (2005): The Quest for Customer Focus, in: Harvard Business Review, Vol. 83, 2005, No. 4, S. 92-101.

Gupta, Sunil/Lehmann, Donald R. (2003): Customers as Assets, in: Journal of Interactive Marketing, Vol. 17, 2003, No. 1, S. 9-24.

Gupta, Sunil/Lehmann, Donald R./Stuart, Jennifer Ames (2004): Valuing Customers, in: Journal of Marketing Research, Vol. 41, 2004, No. 1, S. 7-18.

Hachmeister, Dirk (1997): Der Cash Flow Return on Investment als Erfolgsgröße einer wertorientierten Unternehmensführung, in: Zeitschrift für betriebswirtschaftliche Forschung, 49. Jg. 1997, S. 556-579.

Hachmeister, Dirk (2000): Der Discounted Cash Flow als Maß der Unternehmenswertsteigerung, 4. Aufl., Frankfurt a. M. 2000, zugl. Diss., München 1994.

Hachmeister, Dirk (2002): Performancemaße, erfolgsorientierte, in: Küpper, Hans-Ulrich/ Wagenhofer, Alfred (Hrsg.): Handwörterbuch Unternehmensrechnung und Controlling, 4. Aufl., Stuttgart 2002, Sp. 1385-1395.

Hahn, Dietger (1993): Planung und Kontrolle, in: Wittmann, Waldemar/Kern, Werner/Köhler, Richard/Küpper, Hans-Ulrich/Wysocki, Klaus von (Hrsg.): Handwörterbuch der Betriebswirtschaft, Bd. 2, 5. Aufl., Stuttgart 1993, Sp. 3185-3200.

Hahn, Dietger (1999): Strategische Kontrolle, in: Hahn, Dietger/Taylor, Bernard (Hrsg.): Strategische Unternehmensplanung – Strategische Unternehmensführung, 8. Aufl., Heidelberg 1999, S. 892-906.

Hahn, Dietger/Gräb, Ulrich (1989): Erfolgsfaktoren und Wachstumsstrategien erfolgreicher mittelständischer Unternehmungen in der Bundesrepublik Deutschland und Großbritannien – Ergebnisbericht einer empirischen Studie, in: Bühner, Rolf (Hrsg.): Führungsorganisation und Technologiemanagement (FS Friedrich Hoffmann), Berlin 1989, S. 211-230.

Hamel, Gary/Prahalad, C.K. (1995): Wettlauf um die Zukunft: Wie Sie mit bahnbrechenden Strategien die Kontrolle über Ihre Branche gewinnen und die Märkte von morgen schaffen, Wien 1995.

Hamm, Josef (1997): Data Warehouse: Fundierte Datenbasis für effizientes Marketing, in: Link, Jörg/Brändli, Dieter/Schleuning, Christian/Kehl, Roger E. (Hrsg.): Handbuch Database Marketing, Ettlingen 1997, S. 103-114.

Hasselberg, Frank (1989): Strategische Kontrolle im Rahmen strategischer Unternehmensführung, Frankfurt a. M. u.a. 1989, zugl. Diss., Erlangen/ Nürnberg 1989.

Hax, Herbert (1989): Investitionsrechnung und Periodenerfolgsmessung, in: Delfmann, Werner (Hrsg.): Der Integrationsgedanke in der Betriebswirtschaftslehre (FS Helmut Koch), Wiesbaden 1989, S. 153-170.

Hax, Herbert (2004): Was bedeutet Periodenerfolgsmessung?, in: Gillenkirch, Robert M./Schauenberg, Bernd/Schenk-Mathes, Heike Y./Velthuis, Louis John (Hrsg.): Wertorientierte Unternehmenssteuerung (FS Helmut Laux), Berlin u.a. 2004, S. 77-98.

Hebertinger, Martin (2002): Wertsteigerungsmaße: Eine kritische Analyse, Frankfurt a. M. u.a. 2002, zugl. Diss., München 2001.

Heesch, Christian (2000): Kundenbindungs-Controlling, in: Zerres, Michael P. (Hrsg.): Handbuch Marketing-Controlling, 2. Aufl., Berlin u.a. 2000, S. 457-476.

Heinzelbecker, Klaus (2007): Zukunfts-Controlling mit Trendforschung und Szenarien, in: Zeitschrift für Controlling & Management, 51. Jg. 2007, Sonderheft 2, S. 60-65.

Helm, Sabrina/Günter, Bernd (2006): Kundenwert – eine Einführung in die theoretischen und praktischen Herausforderungen der Bewertung von Kundenbeziehungen, in: Günter, Bernd/Helm, Sabrina (Hrsg.): Kundenwert: Grundlagen – Innovative Konzepte – Praktische Umsetzungen, 3. Aufl., Wiesbaden 2006, S. 3-38.

Helm, Sabrina/Scheelen, Markus/Günter, Bernd (2006): Kundenbewertung in mehrstufigen Märkten, in: Günter, Bernd/Helm, Sabrina (Hrsg.): Kundenwert: Grundlagen – Innovative Konzepte – Praktische Umsetzungen, 3. Aufl., Wiesbaden 2006, S. 397-421.

Henderson, Bruce D. (1984): Die Erfahrungskurve in der Unternehmensstrategie, 2. Aufl., Frankfurt a. M./New York 1984.

Henseler, Jörg/Hoffmann, Thorsten (2003): Kundenwert als Baustein zum Unternehmenswert, Hamburg 2003.

Henselmann, Klaus (1999): Unternehmensrechnungen und Unternehmenswert: Ein situativer Ansatz, Aachen 1999, zugl. Habil., Bayreuth 1997.

Henselmann, Klaus (2000): Der Restwert in der Unternehmensbewertung – eine „Kleinigkeit"?, in: FinanzBetrieb, 2. Jg. 2000, S. 151-157.

Henselmann, Klaus (2001): Economic Value Added - Königsweg zur Integration des Rechnungswesens?, in: Zeitschrift für Planung, 12. Jg. 2001, S. 159-186.

Herter, Ronald N. (1994): Unternehmenswertorientiertes Management (UwM): Strategische Erfolgsbeurteilung von dezentralen Organisationseinheiten auf der Basis der Wertsteigerungsanalyse, München 1994, zugl. Diss., Stuttgart 1994.

Hertz, David B. (1964): Risk Analysis in Capital Investment, in: Harvard Business Review, Vol. 42, 1964, No. 1, S. 95-106.

Hieronimus, Albert (1979): Einbeziehung subjektiver Risikoeinstellungen in Entscheidungsmodelle: Ein Beitrag zur Bernoulli-Nutzentheorie, Frankfurt a.M. 1979.

Hinterhuber, Hans H./Friedrich, Stephan A. (1999): Markt- und ressourcen-orientierte Sichtweise zur Steigerung des Unternehmungswertes, in: Hahn, Dietger/Taylor, Bernard (Hrsg.): Strategische Unternehmensplanung – Strategische Unternehmensführung: Stand und Entwicklungstendenzen, 8. Aufl., Berlin u.a. 1999, S. 990-1018.

Hoekstra, Janny C./Huizingh, Eelko K. R. E. (1999): The Lifetime Value Concept in Customer-Based Marketing, in: Journal of Market Focused Management, Vol. 3, 1999, No. 3-4, S. 257-274.

Hoffmann, Friedrich (1986): Kritische Erfolgsfaktoren: Erfahrungen in großen und mittelständischen Unternehmungen, in: Zeitschrift für betriebswirtschaftliche Forschung, 38. Jg. 1986, S. 831-843.

Hogan, John E./Lehmann, Donald R./Merino, Maria/Srivastava, Rajendra K./Thomas, Jacquelyn S./Verhoef, Peter C. (2002): Linking Customer Assets to Financial Performance, in: Journal of Service Research, Vol. 5, 2002, No. 1, S. 26-38.

Hogan, John E./Lemon, Katherine N./Rust, Roland T. (2002): Customer Equity Management: Charting New Directions for the Future of Marketing, in: Journal of Service Research, Vol. 5, 2002, No. 1, S. 4-12.

Homburg, Christian (2000): Quantitative Betriebswirtschaftslehre: Entscheidungsunterstützung durch Modelle, 3. Aufl., Wiesbaden 2000.

Homburg, Christian/Becker, Annette/Hentschel, Frederike (2008): Der Zusammenhang zwischen Kundenzufriedenheit und Kundenbindung, in: Bruhn, Manfred/Homburg, Christian (Hrsg.): Handbuch Kundenbindungsmanagement: Strategien und Instrumente für ein erfolgreiches CRM, 6. Aufl., Wiesbaden 2008, S. 103-134.

Homburg, Christian/Beutin, Nikolas (2006): Kundenstrukturmanagement als Controllingherausforderung, in: Reinecke, Sven/Tomczak, Torsten (Hrsg.): Handbuch Marketingcontrolling: Effektivität und Effizienz einer marktorientierten Unternehmensführung, 2. Aufl., Wiesbaden 2006, S. 225-251.

Homburg, Christian/Bruhn, Manfred (2008): Kundenbindungsmanagement – Eine Einführung in die theoretischen und praktischen Problemstellungen, in: Bruhn, Manfred/Homburg, Christian (Hrsg.): Handbuch Kundenbindungsmanagement: Strategien und Instrumente für ein erfolgreiches CRM, 6. Aufl., Wiesbaden 2008, S. 3-37.

Homburg, Christian/Daum, Daniel (1997a): Marktorientiertes Kostenmanagement: Kosteneffizienz und Kundennähe verbinden, Frankfurt am Main 1997.

Homburg, Christian/Daum, Daniel (1997b): Kostenmanagement in Vertrieb und Marketing (I): Kosten senken und Kundennähe schaffen, in: Gablers Magazin, 11. Jg. 1997, Nr. 11-12/1997, S. 20-25.

Homburg, Christian/Krohmer, Harley (2006): Marketingmanagement: Strategie – Instrumente – Umsetzung – Unternehmensführung, 2. Aufl., Wiesbaden 2006.

Homburg, Christian/Schäfer, Heiko (2006): Die Erschließung von Kundenwertpotenzialen durch Cross-Selling, in: Günter, Bernd/Helm, Sabrina (Hrsg.): Kundenwert: Grundlagen – Innovative Konzepte – Praktische Umsetzungen, 3. Aufl., Wiesbaden 2006, S. 157-181.

Homburg, Christian/Schnurr, Phoebe (1998): Kundenwert als Instrument der wertorientierten Unternehmensführung, in: Bruhn, Manfred/Lusti, Markus/Müller, Werner R./Schierenbeck, Henner/Studer, Tobias (Hrsg.): Wertorientierte Unternehmensführung: Perspektiven und Handlungsfelder für die Wertsteigerung von Unternehmen, Festschrift zum 10-jährigen Bestehen des Wirtschaftwissenschaftlichen Zentrums (WWZ) der Universität Basel, Wiesbaden 1998, S. 169-189.

Horvath, Peter (2006): Controlling, 10. Aufl., München 2006.

Horvath, Peter/Mayer, Reinhold (1989): Prozesskostenrechnung: Der neue Weg zu mehr Kostentransparenz und wirkungsvolleren Unternehmensstrategien, in: Controlling, 1. Jg. 1989, S. 214-219.

Hostettler, Stephan (1995): Economic Value Added als neues Führungsinstrument: Einsatzmöglichkeiten des EVA-Konzeptes aus Sicht des Verwaltungsrates, in: Der Schweizer Treuhänder, o. Jg. 1995, Heft 4/95, S. 307-315.

Hostettler, Stephan (2000): Economic Value Added (EVA): Darstellung und Anwendung auf Schweizer Aktiengesellschaften, 4. Aufl., Bern u.a. 2000, zugl. Diss., St. Gallen 1997.

Hull, John C. (2003): Options, Futures, and other Derivatives, 5th ed., New Jearsey u.a. 2003.

Hull, John C. (2006): Options, Futures, and other Derivatives, 6th ed., New Jearsey u.a. 2006.

Hummel, Siegfried/Männel, Wolfgang (1983): Kostenrechnung 2: Moderne Verfahren und Systeme, 3. Aufl., Wiesbaden 1983.

Hummel, Siegfried/Männel, Wolfgang (1986): Kostenrechnung 1: Grundlagen, Aufbau und Anwendung, 4. Aufl., Wiesbaden 1986.

Hummeltenberg, Wilhelm (2006): Risikosimulation mit MS Excel, in: Das Wirtschaftsstudium, 35. Jg. 2006, S. 504-523.

Inselbag, Isik/Kaufold, Howard (1997): Two Approaches for Valuing Companies under Alternative Financing Strategies (and How to Choose Between Them), in: Journal of Applied Corporate Finance, Vol. 10, 1997, S. 114-122.

Institut der Wirtschaftsprüfer (1983): Stellungnahme HFA 2/1983: Grundsätze zur Durchführung von Unternehmensbewertungen, in: Die Wirtschaftsprüfung, 36. Jg. 1983, S. 468-480.

Institut der Wirtschaftsprüfer (2005): Entwurf einer Neufassung des IDW Standards: Grundsätze zur Durchführung von Unternehmensbewertungen (IDW ES 1 n.F.), in: Die Wirtschaftsprüfung, 58. Jg. 2005, S. 28-46.

Jackson, Barbara B. (1985a): Winning and Keeping Industrial Customers: The Dynamics of Customer Relationships, Massachusetts/Toronto 1985.

Jackson, Barbara B. (1985b): Build Customer Relationships that last, in: Harvard Business Review, Vol. 63, 1985, No. 6, S. 120-128.

Jain, Dipak/Singh, Siddhartha S. (2002): Customer Lifetime Value Research in Marketing: A Review and Future Directions, in: Journal of Interactive Marketing, Vol. 16, 2002, No. 2, S. 34-46.

Jenner, Thomas (2006): Szenario-Technik und Unternehmensplanung, in: Das Wirtschaftsstudium, 35. Jg. 2006, S. 650-654.

Jödicke, Dirk (2007): Risikosimulation in der Unternehmensbewertung, in: Finanz-Betrieb, 9. Jg. 2007, S. 166-171.

Kajüter, Peter (2006): Möglichkeiten und Grenzen der Bilanzierung von Kundenbeziehungen, in: Günter, Bernd/Helm, Sabrina (Hrsg.): Kundenwert: Grundlagen – Innovative Konzepte – Praktische Umsetzungen, 3. Aufl., Wiesbaden 2006, S. 549-579.

Kaland, Anna/Wömpener, Andreas (2007): Strategisches Controlling: Eingrenzung, Nutzung und Bezug zur Marketingfunktion, in: Zeitschrift für Controlling & Management, 51. Jg. 2007, Sonderheft 2, S. 30-36.

Kaplan, Robert S./Narayanan, V.G. (2001): Measuring and Managing Customer Profitability, in: Journal of Cost Management, Vol. 15, 2001, No. 5, S. 5-15.

Kaplan, Robert S./Norton, David P. (1997): Balanced Scorecard: Strategien erfolgreich umsetzen, Stuttgart 1997.

Keane, Timothy J./Wang, Paul (1995): Applications for the Lifetime Value Model in Modern Newspaper Publishing, in: Journal of Direct Marketing, Vol. 9, 1995, No. 2, S. 59-66.

Keaveney, Susan M. (1995): Customer Switching Behavior in Service Industries: An Exploratory Study, in: Journal of Marketing, Vol. 59, 1995, No. 2, S. 71-82.

Keller, Bernd/Plack, Andreas (2001): Economic Value Added (EVA) als Unternehmenssteuerungs- und -bewertungsmethode, in: Kostenrechnungspraxis, 45. Jg. 2001, S. 347-351.

Kilger, Wolfgang/Pampel, Jochen/Vikas, Kurt (2007): Flexible Plankostenrechnung und Deckungsbeitragsrechnung, 12. Aufl., Wiesbaden 2007.

Kim, Namwoon/Mahajan, Vijay/Srivastava, Rajendra K. (1995): Determining the Going Market Value of a Business in an Emerging Information Technology Industry: The Case of the Cellular Communications Industry, in: Technological Forecasting and Social Change, Vol. 49, 1995, No. 3, S. 257-279.

Kleinaltenkamp, Michael/Dahlke, Beate (2006): Der Wert des Kunden als Informant – auf dem Weg zu einem „knowledge based customer value“, in: Günter, Bernd/Helm, Sabrina (Hrsg.): Kundenwert: Grundlagen – Innovative Konzepte – Praktische Umsetzungen, 3. Aufl., Wiesbaden 2006, S. 217-240.

Klien, Wolfgang (1995): Wertsteigerungsanalyse und Messung von Managementleistungen: Technik, Logik und Anwendung, Wiesbaden 1995, zugl. Diss., Wien 1993.

Kloock, Josef (1981): Mehrperiodige Investitionsrechnungen auf der Basis kalkulatorischer und handelsrechtlicher Erfolgsrechnungen, in: Zeitschrift für betriebswirtschaftliche Forschung, 33. Jg. 1981, S. 873-890.

Knauer, Martin (2000): Kundenbindung in der Telekommunikation: Das Beispiel T-Mobil, in: Bruhn, Manfred/Homburg, Christian (Hrsg.): Handbuch Kundenbindungsmanagement: Grundlagen – Konzepte – Erfahrungen, 3. Aufl., Wiesbaden 2000, S. 595-610.

Knöbel, Ulf (1995): Was kostet ein Kunde? – Kundenorientiertes Prozeßmanagement, in: Kostenrechnungspraxis, 39. Jg. 1995, S. 7-13.

Knöbel, Ulf (1997): Kundenwertmanagement im Retail Banking: Kundenprofitabilitätsanalyse und Customer-Life-Cycle Costing am Beispiel einer Universalbank, Scheßlitz 1997, zugl. Diss., St. Gallen 1997.

Knorren, Norbert (1998): Wertorientierte Gestaltung der Unternehmensführung, Wiesbaden 1998, zugl. Diss., Koblenz 1998.

Knorren, Norbert/Weber, Jürgen (1997): Shareholder Value: Eine Controlling-Perspektive, Advanced Controlling Band 2, Vallendar 1997.

Koch, Helmut (1958): Zur Diskussion über den Kostenbegriff, in: Zeitschrift für betriebswirtschaftliche Forschung, 10. Jg. 1958, S. 355-399.

Köhler, Richard (1993): Beiträge zum Marketing-Management: Planung, Organisation, Controlling, 3. Aufl., Stuttgart 1993.

Köhler, Richard (2001): Kundenerfolgsrechnung, in: Diller, Hermann (Hrsg.): Vahlens Großes Marketinglexikon, 2. Aufl., München 2001, S. 859-860.

Köhler, Richard (2008): Kundenorientiertes Rechnungswesen als Voraussetzung des Kundenbindungsmanagements, in: Bruhn, Manfred/Homburg, Christian (Hrsg.): Handbuch Kundenbindungsmanagement: Strategien und Instrumente für ein erfolgreiches CRM, 6. Aufl., Wiesbaden 2008, S. 467-500.

Kötzle, Alfred (1993): Die Identifikation strategisch gefährdeter Geschäftseinheiten, Berlin 1993, zugl. Habil., Tübingen 1991.

Kornmeier, Martin/Schneider, Willy (2007): Maxime Kundenzufriedenheit: Ein Königs- oder Irrweg?, in: Frankfurter Allgemeine Zeitung vom 12. Februar 2007.

Krafft, Manfred (1999): Der Kunde im Fokus: Kundennähe, Kundenzufriedenheit, Kundenbindung – und Kundenwert?, in: Die Betriebswirtschaft, 59. Jg. 1999, Nr. 4, S. 511-530.

Krafft, Manfred (2001): Kundenanalyse, in: Diller, Hermann (Hrsg.): Vahlens großes Marketinglexikon, 2. Aufl., München 2001, S. 845-846.

Krafft, Manfred/Albers, Sönke (2000): Ansätze zur Segmentierung von Kunden: Wie geeignet sind herkömmliche Konzepte?, in: Zeitschrift für betriebswirtschaftliche Forschung, 52. Jg. 2000, S. 515-536.

Krafft, Manfred/Marzian, Sieghard (1997): Dem Kundenwert auf der Spur, in: Absatzwirtschaft, 40. Jg. 1997, S. 104-107.

Krafft, Manfred/Rudolf, Markus/Rudolf-Sipötz, Elisabeth (2005): Valuation of Customers in Growth Companies – A Scenario Based Model, in: Schmalenbach Business Review, Vol. 57, 2005, No. 2, S. 103-127.

Krause, Stefan/Schmidbauer, Rainer (2003): Umsetzung des (unternehmens-) wertorientierten Controllings bei der BMW Group, in: Controlling, 15. Jg. 2003, S. 441-449.

Kreutzer, Ralf T. (1990): Die Basis für den Dialog, in: Absatzwirtschaft, 33. Jg. 1990, Nr. 4, S. 104-113.

Kreuz, Claudia (2005): Kundenorientierte Unternehmensrechnung: Planung, Steuerung und Kontrolle von Kundenwerten, Wiesbaden 2005, zugl. Diss., Düsseldorf 2005.

Kriegbaum, Catharina (2001): Markencontrolling: Bewertung und Steuerung von Marken als immaterielle Vermögenswerte im Rahmen eines unternehmenswertorientierten Controlling, München 2001, zugl. Diss., Dresden 2000.

Kröger, Fritz (2005): EVA vernichtet Werte, in: Harvard Business Manager, 27. Jg. 2005, Nr. 8, S. 14-16.

Krüger, Wilfried/Schwarz, Gunther (1990): Konzeptionelle Analyse und praktische Bestimmung von Erfolgsfaktoren und Erfolgspotentialen, in: Bleicher, Knut/Gomez, Peter (Hrsg.): Zukunftsperspektiven der Organisation (FS Robert Staerkle), Bern 1990, S. 179-209.

Krüger-Strohmayer, Sabine (2000): Profitibilitätsorientierte Kundenbindung durch Zufriedenheitsmanagement: Kundenzufriedenheit und Kundenwert als Steuerungsgröße für die Kundenbindung in marktorientierten Dienstleistungsunternehmen, 2. Aufl., München 2000, zugl. Diss., München 1997.

Kruschwitz, Lutz (2001): Risikoabschläge, Risikozuschläge und Risikoprämien in der Unternehmensbewertung, in: Der Betrieb, 54. Jg. 2001, S. 2409-2413.

Kruschwitz, Lutz (2007): Investitionsrechnung, 11. Aufl., München 2007.

Kruschwitz, Lutz/Löffler, Andreas (1998): Unendliche Probleme bei der Unternehmensbewertung, in: Der Betrieb, 51. Jg. 1998, S. 1041-1043.

Küpper, Hans-Ulrich (1990): Verknüpfung von Investitions- und Kostenrechnung als Kern einer umfassenden Planungs- und Kontrollrechnung, in: Betriebswirtschaftliche Forschung und Praxis, 42. Jg. 1990, Heft 4, S. 253-267.

Küpper, Hans-Ulrich (1997): Pagatorische und kalkulatorische Rechensysteme, in: Kostenrechnungspraxis, 41. Jg. 1997, S. 20-26.

Küpper, Hans-Ulrich (2005): Controlling, 4. Aufl., Stuttgart 2005.

Küting, Karlheinz/Eidel, Ulrike (1999a): Marktwertansatz contra Ertragswert- und Discounted Cash Flow-Verfahren, in: FinanzBetrieb, 1. Jg. 1999, S. 225-231.

Küting, Karlheinz/Eidel, Ulrike (1999b): Performance-Messung und Unternehmensbewertung auf Basis des EVA, in: Die Wirtschaftsprüfung, 52. Jg. 1999, S. 829-838.

Küting, Karlheinz/Lorson, Peter (1997): Erfolgs(potential)orientiertes Konzernmanagement, in: Betriebsberater, 52. Jg. 1997, Beilage 8 zu Heft 20, S. 1-31.

Kuhl, Matthias/Stöber, Olaf (2006): Data Warehousing und Customer Relationship Management als Grundlagen des wertorientierten Kundenmanagements, in: Günter, Bernd/Helm, Sabrina (Hrsg.): Kundenwert: Grundlagen – Innovative Konzepte – Praktische Umsetzungen, 3. Aufl., Wiesbaden 2006, S. 531-548.

Kumar, V./Ramani, Girish (2004): Taking Customer Lifetime Value Analysis to the Next Level, in: Journal of Integrated Marketing Communications, Issue 2003-2004, S. 27-33.

Kumar, V./Ramani, Girish/Bohling, Timothy (2004): Customer Lifetime Value Approaches and Best Practice Applications, in: Journal of Interactive Marketing, Vol. 18, 2004, No. 3, S. 60-72.

Ladelle, O.G. (1890): The Calculation of Depreciation, in: The Accountant, Vol. 17, 1890, Band 2, S. 659ff., Nachdruck in: Brief, Richard P. (1967): A Late Nineteenth Century Contribution to the Theory of Depreciation, in: Journal of Accounting Research, Vol. 5, 1967, S. 27-38.

Lange, Bernd (1982): Bestimmung strategischer Erfolgsfaktoren und Grenzen ihrer empirischen Fundierung: Dargestellt am Beispiel der PIMS-Studie, in: Die Unternehmung, 36. Jg., Heft 1/1982, S. 27-41.

Lange, Bernd (1984): Die Erfahrungskurve: Eine kritische Beurteilung, in: Zeitschrift für betriebswirtschaftliche Forschung, 36. Jg. 1984, S. 229-245.

Laux, Helmut (2006): Unternehmensrechnung, Anreiz und Kontrolle, 3. Aufl., Berlin u.a. 2006.

Laux, Helmut/Liermann, Felix (1986): Grundfragen der Erfolgskontrolle, Berlin u.a. 1986.

Lehmann, Steffen (1995): Neue Wege in der Bewertung börsennotierter Aktiengesellschaften, Wiesbaden 1995, zugl. Diss., Trier 1993.

Lemke, Hans-Jürgen (1993): Unterstützung der strategischen Planung durch das interne Rechnungswesen: Eine empirische Untersuchung der strategischen Produktprogrammplanung im deutschen Werkzeugmaschinenbau, München 1993.

Lev, Baruch (2000): Knowledge and Shareholder Value, January 2000, http://pages.stern.nyu.edu/~blev/knowledge&shareholdervalue.doc (Abrufdatum: 08.05.2007).

Lev, Baruch (2001): Intangibles: Management and Reporting, Washington 2001.

Lev, Baruch (2003): Intangibles at a Crossroads, in: Controlling, 15. Jg. 2003, S. 121-127.

Lewis, Thomas G. (1995): Steigerung des Unternehmenswertes, 2. Aufl., Landsberg a.L. 1995.

Lewis, Thomas G./Lehmann, Steffen (1992): Überlegene Investitionsentscheidungen durch CFROI, in: Betriebswirtschaftliche Forschung und Praxis, 44. Jg. 1992, S. 1-13.

Link, Jörg (1985): Organisation der Strategischen Planung: Aufbau und Bedeutung strategischer Geschäftseinheiten sowie strategischer Planungsorgane, Heidelberg 1985.

Link, Jörg (1995): Welche Kunden rechnen sich?, in: Absatzwirtschaft, 38. Jg. 1995, S. 108-110.

Link, Jörg/Gerth, Norbert/Voßbeck, Eckart (2000): Marketing-Controlling: Systeme und Methoden für mehr Markt- und Unternehmenserfolg, München 2000.

Link, Jörg/Hildebrand, Volker G. (1997): Ausgewählte Konzepte der Kundenbewertung im Rahmen des Database Marketing, in: Link, Jörg/Brändli, Dieter/Schleuning, Christian/Kehl, Roger E. (Hrsg.): Handbuch Database Marketing, Ettlingen 1997, S. 159-173.

Linnhoff, Ulrich/Pellens, Bernhard (2007): Investitionsrechnung, in: Busse von Colbe, Walther/Coenenberg, Adolf G./Kajüter, Peter/Linnhoff, Ulrich (Hrsg.): Betriebswirtschaft für Führungskräfte, 3. Aufl., Stuttgart 2007, S. 307-338.

Lintner, John (1965): The Valuation of Risk Assets and the Selection of Risky Investments in Stock Portfolios and Capital Budgets, in: The Review of Economics and Statistics, Vol. 47, 1965, No. 1, S. 13-37.

Lissautzki, Marius (2005): Kundenwert-Controlling: Telekommunikationsdienstleister kundenorientiert steuern, in: Zeitschrift für Controlling & Management, 49. Jg. 2005, Sonderheft 2, S. 84-92.

Littkemann, Jörn (2006): Unternehmenscontrolling: Konzepte, Instrumente, praktische Anwendungen mit durchgängiger Fallstudie, Herne/Berlin 2006.

Lombriser, Roman/Abplanalp, Peter A. (2004): Strategisches Management: Visionen enwickeln, Strategien umsetzen, Erfolgspotenziale aufbauen, 3. Aufl., Zürich 2004.

Lube, Marc-Milo (1996): Strategisches Konzerncontrolling, Bamberg 1996, zugl. Diss., Bamberg 1996.

Lücke, Wolfgang (1955): Investitionsrechnungen auf der Grundlage von Ausgaben oder Kosten?, in: Zeitschrift für handelswissenschaftliche Forschung, 7. Jg. 1955, S. 310-324.

Mag, Wolfgang (1990): Grundzüge der Entscheidungstheorie, München 1990.

Männel, Wolfgang (1995): Zur Bedeutung der Prozeßkostenrechnung, in: Männel, Wolfgang (Hrsg.): Prozeßkostenrechnung: Bedeutung, Methoden, Branchenerfahrungen, Softwarelösungen, Wiesbaden 1995, S. 15-22.

Mandl, Gerwald/Rabel, Klaus (1997): Unternehmensbewertung: Eine praxisorientierte Einführung, Wien 1997.

Mandl, Gerwald/Rabel, Klaus (2005): Methoden der Unternehmensbewertung (Überblick), in: Peemöller, Volker H. (Hrsg.): Praxishandbuch der Unternehmensbewertung, 3. Aufl., Herne/Berlin 2005, S. 47-88.

Markovitz, Harry M. (1952): Portfolio Selection, in: Journal of Finance, Vol. 7, 1952, No. 1, S. 77-91.

Markovitz, Harry M. (1969): Portfolio-Selection, New York 1969.

Matzler, Kurt (2000): Customer Value Management, in: Die Unternehmung, 54. Jg. 2000, Heft 4, S. 289-308.

Matzler, Kurt/Stahl, Heinz K. (2000): Kundenzufriedenheit und Unternehmenswertsteigerung, in: Die Betriebswirtschaft, 60. Jg. 2000, Nr. 5, S. 626-641.

Matzler, Kurt/Stahl, Heinz K./Hinterhuber, Hans H. (2006): Die Customer-based View der Unternehmung, in: Hinterhuber, Hans H./Matzler, Kurt (Hrsg.): Kundenorientierte Unternehmensführung: Kundenorientierung, Kundenzufriedenheit, Kundenbindung, 5. Aufl., Wiesbaden 2006, S. 3-31.

Mayer, Reinhold (1991): Prozeßkostenrechnung und Prozeßkostenmanagement: Konzept, Vorgehensweise und Einsatzmöglichkeiten, in: IFUA Horvath & Partner GmbH (Hrsg.): Prozeßkostenmanagement: Methodik, Implementierung, Erfahrungen, München 1991, S. 73-99.

Mayer, Reinhold/Glaser, Horst (1991): Die Prozeßkostenrechnung als Controllinginstrument: Pro und Contra, in: Controlling, 3. Jg. 1991, S. 296-303.

McDonald, Chris/Gentry, Jeff (1997): OLAP: A New Dimension for Database Marketing, in: Link, Jörg/Brändli, Dieter/Schleuning, Christian/Kehl, Roger E. (Hrsg.): Handbuch Database Marketing, Ettlingen 1997, S. 77-101.

McGovern, Gail/Moon, Youngme (2007): Wenn Kunden Unternehmen hassen, in: Harvard Business Manager, 29. Jg. 2007, Nr. 7, S. 56-67.

Meffert, Heribert (1986): Marketing – Grundlagen der Absatzpolitik, 7. Aufl., Wiesbaden 1986.

Messner, Wolfgang (2005): CRM-Investitionen – wann sind sie rentabel?, in: Die Bank, 45. Jg. 2005, Heft 3, S. 50-53.

Meyer, Anton/Kantsperger, Roland/Schaffer, Marion (2006): Die Kundenbeziehung als ein zentraler Unternehmenswert: Kundenorientierung als Werttreiber der Kundenbeziehung, in: Günter, Bernd/Helm, Sabrina (Hrsg.): Kundenwert: Grundlagen – Innovative Konzepte – Praktische Umsetzungen, 3. Aufl., Wiesbaden 2006, S. 61-81.

Meyer, Anton/Oevermann, Dirk (1995): Kundenbindung, in: Tietz, Bruno/Köhler, Richard/Zentes, Joachim (Hrsg.): Handwörterbuch des Marketing, 2. Aufl., Stuttgart 1995, Sp. 1340-1351.

Meyer, Matthias/Shaffu, Nina (2007a): Unternehmenswertorientiertes Kundenmanagement auf Basis des Customer Lifetime Value: Eine empirische Studie bei Mobilfunknutzern in Deutschland und Frankreich, in: Controlling & Management, 51. Jg. 2007, Heft 1, S. 54-62.

Meyer, Matthias/Shaffu, Nina (2007b): Customer Lifetime Value mit oder ohne indirekte Werttreiber?: Die empirische Relevanz des Referenzwertes im Mobilfunkmarkt, in: Controlling, 19. Jg. 2007, S. 31-37.

Meyer zu Selhausen, Hermann (1989): Prospektive Lebensdauer-Kalkulation von Kundenverbindungen: Ansatzpunkte für Akquisition, Kundenbetreuung und Geschäftsfeldstrategie, in Zeitschrift für Bankrecht und Bankwirtschaft, 1. Jg. 1989, Nr. 2, S. 77-84.

Miles, James A./Ezzell, John R. (1980): The Weighted Average Cost of Capital, Perfect Capital Markets, and Project Life: a Clarification, in: Journal of Financial and Quantitative Analysis, Vol. 15, 1980, S. 719-730.

Miller, Jeffrey G./Vollmann, Thomas E. (1985): The hidden factory, in: Harvard Business Review, Vol. 63, 1985, No. 5, S. 142-150.

Mises, Ludwig von (1949): Human Action: A Treatise on Economics, New Haven 1949.

Mödritscher, Gernot/Mussnig, Werner (2006): Eine kritische Reflexion und methodische Weiterentwicklung des Customer Lifetime Value-Konzeptes, in: Matzler, Kurt/Hinterhuber, Hans H./Renzl, Birgit/Rothenberger, Sandra (Hrsg.): Immaterielle Vermögenswerte: Handbuch der intangible Assets, Berlin 2006, S. 643-668.

Möller, Klaus (2004): Intangibles als Werttreiber, in: Horvath, Peter/Möller, Klaus (Hrsg.): Intangibles in der Unternehmenssteuerung, München 2004, S. 483-495.

Mohnen, Alwine/Bareket, Moshe (2007): Performance measurement for investment decisions under capital constraints, in: Review of Accounting Studies, Vol. 12, 2007, No. 1, S. 1-22.

Mossin, Jan (1966): Equilibrium in a Capital Asset Market, in: Econometrica, Vol. 34, 1966, No. 4, S. 768-783.

Moxter, Adolf (1982): Betriebswirtschaftliche Gewinnermittlung, Tübingen 1982.

Moxter, Adolf (1983): Grundsätze ordnungsmäßiger Unternehmensbewertung, 2. Aufl., Wiesbaden 1983.

Müller, Wolfgang/Riesenbeck, Hans-Joachim (1991): Wie aus zufriedenen auch anhängliche Kunden werden, in: Harvard Business Manager, 13. Jg. 1991, Nr. 3, S. 67-79.

Mulhern, Francis J. (1999): Customer Profitability Analysis: Measurement, Concentration, and Research Directions, in: Journal of Interactive Marketing, Vol. 13, 1999, No. 1, S. 25-40.

Mussnig, Werner (1996): Von der Kostenrechnung zum Management Accounting, Wiesbaden 1996, zugl. Diss., Klagenfurt 1995.

Mussnig, Werner (2001): Dynamisches Target Costing: Von der statischen Betrachtung zum strategischen Management der Kosten, Wiesbaden 2001, zugl. Habil., Klagenfurt 2000.

Neumann, Klaus (1992): Netzplantechnik, in: Gal, Tomas (Hrsg.): Grundlagen des Operations Research, Band 2, 3. Aufl., Berlin 1992, S. 165-260.

Nowak, Karsten (2000): Marktorientierte Unternehmensbewertung: Discounted Cash-Flow, Realoption, Economic Value Added und der Direct Comparison Approach, Wiesbaden 2000, zugl. Diss., Mannheim 2000.

Nuber, Wolfgang (1995): Strategische Kontrolle: Konzeption, Organisation und kontextspezifische Differenzierung, Wiesbaden 1995, zugl. Diss., Oestrich-Winkel 1995.

o.V. (2005): Starker Kundenzulauf bei Vodafone, Beitrag vom 25. Juli 2005, http://www.onlinekosten.de/news/artikel/18068 (Abrufdatum: 25.08.2007).

o.V. (2007): Zweites Quartal von O_2 – fast wie Weihnachten, Pressemitteilung von O_2 zum 2. Quartal 2007, abrufbar unter: http://www.de.o2.com/ext/standard/index?page_id=12444&state=online&style=standard&popup=0 (Abrufdatum: 25.08.2007).

Obermeier, Robert/Schüler, Andreas (2006): Eine Mischung aus Unternehmensbewertung und Risikoanalyse als Rezept für verbesserte Eigenkapitalausstattung und niedrigere Kapitalkosten?, in: FinanzBetrieb, 8. Jg. 2006, S. 28-31.

O'Hanlon, John/Peasnell, Ken (1998): Wall Street's Contribution to Management Accounting: The Stern Stewart EVA Financial Management System, in: Management Accounting Research, Vol. 9, 1998, No. 4, S. 421-444.

O'Hanlon, John/Peasnell, Ken (2002): Residual Income and Value-Creation: The Missing Link, in: Review of Accounting Studies, Vol. 7, 2002, No. 2-3, S. 229-245.

Ohland, Lothar R. (1988): Strategische Kontrolle: Entwicklung eines mehrstufigen Grundmodells auf der Basis einer kritischen Analyse traditioneller Kontrollen, Frankfurt a. M. 1988, zugl. Diss., München 1988.

Ohlson, James A. (1995): Earnings, Book Values, and Dividends in Equity Valuation, in: Contemporary Accounting Research, Vol. 11, 1995, No. 2, S. 661-687.

Ossadnik, Wolfgang (2006): Controlling: Aufgaben und Lösungshinweise, München 2006.

Palloks-Kahlen, Monika (2006): Kennzahlengestütztes Controlling im kundenwertorientierten Vertriebsmanagement, in: Reinecke, Sven/Tomczak, Torsten (Hrsg.): Handbuch Marketingcontrolling: Effektivität und Effizienz einer marktorientierten Unternehmensführung, 2. Aufl., Wiesbaden 2006, S. 283-308.

Peasnell, Ken V. (1982): Some formal Connections between Economic Values and Yields and Accounting Numbers, in: Journal of Business Finance and Accounting, Vol. 9, 1982, No. 3, S. 361-381.

Peasnell, Ken V. (1995): Analytical Properties of Earned Economic Income, in: British Accounting Review, Vol. 27, 1995, No. 1, S. 5-33.

Pellens, Bernhard/Fülbier, Rolf Uwe (2000): Immaterielle Vermögensgegenstände in der internen und externen Unternehmensrechnung, in: Küting, Karlheinz/Weber, Jürgen (Hrsg.): Wertorientierte Konzernführung: Kapitalmarktorientierte Rechnungslegung und integrierte Unternehmenssteuerung, Stuttgart 2000, S. 119-155.

Pellens, Bernhard/Tomaszewski, Claude/Weber, Nicolas (2000): Wertorientierte Unternehmensführung in Deutschland: Eine empirische Untersuchung der DAX 100-Unternehmen, in: Der Betrieb, 53. Jg. 2000, S. 1825-1833.

Perridon, Louis/Steiner, Manfred (2007): Finanzwirtschaft der Unternehmung, 14. Aufl., München 2007.

Peschke, Michael A. (1997): Wertorientierte Strategiebewertung, Wiesbaden 1997, zugl. Diss., Dortmund 1997.

Peschke, Michael A. (2000): Strategische Ziele im Value Management, in: Welge, Martin K./Al-Laham, Andreas/Kajüter, Peter (Hrsg.): Praxis des strategischen Managements: Konzepte – Erfahrungen – Perspektiven, Wiesbaden 2000, S. 95-112.

Peter, Sibylle Isabelle (1997): Kundenbindung als Marketingziel: Identifikation und Analyse zentraler Determinanten, Wiesbaden 1997, zugl. Diss., Mannheim 1996.

Peters, Tom J./Waterman, Robert H. (1982): In Search of Excellence, New York 1982.

Pfaff, Dieter (1998): Wertorientierte Unternehmenssteuerung, Investitionsentscheidungen und Anreizprobleme, in: Betriebswirtschaftliche Forschung und Praxis, 50. Jg. 1998, S. 491-516.

Pfaff, Dieter (1999): Residualgewinne und die Steuerung von Anlageinvestitionen: Kommentar zum Beitrag von Baldenius/Fuhrmann/Reichelstein, in: Betriebswirtschaftliche Forschung und Praxis, 51. Jg. 1999, S. 65-69.

Pfaff, Dieter/Bärtl, Oliver (1999): Wertorientierte Unternehmenssteuerung: Ein kritischer Vergleich ausgewählter Konzepte, in: Gebhardt, Günther/Pellens, Bernhard (Hrsg.): Rechnungswesen und Kapitalmarkt, Zeitschrift für betriebswirtschaftliche Forschung, 51. Jg. 1999, Sonderheft 41, S. 85-115.

Pfaff, Dieter/Bärtl, Oliver (2000): Akquisition und Desinvestition aus wertorientierter Sicht, in: Wagenhofer, Alfred/Hrebicek, Gerhard (Hrsg.): Wertorientiertes Management – Konzepte und Umsetzungen zur Unternehmenswertsteigerung, Stuttgart 2000, S. 95-115.

Pfaff, Dieter/Kunz, Alexis H./Pfeiffer, Thomas (2000): Wertorientierte Unternehmenssteuerung und das Problem des ungeduldigen Managers: Problemstellung und Lösungsmöglichkeiten, in: Wirtschaftswissenschaftliches Studium, 29. Jg. 2000, Heft 10, S. 562-567.

Pfaff, Dieter/Stefani, Ulrike (2003): Wertorientierte Unternehmensführung, Residualgewinne und Anreizsysteme, in: Franck, Egon (Hrsg.): Marktwertorientierte Unternehmensführung: Anreiz- und Kommunikationsaspekte, Zeitschrift für betriebswirtschaftliche Forschung, 54. Jg. 2003, Sonderheft 50, S. 51-76.

Pfeifer, Phillip E./Carraway, Robert L. (2000): Modeling Customer Relationships as Markov Chains, in: Journal of Interactive Marketing, Vol. 14, 2000, No. 2, S. 43-55.

Pfeifer, Phillip E./Haskins, Mark E./Conroy, Robert M. (2005): Customer Lifetime Value, Customer Profitability, and the Treatment of Acquisition Spending, in: Journal of Managerial Issues, Vol. 17, 2005, No. 1, S. 11-25.

Pfeiffer, Thomas (2003): Anreizkompatible Unternehmenssteuerung, Performancemaße und Erfolgsrechnung: Zur Vorteilhaftigkeit von Ergebnisgrößen bei unbekannten Zeitpräferenzen des Managers, in: Die Betriebswirtschaft, 63. Jg. 2003, Nr. 1, S. 43-59.

Pfohl, Hans-Christian (1981): Planung und Kontrolle, Stuttgart u.a. 1981.

Pfohl, Hans-Christian (1988): Strategische Kontrolle, in: Henzler, Herbert A. (Hrsg.): Handbuch Strategische Führung, Wiesbaden 1988, S. 801-824.

Piller, Frank Thomas/Meier, Roland (2001): Strategien zur effizienten Individualisierung von Dienstleistungen: Ansätze von Mass Customization im Dienstleistungsbereich, München 2001, http://www.mass-customization.de/download/pil2001-10.pdf (Abrufdatum: 2.10.2007).

Plinke, Wulff (1989): Die Geschäftsbeziehung als Investition, in: Specht, Günter/Silberer, Günter/Engelhardt, Werner H. (Hrsg.): Marketing-Schnittstellen: Herausforderungen für das Management, Stuttgart 1989, S. 305-326.

Plinke, Wulff (1997): Bedeutende Kunden, in: Kleinaltenkamp, Michael/Plinke, Wulff (Hrsg.): Geschäftsbeziehungsmanagement, Berlin u.a. 1997, S. 113-160.

Plinke, Wulff/Rese, Mario (2000): Analyse der Erfolgsquellen, in: Kleinaltenkamp, Michael/Plinke, Wulff (Hrsg.): Technischer Vertrieb: Grundlagen des Business-to-Business Marketing, 2. Aufl., Berlin u.a. 2000, S. 691-758.

Popovic, Tobias (2004): Customer Capital: Die Wertschöpfung von E-Commerce-Unternehmen und ihre zweckadäquate Bewertung aus Perspektive des Aktienresearch, Sternenfels 2004, zugl. Diss, Oestrich-Winkel 2003.

Porter, Michael E. (1999): Wettbewerbsstrategie: Methoden zur Analyse von Branchen und Konkurrenten, 10. Aufl., Frankfurt/Main u.a. 1999.

Porter, Michael E. (2000): Wettbewerbsvorteile: Spitzenleistungen erreichen und behaupten, 6. Aufl., Frankfurt/Main u.a. 2000.

Preinreich, Gabriel A. D. (1937): Valuation and Amortization, in: The Accounting Review, Vol. 12, 1937, No. 3, S. 209-226.

Preinreich, Gabriel A. D. (1938): Annual Survey of Economic Theory: The Theory of Depreciation, in: Econometrica, Vol. 9, 1938, No. 3, S. 219-241.

Preißler, Peter (2005): Entscheidungsorientierte Kosten- und Leistungsrechnung, 3. Aufl., München 2005.

Rapp, Reinhold (2000): Customer Relationship Management: Das neue Konzept zur Revolutionierung der Kundenbeziehungen, Frankfurt a.M. 2000.

Rappaport, Alfred (1981): Selecting strategies that create shareholder value, in: Harvard Business Review, Vol. 59, 1981, No. 3, S. 139-149.

Rappaport, Alfred (1986): Creating Shareholder Value: The New Standard for Business Performance, New York u.a. 1986.

Rappaport, Alfred (1994): Shareholder Value: Wertsteigerung als Maßstab für die Unternehmensführung, Stuttgart 1994.

Rappaport, Alfred (1998): Creating Shareholder Value: A Guide for Managers and Investors, 2nd ed., New York u.a. 1998.

Rappaport, Alfred (1999): Shareholder Value: Ein Handbuch für Manager und Investoren, 2. Aufl., Stuttgart 1999.

Rasche, Christoph (1994): Wettbewerbsvorteile durch Kernkompetenzen: Ein ressourcenorientierter Ansatz, Wiesbaden 1994, zugl. Diss., Bayreuth 1994.

Reckenfelderbäumer, Martin (1995): Marketing-Accounting im Dienstleistungsbereich: Konzeption eines prozeßkostengestützten Instrumentariums, Wiesbaden 1995, zugl. Diss., Bochum 1994.

Reckenfelderbäumer, Martin (1998): Entwicklungsstand und Perspektiven der Prozeßkostenrechnung, Wiesbaden 1998.

Reckenfelderbäumer, Martin (2006): Prozesskostenrechnung im Marketing, in: Reinecke, Sven/Tomczak, Torsten (Hrsg.): Handbuch Marketingcontrolling: Effektivität und Effizienz einer marktorientierten Unternehmensführung, 2. Aufl., Wiesbaden 2006, S. 767-794.

Reckenfelderbäumer, Martin/Welling, Michael (2006): Der Beitrag einer relativen Einzel- und Prozesskosten- und Deckungsbeitragsrechnung zur Ermittlung von Kundenwerten: konzeptionelle Überlegungen und Gestaltungsempfehlungen, in: Günter, Bernd/Helm, Sabrina (Hrsg.): Kundenwert: Grundlagen – Innovative Konzepte – Praktische Umsetzungen, 3. Aufl., Wiesbaden 2006, S. 335-368.

Refäuter, Dirk (1990): Strategisches Controlling auf der Basis des Cash Flow, Wiesbaden 1990, zugl. Diss., Dortmund 1990.

Rehbach, Stefan (2003): Kundenwert und Unternehmenswert: Eine Analyse am Beispiel des E-Commerce, Wiesbaden 2003, zugl. Diss., Vallendar 2002.

Reichelstein, Stefan (1997): Investment Decisions and Managerial Performance Evaluation, in: Review of Accounting Studies, Vol. 2, 1997, No. 2, S. 157-180.

Reichheld, Frederick F. (1997): Der Loyalitäts-Effekt: Die verborgene Kraft hinter Wachstum, Gewinnen und Unternehmenswert, Frankfurt a.M./New York 1997.

Reichheld, Frederick F./Sasser, W. Earl (1990): Zero Defections: Quality Comes to Services, in: Harvard Business Review, Vol. 68, 1990, No. 5, S. 105-117.

Reichheld, Frederick F./Sasser, W. Earl (1991): Zero-Migration: Dienstleister im Sog der Qualitätsrevolution, in: Harvard Business Manager, 13. Jg. 1991, Nr. 4, S. 108-116.

Reinartz, Werner J./Krafft, Manfred (2001): Überprüfung des Zusammenhangs von Kundenbindungsdauer und Kundenertragswert, in: Zeitschrift für Betriebswirtschaft, 71. Jg. 2001, Heft 11, S. 1263-1281.

Reinartz, Werner J./Kumar, V. (2000): On the Profitability of Long-Life Customers in a Noncontractual Setting: An Empirical Investigation and Implications for Marketing, in: Journal of Marketing, Vol. 64, 2000, No. 4, S. 17-35.

Reinecke, Sven/Dittrich, Sabine (2006): Controlling der Kundenbindung, in: Reinecke, Sven/Tomczak, Torsten (Hrsg.): Handbuch Marketingcontrolling: Effektivität und Effizienz einer marktorientierten Unternehmensführung, 2. Aufl., Wiesbaden 2006, S. 309-341.

Reinecke, Sven/Keller, Jens (2006): Strategisches Kundenwertcontrolling: Planung, Steuerung und Kontrolle von Kundenerfolgspotenzialen, in: Reinecke, Sven/Tomczak, Torsten (Hrsg.): Handbuch Marketingcontrolling: Effektivität und Effizienz einer marktorientierten Unternehmensführung, 2. Aufl., Wiesbaden 2006, S. 253-282.

Reinecke, Sven/Keller, Jens (2007): Strategisches Kundencontrolling: Eine konzeptionelle und empirische Studie zum Kundenwertmanagement, in: Zeitschrift für Controlling & Management, 51. Jg. 2007, Sonderheft 2, S. 83-88.

Reinecke, Sven/Reibstein, David J. (2002): Performance Measurement in Marketing und Verkauf: Einsatz von Marketingkennzahlen in den USA und in Kontinentaleuropa, in: Kostenrechnungspraxis, 46. Jg. 2002, S. 18-25.

Reiß, Michael (2000): Wie Kundenorientierung bezahlbar wird, in: eco, 2. Jg. 2000, Nr. 2, S. 8-12.

Rese, Mario (2002): Erlösplanung und Erlöskontrolle, in: Küpper, Hans-Ulrich/ Wagenhofer, Alfred (Hrsg.): Handwörterbuch Unternehmensrechnung und Controlling, 4. Aufl., Stuttgart 2002, Sp. 453-462.

Rese, Mario (2006a): Marketing Accounting: Das Beispiel „Preisbeurteilung im Business to Business-Bereich", in: Reinecke, Sven/Tomczak, Torsten (Hrsg.): Handbuch Marketingcontrolling: Effektivität und Effizienz einer marktorientierten Unternehmensführung, 2. Aufl., Wiesbaden 2006, S. 741-765.

Rese, Mario (2006b): Entscheidungsunterstützung in Geschäftsbeziehungen mittels Deckungsbeitragsrechnung – Möglichkeiten und Grenzen, in: Günter, Bernd/Helm, Sabrina (Hrsg.): Kundenwert: Grundlagen – Innovative Konzepte – Praktische Umsetzungen, 3. Aufl., Wiesbaden 2006, S. 293-310.

Rese, Mario/Herter, Valerie (2005): Erfolgsbeurteilung und –kontrolle im Marketing, in: Das Wirtschaftsstudium, 34. Jg. 2005, S. 1010-1011.

Rese, Mario/Roemer, E. (2004): Managing commitments and flexibility by real options, in: Industrial Marketing Management, Vol. 33, 2004, S. 501-512.

Rese, Mario/Söllner, Albrecht/Utzig, B. Peter (2003): Relationship Marketing – Standortbestimmung und Positionierung dieses Buches, in: Rese, Mario/Söllner, Albrecht/Utzig, B. Peter (Hrsg.): Relationship Marketing: Standortbestimmung und Perspektiven (FS Wulff Plinke), Berlin u.a. 2003, S. 1-8.

Reuter, Axel L. (1970): Die Berücksichtigung des Risikos bei der Bewertung von Unternehmen, in: Die Wirtschaftsprüfung, 23. Jg. 1970, S. 265-270.

Richter, Frank (1996): Konzeption eines marktwertorientierten Steuerungs- und Monitoringsystems, Frankfurt a.M. u.a. 1996, zugl. Diss., Regensburg 1996.

Richter, Frank (1999): Konzeption eines marktwertorientierten Steuerungs- und Monitoringsystems, 2. Aufl., Frankfurt a.M. u.a. 1999, zugl. Diss., Regensburg 1996.

Richter, Frank (2002): Erfolgspotenzial, in: Küpper, Hans-Ulrich/ Wagenhofer, Alfred (Hrsg.): Handwörterbuch Unternehmensrechnung und Controlling, 4. Aufl., Stuttgart 2002, Sp. 411-419.

Richter, Frank/Honold, Dirk (2000): Das Schöne, das Unattraktive und das Hässliche an EVA & Co., in: FinanzBetrieb, 2. Jg. 2000, S. 265-274.

Riebel, Paul (1978): Überlegungen zur Formulierung eines entscheidungsorientierten Kostenbegriffs, in: Müller-Merbach, Heiner (Hrsg.): Quantitative Ansätze in der Betriebswirtschaftslehre, München 1978, S. 127-146.

Riebel, Paul (1992): Einzelerlös-, Einzelkosten- und Deckungsbeitragsrechnung als Kern einer ganzheitlichen Führungsrechnung, in: Männel, Wolfgang (Hrsg.): Handbuch Kostenrechnung, Wiesbaden 1992, S. 247-299.

Riebel, Paul (1994): Einzelkosten- und Deckungsbeitragsrechnung: Grundfragen einer markt- und entscheidungsorientierten Unternehmensrechnung, 7. Aufl., Wiesbaden 1994.

Riedl, Jens B. (2000): Unternehmungswertorientiertes Performance Measurement: Konzeption eines Performance-Measure-Systems zur Implementierung einer wertorientierten Unternehmungsführung, Wiesbaden 2000, zugl. Diss., Oestrich-Winkel 2000.

Rieger, Wilhelm (1954): Schmalenbachs dynamische Bilanz: eine kritische Untersuchung, 6. Aufl., Stuttgart u.a. 1954.

Rieker, Stephen A. (1995): Bedeutende Kunden: Analyse und Gestaltung von langfristigen Anbieter-Nachfrager-Beziehungen auf industriellen Märkten, Wiesbaden 1995, zugl. Diss., Berlin 1994.

Rockart, John F. (1979): Chief executives define their own data needs, in: Harvard Business Review, Vol. 57, 1979, No. 2, S. 81-93.

Rogerson, William P. (1997): Intertemporal Cost Allocation and Managerial Investment Incentives: A Theory Explaining the Use of Economic Value Added as a Performance Measure, in: Journal of Political Economy, Vol. 105, 1997, No. 4, S. 770-795.

Roos, Alexander/Stelter, Daniel (1999): Die Komponenten eines integrierten Wertmanagementsystems, in: Controlling, 11. Jg. 1999, S. 301-307.

Rosenkranz, Friedrich/Missler-Behr, Magdalena (2005): Unternehmensrisiken erkennen und managen: Einführung in die quantitative Planung, Berlin u.a. 2005.

Rudolf, Markus/Witt, Peter (2002): Bewertung von Wachstumsunternehmen: Traditionelle und innovative Methoden im Vergleich, Wiesbaden 2002.

Rudolf-Sipötz, Elisabeth (2001): Kundenwert: Konzeption – Determinanten – Management, Bamberg 2001, zugl. Diss., St. Gallen 2001.

Rust, Roland T./Lemon, Katherine N./Zeithaml, Valaria A. (2004): Return on Marketing: Using Customer Equity to Focus Marketing Strategy, in: Journal of Marketing, Vol. 68, 2004, No. 1, S. 109-127.

Rust, Roland T./Zahorik, Anthony J./Keiningham, Timothy L. (1995): Return on Quality (ROQ): Making Service Quality Financially Accountable, in: Journal of Marketing, Vol. 59, 1995, No. 2, S. 58-70.

Rust, Roland T./Zeithaml, Valaria A./Lemon, Katherine N. (2000): Driving Customer Equity: How Customer Lifetime Value Is Reshaping Corporate Strategy, New York u.a. 2000.

Rust, Roland T./Zeithaml, Valaria A./Lemon, Katherine N. (2005): Die Marke ist tot, es lebe der Kunde, in: Harvard Business Manager, 27. Jg. 2005, Nr. 3, S. 38-51.

Ryals, Lynette (2003): Making customers pay: measuring and managing customer risk and returns, in: Journal of Strategic Marketing, Vol. 11, 2003, No. 3, S. 165-175.

Sander, Matthias (2004): Marketing-Management: Märkte, Marktinformationen und Marktbearbeitung, Stuttgart 2004.

Schildbach, Thomas (1989): Zur Diskussion über das Bernoulli-Prinzip in Deutschland und im Ausland, in: Zeitschrift für Betriebswirtschaft, 59. Jg. 1989, Heft 7, S. 766-778.

Schildbach, Thomas (1992): Zur Aussagefähigkeit des Bernoulli-Nutzens: Stellungnahme zum Beitrag von Dr. Wolfgang Kürsten, in: Zeitschrift für Betriebswirtschaft, 62. Jg. 1992, Heft 4, S. 479-483.

Schirmeister, Raimund/Kreuz, Claudia (2006): Der investitionstheoretische Kundenwert, in: Günter, Bernd/Helm, Sabrina (Hrsg.): Kundenwert: Grundlagen – Innovative Konzepte – Praktische Umsetzungen, 3. Aufl., Wiesbaden 2006, S. 311-333.

Schirmeister, Raimund/Reimsbach, Daniel (2006): Kundenrentabilität, in: Seicht, Gerhard (Hrsg.): Jahrbuch für Controlling und Rechnungswesen 2006, Wien 2006, S. 97-114.

Schmalenbach, Eugen (1926): Dynamische Bilanz, 4. Aufl., Leipzig 1926.

Schmid, Stefan/Kutschker, M. (2002): Zentrale Grundbegriffe des Strategischen Managements, in: Das Wirtschaftsstudium, 31. Jg. 2002, S. 1238-1248.

Schmidbauer, Rainer (1998): Konzeption eines unternehmenswertorientierten Beteiligungs-Controlling im Konzern, Frankfurt a.M. 1998, zugl. Diss., Frankfurt (Oder) 1998.

Schmidt, Reinhard H./Terberger, Eva (1997): Grundzüge der Investitions- und Finanzierungstheorie, 4. Aufl., Wiesbaden 1997.

Schmittlein, David C./Morrison, Donald G./Colombo, Richard (1987): Counting Your Customers: Who Are They and What Will They Do Next?, in: Management Science, Vol. 33, 1987, No. 1, S. 1-24.

Schmittlein, David C./Peterson, Robert A. (1994): Customer Base Analysis: An Industrial Purchase Process Application, in: Marketing Science, Vol. 13, 1994, No. 1, S. 41-67.

Schmöller, Petra (2001): Kunden-Controlling: Theoretische Fundierung und empirische Erkenntnisse, Wiesbaden 2001, zugl. Diss., Leipzig 2001.

Schneider, Dieter (1963): Bilanzgewinn und ökonomische Theorie, in: Zeitschrift für handelswissenschaftliche Forschung, 15. Jg. 1963, S. 457-474.

Schneider, Dieter (1965): Lernkurven und ihre Bedeutung für Produktionsplanung und Kostentheorie, in: Zeitschrift für betriebswissenschaftliche Forschung, 17. Jg. 1965, S. 501-515.

Schneider, Dieter (1992): Investition, Finanzierung und Besteuerung, 7. Aufl., Wiesbaden 1992.

Schneider, Dieter (1995): Betriebswirtschaftslehre, Band 1: Grundlagen, 2. Aufl., München 1995.

Schneider, Dieter (1997): Betriebswirtschaftslehre, Band 3: Theorie der Unternehmung, München 1997.

Schneider, Dieter (1998): Marktwertorientierte Unternehmensrechnung: Pegasus mit Klumpfuß, in: Der Betrieb, 51. Jg. 1998, S. 1473-1478.

Schneider, Dieter (2001): Oh, EVA, EVA, schlimmes Weib: Zur Fragwürdigkeit einer Zielvorgabe-Kennzahl nach Steuern im Konzerncontrolling, in: Der Betrieb, 54. Jg. 2001, S. 2509-2514.

Schneider, Nadine C. (2007): Kundenwertbasierte Effizienzmessung: Der Beitrag von Marketingmaßnahmen zur Unternehmenswerterhöhung in der Automobilindustrie, Wiesbaden 2007, zugl. Diss., Mannheim 2006.

Schreyögg, Georg/Steinmann, Horst (1985): Strategische Kontrolle, in: Zeitschrift für betriebswirtschaftliche Forschung, 37. Jg. 1985, S. 391-410.

Schroeder, Nina (2006): Kundenwert als zentrale Größe zur wertorientierten Unternehmenssteuerung, Hamburg 2006, zugl. Diss., Augsburg 2005.

Schröder, Regina/Wall, Friederike (2004): Customer Perceived Value Accounting: Konzeption, Beiträge und Entwicklungsstand, in: Controlling, 16. Jg. 2004, S. 669-676.

Schüler, Andreas (2000): Periodische Performance-Messung durch Residualgewinne, in: Deutsches Steuerrecht, 38. Jg. 2000, S. 2105-2108.

Schüler, Andreas/Krotter, Simon (2004): Konzeption wertorientierter Steuerungsgrößen: Performance-Messung mit Discounted Cash-flows und Residualgewinnen ex ante und ex post, in: FinanzBetrieb, 6. Jg. 2004, S. 430-437.

Schultze, Wolfgang/Weiler, Andreas (2007): Performancemessung und Wertgenerierung: Entlohnung auf Basis des Residualen Ökonomischen Gewinns, in: Zeitschrift für Planung und Unternehmenssteuerung, 18. Jg. 2007, Nr. 2, S. 133-159.

Schulz, Bernhard (1995): Kundenpotentialanalyse im Kundenstamm von Unternehmen, Frankfurt a.M. 1995, zugl. Diss., Eichstätt 1994.

Schumann, Jörg (2005): Residualgewinn-orientierte Unternehmensbewertung im Halbeinkünfteverfahren: Äquivalenz- und Transparenzaspekte, in: Finanz-Betrieb, 7. Jg. 2005, S. 22-32.

Schwartz, Eduardo S./Moon, Mark (2000): Rational Pricing of Internet Companies, in: Financial Analyst Journal, Vol. 56, 2000, No. 3, S. 62-75.

Schweitzer, Marcell/Küpper, Hans-Ulrich (2003): Systeme der Kosten- und Erlösrechnung, 8. Aufl., München 2003.

Schwetzler, Bernhard (2000): Unternehmensbewertung unter Unsicherheit – Sicherheitsäquivalent- oder Risikozuschlagsmethode?, in: Zeitschrift für betriebswirtschaftliche Forschung, 52. Jg. 2000, S. 469-486.

Schwetzler, Bernhard (2001): Bewertung von Wachstumsunternehmen, in: Achleitner, Ann-Kristin/Bassen, Alexander (Hrsg.): Investor Relations am Neuen Markt: Zielgruppen, Instrumente, rechtliche Rahmenbedingungen und Kommunikationsinhalte, Stuttgart 2001, S. 61-96.

Shapiro, Benson P. (1988): What the Hell Is „Market Oriented"?, in: Harvard Business Review, Vol. 66, 1988, No. 6, S. 119-125.

Shapiro, Benson P./Rangan, V. Kasturi/Moriarty, Rowland T./Ross, Elliot B. (1987): Manage customers for profits (not just sales), in: Harvard Business Review, Vol. 65, 1987, No. 5, S. 101-108.

Shapiro, Carl/Varian, Hal R. (1999): Information Rules: A Strategic Guide to the Network Economy, Boston/Massachusetts 1999.

Sharpe, William F. (1964): Capital Asset Prices: A Theory of Market Equilibrium under Conditions of Risk, in: Journal of Finance, Vol. 19, 1964, No. 3, S. 425-442.

Siegel, Theodor (1994): Unternehmensbewertung, Unsicherheit und Komplexitätsreduktion, in: Betriebswirtschaftliche Forschung und Praxis, 46. Jg. 1994, Heft 5, S. 457-476.

Siegel, Theodor (1997): Steuern in der Unternehmensbewertung bei Wachstum und Risiko, in: Der Betrieb, 50. Jg. 1997, S. 2389-2392.

Siegert, Theo (1995): Shareholder-Value als Lenkungsinstrument, in: Zeitschrift für betriebswirtschaftliche Forschung, 47. Jg. 1995, S. 580-607.

Siegert, Theo (1999): Humankapital: Erfolgsmessung und Partizipation, in: Bühler, Wolfgang/ Siegert, Theo (Hrsg.): Unternehmenssteuerung und Anreizsysteme: Kongress-Dokumentation 52. Deutscher Betriebswirtschafter-Tag 1998, Stuttgart 1999, S. 17-46.

Simon, Herrmann (1992): Preismanagement: Analyse – Strategie – Umsetzung, 2. Aufl., Wiesbaden 1992.

Skinner, R.C. (1998): The Strange Logic of Earned Economic Income, in: British Accounting Review, Vol. 30, 1998, No. 1, S. 93-104.

Smidt, Wolfhart/Marzian, Sieghard H. (2001): Brennpunkt Kundenwert: Mit dem Customer Equity Kundenpotenziale erhellen, erweitern und ausschöpfen, Berlin u.a. 2001.

Söllner, Albrecht (2001): Kundenbindung, in: Diller, Hermann (Hrsg.): Vahlens großes Marketinglexikon, 2. Aufl., München 2001, S. 847-849.

Solomons, David (1965): Divisional Performance: Measurement and Control (9. Nachdruck 1975), Homewood/Illinois u.a. 1965.

Spahlinger, Linda I./Herrmann, Andreas/Huber, Frank/Magin, Stephanie (2006): Konzept zur effizienten Gestaltung von Kundenbeziehungen durch Kundenwertmanagement, in: Günter, Bernd/Helm, Sabrina (Hrsg.): Kundenwert: Grundlagen – Innovative Konzepte – Praktische Umsetzungen, 3. Aufl., Wiesbaden 2006, S. 607-624.

Spillecke, Dennis (2006): Interne Kundenorientierung des Controllerbereichs: Messung – Erfolgswirkungen – Determinanten, Wiesbaden 2006, zugl. Diss., Vallendar 2005.

Spremann, Klaus (2002): Finanzanalyse und Unternehmensbewertung, München 2002.

Srivastava, Rajendra K./Shervani, Tasadduq A./Fahey, Liam (1997): Driving Shareholder Value: The Role of Marketing in Reducing Vulnerability and Volatility of Cash Flows, in: Journal of Market Focused Management, Vol. 2, No. 1, 1997, S. 49-64.

Srivastava, Rajendra K./Shervani, Tasadduq A./Fahey, Liam (1998): Market-Based Assets and Shareholder Value: A Framework for Analysis, in: Journal of Marketing, Vol. 62, 1998, No. 1, S. 2-18.

Srivastava, Rajendra K./Shervani, Tasadduq A./Fahey, Liam (1999): Marketing, Business Processes, and Shareholder Value: An Organizationally Embedded View of Marketing Activities and the Discipline of Marketing, in: Journal of Marketing, Vol. 63, Special Issue 1999, No. 4, S. 168-179.

Staehle, Wolfgang H. (1999): Management: Eine verhaltenswissenschaftliche Perspektive, 8. Aufl., München 1999.

Stahl, Heinz K. (2006): Kundenloyalität kritisch betrachtet, in: Hinterhuber, Hans H./Matzler, Kurt (Hrsg.): Kundenorientierte Unternehmensführung: Kundenorientierung, Kundenzufriedenheit, Kundenbindung, 5. Aufl., Wiesbaden 2006, S. 85-103.

Stahl, Heinz K./Hinterhuber, Hans H./Eichen, Stephan A. Friedrich von den/Matzler, Kurt (2006): Kundenzufriedenheit und Kundenwert, in: Hinterhuber, Hans H./Matzler, Kurt (Hrsg.): Kundenorientierte Unternehmensführung: Kundenorientierung, Kundenzufriedenheit, Kundenbindung, 5. Aufl., Wiesbaden 2006, S. 221-240.

Stahl, Heinz K./Matzler, Kurt/Hinterhuber, Hans H. (2006): Kundenbewertung und Shareholder Value – Versuch einer Synthese, in: Günter, Bernd/Helm, Sabrina (Hrsg.): Kundenwert: Grundlagen – Innovative Konzepte – Praktische Umsetzungen, 3. Aufl., Wiesbaden 2006, S. 425-445.

Stauss, Bernd (2006): Beschwerdemanagement als Instrument der Kundenbindung, in: Hinterhuber, Hans H./Matzler, Kurt (Hrsg.): Kundenorientierte Unternehmensführung: Kundenorientierung, Kundenzufriedenheit, Kundenbindung, 5. Aufl., Wiesbaden 2006, S. 315-334.

Stauss, Bernd (2008): Kundenbindung durch Beschwerdemanagement, in: Bruhn, Manfred/Homburg, Christian (Hrsg.): Handbuch Kundenbindungsmanagement: Strategien und Instrumente für ein erfolgreiches CRM, 6. Aufl., Wiesbaden 2008, S. 369-396.

Stauss, Bernd/Friege, Christian (2006): Kundenwertorientiertes Rückgewinnungsmanagement, in: Günter, Bernd/Helm, Sabrina (Hrsg.): Kundenwert: Grundlagen – Innovative Konzepte – Praktische Umsetzungen, 3. Aufl., Wiesbaden 2006, S. 509-530.

Steiner, Manfred/Wallmeier, Martin (1999): Unternehmensbewertung mit Discounted Cash Flow-Methoden und dem Economic Value Added-Konzept, in: FinanzBetrieb, 1. Jg. 1999, S. 1-10.

Steinmann, Horst/Schreyögg, Georg (2005): Management: Grundlagen der Unternehmensführung: Konzepte – Funktionen - Fallstudien, 6. Aufl., Wiesbaden 2005.

Stelter, Daniel (1999): Wertorientierte Anreizsysteme, in: Bühler, Wolfgang/ Siegert, Theo (Hrsg.): Unternehmenssteuerung und Anreizsysteme: Kongress-Dokumentation 52. Deutscher Betriebswirtschafter-Tag 1998, Stuttgart 1999, S. 207-241.

Stewart, G. Bennett III. (1991): The Quest for Value, New York 1991.

Stewart, G. Bennett III. (1994): EVA: fact and fantasy, in: Journal of Applied Corporate Finance, Vol. 7, 1994, No. 2, S. 71-84.

Stoi, Roman (2003): Controlling von Intangibles: Identifikation und Steuerung der immateriellen Werttreiber, in: Controlling, 15. Jg. 2003, S. 175-183.

Strack, Rainer/Hansen, Julie/Dörr, Thorsten (2001): Wertmanagement: Implementierung und Erweiterung um das Human und Customer Capital, in: Kostenrechnungspraxis, 45. Jg. 2001, Sonderheft 1/2001, S. 63-72.

Strack, Rainer/Villis, Ulrich (2001): RAVE: Die nächste Generation im Shareholder Value Management, in: Zeitschrift für Betriebswirtschaft, 71. Jg. 2001, Nr. 1, S. 67-84.

Sträter, Jens (2005): Der Customer-Lifetime-Value von Privatkunden im Finanzdienstleistungssektor: Modellaufbau und Anwendung an der Kundengruppe Hochschulabsolventen wirtschaftswissenschaftlicher Fakultäten, Frankfurt a.M. 2005, zugl. Diss., Duisburg 2005.

Streim, Hannes (1971): Die Bedeutung der Simulation für die Investitionsplanung: Ein systemtheoretischer Ansatz, München 1971, zugl. Diss., München 1971.

Stum, David L./Thiry, Alain (1991): Building Customer Loyalty, in: Training & Development Journal, Vol. 45, 1991, No. 4, S. 34-36.

Tewes, Matthias (2003): Der Kundenwert im Marketing: Theoretische Hintergründe und Umsetzungsmöglichkeiten einer wert- und marktorientierten Unternehmensführung, Wiesbaden 2003, zugl. Diss., Oestrich-Winkel 2002.

Timmreck, Christian (2002): β-Faktoren – Anwendungsprobleme und Lösungsansätze, in: FinanzBetrieb, 4. Jg. 2002, S. 300-307.

Tirenni, Giuliano/Kaiser, Christian/Herrmann, Andreas (2007): Applying decision trees for value-based customer relations management: Predicting airline customers' future values, in: Database Marketing & Customer Strategy Management, Vol. 14, 2007, No. 2, S. 130-142.

Tobin, James (1958): Liquidity Preference as Behaviour towards Risk, in: Review of Economic Studies, Vol. 25, 1958, No. 2, S. 65-86.

Tomaszewski, Claude (2000): Bewertung strategischer Flexibilität beim Unternehmenserwerb: Der Wertbeitrag von Realoptionen, Frankfurt a.M. u.a. 2000, zugl. Diss., Bochum 1999.

Tomczak, Torsten/Reinecke, Sven/Dittrich, Sabine (2006): Kundenpotenziale ausschöpfen: Gestaltungsansätze für Kundenbindung in verschiedenen Geschäftstypen, in: Hinterhuber, Hans H./Matzler, Kurt (Hrsg.): Kundenorientierte Unternehmensführung: Kundenorientierung, Kundenzufriedenheit, Kundenbindung, 5. Aufl., Wiesbaden 2006, S. 105-129.

Tomczak, Torsten/Rudolf-Sipötz, Elisabeth (2006): Bestimmungsfaktoren des Kundenwertes: Ergebnisse einer branchenübergreifenden Studie, in: Günter, Bernd/Helm, Sabrina (Hrsg.): Kundenwert: Grundlagen – Innovative Konzepte – Praktische Umsetzungen, 3. Aufl., Wiesbaden 2006, S. 127-155.

Trigeorgis, Lenos (1996): Real Options: Managerial Flexibility and Strategy in Resource Allocation, Cambridge 1996.

Tscheulin, Dieter K. (2001): Prognosemethoden, in: Bruhn, Manfred/Homburg, Christian (Hrsg.): Gabler Marketing Lexikon, Wiesbaden 2001, S. 605-607.

Unzeitig, Eduard/Köthner, Dietmar (1995): Shareholder Value Analyse: Entscheidung zur unternehmerischen Nachhaltigkeit – Wie Sie die Schlagkraft Ihres Unternehmens steigern, Stuttgart 1995.

Velthuis, Louis John/Wesner, Peter (2005): Value Based Management: Bewertung, Performancemessung und Managemententlohnung mit ERIC, Stuttgart 2005.

Venkatesan, Rajkumar/Kumar, V. (2004): A Customer Lifetime Value Framework for Customer Selection and Resource Allocation Strategy, in: Journal of Marketing, Vol. 68, 2004, No. 4, S. 106-125.

Volkart, Rudolf/Labhart, Peter/Suter, Reto (1998): Unternehmensbewertung auf "EVA"-Basis, in: Der Schweizer Treuhänder, 72. Jg. 1998, S. 355-366.

Vose, David (2003): Risk Analysis: a quantitative guide, 2nd ed., Chichester 2003.

Wäscher, Dieter (2001): Quo Vadis Vertriebscontrolling? – Neue Ansätze im Kundenmanagement, in: Freidank, Carl-Christian/Mayer, Elmar (Hrsg.): Controlling-Konzepte, 5. Aufl., Wiesbaden 2001, S. 343-365.

Weber, Bruno (1990): Wertsteigerung durch Restrukturierung, in: Der Schweizer Treuhänder, o. Jg. 1990, Heft 11/90, S. 575-580.

Weber, Bruno (1991): Beurteilung von Akquisitionen auf der Grundlage des Shareholder Value, in: Betriebswirtschaftliche Forschung und Praxis, 43. Jg. 1991, S. 221-232.

Weber, Jürgen (2005): Das Advanced-Controlling-Handbuch, Weinheim 2005.

Weber, Jürgen/Bramsemann, Urs/Heineke, Carsten/Hirsch, Bernhard (2002): Value Based Management erfolgreich umsetzen, Advanced Controlling Band 25, Vallendar 2002.

Weber, Jürgen/Lissautzki, Marius (2004): Kundenwert-Controlling, Advanced Controlling Band 41, Vallendar 2004.

Weber, Jürgen/Lissautzki, Marius (2006): Erfolgsorientierte Unternehmenssteuerung mit Kundenwerten, in: Controlling, 18. Jg. 2006, S. 277-282.

Weber, Jürgen/Schäffer, Utz (2000): Balanced Scorecard & Controlling: Implementierung – Nutzen für Manager und Controller – Erfahrungen in deutschen Unternehmen, 3. Aufl., Wiesbaden 2000.

Weiber, Rolf/Weber, Markus R. (2002): Customer Relationship Marketing und Customer Lifetime Value im Electronic Business, in: Weiber, Rolf (Hrsg.): Handbuch Electronic Business, 2. Aufl., Wiesbaden 2002, S. 609-643.

Weinberg, Jakob (2002): One-to-One Marketing, in: Manschwetus, Uwe/Rumler, Andrea (Hrsg.): Strategisches Internetmarketing: Entwicklungen in der Net-Economy, Wiesbaden 2002, S. 245-258.

Weizsäcker, Robert K. von/Krempel, Katja (2004): Risikoadäquate Bewertung nicht-börsennotierter Unternehmen – ein alternatives Konzept, in: Finanz-Betrieb, 6. Jg. 2004, S. 808-814.

Welge, Martin K./Al-Laham, Andreas (2003): Strategisches Management: Grundlagen – Prozess – Implementierung, 4. Aufl., Wiesbaden 2003.

Welge, Martin K./Eulerich, Marc (2007): Die Szenario-Technik als Planungsinstrument in der strategischen Unternehmenssteuerung, in: Controlling, 19. Jg. 2007, S. 69-74.

Welling, Michael (1999): Möglichkeiten und Grenzen einer geschäftsbeziehungsorientierten Deckungsbeitragsrechnung, Arbeitspapier Nr. 77 des Instituts für Unternehmungsführung und Unternehmungsforschung, Ruhr-Universität Bochum 1999.

Welling, Michael (2000): Die Kundendeckungsbeitragsrechnung als Instrument des Geschäftsbeziehungs-Controllings, in: Kostenrechnungspraxis, 44. Jg. 2000, S. 209-216.

Wetzel, Michael (1997): Informationsbedarfsanalyse für das Database Marketing, in: Link, Jörg/Brändli, Dieter/Schleuning, Christian/Kehl, Roger E. (Hrsg.): Handbuch Database Marketing, Ettlingen 1997, S. 39-57.

Wiedmann, Klaus-Peter/Siemon, Nadine/Hennigs, Jörg (2003): Kundenwertmanagement: Die Kundenbeziehung als zentraler Unternehmenswert, in: Wiedmann, Klaus-Peter (Hrsg.): Ganzheitliches Corporate-Finance-Management: Konzept, Anwendungsfelder, Praxisbeispiele, Wiesbaden 2003, S. 299-318.

Wiesel, Thorsten (2006): Kundenkenngrößen und Unternehmenswert, Frankfurt a.M. 2006, zugl. Diss., Frankfurt a.M. 2006, http://deposit.ddb.de/cgi-bin/dokserv?idn=981848796 (Abrufdatum: 17.09.2007).

Wiesel, Thorsten/Skiera, Bernd (2007): Unternehmensbewertung auf der Basis von Kundenlebenswerten, in: Zeitschrift für betriebswirtschaftliche Forschung, 59. Jg. 2007, S. 706-731.

Wietzorek, Heidrun/Henkel, Gerhard (1997): Database Mining und Database Marketing: Grundlagen und Einsatzfelder, in: Link, Jörg/Brändli, Dieter/Schleuning, Christian/Kehl, Roger E. (Hrsg.): Handbuch Database Marketing, Ettlingen 1997, S. 235-250.

Wild, Jürgen (1974): Grundlagen der Unternehmensplanung, Reinbek bei Hamburg 1974.

Wilde, Klaus D./Hickethier, Elke (1997): Erfolgsbestimmung im Database Marketing, in: Link, Jörg/Brändli, Dieter/Schleuning, Christian/Kehl, Roger E. (Hrsg.): Handbuch Database Marketing, Ettlingen 1997, S. 475-488.

Willeke, Andreas (1998): Risikoanalyse in der Energiewirtschaft, in: Zeitschrift für betriebswirtschaftliche Forschung, 50. Jg. 1998, S. 1146-1164.

Winterhalter, Alois (1981): Strategisches Controlling: Konzept zur Ergänzung der Strategischen Führung, Feldkirch 1981, zugl. Diss., St. Gallen 1981.

Wirtz, Bernd W./Schilke, Oliver (2004): Ansätze des Kundenwertmanagments, in: Wirtz, Bernd W./Schilke, Oliver (Hrsg.): Integriertes Marken- und Kundenwertmanagement: Strategien, Konzepte und Best Practices, Wiesbaden 2004, S. 19-55.

Wittkötter, Meike/Steffen, Marion (2002): Customer Value als Basis des CRM, in: Ahlert, Dieter (Hrsg.): Customer-Relationship-Management im Handel: Strategien, Konzepte, Erfahrungen, Berlin u.a. 2002, S. 73-84.

Wolf, Enno (2006): Kundenbindungs-Controlling, in: Zerres, Christopher/Zerres, Michael P. (Hrsg.): Handbuch Marketing-Controlling, 3. Aufl., Berlin u.a. 2006, S. 201-227.

Woratschek, Herbert/Roth, Stefan (2006): Die Ermittlung von Preisbereitschaften und Preisreaktionen als Basis zur Bestimmung des Kundenwerts, in: Günter, Bernd/Helm, Sabrina (Hrsg.): Kundenwert: Grundlagen – Innovative Konzepte – Praktische Umsetzungen, 3. Aufl., Wiesbaden 2006, S. 369-395.

Zezelj, Gordana (2000): Das CLV-Managment-Konzept, in: Hofmann, Markus/Mertiens, Markus (Hrsg.): Customer-Lifetime-Value-Management, Wiesbaden 2000, S. 9-29.

Zimmermann, Jochen/Prokop, Jörg (2002): Unternehmensbewertung aus Sicht des Rechnungswesens, in: Wirtschaftswissenschaftliches Studium, 31. Jg. 2002, Nr. 5, S. 272-277.

Zimmermann, Peter (1997): Schätzung und Prognose von Betawerten: eine Untersuchung am deutschen Aktienmarkt, Bad Soden/Taunus 1997, zugl. Diss., München 1997.

FSC
www.fsc.org
MIX
Papier | Fördert
gute Waldnutzung
FSC® C083411

Kolibri 360 GmbH
Ferdinand-Jühlke-Straße 7
99095 Erfurt, Deutschland
produktsicherheit@kolibri360.de